RACIOCÍNIO LÓGICO E MATEMÁTICA

PARA OS CONCURSOS DE TÉCNICO E ANALISTA DE TRIBUNAIS E MPU

MARCELO SBICCA
MARCOS BOSSO

Coleção
TRIBUNAIS E MPU
Coordenador
HENRIQUE CORREIA

RACIOCÍNIO LÓGICO E MATEMÁTICA

PARA OS CONCURSOS DE TÉCNICO E ANALISTA DE TRIBUNAIS E MPU

2025

EDITORA JusPODIVM
www.editorajuspodivm.com.br

EDITORA *Jus*PODIVM
www.editorajuspodivm.com.br

Rua Canuto Saraiva, 131 – Mooca – CEP: 03113-010 – São Paulo – São Paulo
Tel: (11) 3582.5757
• Contato: https://www.editorajuspodivm.com.br/central-de-relacionamento

Diagramação: Luiz Fernando Romeu *(lfnando_38@hotmail.com)*

Capa: Ana Caquetti

S276t Sbicca, Marcelo
Tribunais e MPU - Raciocínio Lógico e Matemática - Para Técnico e Analista / Marcelo Sbicca e Marcos Bosso – São Paulo: Editora JusPodivm, 2025.
624 p.

Inclui Bibliografia
ISBN: 978-85-442-5266-6

1. Matemática. 2. Raciocínio Lógico. 3. Concursos e Provas. I. Sbicca, Marcelo. II. Bosso, Marcos. III. Título.

CDD 511.3

BIBLIOTECÁRIA RESPONSÁVEL
Ana Carolina Ribeiro Mois – CRB7 – RJ 007348/0

1.ª ed., *2.ª tir.:* jan./2025; *3.ª tir.:* jan./2026.

Apresentação da Coleção

O objetivo da coleção é a preparação direcionada para os concursos de Técnico e Analista do TRT, TRE, TRF e Tribunais Superiores. Em todos os livros o candidato irá encontrar teoria específica prevista nos editais, questões recentes comentadas e questões de concurso com gabarito fundamentado.

A ideia da coleção surgiu em virtude das reivindicações dos estudantes, que almejavam por obras direcionadas para os concursos de Técnico e Analista dos Tribunais. As apostilas específicas mostram-se, na maioria das vezes, insuficientes para o preparo adequado dos candidatos diante do alto grau de exigência das atuais provas, o que ocorre também com as obras clássicas do direito, por abordarem inúmeras matérias diferentes ao concurso.

Nesta coleção, o candidato encontrará desde as cinco matérias básicas exigidas em todos os concursos, como português, raciocínio lógico ou matemática, informática, direito constitucional e administrativo, até as matérias específicas de outras áreas (arquivologia e administração pública) e todas as matérias dos diferentes ramos do direito. Portanto, com os livros da coleção, o candidato conseguirá uma preparação direcionada e completa para os concursos de Técnico e Analista do TRT, TRE, TRF e Tribunais Superiores.

Além da linguagem clara utilizada, quadrinhos de resumo, esquemas e gráficos estão presentes em todos os livros da coleção, possibilitando ao leitor a memorização mais rápida da matéria.

Temos certeza de que esta coleção irá ajudá-lo a alcançar o tão sonhado cargo público de Técnico ou Analista dos Tribunais.

HENRIQUE CORREIA

Site: www.henriquecorreia.com.br

Twitter: @profcorreia

Instagram: Prof_correia

Nota dos Autores

Esta obra foi pensada no concursando que tem como objetivo lograr aprovação nos concursos dos Tribunais, cuja graduação, em sua grande maioria, é na área de ciências humanas, especificamente em Direito, e não possui domínio amplo no campo das exatas. Razão pela qual a linguagem deste livro é objetiva e direta, evitando o uso, sempre que possível, de termos demasiadamente técnicos.

Outra ponderação importante que fizemos questão de seguir durante todo o desenvolvimento de nossos trabalhos foi a de apresentar conteúdo na medida certa. É isso mesmo, caro aluno: quantas são as disciplinas necessárias para a sua prova? Além disso, há outras atividades do nosso dia a dia, além dos estudos, que não podem ser abandonadas. Desse modo, o conteúdo mescla parte teórica sucinta, porém suficiente para enfrentar o certame, com uma generosa dosagem de questões.

Falando em questões, tivemos o cuidado de selecionar quase todas, senão todas, as questões do últimos 7 ou 8 anos das provas de Raciocínio Lógico, Matemática e Estatística. Isso vai lhe dar um total entendimento de como as bancas vêm cobrando o conhecimento e avaliando o candidato e, também, qual a proporcionalidade de cobrança em relação a cada assunto.

As questões estão todas resolvidas e, em alguns casos, sempre que necessário, os comentários completam a teoria que, conforme dito, é sucinta. Intercalamos duas abordagens para as resoluções de questões, uma, passo a passo e outra, rápida. Aquela, mais detalhada, é para o candidato iniciante no tema ou que tenha alguma dificuldade no entendimento de uma passagem específica, por exemplo, no desenvolvimento de uma equação matemática, aí vale a explicação passo a passo. A outra abordagem, a rápida, é algo mais próximo de como você vai resolver no dia da sua prova, quando seu domínio sobre o assunto é maior e a resolução surge automaticamente com rapidez, pois também estamos correndo contra o tempo de prova.

Por fim, apesar de ser uma obra compacta, na medida certa para sua prova, ela foi preparada para ser uma revisão rápida de véspera. Então, vale ressaltar a inclusão, no final de cada um dos três capítulos, do resumo esquematizado, organizado em tópicos e com o conteúdo indispensável para sua prova.

Tabela: Quantidade de questões e percentual por item

Distribuição das questões organizada		
por ordem didática de assuntos	**Número de Questões**	**Peso**
1. Raciocínio Lógico	198	48,89%
2. Matemática	200	49,38%
3. Noções de Estatística	7	1,73%
Total	**405**	**100%**

Sumário

CAPÍTULO 1

Raciocínio Lógico

1. RACIOCÍNIO LÓGICO

Por que Raciocínio Lógico-Matemático vem sendo cada vez mais cobrado em provas de concursos públicos?

O raciocínio equilibrado, que tem como base a argumentação, melhora o desempenho intelectual das pessoas em geral e, é claro, dos servidores públicos. Ela influencia diretamente na performance profissional e na saúde mental dos indivíduos. Logo, nada melhor do que mensurar e considerar como critério de avaliação para uma vaga no tão almejado setor público, a capacidade de articulação lógica do candidato.

Apesar de ainda não ser uma das disciplinas específicas com maior peso na pontuação da prova, a sua importância aumenta à medida que as bancas organizadoras de concursos públicos abarcam, de forma mais intensa e aprofundada, o conteúdo programático de raciocínio lógico, que quase sempre vem com elementos adicionais da essencial matemática.

Podemos concluir que se trata de uma disciplina generalista, explorada em várias áreas de interesse do concursando, não só na área dos Tribunais.

Adicionalmente, por ser formador do senso crítico, o raciocínio lógico melhora a capacidade de memorização de conteúdo, interpretação e solução de problemas. Se você é uma daquelas pessoas que sequer pode ouvir falar em matemática, é hora de rever seus conceitos. Esta é a razão pela qual aqui estamos! Vamos orientá-lo neste caminho transformador!

Enfim, este trabalho objetiva levar a você um material claro, conciso e completo, utilizando de uma linguagem informal e fácil, a fim de auxiliá-lo na assimilação do conteúdo. Dessa forma, evitaremos ao máximo os termos técnicos, nos restringindo aos que sejam realmente necessários. É nesse espírito que economizaremos nas preliminares e nas teorias, partindo para o jogo principal com muita resolução de questões e, a elas, acrescentando dicas que vão desde como abordar a leitura de um enunciado, passando pela estruturação do problema e sua consequente resolução. Abraço a todos e mãos à obra!!!

1.1. Lógica Proposicional

Caro amigo concursando, nosso ponto de partida será a lógica proposicional. Falaremos desde os conceitos iniciais, importantes para dar sustentação a outros tópicos que serão abortados em capítulos seguintes, passando pelos conectivos, pela formação de proposições compostas e para finalizar, pelas formas de equivalências e negativas dessas mesmas proposições compostas.

Chamamos a sua atenção para o grau de importância deste primeiro capítulo. Mesmo que, num primeiro momento, o conteúdo pareça simples, não o menospreze em seus estudos. Trata-se de uma sequência na qual cada novo item mantém dependência com os itens anteriores.

Recomendamos o estudo atento do conteúdo de cada item deste capítulo e a resolução das questões propostas ao longo da obra, preferencialmente, antes de ler os comentários, para, caso tenha dificuldade ou erre a resolução, retorne ao estudo da teoria e assim, siga em frente com um bom entendimento do conteúdo.

Mãos à obra!!

1.1.1. Proposições lógicas

A proposição é um conjunto de palavras ou símbolos que expressam uma ideia com sentido completo. Para o universo dos concursos, a melhor definição de proposição é: "oração ou sentença que pode ser classificada como verdadeira ou falsa", ou seja, são as denominadas sentenças declarativas. Tal classificação, verdadeira ou falsa, define o valor lógico da proposição.

Memorizar

Proposição é qualquer oração que pode ser classificada como verdadeira ou falsa.

Não são consideradas proposições:

- sentenças exclamativas: "Nossa, que prova difícil!";
- sentenças interrogativas: "Quando será publicado o edital?";
- sentenças imperativas: "Estude muito.";
- sentenças abertas: "Será divulgado no mural.";
- palavras soltas: "Estudo, edital, prova, livro, questão".

A sentença aberta, citada entre o rol das não proposições, não define de forma declarada a informação completa. Não dá pra saber o que será "divulgado" no mural, tão pouco, qual "mural" é este. Em outras palavras, o fato de desconhecer a totalidade da informação não permite que a sentença seja classificada como verdadeira ou falsa, portanto, não é uma proposição.

Até aqui falamos de proposições que trazem uma, e apenas uma, informação completa, é a denominada proposição simples ou proposição atômica. Entretanto, ela não será objeto das questões de raciocínio lógico, pelo menos não isoladamente.

1.1.2. Proposições compostas

Uma nova mensagem ou uma nova proposição não pode ser um subconjunto de uma proposição simples. A proposição simples não se subdivide, no entanto, pode unir-se a outra proposição para formar a proposição composta.

Quando abstraímos duas ou mais mensagens de uma sentença, ela é dita proposição composta ou proposição molecular. Isso quer dizer que uma proposição composta é a junção de duas ou mais proposições simples, as quais estão ligadas por meio de conectivos ou operadores lógicos.

Para entender as proposições compostas nos valemos da tabela verdade cujo conteúdo apresenta, de maneira esquematizada, as combinações de valores lógicos das proposições simples e o seu resultado, que é o valor lógico da proposição composta.

Para uma proposição composta por duas proposições simples todas as combinações de verdadeiro ou falso estão demonstrados na tabela.

P	Q
V	V
V	F
F	V
F	F

No caso são 4 linhas que discriminam todos os valores lógicos de "P" e "Q" e as possíveis combinações desses valores lógicos entre as duas proposições. Ou seja, para duas proposições simples são 4 linhas.

Vamos além! Abaixo a tabela verdade para três proposições simples:

P	Q	R
V	V	V
V	V	F
V	F	V
V	F	F
F	V	V

P	Q	R
F	V	F
F	F	V
F	F	F

Percebam que são 8 linhas na construção da tabela verdade para três proposições simples.

Poderíamos seguir com as explicações e justificativas, falar sobre a progressão geométrica, mas, caro amigo concursando, nesse momento, o melhor é guardar uma simples expressão que define a quantidade de linhas para qualquer proposição composta, independentemente da quantidade de proposições simples presentes.

Quantidade de linhas da tabela verdade	$L = 2^n$

Onde:

- L = Quantidade de linhas.
- n = Quantidade de proposições simples.

QUESTÃO PASSO A PASSO

01. ***(Cespe/Cebraspe – TRT (PA e AP) 8ª Região – Técnico Judiciário Área Administrativa –2023)*** *Considere-se a seguinte proposição P.*

P: "O juiz atendeu ao pedido do promotor e determinou a suspensão do porte de arma do suspeito."

A quantidade de linhas da tabela-verdade associada à proposição P, mencionada no texto é igual a

(A) 32.

(B) 16.

(C) 8.

(D) 2.

(E) 4.

► Comentários

Este é um tema que ficou esquecido pelas bancas em geral, nos últimos anos. Não é que "tabela verdade" não seja importante, muito pelo contrário, é fundamental conhecer a tabela verdade para compreender as nuances de cada operador lógico.

Porém, sendo mais específico, foi ignorado nestes últimos anos o questionamento quanto à quantidade de linhas da tabela verdade.

Vamos recordar.

Linhas da tabela verdade	$L = 2^n$

Entenda "L" como sendo o número total de linhas e "n" a quantidade de proposições simples.

Agora sim a questão.

Proposição Simples	**Conectivo**	**Proposição Simples**
O juiz atendeu ao pedido do promotor	*e*	*Determinou a suspensão do porte de arma do suspeito.*

As proposições simples trazem consigo uma informação singular centrada em um único verbo.

Estamos falando de duas proposições simples, logo, a tabela verdade:

Linhas da tabela verdade	$L = 2^n$ $L = 2^2$ $L = 4$

Resposta: A quantidade de linhas da tabela-verdade associada à proposição P, mencionada no texto é igual a 4.

Mesmo respondida a questão, vamos à construção da tabela verdade. As duas primeiras colunas referem-se às proposições simples e a última coluna a junção das duas por meio do conectivo "e".

O juiz atendeu ao pedido do promotor	*Determinou a suspensão do porte de arma do suspeito.*	*e*
V	V	V
V	F	F
F	V	F
F	F	F

Resumindo, para o conectivo "e" (conjunção) a sentença (em lógica denominada proposição composta) somente será verdadeira quando as duas proposições simples que a compõem forem igualmente verdadeiras.

Gabarito: E

QUESTÃO PASSO A PASSO

02. ***(FCC – TRE (SP) – Técnico Judiciário Programação – 2017)*** *Considere que uma expressão lógica envolva candidato (C), cargo político (P), votos (V) e ganhador (G). Para avaliar se uma dada expressão é verdadeira ou não, um Técnico deve usar uma Tabela da Verdade, que contém uma lista exaustiva de situações possíveis envolvendo as 4 variáveis. A Tabela da Verdade deve ter 4 colunas e*

(A) *8 linhas.*

(B) *16 linhas.*

(C) *4 linhas.*

(D) *32 linhas.*

(E) *64 linhas.*

▶ Comentários

Foram apresentadas quatro variáveis: candidato (C), cargo político (P), votos (V) e ganhador (G) cujas situações delas resultantes serão avaliadas exaustivamente. Entendemos que as variáveis são o que chamamos de proposições simples e análise exaustiva é a combinação de todas as possibilidades de valores lógicos (verdadeiro ou falso) entre elas.

Apesar de qualificar esta como sendo uma questão de resolução que pode ser detalhada, não faremos aquilo que não tem necessidade (montar a tabela verdade). O objetivo é o passo a passo daquilo que nos interessa para responder corretamente as questões de prova.

Então sabemos que são 4 proposições simples e precisamos saber o total de linhas da tabela verdade.

Quantidade de linhas da tabela verdade	L = número de linhas n = número de proposições simples	$L = 2^n$ $L = 2^4$ $L = 16$

Resposta: A Tabela da Verdade deve ter 4 colunas e 16 linhas.

Gabarito: B

1.1.3. Conjunção

Entenda conjunção como a adição de proposições simples, por meio do conectivo “e” ou representado pelo símbolo “∧”.

A proposição composta conjuntiva será verdadeira em apenas uma situação, quando ambas as proposições simples forem verdadeiras (primeira linha da tabela verdade), as demais situações serão falsas:

P	Q	P∧Q
V	V	V
V	F	F
F	V	F
F	F	F

Vejamos o seguinte exemplo: *Eduardo é tímido e Claudete é gentil* ***(Vunesp – TJ SP Capital – Técnico Judiciário – 2023).***

Constatamos tratar-se de uma proposição composta face a apresentação de duas informações. Reescrevendo de forma didática, temos:

Proposição Simples	Conjunção	Proposição Simples
Eduardo é tímido	e	Claudete é gentil

Então temos uma proposição composta que será verdadeira somente se ambas as proposições simples forem igualmente verdadeiras (primeira linha da tabela verdade). Quer dizer que a conjunção será verdadeira se de fato Eduardo for tímido e também Claudete for gentil.

Concluímos que, na conjunção basta que uma das proposições simples seja falsa para que a conjunção composta também seja. Obviamente que o resultado falso também ocorrerá quando ambas as proposições forem falsas.

Memorizar

A proposição composta conjuntiva será verdadeira somente quando ambas as proposições simples que a compõem forem verdadeiras. Será falsa nos demais casos.

1.1.4. Disjunção

Na disjunção a ideia é de escolha, uma ou outra proposição simples. Basta a verdade de apenas uma das proposições simples para garantir a verdade da proposição composta. Acrescentamos que não há impeditivo para que as duas proposições simples sejam, igualmente, verdadeiras.

Para facilitar, o que caracteriza a disjunção é a presença do conectivo "ou" cuja representação simbólica é o "V".

P	Q	P V Q
V	V	V
V	F	V
F	V	V
F	F	F

Repare que a última linha da tabela verdade é a única com valor lógico falso, nos demais casos, pelo menos uma proposição simples é verdadeira, consequentemente, a proposição composta é verdadeira.

Memorizar

A disjunção será falsa somente quando ambas as proposições simples que a compõem forem falsas. Será verdadeira em qualquer outra combinação de valores lógicos das proposições simples.

1.1.5. Disjunção exclusiva

Se uma proposição simples é verdadeira, a outra obrigatoriamente deve ser falsa e vice-versa para que a proposição composta seja verdadeira. Este é o conceito de exclusão, a verdade de uma exclui a verdade da outra.

Para não esquecer, "ou Galaxy ou iPhone", situação na qual a opção é por apenas um dos *smartphones*.

O símbolo que representa a disjunção exclusiva é o "V", mas preste atenção, o símbolo é sublinhado.

P	Q	P V Q
V	V	F
V	F	V
F	V	V
F	F	F

Conforme a tabela verdade acima, na disjunção exclusiva as proposições simples não podem ser ambas verdadeiras ou ambas falsas na mesma proposição composta verdadeira.

Memorizar

A disjunção exclusiva será verdadeira quando as duas partes possuírem valores lógicos distintos, uma verdadeira e outra falsa. E será falsa quando ambas as proposições simples que a compõem forem, ao mesmo tempo, verdadeiras ou, ao mesmo tempo, falsas.

1.1.6. Condicional

Supondo que estivéssemos às vésperas da prova e com pouco tempo para estudar, qual deve ser o foco da revisão do conteúdo programático?

Sem a menor sombra de dúvidas, a proposição composta condicional e, é claro, suas equivalências e sua negação (veremos logo à frente).

A condicional tem como representação simbólica a seta "→", cuja leitura é "se... então..." e a tabela verdade é a seguinte:

P	Q	P → Q
V	V	V
V	F	F
F	V	V
F	F	V

Trata-se do assunto mais importante da lógica proposicional! Vamos explorar o conteúdo diretamente com questões de provas recentes.

QUESTÃO PASSO A PASSO

03. ***(Cespe/Cebraspe – TJ ES – Analista Judiciário Área Administrativa – 2023)*** *Acerca de noções de lógica, julgue o item a seguir.*
A proposição "Considerando-se que o réu é capixaba, é correto afirmar que ele nasceu na cidade de Anchieta" pode ser representada, corretamente, na forma P ∧ Q, sendo P a proposição "O réu é capixaba" e Q a proposição "Nasceu na cidade de Anchieta".

▶ **Comentários**

Analisando a proposição em suas partes temos

Considerando-se que o réu é capixaba,	A informação é completa "o réu é capixaba", portanto, trata-se de uma proposição simples e conforme dito no enunciado, representada pela proposição P.
é correto afirmar que ele nasceu na cidade de Anchieta.	A informação é completa "ele (o réu) nasceu na cidade de Anchieta", logo, é uma proposição simples e, conforme dito, proposição Q.

E como as duas informações estão conectadas? Qual a relação entre elas?

Considerando-se que o réu é capixaba, é correto afirmar que ele nasceu na cidade de Anchieta	Considerando-se que CAUSA, é correto afirmar que CONSEQUÊNCIA.

A relação é de causa e consequência, a causa é condição para a consequência. Neste caso a proposição composta é dita condicional.

O autor afirma que a proposição pode ser representada, corretamente, na forma P ∧ Q, ou seja, conjunção. Entretanto, em vista do exposto, estamos falando de uma proposição composta condicional cuja representação correta é P ➔ Q.

A informação estaria preservada se escrita na forma mais conhecida da condicional fazendo uso do conectivo "se, então", assim teríamos: "Se o réu é capixaba, então é correto afirmar que ele nasceu na cidade de Anchieta".

A forma apresentada estaria correta se a proposição composta assim fosse:

O réu é capixaba e ele nasceu na cidade de Anchieta	Neste formato excluímos a situação de causa e efeito e acrescentamos o conectivo "e" para ligar (somar) duas proposições simples.

Resposta: A proposição dada não está corretamente representada por P ∧ Q. A representação correta é P → Q.

Gabarito: Errado

Atenção: "Regras facilitam e interpretação complica"

No estudo da lógica proposicional, acostume-se a trabalhar com as regras provenientes da tabela verdade evitando a interpretação do que se lê.

Se o seu objetivo são as carreiras de Tribunais, então não tem como escapar das proposições compostas condicionais. Sendo assim, vamos praticar!

QUESTÃO PASSO A PASSO

04. ***(Cespe/Cebraspe – TJ ES – Analista Judiciário Área Administrativa – 2023)*** *Acerca de noções de lógica, julgue o item a seguir.*

Se todo promotor de justiça é bacharel em direito e teve de ser aprovado em concurso público específico para tal cargo, logo, Cláudia, que não é promotora de justiça, ou não é bacharel em direito ou não foi aprovada em concurso público específico para ocupar o referido cargo.

▶ Comentários

Questão mal formulada e confusa. Se não fosse a boa vontade em imaginar o que o autor quis dizer, certamente indicaríamos o gabarito contrário ao que foi apresentado como oficial. Vale ressaltar que a banca não cancelou a questão e manteve o gabarito inicial.

Na primeira parte do item temos:

Se todo promotor de justiça		*é bacharel em direito e teve de ser aprovado em concurso público específico para tal cargo*
Se é promotor de justiça	então	é bacharel em direito e teve de ser aprovado em concurso público específico para tal cargo
PJ	→	BD ∧ AC

A proposição foi reescrita de maneira didática (segunda linha acima) para melhor compreensão. Ajustamos a primeira parte da condicional e acrescentamos a partícula "então" que havia sido suprimida pelo examinador.

Ainda, na terceira linha, temos a representação esquematizada, onde:

- PJ = é promotor de justiça.
- → = conectivo "se, então".
- BD = é bacharel em direito.
- ∧ = conectivo "e".
- AC = teve de ser aprovado em concurso público específico para tal cargo.

Seguindo com a leitura do item, encontramos a informação específica sobre a Cláudia *"Cláudia, que não é promotora de justiça"*. Isto é um fato, então, a proposição simples PJ *"é promotor de justiça"* é falsa.

Voltamos para a proposição composta inicial.

Se todo promotor de justiça		*é bacharel em direito e teve de ser aprovado em concurso público específico para tal cargo*
Se é promotor de justiça	então	é bacharel em direito e teve de ser aprovado em concurso público específico para tal cargo
PJ	→	BD ∧ AC
FALSO	→	

Dado o fato de que Cláudia não é promotora, segue-se a disjunção exclusiva *"ou não é bacharel em direito ou não foi aprovada em concurso público específico para ocupar o referido cargo"*. Por ser uma disjunção exclusiva (ou, ... ou) uma de suas proposições é falsa e a outra é verdadeira, independente da ordem.

Olhando para a proposição inicial, o segundo termo "BD ∧ AC" será "falso ∧ verdadeiro" ou "verdadeiro ∧ falso". Qualquer que seja a ordem dos valores lógico, o resultado de "BD ∧ AC" é falso.

Se todo promotor de justiça		*é bacharel em direito e teve de ser aprovado em concurso público específico para tal cargo*
Se é promotor de justiça	então	é bacharel em direito e teve de ser aprovado em concurso público específico para tal cargo
PJ	→	BD ∧ AC
FALSO	→	FALSO

Por fim, a condicional "PJ → (BD ∧ AC)" tem valores lógico "falso → falso" e, de acordo com a tabela verdade, o conjunto é uma proposição composta condicional verdadeira.

Resposta: Após o exercício de paciência e uma dose de generosidade na interpretação do item, podemos dizer que a afirmativa está correta.

Gabarito: Certo

QUESTÃO RÁPIDA

05. ***(FCC – TRT (BA) 5ª Região – Analista Judiciário Área Administrativa – 2022)*** *Se Adão vai ao cinema, Benedito consegue estudar e Carla não faz brigadeiro. Carla fez brigadeiro, então podemos afirmar que*

(A) *Benedito conseguiu estudar.*

(B) *Adão não foi ao cinema.*

(C) *Benedito não conseguiu estudar.*

(D) *Adão foi ao cinema.*

(E) *Adão foi ao cinema se Benedito conseguiu estudar.*

▶ Comentários

O enunciado traz uma proposição composta condicional e informa que uma das proposições simples (Carla faz brigadeiro) é verdadeira.

Causa	Conectivo	Efeito
(Se) Adão vai ao cinema	então	Benedito consegue estudar e Carla não faz brigadeiro

A partícula "se", que faz parte do conectivo, revela a parte implícita (então) e, considerando que a proposição simples "Carla faz brigadeiro" é verdadeira, logo, "Carla não faz brigadeiro" é falsa.

Inferimos que a segunda parte da condicional é falsa (a conjunção "e" obriga a verdade dos termos para ser verdadeira).

Causa	Conectivo	Efeito
(Se) Adão vai ao cinema	então	Benedito consegue estudar e ~~Carla não faz brigadeiro~~
		FALSO

Buscamos, na tabela verdade da condicional, as linhas nas quais o segundo termo é falso.

P	Q	P → Q
V	F	F
F	F	V

São duas linhas com segundo termo falso sendo que apenas a que tem resultado verdadeiro nos interessa (última linha). Daí concluímos que o primeiro termo, Adão vai ao cinema, deve ser falso.

Conclusão:

- Adão não vai ao cinema.

Sobre a proposição "Benedito consegue estudar" nada podemos afirmar, tanto pode ser verdadeiro como falso, o que não altera a veracidade da proposição composta como um todo. Via de regra, as alternativas com afirmativa sobre esta proposição simples estarão erradas.

Resposta: Podemos afirmar que Adão não foi ao cinema.

Gabarito: B

Memorizar

A condicional somente será falsa quanto o termo antecedente for verdadeiro e o consequente falso. Nas demais situações, sempre verdadeira.

1.1.7. Bicondicional

A bicondicional é equivalente a duas proposições condicionais na situação em que os termos antecedente e consequente se alternam. A representação simbólica é a dupla seta "↔" cuja leitura é "se, e somente se".

Bicondicional	**É equivalente a:**
A ↔ B	A → B e B → A

Tabela verdade:

P	**Q**	**P ↔ Q**
V	V	V
V	F	F
F	V	F
F	F	V

Se na condicional, apenas a combinação VF resultava na falsidade da proposição composta, aqui, além desta, também a combinação FV resulta na falsidade da proposição composta.

Para gravar, guarde a regra abaixo.

Memorizar

A **bicondicional** será verdadeira quando os valores lógicos das duas proposições simples que a compõem forem **iguais.** Por outro lado, falsa quando ambas as proposições simples forem **diferentes,** uma verdadeira e a outra falsa.

Bem, como mencionamos, o propósito é trabalhar com o mínimo de teoria e completar o conhecimento por meio da resolução de questões, então, vamos a elas.

QUESTÃO PASSO A PASSO

06. ***(Cespe/Cebraspe – TRT (AP e PA) 8ª Região – Analista Judiciário Área Administrativa – 2022)*** *Considere que as primeiras três colunas da tabela-verdade da proposição lógica P ⟺ (Q ∧ R) sejam iguais a*

P	Q	R
V	V	V
V	V	F
V	F	V
V	F	F
F	V	V
F	V	F
F	F	V
F	F	F

Assinale a opção que apresenta a sequência de valores V ou F da última coluna da tabela-verdade apresentada.

(A) V V V V V F V V

(B) V F F F F V V V

(C) V V V V F F F V

(D) V V V F V F V F

(E) V V F V V F V F

► Comentários

As fórmulas proposicionais, tal qual a que encontramos no enunciado, P ⟺ (Q ∧ R), pode ser trabalhada com o auxílio da tabela verdade, isso faz todo sentido, até porque a sua construção foi iniciada.

Sobre as fórmulas proposicionais, o que você precisa conhecer é a ordem de resolução.

2. Negação;
3. Conjunção e disjunção.
4. Condicional.
5. Bicondicional

Esta ordem será alterada, algo que funciona como no desenvolvimento de uma equação matemática, com a inclusão dos parênteses cujo objetivo é priorizar uma operação.

Então, voltando para a fórmula proposicional dada, P ⟺ (Q ∧ R), a primeira tarefa é resolver a conjunção entre as proposições simples "Q" e "R". Faremos isso com a inclusão de uma nova coluna na tabela verdade.

P	Q	R	(Q ∧ R)
V	V	V	V
V	V	F	F
V	F	V	F
V	F	F	F
F	V	V	V
F	V	F	F
F	F	V	F
F	F	F	F

Observe que a conjunção é verdadeira apenas quando ambas as proposições simples que a compõem forem igualmente verdadeiras.

Na sequência passamos a resolver a bicondicional (⇔) cuja verdade pressupõe a igualdade de valores lógicos dos termos que a compõem, sejam eles ambos verdadeiros ou ambos falsos.

P	Q	R	(Q ∧ R)	P ⇔ (Q ∧ R)
V	V	V	V	V
V	V	F	F	F
V	F	V	F	F
V	F	F	F	F
F	V	V	V	F
F	V	F	F	V
F	F	V	F	V
F	F	F	F	V

Resposta: O resultado da fórmula lógica, P ⇔ (Q ∧ R), encontra-se na última coluna da tabela verdade: V, F, F, F, F, V, V, V.

Gabarito: B

QUESTÃO RÁPIDA

07. *(Cespe/Cebraspe – TRT (AP e PA) 8ª Região – Analista Judiciário Tecnologia da Informação – 2022)* *Considere os conectivos lógicos usuais presentes na tabela a seguir e assuma que as letras maiúsculas representem proposições lógicas.*

Conectivo	**Símbolo**
Conjunção	$\wedge$
Disjunção	$\vee$
Negação	~
Condicional	$\Rightarrow$
Bicondicional	$\Leftrightarrow$

Considere, ainda, o texto a seguir: O direito do trabalho e a justiça social são os pilares de uma organização de trabalho mais justa e igualitária, e, por essa razão, o currículo do ensino médio inclui disciplinas sobre cidadania, direitos humanos e empreendedorismo consciente. Tendo em vista essas informações, o texto precedente pode ser expresso corretamente pela proposição lógica

(A) P.

(B) $P \wedge Q$.

(C) $P \Rightarrow Q$.

(D) $(P \wedge Q) \Rightarrow (R \wedge S \wedge T)$.

(E) $(P \wedge Q) \Rightarrow R$.

► Comentários

Vejamos quais são os núcleos de informação (proposições simples).

O direito do trabalho e a justiça social são os pilares de uma organização de trabalho mais justa e igualitária, e, por essa razão, o currículo do ensino médio inclui disciplinas sobre cidadania, direitos humanos e empreendedorismo consciente.	1 - O direito do trabalho e a justiça social são os pilares de uma organização de trabalho mais justa e igualitária. 2 - o currículo do ensino médio inclui disciplinas sobre cidadania, direitos humanos e empreendedorismo consciente.

Apesar de longas, são duas proposições simples, confirmamos isso por meio dos verbos "ser" e "incluir", ligadas pela expressão "e, por essa razão" que denota a ideia de causa e efeito, logo, uma proposição composta condicional cuja representação segundo a simbologia dada é: $P \Rightarrow Q$.

Atenção, veja que o examinador usa a expressão "e, por essa razão" iniciando pela partícula "e" para induzir o candidato a acreditar tratar-se de uma conjunção, entretanto, ele segue o raciocínio dizendo "por essa razão", desse modo fica claro que a segunda proposição simples é resultado da primeira, de modo inverso, a primeira é condição para a segunda proposição simples.

Resposta: O texto apresentado pode ser expresso pela proposição lógica $P \Rightarrow Q$.

Gabarito: C

QUESTÃO RÁPIDA

08. ***(Consulplan – TER (RJ) – Analista Judiciário Análise de Sistemas – 2017)*** *De acordo com algumas implicações lógicas, analise as afirmativas a seguir.*

I. *Se p é verdadeira e q é verdadeira, então p ∧ q é verdadeira.*

II. *Se p é verdadeira ou q é verdadeira, então p V q é falsa.*

III. *Se p é verdadeira e p → q é verdadeira, então q é verdadeira.*

IV. *Se ~p é verdadeira e p V q é verdadeira, então q é verdadeira.*

V. *Se ~q é verdadeira e p → q é verdadeira, então ~p é verdadeira.*

VI. *Se p V q é verdadeira, p → r é verdadeira e q → r é verdadeira, então r é verdadeira.*

VII. *p V [q ∧ (~q)] ⇔ p.*

VIII. *p → q ⇔ (~p) V p.*

Estão INCORRETAS apenas as afirmativas

(A) *I e II.*

(B) *II e VIII.*

(C) *I, II, VI e VIII.*

(D) *III, IV, V e VI.*

▶ **Comentários**

Análise dos itens.

I. ***Se p é verdadeira e q é verdadeira, então p ∧ q é verdadeira.***

As proposições simples "p" e "q" são verdadeiras, logo, a conjunção composta pelas duas é também verdadeira.

Item correto.

II. ***Se p é verdadeira ou q é verdadeira, então p V q é falsa.***

Ao dizer que "p é verdadeira ou q é verdadeira" entendemos que pelo menos uma das proposições simples é verdadeira, logo, "p V q" tem pelo menos um termo verdadeiro e não pode ser falso.

Item errado.

A questão está resolvida, o gabarito correto é B. (pois encontramos a única resposta possível sendo I. verdadeiro e II. falso).

III. ***Se p é verdadeira e p → q é verdadeira, então q é verdadeira.***

Sendo p verdadeira, início do item, temos que: p (V) → q. Para que esta seja verdadeira (sabendo que a condicional é falsa quando o primeiro termo é verdadeiro e o segundo falso) q obrigatoriamente é uma proposição verdadeira.

Item correto.

IV. ***Se ~p é verdadeira e p V q é verdadeira, então q é verdadeira.***

Sendo ~p verdadeira, início do item, temos que: p (F) V q. Para que esta seja verdadeira, dado que p é falso, q obrigatoriamente é uma proposição verdadeira.

Item correto.

V. ***Se ~q é verdadeira e p → q é verdadeira, então ~p é verdadeira.***

Sendo ~q verdadeira, início do item, temos que: p → q (F). Para que esta seja verdadeira (sabendo que a segunda parte da condicional é falsa) p obrigatoriamente é uma proposição falsa, logo, a negação de p é verdadeira.

Item correto.

VI. ***Se p V q é verdadeira, p → r é verdadeira e q → r é verdadeira, então r é verdadeira.***

Toda a primeira parte da condicional é verdadeira "*p V q é verdadeira, p → r é verdadeira e q → r é verdadeira*" o que implica a verdade da segunda parte "então r é verdadeira".

Item correto.

VII. ***p V [q Λ (~q)] ⇔ p.***

Independente do valor lógico de q, esta parte sempre será falsa "*[q Λ (~q)]*", portanto, a situação da fórmula proposicional é: "*p V Falso ⇔ p*". Assim, percebemos que a bicondicional ⇔ (ou equivalência) depende apenas do valor lógico de "p" e ambos os termos são equivalentes.

Item correto

VIII. ***p → q ⇔ (~p) V p.***

A segunda parte da bicondicional ⇔ "*(~p) V p*" sempre será verdadeira, o que não acontece com a primeira parte, portanto é falsa a bicondicional (equivalência).

Item errado.

Resposta: São incorretas apenas as afirmativas II e VIII.

Gabarito: B

QUESTÃO RÁPIDA

09. ***(Consulplan – TER (RJ) – Analista Judiciário Análise de Sistemas – 2017)*** *A tabela-verdade com proposições lógicas terá sua coluna equivalência completada na ordem:*

Prop1	Prop2	Conjunção	Disjunção	Negação	Implicação	Equivalência
p	q	p Λ q	p V q	~p	p → q	
V	V	V	V	F	V	

Prop1	*Prop2*	*Conjunção*	*Disjunção*	*Negação*	*Implicação*	*Equivalência*
V	*F*	*F*	*V*	*F*	*F*	
F	*V*	*F*	*V*	*V*	*V*	
F	*F*	*F*	*F*	*V*	*V*	

(A) p ⇔ q, F, F, V, V.

(B) p ⇔ q, V, F, V, F.

(C) p ⇔ q, V, V, F, F.

(D) p ⇔ q, V, F, F, V.

▶ Comentários

A tabela verdade da equivalência, mais conhecida como bicondicional é:

Prop1	Prop2	Conjunção	Disjunção	Negação	Implicação	Equivalência
p	q	p ∧ q	p ∨ q	~p	p → q	p ⇔ q
V	V	V	V	F	V	V
V	F	F	V	F	F	F
F	V	F	V	V	V	F
F	F	F	F	V	V	V

Resposta: Completando a tabela, temos, na sequência, p ⇔ q, V, F, F, V.

Gabarito: D

1.2. Equivalência Proposicional

As proposições são equivalentes ou logicamente equivalentes quando são mantidas as mesmas proposições simples em novo arranjo proposicional e os resultados das tabelas-verdade continuam idênticos.

Algumas equivalências, básicas, chegam a ser intuitivas:

Proposição	Equivalência
a ∧ a	a
a ∨ a	a
a ∧ b	b ∧ a
a ∨ b	b ∨ a
a ↔ b	b ↔ a
a ↔ b	(a → b) ∧ (b → a)

Mas, vamos ao que interessa, a queridinha dos concursos públicos, equivalência da proposição composta condicional.

1.2.1. Equivalência da condicional

Muito explorada em concursos públicos, a equivalência, ou melhor, as equivalências da condicional são:

- **Equivalência 1**

Regra	Equivalência
Proposição composta condicional	$r \rightarrow s$
Manter o mesmo conectivo "se, então"	$\rightarrow$
Inverter a posição das proposições simples	$s \rightarrow r$
Alterar o valor lógico de ambas as proposições	$\sim s \rightarrow \sim r$

Neste primeiro caso, o resultado também é uma proposição composta condicional. Observe que na segunda forma de montarmos a equivalência (abaixo), a condicional transforma-se em uma disjunção.

- **Equivalência 2**

Regra	Equivalência
Proposição composta condicional	$r \rightarrow s$
Mudar o conectivo "se, então" para disjunção "ou"	$\vee$
Alterar o valor lógico da primeira proposição	$\sim r \vee$ ...
Manter o valor lógico da segunda proposição	$\sim r \vee s$

Na prática, trabalhamos da seguinte forma:

QUESTÃO PASSO A PASSO

10. ***(Vunesp – TJ (SP) – Escrevente Técnico Judiciário – 2023)*** *Em uma reunião, com seus colaboradores, o chefe do atendimento diz: "Se o atendimento é bom, então o cliente fica satisfeito e volta". A alternativa que contém uma afirmação equivalente à afirmação do chefe é:*

(A) Se o cliente não fica satisfeito ou volta, então o atendimento não é bom.

(B) O cliente fica satisfeito ou volta e o atendimento é bom.

(C) Se o cliente fica satisfeito e volta, então o atendimento é bom.

(D) O atendimento é bom e o cliente fica satisfeito e volta.

(E) Se o cliente não fica satisfeito ou não volta, então o atendimento não é bom.

▶ Comentários

A mensagem do chefe do atendimento é, para nós, uma proposição composta.

Termo Precedente	Conectivo	Termo Consequente
Se o atendimento é bom,	*então*	*o cliente fica satisfeito e volta*

Observações:

- A partícula "se" que figura na primeira parte da proposição faz parte do conectivo condicional "se, então".
- O segundo termo, ou consequente, é uma proposição composta dentro da condicional o qual pode ser reescrito como: o cliente fica satisfeito e o cliente volta.

Feitas as observações, passamos à resolução propriamente dita.

- **Equivalência 1**

Regra	Equivalência
Proposição composta condicional	*Se o atendimento é bom, então o cliente fica satisfeito e volta*
Manter o mesmo conectivo "se, então"	Se ..., então ...
Inverter a posição das proposições simples	Se o cliente fica satisfeito e volta, então o atendimento é bom
Alterar o valor lógico de ambas as proposições	Se o cliente **não** fica satisfeito **ou não** volta, então o atendimento **não** é bom.

Atenção, a negação da conjunção "o cliente fica satisfeito e volta" obriga a negação de ambos os termos e a alteração do conectivo conjunção "e" pela disjunção "ou" (a negação de proposições está detalhada no próximo item), por isso o resultado é "o cliente não fica satisfeito ou não volta".

- **Equivalência 2**

Regra	Equivalência
Proposição composta condicional	*Se o atendimento é bom, então o cliente fica satisfeito e volta*
Mudar o conectivo "se, então" para disjunção "ou"	... ou ...
Alterar o valor lógico da primeira proposição	O atendimento **não** é bom **ou** ...
Manter o valor lógico da segunda proposição	O atendimento **não** é bom **ou** o cliente fica satisfeito e volta.

Para a proposição dada, mensagem do chefe do atendimento, chegamos a duas possibilidade de equivalência.

- Se o cliente não fica satisfeito ou não volta, então o atendimento não é bom.
- O atendimento não é bom ou o cliente fica satisfeito e volta.

Resposta: A afirmação equivalente à mensagem do chefe é "Se o cliente não fica satisfeito ou não volta, então o atendimento não é bom.

Gabarito: E

Seguimos com mais questões para aprimorar e acelerar a resolução da equivalência proposicional.

QUESTÃO RÁPIDA

11. ***(Cespe/Cebraspe – TRT (AP e PA) 8ª Região – Técnico Judiciário Área Administrativa – 2022)*** *Considere que as proposições lógicas simples sejam representadas por letras maiúsculas e que os símbolos lógicos usuais sejam representados de acordo com a tabela a seguir.*

Conectivo	***Símbolo***
Conjunção	$\wedge$
Disjunção	$\vee$
Negação	$\sim$
Condicional	$\Longrightarrow$
Bicondicional	$\Longleftrightarrow$

Nessa situação hipotética, a proposição lógica $((P \vee Q) \wedge R) \Longrightarrow (S \vee T)$ *é equivalente à proposição lógica*

(A) $(((P \vee Q) \wedge R) \Longrightarrow S) \vee (((P \vee Q) \wedge R) \Longrightarrow T)$.

(B) $((P \wedge Q) \vee R) \Longrightarrow \sim(S \vee T)$.

(C) $(\sim(P \vee Q) \vee \sim R) \Longrightarrow \sim(S \vee T)$.

(D) $\sim(S \vee T) \Longrightarrow (\sim P \vee \sim Q) \wedge \sim R)$.

(E) $(\sim S \wedge \sim T) \Longrightarrow \sim(Q \wedge R) \wedge \sim(P \wedge R)$.

▶ Comentários

Se estamos falando de equivalência, então seguimos a regra.

Regra	**Equivalência**
Proposição composta condicional	$((P \vee Q) \wedge R) \Longrightarrow (S \vee T)$
Manter o mesmo conectivo "se, então"	$\Longrightarrow$

Regra	Equivalência
Inverter a posição das proposições simples	(S ∨ T) ⟹ ((P ∨ Q) ∧ R)
Alterar o valor lógico de ambas as proposições	~(S ∨ T) ⟹ ~((P ∨ Q) ∧ R) (~S ∨ ~T) ⟹ ~((P ∧ R) ∨ (Q ∧ R)) (~S ∨ ~T) ⟹ ~(P ∧ R) ∧ ~(Q ∧ R)

O maior trabalho foi quanto à negação do segundo termo, no qual foi aplicado primeiro a propriedade distributiva e após a negação.

Resposta: A proposição lógica ((P ∨ Q) ∧ R) ⟹ (S ∨ T) é equivalente à proposição lógica (~S ∨ T) ⟹ ~(P ∧ R) ∧ ~(Q ∧ R).

Gabarito: E

QUESTÃO RÁPIDA

12. ***(IBFC – TJ (MG) – Analista Judiciário Área Judiciária – 2022)*** *Uma frase que representa uma equivalência da proposição lógica "Se Paulo estudou, então teve um bom desempenho no concurso" é:*

(A) *Paulo estudou ou não teve um bom desempenho no concurso*

(B) *Paulo não estudou ou não teve um bom desempenho no concurso*

(C) *Se Paulo não estudou, então não teve um bom desempenho no concurso*

(D) *Paulo não estudou ou teve um bom desempenho no concurso*

(E) *Paulo estudou e teve um bom desempenho no concurso*

▶ **Comentários**

Direto ao ponto, equivalência da condicional.

- **Equivalência 1**

Inverter a posição dos termos antecedente e consequente, negar ambos os termos e manter o mesmo conectivo (se, então).

Condicional	Equivalência
Se Paulo estudou, então teve um bom desempenho no concurso	Se não teve um bom desempenho no concurso, então Paulo não estudou

- **Equivalência 2**

Alterar o valor lógico do primeiro termo e alterar o conectivo para disjunção (ou).

Regra	Equivalência
Se Paulo estudou, então teve um bom desempenho no concurso	Paulo não estudou ou teve um bom desempenho no concurso

Resposta: A frase que representa uma equivalência da proposição lógica apresentada é "Paulo não estudou ou teve um bom desempenho no concurso".

Gabarito: D

QUESTÃO RÁPIDA

13. ***(Vunesp – TJ (SP Capital) – Escrevente Técnico Judiciário – 2021)*** *Uma afirmação equivalente à afirmação 'Se Alice estuda, então ela faz uma boa prova, e se Alice estuda, então ela não fica triste' é*

(A) *Se Alice estuda, então ela não faz uma boa prova ou ela fica triste.*

(B) *Se Alice fica triste e não faz uma boa prova, então ela não estuda.*

(C) *Se Alice estuda, então ela faz uma boa prova e ela não fica triste.*

(D) *Alice estuda e ela faz uma boa prova e não fica triste.*

(E) *Alice não estuda, e ela faz uma boa prova ou não fica triste.*

► Comentários

Nos foi solicitado a equivalência da afirmação "Se *Alice estuda, então ela faz uma boa prova, e se Alice estuda, então ela não fica triste*". Primeiro vamos entender a proposição.

Proposição	Conectivo	Proposição
Se Alice estuda, então ela faz uma boa prova	*e*	*se Alice estuda, então ela não fica triste*

Percebam que as duas partes da conjunção são ambas condicionais iniciadas pela mesma proposição simples "Alice estuda" e não há alternativa com tal proposição simples repetida.

O recurso é aplicar a propriedade distributiva.

Proposição	Conectivo	Proposição
Se Alice estuda	então	ela faz uma boa prova **e** não fica triste

Reescrevemos a afirmação "Se Alice estuda, então ela faz uma boa prova e não fica triste" de maneira diferente, não deixa de ser uma equivalência. E pronto, temos a resposta.

Resposta: A afirmação equivalente à afirmação apresentada é "Se Alice estuda, então ela faz uma boa prova e não fica triste".

Gabarito: C

1.3. Negação Proposicional

A negação da proposição simples é a inversão do seu valor lógico. Mas, para as proposições compostas existe um regramento específico. Veremos, neste momento, cada uma delas:

1.3.1. Negação da conjunção

A negação da proposição conjuntiva, ~(p ∧ q), realiza-se conforme segue:

Regra	Negação
Proposição composta conjuntiva	p ∧ q
Alterar o conectivo conjunção "e" pela disjunção "ou"	V
Negar ambas as proposições simples	~p V ~q

Exemplo: Uma questão pode vir assim em sua prova: "Não é verdade que João é médico e Pedro é dentista". E pedirá que você encontre, entre as alternativas, aquela que seja logicamente equivalente a esta.

A sentença começa por: "não é verdade que...". Ora, dizer que "não é verdade" implica negar o que se segue e o que vem em seguida é uma estrutura conjuntiva.

O que se faz é a negação de: "João é médico e Pedro é dentista".

Regra	Negação
Alterar o conectivo conjunção "e" pela disjunção "ou"	ou
Negar ambas as proposições simples	João não é médico ou Pedro não é dentista

Traduzindo para a linguagem da lógica, diremos que: ~(p ∧ q) = ~p V ~q.

E, melhor do que exemplos, é ver como as bancas cobram o assunto nas provas.

QUESTÃO PASSO A PASSO

14. ***(FCC – TRT (PR) 9ª Região – Analista Judiciário Área Administrativa – 2022)*** *A negação da afirmação: "não ficou doente e vai ficar em casa" é:*

(A) *Ficou doente ou vai ficar em casa.*

(B) *Não ficou doente ou não vai ficar em casa.*

(C) *Ficou doente e não vai ficar em casa.*

(D) *Não ficou doente ou vai ficar em casa.*

(E) *Ficou doente ou não vai ficar em casa.*

▶ **Comentários**

Estamos diante de uma proposição composta conjuntiva cujo valor lógico pode ser verdadeiro ou falso. Será verdadeira quando as duas proposições simples que a compõem forem verdadeiras. Estamos relembrando este conceito da conjunção para melhor compreensão da sua negação.

Seguimos com a explicação, porém, junto com a resolução da questão.

Proposição Simples	Conjunção	Proposição Simples
não ficou doente	*e*	*vai ficar em casa*

Como dissemos, a verdade da proposição composta depende da verdade das duas proposições simples, logo, a negação de apenas uma delas é suficiente para contradizê-la. Negar a primeira parte ou negar a segunda parte ou, ainda, negar ambas são possibilidades de contradizer a informação inicial.

Este detalhamento é para demonstrar porque substituímos a conjunção "e" pela disjunção "ou" e, claro, alterar o valor lógico (negar) ambas as proposições simples.

Regra	Negação
Alterar o conectivo conjunção "e" pela disjunção "ou"	ou
Negar ambas as proposições simples	Ficou doente ou não vai ficar em casa.

Observe que a alteração do valor lógico (negação) da primeira parte efetivou-se com a supressão da partícula "não".

Resposta: A negação da afirmação apresentada é "Ficou doente ou não vai ficar em casa".

Gabarito: E

1.3.2. Negação da disjunção

Se a negação da conjunção resulta em uma disjunção, para a disjunção temos a situação inversa: $\sim(p \vee q) = \sim p \wedge \sim q$.

Regra	Negação
Proposição composta disjuntiva	$p \vee q$
Alterar o conectivo disjunção "ou" pela conjunção "e"	$\wedge$
Negar ambas as proposições simples	$\sim p \wedge \sim q$

1.3.3. Negação da condicional

Chegamos à principal das negações, a condicional (entenda principal como a mais cobrada).

Regra	Negação
Proposição composta condicional	p → q
Alterar o conectivo condicional "se, então" pela conjunção "e"	∧
Negar a segunda proposição simples	p ∧ ~q

1.3.4. Negação da bicondicional

Eis aqui um entendimento não uniforme entre as bancas examinadoras, a negação da proposição composta bicondicional.

Algumas admitem que a negação da bicondicional é a conversão em outra proposição, a disjunção exclusiva. A justificativa para este entendimento é que a tabela verdade de uma é exatamente o contrário da outra. Assim, adotaremos esse posicionamento.

Veja a tabela verdade da bicondicional.

P	Q	P ↔ Q
V	V	V
V	F	F
F	V	F
F	F	V

E compare com a disjunção exclusiva.

P	Q	P ⊻ Q
V	V	F
V	F	V
F	V	V
F	F	F

QUESTÃO RÁPIDA

15. ***(Vunesp – TJ (SP) – Escrevente Técnico Judiciário – 2023)*** *A seguir estão cinco pares de afirmações. Analise cada um desses pares de afirmações sob os seguintes aspectos: se formam um par de afirmações equivalentes ou se formam um par de afirmações que são negações lógicas entre si. Se o par em questão for de duas afirmações equivalentes, considere isso um SIM. Se o par em questão for de afirmações que se comportam como negações lógicas entre si, considere isso um SIM. Se o par em questão não for uma coisa nem outra considere isso um NÃO.*

I. Se os gatos têm quatro patas, então os gatos são quadrúpedes.
Se os gatos não são quadrupedes, então os gatos não têm quatro patas.

II. O cão é amigo fiel e o cão não abandona o seu dono.
O cão não é amigo fiel e o cão abandona o seu dono.

III. Se o chão está molhado, então é perigoso andar por ele.
O chão não está molhado ou é perigoso andar por ele.

IV. Carina chegou cedo e foi embora tarde.
Carina não chegou cedo ou não foi embora tarde.

V Tomáz é hábil ao jogar tênis e ao jogar basquete.
Tomáz é hábil ao jogar tênis e Tomáz é hábil ao jogar basquete.

A verificar os cinco pares de afirmações, a quantidade de considerações com o SIM é igual a

(A) 3.
(B) 4.
(C) 1.
(D) 2.
(E) 5.

► Comentários

Segue análise dos itens um a um.

I. Se os gatos têm quatro patas, então os gatos são quadrúpedes.
Se os gatos não são quadrupedes, então os gatos não têm quatro patas.

Alterou a posição das proposições simples e negou ambas. Exatamente a regra da equivalência condicional, portanto, SIM.

II. O cão é amigo fiel e o cão não abandona o seu dono.
O cão não é amigo fiel e o cão abandona o seu dono.

Chegou perto da negação da conjunção ao negar ambas as proposições simples, porém faltou alterar o conectivo "e" pela disjunção "ou". Não se trata de negação nem equivalência. NÃO.

III. Se o chão está molhado, então é perigoso andar por ele.
O chão não está molhado ou é perigoso andar por ele.

A condicional transformou-se em disjunção e houve a negação da primeira proposição simples. Regra de equivalência da condicional. SIM.

IV. Carina chegou cedo e foi embora tarde.
Carina não chegou cedo ou não foi embora tarde.

A negação da conjunção faz-se com a negação de ambas as proposições simples e alteração do conectivo "e" pela disjunção "ou", tal qual o item apresenta. SIM.

V. Tomáz é hábil ao jogar tênis e ao jogar basquete.

Tomáz é hábil ao jogar tênis e Tomáz é hábil ao jogar basquete.

O examinador apenas destacou a parte oculta na segunda proposição simples. Apesar de não ser comum, como houve alteração da estrutura e a mensagem é a mesma, podemos classificar como equivalência da proposição composta conjuntiva. SIM.

Resposta: A quantidade de considerações com o SIM é igual a 4.

Gabarito: B

QUESTÃO RÁPIDA

16. ***(FCC – TRT (RO e AC) 14ª Região – Técnico Judiciário Área Administrativa – 2022)*** *Considere seguintes proposições:*

p: Em março há 2 feriados ou 5 domingos.

q: Em março nunca há carnaval.

A negação da condicional p → q é equivalente à afirmação:

(A) *Em março não há 2 feriados e não há 5 domingos e em março sempre há carnaval.*

(B) *Em março não há 2 feriados ou não há 5 domingos e em março sempre há carnaval.*

(C) *Em março há 2 feriados ou 5 domingos e em março pode haver carnaval.*

(D) *Se em março não há 2 feriados e não há 5 domingos, então em março sempre há carnaval.*

(E) *Se em março não há 2 feriados e não há 5 domingos, então em março pode haver carnaval.*

► **Comentários**

A negação da condicional p → q requer a negação do segundo termo e alteração da condicional (se, então) pela conjunção (e).

Condicional	Negação
p → q	p ∧ ~q

Sabendo que:

- p: Em março há 2 feriados ou 5 domingos.
- q: Em março nunca há carnaval.

Negação
~p ∧ q
Em março há 2 feriados ou 5 domingos e em março há algum carnaval.

Observação: A negação da segunda parte da proposição composta, na qual está presente o quantificador "nunca", não se faz com a substituição por "sempre", mas sim por "algum" ou "pelo menos um". Aprofundaremos este estudo à frente quando tratarmos do tema proposições categóricas.

Resposta: A negação solicitada, com o devido ajuste para o quantificador "algum", é "Em março há 2 feriados ou 5 domingos e em março pode haver carnaval".

Gabarito: C

QUESTÃO RÁPIDA

17. ***(IBFC – TJ (MG) – Analista Judiciário Área Judiciária – 2022)*** *Uma frase que representa uma negação da proposição lógica "Pedro estudará ou irá ao encontro dos amigos" é:*

(A) *Pedro não estudará ou irá ao encontro dos amigos*

(B) *Pedro não estudará ou não irá ao encontro dos amigos*

(C) *Pedro não estudará e não irá ao encontro dos amigos*

(D) *Pedro estudará e não irá ao encontro dos amigos*

(E) *Pedro não estudará e irá ao encontro dos amigos*

▶ Comentários

O enunciado traz uma proposição composta disjuntiva e nos solicita a negação cuja regra é: negar ambas as proposições simples e alterar o conectivo "ou" para a conjunção "e".

Proposição Disjuntiva	Negação
Pedro estudará ou irá ao encontro dos amigos	Pedro não estudará e não irá ao encontro dos amigos

Resposta: A frase que representa a negação da proposição lógica em destaque é "Pedro não estudará e não irá ao encontro dos amigos".

Gabarito: C

QUESTÃO RÁPIDA

18. ***(IBFC – TJ (MG) – Oficial Judiciário Assistente Técnico de Controle Financeiro – 2022)*** *Uma frase que representa a negação da proposição lógica "O candidato foi aprovado e a prova não foi difícil" é:*

(A) *O candidato não foi aprovado e a prova foi difícil*

(B) *O candidato não foi aprovado ou a prova foi difícil*

(C) *O candidato não foi aprovado e a prova não foi difícil*

(D) *O candidato foi aprovado e a prova foi difícil*

(E) *O candidato foi aprovado ou a prova não foi difícil*

▶ Comentários

Para a negação da proposição lógica "*O candidato foi aprovado e a prova não foi difícil*", temos:

Regra	Negação
Alterar o conectivo disjunção "ou" pela conjunção "e"	e
Negar ambas as proposições simples	O candidato não foi aprovado ou a prova foi difícil

Resposta: A frase que representa a negação da proposição lógica apresentada é "O candidato não foi aprovado ou a prova foi difícil".

Gabarito: B

QUESTÃO RÁPIDA

19. ***(Vunesp – TJ (SP Capital) – Escrevente Técnico Judiciário – 2021)*** *Identifique a afirmação que corresponda à negação lógica da afirmação a seguir: Se a questão é fácil, então todos os candidatos acertam.*

(A) *A questão é fácil ou pelo menos um candidato acerta.*

(B) *A questão é fácil e pelo menos um candidato não acerta.*

(C) *Se a questão não é fácil, então nenhum candidato acerta.*

(D) *Se todos os candidatos não acertam, então a questão não é fácil.*

(E) *A questão não é fácil e todos os candidatos acertam.*

► **Comentários**

Lembre-se, evite a interpretação para tentar fazer a negação solicitada. Para lógica proposicional a melhor forma para trabalhar é seguindo as regras.

Regra	Negação
Proposição dada: Condicional	*Se a questão é fácil, então todos os candidatos acertam.*
Alterar o conectivo condicional "se, então" pela conjunção "e"	e
Manter o valor lógico da primeira proposição simples e negar a segunda	A questão é fácil e pelo menos um candidato não acerta.

A precaução fica por conta da negação da segunda parte da proposição composta. Está errado negar a expressão "todo" com a alteração por "nenhum". A negação correta é "pelo menos um não" ou simplesmente "alguns não". (Veremos esse assunto mais à frente quando tratarmos do tema proposições categóricas).

Resposta: A negação daquilo que se afirma no enunciado é "A questão é fácil e pelo menos um candidato não acerta".

Gabarito: B

QUESTÃO PASSO A PASSO

20. *(Consulplan - TRE (RJ) - Analista Judiciário Análise de Sistemas - 2017)* *Devido à seca que assola o nosso país agora em 2017, uma fábrica de doces não está conseguindo matéria-prima para a fabricação.*

P: se não há matéria-prima para fabricação ou indicação de como solucionar uma irrigação do plantio para que haja produção, então não há produção de leite ou produção de frutas para produção de doces.

Na proposição P, a negação do consequente estaria corretamente expressa por: "há produção de leite ou há produção de frutas". Concluímos que a NEGAÇÃO pode ser escrita como:

(A) *Há produção de leite ou há produção de frutas.*

(B) *Há produção de leite ou não há produção de frutas.*

(C) *Não há produção de leite ou há produção de frutas.*

(D) *Não há produção de leite ou não há produção de frutas.*

▶ Comentários

A introdução é perfeitamente descartada para o objetivo da questão. Apesar da correlação dos fatos narrados, seca no país à época e a falta de matéria prima para a fabricação de doces, veja que o examinador é claro ao nos solicitar a negação da proposição P, ou, sendo mais específico, a negação do consequente da proposição P.

As proposições compostas, com duas ou mais proposições simples, apresentam dois termos e, dependendo do autor, podem ser denominados de primeiro termo e segundo termo, antecedente e consequente ou mesmo, na proposição composta condicional de causa e consequência.

Partindo para a resolução da questão, descartada a introdução, analisaremos a proposição P (segundo parágrafo do enunciado).

Proposição P	Observação
Se não há matéria-prima para fabricação ou indicação de como solucionar uma irrigação do plantio para que haja produção, então não há produção de leite ou produção de frutas para produção de doces.	A proposição inicia-se pela partícula "se", indicativo que estamos diante de uma proposição composta **condicional**.

Considerando tratar-se de uma condicional, o termo antecedente contempla toda a parte inicial da proposição até a partícula "então", daí para frente temos o termo consequente.

Antecedente	Conectivo	Consequente
Se não há matéria-prima para fabricação ou indicação de como solucionar uma irrigação do plantio para que haja produção,	*então*	*Não há produção de leite ou produção de frutas para produção de doces.*

Vale destacar que a partícula "se" deixada junto com o termo antecedente faz parte do conectivo condicional (se, então).

Identificado o termo consequente, *"não há produção de leite ou produção de frutas para produção de doces"*, e atentando para a presença do conectivo "ou", disjunção, seguimos com a negação solicitada no comando da questão.

- Negação da disjunção:

Disjunção	*Não há produção de leite ou produção de frutas para produção de doces.*
Alterar o conectivo "ou" para a conjunção "e"	... e...
Negar ambos os termos da proposição composta.	Há produção de leite **e não há** produção de frutas para produção de doces.

Percebeu que não temos alternativa correta para esta resposta?

Mas a banca considerou correta a alternativa "a", por quê?

Na verdade, foi uma interpretação particular do autor que não é largamente utilizada.

Observe o que diz a parte final do enunciado: *Na proposição P, a negação do consequente estaria corretamente expressa por: "há produção de leite ou há produção de frutas"* (grifo nosso).

O autor deu a reposta que ele considera correta no próprio enunciado tal qual encontramos na alternativa "a" e isso porque ele considerou o consequente como sendo uma proposição simples e não uma disjunção.

Proposição Simples	Justificativa
Não **há** produção de leite ou produção de frutas para produção de doces.	Existência de um único verbo.

O fato de considerar como sendo uma proposição simples, para a negação basta excluir a partícula negativa que inicia a frase.

Proposição Simples	Negação
Não há produção de leite ou produção de frutas para produção de doces.	~~Não~~ há produção de leite ou produção de frutas para produção de doces.

Esta foi a perspectiva do autor da questão com a qual não concordamos, entretanto, gabarito oficial para a questão.

Resposta: Na visão do examinador, a negação do consequente da proposição P é "há produção de leite ou produção de frutas para produção de doces".

Gabarito: A

1.4. Questões Variadas

QUESTÃO PASSO A PASSO

21. *(Cespe/Cebraspe - TJ (CE) - Técnico Judiciário Área Judiciária - 2023)* *Supondo que P represente a afirmação "Há 250 artigos na constituição brasileira" e que Q seja a afirmação "No Brasil existem mais de 34 mil leis", assinale a opção em que é apresentada a simbolização correta para a afirmação "Não há 250 artigos na constituição brasileira e no Brasil não existem mais de 34 mil leis".*

(A) ~(P ∨ Q)

(B) ~(P → Q)

(C) ~(P ∧ Q)

(D) ~P ∧ Q

(E) ~P ∨ ~Q

▶ Comentários

O examinador apresenta duas proposições simples, P e Q, as quais aparecem as sequências como uma única proposição composta reproduzida abaixo.

- P = Há 250 artigos na constituição brasileira;
- Q = No Brasil existem mais de 34 mil leis.

Proposição Simples	Conectivo	Proposição Simples
Não *há 250 artigos na constituição brasileira*	*e*	*no Brasil* ***não*** *existem mais de 34 mil leis*

Tanto a proposição P quanto a proposição Q, em relação ao enunciado, tiveram seus valores lógico alterados com a inclusão da partícula não.

Considerando as negações e o conectivo "conjunção e", podemos representar simbolicamente por: ~P ∧ ~Q. Infelizmente esta opção não está entre as alternativas.

Então, vamos deixar em evidência o operador não "~", neste caso temos: ~(P ∨ Q). Agora sim há alternativa correta.

A impressão maior é que fizemos a negação, pois houve a alteração de valores lógicos e substituição da conjunção "e" pela disjunção "ou", mas é só impressão, mesmo porque, o examinador solicita a representação simbólica e não a negação.

Para entender, veja a proposição original comparada com a identificamos como correta "~(P ∨ Q)".

Proposição Original	~(P ∨ Q)
Não há 250 artigos na constituição brasileira e no Brasil não existem mais de 34 mil leis	Não é verdade que há 250 artigos na constituição brasileira e que no Brasil existem mais de 34 mil leis.

Acima, as duas proposições são equivalentes e ambas correspondem à negação de "há 250 artigos na constituição brasileira e que no Brasil existem mais de 34 mil leis".

Resposta: A apresentação simbólica da afirmação dada é: ~(P ∨ Q).

Gabarito: A

QUESTÃO RÁPIDA

22. ***(Cespe/Cebraspe – TJ (ES) – Analista Judiciário Área Administrativa – 2023)*** *Acerca de noções de lógica, julgue o item a seguir.*

Considere que P, Q, R e S sejam proposições em que Q e R possuem valores lógicos verdadeiros e P e S possuem valores lógicos falsos. Nessa situação, o valor lógico da proposição (P → Q) ∧ ~(R ∨ S) é verdadeiro.

▶ Comentários

Resolvemos a fórmula lógica (P → Q) ∧ ~(R ∨ S) como se fosse uma equação matemática.

Proposição dada	(P → Q) ∧ ~(R ∨ S)
Valores lógico de cada proposição	(F → V) ∧ ~(V ∨ F)
Resolver os parênteses	V ∧ ~(V)
Resolver a negação	V ∧ F
Resolver a conjunção	**F**

Resposta: está errado dizer que o valor lógico da proposição (P → Q) ∧ ~(R ∨ S) é verdadeiro.

Gabarito: Errado

QUESTÃO PASSO A PASSO

23. ***(Cespe/Cebraspe – TJ (ES) – Analista Judiciário Área Administrativa – 2023)*** *Acerca de noções de lógica, julgue o item a seguir.*

A sentença "Há pelo menos um desembargador que é mais velho que todos os juízes" pode ser escrita na forma simbólica como ∀x ∃y (D(x) ∧ J(y) → V(x,y)), em que D(x) representa a proposição "x é desembargador"; J(y) representa a proposição "y é juiz"; e V(x,y) representa a proposição "x é mais velho que y".

▶ Comentários

Não entendi nada!

Foi a primeira coisa que você pensou. Calma! Não entregue o jogo antes do apito final! Tente o exercício de ler parte por parte do enunciado.

A sentença "Há pelo menos um desembargador que é mais velho que todos os juízes"	Até aqui, uma proposição. Sendo mais detalhista, uma proposição simples (um único verbo).
Pode ser escrita na forma simbólica como ∀x ∃y (D(x) ∧ J(y) → V(x,y))	Esta é a parte que assusta: ∀x ∃y (D(x) ∧ J(y) → V(x,y)), entretanto, precisamos comparar com a proposição dada.

Existe uma grande chance da afirmava estar errada porque qualificamos a sentença como sendo uma proposição simples e a simbologia é claramente uma proposição composta.

Segue o enunciado com as definições:

- D(x) = x é desembargador;
- J(y) = y é juiz;
- V(x,y) = x é mais velho que y.

Parece que facilitou muito nossa vida. Substituindo na forma simbólica:

Forma Simbólica	∀x ∃y (D(x) ∧ J(y) → V(x,y))
Substituir D(x), J(y) e V(x,y)	∀x ∃y (x é desembargador ∧ y é juiz → x é mais velho que y)
Substituir os símbolos ∧ e → por "e" e "se, então".	∀x ∃y (Se x é desembargador e y é juiz, então x é mais velho que y)

Até aqui temos:

- ∀x ∃y (Se x é desembargador e y é juiz, então x é mais velho que y)

Reforça a ideia de que o item está errado pois "Se x é desembargador e y é juiz, então x é mais velho que y" traduz-se por: Todo desembargador é mais velho que o juiz.

Restam os dois símbolos, os quantificadores ∀ e ∃, menos utilizados em provas de concursos, consequentemente, menos conhecidos dos concursando.

- ∀ = para todo
- ∃ = existe

Então vamos lá, ao pé da letra:

∀x ∃y (Se x é desembargador e y é juiz, então x é mais velho que y)
Para todo x, existe y (Se x é desembargador e y é juiz, então x é mais velho que y)
Para todo desembargador existe um juiz dada a condição: Se x é desembargador e y é juiz, então x é mais velho que y.

Traduzindo:

Para todo desembargador existe um juiz e, dado que a condição está correta: x é desembargador e y é juiz, conclui-se que todos os desembargadores são mais velhos que os juízes.

Resposta: A sentença "Há pelo menos um desembargador que é mais velho que todos os juízes" não condiz com a representação simbólica. Estaria correto se a sentença fosse dito: Todos os desembargadores são mais velhos que os juízes (e não apenas um).

Gabarito: Errado

QUESTÃO PASSO A PASSO

24. *(Cespe/Cebraspe – TRT (AP e PA) 8ª Região – Técnico Judiciário Área Administrativa – 2023)* *Considere-se a seguinte proposição P: "O juiz atendeu ao pedido do promotor e determinou a suspensão do porte de arma do suspeito."*

Assinale a opção que indica corretamente a negação da proposição P, mencionada no texto.

(A) *O juiz não atendeu ao pedido do promotor ou não determinou a suspensão do porte de arma do suspeito.*

(B) *O juiz atendeu ao pedido do promotor, mas não determinou a suspensão do porte de arma do suspeito.*

(C) *Ou o juiz não atendeu ao pedido do promotor ou não determinou a suspensão do porte de arma do suspeito.*

(D) *O juiz não atendeu ao pedido do promotor, mas determinou a suspensão do porte de arma do suspeito.*

(E) *O juiz não atendeu ao pedido do promotor e não determinou a suspensão do porte de arma do suspeito.*

▶ **Comentários**

A proposição P apresentada no enunciado é uma conjunção cuja característica é a presença do conectivo "e".

- O juiz atendeu ao pedido do promotor **e** determinou a suspensão do porte de arma do suspeito.

Para a negação da proposição composta conjuntiva, seguir a regra.

Regra	Negação
Proposição P	O juiz atendeu ao pedido do promotor **e** determinou a suspensão do porte de arma do suspeito.
Negar as duas proposições simples	O juiz **não** atendeu ao pedido do promotor ( ) **não** determinou a suspensão do porte de arma do suspeito.
Substituir o conectivo "e" pela disjunção "ou"	O juiz **não** atendeu ao pedido do promotor **ou não** determinou a suspensão do porte de arma do suspeito.

Resposta: a negação da proposição P, mencionada no texto é "O juiz **não** atendeu ao pedido do promotor **ou não** determinou a suspensão do porte de arma do suspeito".

Gabarito: A

QUESTÃO RÁPIDA

25. ***(Cespe/Cebraspe – TRT (AP e PA) 8ª Região – Técnico Judiciário Área Administrativa – 2023)*** *Considere-se a seguinte proposição P.*

P: "O juiz atendeu ao pedido do promotor e determinou a suspensão do porte de arma do suspeito."

Assinale a opção que, sob o ponto de vista da lógica sentencial, apresenta uma proposição equivalente à proposição P, mencionada no texto.

(A) *O juiz não só atendeu ao pedido do promotor, como também determinou a suspensão do porte de arma do suspeito.*

(B) *Se o juiz atendeu ao pedido do promotor, então determinou a suspensão do porte de arma do suspeito.*

(C) *Ou o juiz atendeu ao pedido do promotor ou determinou a suspensão do porte de arma do suspeito.*

(D) *O juiz atendeu ao pedido do promotor se, e somente se, determinou a suspensão do porte de arma do suspeito.*

(E) *Se o juiz não determinou a suspensão do porte de arma do suspeito, então não atendeu ao pedido do promotor.*

► Comentários

Para a conjunção (conectivo "e") não há equivalência específica, a possibilidade única é a alteração das posições dos termos.

Regra	Equivalência
A e B	B e A

Não há o que fazer senão avaliar as alternativas.

(A) O juiz não só atendeu ao pedido do promotor, como também determinou a suspensão do porte de arma do suspeito.

Adentramos o campo da interpretação. A alternativa repete, em outras palavras, a mesma informação que aquela da proposição P.

- O juiz atendeu o pedido do promotor.
- O juiz determinou a suspensão do porte de arma do suspeito.

Gabarito: A

QUESTÃO PASSO A PASSO

26. ***(Vunesp – TJ (SP Capital) – Escrevente Técnico Judiciário – 2023)*** *Um pouco antes de entrarem para prestar a prova de um concurso, 5 pessoas fizeram afirmações que soaram um tanto parecidas.*

- *Letícia afirmou: "Se o concurso é longo e é difícil, então os candidatos estudam."*
- *Pedro afirmou: "Se os candidatos estudam, então o concurso é longo e é difícil."*
- *Mércia afirmou: "Se os candidatos não estudam, então o concurso não é longo e não é difícil."*
- *Célia afirmou: "Se o concurso não é longo ou não é difícil, então os candidatos não estudam."*
- *Rodrigo afirmou: "Se o concurso é longo ou é difícil, então os candidatos não estudam."*

Duas dessas pessoas disseram afirmações logicamente equivalentes entre si. Essa dupla de pessoas é

(A) *Letícia e Rodrigo.*

(B) *Rodrigo e Mércia.*

(C) *Célia e Mércia.*

(D) *Pedro e Mércia.*

(E) *Pedro e Célia.*

► **Comentários**

Todas as afirmações são proposições compostas condicionais, conectivo "se, então", portanto a equivalência que procuramos contempla a alteração de posição das proposições simples e negação de ambas.

Treinar nunca é demais, então vejamos todas as equivalência.

- Afirmação da Letícia.

Condicional	**Equivalência da Condicional**
Se o concurso é longo e é difícil, então os candidatos estudam.	*Se os candidatos **não** estudam, então o concurso **não** é longo **ou não** é difícil.*

Não há tal equivalência entre as demais afirmações. A Afirmação da Mércia não pode ser considerada equivalente porque faltou substituir o conectivo "e" por "ou".

- Afirmação do Pedro.

Condicional	**Equivalência da Condicional**
Se os candidatos estudam, então o concurso é longo e é difícil.	*Se o concurso **não** é longo **ou não** é difícil, então os candidatos **não** estudam.*

A equivalência coincide com a afirmação da Célia, portanto, nossa resposta.

- Afirmação da Mércia.

Condicional	**Equivalência da Condicional**
Se os candidatos não estudam, então o concurso não é longo e não é difícil.	*Se o concurso é longo **ou** é difícil, então os candidatos estudam.*

- Afirmação do Rodrigo.

Condicional	Equivalência da Condicional
Se o concurso é longo ou é difícil, então os candidatos não estudam.	*Se os candidatos estudam, então o concurso **não** é longo **e não** é difícil.*

Resposta: As afirmações equivalentes foram ditas por Pedro e Célia.

Gabarito: E

QUESTÃO RÁPIDA

27. ***(Cespe/Cebraspe – TJ (CE) – Técnico Judiciário Área Judiciária – 2023)*** *Sendo P e Q duas proposições lógicas, é correto afirmar que a proposição composta* $[(P \rightarrow Q) \wedge P] \rightarrow Q$ *é uma*

(A) *analogia.*

(B) *contradição.*

(C) *tautologia.*

(D) *falácia.*

(E) *contingência.*

► Comentários

Eis um assunto esquecido ao longo dos últimos anos que voltou a ser cobrado pelo Cespe agora no ano de 2023.

- **Tautologia**: Quando a fórmula lógica é sempre verdadeira independente dos valores lógicos (verdadeiro ou falso) de cada uma das proposições simples que a compõe.
- **Contradição**: Quando a fórmula lógica é sempre falsa independente dos valores lógicos (verdadeiro ou falso) de cada uma das proposições simples que a compõe.
- **Contingência**: Quando a fórmula lógica ora é verdadeira ora é falsa a depender dos valores lógicos das proposições simples.

Se precisamos analisar todas as possibilidades de valores lógicos de cada proposição simples, a ferramenta natural é a tabela verdade. Vamos iniciar com a resolução dos parênteses.

P	Q	(P → Q)
V	V	V
V	F	F
F	V	V
F	F	V

Depois os colchetes.

P	Q	(P → Q)	[(P → Q) ∧ P]
V	V	**V**	V
V	F	**F**	F
F	V	**V**	F
F	F	**V**	F

Finalmente a condicional.

P	Q	(P → Q)	[(P → Q) ∧ P]	[(P → Q) ∧ P] → Q
V	**V**	V	**V**	V
V	**F**	F	**F**	V
F	**V**	V	**F**	V
F	**F**	V	**F**	V

Resposta: Independe dos valores lógicos das proposições simples, a fórmula lógica é sempre verdadeira, logo, uma tautologia.

Gabarito: C

QUESTÃO RÁPIDA

28. ***(FCC – TRT (SP) 2ª Região – Técnico Judiciário Área Administrativa – 2018)*** *Se o veículo ultrapassar os 50 km/h, então seu motorista será multado.*

Uma afirmação equivalente à afirmação anterior é:

(A) *Se o motorista não foi multado, então seu veículo ultrapassou os 50 km/h.*

(B) *O veículo não ultrapassou os 50 km/h e seu motorista não será multado.*

(C) *O veículo não ultrapassa os 50 km/h ou seu motorista é multado.*

(D) *Se o motorista foi multado, então seu veículo ultrapassou os 50 km/h.*

(E) *O motorista só será multado se o veículo ultrapassar os 50 km/h.*

▶ **Comentários**

A afirmação é uma proposição composta condicional "*Se o veículo ultrapassar os 50 km/h, então seu motorista será multado*" para a qual existem duas equivalências.

- **Equivalência 1**

Regra	Equivalência
Manter o mesmo conectivo "se, então"	Se..., então
Inverter a posição das proposições simples	Se o motorista é multado, então o veículo ultrapassou 50 km/h.
Alterar o valor lógico de ambas as proposições	Se o motorista **não** é multado, então o veículo **não** ultrapassou 50 km/h.

Equivalência 1: Se o motorista não é multado, então o veículo não ultrapassou 50 km/h.

- **Equivalência 2**

Regra	Equivalência
Alterar o valor lógico do primeiro termo	O veículo **não** ultrapassa 50 km/h.
Substituir o conectivo "se, então" pela disjunção "ou"	O veículo **não** ultrapassa 50 km/h **ou**
Manter o segundo termo inalterado.	O veículo **não** ultrapassa 50 km/h **ou** seu motorista será multado.

Equivalência 2: O veículo não ultrapassa 50 km/h ou seu motorista é multado.

Resposta: Segundo as alternativas, a afirmativa equivalente é "O veículo não ultrapassa os 50 km/h ou seu motorista é multado".

Gabarito: C

QUESTÃO RÁPIDA

29. ***(Cespe/Cebraspe – TRT (CE) 7ª Região – Analista Judiciário –2017)*** *Proposição P: A empresa alegou ter pago suas obrigações previdenciárias, mas não apresentou os comprovantes de pagamento; o juiz julgou, pois, procedente a ação movida pelo ex-empregado.*

A quantidade mínima de linhas necessárias na tabela-verdade para representar todas as combinações possíveis para os valores lógicos das proposições simples que compõem a proposição P do texto é igual a

(A) 32.

(B) 4.

(C) 8.

(D) 16.

▶ Comentários

Analise da proposição P.

Proposição Simples	Conectivo	Proposição Simples	Conectivo	Proposição Simples
A empresa alegou ter pago suas obrigações previdenciárias,	*Mas* (e)	*Não apresentou os comprovantes de pagamento;*	(Então)	*O juiz julgou, pois, procedente a ação movida pelo ex-empregado.*

Na linguagem direta, e com os conectivos, a proposição poderia ser reescrita assim:

- **Se** a empresa alegou ter pago suas obrigações previdenciárias **e** não apresentou os comprovantes de pagamento; **então** o juiz julgou procedente a ação movida pelo ex-empregado.

Trata-se de uma proposição composta condicional (se, então) cujo primeiro termo é outra proposição composta, no caso, conjuntiva (e). Na simbologia lógica seria: $(A \wedge B) \rightarrow C$.

Na verdade o que interessa é a quantidade de proposições simples para calcular a quantidade de linhas da tabela verdade.

Proposições simples:

- A empresa alegou ter pago suas obrigações previdenciárias.
- Não apresentou os comprovantes de pagamento.
- O juiz julgou, pois, procedente a ação movida pelo ex-empregado.

São três proposições simples.

Linhas da tabela verdade	$L = 2^n$ $L = 2^3$ $L = 8$

Resposta: São necessárias 8 linhas na tabela-verdade para representar todas as combinações possíveis para os valores lógicos das proposições simples que compõem a proposição P.

Gabarito: D

QUESTÃO PASSO A PASSO

30. ***(FGV – TRT (SC) 12ª Região – Analista Judiciário Área Administrativa – 2017)*** *Considere a sentença: "Se x é um número par e y é um número maior do que x, então y é um número ímpar". Sendo x um elemento do conjunto A e y um elemento do conjunto B, um cenário no qual a sentença dada é sempre verdadeira é:*

(A) A={2, 3, 4} e B={2, 3, 5};

(B) A={2, 3, 4} e B={3, 4, 5};

(C) A={1, 2, 3} e B={3, 4};

(D) A={1, 2, 3} e B={4, 5};

(E) A={3, 4} e B={5, 6}.

▶ Comentários

O que uma questão de matemática está fazendo neste item de lógica proposicional?

Sim, o conteúdo é matemático, porém, nessa situação o mais importante é a estrutura lógica. A matemática nos auxiliará quanto à classificação das proposições simples como verdadeiras ou falsas.

1º Termo	Conectivo	2º Termo
Se x é um número par e y é um número maior do que x	Então	*y é um número ímpar.*

Note que o primeiro termo é também uma proposição composta.

1º Termo			Conectivo	2º Termo
x é um número par	e	*y é um número maior do que x*	Então	*y é um número ímpar.*

O mais fácil em relação à proposição composta condicional (acima) é identificar quando ela é falsa (primeiro termo falso e o segundo termo verdadeiro).

Ou seja, descartamos as alternativas falsas (valores lógicos abaixo).

1º Termo			Conectivo	2º Termo
x é um número par	e	*y é um número maior do que x*	Então	*y é um número ímpar.*
VERDADE		**VERDADE**		**FALSO**

Resumindo, se encontrarmos exatamente os valores lógicos acima, a sentença será falsa e não atende o que a questão nos pede.

Agora estamos prontos para verificar as alternativas.

(A) A={2, 3, 4} e B={2, 3, 5};

Colocarmos todas as possibilidades de valores para x e y para que não fique dúvidas, entretanto, resolvendo a questão, você vai constatar não haver necessidade de tanto zelo para perceber que a sentença será sempre verdadeira.

x = 2 e y = 2	(Verdade ∧ Falso) → Falso	Falso → Falso (Verdadeiro)
x = 2 e y = 3	(Verdade ∧ Verdade) → Verdade	Verdade → Verdade (Verdadeiro)
x = 2 e y = 5	(Verdade ∧ Verdade) → Verdade	Verdade → Verdade (Verdadeiro)
x = 3 e y = 2	(Falso ∧ Falso) → Falso	Falso → Falso (Verdadeiro)
x = 3 e y = 3	(Falso ∧ Falso) → Verdade	Falso → Verdade (Verdadeiro)
x = 3 e y = 5	(Falso ∧ Verdade) → Verdade	Falso → Verdade (Verdadeiro)
x = 4 e y = 2	(Verdade ∧ Falso) → Falso	Falso → Falso (Verdadeiro)
x = 4 e y = 3	(Verdade ∧ Falso) → Verdade	Verdade → Verdade (Verdadeiro)
x = 4 e y = 5	(Verdade ∧ Verdade) → Verdade	Verdade → Verdade (Verdadeiro)

Para qualquer valor de x e y, a sentença sempre é verdadeira. Alternativa certa.

(B) A={2, 3, 4} e B={3, 4, 5};

x = 2 e y = 4	(Verdade ∧ Verdade) → Falso

Para x = 2 e y = 4 a sentença é falsa. Alternativa errada.

(C) A={1, 2, 3} e B={3, 4};

x = 2 e y = 4	(Verdade ∧ Verdade) → Falso

Para x = 2 e y = 4 a sentença é falsa. Alternativa errada.

(D) A={1, 2, 3} e B={4, 5};

x = 2 e y = 4	(Verdade ∧ Verdade) → Falso

Para x = 2 e y = 4 a sentença é falsa. Alternativa errada.

(E) A={3, 4} e B={5, 6}.

x = 4 e y = 6	(Verdade ∧ Verdade) → Falso

Para x = 4 e y = 6 a sentença é falsa. Alternativa errada.

Resposta: O cenário no qual a sentença dada é sempre verdadeira é para A={2, 3, 4} e B={2, 3, 5}

Gabarito: A

QUESTÃO RÁPIDA

31. ***(FGV – TRT (SC) 12ª Região – Analista Judiciário Área Administrativa – 2017)*** *Se o dobro de x é igual ao triplo de y, então a terça parte de x é igual:*

(A) *à metade de y;*

(B) *ao dobro de y;*

(C) *à sexta parte de y;*

(D) *à quarta parte de y;*

(E) *ao sêxtuplo de y.*

▶ **Comentários**

A Fundação Getulio Vargas apresentou a estrutura de uma proposição composta condicional cuja resolução exige a matemática.

Se o examinador pede, então não vamos discutir, seguiremos com nossos conhecimentos de matemática.

Se o dobro de x é igual ao triplo de y	2x = 3y

Dada a situação acima, conclui-se que:

Então a terça parte de x é igual	x/3 = ?

Uma opção é isolar o valor de x, e após, dividir x por 3

Isolar o valor de x	**Dividir x por 3**
2x = 3y x = 3y/2	x = 3y/2 x/3 = (3y/2)/3 x/3 = y/2

A mesma operação efetivada em um dos termos da igualdade (divisão por 3) deve ser feita no outro termo da equação. Essa é a razão pela qual chegamos no segundo termo "(3y/2)/3".

Resposta: A terça parte de x é igual à metade de y.

Gabarito: A

QUESTÃO PASSO A PASSO

32. ***(FGV – TRT (SC) 12ª Região – Analista Judiciário Área Administrativa – 2017)*** *Sabe-se que são verdadeiras as afirmativas:*

- *Se Z, então não X.*
- *Se não Z, então Y.*

Logo, deduz-se que:

(A) *Z é necessário para X;*

(B) *Z é suficiente para Y;*

(C) *X é necessário para Y;*

(D) *X é suficiente para Z;*

(E) *Y é necessário para X.*

▶ Comentários

A configuração do enunciado aparenta ser uma questão de estrutura lógica.

Z	→	Não X
Não Z	→	Y

Entretanto, quando olhamos para as alternativas entendemos que a cobrança é sobre os adjetivos necessário e suficiente.

No estudo de Raciocínio Lógico, especificamente sobre a proposição composta condicional, estes adjetivos são empregados como:

- O primeiro termo é condição suficiente para o segundo.

  Ou seja, basta a verdade do primeiro termo (é suficiente) para exigir a verdade do segundo termo.

- O segundo termo é condição necessária para o primeiro.

  Ou seja, é obrigatória a verdade do segundo (é necessária) para a verdade do primeiro termo.

Na questão:

Se Z, então não X.	Z é suficiente para não X Não X é necessário para Z
Se não Z, então Y.	Não Z é suficiente para Y Y é necessário para não Z

Nenhuma alternativa condiz com as relações acima.

Que tal tentarmos as proposições equivalentes. Lembrando que para outra condicional equivalente é necessário inverter as posições dos termos e negar ambos.

Condicional	Equivalência da Condicional
Se Z, então não X.	Se X, então não Z
Se não Z, então Y.	Se não Y, então Z

Nem é preciso fazer as relações necessário e suficiente porque sempre vai aparecer a partícula negativa "não" e nenhuma das alternativas está nesse formato.

Resta-nos o encadeamento de condicionais ou, em denominação técnica, silogismo hipotético. Veja o exemplo:

Condicionais	Encadeamento.
Se A então B Se B então C	Se A então C

A proposição simples B faz a ligação entre as condicionais e desaparece na conclusão.

Na questão a proposição simples que se repete é "Z", acontece que ele está no primeiro termo das duas proposições compostas. Por essa razão vamos aproveitar uma sentença original, retirada do enunciado, e outra a partir da equivalência que apresentamos acima.

Condicionais	Encadeamento.
Se X, então **não Z** Se **não Z**, então Y	Se X então Y

A coincidência da proposição simples "não Z" nos fez chegar a nova condicional "Se X então Y". Daí concluímos que:

- X é suficiente para Y.
- Y é necessário para X.

Resposta: Dadas as proposições condicionais, deduz-se que Y é necessário para X.

Gabarito: E

QUESTÃO RÁPIDA

33. ***(FGV – TRT (SC) 12ª Região – Técnico Judiciário Área Administrativa – 2017)*** *O salão principal do tribunal está preparado para um evento comemorativo e diversas pessoas foram convidadas a comparecer. Na porta do salão está um funcionário que recebeu instruções sobre as pessoas que podem entrar e uma delas foi:*

"Se tiver carteira de advogado pode entrar."

É correto concluir que:

(A) *se João entrou então tem carteira de advogado;*

(B) *quem não tem carteira de advogado não pode entrar;*

(C) *se Pedro não pode entrar então não tem carteira de advogado;*

(D) *quem é advogado, mas não tem carteira, pode entrar;*

(E) *todos os que entraram são advogados.*

▶ Comentários

Nossa referência é a proposição composta condicional:

- *Se tiver carteira de advogado pode entrar.*

Observando a tabela verdade, a única opção na qual a condicional não é verdadeira é quanto a causa existe (primeiro termo verdadeiro) e a consequência não acontece (segundo termo falso). Acontecendo esta situação, descartamos a alternativa.

(A) se João entrou então tem carteira de advogado;

É certo dizer que qualquer possuidor de carteira de advogado entrará na festa, o contrário não. Não é porque está na festa que a pessoa obrigatoriamente possui a carteira de advogado.

A alternativa altera a posição dos termos e isso muda a informação.

(B) quem não tem carteira de advogado não pode entrar;

A informação é que o possuidor da carteira de advogado pode entrar na festa, mas não restringe a esta, como a única razão para poder entrar.

(C) se Pedro não pode entrar então não tem carteira de advogado;

Perfeito, porque se tivesse a carteira de advogado, com certeza ingressaria na festa.

Alternativa correta.

(D) quem é advogado, mas não tem carteira, pode entrar;

Claro que não. Segundo a informação, a entrada está franqueada para quem possui a certeira de advogado e não aquele que é advogado.

(E) todos os que entraram são advogados.

Não é possível afirmar que todos que entraram são advogados, tão pouco afirmar que todos têm carteira de advogado.

Gabarito: C

QUESTÃO RÁPIDA

34. ***(Cespe/Cebraspe – TRT (CE) 7ª REGIÃO – Analista Judiciário Área Administrativa – 2017)***
Proposição P: A empresa alegou ter pago suas obrigações previdenciárias, mas não apresentou os comprovantes de pagamento; o juiz julgou, pois, procedente a ação movida pelo ex-empregado.

Assinale a opção que apresenta uma proposição equivalente, sob o ponto de vista da lógica sentencial, à proposição P do texto.

(A) *A empresa alegou ter pago suas obrigações previdenciárias, mas não apresentou os comprovantes de pagamento, ou o juiz julgou procedente a ação movida pelo ex-empregado.*

(B) *Se o juiz julgou procedente a ação movida pelo ex-empregado, então a empresa alegou ter pago suas obrigações previdenciárias, mas não apresentou os comprovantes de pagamento.*

(C) *Se a empresa alegou ter pago suas obrigações previdenciárias, mas não apresentou os comprovantes de pagamento, então o juiz julgou procedente a ação movida pelo ex-empregado.*

(D) *A empresa alegou ter pago suas obrigações previdenciárias, mas não apresentou os comprovantes de pagamento, mas o juiz julgou procedente a ação movida pelo ex-empregado.*

▶ **Comentários**

A proposição P está assim composta:

Proposição Simples	Conectivo	Proposição Simples	Conectivo	Proposição Simples
A empresa alegou ter pago suas obrigações previdenciárias,	*Mas* (e)	*não apresentou os comprovantes de pagamento;*	(então)	*o juiz julgou, pois, procedente a ação movida pelo ex-empregado.*

Reescrita abaixo conforme estamos acostumados.

- **Se** a empresa alegou ter pago suas obrigações previdenciárias **e** não apresentou os comprovantes de pagamento; **então** o juiz julgou procedente a ação movida pelo ex-empregado.

O que fizemos foi trocar a conjunção adversativa "mas" pelo conectivo "e". Essa ação não muda em nada a interpretação.

Outra alteração foi o conector "pois" por "se, então", também sem reflexo na interpretação. Inclusive, morfologicamente, pois também é classificado como, além de explicativo, como conclusivo.

A alternativa correta simplesmente fez a substituição do conector "pois" por "se, então", corretamente conforme explicamos, e nada mais.

Resposta: De acordo com as alternativas, a proposição equivalente é "Se a empresa alegou ter pago suas obrigações previdenciárias, mas não apresentou os comprovantes de pagamento, então o juiz julgou procedente a ação movida pelo ex-empregado".

Gabarito: C

QUESTÃO RÁPIDA

35. ***(Cespe/Cebraspe - TRT (CE) 7ª Região - Analista Judiciário - 2017)*** *Proposição P: A empresa alegou ter pago suas obrigações previdenciárias, mas não apresentou os comprovantes de pagamento; o juiz julgou, pois, procedente a ação movida pelo ex-empregado.*

Proposição Q: A empresa alegou ter pago suas obrigações previdenciárias, mas não apresentou os comprovantes de pagamento.

A proposição Q, anteriormente apresentada, está presente na proposição P do texto. A negação da proposição Q pode ser expressa por

(A) A empresa não alegou ter pago suas obrigações previdenciárias ou apresentou os comprovantes de pagamento.

(B) A empresa alegou ter pago suas obrigações previdenciárias ou não apresentou os comprovantes de pagamento.

(C) A empresa alegou ter pago suas obrigações previdenciárias e apresentou os comprovantes de pagamento.

(D) A empresa não alegou ter pago suas obrigações previdenciárias nem apresentou os comprovantes de pagamento.

▶ Comentários

A análise da proposição Q revela:

Proposição Simples	Conectivo	Proposição Simples
A empresa alegou ter pago suas obrigações previdenciárias	*Mas* (e)	*Não apresentou os comprovantes de pagamento.*

A conjunção adversativa, mesmo representando adversidade, não exclui o entendimento de que as duas informações contidas nas proposições simples são fatos e se somam, logo, é perfeitamente substituível pela conjunção "e".

Trata-se de conjunção cuja negação exige:

- Negar as duas proposições simples.
- Alterar o conectivo "e" pela disjunção "ou".

Conjunção	Negação da Conjunção
A empresa alegou ter pago suas obrigações previdenciárias, mas não apresentou os comprovantes de pagamento.	A empresa **não** alegou ter pago suas obrigações previdenciárias **ou** apresentou os comprovantes de pagamento.

Resposta: A negação da proposição Q pode ser expressa por "A empresa não alegou ter pago suas obrigações previdenciárias ou apresentou os comprovantes de pagamento".

Gabarito: A

QUESTÃO PASSO A PASSO

36. ***(FGV – TRT (SC) 12ª Região – Analista Judiciário Área Administrativa – 2017)*** *Considere a sentença: "Se Pedro é torcedor do Avaí e Marcela não é torcedora do Figueirense, então Joana é torcedora da Chapecoense".*

Uma sentença logicamente equivalente à sentença dada é:

(A) Se Pedro não é torcedor do Avaí ou Marcela é torcedora do Figueirense, então Joana não é torcedora da Chapecoense.

(B) Se Pedro não é torcedor do Avaí e Marcela é torcedora do Figueirense, então Joana não é torcedora da Chapecoense.

(C) Pedro não é torcedor do Avaí ou Marcela é torcedora do Figueirense ou Joana é torcedora da Chapecoense.

(D) Se Joana não é torcedora da Chapecoense, então Pedro não é torcedor do Avaí e Marcela é torcedora do Figueirense.

(E) Pedro não é torcedor do Avaí ou Marcela é torcedora do Figueirense e Joana é torcedora da Chapecoense.

► **Comentários**

A sentença apresentada é uma proposição composta condicional.

- *"Se Pedro é torcedor do Avaí e Marcela não é torcedora do Figueirense, então Joana é torcedora da Chapecoense".*

Sabemos serem duas as equivalências viáveis para a condicional, mas antes delas, vamos analisar a primeira parte da proposição composta.

- *"Pedro é torcedor do Avaí e Marcela não é torcedora do Figueirense".*

Dentro da condicional, outra proposição composta, só que conjuntiva (conectivo "e"). Como precisaremos da negação deste termo, deixaremos pronto antecipadamente.

Negação da conjunção.

Negar ambas as proposições simples e substituir o conectivo "e" pela disjunção "ou"	*Pedro **não** é torcedor do Avaí **ou** Marcela é torcedora do Figueirense*

Guarde esta negação e vamos para as equivalências da condicional.

- **Equivalência 1**

Regra	Equivalência
Manter o mesmo conectivo "se, então"	Se..., então
Inverter a posição das proposições simples	Se Joana é torcedora da Chapecoense, então Pedro é torcedor do Avaí e Marcela não é torcedora do Figueirense.
Alterar o valor lógico (negar) de ambos os termos	Se Joana **não** é torcedora da Chapecoense, então Pedro **não** é torcedor do Avaí **ou** Marcela é torcedora do Figueirense.

Equivalência 1: Se Joana não é torcedora da Chapecoense, então Pedro não é torcedor do Avaí ou Marcela é torcedora do Figueirense.

- **Equivalência 2**

Regra	Equivalência
Alterar o valor lógico (negar) do primeiro termo	Pedro **não** é torcedor do Avaí **ou** Marcela é torcedora do Figueirense
Substituir o conectivo "se, então" pela disjunção "ou"	Pedro **não** é torcedor do Avaí **ou** Marcela é torcedora do Figueirense **ou**
Manter o segundo termo inalterado.	Pedro **não** é torcedor do Avaí **ou** Marcela é torcedora do Figueirense **ou** Joana é torcedora da Chapecoense.

Equivalência 2: Pedro não é torcedor do Avaí ou Marcela é torcedora do Figueirense ou Joana é torcedora da Chapecoense. Esta equivalência encontramos na alternativa C.

Cuidado com a alternativa E, apenas o conectivo "e" colocado erroneamente onde deveria estar o conectivo "ou". "Pedro não é torcedor do Avaí ou Marcela é torcedora do Figueirense **e** Joana é torcedora da Chapecoense".

Resposta: A sentença logicamente equivalente à sentença dada é "Pedro não é torcedor do Avaí ou Marcela é torcedora do Figueirense ou Joana é torcedora da Chapecoense".

Gabarito: C

QUESTÃO PASSO A PASSO

37. ***(FGV – TRT (SC) 12ª Região – Técnico Judiciário Área Administrativa – 2017)*** *Em um tribunal os processos possuem capas totalmente de cor cinza ou totalmente de cor azul.*

Sabe-se também que: Os processos de capa cinza não vão para o arquivo.

É correto concluir que:

(A) *todo processo de capa azul vai para o arquivo;*

(B) *todo processo que vai para o arquivo tem capa azul;*

(C) *a capa de um processo que não é arquivado é certamente cinza;*

(D) *alguns processos que são arquivados têm capa cinza;*

(E) *nenhum processo de capa azul vai para o arquivo.*

▶ Comentários

Olha a sutileza de uma proposição composta condicional e a importância de acompanhar as regras e, na medida do possível, tentar evitar as interpretações.

Sabemos que os processos têm capa cinza ou azul e que:

- Os processos de capa cinza não vão para o arquivo.

A última informação é uma condicional cuja causa é o processo ter capa cinza e a consequência é não ir para o arquivo. Reescrita no formato lógico:

- Se o processo tem capa cinza, então não vai para o arquivo.

Apenas com a proposição composta é difícil identificar uma alternativa com ela coerente. Agora, veja sua equivalência.

Condicional	Equivalência da Condicional
Se o processo tem capa cinza, então não vai para o arquivo.	Se vai para o arquivo, então o processo não tem capa cinza.

Recordando, são duas equivalência para a proposição composta condicional, uma delas prevê a alteração da posição dos termos e negação de ambos.

Não paramos por aí, a informação inicial é de que os processos têm capa azul ou cinza e, uma vez que a equivalência descreve "processo não tem capa cinza", neste momento vale a interpretação, entendemos que o processo tem capa azul.

Atualizando a informação da proposição equivalente:

- Se vai para o arquivo, então o processo tem capa azul.

Resposta: Todo processo que vai para o arquivo tem capa azul.

Gabarito: B

QUESTÃO PASSO A PASSO

38. ***(Cespe/Cebraspe – TRT (CE) 7ª Região – Analista Judiciário – 2017)*** *Argumento formado pelas premissas (ou proposições) P1 e P2 e pela conclusão C.*

P1: Se eu assino o relatório, sou responsável por todo o seu conteúdo, mesmo que tenha escrito apenas uma parte.

P2: Se sou responsável pelo relatório e surge um problema em seu conteúdo, sou demitido.

C: Logo, escrevo apenas uma parte do relatório, mas sou demitido.

A negação da proposição P2 pode ser corretamente escrita na forma

(A) *Sou responsável pelo relatório e surge um problema em seu conteúdo, mas não sou demitido.*

(B) *Se não sou responsável pelo relatório e não surge um problema em seu conteúdo, não sou demitido.*

(C) *Se sou responsável pelo relatório e surge um problema em seu conteúdo, não sou demitido.*

(D) *Não sou responsável pelo relatório, nem surge um problema em seu conteúdo, mas sou demitido.*

► Comentários

A construção apresentada é um silogismo no qual estão presentes duas premissas e a conclusão. Porém, vamos nos restringir ao que nos foi solicitado, a negação da proposição P2.

- Se sou responsável pelo relatório e surge um problema em seu conteúdo, sou demitido.

Apesar de não estar expresso, a partir do conectivo "se, então", verificamos que se trata de uma proposição composta condicional, na qual o primeiro termo, face a presença do conectivo "e", também é uma proposição composta, só que conjuntiva.

A estrutura principal é de uma condicional, logo, seguimos a regra de negação da condicional.

Regra	Negação
Manter o primeiro termo inalterado	Sou responsável pelo relatório e surge um problema em seu conteúdo
Alterar o conectivo "se, então" pela conjunção "e"	Sou responsável pelo relatório e surge um problema em seu conteúdo **e**
Negar o segundo termo	Sou responsável pelo relatório e surge um problema em seu conteúdo **e não** sou demitido.

O ajuste cabível seria a substituição do primeiro "e" por uma vírgula para uma melhor apresentação, gramaticalmente falando, e sem perda ou alteração de informação.

A negação da proposição P2: "Sou responsável pelo relatório, surge um problema em seu conteúdo **e não** sou demitido".

Outra possibilidade de ajuste sem perda ou alteração de informação, adotada pelo examinador, é substituir o segundo "e" pela partícula adversativa "mas".

Resposta: A negação da proposição P2 é "Sou responsável pelo relatório e surge um problema em seu conteúdo, mas não sou demitido".

Gabarito: A

QUESTÃO RÁPIDA

39. ***(FGV – TRT (SC) 12ª Região – Analista Judiciário Área Administrativa – 2017)*** *A negação lógica da sentença "Se eu como e não corro, então eu engordo" é:*

(A) Se eu como e não corro, então eu não engordo.

(B) Eu como e não corro e não engordo.

(C) Se eu não engordo, então eu não como ou corro.

(D) Eu não como e corro e não engordo.

(E) Se eu não como ou corro, então eu não engordo.

► Comentários

Nada de perder tempo, vamos aplicar direto a regra da negação da proposição composta condicional.

Regra	Negação
Manter o primeiro termo inalterado	Eu como e não corro
Alterar o conectivo "se, então" pela conjunção "e"	Eu como e não corro **e**
Negar o segundo termo	Eu como e não corro **e** eu **não** engordo

Mantivemos a pronome pessoal "eu" no segundo termo. O examinador foi mais cauteloso e apresentou sua negação sem o pronome, uma leitura mais agradável.

Resposta: A negação lógica da sentença dada é "Eu como e não corro e eu não engordo".

Gabarito: B

QUESTÃO RÁPIDA

40. ***(FGV – TRT (SC) 12ª Região – Técnico Judiciário Área Administrativa – 2017)*** *Os advogados Miguel e Lucas conversam sobre determinado processo que vão receber.*

- Miguel: Se esse processo é de "danos morais" então tem 100 páginas ou mais.
- Lucas: Não é verdade.

O que Lucas disse é logicamente equivalente a:

(A) esse processo não é de danos morais e tem 100 páginas ou mais;

(B) esse processo não é de danos morais ou tem menos de 100 páginas;

(C) se esse processo não é de danos morais então tem 100 páginas ou mais;

(D) se esse processo é de danos morais então tem 100 páginas ou menos;

(E) esse processo é de danos morais e tem menos de 100 páginas.

▶ Comentários

Dizer que uma informação não é verdadeira, conforme manifestação do Lucas, significa negar a declaração de Miguel.

É isso que faremos, negaremos a proposição composta condicional:

- *Se esse processo é de "danos morais" então tem 100 páginas ou mais.*

Regra	Negação
Manter o primeiro termo inalterado	Esse processo é de "danos morais"
Alterar o conectivo "se, então" pela conjunção "e"	Esse processo é de "danos morais" **e**
Negar o segundo termo	Esse processo é de "danos morais" **e não** tem 100 páginas **nem** mais.

Apresentamos a negação conforme a regra e mantivemos o segundo termo mais próximo possível do original e é claro, negando-o. O examinador apresentou a mesma informação de forma diferente.

- Nossa: Não tem 100 páginas nem mais.
- Examinador: Tem menos de 100 páginas.

Resposta: O que Lucas disse é logicamente equivalente a: "Esse processo é de danos morais e não tem 100 páginas nem mais", ainda, "esse processo é de danos morais e tem menos de 100 páginas" segundo o examinador.

Gabarito: E

QUESTÃO RÁPIDA

41. ***(FCC – TRT (AM e RR) 11ª Região – Técnico Judiciário Área Administrativa – 2017)*** *A frase que corresponde à negação lógica da afirmação: Se o número de docinhos encomendados não foi o suficiente, então a festa não acabou bem, é*

(A) *Se o número de docinhos encomendados foi o suficiente, então a festa acabou bem.*

(B) *O número de docinhos encomendados não foi o suficiente e a festa acabou bem.*

(C) *Se a festa não acabou bem, então o número de docinhos encomendados não foi o suficiente.*

(D) *Se a festa acabou bem, então o número de docinhos encomendados foi o suficiente.*

(E) *O número de docinhos encomendados foi o suficiente e a festa não acabou bem.*

▶ Comentários

A proposição composta condicional é a mais cobrada em relação à lógica proposicional em provas de concursos públicos, neste caso, não foi diferente solicitando a negação de:

- *Se o número de docinhos encomendados não foi o suficiente, então a festa não acabou bem.*

Aplicar a regra de negação.

Regra	Negação
Manter o primeiro termo inalterado	O número de docinhos encomendados não foi o suficiente
Alterar o conectivo "se, então" pela conjunção "e"	O número de docinhos encomendados não foi o suficiente **e**
Negar o segundo termo	O número de docinhos encomendados não foi o suficiente **e** a festa acabou bem.

Resposta: A frase que corresponde à negação lógica da afirmação dada é "O número de docinhos encomendados não foi o suficiente e a festa acabou bem".

Gabarito: B

QUESTÃO RÁPIDA

42. ***(FCC – TRT (SE) 20ª Região – Analista Judiciário Área Judiciária – 2016)*** *Do ponto de vista da lógica, a proposição "se tem OAB, então é advogado" é equivalente à*

(A) *tem OAB ou é advogado.*

(B) *se não tem OAB, então não é advogado.*

(C) *se não é advogado, então não tem OAB.*

(D) *é advogado e não tem OAB.*

(E) *se é advogado, então tem OAB.*

▶ Comentários

Dada a proposição "*se tem OAB, então é advogado*", entendemos ser uma condicional face à presença do conectivo "se, então". A partir daí, é seguir a regra.

E lembre-se, são duas possibilidades de equivalência para a condicional.

- Equivalência 1.

Regra	Equivalência
Manter o mesmo conectivo "se, então"	Se..., então
Inverter a posição das proposições simples	Se é advogado, então tem OAB.
Alterar o valor lógico de ambas as proposições	Se **não** é advogado, então **não** tem OAB.

- Equivalência 2

Regra	Equivalência
Alterar o valor lógico do primeiro termo	**Não** tem OAB.
Substituir o conectivo "se, então" pela disjunção "ou"	**Não** tem OAB **ou**
Manter o segundo termo inalterado.	**Não** tem OAB **ou** é advogado.

Portanto, as equivalências são:

- Se não é advogado, então não tem OAB.
- Não tem OAB ou é advogado.

Resposta: A opção do examinador foi pela equivalência: "se não é advogado, então não tem OAB".

Gabarito: C

1.5. Estruturas Lógicas

Estamos mudando de fase, chegou a hora de sedimentarmos o aprendizado dos itens anteriores aplicando os conceitos explorados em questões que trazem um encadeamento de proposições compostas.

Até então falamos de lógica proposicional para, agora, passarmos a tratar de argumentação. Nessa etapa, estamos aprofundando nossos conhecimentos sobre o mesmo assunto. Começamos com o estudo sobre as proposições simples, passamos pelas proposições compostas e seus conectivos e chegamos às negações e equivalências. Agora passaremos a focar nos encadeamentos lógicos, ou seja, uma composição com várias proposições compostas.

Fique atento amigo! Nas provas de raciocínio lógico, seja para os Tribunais como em qualquer outra área, este item certamente será explorado!

Ah, uma dica: Se constar no edital uma cobrança objetiva, do tipo: "*lógica sentencial*", "*lógica proposicional*", "*tabela verdade*", ou mesmo se no item estiver escrito de forma mais requintada, em textos que a gente lê e fica na dúvida do que se trata, algo como: "*Estrutura lógica de relações arbitrárias entre pessoas, lugares, objetos ou eventos fictícios; deduzir novas informações das relações fornecidas e avaliar as condições usadas para estabelecer a estrutura daquelas relações. Compreensão e elaboração da lógica das situações por meio de: raciocínio verbal, raciocínio matemático, raciocínio sequencial, orientação espacial e temporal, formação de conceitos, discriminação de elementos*", tenha certeza de que haverá uma questão similar à que passaremos a analisar agora.

1.5.1. Argumentação lógica

Iniciaremos este item entendendo o que é um argumento. Vale ressaltar que estamos trabalhando com Raciocínio Lógico para concursos públicos, logo, os esclarecimentos estão totalmente focados neste objetivo.

No dia a dia, usamos a argumentação, baseada no raciocínio, para provocar o convencimento do outro.

O raciocínio envolve juízos existentes cujo objetivo é chegar a conclusões adequadas. Já a argumentação faz uso de raciocínio baseado em lastros sólidos e argumentações aceitáveis.

Para o raciocínio lógico, objeto dos concursos públicos, o argumento é a relação entre um conjunto de proposições (sentenças declarativas) com uma proposição conclusiva. Nessa relação, denominamos as proposições de "premissas", que resultam em uma sentença declarativa denominada "conclusão".

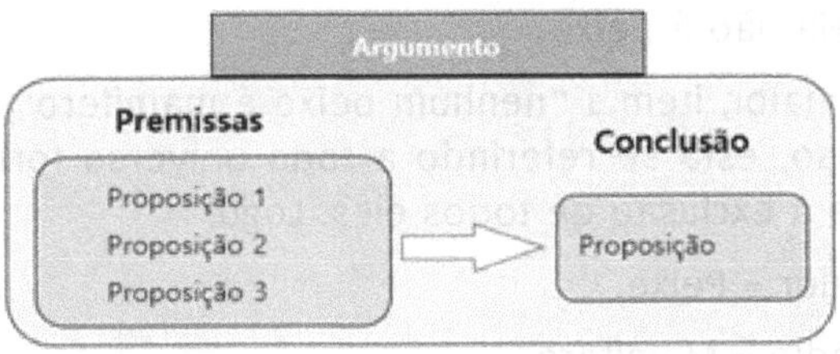

1.5.2. Silogismo

O silogismo é uma construção especial de argumentação na qual estarão presentes duas, e somente duas, premissas seguidas da conclusão. Muito explorado em provas, principalmente com a inserção de proposições categóricas (será abordado à frente). Por ora, vejamos a questão a seguir.

QUESTÃO PASSO A PASSO

43. ***(IBFC – TJ (MG) – Analista Judiciário Revisor Judiciário – 2022)*** *Entendendo que silogismo é uma forma de raciocínio dedutivo, considere o seguinte exemplo:*

1. *Nenhum peixe é mamífero;*
2. *ora, a baleia é mamífero;*
3. *logo, baleia não é peixe.*

(MEIER, Celito. Filosofia: por uma inteligência da complexidade. Belo Horizonte, MG: PAX Editora, 2014. p.159)

Em relação à sua estrutura, é correto afirmar que:

(A) *o termo "maior" é o sujeito da conclusão*

(B) *o termo "médio" é baleia, sujeito da segunda premissa*

(C) *a conclusão é falsa, mas o silogismo é válido*

(D) *a primeira premissa tem caráter universal*

(E) *a inversão das premissas não invalida o silogismo*

▶ Comentários

Além de o silogismo ser uma construção com duas premissas seguidas pela conclusão, também podemos acrescentar como característica, que as premissas são classificadas como premissa maior (ou primeira premissa) composta pelo termo maior e termo médio, além da premissa menor (ou segunda premissa) composta pelo termo médio e termo menor.

Vamos aproveitar a questão para entender a formação do silogismo.

1. Nenhum peixe é mamífero;
2. ora, a baleia é mamífero;
3. logo, baleia não é peixe.

A premissa maior, item 1 "nenhum peixe é mamífero", é universal (todos, nenhum), no caso, está se referindo a todo universo formado pelos peixes, mesmo que seja a exclusão de todos eles. Logo:

- Termo maior = Peixe.
- Termo médio = Mamífero.

A premissa menor, item 2 "a baleia é mamífero", é indicativa de parte do universo, ou seja:

- Termo médio = Mamífero.
- Termo menor = Baleia.

Na conclusão, item 3 "baleia não é peixe", estarão presentes o termo maior e o termo menor.

- Termo maior = Peixe.
- Termo menor = Baleia.

Vale ressaltar que o termo médio faz parte das duas premissas e nunca da conclusão. Também, que a conclusão nunca apresenta termo mais abrangente do que nas premissas.

(A) o termo "maior" é o sujeito da conclusão

O sujeito da conclusão é "baleia" e o termo maior "peixe" faz parte do predicado.

Alternativa errada.

(B) o termo "médio" é baleia, sujeito da segunda premissa

Tenha em mente que o termo médio liga as premissas e está presente em ambas. No caso, o termo médio é "mamífero".

Alternativa errada.

(C) a conclusão é falsa, mas o silogismo é válido

Conforme explicado acima, a construção do silogismo está perfeita, portanto, o silogismo é válido. Para saber se a conclusão é falsa, há necessidade de comparar o fato descrito com a realidade. A conclusão diz que a "baleia não é peixe" e, a informação está correta, logo, a conclusão é verdadeira.

Alternativa errada.

(D) a primeira premissa tem caráter universal

Sim, é uma característica do silogismo.

Alternativa correta.

(E) a inversão das premissas não invalida o silogismo

Invalida sim. A construção do silogismo segue a ordem: primeira premissa (premissa maior), segunda premissa (premissa menor) e conclusão.

Item errado.

Gabarito: D

1.5.3. Validade do argumento

É importante não confundir valor lógico de cada uma das premissas (verdadeira ou falsa) com o valor lógico da argumentação (validade do argumento).

O argumento poderá ter premissas verdadeiras, conclusão verdadeira, mas a relação entre premissas e conclusão não garante a verdade da última. Nesse caso, estaremos diante de um argumento inválido.

Adicionalmente, podemos encontrar argumentação válida para uma conclusão com valor lógico falso. Ou seja, a estrutura está correta, porém a falsidade de uma das premissas resultou em uma conclusão falsa. Neste caso, o resultado foi totalmente deduzido através das premissas, a estrutura está correta, portanto, o argumento é dito "válido".

Importante

As premissas e a conclusão são classificadas por seus valores lógicos (verdadeiros e falsos). A estrutura ou argumentação é classificada como válida ou inválida. Será válida quando a conclusão estiver totalmente fundamentada nas premissas que a antecedem.

Vejamos uma questão para fixar o conceito.

QUESTÃO PASSO A PASSO

44. ***(Cespe/Cebraspe – TRT (AP e PA) 8ª Região – Técnico Judiciário Área Administrativa – 2022)*** *Considere o argumento presente no texto a seguir. O Rio Xingu é conhecido por ter sereias azuis com cabelos negros cacheados, pois todo rio com mais de 10 mil km de extensão cruza o estado do Pará, todos os rios que cruzam o estado do Pará são famosos por terem sereias azuis com cabelos negros cacheados, e o Rio Xingu tem 14 mil km de extensão. Com base nas informações apresentadas, assinale a opção correta.*

(A) *Esse argumento é inválido, pois sua conclusão é falsa.*

(B) *O trecho "todos os rios que cruzam o estado do Pará são famosos por terem sereias azuis com cabelos negros cacheados" é uma proposição lógica composta.*

(C) *O trecho "o Rio Xingu tem 14 mil km de extensão" é a conclusão desse argumento.*

(D) *Esse argumento é inválido, pois o Rio Xingu tem extensão menor que 3 mil km.*

(E) *Esse argumento possui três premissas.*

► Comentários

O enunciado recomenda considerarmos o argumento do texto, pois bem, é isso que faremos.

O Rio Xingu é conhecido por ter sereias azuis com cabelos negros cacheados, ...

... pois todo rio com mais de 10 mil km de extensão cruza o estado do Pará, ...

... todos os rios que cruzam o estado do Pará são famosos por terem sereias azuis com cabelos negros cacheados, ...

... e o Rio Xingu tem 14 mil km de extensão.

Acima, a decomposição da argumentação lógica em suas partes (premissas e conclusão), o que fica facilitado quando levamos em conta os verbos e o uso da pontuação.

Separadas as partes, há necessidade de interpretação para que elas sejam colocadas em ordem.

Premissa 1	O Rio Xingu tem 14 mil km de extensão.
Premissa 2	Todo rio com mais de 10 mil km de extensão cruza o estado do Pará.
Premissa 3	Todos os rios que cruzam o estado do Pará são famosos por terem sereias azuis com cabelos negros cacheados.
Conclusão	O Rio Xingu é conhecido por ter sereias azuis com cabelos negros cacheados.

Existe uma pequena diferença naquilo que encontramos na conclusão "é conhecido" em relação ao que apresenta a premissa 3 "são famosos". Entretanto, vamos interpretar que, por ser famoso, podemos dizer que o Rio Xingu é conhecido, então, relevamos essa pequena diferença.

Enfim, na sequência, premissa 1, temos a extensão do rio Xingu e, de acordo com a premissa 2, ele cruza o estado do Pará. Ainda, por cruzar o estado do Para, conforme a premissa 3, é famoso por ter sereias azuis com cabelos negros cacheados, mesma informação contida na conclusão.

Ou seja, o argumento é composto por três premissas as quais fundamentam a conclusão que se segue. Portanto, argumento válido.

Vejamos as alternativas.

(A) Esse argumento é inválido, pois sua conclusão é falsa.

A relação entre o argumento ser inválido com a conclusão falsa é totalmente equivocada. Encontraremos argumento tanto válido como inválido para conclusões falsas.

Ficou demonstrado que o argumento é válido porque está lastreado nas premissas que o antecedem. Porém, uma das premissas pode ser falsa, qualquer uma das três, consequentemente a conclusão seria igualmente falsa, mesmo assim, o argumento continua sendo válido.

(B) O trecho "todos os rios que cruzam o estado do Pará são famosos por terem sereias azuis com cabelos negros cacheados" é uma proposição lógica composta.

Apesar de ser longa a premissa, estamos diante de uma informação, um único verbo, portanto, é uma proposição lógica simples.

(C) O trecho "o Rio Xingu tem 14 mil km de extensão" é a conclusão desse argumento.

Esta é uma proposição declarativa, uma premissa e não a conclusão.

(D) Esse argumento é inválido, pois o Rio Xingu tem extensão menor que 3 mil km.

Independente de saber ou não a extensão do Rio Xingu (na verdade são 1640 km), este fato não tem relação com a invalidade do argumento conforme explicado na alternativa (A).

Se o rio Xingu tem menos que 3 mil km, a premissa 1 é falsa, consequentemente, a conclusão falsa, entretanto, o argumento permanece válido uma vez que a conclusão está lastreada nas premissas.

(E) Esse argumento possui três premissas.

Perfeito, são três premissas e a conclusão.

Gabarito: E

QUESTÃO PASSO A PASSO

45. ***(FCC – TRT (SP) 15ª Região – Analista Judiciário Área Administrativa – 2018)*** *Considere os dois argumentos a seguir:*

I. *Se Ana Maria nunca escreve petições, então ela não sabe escrever petições. Ana Maria nunca escreve petições. Portanto, Ana Maria não sabe escrever petições.*

II. *Se Ana Maria não sabe escrever petições, então ela nunca escreve petições. Ana Maria nunca escreve petições. Portanto, Ana Maria não sabe escrever petições.*

Comparando a validade formal dos dois argumentos e a plausibilidade das primeiras premissas de cada um, é correto concluir que

(A) *o argumento I é inválido e o argumento II é válido, mesmo que a primeira premissa de I seja mais plausível que a de II.*

(B) *ambos os argumentos são válidos, a despeito das primeiras premissas de ambos serem ou não plausíveis.*

(C) *ambos os argumentos são inválidos, a despeito das primeiras premissas de ambos serem ou não plausíveis.*

(D) *o argumento I é inválido e o argumento II é válido, pois a primeira premissa de II é mais plausível que a de I.*

(E) *o argumento I é válido e o argumento II é inválido, mesmo que a primeira premissa de II seja mais plausível que a de I.*

► Comentários

Muito importante saber diferenciar válido ou inválido de verdadeiro ou falso. O primeiro usamos para classificar a estrutura composta de premissas e conclusão e o segundo trata do valor lógico tanto da proposição simples como da proposição composta.

Para a questão, argumento válido ou inválido, o objetivo é investigar a composição de premissas e conclusão e se esta é decorrência exclusiva daquelas.

Argumento I

- Premissa: Se Ana Maria nunca escreve petições, então ela não sabe escrever petições.
- Premissa: Ana Maria nunca escreve petições.
- Conclusão: Portanto, Ana Maria não sabe escrever petições.

A primeira premissa descreve uma hipótese com causa e efeito na forma de uma proposição composta condicional.

A segunda premissa apresenta um fato. Fato este coincidente com a causa apresentada na premissa anterior, o que nos leva a acreditar que o efeito deve acontecer.

É exatamente o que está retratado na conclusão. A conclusão está alicerçada nas premissas, então o argumento é válido.

Argumento II

- Premissa: Se Ana Maria não sabe escrever petições, então ela nunca escreve petições.

- Premissa: Ana Maria nunca escreve petições.
- Conclusão: Portanto, Ana Maria não sabe escrever petições.

A primeira premissa, inverteu a ordem dos termos, se compararmos com a primeira premissa do argumento I e isso faz diferença. Face à hipótese formulada, a causa de não saber escrever petições tem como consequência nunca ter escrito petições.

A segunda premissa, um fato que revela que Ana Maria nunca escreve petições, ou seja, é a consequência da hipótese descrita na premissa anterior.

A conclusão é de que ela não sabe escrever petições, causa apresentada na primeira premissa.

O argumento é inválido porque não podemos afirmar a causa se o fato conhecido é a consequência.

Resumindo:

- Se o fato conhecido é a causa, a consequência é obrigatória.
- Se o fato conhecido é a consequência, a causa não pode ser confirmada.

Analisar a validade do argumento baseia-se na construção correta da estrutura entre premissas e conclusão mais que a relação da informação existente e o conhecimento de quem analisa, tanto que a primeira premissa do argumento II é mais aceitável que a primeira premissa do argumento I.

Resposta: O argumento I é válido e o argumento II é inválido, mesmo que a primeira premissa de II seja mais plausível que a de I.

Gabarito: E

QUESTÃO RÁPIDA

46. ***(Cespe/Cebraspe – TRT (CE) 7ª Região – Analista Judiciário Área Administrativa – 2017)*** *Texto – Argumento formado pelas premissas (ou proposições) P1 e P2 e pela conclusão C.*

P1: Se eu assino o relatório, sou responsável por todo o seu conteúdo, mesmo que tenha escrito apenas uma parte.

P2: Se sou responsável pelo relatório e surge um problema em seu conteúdo, sou demitido.

C: Logo, escrevo apenas uma parte do relatório, mas sou demitido.

O argumento apresentado no texto se tornaria válido do ponto de vista da lógica sentencial, se, além das premissas P1 e P2, a ele fosse acrescentada a proposição

(A) Não sou demitido ou não escrevo uma parte do relatório.

(B) Sou responsável apenas pela parte que escrevi do relatório.

(C) Eu escrevo apenas uma parte do relatório, assino o relatório e surge um problema em seu conteúdo.

(D) Se não escrevo nenhuma parte do relatório, não sou demitido.

▶ Comentários

O argumento proposto no enunciado é:

Premissa 1	*Se eu assino o relatório, sou responsável por todo o seu conteúdo, mesmo que tenha escrito apenas uma parte.*
Premissa 2	*Se sou responsável pelo relatório e surge um problema em seu conteúdo, sou demitido.*
Conclusão	*Logo, escrevo apenas uma parte do relatório, mas sou demitido.*

A conclusão diz que eu escrevi parte do relatório e fui demitido.

Pela premissa 1, escrever parcialmente o relatório tem como consequência ser responsável por todo o conteúdo e não por ser demitido. Para que isso aconteça, há necessidade de que surja um problema conforme descrito na premissa 2.

Na conclusão, além de mencionar que escrevo parte do relatório, faltou informar que eu o assino (gera responsabilidade) e que o relatório apresentou um problema (provoca demissão).

Resposta: O argumento seria válido se fosse acrescido a proposição "Eu escrevo apenas uma parte do relatório, assino o relatório e surge um problema em seu conteúdo".

Gabarito: C

1.5.4. Encadeamento lógico

Trataremos de uma sequência de proposições compostas (premissas) cuja conclusão fica a cargo do concursando. Vale lembrar que a conclusão, ou as conclusões, deve resultar apenas das premissas.

Detalhe: Este item é muito explorado pelas mais variadas bancas examinadoras, não sem razão, a quantidade de questão que acompanham este item.

Outro detalhe, vocês lembram da insistência em apresentarmos as tabelas verdade ao longo do item 1.1., pois bem, agora reafirmaremos a importância de tê-las em mente, inclusive com domínio completo de seus conteúdos. Isso porque praticamente a totalidade de sentenças que trabalharemos no encadeamento lógico são, nada mais nada menos, que proposições compostas verdadeiras.

Foge à regra somente as proposições compostas ditas expressamente como falsas ou mentirosas pelo examinador.

E cadê a importância?

Vamos lá, imagine as seguintes sentenças:

- Carlos vai ao cinema **ou** vai ao restaurante.
- Carlos vai ao cinema **e** vai ao restaurante.

Como dissemos, são proposições compostas verdadeiras, mas, e quanto às proposições simples?

No primeiro caso, as proposições simples estão conectadas por meio do conectivo "ou", disjunção, cuja informação trazida pela tabela verdade é de que a proposição composta (sentença) será verdadeira se Carlos for apenas ao cinema. Também será verdadeira se Carlos for apenas ao restaurante. Ainda, será verdadeira se Carlos for tanto ao cinema quanto ao restaurante.

Ou seja, na disjunção verdadeira não é possível, sem outros dados adicionais, dizer qual o valor lógico (verdadeiro ou falso) das proposições simples.

Em relação a segunda sentença, com o conectivo "e", temos que para a proposição composta conjuntiva "e", a informação extraída da tabela verdade depende da verdade de cada uma das proposições simples que a compõem, portanto, para a sentença verdadeira:

- Carlos vai ao cinema **e** vai ao restaurante.

Afirmamos categoricamente que as proposições simples (abaixo) são ambas verdadeiras.

- Carlos vai ao cinema.
- Carlos vai ao restaurante.

Ou seja, tabela verdade tem total sintonia com encadeamento lógico.

QUESTÃO RÁPIDA

47. ***(Vunesp – TRF 3ª Região – Analista Judiciário Contadoria – 2024)*** *Considere verdadeiras as seguintes afirmações:*

I. Se o evento é hoje, então descansei ontem.

II. O evento não é hoje ou amanhã vou descansar.

III. Ou estudo hoje ou não descansarei amanhã.

IV. Não descansarei amanhã.

Uma conclusão verdadeira que se pode extrair das informações apresentadas é:

(A) *O evento é hoje.*

(B) *Descansei ontem.*

(C) *Não estudo hoje.*

(D) *Não descansei hoje.*

(E) *Estudo hoje.*

► **Comentários**

Partimos da premissa de que as afirmações são verdadeiras para, então, definir os valores lógicos (verdadeiro ou falso) de cada proposição simples.

Observe a afirmação IV. Trata-se de uma proposição simples, portanto, será o nosso ponto de partida uma vez que sabemos que ela é verdadeira.

Evento é hoje	→	Descansei ontem
Evento não é hoje	V	**~~Amanhã vou descansar~~**
Estudo hoje	V	**Não descansarei amanhã**
Não descansarei amanhã		

Grifamos a proposição verdadeira e riscamos a falsa.

A mesma proposição simples aparece na afirmação II e III, falsa e verdadeira, respectivamente.

Na afirmação II, a disjunção "ou" verdadeira exige a verdade de pelo menos uma das proposições simples, portanto, "evento não é hoje" é uma verdade.

Na afirmação III, a primeira parte "estudo hoje" obrigatoriamente deve ser falsa uma vez que na disjunção exclusiva (ou... ou) apenas uma proposição simples deve ser verdadeira para manter a verdade da afirmação.

~~Evento é hoje~~	→	Descansei ontem
Evento não é hoje	V	~~Amanhã vou descansar~~
~~Estudo hoje~~	V	Não descansarei amanhã
Não descansarei amanhã		

Por fim a afirmação I, uma condicional (se, então) com o termo antecedente falso, logo, o termo consequente independe de valor lógico, tanto faz ser verdadeiro ou ser falso que a afirmação mantém-se verdadeira, portanto, nada podemos afirmar sobre descansar ou não descansar ontem.

Ainda, "descansar ontem" e "descansar amanhã" são duas proposições distintas, assim, o valor lógico de uma não implica no valor lógico da outra.

Conclusões:

- Evento não é hoje.
- Não descansarei amanhã.
- Não estudo hoje.

Resposta: Das conclusões acima, aquela que responde a questão é "não estudo hoje".

Gabarito: C

QUESTÃO PASSO A PASSO

48. *(Vunesp – TJ (SP) – Escrevente Técnico Judiciário – 2023)* *Para descobrir se André é ou não é arquiteto, se Célia é ou não é cineasta, se Daniel é ou não é dançarino, se Elisa é ou não é escultora, se Luisa é ou não é literata, se Paulo é ou não é pintor, afirmou-se o que segue:*

I. *Se André é arquiteto, então Célia não é cineasta.*

II. *Se Daniel não é dançarino, então Elisa é escultora.*

III. *Se Luisa é literata, então Célia é cineasta e Elisa é escultora.*

IV. *Se André não é arquiteto e Daniel é dançarino, então Paulo é pintor.*

V. *Célia não é cineasta ou Elisa é escultora.*

Em relação às afirmações anteriores, as afirmações III e V são falsas e as demais afirmações são verdadeiras. Dessa forma, a afirmação com valor lógico verdadeiro é:

(A) *Paulo não é pintor ou Daniel não é dançarino.*

(B) *Se Luisa é literata, então André é arquiteto.*

(C) *Luisa não é literata e Paulo é pintor.*

(D) *Se Paulo não é pintor, então André é arquiteto.*

(E) *Daniel não é dançarino e Luisa é literata.*

► **Comentários**

A ideia é considerar todas as proposições dadas, em sua grande maioria são proposições compostas e verdadeiras, também trabalhar com cada uma das proposições simples com o objetivo de dar-lhes seus devidos valores lógicos.

Como dito, vamos considerar as proposições apresentadas como sendo verdadeiras, mas isso, desde que o examinador não diga nada contrário, como neste caso "as afirmações III e V são falsas".

Conhecida a falsidade das afirmações III e V, faremos a negação dessas duas proposições para chegarmos às informações verdadeiras.

- Negação da proposição composta condicional "Se *Luisa é literata, então Célia é cineasta e Elisa é escultora*".

Condicional	*Se Luisa é literata, então Célia é cineasta e Elisa é escultora*
Manter o valor lógico da primeira parte (causa)	Luisa é literata...
Substituir o conectivo "se, então" pela conjunção "e"	Luisa é literata **e**...
Alterar o valor lógico da segunda parte (efeito)	Luisa é literata e Célia **não** é cineasta **ou** Elisa **não** é escultora

- Negação da proposição composta disjuntiva *"Celia não é cineasta ou Elisa é escultora"*.

Disjunção	*Célia não é cineasta ou Elisa é escultora*
Substituir o conectivo disjunção "ou" pela conjunção "e"	... e ...
Negar ambas as proposições simples	Célia é cineasta e Elisa **não** é escultora

Passamos a trabalhar somente com afirmações verdadeiras com o acréscimo das negações ao conjunto inicial de afirmativas.

I. Se André é arquiteto, então Célia não é cineasta.

II. Se Daniel não é dançarino, então Elisa é escultora.

III. Luisa é literata e Célia não é cineasta ou Elisa não é escultora.

IV. Se André não é arquiteto e Daniel é dançarino, então Paulo é pintor.

V. Célia é cineasta e Elisa não é escultora.

Reescrevendo de maneira didática.

Se André é arquiteto	então	Célia não é cineasta
Se Daniel não é dançarino	então	Elisa é escultora
Luisa é literata	e	Célia não é cineasta ou Elisa não é escultora
Se André não é arquiteto e Daniel é dançarino	então	Paulo é pintor
Célia é cineasta	e	Elisa não é escultora

Aqui é o início da resolução da estrutura lógica propriamente dita que ficou facilitada porque há duas afirmações cujo conectivo é a conjunção "e".

Sabendo que a conjunção somente é verdadeira quando ambos os termos (antecedente e precedente) são verdadeiros, podemos classificar algumas proposições simples como verdadeiras.

Observação: As proposições sublinhadas são verdadeiras e as riscadas são falsas.

Se André é arquiteto	então	Célia não é cineasta
Se Daniel não é dançarino	então	Elisa é escultora
Luisa é literata	e	Célia não é cineasta ou Elisa não é escultora

Se André não é arquiteto e Daniel é dançarino	então	Paulo é pintor
Célia é cineasta	e	**Elisa não é escultora**

Apenas não classificamos como verdadeira a segunda parte da terceira afirmação porque é uma proposição composta dentro de outra proposição composta. Mesmo assim, podemos extrapolar este conhecimento inicial para as mesmas proposições simples que se encontram em outras afirmações.

Se André é arquiteto	então	~~**Célia não é cineasta**~~
Se Daniel não é dançarino	então	~~**Elisa é escultora**~~
Luisa é literata	e	~~**Célia não é cineasta**~~ ou **Elisa não é escultora**
Se André não é arquiteto e Daniel é dançarino	então	Paulo é pintor
Célia é cineasta	e	Elisa não é escultora

Já falamos da terceira afirmação, uma disjunção verdadeira porque tem pelo menos um termos verdadeiro.

Seguimos com a primeira afirmação, uma condicional. A condicional será falsa apenas quando o primeiro termo é verdadeiro e o segundo falso. Sabendo que o segundo termo é falso (último quadro), inferimos que o primeiro também é falso.

O mesmo raciocínio vale para a segunda afirmação.

~~**Se André é arquiteto**~~	então	~~Célia não é cineasta~~
~~**Se Daniel não é dançarino**~~	então	~~Elisa é escultora~~
Luisa é literata	e	~~Célia não é cineasta~~ ou Elisa não é escultora
Se **André não é arquiteto** e **Daniel é dançarino**	então	Paulo é pintor
Célia é cineasta	e	Elisa não é escultora

As mesmas proposições simples das afirmações I e II repetem-se na afirmação IV com valores lógicos invertidos.

Na quarta afirmação, outra condicional, a primeira parte é verdadeira, logo, a segunda parte também deve ser verdadeira. Lembre-se, condicional com termos verdadeiro e falso, nesta sequência, é falsa.

~~Se André é arquiteto~~	então	~~Célia não é cineasta~~
~~Se Daniel não é dançarino~~	então	~~Elisa é escultora~~
Luisa é literata	e	~~Célia não é cineasta~~ ou Elisa não é escultora
Se André não é arquiteto e Daniel é dançarino	então	**Paulo é pintor**
Célia é cineasta	e	Elisa não é escultora

Conclusão sobre cada uma das proposições simples:

- André não é arquiteto.
- Célia é cineasta.
- Daniel é dançarino.
- Elisa não é escultora.
- Luisa é literata.
- Paulo é pintor.

Finalmente, vamos verificar a alternativa correta.

(A) **Paulo não é pintor ou Daniel não é dançarino.**

Ambas as proposições simples são falsas. Alternativa errada.

(B) **Se Luisa é literata, então André é arquiteto.**

A primeira parte é verdadeira (Luisa é literata) e a segunda parte é falsa (André não é arquiteto), logo, a alternativa traz uma condicional falsa porque os termos são verdadeiro e falso, nesta ordem. Alternativa errada.

(C) **Luisa não é literata e Paulo é pintor.**

Somente a segunda parte é verdadeira, todavia, em se tratando de uma disjunção (conectivo "e") seria necessário que ambos os termos fossem verdadeiros. Alternativa errada.

(D) **Se Paulo não é pintor, então André é arquiteto.**

Ambos os termos são falso, mas atenção, a condicional somente será falsa se o primeiro termo for verdadeiro e o segundo falso. São dois termos falsos, porém a condicional é verdadeira. Alternativa correta.

(E) **Daniel não é dançarino e Luisa é literata.**

Somente a primeira parte é verdadeira, todavia, em se tratando de uma disjunção (conectivo "e") seria necessário que ambos os termos fossem verdadeiros. Alternativa errada.

Gabarito: D

QUESTÃO RÁPIDA

49. ***(Vunesp – TJ (SP) – Escrevente Técnico Judiciário – 2023)*** *Acerca de cinco servidores de um tribunal foram feitas quatro afirmações. A terceira afirmação é FALSA e as demais são VERDADEIRAS.*

I. *Se Fabiana é técnica judiciária, então Gerusa é escrevente.*

II. *Se Humberto é juiz, então Gerusa não é escrevente.*

III. *Se Janice é desembargadora, então Ivo é promotor.*

IV. *Ivo é promotor ou Humberto é juiz.*

A partir dessas afirmações, é logicamente VERDADEIRO que

(A) *Gerusa é escrevente.*

(B) *Janice não é desembargadora.*

(C) *Ivo é promotor.*

(D) *Humberto não é juiz.*

(E) *Fabiana não é técnica judiciária.*

► **Comentários**

- Negar a afirmação falsa.

Negação da condicional "Se Janice é desembargadora, então Ivo é promotor" para conhecermos a verdade da afirmação.

Regra da Negação da Condicional	Negação
Manter o valor lógico do primeiro termo, alterar o conectivo "se, então" para a conjunção "e" e negar o segundo termo.	Janice é desembargadora **e** Ivo **não** é promotor

- Organizar as afirmações, agora todas verdadeiras.

Se Fabiana é técnica judiciária	então	Gerusa é escrevente
Se Humberto é juiz	então	Gerusa não é escrevente
Janice é desembargadora	e	Ivo não é promotor
Ivo é promotor	ou	Humberto é juiz

- Identificar o valor lógico das proposições simples.

O ponto inicial é a terceira afirmação que antes tratava-se de condicional e, após a necessária negação, passou a proposição composta conjuntiva.

Como bem sabemos, a disjunção somente será verdadeira quando seus dois termos são igualmente verdadeiros.

Lembre-se, proposições sublinhadas são verdadeiras e riscadas são falsas.

Se Fabiana é técnica judiciária	então	Gerusa é escrevente
Se Humberto é juiz	então	Gerusa não é escrevente
Janice é desembargadora	e	**Ivo não é promotor**
~~Ivo é promotor~~	ou	Humberto é juiz

Temos uma proposição simples falsa na última afirmação e, por ser uma disjunção, há necessidade de pelo menos uma proposição ser verdadeira, logo, a segunda parte é verdadeira.

Se Fabiana é técnica judiciária	então	Gerusa é escrevente
Se **Humberto é juiz**	então	Gerusa não é escrevente
Janice é desembargadora	e	Ivo não é promotor
~~Ivo é promotor~~	ou	**Humberto é juiz**

Na segunda afirmação, a condicional com primeiro termo verdadeiro obriga a verdade do segundo termo. Caso contrário, teríamos termos verdadeiro e falso, nesta ordem, e a condicional seria falsa.

Se Fabiana é técnica judiciária	então	**~~Gerusa é escrevente~~**
Se Humberto é juiz	então	**Gerusa não é escrevente**
Janice é desembargadora	e	Ivo não é promotor
~~Ivo é promotor~~	ou	Humberto é juiz

Na primeira linha, a condicional com segundo termo falso obriga a falsidade do primeiro termo. Caso contrário, teríamos termos verdadeiro e falso, nesta ordem, e a condicional seria falsa.

Se **~~Fabiana é técnica judiciária~~**	então	~~Gerusa é escrevente~~
Se Humberto é juiz	então	Gerusa não é escrevente
Janice é desembargadora	e	Ivo não é promotor
~~Ivo é promotor~~	ou	Humberto é juiz

Conclusão:

- Fabiana não é técnica judiciária.
- Gerusa não é escrevente.
- Humberto é juiz.
- Janice é desembargadora.
- Ivo não é promotor.

Resposta: A partir dessas afirmações, é logicamente VERDADEIRO que Fabiana não é técnica judiciária.

Gabarito: E

QUESTÃO RÁPIDA

50. ***(Vunesp – TJ (SP Capital) – Escrevente Técnico Judiciário – 2023)*** *Seguem algumas afirmações sobre pessoas.*

I. "Se Ana é generosa, então Bernardo é gastador". Considere essa afirmação como sendo VERDADEIRA.

II. "Bernardo é gastador ou Claudete é gentil". Considere essa afirmação como sendo VERDADEIRA.

III. "Eduardo é tímido e Claudete é gentil". Considere essa afirmação como sendo FALSA.

IV. "Ou Gerson é ligeiro ou Eduardo é tímido". Considere essa afirmação como sendo VERDADEIRA.

V. "Bernardo é gastador". Considere essa afirmação como sendo FALSA.

VI. "Se Hugo é rico, então Ana é generosa". Considere essa afirmação como sendo VERDADEIRA.

A partir das informações apresentadas, é logicamente verdadeiro que

(A) Claudete não é gentil.

(B) Hugo não é rico.

(C) Gerson não é ligeiro.

(D) Eduardo é tímido.

(E) Ana é generosa.

▶ **Comentários**

- Tratar as afirmações falsas. A negação da proposição falsa revela a verdade da afirmação.

Regra para negar a proposição composta conjuntiva: Negar ambos os termos e alterar o conectivo para disjunção "ou".

Conjunção	Negação da Conjunção
Eduardo é tímido e Claudete é gentil	Eduardo **não** é tímido **ou** Claudete **não** é gentil

Para negar a proposição simples basta alterar seu valor lógico.

Proposição Simples	Negação
Bernardo é gastador	Bernardo **não** é gastador

- Organizar as afirmações de forma estruturada.

No dia em que você estiver fazendo a sua prova, sugerimos fortemente que reescreva as proposições de forma estruturada, semelhante ao que estamos fazendo aqui, porém, não há necessidade de reescrever todo o texto. Por vezes, apenas uma palavra ou duas palavras são o suficiente para representar a proposição simples.

Ana generosa	→	Bernardo gastador
Bernardo gastador	v	Claudete gentil
Eduardo não tímido	v	Claudete não gentil
Gerson ligeiro	v	Eduardo tímido
Bernardo não gastador		
Hugo rico	→	Ana generosa

- Analisar as proposições simples.

A quinta afirmativa, originalmente falsa e agora verdadeira, é uma proposição simples e por isso nosso ponto de partida.

Ana generosa	→	~~**Bernardo gastador**~~
~~**Bernardo gastador**~~	v	Claudete gentil
Eduardo não tímido	v	Claudete não gentil
Gerson ligeiro	v	Eduardo tímido
Bernardo não gastador		
Hugo rico	→	Ana generosa

Proposições verdadeiras serão sublinhadas e as falsas riscadas.

Primeira linha, a condicional com segundo termo falso obriga a falsidade do primeiro termo.

O mesmo raciocínio utilizamos no último item, "Ana generosa" é falso, logo, a primeira parte "Hugo rico" também deve ser falso.

~~**Ana generosa**~~	→	~~Bernardo gastador~~
~~Bernardo gastador~~	v	Claudete gentil
Eduardo não tímido	v	Claudete não gentil
Gerson ligeiro	v	Eduardo tímido
Bernardo não gastador		
~~**Hugo rico**~~	→	~~**Ana generosa**~~

Na segunda linha, é necessário que a disjunção tenha pelo menos uma das proposições simples verdadeira, como a primeira parte é falsa, inferimos ser verdadeira a segunda parte.

~~Ana generosa~~	→	~~Bernardo gastador~~
~~Bernardo gastador~~	V	**Claudete gentil**
Eduardo não tímido	V	**~~Claudete não gentil~~**
Gerson ligeiro	V	Eduardo tímido
Bernardo não gastador		
~~Hugo rico~~	→	~~Ana generosa~~

Outra disjunção na terceira linha com um dos termos falso, ou seja, o outro é verdadeiro.

~~Ana generosa~~	→	~~Bernardo gastador~~
~~Bernardo gastador~~	V	Claudete gentil
Eduardo não tímido	V	~~Claudete não gentil~~
Gerson ligeiro	V	**~~Eduardo tímido~~**
Bernardo não gastador		
~~Hugo rico~~	→	~~Ana generosa~~

Para finalizar, quarta linha, a disjunção exclusiva será verdadeira quando apenas uma das proposições simples for verdadeira, então, "Gerson ligeiro" é uma verdade.

~~Ana generosa~~	→	~~Bernardo gastador~~
~~Bernardo gastador~~	V	Claudete gentil
Eduardo não tímido	V	~~Claudete não gentil~~
Gerson ligeiro	V	~~Eduardo tímido~~
Bernardo não gastador		
~~Hugo rico~~	→	~~Ana generosa~~

Conclusão:

- Ana não é generosa.
- Bernardo não é gastador.
- Claudete é gentil.
- Eduardo não é tímido.
- Gerson é ligeiro.
- Hugo não é rico.

Resposta: A partir das informações apresentadas, é logicamente verdadeiro que "Hugo não é rico".

Gabarito: B

QUESTÃO RÁPIDA

51. ***(IBFC – TJ (MG) – Oficial Judiciário Assistente Técnico de Controle Financeiro– 2022)*** *Se Marcia é dentista, então Paulo não é advogado. Se Paulo não é advogado, então Carlos é médico. Sabe-se que Carlos não é médico. Nessas condições é correto afirmar que:*

(A) *Marcia é dentista*

(B) *Paulo não é advogado e Carlos não é médico*

(C) *Marcia é dentista e Paulo não é advogado*

(D) *Paulo é advogado*

(E) *Marcia não é dentista e Paulo não é advogado*

▶ Comentários

Agora uma questão rápida!

- Organizar as proposições.

Marcia dentista	→	Paulo não advogado
Paulo não advogado	→	Carlos médico
Carlos não médico		

- Analisar o valor lógico de cada proposição simples.

A proposição simples, 3 linha, é verdadeira, consequentemente, falsa na segunda linha porque é a sua negação.

Marcia dentista	→	Paulo não advogado
Paulo não advogado	→	~~**Carlos médico**~~
Carlos não médico		

Lembre-se, sublinhamos proposições verdadeiras e riscamos as falsas.

Para as duas primeiras linhas vale a mesma regra: A condicional não pode ter o primeiro termo verdadeiro e o segundo falso. Sendo o segundo falso, claro, inferimos que a primeira parte é falsa.

Marcia dentista	→	~~**Paulo não advogado**~~
~~**Paulo não advogado**~~	→	~~Carlos médico~~
Carlos não médico		

~~**Marcia dentista**~~	→	~~Paulo não advogado~~
~~Paulo não advogado~~	→	~~Carlos médico~~
Carlos não médico		

Conclusão:

- Marcia não é dentista.
- Paulo é advogado.
- Carlos não é médico.

Resposta: Nessas condições é correto afirmar que Paulo é advogado.

Gabarito: D

QUESTÃO PASSO A PASSO

52. ***(FCC – TRT (RS) 4ª Região – Analista Judiciário Área Judiciária – 2022)*** *Quando estou feliz e faz sol, passeio com o cachorro. Sempre que passeio com o cachorro e não passo na padaria, como um pastel na feira. Ontem, não comi um pastel na feira e não passei na padaria. Logo, ontem, necessariamente,*

(A) *passeei com o cachorro.*

(B) *eu não estava feliz.*

(C) *fez sol.*

(D) *não passeei com o cachorro.*

(E) *eu estava feliz.*

▶ **Comentários**

Se está previsto em seu edital a disciplina Raciocínio Lógico e a banca vai explorar a lógica proposicional, pode ter certeza que a proposição condicional estará presente.

Começamos com alguma formas de apresentação da proposição composta condicional.

- *Quando estou feliz e faz sol, passeio com o cachorro.*

Se estou feliz e faz sol, então passeio com o cachorro.

Em raciocínio lógico "quando" e "se" cumprem o mesmo papel. Ainda, a supressão de parte do conectivo "então" é comum e aceitável, mesmo porque pressupõe sua presença.

- *Sempre que passeio com o cachorro e não passo na padaria, como um pastel na feira.*

Se passeio com o cachorro e não passo na padaria, então como pastel na feira.

"Sempre" está fazendo a função da partícula "se" da condicional e, como dissemos acima, a supressão de "então" é comum e aceitável.

Feitas as notas acerca das proposições condicionais, vejamos a estrutura lógica, pois é disso que trata a questão.

Estou feliz e faz sol	→	Passeio com o cachorro
Passeio com o cachorro e não passo na padaria	→	Como pastel na feira
Ontem, não comi um pastel na feira	∧	Não passei na padaria

Acima temos as três proposições compostas retiradas do enunciado, as quais consideramos verdadeiras, mesmo que nada tenha sido tido sobre isso (a proposição falsa será expressamente informada).

O objetivo é identificar o valor lógico (verdadeiro ou falso) de cada uma das proposições simples, este valor lógico não necessariamente será o mesmo que o da proposição composta na qual está inserida.

Conforme dito, as proposições compostas são verdadeiras e aquela que leva o conectivo "e", conjunção (terceira linha), somente será verdadeira quando as suas duas proposições simples igualmente forem verdadeiras.

Estou feliz e faz sol	→	Passeio com o cachorro
Passeio com o cachorro e não passo na padaria	→	Como pastel na feira
Ontem, não comi um pastel na feira	∧	**Não passei na padaria**

Proposições simples grifadas são verdadeiras e as riscadas são falsas.

Aproveitamos os valores lógicos em proposições repetidas.

Estou feliz e faz sol	→	Passeio com o cachorro
Passeio com o cachorro e **não passo na padaria**	→	**~~Como pastel na feira~~**
Ontem, não comi um pastel na feira	∧	Não passei na padaria

A análise da condicional, segunda linha, revela que a proposição simples "passeio com o cachorro" obrigatoriamente deve ser considerada falsa, pois a proposição composta é verdadeira. Neste caso, tanto o primeiro como o segundo termo da condicional serão falsos e a sentença (proposição composta) verdadeira.

Lembre-se que a única situação em que a condicional revela-se falsa é quando o primeiro termo é verdadeiro e o segundo é falso.

Estou feliz e faz sol	→	~~**Passeio com o cachorro**~~
~~**Passeio com o cachorro**~~ e não passo na padaria	→	~~Como pastel na feira~~
Ontem, não comi um pastel na feira	∧	Não passei na padaria

O raciocínio é semelhante para a primeira linha, também uma condicional. Conhecemos o valor lógico do segundo termo, falso, logo, o primeiro termo também deve ser falso para que a sentença seja verdadeira.

~~**Estou feliz e faz sol**~~	→	~~Passeio com o cachorro~~
~~Passeio com o cachorro~~ e não passo na padaria	→	~~Como pastel na feira~~
Ontem, não comi um pastel na feira	∧	Não passei na padaria

Dissemos que o primeiro termo da condicional, primeira linha, é falso e observe que este termo é também uma proposição composta. Neste caso, cabe a negação da conjunção:

- Proposição conjuntiva: Estou feliz e faz sol.
- Negação da conjunção: Não estou feliz ou não fez sol.

É importante esta percepção porque não dá para afirmar se estou ou não feliz e se fez ou não sol. A proposição composta traz duas informações "Não estou feliz ou não fez sol" e tanto uma como a outra pode ter acontecido assim como as duas. Dada essa indefinição característica de disjunção, nada podemos afirmas sobre ser feliz ou ter feito sol.

Daí a exclusão das alternativas B, C e E.

Conclusões:

- Não estou feliz ou não fez sol.
- Não passeei com o cachorro.
- Não passei na padaria.
- Não comi pastel na feira.

Resposta: Ontem, necessariamente não passeei com o cachorro.

Gabarito: D

QUESTÃO PASSO A PASSO

53. ***(FGV – TRT (PB) 13ª Região – Analista Judiciário Área Judiciária – 2022)*** *Considere como verdadeiras as seguintes sentenças:*

- *Se Gerson não é torcedor do Botafogo, então Luiz é torcedor do Treze.*
- *Se Luiz é torcedor do Treze, então Débora não é torcedora do Campinense.*

- *Se Débora não é torcedora do Campinense, então Lúcia é torcedora do Botafogo.*
- *Lúcia não é torcedora do Botafogo.*

É correto concluir que

(A) *Luiz é torcedor do Treze.*

(B) *Gerson é torcedor do Botafogo.*

(C) *Luiz não é torcedor do Botafogo.*

(D) *Débora é torcedora do Campinense.*

(E) *Lúcia é torcedora do Treze.*

▶ Comentários

Este tipo de questão composta por várias afirmações ou, como chamamos em lógica, proposições, são facilmente identificadas. A forma de resolver que adotamos considerara todas as afirmações compostas como verdadeiras para, então, identificarmos o valor lógico de cada proposição simples individualmente.

Neste caso o examinador deixou claro que as afirmações são verdadeiras, entretanto, em outros, pode não declarar nada sobre isso, mesmo assim, consideraremos todas as afirmações verdadeiras. Ainda podem acontecer casos com a declaração de que algumas afirmações são falsas, então, há a necessidade de negá-las para conseguirmos extrair delas a informação verdadeira.

Voltando para a questão, vamos agrupar as afirmações de maneira organizada para uma visão geral e facilitar o entendimento.

Se Gerson não é torcedor do Botafogo	*Então*	*Luiz é torcedor do Treze*
Se Luiz é torcedor do Treze	*Então*	*Débora não é torcedora do Campinense*
Débora não é torcedora do Campinense	*Então*	*Lúcia é torcedora do Botafogo*
Lúcia não é torcedora do Botafogo		

Organizar as afirmações não significa reescrevê-las na íntegra conforme acima, use poucas palavras e a simbologia lógica para ganhar tempo.

Gerson não Botafogo	→	Luiz Treze
Luiz Treze	→	Débora não Campinense
Débora não Campinense	→	Lúcia Botafogo
Lúcia não Botafogo		

No quadro acima, a quarta linha, é diferente das demais, pois trata-se de uma proposição simples e conforme o enunciado, seu valor lógico é verdade.

Na linha anterior, encontramos a mesma proposição simples com valor lógico invertido, ou seja, falsa.

Marcaremos as proposições verdadeiras sublinhando-as e as falsas riscando-as.

Gerson não Botafogo	→	Luiz Treze
Luiz Treze	→	Débora não Campinense
Débora não Campinense	→	**~~Lúcia Botafogo~~**
Lúcia não Botafogo		

As três afirmações nas três primeiras linhas são condicionais e, observando a tabela verdade, a única situação na qual ela será falsa é quando o primeiro termo é verdadeiro e o segundo é falso.

Face à explicação e sabendo que o segundo termo é falso, temos que a terceira linha, é falsa, assim concluímos que o primeiro termo deve ser igualmente falso.

Gerson não Botafogo	→	Luiz Treze
Luiz Treze	→	**~~Débora não Campinense~~**
~~Débora não Campinense~~	→	~~Lúcia Botafogo~~
Lúcia não Botafogo		

A mesma regra vale para as proposições das primeira e segunda linhas.

~~Gerson não Botafogo~~	→	**~~Luiz Treze~~**
~~Luiz Treze~~	→	~~Débora não Campinense~~
~~Débora não Campinense~~	→	~~Lúcia Botafogo~~
Lúcia não Botafogo		

Identificamos o valor lógico de cada uma das proposições simples.

- Gerson é torcedor do Botafogo.
- Luiz não é torcedor do Treze.
- Débora é torcedora do Campinense.
- Lúcia não é torcedora do Botafogo.

Resposta: É correto concluir que (B) Gerson é torcedor do Botafogo e que (D) Débora é torcedora do Campinense.

Gabarito: Questão Anulada

QUESTÃO RÁPIDA

54. ***(Vunesp – TJ (SP Capital) – Escrevente Técnico Judiciário – 2021)*** *Sabe-se que das afirmações a seguir, apenas a afirmação (III) é falsa.*

I. *Em um mesmo dia, ou João corre 10 km ou João pratica meditação.*

II. *Se João corre 10 km, então ele fica o dia todo bem-humorado.*

III. *Ontem João estava bem-humorado.*

IV. *No dia em que João pratica meditação, ele não conversa com ninguém.*

Sendo assim, é correto concluir que ontem João

(A) *correu 10 km.*

(B) *correu 10 km ou não praticou meditação.*

(C) *não estava bem-humorado e conversou com alguém.*

(D) *não conversou com ninguém.*

(E) *não estava bem-humorado e correu 10 km.*

▶ Comentários

Vamos reescrever as afirmações considerando a negação da terceira para que tenhamos apenas informações verdadeiras.

Corre	v	Meditação
Corre	→	Bem-humorado
	Não bem-humorado	
Meditação	→	Não conversa

Além da negação da terceira afirmação, observe que a última afirmação, apesar de não figurar o conectivo "se, então", entendemos como uma oração com causa e consequência, portanto uma condicional. Observe a identidade da interpretação "Se João pratica meditação, então ele não conversa com ninguém".

Como de costume, a afirmação composta por proposição simples é nosso ponto de partida o que indica a falsidade do segundo termo da segunda linha.

Corre	v	Meditação
Corre	→	~~**Bem-humorado**~~
	Não bem-humorado	
Meditação	→	Não conversa

A condicional com segundo termo falso implica a falsidade do primeiro termo, para que a condicional seja verdadeira. Lembre-se, a condicional com termos verdadeiro e falso, nesta ordem, é falsa.

~~Corre~~	V	Meditação
~~Corre~~	→	~~Bem-humorado~~
	Não bem-humorado	
Meditação	→	Não conversa

Primeira linha, a disjunção exclusiva pressupões a verdade de um termo e a falsidade do outro.

~~Corre~~	V	**Meditação**
~~Corre~~	→	~~Bem-humorado~~
	Não bem-humorado	
Meditação	→	Não conversa

Para encerrarmos o levantamento de valores lógicos das proposições simples, veja a condicional na quarta linha, sabendo que a causa (primeiro termo) é verdadeira, o efeito (segundo termo) deve ser igualmente verdadeiro.

~~Corre~~	V	Meditação
~~Corre~~	→	~~Bem-humorado~~
	Não bem-humorado	
Meditação	→	**Não conversa**

Conclusão:

- João não corre 10 km.
- João pratica meditação.
- João não fica o dia todo bem-humorado.
- João não conversa com ninguém.

Resposta: Sendo assim, é correto concluir que ontem João não conversou com ninguém.

Gabarito: D

QUESTÃO RÁPIDA

55. ***(Vunesp – TJ (SP Capital) – Escrevente Técnico Judiciário – 2021)*** *Considere verdadeiras as afirmações: I, III e IV, e considere falsa a afirmação II.*

I. *Se Leonardo é escrevente, então Marcela é técnica judiciária.*

II. *Se Natália é analista judiciária, então Olívia é oficial de justiça.*

III. *Se Marcela é técnica judiciária, então Olívia é oficial de justiça.*

IV. *Patrícia é juíza ou Leonardo é escrevente.*

A partir dessas afirmações, é correto concluir que

(A) *Olívia é oficial de justiça ou Leonardo é escrevente.*

(B) *Leonardo é escrevente e Natália é analista judiciária.*

(C) *Patrícia é juíza ou Olívia é oficial de justiça.*

(D) *Marcela é técnica judiciária e Patrícia é juíza.*

(E) *Marcela é técnica judiciária e Natália é analista judiciária.*

▶ **Comentários**

- Iniciamos negando a afirmação falsa para chegarmos à informação verdadeira.

Proposição composta condicional	*Se Natália é analista judiciária, então Olívia é oficial de justiça*
Negação da condicional: Alterar o conectivo para conjunção "e" e negar o segundo termo.	Natália é analista judiciária **e** Olívia **não** é oficial de justiça

- Organizar as afirmações.

Leonardo escrevente	→	Marcela técnica
Natália analista	∧	Olívia não oficial
Marcela técnica	→	Olívia oficial
Patrícia juíza	∨	Leonardo escrevente

- Definir os valores lógico de cada proposição simples.

A proposição composta conjuntiva verdadeira obriga a verdade de suas proposições simples, logo:

Leonardo escrevente	→	Marcela técnica
Natália analista	∧	**Olívia não oficial**
Marcela técnica	→	~~**Olívia oficial**~~
Patrícia juíza	∨	Leonardo escrevente

Seguimos com as duas condicionais, terceira linha e primeira linha, nesta ordem. O fato de o segundo termo ser falso, inferimos a falsidade do primeiro termo para que a condicional (afirmação) seja verdadeira.

~~**Leonardo escrevente**~~	→	~~**Marcela técnica**~~
Natália analista	∧	Olívia não oficial
~~**Marcela técnica**~~	→	~~Olívia oficial~~
Patrícia juíza	∨	Leonardo escrevente

A proposição simples "Leonardo escrevente" é falsa, portanto, fechamos esta fase com a definição de que "Patrícia juíza", última linha, é uma proposição simples verdadeira, pois a disjunção obriga que pelo menos um dos termos seja verdadeiro.

~~Leonardo escrevente~~	→	~~Marcela técnica~~
Natália analista	∧	Olívia não oficial
~~Marcela técnica~~	→	~~Olívia oficial~~
Patrícia juíza	∨	**~~Leonardo escrevente~~**

Conclusão:

- Leonardo não é escrevente.
- Marcela não é técnica judiciária.
- Natália é analista judiciária.
- Olívia não é oficial de justiça.
- Patrícia é juíza.

Resposta: A partir dessas afirmações, é correto concluir que (C) Patrícia é juíza ou Olívia é oficial de justiça.

Apesar de parte da alternativa C ser falsa, por ser uma disjunção, basta a verdade de uma proposição simples para que a afirmação como um todo (proposição composta) seja verdadeira, razão pela qual a alternativa está correta.

Gabarito: C

QUESTÃO RÁPIDA

56. ***(FCC – TRT (SP) 15ª Região – Analista Judiciário Área Judiciária – 2018)*** *A, B, C e D são alguns dos candidatos à presidência de um certo país. Um analista político, em entrevista a um programa de rádio, fez três previsões sobre o 1º turno das eleições:*

- *Se A ficar em primeiro lugar, então nem B e nem C ficarão entre os três primeiros.*
- *Se B ficar entre os três primeiros, então A não ficará entre os três primeiros.*
- *Se D ficar entre os três primeiros, então C ficará entre os três primeiros.*

Assim, se A ficar em primeiro lugar no 1º turno e se as previsões do analista estiverem corretas, então, sobre B, C e D, pode-se concluir que

(A) *certamente nenhum deles estará entre os três primeiros.*

(B) *D poderá ou não estar entre os três primeiros.*

(C) *certamente apenas D estará entre os três primeiros.*

(D) *C ou D, mas não ambos, poderão estar entre os três primeiros.*

(E) *certamente apenas B e C não estarão entre os três primeiros.*

► **Comentários**

As previsões feitas pelo analista político para o 1º turno das eleições são todas proposições compostas condicionais.

A ficar em primeiro lugar	→	Nem B e nem C ficarão entre os três primeiros.
B ficar entre os três primeiros	→	A não ficará entre os três primeiros.
D ficar entre os três primeiros	→	C ficará entre os três primeiros

Na sequência, o examinador completa:

- *Se A ficar em primeiro lugar no 1º turno e se as previsões do analista estiverem corretas, então...*

Assumimos como verdadeira esta hipótese formulada pelo examinador, na qual o candidato A realmente fica em primeiro lugar no primeiro turno.

A ficar em primeiro lugar	→	Nem B e nem C ficarão entre os três primeiros.
B ficar entre os três primeiros	→	**~~A não ficará entre os três primeiros.~~**
D ficar entre os três primeiros	→	C ficará entre os três primeiros

Sublinhamos a proposição simples verdadeira e riscamos a proposição simples falsa.

Fixamos na primeira linha, a verdade da causa (primeiro termo da condicional) obriga a verdade da consequência (segundo termo da condicional).

Aproveitamos para classificar as mesmas informações (com valor lógico invertido) na segunda e na terceira linha.

A ficar em primeiro lugar	→	**Nem B e nem C ficarão entre os três primeiros.**
~~B ficar entre os três primeiros~~	→	~~A não ficará entre os três primeiros.~~
D ficar entre os três primeiros	→	**~~C ficará entre os três primeiros~~**

Uma vez que a condicional não admite o primeiro termo verdadeiro e o segundo falso, caso em que a sentença seria falsa, o primeiro termo na última linha obrigatoriamente deve ser falso.

A ficar em primeiro lugar	→	Nem B e nem C ficarão entre os três primeiros.
~~B ficar entre os três primeiros~~	→	~~A não ficará entre os três primeiros.~~
~~D ficar entre os três primeiros~~	→	~~C ficará entre os três primeiros~~

Conclusões:

- O candidato A fica em primeiro lugar.
- O candidato B não fica entre os três primeiros.
- O candidato C não fica entre os três primeiros.
- O candidato D não fica entre os três primeiros.

Resposta: sobre B, C e D, pode-se concluir que certamente nenhum deles estará entre os três primeiros.

Gabarito: A

QUESTÃO PASSO A PASSO

57. ***(FCC – TRT (SP) 2ª Região – Analista Judiciário Área Contábil – 2018)*** *Considere as seguintes afirmações:*

I. *Agnes é atriz ou Bernardo não é diretor.*

II. *Cíntia é estilista e Dinorá não é cantora.*

III. *Elivaldo não é segurança ou Fred é assistente.*

IV. *Se Bernardo é diretor, então Elivaldo não é segurança.*

Sabe-se que as afirmações I e IV são falsas e que as afirmações II e III são verdadeiras. Sendo assim, é logicamente VERDADEIRA a alternativa

(A) *Dinorá é cantora ou Agnes é atriz.*

(B) *Se Agnes é atriz, então Elivaldo é segurança.*

(C) *Fred não é assistente e Cíntia é estilista.*

(D) *Se Bernardo é diretor, então Dinorá é cantora.*

(E) *Ou Bernardo não é diretor ou Fred não é assistente.*

► **Comentários**

Sabemos tratar-se de uma estrutura lógica e, para estes casos, o roteiro é:

1) considerar todas as quatro proposições compostas verdadeiras; e

2) trabalhar com as proposições simples para conhecer seus valores lógicos.

Acontece que duas das proposições compostas, I e IV, são falsas conforme declarado no enunciado. Sem problemas, negá-las revela a informação verdadeira.

- Negação da disjunção: Negar ambos os termos e alterar o conectivo "ou" para a conjunção "e".

Disjunção	Negação da Disjunção
Agnes é atriz ou Bernardo não é diretor.	Agnes **não** é atriz **e** Bernardo é diretor.

- Negação da condicional: Negar o segundo termo e alterar o conectivo "se, então" para a conjunção "e".

Disjunção	**Negação da Disjunção**
Se Bernardo é diretor, então Elivaldo não é segurança.	Bernardo é diretor **e** Elivaldo é segurança.

Segue a estrutura com as proposições compostas todas informando a verdade.

Agnes não é atriz	∧	Bernardo é diretor
Cíntia é estilista	∧	Dinorá não é cantora
Elivaldo não é segurança	∨	Fred é assistente.
Bernardo é diretor	∧	Elivaldo é segurança

Praticamente todos os valores lógicos das proposições simples são facilmente identificados uma vez que, das quatro proposições compostas, três são conjuntivas.

Não seria preciso dizer, mas por questão didática, a proposição composta conjuntiva só é verdadeira quando os dois termos que a compõem também forem verdadeiros.

Portanto:

Agnes não é atriz	∧	**Bernardo é diretor**
Cíntia é estilista	∧	**Dinorá não é cantora**
Elivaldo não é segurança	∨	Fred é assistente.
Bernardo é diretor	∧	**Elivaldo é segurança**

Grifos indicam proposições simples verdadeiras.

Restou a terceira sentença cujo primeiro termo é falso (a mesma proposição aparece na quarta linha com valor lógico inverso), consequentemente, o segundo termo deve ser verdadeiro para que a disjunção (proposição composta) seja verdadeira.

Agnes não é atriz	∧	Bernardo é diretor
Cíntia é estilista	∧	Dinorá não é cantora
~~**Elivaldo não é segurança**~~	∨	**Fred é assistente**
Bernardo é diretor	∧	Elivaldo é segurança

A proposição simples riscada indica ser falsa.

Conclusões:

- Agnes não é atriz.
- Bernardo é diretor.
- Círitia é estilista.
- Dinorá não é cantora.
- Elivaldo é segurança.
- Fred é assistente.

Devido às alternativas serem proposições compostas, utilizaremos as conclusões acima para analisar cada uma delas, na busca pela verdadeira.

(A) Dinorá é cantora ou Agnes é atriz.

As duas proposições simples são falsas, logo, a disjunção é falsa.

(B) Se Agnes é atriz, então Elivaldo é segurança.

As duas proposições simples são falsas, entretanto, por se tratar de uma condicional, a combinação "se falso, então falso" revela uma sentença verdadeira.

Alternativa correta.

(C) Fred não é assistente e Cíntia é estilista.

Apenas a segunda proposição simples é verdadeira e como a conjunção exige a verdade dos dois termos, logo, a proposição composta é falsa.

(D) Se Bernardo é diretor, então Dinorá é cantora.

A primeira proposição simples é verdadeira e a segunda falsa. A combinação "se verdadeiro, então falso" é a única situação na qual a condicional é falsa.

(E) Ou Bernardo não é diretor ou Fred não é assistente.

As duas proposições simples são falsas. Para a disjunção exclusiva ser verdadeira apenas um termo deve ser verdadeiro.

Gabarito: B

QUESTÃO PASSO A PASSO

58. ***(FCC – TRT (PE) 6ª Região – Técnico Judiciário Área Segurança – 2018)*** *Considere que a afirmação I é falsa e que as demais são verdadeiras.*

I. *Se Bernardo é músico, então Andreia é cantora.*

II. *Cátia é baterista e Bernardo é músico.*

III. *Ou Danilo é violonista, ou Cátia é baterista.*

A partir dessas afirmações, é correto concluir que

(A) *Andreia é cantora ou Danilo é violonista.*

(B) *ou Bernardo é músico, ou Cátia é baterista.*

(C) *se Danilo é violonista, então Andreia é cantora.*

(D) *Cátia é baterista e Danilo é violonista.*

(E) *se Cátia é baterista, então Danilo é violonista.*

► Comentários

A primeira informação é falsa e as demais verdadeiras. Para trabalhar somente com proposições verdadeiras, vamos negar aquela que sabemos ser falsa.

Proposição Composta Condicional	*Se Bernardo é músico, então Andreia é cantora.*
Negação da Condicional	Bernardo é músico **e** Andreia **não** é cantora.

A negação da proposição composta condicional exige a alteração do conectivo "se, então" pela conjunção "e". Adicionalmente, negar o segundo termo.

Com todas as afirmações verdadeiras, montamos a estrutura de proposições compostas e passamos à análise das proposições simples.

Bernardo é músico	$\wedge$	Andreia não é cantora
Cátia é baterista	$\wedge$	Bernardo é músico
Danilo é violonista	$\vee$	Cátia é baterista

O ponto de partida são as proposições compostas conjuntivas porque os seus dois termos obrigatoriamente são verdadeiros.

Bernardo é músico	$\wedge$	**Andreia não é cantora**
Cátia é baterista	$\wedge$	**Bernardo é músico**
Danilo é violonista	$\vee$	Cátia é baterista

As proposições simples grifadas são verdadeiras e uma delas repete-se na terceira afirmação.

Bernardo é músico	$\wedge$	Andreia não é cantora
Cátia é baterista	$\wedge$	Bernardo é músico
Danilo é violonista	$\vee$	**Cátia é baterista**

Ainda sobre a terceira afirmação, trata-se de uma disjunção exclusiva, é certo que a primeira proposição simples é falsa uma vez que o valor lógico da segunda identificamos ser verdadeira.

Vale destacar que a disjunção exclusiva cuja característica é o conectivo "ou... ou", é verdadeira quando um termo for verdadeiro e o outro falso, independente da ordem.

Bernardo é músico	∧	Andreia não é cantora
Cátia é baterista	∧	Bernardo é músico
~~Danilo é violonista~~	v	Cátia é baterista

A proposição riscada é falsa.

Conclusões:

- Bernardo é músico.
- Andreia não é cantora.
- Cátia é baterista.
- Danilo não é violonista.

Estamos prontos para analisar as alternativas.

(A) Andreia é cantora ou Danilo é violonista.

As duas proposições simples são falsas, logo, a disjunção é falsa.

(B) ou Bernardo é músico, ou Cátia é baterista.

As duas proposições simples são verdadeiras, logo, a disjunção exclusiva é falsa. Lembre-se, disjunção exclusiva pressupõe a verdade de apenas um termo.

(C) se Danilo é violonista, então Andreia é cantora.

As duas proposições simples são falsas, logo, a condicional é verdadeira. Lembre-se, a condicional somente será falsa se o primeiro termo for verdadeiro e o segundo falso.

Alternativa correta.

(D) Cátia é baterista e Danilo é violonista.

Apenas a primeira proposição simples é verdadeira e a conjunção exige a verdade de ambas.

(E) se Cátia é baterista, então Danilo é violonista.

A primeira proposição simples é verdadeira e a segunda falsa, única situação em que a condicional é falsa.

Gabarito: C

QUESTÃO PASSO A PASSO

59. *(FCC – TRT (PE) 6ª Região – Analista Judiciário Área Administrativa – 2018)* *Considere a afirmação I como sendo FALSA e as outras três afirmações como sendo VERDADEIRAS.*

I. *Lucas é médico ou Marina não é enfermeira.*

II. *Se Arnaldo é advogado, então Lucas não é médico.*

III. *Ou Otávio é engenheiro, ou Marina é enfermeira, mas não ambos.*

IV. *Lucas é médico ou Paulo é arquiteto.*

A partir dessas informações, é correto afirmar que

(A) *Paulo não é arquiteto ou Marina não é enfermeira.*

(B) *Marina é enfermeira e Arnaldo não é advogado.*

(C) *Se Lucas não é médico, então Otávio é engenheiro.*

(D) *Otávio é engenheiro e Paulo não é arquiteto.*

(E) *Arnaldo é advogado ou Paulo é arquiteto.*

▶ Comentários

A afirmação falsa é irrelevante para a continuidade da questão, por essa razão fazemos a conversão em verdade por meio da negação.

Proposição falsa:

- Lucas é médico ou Marina não é enfermeira.

Negação da Disjunção: Negar ambos os termos e alterar o conectivo "ou" para a conjunção "e"	Lucas **não** é médico **e** Marina é enfermeira.

Agora passamos a trabalhar com afirmações verdadeiras. Inclusive, sabemos que as duas proposições simples, resultado da negação acima, são verdadeiras uma vez que se trata de conjunção.

Aproveitamos os valores lógicos nas mesmas proposições simples de outras afirmações.

<u>Lucas não é médico</u>	$\wedge$	**<u>Marina é enfermeira</u>**
Arnaldo é advogado	$\rightarrow$	**<u>Lucas não é médico</u>**
Otávio é engenheiro	$\vee$	**<u>Marina é enfermeira</u>**
~~Lucas é médico~~	$\vee$	Paulo é arquiteto

Proposições simples sublinhadas são verdadeiras e as riscadas são falsas.

Nas terceira e quarta afirmações os conectivos são diferentes, respectivamente disjunção exclusiva e disjunção.

A disjunção exclusiva, terceira linha, exige a verdade de apenas um termo, se o segundo é verdadeiro, o primeiro obrigatoriamente é falso.

A disjunção, quarta linha, exige que pelo menos um termo seja verdadeiro. Sabendo que o primeiro deles é falso, obrigatoriamente o segundo termo deve ser verdadeiro.

Lucas não é médico	∧	Marina é enfermeira
Arnaldo é advogado	→	Lucas não é médico
~~Otávio é engenheiro~~	∨	Marina é enfermeira
~~Lucas é médico~~	∨	**Paulo é arquiteto**

Por fim a segunda afirmação. Para a condicional cujo segundo termo é verdadeiro, independentemente do valor lógico do primeiro termo, a sentença sempre será verdadeira. Neste caso dizemos que o valor lógico de "Arnaldo é advogado" é indeterminado.

Conclusões:

- Lucas não é médico.
- Marina é enfermeira.
- Otávio não é engenheiro.
- Paulo é arquiteto.

Verificar as alternativas.

(A) Paulo não é arquiteto ou Marina não é enfermeira.

As duas proposições simples são falsas, logo, a sentença é falsa.

(B) Marina é enfermeira e Arnaldo não é advogado.

Marina realmente é enfermeira, mas não podemos afirmar sobre Arnaldo, logo, a sentença não é necessariamente correta.

(C) Se Lucas não é médico, então Otávio é engenheiro.

A primeira proposição simples é verdadeira e a segunda é falsa, única possibilidade na qual a condicional é falsa.

(D) Otávio é engenheiro e Paulo não é arquiteto.

As duas proposições simples são falsas, logo, a sentença é falsa.

(E) Arnaldo é advogado ou Paulo é arquiteto.

Não sabemos nada sobre Arnaldo, entretanto, Paulo de fato é arquiteto. Sendo uma disjunção, apenas a verdade de uma proposição simples garante a verdade da sentença.

Alternativa correta.

Gabarito: E

QUESTÃO PASSO A PASSO

60. ***(FGV – TRT (SC) 12ª Região – Analista Judiciário Área Administrativa – 2017)*** *Sabe-se que:*

- *Se X é vermelho, então Y não é verde.*

- *Se X não é vermelho, então Z não é azul.*
- *Se Y é verde, então Z é azul.*

Logo, deduz-se que:

(A) X é vermelho;

(B) X não é vermelho;

(C) Y é verde;

(D) Y não é verde;

(E) Z não é azul.

▶ **Comentários**

A estrutura apresenta três proposições condicionais e delas não é possível extrair uma proposição simples que consigamos definir seu valor lógico.

À vista disso, escolhemos uma proposição simples, preferencialmente com maior repetição, e atribuímos um valor lógico a ela e procedemos o teste. Caso haja inconsistência, voltamos ao início e mudamos aquele valor lógico atribuído à proposição simples.

A tentativa é considerar "X é vermelho" como uma proposição simples verdadeira, por isso está sublinhada. Por óbvio, sua negação é falsa, por isso está riscada.

X é vermelho	→	Y não é verde
~~X não é vermelho~~	→	Z não é azul
Y é verde	→	Z é azul

Partimos para a investigação da primeira proposição composta, uma condicional, portanto, não há que se falar em primeiro termo verdadeiro e segundo termo falso (única apresentação falsa da condicional). Concluímos que o segundo termo, primeira linha, é verdadeiro.

X é vermelho	→	**Y não é verde**
~~X não é vermelho~~	→	Z não é azul
~~Y é verde~~	→	Z é azul

O quadro ficou incompleto, as duas condicionais restantes tem primeiro termo falso, logo, independente do valor lógico do segundo termo, ambas sempre serão verdadeiras.

Chegamos num impasse. Como não encontramos nenhuma contradição, não podemos descartar esta composição. Pelo menos temos que:

- X é vermelho.
- Y não é verde.

De qualquer forma, vale retornar ao início e testar o outro valor lógico para "X é vermelho".

~~X é vermelho~~	→	Y não é verde
X não é vermelho	→	Z não é azul
Y é verde	→	Z é azul

Segunda linha, a verdade do primeiro termo da condicional obriga a verdade do segundo termo.

~~X é vermelho~~	→	Y não é verde
X não é vermelho	→	**Z não é azul**
Y é verde	→	**~~Z é azul~~**

Última linha, sabendo que o segundo termo da condicional é falso, somente a falsidade cabe ao primeiro termo.

~~X é vermelho~~	→	**Y não é verde**
X não é vermelho	→	Z não é azul
~~Y é verde~~	→	~~Z é azul~~

Pronto, todas as proposições simples estão valoradas sem qualquer incompatibilidade.

Conclusões:

- X não é vermelho.
- Y não é verde.
- Z não é azul.

Lembre-se que não descartamos a primeira hipótese e de lá concluímos que:

- X é vermelho.
- Y não é verde.

Em ambas as situações apenas uma informação é coincidente, Y não é verde. Ou seja, podemos afirmar que a estrutura admite combinações diferentes de valores lógicos, entretanto, para qualquer combinação, sempre Y não é verde.

Resposta: Dadas a afirmações conhecidas, certamente Y não é verde.

Gabarito: D

QUESTÃO RÁPIDA

61. ***(FGV – TRT (SC) 12ª Região – Analista Judiciário Área Administrativa – 2017)*** *Considere como verdadeiras as afirmativas:*

- *Se Jorge é francês, então Denise é espanhola.*
- *Denise não é espanhola ou Beatriz é brasileira.*

Sabe-se que Beatriz não é brasileira. Logo, é correto afirmar que:

(A) *Denise é espanhola e Jorge é francês;*

(B) *Denise é espanhola ou Jorge é francês;*

(C) *se Beatriz não é brasileira, então Denise é espanhola;*

(D) *se Denise não é espanhola, então Jorge é francês;*

(E) *se Jorge não é francês, então Denise não é espanhola.*

▶ Comentários

As afirmações são, na ordem, uma proposição composta condicional e outra proposição composta disjuntiva.

Jorge é francês	→	Denise é espanhola
Denise não é espanhola	v	Beatriz é brasileira

Há uma informação complementar sobre Beatriz, ela não é brasileira. Consequentemente, "Beatriz é brasileira" é uma proposição simples falsa identificada abaixo com o texto riscado.

Jorge é francês	→	Denise é espanhola
Denise não é espanhola	v	**~~Beatriz é brasileira~~**

Sabemos que a disjunção, segunda linha, exige que pelo menos uma proposição simples seja verdadeira para garantir a verdade de toda a afirmação. Isso nos leva a acreditar que a proposição simples "Denise não é espanhola" é verdadeira (sublinhada) e sua negação na primeira linha é falsa.

Jorge é francês	→	**~~Denise é espanhola~~**
Denise não é espanhola	v	~~Beatriz é brasileira~~

Na primeira linha, a condicional somente será falsa se o termo antecedente for verdadeiro e o termo consequente for falso. Para que isso não aconteça, o valor lógico do termo inicial deve ser falso.

~~Jorge é francês~~	→	~~Denise é espanhola~~
Denise não é espanhola	v	~~Beatriz é brasileira~~

Conclusões:

- Jorge não é francês.
- Denise não é espanhola.
- Beatriz não é brasileira.

Aproveitamos os valores lógicos das proposições simples para classificar as alternativas.

(A) Denise é espanhola e Jorge é francês;

As duas proposições simples são falsas e a alternativa é falsa.

(B) Denise é espanhola ou Jorge é francês;

As duas proposições simples são falsas e a alternativa é falsa.

(C) se Beatriz não é brasileira, então Denise é espanhola;

O primeiro termo é verdadeiro e o segundo falso, única situação em que a condicional é falsa.

(D) se Denise não é espanhola, então Jorge é francês;

O primeiro termo é verdadeiro e o segundo falso, única situação em que a condicional é falsa.

(E) se Jorge não é francês, então Denise não é espanhola.

As duas proposições simples são verdadeiras e a alternativa, uma condicional, é também verdadeira.

Gabarito: E

QUESTÃO RÁPIDA

62. ***(FCC – TRT (PR) 9ª Região – Analista Judiciário Área Judiciária – 2015)*** *Carolina, Cecília, João, Sérgio e Sílvia formaram um grupo musical. Durante cada apresentação do grupo, um deles canta e os outros quatro tocam um instrumento diferente cada um (bateria, guitarra, teclado e saxofone), de acordo com as seguintes condições:*

- *Carolina só pode tocar bateria ou guitarra;*
- *Cecília só pode cantar ou tocar saxofone;*
- *João só pode tocar teclado ou saxofone;*
- *Sérgio só pode cantar, ou tocar bateria, ou tocar teclado;*
- *Sílvia só pode cantar ou tocar guitarra.*

Se Sílvia foi escolhida para cantar em uma apresentação então, necessariamente, nessa apresentação:

(A) *Carolina tocará bateria.*

(B) *Sérgio tocará bateria.*

(C) *João tocará saxofone.*

(D) *Sérgio tocará teclado.*

(E) *Cecília tocará guitarra.*

▶ **Comentários**

São cinco pessoas, das quais uma canta e cada uma das demais toca um instrumento diferente.

Dado o contexto, seguem cinco proposições.

Carolina toca bateria	ou	Toca guitarra		
Cecília canta	ou	Toca saxofone		
João toca teclado	ou	Toca saxofone		
Sérgio canta	ou	Toca bateria	ou	Toca teclado
Sílvia canta	ou	Toca guitarra		

Então, o examinador sugere que Sílvia foi escolhida como cantora, ou seja, consideramos essa informação verdade, e passamos a valorar as demais proposições simples.

Carolina toca bateria	ou	Toca guitarra		
~~Cecília canta~~	ou	Toca saxofone		
João toca teclado	ou	Toca saxofone		
~~Sérgio canta~~	ou	Toca bateria	ou	Toca teclado
Sílvia canta	ou	**~~Toca guitarra~~**		

A proposição grifada é verdadeira e as proposições riscadas são falsas.

A disjunção, segunda linha, necessita que pelo menos uma proposição simples seja verdadeira, logo, Cecília toca saxofone e João não toca esse instrumento.

Carolina toca bateria	ou	Toca guitarra		
~~Cecília canta~~	ou	**Toca saxofone**		
João toca teclado	ou	**~~Toca saxofone~~**		
~~Sérgio canta~~	ou	Toca bateria	ou	Toca teclado
Sílvia canta	ou	~~Toca guitarra~~		

Analisando a terceira proposição composta, é certo que João toca teclado.

Carolina toca bateria	ou	Toca guitarra		
~~Cecília canta~~	ou	Toca saxofone		
João toca teclado	ou	~~Toca saxofone~~		
~~Sérgio canta~~	ou	Toca bateria	ou	**~~Toca teclado~~**
Sílvia canta	ou	~~Toca guitarra~~		

Na sequência, quarta proposição composta, a conclusão é de que Sérgio toca bateria, logo, por exclusão, Carolina toca guitarra.

<table>
<tr><td colspan="2">~~**Carolina toca bateria**~~</td><td colspan="2">ou</td><td colspan="2">**Toca guitarra**</td></tr>
<tr><td colspan="2">~~Cecília canta~~</td><td colspan="2">ou</td><td colspan="2">Toca saxofone</td></tr>
<tr><td colspan="2">João toca teclado</td><td colspan="2">ou</td><td colspan="2">~~Toca saxofone~~</td></tr>
<tr><td>~~Sérgio canta~~</td><td>ou</td><td colspan="2">**Toca bateria**</td><td>ou</td><td>~~Toca teclado~~</td></tr>
<tr><td colspan="2">Sílvia canta</td><td colspan="2">ou</td><td colspan="2">~~Toca guitarra~~</td></tr>
</table>

Conclusões:

- Carolina toca guitarra.
- Cecília toca saxofone.
- João toca teclado.
- Sérgio toca bateria.
- Sílvia canta.

Resposta: Nessa apresentação, Sérgio tocará bateria.

Gabarito: B

1.6. Proposições Categóricas

Proposições categóricas trazem consigo informações sobre duas classes considerando pertencer ou não pertencer, total ou parcialmente, uma classe na outra.

- Universal afirmativa: "Todo A é B".
- Universal negativa: "Nenhum A é B".
- Particular afirmativa: "Algum A é B".
- Particular negativa: "Algum A não é B".

Proposição categórica caracteriza-se pela presença de um quantificador (todo, algum e nenhum) associado ao sujeito da oração. Por exemplo: Algumas provas são difíceis.

- Algumas provas: Sujeito da oração.
- Provas: Núcleo do sujeito.
- Algumas: Quantificador.

A melhor forma para apresentar e interpretar as informações sobre as proposições categóricas é lançando mão de diagramas. Os conjuntos ou diagrama de *Venn* serão a base para o estudo dos diagramas lógicos.

1.6.1. Todo (Todo A é B)

São duas proposições simples, ligadas pelo conectivo todo, de tal modo que a integralidade daquilo informado em A faz parte do conteúdo de B. Para facilitar nossa vida, o conjunto A está contido no conjunto B.

Graficamente:

<table>
<tr>
<td>A é um subconjunto de B.</td>
<td>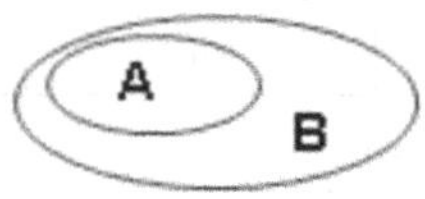
</td>
</tr>
</table>

QUESTÃO PASSO A PASSO

63. ***(FCC – TRT (AL) 19ª Região – Analista Judiciário Tecnologia da Informação – 2022)*** *Todas as bailarinas são magras. Logo, necessariamente,*

(A) *o conjunto das bailarinas contém o conjunto das pessoas magras.*

(B) *o conjunto das pessoas magras contém o conjunto das bailarinas.*

(C) *todas as mulheres magras são bailarinas.*

(D) *alguma bailarina não é magra.*

(E) *toda mulher magra não é bailarina.*

► Comentários

Apesar da objetividade da questão e do baixo grau de dificuldade, faremos análise não só das questões, mas também das alternativas para nos familiarizarmos com este tipo de questão e a trabalhar com os conjuntos.

O enunciado traz a informação que reproduzimos abaixo de maneira esquematizada e esta, por sua vez, facilita em muito a distinguir as opções das alternativas A e B.

<table>
<tr>
<td>Todas as bailarinas são magras</td>
<td>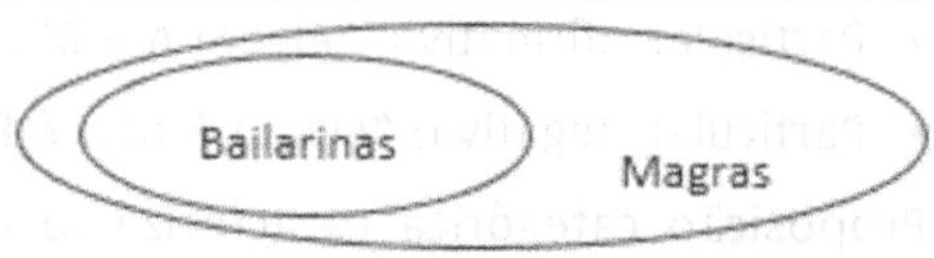
</td>
</tr>
</table>

O universo de bailarinas, representado pelo conjunto "Bailarinas", está por completo inserido no conjunto das pessoas "Magras", conforme anuncia a proposição categórica "todas as bailarinas são magras".

(A) o conjunto das bailarinas contém o conjunto das pessoas magras.

O conjunto das bailarinas está contido no conjunto das pessoas magras, caso contrário, seria possível afirmar que todas as pessoas magras seriam bailarinas.

Alternativa errada.

(B) o conjunto das pessoas magras contém o conjunto das bailarinas.

A alternativa traz informação contrária à alternativa (A) e conforme representamos no diagrama.

Alternativa correta.

(C) todas as mulheres magras são bailarinas.

Está demonstrado abaixo que uma mulher pode ser magra, representado por "M", e mesmo assim não ser bailarina (posição externa ao conjunto "Bailarinas").

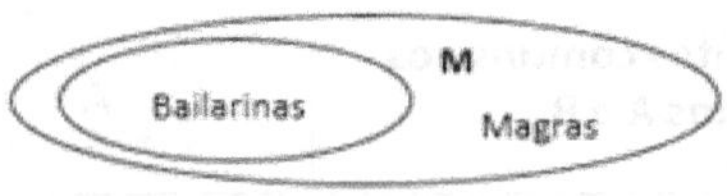

Alternativa errada.

(D) alguma bailarina não é magra.

A alternativa é exatamente contrária à afirmação inicial. Partindo do pressuposto de que todas as bailarinas são magras, não dá para dizer que existe alguma, ou uma delas que não seja magra.

Alternativa errada.

(E) toda mulher magra não é bailarina.

Há sim mulheres magras que não são bailarinas (veja o diagrama na alternativa (C)), contudo, não se pode generalizar esta hipótese, pois também existem mulheres magras que são bailarinas.

Alternativa errada.

Gabarito: B

1.6.2. Algum (Algum A é B)

Encontraremos o quantificar no plural, "alguns A são B", não há problema algum. Outro termo possível e que melhor explica a situação é "pelo menos um", em outras palavras, pelo menos um elemento do conjunto A pertence ao conjunto B.

Graficamente:

Algum elemento de A pertence ao conjunto B.	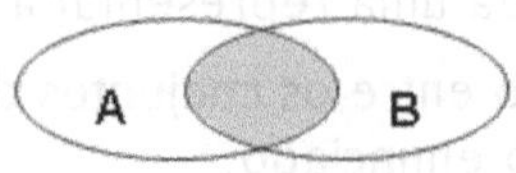

Este mesmo diagrama também representa a proposição equivalente "algum A não é B":

Pelo menos um elemento de A não pertence a B.	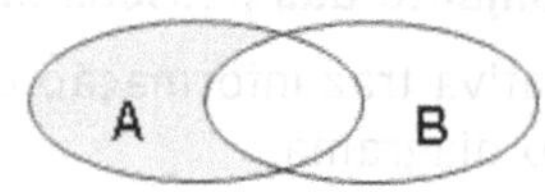

1.6.3. Nenhum (Nenhum A é B)

A única coisa a dizer é que não há intersecção entre os conjuntos, os elementos do conjunto A são totalmente distintos dos elementos do conjunto B.

Não há elementos comuns aos conjuntos A e B.	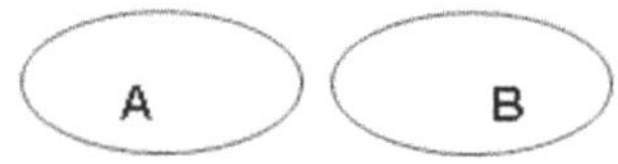

Esta parte teórica inicial é suficiente para resolvermos algumas questões como a logo abaixo, da prova para Auditor da Receita Federal, formulada pela ESAF que, apesar de não mais atuar em concursos públicos, tem um histórico de grande importância, principalmente em se tratando de Receita Federal do Brasil.

QUESTÃO PASSO A PASSO

64. ***(Vunesp – TJ (SP Capital) – Escrevente Técnico Judiciário – 2023)*** *Nesta questão, estão sendo consideradas quatro modalidades esportivas: A, B, C e D. É sabido que:*

- *Todo praticante de B é praticante de A.*
- *Alguns praticantes de C são praticantes de B.*
- *Alguns praticantes de A são praticantes de D.*

A partir dessas informações, é necessariamente verdade que

(A) *não existe quem pratique apenas B e C.*

(B) *alguns praticantes de B são praticantes de D.*

(C) *não há praticante de B que seja praticante de D.*

(D) *qualquer praticante de A que seja praticante de C é também praticante de B.*

(E) *todo praticante de C é praticante de D.*

▶ **Comentários**

Estamos limitados a quatro modalidades esportivas, indicadas por A, B, C e D, sendo cada uma representada por um conjunto.

A relação entre os conjuntos definiremos a partir das informações complementares do enunciado.

- Todo praticante de B é praticante de A.

Sem problemas, todo B é A, o conjunto B está contido no conjunto A.

Todo praticante de B é praticante de A.	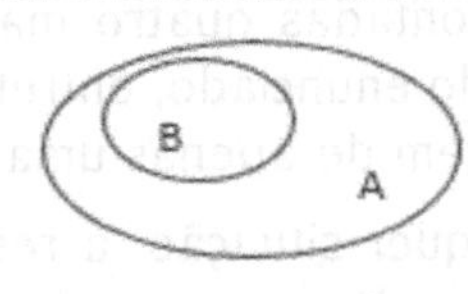

Agora vale a perspicácia do concursando, algo que você vai adquirir com o tempo e com a resolução de muitas questões: Somente por meio desta afirmação já é possível resolver a questão, veja.

(A) não existe quem pratique apenas B e C.

Não verificamos se há esportista que pratique as modalidades B e C, entretanto, dado o diagrama precedente, é certo que não existe quem pratique a modalidade B que não pratique a modalidade A, à vista disso, é certo que não há quem pratique apenas B e C, no mínimo seriam B, C e A.

Agregando a próxima informação apresentada no enunciado você verá o que foi explicado acima.

- Alguns praticantes de C são praticantes de B.

Daí são duas situações possíveis.

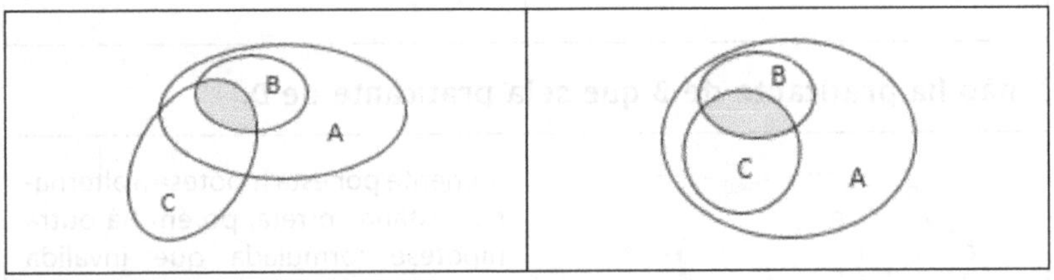

Independentemente da situação, qualquer praticante de B e C (intersecção entre esses conjuntos) pratica também a modalidade A.

Se houvesse a necessidade de levar em consideração a última informação apresentada no enunciado, chegaríamos em uma diversidade de situações.

- Alguns praticantes de A são praticantes de D.

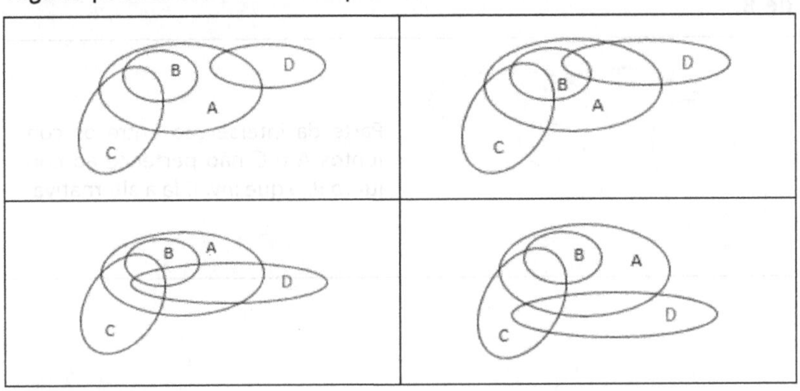

Foram apontadas quatro maneiras distintas de representar as todas as informações do enunciado, entretanto, não para por aí, estas quatro representações decorrem de apenas uma hipótese do quadro anterior.

Para qualquer situação, a resposta para a questão permanece a mesma. Porém, se perceber que os desdobramentos chegam a quantidades exageradas, como aqui, é certo que a resposta para a questão é possível em etapas preliminares.

Enfim, a alternativa correta será aquela que **não apresentar inconsistência com qualquer uma das possíveis hipóteses criadas.** Veja a comparação de uma única hipótese com as alternativas de B a E.

(B) alguns praticantes de B são praticantes de D.

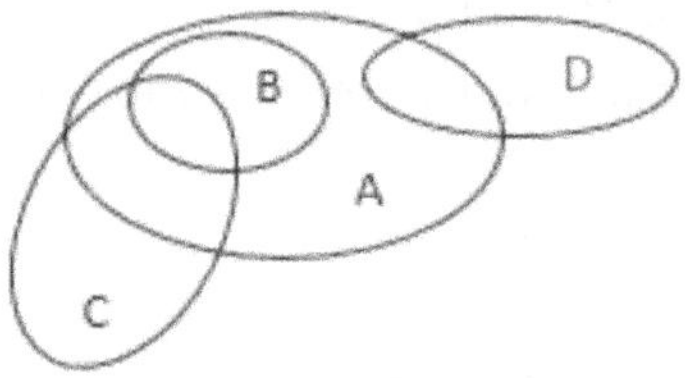	Por esta hipótese, **não há intersecção entre B e D**. Em outras situações é possível, mas lembre-se que qualquer inconsistência invalida a alternativa.

(C) não há praticante de B que seja praticante de D.

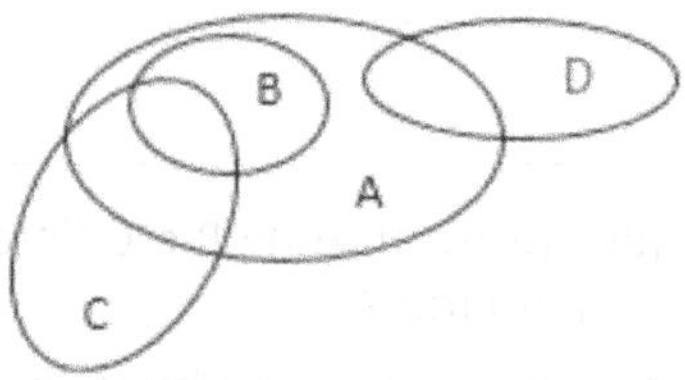	Somente por esta hipótese a alternativa estaria correta, porém há outra hipótese formulada que invalida essa alternativa. Mas lembre-se que qualquer inconsistência invalida a alternativa e isto acontece nas outras hipóteses por nós formuladas.

(D) qualquer praticante de A que seja praticante de C é também praticante de B.

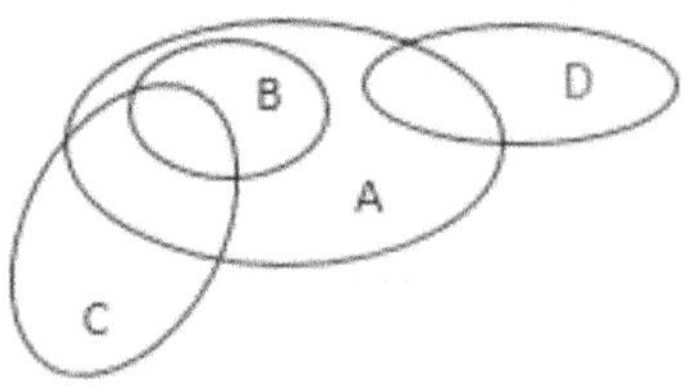	Parte da intersecção entre os conjuntos A e C não pertence ao conjunto B, o que invalida a alternativa.

(E) todo praticante de C é praticante de D.

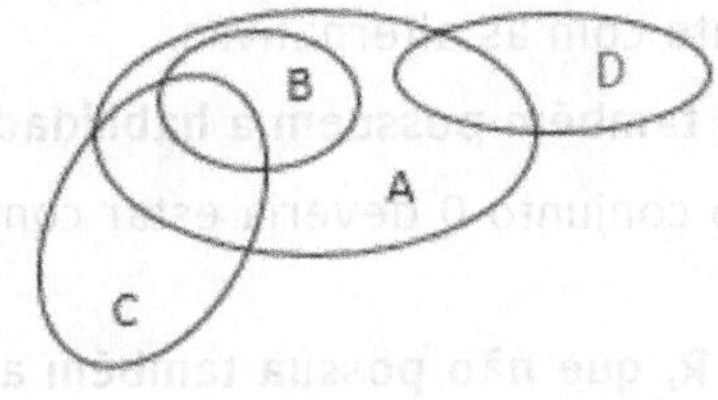	Nenhuma opção formulada a partir das regras dispostas no enunciado terá o conjunto C contido no conjunto D. A alternativa está errada.

Gabarito: A

QUESTÃO RÁPIDA

65. ***(Vunesp – TJ (SP) – Escrevente Técnico Judiciário – 2023)*** *Em relação a um grupo de pessoas e quanto ao domínio de quatro habilidades: P, Q, R e T, sabe-se que:*

I. *Todos que possuem a habilidade Q também possuem a habilidade P.*

II. *Não há quem possua a habilidade R, que não possua também a habilidade P, mas desses nem todos possuem a habilidade Q.*

III. *Há quem possua a habilidade T que possui também a habilidade Q, e não há quem possua a habilidade R que possui a habilidade T.*

A alternativa que contém o diagrama lógico que satisfaz plenamente as três afirmações dadas é:

(A) 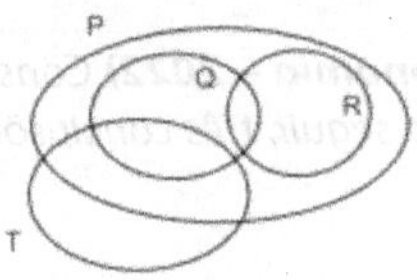

(B) 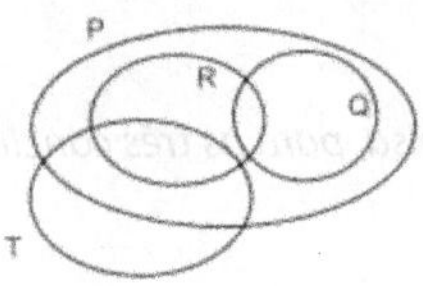

(C) 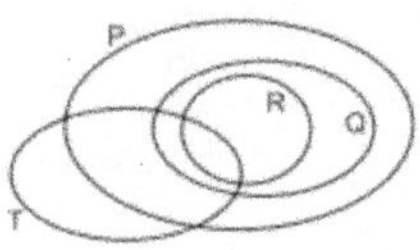

(D) 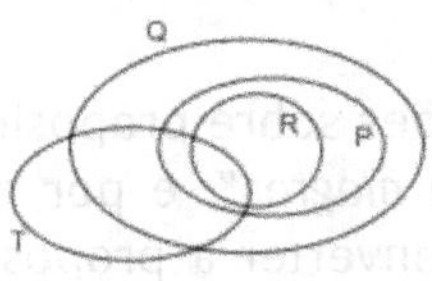

(E) 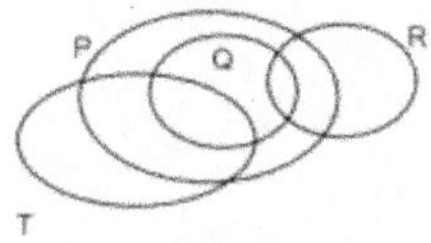

► Comentários

A leitura do enunciado nos apresenta a questão de fácil dedução baseado na comparação dos itens I a III diretamente com as alternativas.

I. **Todos que possuem a habilidade Q também possuem a habilidade P.**

Fica excluída a alternativa D porque o conjunto Q deveria estar contido no conjunto P.

II. **Não há quem possua a habilidade R, que não possua também a habilidade P, mas desses nem todos possuem a habilidade Q.**

O conjunto R está contido em P e este, o conjunto P, deve ter parte externa ao conjunto Q.

Este item desqualifica a alternativa E.

III. **Há quem possua a habilidade T que possui também a habilidade Q, e não há quem possua a habilidade R que possui a habilidade T.**

Existe intersecção entre T e Q, ou seja, excluímos a alternativa B. Adicionalmente, não existe intersecção entre R e T, ou seja, excluímos a alternativa C

Gabarito: A

QUESTÃO PASSO A PASSO

66. ***(FGV - TRT (MA) 16ª Região - Analista Judiciário Biblioteconomia - 2022)*** *Considere verdadeira a afirmação: "Todos os corredores são magros". Observe, a seguir, três conclusões da afirmação dada:*

1. *Se João é magro então é corredor.*
2. *Se João não é corredor, então não é magro.*
3. *Se João não é magro então não é corredor.*

Denotando por V uma conclusão verdadeira e por F uma conclusão falsa, para as três conclusões dadas, temos, respectivamente,

(A) V, V, V.

(B) F, V, V.

(C) F, F, V.

(D) V, V, F.

(E) V, F, F.

► Comentários

O método largamente utilizado para lidar com questões sobre proposições categóricas, como neste caso *"Todos os corredores são magros"*, é por meio dos conjuntos, no entanto, outra forma importante é converter a proposição categórica em proposição condicional.

Proposição Categórica	Diagrama	Proposição Condicional
Todos os corredores são magros		Se é corredor, então é magro

Feitos os comentários iniciais, seguimos com a análise dos itens a serem avaliados.

1. **Se João é magro então é corredor.**

Ser magro não necessariamente significa ser corredor. A alteração da ordem dos termos da proposição composta condicional altera o seu significado.

Item falso.

2. **Se João não é corredor, então não é magro.**

Veja que interessante, houve a negação das duas classes, corredor e magro, porém ficou mantida a mesma estrutura, o que está errado. O fato de todo corredor ser magro não garante a verdade de quem não é corredor também não seja magro.

Item falso.

3. **Se João não é magro então não é corredor.**

Aqui sim a informação equivale à original. Observamos a negação de ambos os termos, porém a estrutura foi alterada, primeiro e segundo termos mudaram de posição.

Vamos confirmar utilizando os conjuntos.

Diagrama	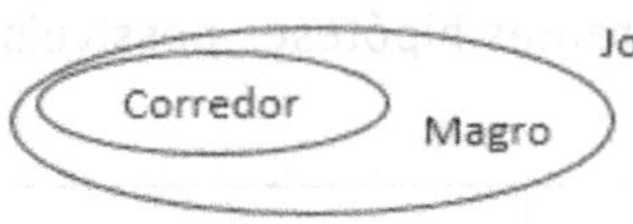	Por não ser magro, João representa um ponto externo ao conjunto "magro" e, claro, externo ao conjunto "Corredor".

Para confirmar, agora utilizando a proposição composta condicional.

Proposição Condicional: Se é corredor, então é magro.	**Equivalência da condicional:** Se João não é magro, então não é corredor.	Os termos foram ambos negados e houve a alteração da posição, portanto equivalência da condicional.

Item verdadeiro.

Resposta: Os três itens são, respectivamente, F, F e V.

Gabarito: C

QUESTÃO RÁPIDA

67. ***(FGV – TRT (MA) 16ª Região – Técnico Judiciário Área Administrativa– 2022)*** *Considere como verdadeiras as sentenças:*

I. *Nenhum C é A.*

II. *Algum A é B.*

É correto concluir que

(A) *nenhum C é B.*

(B) *algum B não é C.*

(C) *algum C é B.*

(D) *nenhum B é C.*

(E) *algum B é C.*

▶ Comentários

Identificado os quantificadores, algum e nenhum, considere a representação por meio do diagrama de *Venn*.

Nenhum C é A	**Algum A é B**
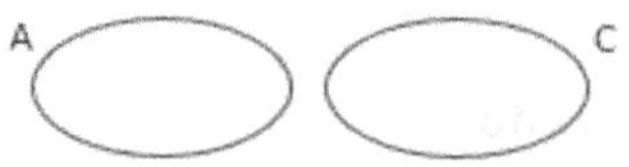	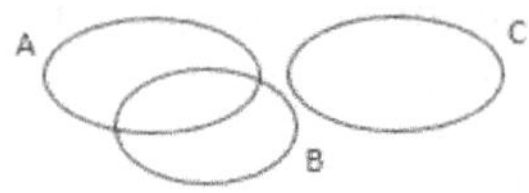 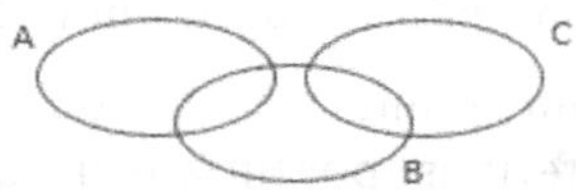

Acima, lado direito, a representação atente não só o item II como também o item I e, como nada foi dito sobre a relação entre os elementos dos conjuntos B e C, é necessário considerar diferentes hipóteses possíveis.

(A) nenhum C é B.

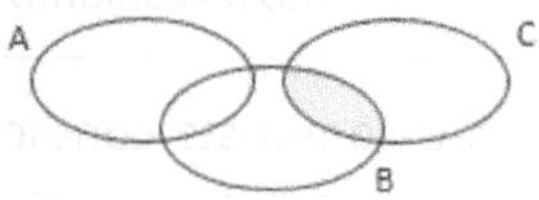	Alternativa errada.

(B) algum B não é C.

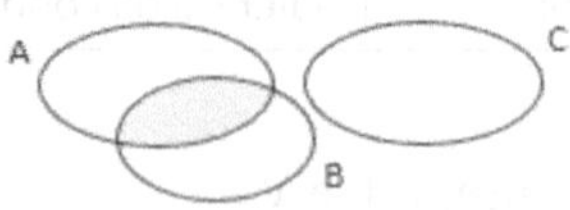	Para as duas hipóteses a situação é verdadeira. Alternativa correta.

(C) algum C é B.

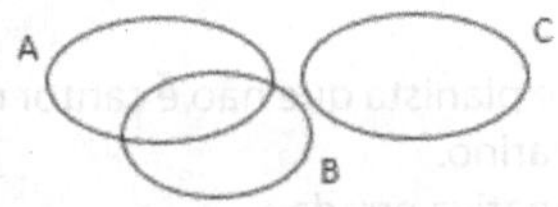	Alternativa errada.

(D) nenhum B é C.

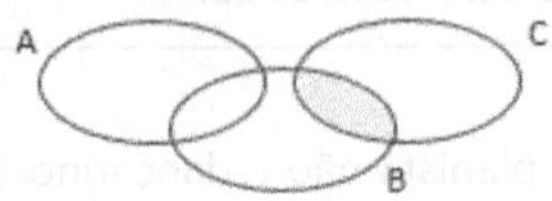	Alternativa errada.

(E) algum B é C.

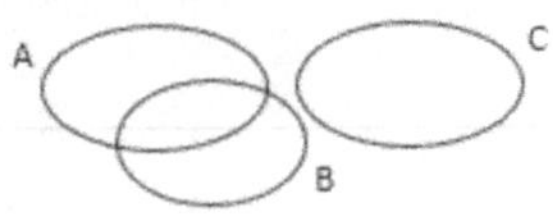	Alternativa errada.

Gabarito: B

QUESTÃO RÁPIDA

68. ***(Vunesp – TJ (SP Capital) – Escrevente Técnico Judiciário – 2021)*** *Observe o diagrama a seguir.*

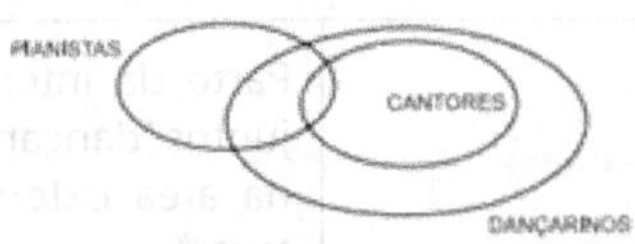

A partir das informações fornecidas pelo diagrama, conclui-se que a única afirmação verdadeira é:

(A) Os cantores pianistas são dançarinos.
(B) Todo pianista é cantor ou dançarino.
(C) Os pianistas que não são dançarinos são cantores.
(D) Todo cantor é pianista.
(E) Os dançarinos que são pianistas são cantores.

▶ **Comentários**

(A) Os cantores pianistas são dançarinos.

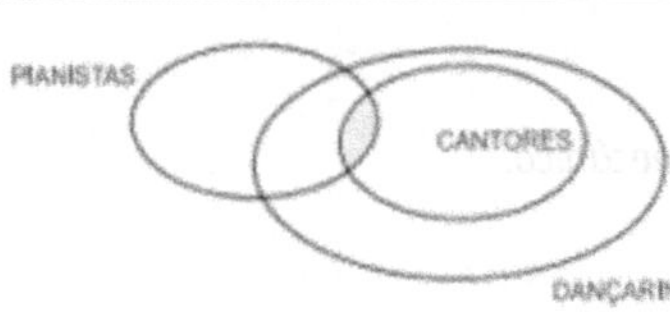	A intersecção entre os conjuntos "cantores" e "pianistas" está na área interna do conjunto "dançarinos". Alternativa correta.

(B) Todo pianista é cantor ou dançarino.

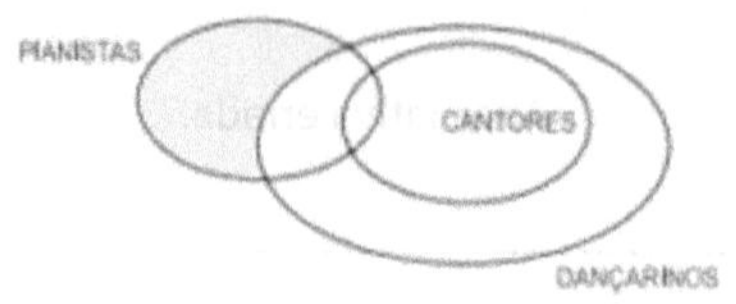

Existe pianista que não é cantor nem dançarino.
Alternativa errada.

(C) Os pianistas que não são dançarinos são cantores.

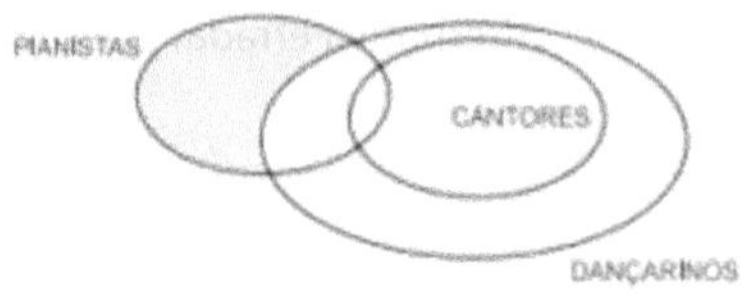

Se o pianista não é dançarino, também não é cantor.
Alternativa errada.

(D) Todo cantor é pianista.

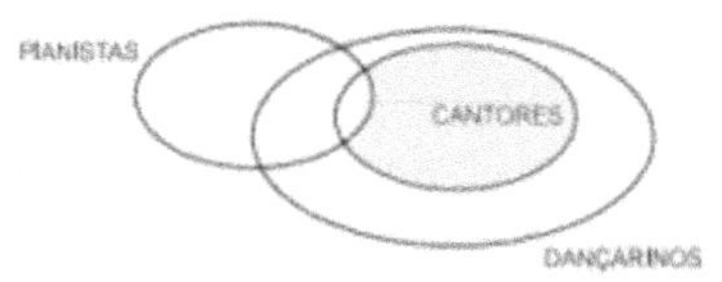

Parte do conjunto "cantores" está na área externa do conjunto "pianistas".
Alternativa errada.

(E) Os dançarinos que são pianistas são cantores.

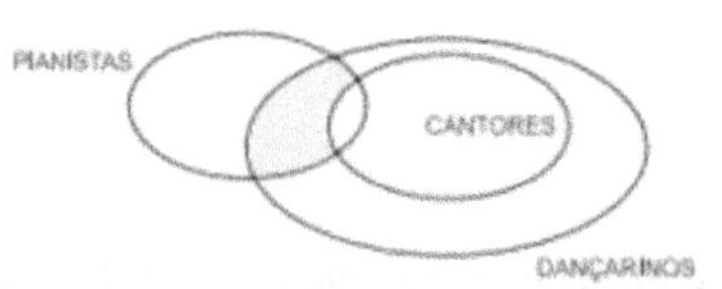

Parte da intersecção entre os conjuntos "dançarinos" e "pianistas" está na área externa do conjunto "cantores".
Alternativa errada.

Gabarito: A

QUESTÃO RÁPIDA

69. ***(Vunesp – TJ (SP Capital) – Escrevente Técnico Judiciário – 2021)*** *Considere as afirmações:*

I. *Não existe mecânico que não goste de carro.*

II. *Alguns funileiros gostam de carro.*

A partir dessas afirmações, é correto concluir que

(A) *alguns funileiros são mecânicos.*

(B) *se José gosta de carro, então José é funileiro.*

(C) *se Carlos não gosta de carro, então Carlos não é mecânico.*

(D) *qualquer mecânico é funileiro.*

(E) *quem gosta de carro é mecânico ou funileiro.*

► Comentários

I. **Não existe mecânico que não goste de carro.**

A afirmação é equivalente à:
Todo mecânico gosta de carro.

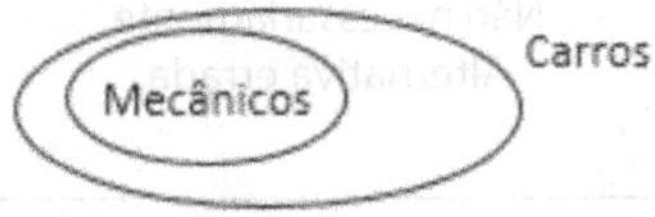

II. **Alguns funileiros gostam de carro.**

Associado com a afirmação anterior, há duas possíveis hipóteses.

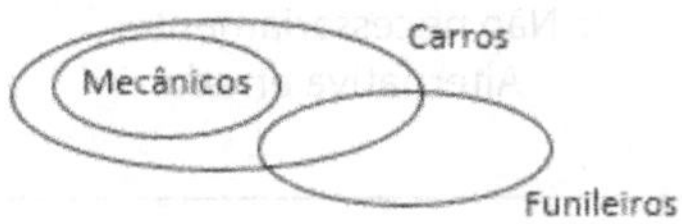

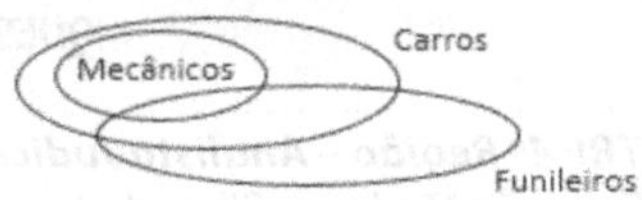

(A) alguns funileiros são mecânicos.

Não necessariamente.
Alternativa errada.

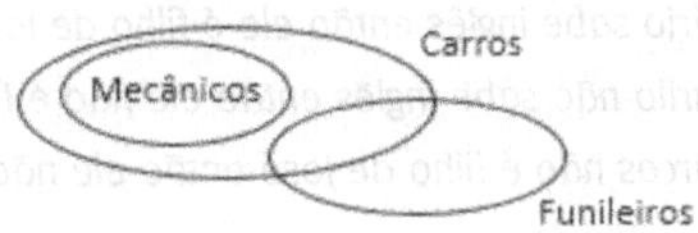

(B) se José gosta de carro, então José é funileiro.

Não necessariamente.
Alternativa errada.

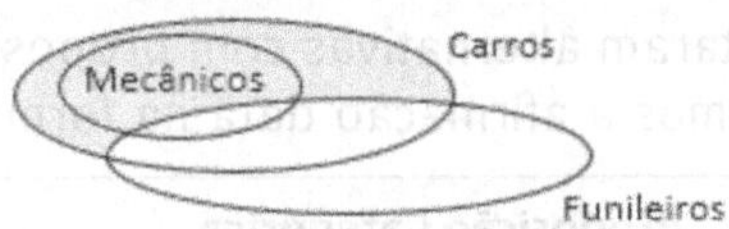

(C) se Carlos não gosta de carro, então Carlos não é mecânico.

Perfeito, qualquer elemento externo ao conjunto "carros" também não faz parte do conjunto "mecânicos".
Alternativa correta.

(D) qualquer mecânico é funileiro.

Não necessariamente. Alternativa errada.	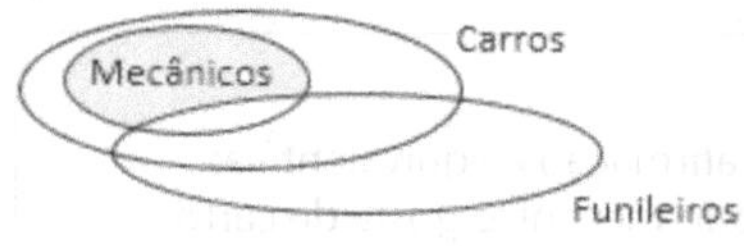

(E) quem gosta de carro é mecânico ou funileiro.

Não necessariamente. Alternativa errada.	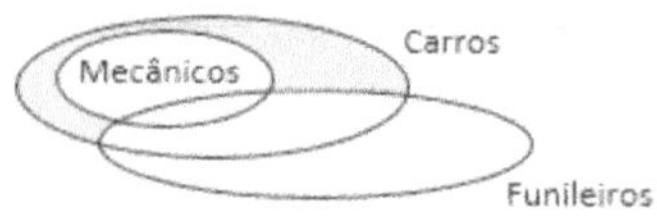

Gabarito: C

QUESTÃO RÁPIDA

70. ***(FCC – TRF 4ª Região – Analista Judiciário Área Judiciária – 2019)*** *Sabendo-se que é verdadeira a afirmação "Todos os filhos de José sabem inglês", então é verdade que*

(A) José sabe inglês.

(B) José não sabe inglês.

(C) se Mário sabe inglês então ele é filho de José.

(D) se Murilo não sabe inglês então ele não é filho de José.

(E) se Marcos não é filho de José então ele não sabe inglês.

▶ Comentários

A afirmação discorre sobre os filhos de José e nada menciona sobre ele falar ou não inglês, portanto, de pronto já descartamos as alternativas A e B.

Restaram alternativas com proposições condicionais, razão pela qual reescreveremos a afirmação data na forma categórica para a condicional.

Proposição Categórica	Proposição Condicional
Todos os filhos de José sabem inglês	Se é filho de José, então sabe inglês

Para identificar a resposta correta precisamos ir além, vamos para a equivalência da condicional.

Regra da Equivalência	Equivalência da Condicional
Negar ambos os termos e alterar as suas posições.	Se não sabe inglês, então não é filho de José

Resposta: Face à afirmação "Todos os filhos de José sabem inglês", é verdade que "*se Murilo não sabe inglês então ele não é filho de José*".

Gabarito: D

QUESTÃO RÁPIDA

71. ***(FGV – TRT (SC) 12ª Região – Técnico Judiciário Área Administrativa – 2017)*** *Considere verdadeiras as afirmações:*

- *Todos os artistas são pessoas interessantes.*
- *Nenhuma pessoa interessante sabe dirigir.*

É correto concluir que:

(A) *todas as pessoas interessantes são artistas;*

(B) *algum artista sabe dirigir;*

(C) *quem não é interessante sabe dirigir;*

(D) *toda pessoa que não sabe dirigir é artista;*

(E) *nenhum artista sabe dirigir.*

► **Comentários**

Fica bastante claro tratar-se de proposições categóricas pela presença dos quantificadores "todos" e "nenhuma". Nesse sentido, nada melhor que desenhar os conjuntos.

Todos os artistas são pessoas interessantes.	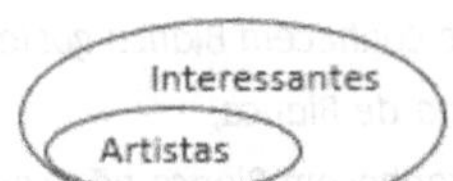

O diagrama para a segunda proposição montamos junto com a informação anterior.

Nenhuma pessoa interessante sabe dirigir.	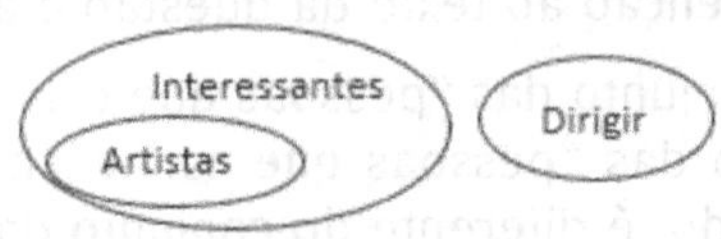

A alternativa correta será aquela que não contradiz este último diagrama de *Venn*.

(A) todas as pessoas interessantes são artistas;

Inverteu a posição dos termos da primeira proposição categórica. Isso muda todo o sentido da informação. Alternativa errada.

(B) algum artista sabe dirigir;

Impossível. Não existe intersecção entre os conjuntos "artistas" e "dirigir". Alternativa errada.

(C) quem não é interessante sabe dirigir;

O conjunto daqueles que dirigem é uma parcela do universo de não interessantes. Uma pessoa pode não ser interessante e não saber dirigir. Alternativa errada.

(D) toda pessoa que não sabe dirigir é artista;

Também o conjunto dos artistas é uma parcela daqueles que não dirigem. Uma pessoa pode não dirigir e não ser artista. Alternativa errada.

(E) nenhum artista sabe dirigir.

Perfeito, não há intersecção entre os conjuntos que representam os artistas e quem sabe dirigir. Alternativa correta.

Gabarito: E

QUESTÃO PASSO A PASSO

72. *(FGV – TRT (SC) 12ª Região – Técnico Judiciário Área Administrativa – 2017)* *Todas as pessoas que conhecem os irmãos Bernardo e Bianca gostam de Bianca. Entretanto, algumas pessoas que conhecem Bianca não gostam dela.*

É correto concluir que:

(A) *todos os que conhecem Bianca gostam dela;*

(B) *ninguém gosta de Bianca;*

(C) *alguns que conhecem Bianca não conhecem Bernardo;*

(D) *quem conhece Bernardo gosta de Bianca;*

(E) *só quem conhece Bernardo e Bianca conhece Bianca.*

► Comentários

Antes de montar os conjuntos que representam as proposições categóricas, atenção ao texto da questão e ao que inferimos dele.

O conjunto das "pessoas que conhecem Bernardo e Bianca" é diferente do conjunto das "pessoas que conhecem Bianca", ainda, apesar de não dito no enunciado, é diferente do conjunto das "pessoas que conhecem Bernardo".

Feita a observação, seguem os conjuntos.

Todas as pessoas que conhecem os irmãos Bernardo e Bianca gostam de Bianca.	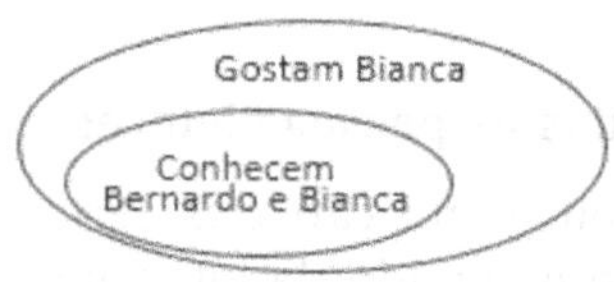

Aproveitamos o primeiro conjunto e agregamos a informação seguinte.

Algumas pessoas que conhecem Bianca não gostam dela.	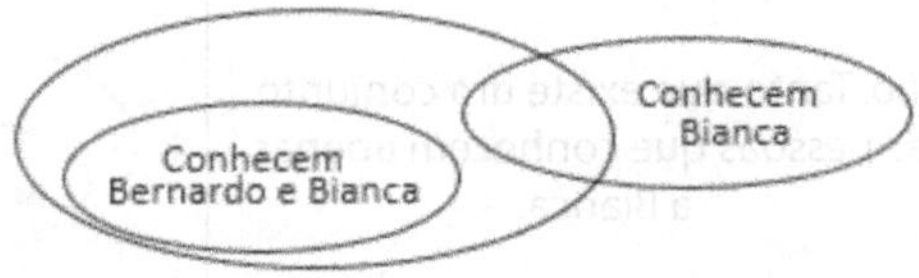

As informações conhecidas estão representadas no diagrama que serve de base para a análise das alternativas.

A) todos os que conhecem Bianca gostam dela.

Nem todos, parte marcada do conjunto daqueles que conhecem Bianca.	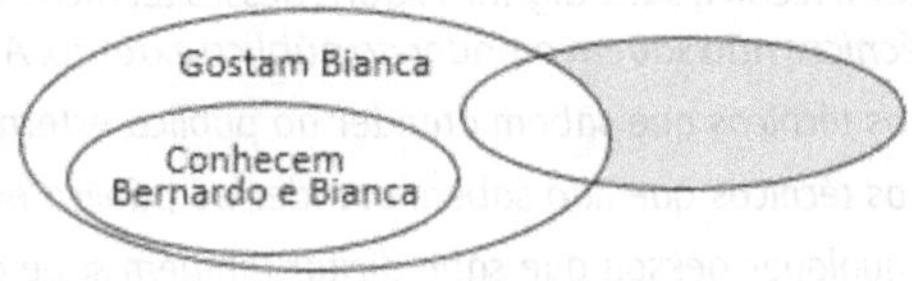

B) ninguém gosta de Bianca.

É certo que existe elementos que gostam de Bianca.	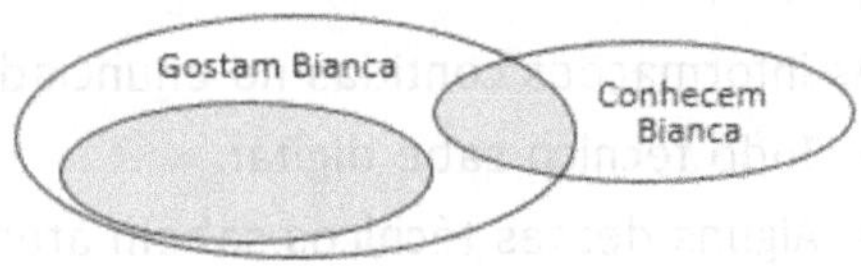

C) alguns que conhecem Bianca não conhecem Bernardo.

Perfeito, existe o conjunto de pessoas que conhecem somente Bianca e não o Bernardo.	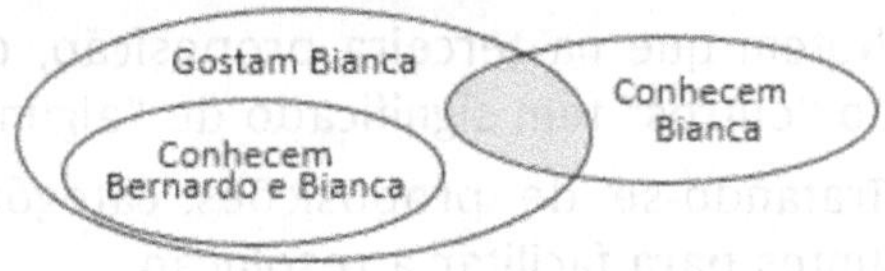

D) quem conhece Bernardo gosta de Bianca.

Lembre-se, "conhecer Bernardo" é diferente de "conhecer Bernardo e Bianca". Como nada foi dito sobre existir ou não um grupo de pessoas que conhecem apenas Bernardo, não podemos montar o conjunto, tão pouco afirmar que basta conhecer Bernardo para gostar de Bianca.

E) só quem conhece Bernardo e Bianca conhece Bianca.

Não. Tanto que existe um conjunto das pessoas que conhecem apenas a Bianca.	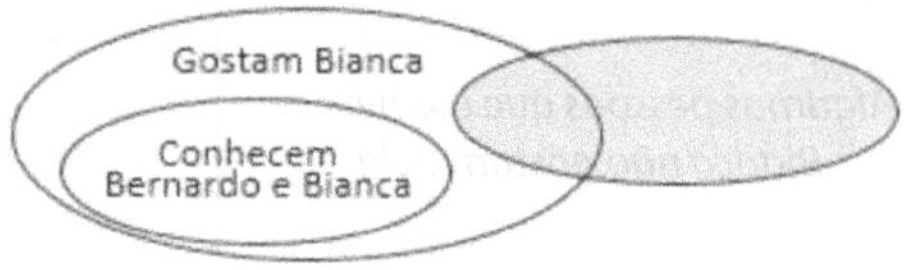

Gabarito: C

QUESTÃO PASSO A PASSO

73. ***(FCC – TRT (SE) 20ª Região – Técnico Judiciário Tecnologia Informação – 2016)*** *Considere que todo técnico sabe digitar. Alguns desses técnicos sabem atender ao público externo e outros desses técnicos não sabem atender ao público externo. A partir dessas afirmações é correto concluir que*

(A) *os técnicos que sabem atender ao público externo não sabem digitar.*

(B) *os técnicos que não sabem atender ao público externo não sabem digitar.*

(C) *qualquer pessoa que sabe digitar também sabe atender ao público externo.*

(D) *os técnicos que não sabem atender ao público externo sabem digitar.*

(E) *os técnicos que sabem digitar não atendem ao público externo.*

► Comentários

As informações contidas no enunciado são proposições.

- Todo técnico sabe digitar.
- Alguns desses técnicos sabem atender ao público externo.
- Outros desses técnicos não sabem atender ao público externo.

Sendo um pouco mais específico e pela presença dos quantificadores "todo" e "alguns", são três proposições categóricas.

Notem que na terceira proposição, o entendimento face ao contexto, do termo "outros" tem significado de "alguns".

Tratando-se de proposições categóricas, façamos a representação em conjuntos para facilitar a resolução.

Todo técnico sabe digitar.	

Qualquer elemento que faz parte do conjunto "técnico" faz, também, parte do conjunto "digitar".

Em relação às duas proposições seguintes, entendemos serem complementares. Significa dizer que não há elemento comum entre elas e que a união das duas completa o conjunto "técnicos".

- Alguns desses técnicos sabem atender ao público externo.
- Outros desses técnicos não sabem atender ao público externo.

Em outras palavras, é uma divisão do conjunto "técnicos" em duas partes, uma com aqueles que sabem atender e a outra dos que não sabem.

<table><tr><td>Parte dos técnicos sabe atender
outra parte não sabe.</td><td>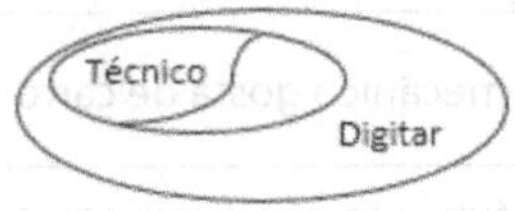
</td></tr></table>

O diagrama permanece igual, em relação ao quadro precedente, apenas o conjunto "técnicos" fica dividido em duas partes.

Alternativas.

A) os técnicos que sabem atender ao público externo não sabem digitar.

Todo técnico sabe digitar. Alternativa errada.

B) os técnicos que não sabem atender ao público externo não sabem digitar.

Todo técnico sabe digitar. Alternativa errada.

C) qualquer pessoa que sabe digitar também sabe atender ao público externo.

Saber ou não atender o público foi dito apenas em relação aos técnicos. Nada pode ser dito sobre outras pessoas que saibam digitar sobre saber ou não atender o público.

D) os técnicos que não sabem atender ao público externo sabem digitar.

Não há nenhuma contradição na informação. Parte dos técnicos não sabem atender o público e ainda assim sabem digitar. Alternativa correta.

E) os técnicos que sabem digitar não atendem ao público externo.

Todo técnico sabe digitar e alguns deles realmente não atendem o público, porém, outra parte não atende. A alternativa não é necessariamente correta.

Gabarito: D

1.6.4. Equivalência das proposições categóricas

A equivalência é pouco cobrada em provas para os concursos de Tribunais. O que você deve guardar é pouco e está no quadro a seguir.

Proposição	Equivalência
Todo A é B	Nenhum A não é B
Todo A não é B	Nenhum A é B

Provavelmente você não vai se deparar com a cobrança direta da equivalência. O que pode acontecer é o enunciado apresentar ora num formato, ora noutro, como em uma das questões resolvidas anteriormente que aproveitaremos como exemplo.

Proposição	Equivalência
Todo mecânico gosta de carro	**Não existe** mecânico que **não** goste de carro
Todo funileiro não é mecânico	**Nenhum** funileiro é mecânico

1.6.5. Negação das proposições categóricas

O assunto abordado com maior frequência nas provas é a negação das proposições categóricas. Inclusive, contextualizando outro assunto, como por exemplo, já mencionado em questão tratada anteriormente, a proposição composta condicional.

Em suma, para a negação das proposições categóricas, guarde a regra do quadro abaixo.

Proposição	Negação
Algum	Nenhum
Nenhum	Algum
Todos	Algum... não

Exemplos:

Proposição	Negação
Algum pianista é cantor	**Nenhum** pianista é cantor
Nenhum dançarino é pianista	**Algum** dançarino é pianista
Todos os cantores são dançarinos	**Algum** cantor **não** é dançarino

Vale ressaltar que, apesar da simplicidade do tema, a incidência de erro em questões que cobram a negação das proposições categóricas é grande.

Para memorizar, vamos resolver as questões cobradas recentemente.

QUESTÃO PASSO A PASSO

74. ***(Vunesp – TRF 3ª Região – Analista Judiciários Contadoria – 2024)*** *Considere a seguinte afirmação: "Existe, pelo menos, um candidato que, se ele não dormiu bem à noite, então não foi aprovado no concurso."*

Uma negação lógica para a afirmação apresentada é:

(A) *Não existe candidato que não dormiu bem à noite e foi aprovado no concurso.*

(B) *Existe candidato que, se foi aprovado no concurso, então dormiu bem à noite.*

(C) *Existe mais de um candidato que, se ele não dormiu bem à noite, então não foi aprovado no concurso.*

(D) *Todos os candidatos dormiram bem à noite e foram aprovados no concurso.*

(E) *Todos os candidatos não dormiram bem à noite e foram aprovados no concurso.*

► **Comentários**

A afirmação diz muito sobre a questão, logo no início *"existe, pelo menos, um candidato que..."*, o que nos faz entender tratar-se de uma proposição categoria.

Além de identificarmos que se trata de uma proposição categoria, segundo o comando da questão, estamos falando da negação dessa proposição.

Recordando, as regras da negação das proposições categóricas são:

Proposição	Negação
Algum	Nenhum
Nenhum	Algum
Todos	Algum... não

Identificou no quadro em qual da três linhas encaixa-se a afirmação que estamos analisando?

Se está inseguro, veja no detalhe.

- *Existe, pelo menos, um candidato que, se ele não dormiu bem à noite, então não foi aprovado no concurso.*

Sem perder ou alterar o contexto, imagine:

Existe, pelo menos, um candidato que,	se ele não dormiu bem à noite, então não foi aprovado no concurso.
Algum candidato	não...

Ou seja, a afirmação na verdade é a negação do quantificador "todo" e nosso objetivo é fazer o caminho inverso.

Proposição	Negação
Todos	Algum... não

O caminho inverso pressupõe a substituição do quantificador "algum" (no caso: "existe, pelo menos, um) por todos. Até aí muito fácil.

A retirada da partícula negativa "não" significa inverter o valor lógico, ou simplesmente a negação. Portanto, vamos negar a parte final da afirmação que, por sua vez, é uma proposição condicional.

Proposição Condicional	Negação da Condicional
Se ele não dormiu bem à noite, então não foi aprovado no concurso.	Ele não dormiu bem e foi aprovado no concurso.

Recapitulando, na primeira parte da afirmação entra o quantificador "todo" e na segunda parte a negação da condicional (acima).

Proposição Categórica	Existe, pelo menos, um candidato que, se ele não dormiu bem à noite, então não foi aprovado no concurso.
Negação da Proposição Categórica	Todo candidato não dormiu bem e foi aprovado no concurso.

Resposta: Com os devidos ajuste de número e conjugação verbal, a negação da afirmação apresentada é: Todos os candidatos não dormiram bem à noite e foram aprovados no concurso.

Gabarito: E

QUESTÃO PASSO A PASSO

75. ***(Vunesp – TJ (SP Capital) – Escrevente Técnico Judiciário – 2023)*** *A alternativa que corresponde à negação lógica da afirmação: "Qualquer processo deve ser considerado ou não há trabalho eficiente neste escritório", é*

(A) *Algum processo não deve ser considerado e há trabalho eficiente neste escritório.*

(B) *Há trabalho eficiente neste escritório ou todos os processos não devem ser considerados.*

(C) *Qualquer processo não deve ser considerado e não há trabalho eficiente neste escritório.*

(D) *Se qualquer processo não deve ser considerado, então há trabalho eficiente neste escritório.*

(E) *Se há trabalho eficiente neste escritório, então todo processo deve ser considerado.*

► **Comentários**

Existe uma afirmação, a qual denominamos proposição composta disjuntiva face à presença do conectivo "ou", que precisamos negar, mas, vejamos no detalhe.

A seguir a afirmação dada.

Proposição simples	Conectivo	Proposição simples
Qualquer processo deve ser considerado	ou	Não há trabalho eficiente neste escritório

Entendendo a proposição como disjunção, a negação exige a substituição do conectivo "ou" pela conjunção "e", bem como a negação das duas proposições simples.

Proposição simples	Conectivo	Proposição simples
	e	há trabalho eficiente neste escritório

Para a negação da segunda parte bastou a exclusão da partícula "não", por outro lado, para a primeira parte o raciocínio é diferente por se tratar de uma proposição categórica.

O entendimento fica claro ao reescrever a proposição simples conforme abaixo.

Proposição Original	Proposição Reescrita
Qualquer processo deve ser considerado	Todo processo deve ser considerado

O quantificador "todo" é a confirmação que estamos diante de uma proposição categórica cuja negação faremos a seguir.

Proposição Original	Proposição Reescrita
Todo processo deve ser considerado	**Algum** processo **não** deve ser considerado

Feita a negação deste, que é o primeiro termo daquela proposição composta que estávamos tratando e voltando a ela, veja o resultado.

Proposição simples	Conectivo	Proposição simples
Algum processo não deve ser considerado	e	há trabalho eficiente neste escritório

Um último detalhe: No trato das proposições categóricas entendemos como sinônimos para a expressão "algum", as expressões: "alguns", "pelo menos um", "existe", "existem".

Resposta: A negação lógica da afirmação apresentada no enunciado é "Algum processo não deve ser considerado e há trabalho eficiente neste escritório"

Gabarito: A

QUESTÃO RÁPIDA

76. ***(Vunesp – TJ (SP) – Escrevente Técnico Judiciário – 2023)*** *A negação lógica da afirmação: 'Todos amigos são leais ou não adianta acreditar nas pessoas', está contida na seguinte alternativa:*

(A) *Há algum amigo que não é leal e adianta acreditar nas pessoas.*
(B) *Adianta acreditar nas pessoas ou há algum amigo que é leal.*
(C) *Se adianta acreditar nas pessoas, então todos os amigos não são leais.*
(D) *Nenhum amigo é leal e adianta acreditar nas pessoas.*
(E) *Se todos os amigos são leais, então adianta acreditar nas pessoas.*

► **Comentários**

Afirmação dada:

Proposição simples	Conectivo	Proposição simples
Todos amigos são leais	*ou*	*não adianta acreditar nas pessoas*

Entendemos a afirmação como uma disjunção cuja negação pressupõe a negação das duas proposições simples e alteração do conectivo para conjunção "e".

Segue a negação da primeira proposição simples, categórica.

Proposição Categórica	Proposição Reescrita
Todos amigos são leais	**Algum** amigo **não** é leal

Temos que a negação da proposição composta é:

Proposição simples	Conectivo	Proposição simples
Algum amigo não é leal	e	adianta acreditar nas pessoas

Resposta: A negação lógica da afirmação que nos foi apresentada é "Há algum amigo que não é leal e adianta acreditar nas pessoas".

Gabarito: A

QUESTÃO PASSO A PASSO

77. (FCC – TRT (MS) 24ª Região – Analista Judiciário Área Administrativa – 2017) *Uma afirmação que corresponda à negação lógica da afirmação: todos os programas foram limpos e nenhum vírus permaneceu, é:*

(A) *Se pelo menos um programa não foi limpo, então algum vírus não permaneceu.*
(B) *Existe um programa que não foi limpo ou pelo menos um vírus permaneceu.*
(C) *Nenhum programa foi limpo e todos os vírus permaneceram.*
(D) *Alguns programas foram limpos ou algum vírus não permaneceu.*
(E) *Se algum vírus permaneceu, então nenhum programa foi limpos.*

► **Comentários**

A afirmação apresentada é uma proposição composta conjuntiva (conectivo "e") e sua negação foi muito trabalhada no item 1.4. Acontece que as proposições simples que formam esta composta são ambas proposições categóricas e, assim sendo, têm regras específicas de negação.

Proposição Categórica	Conjunção	Proposição Categórica
Todos os programas foram limpos	*e*	*Nenhum vírus permaneceu*

Para a negação da conjunção "e" é preciso negar seus dois termos. Faremos isso separadamente porque, conforme dito, são proposições categóricas.

Sempre que o assunto for negação de proposição categórica, tenha em mente apenas o quadro abaixo.

Proposição Categórica	Negação
Algum	Nenhum
Nenhum	Algum
Todos	Algum... não

- *Todos os programas foram limpos*

Proposição Categórica	Negação
Todos	**Alguns** programas **não** foram limpos

- *Nenhum vírus permaneceu*

Proposição Categórica	Negação
Nenhum	**Algum** vírus permaneceu

Estamos prontos para a negação da proposição composta conjuntiva.

- *Todos os programas foram limpos e nenhum vírus permaneceu*

Negar ambos os termos e alterar a conjunção "e" pela disjunção "ou"	**Alguns** programas **não** foram limpos **ou algum** vírus permaneceu

Vale destacar que o pronome algum pode ser substituído por: pelo menos um ou existe.

Resposta: A negação da afirmação dada é "Existe um programa que não foi limpo ou pelo menos um vírus permaneceu".

Gabarito: B

QUESTÃO RÁPIDA

78. ***(FGV – TRT (SC) 12ª Região – Analista Judiciário Área Administrativa – 2017)*** *Em uma caixa só pode haver bolas pretas ou brancas. Sabe-se que a caixa não está vazia e que não é verdade que "todas as bolas na caixa são pretas".*

Então é correto concluir que:

(A) *nenhuma bola na caixa é preta;*

(B) *todas as bolas na caixa são brancas;*

(C) *há pelo menos uma bola preta na caixa;*

(D) *há pelo menos uma bola branca na caixa;*

(E) *há bolas pretas e bolas brancas na caixa.*

► Comentários

A verdade de uma afirmação dita não verdadeira é a sua negação.

Não é verdade que	*Todas as bolas na caixa são pretas*

Abaixo temos a regra e a efetiva negação da proposição categórica com quantificador todos:

Proposição Categórica	Negação
Todos	Algum... não
Todas as bolas na caixa são pretas	**Algumas** bolas na caixa **não** são pretas

Poderíamos também dizer:

- Pelo menos uma bola na caixa não é preta.
- Pelo menos uma bola na caixa é branca.

A resposta é literalmente a negação da proposição dada no enunciado.

Para evitar dúvidas em relação às outras alternativas, entenda que não podemos afirmar a existência de bolas pretas na caixa. Ao dizer "*pode haver bolas pretas ou brancas*" é uma opção e não uma certeza.

Sobre a negação, que corresponde à verdade da afirmação trazida no enunciado, "algumas bolas na caixa não são pretas" ou mesmo "pelo menos uma bola na caixa não é preta" é a garantia de que pelo menos uma bola é branca. Entretanto, todas as bolas podem ser brancas sem contradizer qualquer informação conhecida.

Por essa razão, a única resposta possível é:

Resposta: há pelo menos uma bola branca na caixa.

Gabarito: D

1.7. Correlacionamento Lógico

O correlacionamento é uma forma de lógica estruturada, porém, não há o encadeamento observado pela repetição de proposições simples, ou seja, é uma modalidade de argumentação, cuja estrutura é composta de informações (disponibilizadas no enunciado da questão) e, a partir delas, inferimos novas informações que servirão de resposta para a questão.

- **Classificações**

Não existe regra definida para a resolução de questões de correlacionamento. O que vale mesmo é sua atenção nas informações da questão para poder esquematizá-las, geralmente lançamos mão do auxílio de diagramas ou planilhas, na busca da conclusão lógica adequada.

Contudo, mesmo sem que exista uma regra específica, adotaremos uma classificação básica que abarca as diferentes questões sobre o tema, são elas: ordenação, dedução e hipóteses.

1.7.1. Ordenação

Podemos entender ordenação como a reestruturação do ordenamento das informações com a finalidade de se chegar à conclusão. Todas as informações são conhecidas, porém estão fora de ordem.

Esse tipo de questão apresenta informações relacionadas a uma situação sequencial, por exemplo: Pessoas na fila do caixa bancário, espectadores sentados lado a lado nas cadeiras do cinema, provas sobrepostas de acordo com as notas, fila organizada pela altura dos jogadores de basquete, ordem de emissoras de TV conforme pontos em pesquisa de audiência e assim por diante.

A resolução dessas questões, consideradas fáceis na maior parte das vezes, é feita com a leitura atenta da questão e alocação dos elementos identificados na sequência correta, de acordo com as diretrizes propostas pelo examinador.

QUESTÃO PASSO A PASSO

79. ***(FGV – TRT (MA) 16ª Região – Técnico Judiciário Área Judiciária – 2022)*** *Cinco amigos, A, B, C, D e E, marcaram um encontro em data e hora determinados, mas todos chegaram em horários diferentes. Sabe-se que*

- *A chegou depois de B.*
- *C chegou antes de A.*
- *Quando D chegou, C já estava, mas B não.*
- *Quando E chegou somente 2 amigos já haviam chegado.*

É correto concluir que

(A) *A não foi o último a chegar.*

(B) *E chegou antes de D.*

(C) *C foi o 2º a chegar.*

(D) *D chegou depois de B.*

(E) *B foi o 4º a chegar.*

▶ **Comentários**

A leitura da primeira parte do enunciado não é suficiente para a certeza de que haverá ordenamento entre as cinco amigas que chegam em diferentes horários para o encontro marcado.

O examinador segue elencando algumas informações adicionais, as quais comparam os horários de chegada, de quem chegou antes e de quem chegou depois. Pois bem, agora sim o indício de ordenamento é forte.

O que encontraremos, você pode chamar de fila, linha do tempo ou qualquer outra denominação, são informações que necessitam de análise para definir o ordenamento de chegada das cinco amigas ao encontro.

Vale ressaltar que desenhar, mesmo que um simples rabisco, é de grande valia, algo como:

- **A chegou depois de B.**

<table>
<tr>
<td>Não importa quem fica do lado esquerdo ou quem fica do lado direito, importante é manter a mesma lógica para todos os itens.</td>
<td>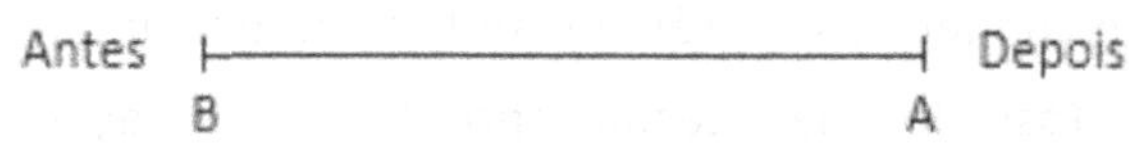
</td>
</tr>
</table>

Sem problemas, B chegou antes do que A.

- **C chegou antes de A.**

<table>
<tr>
<td>Pelo raciocínio inicial, C encontra-se à esquerda de A, entretanto, como fica em relação à amiga B? Apesar da dúvida, vamos representar no desenho.</td>
<td>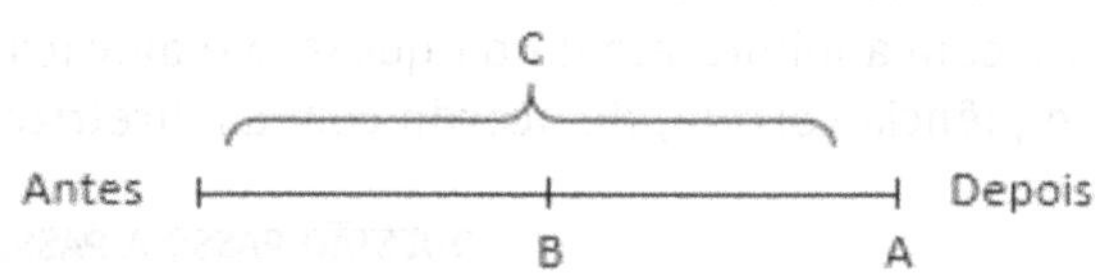
</td>
</tr>
</table>

Informações incompletas, como acima, com certeza terão seus complementos logo à frente.

- **Quando D chegou, C já estava, mas B não.**

Pronto, aqui está o complemento daquilo que lemos no item anterior.

<table>
<tr>
<td>Pelo que foi dito, D chegou depois da amiga C, portanto à direita dela, e antes da amiga B, portanto à esquerda dela.</td>
<td>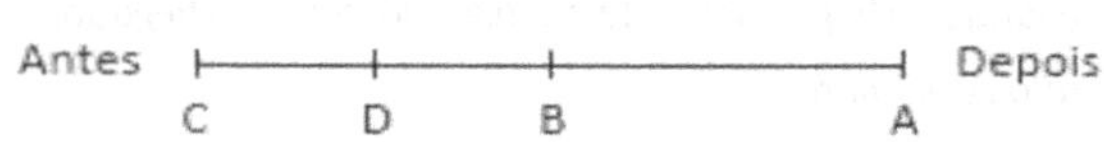
</td>
</tr>
</table>

- **Quando E chegou somente 2 amigos já haviam chegado.**

Ou seja, a amiga E foi a terceira a chegar.

A sequência, da esquerda para a direta, demonstra a ordem de chegada das cinco amigas.	Antes ⊢—+—+—+—⊣ Depois C D E B A

Resposta: É correto concluir que a amiga B foi o quarta a chegar.

Gabarito: E

QUESTÃO RÁPIDA

80. ***(FGV – TRT (MA) 16ª Região – Analista Judiciário Biblioteconomia – 2022)*** *Cinco pessoas formam uma fila. Essa fila será modificada com a seguinte sequência de trocas de posição: o 2º com o 4º, o 1º com o 3º, o 2º com o 5º e o 1º com o 4º. A pessoa que estava no 3º lugar na fila inicial estará, na fila final, no*

(A) 1º lugar.

(B) 2º lugar.

(C) 3º lugar.

(D) 4º lugar.

(E) 5º lugar.

▶ **Comentários**

Uma porção de ordenamento com outra porção de raciocínio, a FGV gosta de inovar.

Cinco pessoas formam uma fila.	1º, 2º, 3º, 4º, 5º
Troca de posição: o 2º com o 4º	1º, **4º**, 3º, **2º**, 5º
Troca de posição: o 1º com o 3º	**3º**, 4º, **1º**, 2º, 5º

Atenção às próximas trocas, veja quem ocupa cada posição no exato momento.

Troca de posição: o 2º com o 5º	3º, **5º**, 1º, 2º, **4º**
Troca de posição: o 1º com o 4º	**2º**, 5º, 1º, **3º**, 4º

Resposta: A pessoa que estava no 3º lugar na fila inicial estará, na fila final, no quarto lugar.

Gabarito: D

QUESTÃO RÁPIDA

81. ***(FCC – TRT (RS) 4ª Região – Técnico Judiciário – Área Administrativa – 2022)*** *Rafael, Jairo, Victor e Verônica são amigos. Rafael é mais velho do que Verônica, Jairo é mais velho do que Victor e mais novo do que Verônica. A lista ordenada, do mais jovem ao mais velho, é:*

(A) Victor, Verônica, Rafael e Jairo.

(B) Verônica, Victor, Jairo e Rafael.

(C) Jairo, Victor, Verônica e Rafael.

(D) Victor, Jairo, Verônica e Rafael.

(E) Victor, Verônica, Jairo e Rafael.

▶ Comentários

A lista ordenada por idade dos amigos é decorrência das informações conhecidas e, talvez, de outras que deduziremos a partir delas.

Rafael é mais velho do que Verônica	*Verônica – Rafael*

O comando da questão pede lista ordenada, do mais jovem ao mais velho, acima iniciamos a lista na mesma ordem, conforme solicitado.

Jairo é mais velho do que Victor e mais novo do que Verônica	*Vitor – Jairo – Verônica – Rafael*

Por ser mais velho que Vitor, Jairo está a sua direita e por ser mais novo que Verônica, está a sua esquerda.

Essa foi fácil!!

Resposta: A lista ordenada, do mais jovem ao mais velho, é: Vitor – Jairo – Verônica – Rafael.

Gabarito: D

QUESTÃO PASSO A PASSO

82. ***(FCC – TRT (RO e AC) 14ª Região – Analista Judiciário Área Judiciária – 2022)*** *Em uma brincadeira de roda estão sete crianças: Ana está ao lado de Bia, que está ao lado de Caio, que está ao lado de Dina, que está ao lado de Eva, que está ao lado de Fê, que está ao lado de Gil, que está ao lado de Ana. Essas crianças desfizeram a roda e a montaram novamente; porém, em relação à roda original, nenhum deles ficou ao lado de alguém que estava ao seu lado. Nessa nova roda, Ana não ficou ao lado de Dina, existe uma pessoa que ficou sozinha entre Caio e Gil e uma pessoa que ficou sozinha entre Bia e Eva. Nessa nova roda, as crianças ao lado de Ana são*

(A) Caio e Eva

(B) Caio e Fê.

(C) Eva e Fê.

(D) Eva e Gil.

(E) Fê e Gil.

▶ **Comentários**

A brincadeira de roda tem originalmente a formação:

Brincadeira de roda

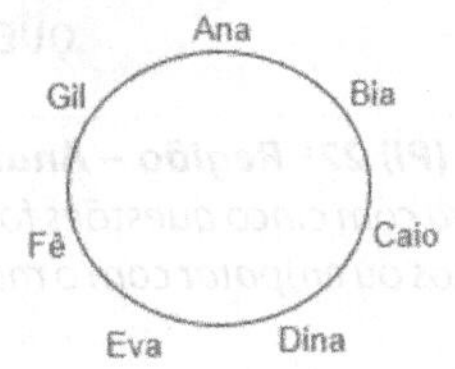

Desfeita a roda, sobre as novas posições sabermos que:

- Ana não ficou ao lado de Dina.

  Guardar essa informação.

- Existe uma pessoa que ficou sozinha entre Caio e Gil.

  Entre Caio o Gil não pode estar nenhuma das crianças que estiveram a seus lados na formação original (Ana, Bia, Dina e Fê), resta apenas Eva

  Considerar lado a lado: Caio, Eva e Gil.

- E uma pessoa que ficou sozinha entre Bia e Eva.

  Bia não está ao lado de Caio (formação original), daí concluímos pela sequência: Caio, Eva, Gil e Bia

Para encaixar a sequência Caio, Eva, Gil e Bia, quatro crianças, mais a Ana, total cinco crianças, restariam apenas outras duas, Fê e Dina.

Se Dina não está ao lado de Ana, é a Fê quem vai separar as duas.

Nova formação da brincadeira de roda

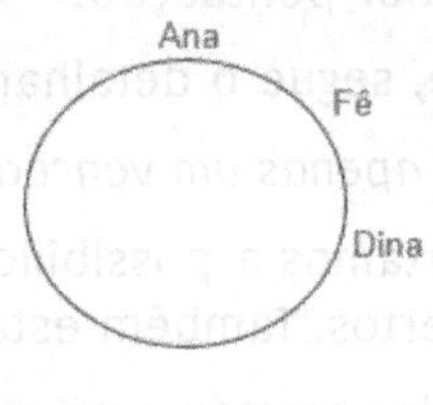

Agora sim Caio, Eva, Gil e Bia. Lembrando que Caio não está ao lado de Dina e Bia não está ao lado de Ana.

Nova formação da brincadeira de roda

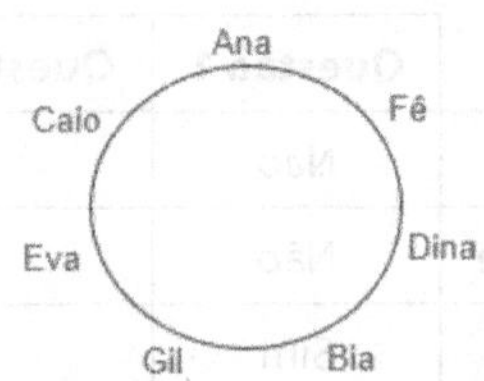

Resposta: Nessa nova roda, as crianças ao lado de Ana são Caio e Fê.

Gabarito: B

QUESTÃO PASSO A PASSO

83. ***(FCC – TRT (PI) 22ª Região – Analista Judiciário Oficial de Justiça Avaliador Federal – 2022)*** *Uma prova com cinco questões foi aplicada para Ana, Berenice e Carlos. Quem tiver o maior número de acertos ou empatar com o maior número de acertos pode ganhar ou dividir um prêmio. Sabe-se que:*

- *Houve apenas um vencedor e foi menina.*
- *Só Carlos acertou a primeira questão.*
- *Só uma menina acertou a questão 5.*
- *Todos acertaram a questão 4.*
- *Só uma pessoa acertou a questão 3.*
- *Só Berenice errou a questão 2.*

O nome da vencedora e o número de acertos são:

(A) *Ana com 5 acertos.*

(B) *Ana com 4 acertos.*

(C) *Ana com 3 acertos.*

(D) *Berenice com 4 acertos.*

(E) *Berenice com 3 acertos.*

▶ **Comentários**

Apesar de não ser necessária a ordem de pontuação, o que chamamos de ordenação, o princípio é o mesmo para encontrar aquele ou aqueles que fizeram a maior pontuação.

Para isso, segue o detalhamento de cada informação conhecida.

- *Houve apenas um vencedor e foi menina.*

  Descartamos a possibilidade de mais de um ter obtido o maior número de acertos. Também está excluído Carlos.

- *Só Carlos acertou a primeira questão.*

  Apesar de Carlos não ser o maior acertador, consideramos suas questões certas, além dos acertos de Ana e Berenice.

	Questão 1	Questão 2	Questão 3	Questão 4	Questão 5
Ana	Não				
Berenice	Não				
Carlos	Sim				

Adicionamos o quadro acima para acompanhar cada afirmativa e evitar perda de informações anteriores.

- *Só uma menina acertou a questão 5.*

Ana ou Berenice. Ou uma ou outra.

<table>
<tr><th></th><th>Questão 1</th><th>Questão 2</th><th>Questão 3</th><th>Questão 4</th><th colspan="2">Questão 5</th></tr>
<tr><td>Ana</td><td>Não</td><td></td><td></td><td></td><td>Sim</td><td>Não</td></tr>
<tr><td>Berenice</td><td>Não</td><td></td><td></td><td></td><td>Não</td><td>Sim</td></tr>
<tr><td>Carlos</td><td>Sim</td><td></td><td></td><td></td><td colspan="2">Não</td></tr>
</table>

- *Todos acertaram a questão 4.*

É certo que Ana e Berenice acertaram a questão 4.

<table>
<tr><th></th><th>Questão 1</th><th>Questão 2</th><th>Questão 3</th><th>Questão 4</th><th colspan="2">Questão 5</th></tr>
<tr><td>Ana</td><td>Não</td><td></td><td></td><td>Sim</td><td>Sim</td><td>Não</td></tr>
<tr><td>Berenice</td><td>Não</td><td></td><td></td><td>Sim</td><td>Não</td><td>Sim</td></tr>
<tr><td>Carlos</td><td>Sim</td><td></td><td></td><td>Sim</td><td colspan="2">Não</td></tr>
</table>

- *Só uma pessoa acertou a questão 3.*

Tanto pode ser uma das duas moças como também pode ser o Carlos.

Momento de buscar a informação implícita. Quem acertou a questão 3 foi uma das moças porque, caso fosse Carlos, ele estaria entre os maiores acertadores.

<table>
<tr><th></th><th>Questão 1</th><th>Questão 2</th><th colspan="2">Questão 3</th><th>Questão 4</th><th colspan="2">Questão 5</th></tr>
<tr><td>Ana</td><td>Não</td><td></td><td>Sim</td><td>Não</td><td>Sim</td><td>Sim</td><td>Não</td></tr>
<tr><td>Berenice</td><td>Não</td><td></td><td>Não</td><td>Sim</td><td>Sim</td><td>Não</td><td>Sim</td></tr>
<tr><td>Carlos</td><td>Sim</td><td></td><td colspan="2">Não</td><td>Sim</td><td colspan="2">Não</td></tr>
</table>

- *Só Berenice errou a questão 2.*

Ponto para Ana.

<table>
<tr><th></th><th>Questão 1</th><th>Questão 2</th><th colspan="2">Questão 3</th><th>Questão 4</th><th colspan="2">Questão 5</th></tr>
<tr><td>Ana</td><td>Não</td><td>Sim</td><td>Sim</td><td>Não</td><td>Sim</td><td>Sim</td><td>Não</td></tr>
<tr><td>Berenice</td><td>Não</td><td>Não</td><td>Não</td><td>Sim</td><td>Sim</td><td>Não</td><td>Sim</td></tr>
<tr><td>Carlos</td><td>Sim</td><td>Sim</td><td colspan="2">Não</td><td>Sim</td><td colspan="2">Não</td></tr>
</table>

As questões 3 e 5, aparentemente, estão indefinidas. Com atenção, notamos que não é possível Berenice ter acertado qualquer das duas questões, pois, se isso fosse fato, ela chegaria a três questões certas igual ao número de questões certas de Carlos e Ana acertaria menos que os dois.

Podemos afirmar que Ana acertou tanto a questão 3 como a questão 5.

	Questão 1	Questão 2	Questão 3	Questão 4	Questão 5
Ana	Não	**Sim**	**Sim**	**Sim**	**Sim**
Berenice	Não	Não	Não	Sim	Não
Carlos	Sim	Sim	Não	Sim	Não

Resposta: A vencedora foi Ana com 4 questões certas.

Gabarito: B

QUESTÃO RÁPIDA

84. ***(FGV – TRT (SC) 12ª Região – Analista Judiciário Área Judiciária – 2017)*** *João é mais baixo do que Ana. Pedro não é mais baixo do que Ana. Denise não é mais alta do que João.*

É correto concluir que:

(A) *Ana é mais alta do que Pedro;*

(B) *Pedro é mais baixo do que João;*

(C) *Denise é mais alta do que Ana;*

(D) *João é mais baixo do que Pedro;*

(E) *Denise é mais alta do que Pedro.*

▶ Comentários

A análise de cada informação revela:

João é mais baixo do que Ana.	João – Ana

Colocaremos cada um dos personagens em ordem crescente da esquerda para a direita.

Pedro não é mais baixo do que Ana.	João – Ana – Pedro

Atenção, a informação diz "não é mais baixo".

Denise não é mais alta do que João	Denise – João – Ana – Pedro

Em ordem crescente estão Denise, João, Ana e Pedro.

Resposta: João é mais baixo do que Pedro.

Gabarito: D

QUESTÃO RÁPIDA

85. ***(FGV – TRT (SC) 12ª Região – Técnico Judiciário Área Judiciária – 2017)*** *Davi, João, Pedro, Artur e Gabriel são amigos, possuem idades diferentes e vão fazer uma fila em ordem crescente das idades. Sabe-se que:*

- *Davi é mais jovem que Gabriel e que Pedro, mas não é o mais jovem de todos.*
- *Gabriel é mais velho que Pedro, mas não é o mais velho de todos.*
- *Artur é mais jovem que Pedro.*

É correto concluir que:

(A) *Artur está no segundo lugar da fila;*

(B) *Davi está no terceiro lugar da fila;*

(C) *Pedro está no quarto lugar da fila;*

(D) *Gabriel está no terceiro lugar da fila;*

(E) *João está no último lugar da fila.*

▶ **Comentários**

Para colocar os amigos em ordem crescente de idades, trabalhamos com cada uma das informações disponibilizadas.

- Davi é mais jovem que Gabriel e que Pedro, mas não é o mais jovem de todos.

Considerando uma lista crescente de idades, Davi está à esquerda de Gabriel e de Pedro.	? – Davi – Gabriel – Pedro ? – Davi – Pedro – Gabriel

São duas as possibilidades baseadas unicamente nesta informação. Ainda, como Davi não é o mais novo, há pelo menos mais um amigo a sua esquerda.

- Gabriel é mais velho que Pedro, mas não é o mais velho de todos.

Das duas opões anteriores, ficamos com apenas uma.	? – Davi – Pedro – Gabriel – ?

Além de definir a ordem de Pedro e Gabriel, também confirmamos existir um único amigo mais novo que Davi e um único mais velho que Gabriel.

- Artur é mais jovem que Pedro.

Sendo mais jovem que Pedro, Artur é também o mais novo de todos.	Artur – Davi – Pedro – Gabriel – João

Consequentemente, João é o mais velho.

Resposta: João está no último lugar da fila.

Gabarito: E

QUESTÃO PASSO A PASSO

86. ***(FCC - TRT (AM e RR) 11ª Região - Técnico Judiciário Área Judiciária - 2017)*** *O início de uma corrida de percurso longo é realizado com 125 atletas. Após uma hora de prova, o atleta João Carlos ocupa a 39ª posição dentre os 83 atletas que ainda participam da prova. Na segunda e última hora dessa corrida, aconteceram apenas quatro fatos, que são relatados a seguir na mesma ordem em que ocorreram:*

1º) *18 atletas que estão à frente de João Carlos, desistem da prova;*

2º) *7 atletas que até então estavam atrás de João Carlos, o ultrapassam;*

3º) *13 atletas que estavam atrás de João Carlos desistem de prova;*

4º) *perto da chegada João Carlos ultrapassa 3 atletas.*

O número de atletas que chegaram depois de João Carlos nessa prova superou o número daqueles que chegaram antes de João Carlos em

(A) 4.

(B) 7.

(C) 2.

(D) 3.

(E) 8.

▶ **Comentários**

Aparentemente são muitas informações e fáceis de serem confundidas. É importante fazer uma leitura, trecho a trecho, do enunciado dando destaque para os dados com chance de uso na resolução.

Após uma hora de prova, o atleta João Carlos ocupa a 39ª posição dentre os 83 atletas que ainda participam da prova.	39ª posição: João Carlos Seguem na prova: 83 atletas

Após, outros quatro fatos.

1º) 18 atletas que estão à frente de João Carlos, desistem da prova	21ª posição: João Carlos Seguem na prova: 65 atletas

Atualizada a posição ocupada por João Carlos e a quantidade de atletas que permanecem competindo.

2º) 7 atletas que até então estavam atrás de João Carlos, o ultrapassam	28ª posição: João Carlos Seguem na prova: 65 atletas

João Carlos caiu para a posição 28.

3º) 13 atletas que estavam atrás de João Carlos desistem de prova	28ª posição: João Carlos Seguem na prova: 52 atletas

Somente atualização da quantidade de competidores.

4º) perto da chegada João Carlos ultrapassa 3 atletas	25ª posição: João Carlos Seguem na prova: 52 atletas

Na frente de João Carlos chegaram 24 atletas e depois dele outros 27 atletas.

Resposta: O número de atletas que chegaram depois de João Carlos nessa prova superou em 3 o número daqueles que chegaram antes.

Gabarito: D

QUESTÃO RÁPIDA

87. ***(FCC – TRT (AM e RR) 11ª Região – Analista Judiciário Área Judiciária – 2017)*** *Marlene, Jair, Renata, Alexandre e Patrícia fizeram uma prova de um concurso obtendo cinco pontuações diferentes. Sabe-se ainda que, nessa prova:*

- *Marlene obteve mais pontos do que Alexandre, mas menos pontos do que Patrícia;*
- *Jair obteve mais pontos do que Renata, que por sua vez obteve mais pontos do que Marlene.*

Sendo assim, é necessariamente correto que

(A) *Marlene obteve mais pontos do que Renata.*

(B) *Jair obteve menos pontos do que Patrícia.*

(C) *Renata obteve menos pontos do que Patrícia.*

(D) *Alexandre foi o que obteve menos pontos.*

(E) *Patrícia foi a que obteve mais pontos.*

► **Comentários**

Vejamos a oferta de informações sobre os concursandos Marlene, Jair, Renata, Alexandre e Patrícia.

Marlene obteve mais pontos do que Alexandre, mas menos pontos do que Patrícia	Alexandre – Marlene – Patrícia

Ordem crescente de pontuação da esquerda para a direita.

Jair obteve mais pontos do que Renata, que por sua vez obteve mais pontos do que Marlene	Alexandre – Marlene – Patrícia – Renata – Jair Alexandre – Marlene – Renata – Patrícia – Jair Alexandre – Marlene – Renata – Jair – Patrícia

Face à carência de informações, chegamos a três possibilidades distintas de ordenamento para os cinco candidatos.

Resposta: Sendo assim, é necessariamente correto que Alexandre foi o que obteve menos pontos.

Gabarito: D

QUESTÃO RÁPIDA

88. ***(FCC – TRT (PR) 9ª Região – Técnico Judiciário Área Administrativa – 2015)*** *Seis pessoas (P, Q, R, S, T, U) se sentam em uma mesma fileira de seis lugares de um teatro. Sabe-se que:*

- *P se senta junto e à esquerda de Q;*
- *R está à direita de P, e entre U e S;*
- *S está junto e a esquerda de T;*
- *U está a esquerda de Q.*

A pessoa que ocupa o quarto assento da esquerda para a direita nessa fila é:

(A) R.

(B) P.

(C) T.

(D) S.

(E) Q.

▶ Comentários

Imagine seis lugares lado a lado e neles alocamos cada uma das seis pessoas seguindo estritamente as regras.

P se senta junto e à esquerda de Q	P Q

Não dá pra dizer quais as posições exatas, mas está demonstrado que P está à esquerda de Q.

R está à direita de P, e entre U e S	P Q P U R S

Novamente P está à esquerda, entretanto, ainda não podemos relacionar Q com as outras três pessoas, U, R e S.

S está junto e a esquerda de T	P Q P U R S T

Segue a última informação, com ela a definição das posições das seis pessoas.

U está a esquerda de Q	P Q U R S T

Resposta: A pessoa que ocupa o quarto assento da esquerda para a direita nessa fila é R.

Gabarito: A

QUESTÃO PASSO A PASSO

89. ***(FCC – TRT (RS) 4ª Região – Analista Judiciário Área Judiciária – 2015)*** *Há sete participantes de um torneio de tiro ao alvo, cada um disparando um único tiro. Quatro deles (André, Francisco, Sérgio e José) são experientes, e três deles (Eduardo, Fernando e Gabriel) são novatos. Sabe-se que:*

- *para que um novato dispare seu tiro, ele deve ser antecedido e precedido por um atirador experiente;*
- *Fernando é o segundo a disparar seu tiro, enquanto que Sérgio é o último atirador experiente a disparar um tiro;*
- *Francisco dispara antes do que José dispara seu tiro, mas depois do que André dispara seu tiro.*

Dentre as opções abaixo, NÃO é necessariamente correto que

(A) *Gabriel dispare seu tiro depois de Fernando.*

(B) *Sérgio dispare seu tiro depois de todos os atiradores novatos.*

(C) *Fernando é o primeiro novato a disparar um tiro.*

(D) *Eduardo dispare seu tiro antes do que José.*

(E) *José dispare seu tiro entre Eduardo e Gabriel.*

▶ **Comentários**

Disputam o torneio.

Experientes	**Novatos**
André Francisco Sérgio José	Eduardo Fernando Gabriel

Cada um dá um tiro segundo a regra:

- *Para que um novato dispare seu tiro, ele deve ser antecedido e precedido por um atirador experiente.*

Já sabemos que os tiros serão alternados entre experientes e novatos, iniciando por um experiente.

- *Fernando é o segundo a disparar seu tiro, enquanto que Sérgio é o último atirador experiente a disparar um tiro*

1º disparo	**2º disparo**	**3º disparo**	**4º disparo**	**5º disparo**	**6º disparo**	**7º disparo**
	Fernando					Sérgio

- *Francisco dispara antes do que José dispara seu tiro, mas depois do que André dispara seu tiro.*

Estamos falando de três experientes, logo, 1º, 2º e 3º disparos.

1º disparo	2º disparo	3º disparo	4º disparo	5º disparo	6º disparo	7º disparo
André	Fernando	Francisco		José		Sérgio

Vale destacar que não é possível confirmar a ordem de disparo de Eduardo e de Gabriel. Mas, vejamos as alternativas.

A) Gabriel dispare seu tiro depois de Fernando.

Apesar de não saber se foi o 4º ou o 6º disparou, mas é certo que foi depois de Fernando.

B) Sérgio dispare seu tiro depois de todos os atiradores novatos.

Perfeito, Sérgio deu o último disparo.

C) Fernando é o primeiro novato a disparar um tiro.

Exatamente, foi o 2º disparo e o primeiro entre os novatos.

D) Eduardo dispare seu tiro antes do que José.

Não podemos afirmar. Tanto pode ter sido antes como depois de José.

Alternativa correta.

E) José dispare seu tiro entre Eduardo e Gabriel.

Independente da ordem de tiro de Eduardo e Gabriel, entre eles está José.

Resposta: NÃO é necessariamente correto que Eduardo dispare seu tiro antes do que José.

Gabarito: D

1.7.2. Dedução

A análise das informações disponíveis servem de parâmetros para deduzirmos novas informações que são, necessariamente, consequência das existentes.

São os casos em que o examinador disponibiliza alguns dados relacionados a grandezas diferentes e que se relacionam entre si.

Por exemplo, a questão diz que três irmãs usam vestidos de cores diferentes. Então, são dadas algumas dicas iniciais e, finalmente, é solicitada qual a cor do vestido que cada uma das irmãs está usando.

Resolva as questões com este perfil organizando as grandezas em linhas e colunas, como numa planilha do *excel*. As células que representam os cruzamentos de linha e coluna são preenchidas com "SIM" ou "NÃO", de acordo com a correção da relação considerada como certa ou errada, respectivamente.

QUESTÃO PASSO A PASSO

90. ***(FCC – TRT (GO) 18ª Região – Técnico Judiciário – 2023)*** *Alberto, Breno e Carlos pretendem viajar nas próximas férias e irão para cidades diferentes, Rio de Janeiro, Florianópolis e Belo Horizonte, não necessariamente nessa ordem. Além disso utilizarão meios de transporte diferentes, ônibus, carro e avião, não necessariamente nessa ordem. Breno vai de ônibus, Alberto vai para o Rio de Janeiro e quem viaja para Belo Horizonte vai de carro. É correto afirmar:*

(A) *Alberto vai de avião e Breno vai para Florianópolis.*

(B) *Carlos vai de avião e Breno vai para Florianópolis.*

(C) *Alberto vai de ônibus e Carlos vai para Florianópolis.*

(D) *Carlos vai de avião e Breno vai para Belo Horizonte.*

(E) *Alberto vai de avião e Breno vai para o Rio de Janeiro.*

▶ **Comentários**

Três pessoas pretendem viajar nas férias para três diferentes cidades. Esta é a informação inicial da qual extraímos duas categorias (cidades e pessoas) que, de alguma forma, estão relacionadas, portanto, temos o caso de correlacionamento lógico ou, sendo mais específico, correlacionamento dedutivo.

Como explicado anteriormente, na dedução estarão presentes duas, três, ou até mesmo quatro grandezas distintas, seguidas de informações adicionais, as quais nos guiarão para estabelecer as relações entre as grandezas. Faremos isso por meio de tabelas, considerando os cruzamentos entre linhas e colunas.

Bem, repetindo, a inicial aponta para pessoas e cidades, o que nos basta para prepararmos a seguinte tabela.

	Rio de Janeiro	**Florianópolis**	**Belo Horizonte**
Alberto			
Breno			
Carlos			

Tudo bem para formatar a tabela com duas grandezas, mas existe o meio de transporte, uma terceira grandeza, e agora?

Não se preocupe amigo concursando, trabalharemos com todas as classes de informação dentro desta planilha simples com dois eixos.

Apesar de alguns autores e professores acrescentarem colunas à tabela, acreditamos que este acréscimo demanda mais espaço e pode lhe causar transtornos no dia da prova, razão pela qual sugerimos seguir nosso modelo de resolução.

Feitas as observações, passemos aos dados complementares dispostos no enunciado e vamos à resolução propriamente dita.

- Meios de transporte: ônibus, carro e avião;
- Breno vai de ônibus;
- Alberto vai para o Rio de Janeiro;
- quem viaja para Belo Horizonte vai de carro.

Tendo em mente os meios de transporte e sabendo que Breno vai de ônibus, consignamos este conhecimento na tabela.

	Rio de Janeiro	**Florianópolis**	**Belo Horizonte**
Alberto			
Breno Ônibus			
Carlos			

Uma vez que o meio de transporte não é uma das duas classes de informações consideradas, tanto nas linhas como nas colunas, não utilizamos os cruzamentos, mas sim as células de referências. No caso, na célula "Breno" acrescentamos a informação "ônibus".

O item seguinte "Alberto vai para o Rio de Janeiro" relaciona pessoa com cidade, Alberto com Rio de Janeiro, cruzamento a ser preenchido com a palavra "sim".

	Rio de Janeiro	**Florianópolis**	**Belo Horizonte**
Alberto	**SIM**	**Não**	**Não**
Breno Ônibus	**Não**		
Carlos	**Não**		

Notaram as células preenchidas com "não"? Indicam posições nas quais não há relação entre as respectivas classes (linhas e colunas).

Sempre que for identificado uma relação e apontada com "sim", complete as células restantes da linha e a coluna correspondentes com "não".

O último item revela que, para Belo Horizonte, o meio de transporte empregado foi o carro, logo:

	Rio de Janeiro	**Florianópolis**	**Belo Horizonte** Carro
Alberto	**SIM**	**Não**	**Não**
Breno Ônibus	**Não**		
Carlos	**Não**		

Até aqui temos a tabela com todas informações retiradas do enunciado. Daqui para frente faremos as deduções (por isso o nome desta categoria de questão).

Olhando para as linhas incompletas, por exemplo, Breno cujo meio de transporte é o ônibus, relacionando com as colunas incompletas, é certo que ele não foi para Belo Horizonte, pois haveria incompatibilidade com o meio de transporte, ou seja, Breno foi para Florianópolis.

	Rio de Janeiro	**Florianópolis**	**Belo Horizonte** Carro
Alberto	SIM	Não	Não
Breno Ônibus	Não	**SIM**	**Não**
Carlos	Não	**Não**	

Ficou fácil fechar o quadro, por dedução, Carlos programou férias para Belo Horizonte de carro e, claro, Alberto foi de avião para o Rio de Janeiro.

	Rio de Janeiro Avião	**Florianópolis**	**Belo Horizonte** Carro
Alberto	**SIM**	Não	Não
Breno Ônibus	Não	**SIM**	Não
Carlos	Não	Não	**SIM**

Não se assuste com o tamanho da resolução e a quantidade de tabelas utilizadas (6 para ser exato), para sua resolução basta uma única planilha na qual serão alocadas as informações conhecidas e as deduzidas, para chegar à resposta correta.

Resposta: É correto afirmar que Alberto vai de avião e Breno vai para Florianópolis.

Gabarito: A

QUESTÃO RÁPIDA

91. ***(Vunesp – TJ (SP) – Escrevente Técnico Judiciário – 2023)*** *Mara, Roberto, Sônia e Tadeu são professores de disciplinas diferentes. As disciplinas são: Física, Matemática, Biologia e Química, não necessariamente nessa ordem. Cada um deles leciona em cidades diferentes: Campinas, Bauru, Santos e São Paulo, não necessariamente nessa ordem. Sobre eles, há as seguintes informações:*

I. *A pessoa que leciona Matemática, que não é o Roberto, leciona em Campinas e Mara leciona em Santos.*

II. *Sônia, que leciona em Bauru, não dá aulas de Física, e é amiga de quem leciona Biologia em Santos.*

A afirmação cujo valor lógico é verdadeiro é:

(A) *Se Tadeu é professor de Matemática, então Mara é professora de Química.*

(B) *Tadeu leciona em São Paulo ou quem leciona em Bauru leciona Química.*

(C) *Roberto leciona em São Paulo e Mara não leciona em Santos.*

(D) *Ou o professor de Física leciona em São Paulo ou Sônia é professora de Química.*

(E) *Roberto não é professor de Física ou quem leciona Biologia o faz em Bauru.*

▶ Comentários

Temos quatro professores de diferentes disciplinas. Utilizaremos estas informações enquanto as cidades ficam na espera.

	Mara	**Roberto**	**Sônia**	**Tadeu**
Física				
Matemática				
Biologia				
Química				

I. **A pessoa que leciona Matemática, que não é o Roberto, leciona em Campinas e Mara leciona em Santos.**

Concluímos que:

- Roberto não leciona Matemática.
- Roberto não leciona em Campinas.
- Professor de Matemática leciona em Campinas.
- Mara leciona em Santos.
- Mara não leciona Matemática.

	Mara Santos	**Roberto**	**Sônia**	**Tadeu**
Física				
Matemática Campinas	**Não**	**Não**		
Biologia				
Química				

II. **Sônia, que leciona em Bauru, não dá aulas de Física, e é amiga de quem leciona Biologia em Santos.**

Concluímos que:

- Sônia leciona em Bauru.
- Sônia não leciona Física.
- Sônia não leciona Biologia.
- Sônia não leciona em Santos.
- Professor de Biologia leciona em Santos.

	Mara Santos	**Roberto**	**Sônia** Bauru	**Tadeu**
Física	Não		**Não**	
Matemática Campinas	Não	Não		
Biologia Santos	**SIM**	Não	**Não**	Não
Química	Não			

Sônia, apesar das opção em aberto, é certo que leciona Química porque haveria incompatibilidade de cidade se fosse considerada a opção Matemática.

	Mara Santos	**Roberto**	**Sônia** Bauru	**Tadeu**
Física	Não		Não	
Matemática Campinas	Não	Não	Não	
Biologia Santos	SIM	Não	Não	Não
Química Bauru	Não	Não	**SIM**	Não

Olhando as linhas, a opção restante que relaciona Matemática é a coluna Tadeu.

	Mara Santos	**Roberto**	**Sônia** Bauru	**Tadeu** Campinas
Física	Não		Não	Não
Matemática Campinas	Não	Não	Não	**SIM**

	Mara Santos	**Roberto**	**Sônia** Bauru	**Tadeu** Campinas
Biologia Santos	SIM	Não	Não	Não
Química Bauru	Não	Não	SIM	Não

Por fim, depreendemos que Roberto leciona Física em São Paulo.

	Mara Santos	**Roberto** São Paulo	**Sônia** Bauru	**Tadeu** Campinas
Física São Paulo	Não	**SIM**	Não	Não
Matemática Campinas	Não	Não	Não	**SIM**
Biologia Santos	**SIM**	Não	Não	Não
Química Bauru	Não	Não	**SIM**	Não

Em que pese termos classificado como "questão rápida", face à composição das alternativas, vale a análise individual.

(A) Se Tadeu é professor de Matemática, então Mara é professora de Química.

Condicional com primeiro termo verdadeiro e o segundo falso, única situação na qual a proposição composta é falsa.

(B) Tadeu leciona em São Paulo ou quem leciona em Bauru leciona Química.

Tadeu não leciona em São Paulo mas sim em Campinas. Apenas uma informação está certa, mas tudo bem, esta é nossa alternativa devido ao fato de as proposições simples estarem conectadas pela partícula "ou". Para a disjunção estar correta basta apenas a verdade de uma proposição simples.

(C) Roberto leciona em São Paulo e Mara não leciona em Santos.

A primeira parte é verdadeira e a segunda falsa, e, por ser uma conjunção (conectivo "e"), a proposição composta deveria ter ambas as proposições simples verdadeiras.

(D) Ou o professor de Física leciona em São Paulo ou Sônia é professora de Química.

A disjunção exclusiva (ou... ou) será verdadeira quando uma proposição simples for verdadeira e a outra falsa, independente da ordem. No caso, ambas são verdadeiras.

(E) Roberto não é professor de Física ou quem leciona Biologia o faz em Bauru.

As duas proposições simples são falsas.

Resposta: A afirmação cujo valor lógico é verdadeiro é (B) Tadeu leciona em São Paulo ou quem leciona em Bauru leciona Química.

Gabarito: B

QUESTÃO RÁPIDA

92. ***(Vunesp – TJ (SP Capital) – Escrevente Técnico Judiciário – 2023)*** *Três amigas, Juliana, Nádia e Marluce, praticam atletismo, não necessariamente nesta ordem de modalidades: 100 metros rasos, 400 metros com barreiras e 5 000 metros. As alturas de cada uma delas são, não necessariamente nesta ordem: 1,68 m, 1,72 m e 1,81 m. Sobre elas é conhecido que Juliana não corre os 100 metros rasos e mora perto da amiga cuja altura é de 1,72 m. Já Nádia, que não é a mais baixa, não pratica provas com menos de 1000 m e não mora perto das outras duas amigas. A partir dessas informações, tem valor lógico verdadeiro a afirmação:*

(A) *A atleta que tem 1,72 m de altura pratica 100 metros rasos e Juliana pratica os 5 000 metros.*

(B) *Ou Juliana pratica os 400 metros com barreiras ou Nádia tem 1,81 m de altura.*

(C) *Se Nádia tem 1,72 m de altura, então Marluce tem 1,81 m de altura.*

(D) *Se Juliana tem 1,68 m de altura, então Nádia pratica os 400 metros com barreiras.*

(E) *Nádia pratica 5000 metros e Marluce tem 1,81 m de altura.*

► **Comentários**

O texto da questão repete as características do correlacionamento lógico, no caso são três amigas que praticam atletismo, isso basta para montar a planilha, mas vamos a primeira informação.

- **Juliana não corre os 100 metros rasos e mora perto da amiga cuja altura é de 1,72 m.**

Ou seja, 1) Juliana não corre 100m rasos, 2) Juliana não tem 1,72m de altura.

	100m rasos	**400m barreiras**	**5000 metros**
Juliana ~~1,72~~	Não		
Nádia			
Marluce			

- **Nádia, que não é a mais baixa, não pratica provas com menos de 1000 m e não mora perto das outras duas amigas**

Ou seja, 1) Nádia tem 1,81m de altura (não é a mais baixa e não tem 1,72m porque a amiga com esta altura mora perto da Juliana), 2) Nádia pratica 5000m.

	100m rasos	**400m barreiras**	**5000 metros**
Juliana ~~1,72m~~	Não		Não
Nádia 1,81m	Não	Não	**SIM**
Marluce			Não

Sobre al alturas, por dedução, Marluce tem 1,72m e Juliana 1,68m. Ainda, de acordo com planilha, deduzimos que Juliana pratica 400m com barreira e, por fim, Marluce pratica 100m rasos.

	100m rasos	**400m barreiras**	**5000 metros**
Juliana 1,68m	Não	**SIM**	Não
Nádia 1,81m	Não	Não	**SIM**
Marluce 1,72m	**SIM**	Não	Não

Planilha completa, partimos para as alternativas.

(A) A atleta que tem 1,72 m de altura pratica 100 metros rasos e Juliana pratica os 5 000 metros.

Apenas a primeira informação está correta e, para a conjunção "e", seria necessário a verdade de ambas as proposições simples.

(B) Ou Juliana pratica os 400 metros com barreiras ou Nádia tem 1,81 m de altura.

As duas proposições simples estão corretas, entretanto, para a verdade da disjunção exclusiva (ou... ou) é necessário que apenas uma proposição simples estivesse correta.

(C) Se Nádia tem 1,72 m de altura, então Marluce tem 1,81 m de altura.

As duas proposições simples são falsas, porém, a proposição composta condicional (se, então) é verdadeira com esta formação. A alternativa está correta.

(D) Se Juliana tem 1,68 m de altura, então Nádia pratica os 400 metros com barreiras.

Também uma condicional, só que neste caso a primeira parte é verdadeira e a segunda é falsa, logo, a proposição composta é falsa.

(E) Nádia pratica 5000 metros e Marluce tem 1,81 m de altura.

A segunda parte está errada, o que invalida a alternativa.

Gabarito: C

QUESTÃO PASSO A PASSO

93. ***(FCC – TRT (GO) 18ª Região – Técnico Judiciário Tecnologia da Informação – 2023)*** *As amigas Maria, Neusa, Olga, Pilar e Rosa nasceram nos dias 20/02/1996, 12/03/1995, 20/03/1996, 12/04/1995 e 23/04/1996, não necessariamente nessa ordem. Maria e Rosa nasceram no mesmo mês, mas em anos diferentes. Neusa e Olga nasceram no mesmo mês, mas em anos diferentes. Maria e Olga nasceram no mesmo dia, mas em meses diferentes. Pilar e Rosa nasceram também no mesmo dia, mas em meses diferentes. A amiga mais jovem é*

(A) Maria.

(B) Neusa.

(C) Olga.

(D) Pilar.

(E) Rosa.

▶ **Comentários**

A Fundação Carlos Chagas formulou esta questão de correlacionamento na qual foram consideradas duas categorias de informação: amigas e datas de nascimento. O que não é muito comum. O padrão adotado por todas as bancas para este tipo de questão é apresentar frequentemente com duas classes distintas de informação; um pouco menos frequente são as questões com quatro classes distintas de informação e, menos comum, como esta, com duas classes.

Mas, não se engane, o fato de haver duas categorias a serem exploradas, não implica facilidade na resolução.

Enfim, construir a planilha nomeando as colunas com uma categoria e as linhas com a outra é o ponto de partida para a resolução.

	Maria	Neusa	Olga	Pilar	Rosa
20/02/1996					
12/03/1995					
20/03/1996					
12/04/1995					
23/04/1996					

A seguir, análise das informações complementares que foram retiradas do enunciado e reescritas em itens.

- **Maria e Rosa nasceram no mesmo mês, mas em anos diferentes.**

Deparamos com nosso primeiro problema, para este item existem diferentes possibilidades:

o 12/03/1995 e 20/03/1996.

o 12/04/1995 e 23/04/1996.

Dada a indefinição, vejamos o que nos informa o item seguinte.

- **Neusa e Olga nasceram no mesmo mês, mas em anos diferentes.**

Semelhante ao item anterior, são as mesmas duas possibilidades.

o 12/03/1995 e 20/03/1996.

o 12/04/1995 e 23/04/1996.

Pelo menos extraímos uma certeza: as quatro amigas citadas nos dois itens precedentes nasceram nas quatro datas apontadas nestes dois itens, logo, por exclusão, definimos uma amiga e sua data de nascimento (amiga e data não citadas nos dois itens precedentes).

	Maria	Neusa	Olga	Pilar	Rosa
20/02/1996	Não	Não	Não	**SIM**	Não
12/03/1995				Não	
20/03/1996				Não	
12/04/1995				Não	
23/04/1996				Não	

As duas últimas informações também são semelhantes entre si.

- **Maria e Olga nasceram no mesmo dia, mas em meses diferentes.**
- **Pilar e Rosa nasceram também no mesmo dia, mas em meses diferentes.**

Para cada uma das informações existem as mesmas duas possibilidades.

o 20/02/1996 e 20/03/1996.

o 12/03/1995 e 12/04/1995.

Conclusão, a amiga não citada nestes dois últimos itens, Neusa, nasceu na data também não citada, 23/04/1996.

	Maria	Neusa	Olga	Pilar	Rosa
20/02/1996	Não	Não	Não	**SIM**	Não
12/03/1995		Não		Não	

	Maria	Neusa	Olga	Pilar	Rosa
20/03/1996		Não		Não	
12/04/1995		Não		Não	
23/04/1996	Não	**SIM**	Não	Não	Não

Esgotadas as informações, retomamos a análise dos dois primeiro itens.

- **Maria e Rosa nasceram no mesmo mês, mas em anos diferentes.**
- **Neusa e Olga nasceram no mesmo mês, mas em anos diferentes.**

o 12/03/1995 e 20/03/1996.

o 12/04/1995 e 23/04/1996.

Já existe uma definição para as possibilidades acima: Neusa nasceu no dia 23/04/1996. Logo, é correto dizer que Olga nasceu em 12/04/1995, pois estas duas amigas, Neusa e Olga nasceram no mesmo mês e em anos diferentes.

	Maria	Neusa	Olga	Pilar	Rosa
20/02/1996	Não	Não	Não	**SIM**	Não
12/03/1995		Não	Não	Não	
20/03/1996		Não	Não	Não	
12/04/1995	Não	Não	**SIM**	Não	Não
23/04/1996	Não	**SIM**	Não	Não	Não

Outra conclusão extraímos dos dois últimos itens.

- **Maria e Olga nasceram no mesmo dia, mas em meses diferentes.**
- **Pilar e Rosa nasceram também no mesmo dia, mas em meses diferentes.**

o 20/02/1996 e 20/03/1996.

o 12/03/1995 e 12/04/1995.

Se Olga nasceu em 12/04/1995, então Maria nasceu 12/03/1995.

	Maria	Neusa	Olga	Pilar	Rosa
20/02/1996	Não	Não	Não	**SIM**	Não
12/03/1995	**SIM**	Não	Não	Não	Não
20/03/1996	Não	Não	Não	Não	
12/04/1995	Não	Não	**SIM**	Não	Não
23/04/1996	Não	**SIM**	Não	Não	Não

Por exclusão, Rosa nasceu em 20/03/1996.

	Maria	Neusa	Olga	Pilar	Rosa
20/02/1996	Não	Não	Não	**SIM**	Não
12/03/1995	**SIM**	Não	Não	Não	Não
20/03/1996	Não	Não	Não	Não	**SIM**
12/04/1995	Não	Não	**SIM**	Não	Não
23/04/1996	Não	**SIM**	Não	Não	Não

Conforme dissemos no início da resolução, o fato de serem duas categorias de informação não tornou a questão mais fácil. Na verdade, houve uma cobrança acentuada de raciocínio lógico.

Resposta: A amiga mais jovem é a Neuza, cuja data de nascimento foi 23/04/1996.

Gabarito: B

QUESTÃO RÁPIDA

94. ***(FCC – TRT (GO) 18ª Região – Técnico Judiciário Tecnologia da Informação – 2023)*** *Alberto, Breno e Carlos têm estados civis diferentes, um é casado, outro é solteiro e o terceiro é viúvo, não necessariamente nessa ordem. Além disso um formou-se em engenharia, outro em medicina e o terceiro em administração de empresas, não necessariamente nessa ordem. Sabendo-se que o médico é casado, o administrador é viúvo, Breno é solteiro e Alberto é viúvo, é correto afirmar:*

(A) Alberto é engenheiro.

(B) Breno é médico.

(C) Carlos é administrador.

(D) Breno é engenheiro.

(E) Carlos é engenheiro.

▶ Comentários

A parte inicial é suficiente para entender a questão e montar a planilha.

	Alberto	Breno	Carlos
Casado			
Solteiro			
Viúvo			

Acrescenta-se a isso suas áreas de formação: engenharia, outro em medicina e o terceiro em administração de empresas.

Ainda, sabe-se que:

- **O médico é casado.**

	Alberto	Breno	Carlos
Casado Médico			
Solteiro			
Viúvo			

- **O administrador é viúvo.**

	Alberto	Breno	Carlos
Casado Médico			
Solteiro			
Viúvo Administrador			

- **Breno é solteiro.**

	Alberto	Breno	Carlos
Casado Médico		Não	
Solteiro	Não	**SIM**	Não
Viúvo Administrador		Não	

- **Alberto é viúvo.**

	Alberto	Breno	Carlos
Casado Médico	Não	Não	
Solteiro	Não	**SIM**	Não
Viúvo Administrador	**SIM**	Não	Não

Ficou fácil completar a planilha.

	Alberto	**Breno**	**Carlos**
Casado Médico	Não	Não	**SIM**
Solteiro Engenheiro	Não	**SIM**	Não
Viúvo Administrador	**SIM**	Não	Não

Resposta: É correto afirmar que Breno é engenheiro.

Gabarito: D

QUESTÃO RÁPIDA

95. ***(FCC – TRT (PI) 22ª Região – Técnico Judiciário Tecnologia da Informação – 2022)*** *No último vestibular Davi, Eduardo e Felipe foram aprovados em cursos diferentes. Os rapazes têm idades diferentes.*

- *Davi, 18 anos, não entrou em Medicina.*
- *Eduardo não entrou em Engenharia e tem 20 anos.*
- *Quem entrou em Direito tem 22 anos.*

O nome e a idade de quem entrou na Engenharia é

(A) *Eduardo com 20 anos.*

(B) *Eduardo com 18 anos.*

(C) *Felipe com 20 anos.*

(D) *Davi com 22 anos.*

(E) *Davi com 18 anos.*

▶ **Comentários**

Cansado de resolver o mesmo tipo de questão?

Vale ressaltar que, se existe muita repetição é porque a cobrança em provas de concursos nos últimos anos também é grande. As chances de encontrar questão semelhante em sua prova é grande e, nada melhor que a prática para, além de responder corretamente, resolver no menor tempo possível.

Então, ao trabalho, montar a planilha.

	Davi	**Eduardo**	**Felipe**
Medicina			
Engenharia			
Direito			

- **Davi, 18 anos, não entrou em Medicina.**

	Davi 18 anos	Eduardo	Felipe
Medicina	Não		
Engenharia			
Direito			

- **Eduardo não entrou em Engenharia e tem 20 anos.**

	Davi 18 anos	Eduardo 20 anos	Felipe
Medicina	Não		
Engenharia		Não	
Direito			

- **Quem entrou em Direito tem 22 anos.**

	Davi 18 anos	Eduardo 20 anos	Felipe
Medicina	Não		Não
Engenharia		Não	Não
Direito 22 anos	Não	Não	**SIM**

Fácil essa não é mesmo?

Para concluir.

	Davi 18 anos	Eduardo 20 anos	Felipe
Medicina	Não	**SIM**	Não
Engenharia	**SIM**	Não	Não
Direito 22 anos	Não	Não	**SIM**

Resposta: Quem entrou em Engenharia foi o Davi e ele tem 18 anos.

Gabarito: E

QUESTÃO RÁPIDA

96. ***(FCC – TRT (PI) 22ª Região – Técnico Judiciário Área Administrativa – 2022)*** *Três amigas, Ana, Bruna e Cristina trabalham no mesmo escritório e estão planejando suas próximas férias. Elas decidiram ir para países diferentes em meses diferentes: janeiro, fevereiro ou março. Ana irá para Alemanha. Quem escolheu viajar para França irá em janeiro. Cristina irá para Portugal e não viajará em março. Conclui-se que*

(A) *Ana viaja em fevereiro para a Alemanha.*

(B) *Bruna viaja em março.*

(C) *Cristina viaja em fevereiro.*

(D) *Cristina viaja para França em janeiro.*

(E) *Bruna viaja em fevereiro para Portugal.*

▶ **Comentários**

As três amigas planejam férias, para três países diferentes, em diferentes meses.

	Janeiro	**Fevereiro**	**Março**
Ana			
Bruna			
Cristina			

Sabe-se que:

- **Ana irá para Alemanha.**

	Janeiro	**Fevereiro**	**Março**
Ana Alemanha			
Bruna			
Cristina			

- **Quem escolheu viajar para França irá em janeiro.**

	Janeiro França	**Fevereiro**	**Março**
Ana Alemanha			
Bruna			
Cristina			

- **Cristina irá para Portugal e não viajará em março.**

	Janeiro França	Fevereiro	Março
Ana Alemanha			
Bruna			
Cristina Portugal			Não

De acordo com a planilha, restou à Bruna férias na França no mês de janeiro.

	Janeiro França	Fevereiro	Março
Ana Alemanha	Não		
Bruna França	**SIM**	Não	Não
Cristina Portugal	Não		Não

Na sequência, constatamos que Cristina viaja em fevereiro e, finalmente, Ana em março.

	Janeiro França	Fevereiro	Março
Ana Alemanha	Não	Não	**SIM**
Bruna França	**SIM**	Não	Não
Cristina Portugal	Não	**SIM**	Não

Resposta: Conclui-se que Cristina viaja em fevereiro.

Gabarito: C

QUESTÃO RÁPIDA

97. ***(FCC – TRT (PI) 22ª Região – Analista Judiciário Biblioteconomia – 2022)*** *Uma determinada siderúrgica trabalha em três turnos. O turno da manhã tem o menor salário e o turno da noite o maior salário. Alberto, Bruno e Carlos trabalham em turnos diferentes. Carlos não trabalha no turno da tarde e Alberto ganha o menor salário. Pode-se afirmar corretamente que*

(A) *Alberto trabalha no turno da tarde.*

(B) *Bruno trabalha no turno da tarde e ganha o maior salário.*

(C) *Bruno trabalha no turno da noite.*

(D) *Bruno trabalha no turno da tarde e Carlos ganha o maior salário.*

(E) *Alberto ganha o maior salário.*

▶ Comentários

O enunciado difere um pouco daquele tradicional para este tipo de questão, mesmo assim, não há dificuldades em perceber a existência de categorias: funcionários, turnos de trabalho e salários, as quais se relacionam entre si.

	Turno Manhã	**Turno Tarde**	**Turno Noite**
Alberto			
Bruno			
Carlos			

Sabe-se também que:

- **O turno da manhã tem o menor salário.**
- **O turno da noite o maior salário.**

	Turno Manhã Menor Salário	**Turno Tarde**	**Turno Noite** Maior Salário
Alberto			
Bruno			
Carlos			

- **Carlos não trabalha no turno da tarde.**
- **Alberto ganha o menor salário.**

	Turno Manhã Menor Salário	**Turno Tarde**	**Turno Noite** Maior Salário
Alberto	**SIM**	Não	Não
Bruno	Não		
Carlos	Não	Não	

Daqui para frente são as deduções lógicas. Primeiro: é certo que no Turno da Tarde quem trabalha é o Bruno e, por exclusão, Carlos trabalha no turno da noite.

	Turno Manhã Menor Salário	**Turno Tarde**	**Turno Noite** Maior Salário
Alberto	**SIM**	Não	Não
Bruno	Não	**SIM**	Não
Carlos	Não	Não	**SIM**

Resposta: Pode-se afirmar corretamente que Bruno trabalha no turno da tarde e Carlos ganha o maior salário.

Gabarito: D

QUESTÃO RÁPIDA

98. ***(FGV – TRT (PB) 13ª Região – Analista Judiciário Área Judiciária – 2022)*** *Miguel, Artur e Heitor possuem idades diferentes e nasceram em cidades diferentes; um nasceu em Patos, outro em Cabedelo e outro em Santa Rita. As três afirmações seguintes sobre eles são verdadeiras:*

- *Miguel é mais velho que o cabedelense.*
- *Artur nasceu em Patos.*
- *Heitor não é o mais novo.*

É correto concluir que

(A) *Miguel é mais novo que Artur.*

(B) *Heitor nasceu em Santa Rita.*

(C) *o santa-ritense é o mais velho.*

(D) *o cabedelense é mais velho que Miguel.*

(E) *Artur é mais velho que o patoense.*

▶ **Comentários**

Iniciamos com a montagem da tabela com cruzamentos entre linha e colunas.

	Miguel	**Artur**	**Heitor**
Patos			
Cabedelo			
Santa Rita			

O passo seguinte é analisar as informações complementares e preencher as células da tabela.

- **Miguel é mais velho que o cabedelense.**

Além da informação direta deste item, é certo que Miguel não nasceu em Cabedelo.

	Miguel Mais velho que cabedelense	**Artur**	**Heitor**
Patos			
Cabedelo	Não		
Santa Rita			

- **Artur nasceu em Patos.**

	Miguel Mais velho que cabedelense	**Artur**	**Heitor**
Patos	Não	**SIM**	Não
Cabedelo	Não	Não	
Santa Rita		Não	

- **Heitor não é o mais novo.**

	Miguel Mais velho que cabedelense	**Artur**	**Heitor** Não é o mais novo
Patos	Não	**SIM**	Não
Cabedelo	Não	Não	
Santa Rita		Não	

Após esgotadas as informações oferecidas pelo enunciado, passamos a observar a tabela e extrair dela novas informações.

Bem, pelo que vemos, entendemos que Miguel nasceu em Santa Rita, logo, Heitor em Cabedelo.

	Miguel Mais velho que cabedelense	**Artur**	**Heitor** Não é o mais novo
Patos	Não	**SIM**	Não
Cabedelo	Não	Não	**SIM**
Santa Rita	**SIM**	Não	Não

Para fechar o quadro, vamos analisar as idades, ou melhor, quem é mais novo e quem é mais velho. Talvez a parte que exigiu maior raciocínio do concursando.

Se Miguel é mais velho que Heitor (cabedelense) e Heitor não é mais novo, concluímos que Miguel é o mais velho entre os três, Heitor tem idade mediana e Artur é o mais novo.

	Miguel Mais velho	**Artur** Mais novo	**Heitor** Idade mediana
Patos	Não	**SIM**	Não
Cabedelo	Não	Não	**SIM**
Santa Rita	**SIM**	Não	Não

Resposta: É correto concluir que o santa-ritense é o mais velho.

Gabarito: C

QUESTÃO RÁPIDA

99. ***(Cespe/Cebraspe – TRT (AP e PA) 8ª Região – Analista Judiciário Área Administrativa – 2022)*** *Três analistas do Poder Judiciário — Ângela, Bianca e Cláudia —, com especialidades diferentes — contabilidade, medicina do trabalho e psicologia — e tempos de experiência diferentes — 12 anos, 15 anos e 20 anos —, foram designadas para emitir parecer técnico sobre um processo trabalhista. Cláudia não é a psicóloga e tem 12 anos de experiência, a contadora tem 20 anos de experiência e a psicóloga não é Bianca. Considerando-se essa situação hipotética, é correto afirmar que*

(A) *a médica do trabalho tem mais de 14 anos de experiência.*

(B) *Cláudia é a médica do trabalho.*

(C) *Bianca tem menos de 16 anos de experiência.*

(D) *Ângela é a contadora.*

(E) *a psicóloga tem mais de 17 anos de experiência.*

► **Comentários**

A seguir uma planilha cujas linhas foram representadas pelas três analistas e as colunas por suas especialidades.

	Contabilidade	**Med. Trabalho**	**Psicologia**
Ângela			
Bianca			
Cláudia			

Foram escolhidos os parâmetros analistas e suas especialidades, na representação das linhas e das colunas, tão somente porque primeiro apareceram no enunciado, em detrimento do parâmetro tempo de experiência.

A escolha do parâmetro a ser colocado na linha e na coluna pode ser eleito ao acaso, e qualquer classe de informação que ficar excluída nesse primeiro momento, completará as células que dão nome às linhas ou às colunas. Observe o desenvolvimento da resolução.

- **Cláudia não é a psicóloga e tem 12 anos de experiência.**

	Contabilidade	Med. Trabalho	Psicologia
Ângela			
Bianca			
Cláudia 12 anos exp.			Não

- **A contadora tem 20 anos de experiência.**

	Contabilidade 20 anos exp.	Med. Trabalho	Psicologia
Ângela			
Bianca			
Cláudia 12 anos exp.	Não		Não

- **A psicóloga não é Bianca.**

	Contabilidade 20 anos exp.	Med. Trabalho	Psicologia
Ângela			
Bianca			Não
Cláudia 12 anos exp.	Não		Não

A dedução clara é que Ângela é psicóloga e Cláudia é médica do trabalho.

	Contabilidade 20 anos exp.	Med. Trabalho	Psicologia
Ângela	Não	Não	**SIM**
Bianca		Não	Não
Cláudia 12 anos exp.	Não	**SIM**	Não

Finalmente, conhecemos a especialidade de Bianca, contabilista e o tempo de experiência de Ângela, que é de 15 anos.

	Contabilidade 20 anos exp.	**Med. Trabalho**	**Psicologia** 15 anos exp.
Ângela	Não	Não	**SIM**
Bianca	**SIM**	Não	Não
Cláudia 12 anos exp.	Não	**SIM**	Não

Resposta: Considerando a situação hipotética, é correto afirmar que Cláudia é a médica do trabalho.

Gabarito: B

QUESTÃO RÁPIDA

100. ***(FCC – TRT (MT) 23ª Região – Técnico Judiciário Tecnologia da Informação – 2022)*** *André, Breno e Pedro são corretores de imóveis na cidade de São Paulo. Todos os três nasceram em estados diferentes, um deles nasceu em Alagoas, outro na Paraíba e o terceiro na Bahia. Cada um deles viaja nas férias para exatamente um desses três Estados, mas somente André passa as férias no Estado em que nasceu. Breno não nasceu na Bahia e nem passa suas férias na Bahia. Pedro passa suas férias em Alagoas. Podemos afirmar corretamente que*

(A) *André nasceu na Paraíba e Pedro passa férias em Alagoas.*

(B) *Breno nasceu em Alagoas e André nasceu na Paraíba.*

(C) *Pedro nasceu na Bahia e passa férias em Alagoas.*

(D) *Breno nasceu em Alagoas e André passa férias na Bahia.*

(E) *André nasceu na Paraíba e Pedro passa férias em Alagoas.*

▶ **Comentários**

O problema gira em torno de três corretores nascidos em três estados diferentes que passam férias nestes mesmos estados. O que temos a fazer é descobrir as relações de correlacionamento entre as classes de informação.

Construa uma planilha com duas entre as três classes de informação.

	André	**Breno**	**Pedro**
Nasceu Alagoas			
Nasceu Paraíba			
Nasceu Bahia			

- **Somente André passa as férias no Estado em que nasceu.**

	André Férias estado nasceu	**Breno**	**Pedro**
Nasceu Alagoas			
Nasceu Paraíba			
Nasceu Bahia			

- **Breno não nasceu na Bahia e nem passa suas férias na Bahia.**

	André Férias estado nasceu	**Breno** ~~Férias Bahia~~	**Pedro**
Nasceu Alagoas			
Nasceu Paraíba			
Nasceu Bahia		Não	

- **Pedro passa suas férias em Alagoas.**

	André Férias estado nasceu	**Breno** ~~Férias Bahia~~	**Pedro** Férias Alagoas
Nasceu Alagoas			
Nasceu Paraíba			
Nasceu Bahia		Não	

A informação sobre local de férias está praticamente completa, é certo que André passa férias na Bahia (logo, nasceu na Bahia) e Breno passa férias na Paraíba.

	André Férias Bahia	**Breno** Férias Paraíba	**Pedro** Férias Alagoas
Nasceu Alagoas	Não		
Nasceu Paraíba	Não		
Nasceu Bahia	**SIM**	Não	Não

Informado que somente André passa suas férias no mesmo estado que nasceu, fica fácil completar a planilha.

	André Férias Bahia	Breno Féria Paraíba	Pedro Férias Alagoas
Nasceu Alagoas	Não	**SIM**	
Nasceu Paraíba	Não		**SIM**
Nasceu Bahia	**SIM**	Não	Não

Resposta: Podemos afirmar corretamente que Breno nasceu em Alagoas e André passa férias na Bahia.

Gabarito: D

QUESTÃO RÁPIDA

101. ***(FCC – TRT (BA) 5ª Região – Analista Judiciário Área Judiciária – 2022)*** *Maria, Ivo e Pedro escolheram, para cada um, dois sabores diferentes de sorvete. As seis escolhas foram: Ameixa, Açaí, Baunilha, Chocolate, Creme e Menta. Um dos rapazes foi o único dentre os três que escolheu dois sabores cujos nomes começam com a mesma letra; Maria escolheu Ameixa, mas não escolheu Menta. Ivo escolheu Chocolate como um dos sabores. Pode-se afirmar corretamente que*

(A) Ivo escolheu Açaí.

(B) Maria escolheu Creme.

(C) Pedro escolheu Menta.

(D) Maria escolheu Açaí.

(E) Pedro escolheu Baunilha.

▶ Comentários

A diferença em relação às questões anteriores ficou por conta da duplicidade de sabores de sorvete que cada um escolheu. Apesar disso, a resolução fica inalterada, manteremos o mesmo padrão.

	Ameixa	Açaí	Baunilha
Maria			
Ivo			
Pedro			

A escolha de três sabores de sorvete foi aleatória (os três primeiros citados).

- **Um dos rapazes foi o único dentre os três que escolheu dois sabores cujos nomes começam com a mesma letra.**

Não sabemos qual dos rapazes o item faz referência e os sabores tanto podem ser ameixa e açaí como chocolate e creme. Face à indefinição, pulamos para o item seguinte.

- **Maria escolheu Ameixa, mas não escolheu Menta.**

	Ameixa	**Açaí**	**Baunilha**
Maria ~~Menta~~	**SIM**		
Ivo	Não		
Pedro	Não		

Atenção, como são dois sabores para cada um dos rapazes, não é possível completar com "não" a linha identificada com "sim".

- **Ivo escolheu Chocolate como um dos sabores.**

	Ameixa	**Açaí**	**Baunilha**
Maria ~~Menta~~	**SIM**		
Ivo Chocolate	Não		
Pedro	Não		

Retomando o primeiro item, um dos rapazes (Ivo ou Pedro) escolheu dois sabores iniciando com a mesma letra. Ameixa e açaí estão descartados porque um deles fez parte da escolha da Maria, ou seja, restou a Ivo os sabores chocolate e creme.

	Ameixa	**Açaí**	**Baunilha**
Maria ~~Menta~~	**SIM**		
Ivo Chocolate e Creme	Não	Não	Não
Pedro	Não		

Levando em conta as indicações do enunciado e as informações aproveitadas na planilha, deduzimos que Maria, além de ameixa, escolheu o sabor baunilha. Os dois sabores restantes, açaí e menta, foram escolhidos por Pedro.

	Ameixa	**Açaí**	**Baunilha**
Maria ~~Menta~~	**SIM**		**SIM**

	Ameixa	**Açaí**	**Baunilha**
Ivo Chocolate e Creme	Não	Não	Não
Pedro Menta	Não	**SIM**	

Apesar da diferença na resolução, ainda assim aconselhamos a fazer a planilha com três colunas e não com seis (para os sabores de sorvete) porque pode não ter espaço razoável na sua folha de prova e também porque fica mais completo no campo de visão.

Resposta: Pode-se afirmar corretamente que Pedro escolheu Menta.

Gabarito: C

QUESTÃO PASSO A PASSO

102. ***(IBFC – TJ (MG) – Oficial Judiciário Oficial de Justiça – 2022)*** *Ana, Beto, César, Denise, Elis e Fernando vão participar juntos de um triatlo e todos irão em duplas. Sendo que uma dupla vestirá azul, outra vestirá vermelho e outra branco. Sabe-se que:*

- *Ana não vestirá branco, e acompanhará Beto, que por sua vez não vestirá azul.*
- *Elis vai vestir azul.*
- *César não fará dupla com Denise, nem vestirá azul.*

Nessas condições dadas, é correto afirmar que:

(A) *Denise vestirá branco*

(B) *Fernando vai com Elis*

(C) *Fernando vestirá branco*

(D) *Elis vestirá vermelho*

(E) *César vai com Elis*

► **Comentários**

Tal qual a FCC, questão anterior, o IBFC formulou questão com duas escolhas para a mesma classe de informação.

Foram apontados seis atletas a se organizarem em duplas, razão pela qual haverá repetição de atletas para cada uma das cores de uniforme.

Você poderia montar, para casos assim, a planilha com três linhas (cores) e seis colunas (atletas), entretanto, o espaço pode ser limitado na folha de prova.

Superados os esclarecimentos inicias, partimos para a construção da planilha com três linhas e três colunas.

	Ana	**Beto**	**César**
Azul			
Vermelho			
Branco			

Observe que apenas três atletas foram contemplados em três colunas. Os demais vamos trabalhando ao longo da resolução conforme forem surgindo as demais informações do enunciado e também aquelas que identificaremos por dedução.

- **Ana não vestirá branco, e acompanhará Beto, que por sua vez não vestirá azul.**

"Ana acompanhará Beto", será que dá pra entender que os dois formam uma dupla? Bem, vamos usar esta interpretação, mesmo porque, se não for assim, não haveria justificativa para trazer este detalhe.

Por esta ótica, Ana e Beto vestem vermelho porque, além de formarem uma das duplas, foi dito que Ana não veste branco e Beto não veste azul. Oras, restou o uniforme vermelho.

	Ana Beto	**Beto** Ana	**César**
Azul	Não	Não	
Vermelho	**SIM**	**SIM**	Não
Branco	Não	Não	

- **Elis vai vestir azul.**

Informação objetiva. Como não temos Elis entre as colunas, incluímos Elis na célula "azul".

	Ana Beto	**Beto** Ana	**César**
Azul Elis	Não	Não	
Vermelho	**SIM**	**SIM**	Não
Branco	Não	Não	

- **César não fará dupla com Denise, nem vestirá azul.**

César não vestirá azul, associado a informação de que a dupla de vermelho está completa, é certo que César vestirá uniforme branco.

Entendemos também que Denise, por não fazer dupla com César, vestirá uniforme na cor azul.

	Ana Beto	**Beto** Ana	**César** ~~Denise~~
Azul Elis e Denise	Não	Não	Não
Vermelho	**SIM**	**SIM**	Não
Branco	Não	Não	**SIM**

De acordo com a planilha, sabemos que:

o Vermelho: Ana e Beto.

o Branco: César (porque não veste azul e vermelho está completo).

o Azul: Elias e Denise (Denise porque não faz dupla com César).

Sobrou Fernando para fechar a dupla com César cujo uniforme será na cor branca.

	Ana Beto	**Beto** Ana	**César** Fernando
Azul Elis e Denise	Não	Não	Não
Vermelho Ana e Beto	**SIM**	**SIM**	Não
Branco César e Fer- nando	Não	Não	**SIM**

Mantivemos a resolução nos valendo da planilha, utilizando o mesmo padrão das muitas questões resolvidas anteriormente com este mesmo formato. Aplicamos um pouco mais de atenção no preenchimento e entendemos que a manutenção do processo da resolução fortalece sua habilidade para analisar e chegar rapidamente à resposta correta.

Resposta: Nessas condições dadas, é correto afirmar que Fernando vestirá branco.

Gabarito: C

QUESTÃO RÁPIDA

103. ***(FCC – TRT (ES) 17ª Região – Analista Judiciário Área Administrativa – 2022)*** *As idades das quatro primas Fernanda, Gláucia, Helena e Íris são 13, 18, 22 e 24, embora não necessariamente nessa ordem. Fernanda é mais nova do que Helena. A soma das idades de Íris e Fernanda é divisível* *por 5. A soma das idades de Íris e Helena também é divisível por 5. A soma das idades de Fernanda e Gláucia é*

(A) 31

(B) 37

(C) 40

(D) 42

(E) 46

▶ Comentários

Nesta questão de correlacionamento, além da lógica, praticaremos um pouco de operações básicas de matemática.

As idades das quatro primas Fernanda, Gláucia, Helena e Íris são 13, 18, 22 e 24, embora não necessariamente nessa ordem.

	13	18	22	24
Fernanda				
Gláucia				
Helena				
Íris				

- **Fernanda é mais nova do que Helena.**

Guardamos a informação para um momento posterior.

- **A soma das idades de Íris e Fernanda é divisível por 5.**
- **A soma das idades de Íris e Helena também é divisível por 5.**

Possibilidades de que a soma de idades seja divisível por 5 (números terminados em 0 ou 5):

o 13 + 22 = 35

o 18 + 22 = 40

As idades das três primas Íris, Fernanda e Helena são 13, 18 e 22 anos. Ficou de fora a prima Gláucia e a idade 24 anos, logo, essa correspondência é verdadeira.

Adicionalmente, a repetição de idade corresponde à prima que figura nos dois itens: Íris tem 22 anos.

	13	18	22	24
Fernanda			Não	Não
Gláucia	Não	Não	Não	**SIM**

	13	18	22	24
Helena			Não	Não
Íris	Não	Não	**SIM**	Não

Voltamos para o primeiro item.

- **Fernanda é mais nova do que Helena.**

	13	18	22	24
Fernanda	**SIM**		Não	Não
Gláucia	Não	Não	Não	**SIM**
Helena		**SIM**	Não	Não
Íris	Não	Não	**SIM**	Não

Resposta: A soma das idades de Fernanda (13) e Gláucia (24) é igual a 37.

Gabarito: B

QUESTÃO RÁPIDA

104. ***(FCC – TRT (RO e AC) 14ª Região – Analista Judiciário Área Judiciária – 2022)*** *Felipe, Gabriel e Heitor são irmãos de Janaína, Letícia e Mariana, não necessariamente nessa ordem, e cada casal de irmãos não tem relação de parentesco com os demais. Essas seis pessoas colecionam chaveiros e os números de chaveiros de Janaína, Letícia e Mariana são, respectivamente, 112, 123 e 145. Janaína tem 20 chaveiros a mais que seu irmão, Felipe tem o dobro de chaveiros de sua irmã e Letícia tem a metade do número de chaveiros de Heitor. Essas pessoas têm, juntas, um total de 964 chaveiros; logo, o número de chaveiros de Felipe excede o número de chaveiros de Gabriel em*

(A) 148.

(B) 142.

(C) 136.

(D) 154.

(E) 160.

► Comentários

Iniciando a análise da questão verificamos a informação relacionando irmãos e quantidade de chaveiros, o que é um forte indicativo de problema sobre correlacionamento lógico.

	Felipe	Gabriel	Heitor
Janaína			
Letícia			
Mariana			

Seguindo o enunciado, temos:

- Os números de chaveiros de Janaína, Letícia e Mariana são, respectivamente, 112, 123 e 145.

	Felipe	Gabriel	Heitor
Janaína 112			
Letícia 123			
Mariana 145			

- Janaína tem 20 chaveiros a mais que seu irmão.

Nada a fazer por enquanto.

- Felipe tem o dobro de chaveiros de sua irmã.

Associado com a afirmativa anterior, infere-se que Janaína não é a irmã de Felipe.

	Felipe	Gabriel	Heitor
Janaína 112	Não		
Letícia 123			
Mariana 145			

- Letícia tem a metade do número de chaveiros de Heitor.

Então, Heitor tem 246 chaveiros, o dobro de Letícia.

	Felipe	Gabriel	Heitor 246
Janaína 112	Não		
Letícia 123			
Mariana 145			

Retomamos a análise a partir das informação iniciais.

- Janaína tem 20 chaveiros a mais que seu irmão.

Seu irmão não é o Heitor, logo, Gabriel é seu irmão e tem 92 chaveiros.

	Felipe	**Gabriel 92**	**Heitor 246**
Janaína 112	Não	Sim	Não
Letícia 123			
Mariana 145			

- Essas pessoas têm, juntas, um total de 964 chaveiros.

A diferença entre 964 e as quantidades conhecidas, é igual à quantidade de chaveiros de Felipe, 246.

Se Felipe tem o dobro de chaveiros que sua irmã, ele é irmão da Letícia.

	Felipe 246	**Gabriel 92**	**Heitor 246**
Janaína 112		Sim	
Letícia 123	Sim		
Mariana 145			Sim

Resposta: O número de chaveiros de Felipe, 246, excede em 154 o número de chaveiros de Gabriel, 92.

Gabarito: D

QUESTÃO RÁPIDA

105. ***(FCC – TJ (SC) – Técnico Judiciário Auxiliar – 2021)*** *Adão, Beto e Celso são casados com Ana, Bella e Clara, e atuam como advogado, engenheiro e matemático, não necessariamente nas ordens mencionadas. Sabe-se que Beto não é casado com Ana; Adão não é matemático e é casado com Clara. Além disso, o advogado é casado com Bella. É correto afirmar que*

(A) *Clara é casada com o advogado.*

(B) *Ana é casada com o matemático.*

(C) *Celso é casado com Bella.*

(D) *Adão é advogado.*

(E) *Beto é engenheiro.*

► Comentários

A planilha é a ferramenta para identificar os casais.

	Adão	**Beto**	**Celso**
Ana			
Bella			
Clara			

- **Beto não é casado com Ana.**

	Adão	**Beto**	**Celso**
Ana		Não	
Bella			
Clara			

- **Adão não é matemático e é casado com Clara.**

	Adão ~~Matemático~~	**Beto**	**Celso**
Ana	Não	Não	
Bella	Não		
Clara	**SIM**	Não	Não

- **O advogado é casado com Bella.**

	Adão ~~Matemático~~	**Beto**	**Celso**
Ana	Não	Não	
Bella Advogado	Não		
Clara	**SIM**	Não	Não

De acordo com a planilha, Ana é casada com Celso e Bella com Beto.

	Adão ~~Matemático~~	**Beto**	**Celso**
Ana	Não	Não	**SIM**
Bella Advogado	Não	**SIM**	
Clara	**SIM**	Não	Não

Em relação às profissões dos maridos, temos:

	Adão Engenheiro	Beto Advogado	Celso Matemático
Ana	Não	Não	**SIM**
Bella Advogado	Não	**SIM**	
Clara	**SIM**	Não	Não

Resposta: É correto afirmar que Ana é casada com o matemático.

Gabarito: B

QUESTÃO RÁPIDA

106. ***(FCC – TRF 4ª Região – Analista Judiciário Oficial de Justiça Avaliador Federal – 2019)***
Adão tem três primas que moram em outra cidade, Ana, Beatriz e Carla, mas nunca lembra de seus nomes. Ele sabe que uma é loira, uma é ruiva e uma é morena. Cada uma delas é filha de um de seus tios, José, Jaime e Jairo. A mãe de Adão deixou o seguinte bilhete para ajudá-lo:

- *"A loira não é filha de Jaime nem de Jairo.*
- *A morena não é Ana nem Beatriz.*
- *Ana não é ruiva.*
- *A ruiva não é filha de Jaime."*

Adão descobriu, corretamente, que:

(A) *Ana é loira e filha de José.*

(B) *Carla é morena e filha de Jairo.*

(C) *Ana é ruiva e filha de José.*

(D) *Beatriz é loira e filha de Jairo.*

(E) *Carla é morena e filha de José.*

▶ **Comentários**

Não à toa que resolvemos muitas questões do mesmo tipo. Estamos resolvendo todas as provas cobradas nos últimos anos, em sua íntegra, pois as bancas exploram muito as questões de correlacionamento.

Esteja preparado para deparar-se com algo assim em sua prova e, enfim, a última desta sequência.

	Ana	Beatriz	Carla
Loira			
Ruiva			
Morena			

- **A loira não é filha de Jaime nem de Jairo.**

Logo, a loira é filha de José.

	Ana	Beatriz	Carla
Loira José			
Ruiva			
Morena			

- **A morena não é Ana nem Beatriz.**

Logo, a morena e a Carla.

	Ana	Beatriz	Carla
Loira José			Não
Ruiva			Não
Morena	Não	Não	**SIM**

- **Ana não é ruiva.**

	Ana	Beatriz	Carla
Loira José			Não
Ruiva	Não		Não
Morena	Não	Não	**SIM**

- **A ruiva não é filha de Jaime.**

Logo, a ruiva é filha de Jairo.

	Ana	Beatriz	Carla
Loira José			Não
Ruiva Jairo	Não		Não
Morena	Não	Não	**SIM**

Resta completar a planilha.

	Ana	**Beatriz**	**Carla**
Loira José	**SIM**		Não
Ruiva Jairo	Não	**SIM**	Não
Morena Jaime	Não	Não	**SIM**

Resposta: Adão descobriu, corretamente, que Ana é loira e filha de José.

Gabarito: A

QUESTÃO PASSO A PASSO

107. ***(FCC – TRT (SP) 15ª Região – Analista Judiciário Arquitetura – 2018)*** *Amaral, Bentes, Carvalho, Dantas e Esteves irão votar para a escolha de um, dentre eles, para representá-los em uma assembleia. Cada um deve escolher uma única pessoa diferente de si própria. Sabe-se que:*

- *Amaral não votou em Dantas, nem em Bentes.*
- *Carvalho votou ou em Esteves ou em Bentes.*
- *Dantas não votou em Amaral.*
- *Esteves votou em Carvalho.*
- *Bentes votou na mesma pessoa que Carvalho votou.*

Apurados os cinco votos, todos eles válidos, Esteves venceu a disputa com 3 votos, e Carvalho e Bentes ficaram empatados em segundo lugar, com 1 voto cada. Sendo assim,

(A) *Esteves votou em Carvalho e Carvalho votou em Bentes.*

(B) *Bentes votou em Esteves e Esteves votou em Bentes.*

(C) *Amaral votou em Carvalho e Carvalho votou em Esteves.*

(D) *Dantas votou em Esteves e Esteves votou em Carvalho.*

(E) *Carvalho votou em Esteves e Esteves votou em Carvalho.*

► **Comentários**

Está é uma forma peculiar de se apresentar a questão, pois as mesmas pessoas formam grandezas diferentes, na primeira situação serão votados e na segunda serão os votantes.

Nas colunas estão as pessoas na qualidade de recebedores de votos e nas linhas os votantes. Ainda, para evitar confusão, agregamos linhas na medida em que estivermos tratando das informações sobre como cada um votou.

- Amaral não votou em Dantas, nem em Bentes.

Além de Dantas e Bentes, é certo que o voto não foi para ele mesmo segundo a regra da votação.

	Amaral	Bentes	Carvalho	Dantas	Esteves
Amaral	Não	Não		Não	

- Carvalho votou ou em Esteves ou em Bentes.

Preencheremos com "sim" para os possíveis votados, acompanhado de uma interrogação(?) para demonstrar que não há certeza, estamos entre um ou outro e "Não" para os demais.

	Amaral	Bentes	Carvalho	Dantas	Esteves
Amaral	Não	Não		Não	
Carvalho	Não	Sim?	Não	Não	Sim?

- Dantas não votou em Amaral.

	Amaral	Bentes	Carvalho	Dantas	Esteves
Amaral	Não	Não		Não	
Carvalho	Não	Sim?	Não	Não	Sim?
Dantas	Não			Não	

- Esteves votou em Carvalho.

Este é o primeiro voto identificado com certeza.

	Amaral	Bentes	Carvalho	Dantas	Esteves
Amaral	Não	Não		Não	
Carvalho	Não	Sim?	Não	Não	Sim?
Dantas	Não			Não	
Esteves	Não	Não	**Sim**	Não	Não

- Bentes votou na mesma pessoa que Carvalho votou.

Então, temos novamente a dúvida entre Bentes e Esteves, entretanto, Bentes não pode votar em si próprio, concluímos que Bentes votou em Esteves.

	Amaral	Bentes	Carvalho	Dantas	Esteves
Amaral	Não	Não		Não	
Carvalho	Não	Sim?	Não	Não	Sim?
Dantas	Não			Não	

	Amaral	**Bentes**	**Carvalho**	**Dantas**	**Esteves**
Esteves	Não	Não	**Sim**	Não	Não
Bentes	Não	Sim?	Não	Não	Sim?

O examinador finaliza dizendo que:

- Esteves venceu a disputa com 3 votos, e Carvalho e Bentes ficaram empatados em segundo lugar, com 1 voto cada.

Ou seja, tanto Carvalho como Bentes votaram em Esteves, considerando que ele chegou à soma de 3 votos.

Carvalho já está com 1 voto, portanto, correto. Bentes também recebeu 1 voto e, segundo as anotações na planilha, só pode ter sido de Dantas.

Para fechar a planilha, o terceiro e último voto foi consignado ao Esteves foi do Amaral.

	Amaral	**Bentes**	**Carvalho**	**Dantas**	**Esteves**
Amaral	Não	Não		Não	**Sim**
Carvalho	Não	~~Sim~~	Não	Não	**Sim**
Dantas	Não	**Sim**		Não	
Esteves	Não	Não	**Sim**	Não	Não
Bentes	Não	~~Sim~~	Não	Não	**Sim**

Resposta: É certo que Carvalho votou em Esteves e Esteves votou em Carvalho.

Gabarito: E

QUESTÃO PASSO A PASSO

108. ***(FCC – TRT (SP) 2ª Região – Analista Judiciário Área Administrativa – 2018)*** *Almir, Beto, Célio e Danilo trabalham em uma repartição pública e suas idades são: 30, 31, 32 e 33 anos, não necessariamente nessa ordem. Suas ocupações são: auxiliar de escritório, contador, ouvidor e escriturário, ainda que não necessariamente nessa ordem. Sabe-se que:*

- *o auxiliar de escritório, que é o mais jovem dos quatro, é primo de Almir e sempre toma café com Beto;*
- *Célio, que é o mais velho dos quatro, mora no mesmo prédio do contador;*
- *Almir é dois anos mais novo que o escriturário.*

Nas condições descritas acima, é correto afirmar que, necessariamente,

(A) *Danilo é o contador.*

(B) *Célio é o escriturário.*

(C) *Almir é o ouvidor.*

(D) *Célio é o ouvidor.*

(E) *Beto é o escriturário.*

► Comentários

Nosso objetivo é identificar as idades de cada servidor bem como suas ocupações, para isso, a tabela está com a identificação de duas grandezas, uma para as colunas e outra para as linhas. A terceira grandeza é tratada conjuntamente com as outras duas na tabela.

	Almir	**Beto**	**Célio**	**Danilo**
Auxiliar de Escritório				
Contador				
Ouvidor				
Escriturário				

Sabemos que suas idades são: 30, 31, 32 e 33 anos e que:

- O auxiliar de escritório, que é o mais jovem dos quatro, é primo de Almir e sempre toma café com Beto.

Logo, o auxiliar de escritório, que não é Almir nem Beto, tem 30 anos.

	Almir	**Beto**	**Célio**	**Danilo**
Auxiliar de Escritório (30)	**Não**	**Não**		
Contador				
Ouvidor				
Escriturário				

- Célio, que é o mais velho dos quatro, mora no mesmo prédio do contador.

Ou seja, Célio tem 33 anos de idade e não é contador. Ainda, associado com as informações anteriores, infere-se que Danilo é auxiliar de escritório, uma vez que esta função não é ocupada por Almir nem Beto e por causa da idade não pode ser o Célio.

	Almir	**Beto**	**Célio (33)**	**Danilo (30)**
Auxiliar de Escritório (30)	Não	Não	**Não**	**Sim**
Contador			**Não**	**Não**

	Almir	Beto	Célio (33)	Danilo (30)
Ouvidor				**Não**
Escriturário				**Não**

Uma célula com informação positiva, sim, tem sua linha e sua coluna completas com não.

- Almir é dois anos mais novo que o escriturário.

Face à diferença de idade e sabendo que Danilo tem 30 anos de idade, é certo que Almir tem 31 e o escriturário tem 33. Observe na tabela que já reconhecemos Célio como tendo 33 anos de idade.

	Almir (31)	Beto	Célio (33)	Danilo (30)
Auxiliar de Escritório (30)	Não	Não	Não	Sim
Contador			Não	Não
Ouvidor			Não	Não
Escriturário (33)	Não	Não	**Sim**	Não

Por exclusão, Beto tem 32 anos, mas paramos por aí, e não identificamos entre Almir e Beto quem é o contador e quem é o ouvidor por causa da limitação de informações.

Resposta: Mesmo com informações incompletas, é necessariamente correto que Célio é o escriturário.

Gabarito: B

QUESTÃO PASSO A PASSO

109. ***(FCC – TRT (SP) 15ª Região – Analista Judiciário Área Administrativa – 2018)*** *Lúcio, Maurício e Júlio são sócios em uma empresa, sendo as partes de cada um: 15%, 25% e 60%, não necessariamente nessa ordem. Cada um dos sócios atua na empresa, mas em diferentes setores: Administração, Vendas e Informática. Além disso, sabe-se que:*

- *o que atua na Administração não é o que tem 15% da empresa;*
- *o que atua em Informática é amigo de infância do que tem 60%;*
- *Júlio não atua em vendas;*
- *quem atua em vendas é o sócio majoritário;*
- *Lúcio tem 25% da empresa.*

Dessa forma, se a empresa está avaliada em R$ 120.000,00, então o valor da parte de Júlio é

(A) R$ 30.000,00.

(B) R$ 18.000,00.

(C) *R$ 72.000,00.*

(D) *R$ 36.000,00*

(E) *R$ 12.000,00.*

▶ **Comentários**

Essa é uma boa combinação de disciplinas, Raciocínio Lógico e Matemática. Apesar disso, está aqui em Raciocínio Lógico. Sendo mais específico, trata de correlacionamento lógico, pois é a parte relevante do problema.

- *Lúcio, Maurício e Júlio são sócios em uma empresa, sendo as partes de cada um: 15%, 25% e 60%, não necessariamente nessa ordem.*

Montar a planilha considerando o cruzamento das duas grandezas, sócios e percentuais de participação.

É verdade que ainda resta outra grandeza, setores de atuação, porém, apenas dois são suficientes para montar o quadro geral.

	Lúcio	**Maurício**	**Júlio**
15%			
25%			
60%			

- *O que atua na Administração não é o que tem 15% da empresa.*
- *O que atua em Informática é amigo de infância do que tem 60%.*

Concluímos que:

	Lúcio	**Maurício**	**Júlio**
15% **~~Administração~~**			
25%			
60% **~~Informática~~**			

As informações estão riscadas para indicar que estes setores não correspondem aos percentuais da célula.

- *Júlio não atua em venda.*
- *Quem atua em vendas é o sócio majoritário.*

	Lúcio	**Maurício**	**Júlio** **~~Vendas~~**
15% ~~Administração~~			

	Lúcio	**Maurício**	**Júlio** ~~**Vendas**~~
25%			
60% **Vendas**			

- *Lúcio tem 25% da empresa.*

	Lúcio	**Maurício**	**Júlio** ~~Vendas~~
15% ~~Administração~~			
25%	**Sim**		
60% Vendas			

As informações conhecidas foram todas utilizadas, seguimos com as deduções na sequência:

1. Se Júlio não é do setor de vendas (terceira linha) e não têm 25% de participação (segunda linha), é certo que tem 15% de participação. Esta é a resposta para a questão.
2. Por exclusão, Maurício têm 60% de participação, logo, seu setor é vendas.
3. Se a participação de 15% não está relacionada com o setor de administração, então a relação é com informática.
4. Lúcio participa da empresa com 25% e é do setor de administração.

	Lúcio	**Maurício**	**Júlio**
15% Informática			**Sim**
25% Administração	**Sim**		
60% Vendas		**Sim**	

Resposta: Sendo a empresa avaliada em R$ 120.000,00, o valor da parte de Júlio é de R$ 18.000,00 (15% de R$ 120.000,00).

Gabarito: B

QUESTÃO RÁPIDA

110. ***(FCC – TRT (AM e RR) 11ª Região – Analista Judiciário Área Administrativa – 2017)*** *Alexandre, Breno, Cleide e Débora saíram vestindo camisas do seu time de futebol. Sabe-se que cada pessoa torce por um time diferente, e que os times são: Flamengo, Corinthians, São Paulo, Vasco, não necessariamente nessa ordem. Cleide é corintiana, Breno não torce pelo Flamengo nem pelo São Paulo, Débora é são-paulina. Sendo assim, conclui-se que Alexandre e Breno, respectivamente, torcem para*

(A) Flamengo e Corinthians.

(B) Vasco e Flamengo.

(C) São Paulo e Vasco.

(D) Flamengo e Vasco.

(E) Vasco e Corinthians.

▶ Comentários

Depois de resolver algumas questões de correlacionamento ficamos mais confiantes para identificar a questão desse tipo, ao ler as primeiras palavras do enunciado. Então, vamos formatar a tabela considerando os cruzamentos entre linhas e colunas.

	Alexandre	**Breno**	**Cleide**	**Débora**
Flamengo				
Corinthians				
São Paulo				
Vasco				

- Cleide é corintiana, Breno não torce pelo Flamengo nem pelo São Paulo, Débora é são-paulina.

	Alexandre	**Breno**	**Cleide**	**Débora**
Flamengo		**Não**		
Corinthians			**Sim**	
São Paulo		**Não**		**Sim**
Vasco				

Linhas e colunas com "sim" são completadas com "não".

	Alexandre	**Breno**	**Cleide**	**Débora**
Flamengo		Não	**Não**	**Não**
Corinthians	**Não**	**Não**	Sim	**Não**

	Alexandre	Breno	Cleide	Débora
São Paulo	**Não**	Não	**Não**	Sim
Vasco			**Não**	**Não**

Deduzimos com clareza que Breno é Vasco e que Alexandre é Flamengo.

	Alexandre	Breno	Cleide	Débora
Flamengo	**Sim**	Não	Não	Não
Corinthians	Não	Não	**Sim**	Não
São Paulo	Não	Não	Não	**Sim**
Vasco	Não	**Sim**	Não	Não

Resposta: Conclui-se que Alexandre e Breno, respectivamente, torcem para Flamengo e Vasco.

Gabarito: D

QUESTÃO RÁPIDA

111. ***(FCC – TRT (PR) 9ª Região – Técnico Judiciário Área Administrativa – 2015)*** *Luiz, Arnaldo, Mariana e Paulo viajaram em janeiro, todos para diferentes cidades, que foram Fortaleza, Goiânia, Curitiba e Salvador. Com relação às cidades para onde eles viajaram, sabe-se que:*

- *Luiz e Arnaldo não viajaram para Salvador;*
- *Mariana viajou para Curitiba;*
- *Paulo não viajou para Goiânia;*
- *Luiz não viajou para Fortaleza.*

É correto concluir que, em janeiro,

(A) *Paulo viajou para Fortaleza.*
(B) *Luiz viajou para Goiânia.*
(C) *Arnaldo viajou para Goiânia.*
(D) *Mariana viajou para Salvador.*
(E) *Luiz viajou para Curitiba.*

▶ **Comentários**

Iniciamos a leitura do enunciado e, já nas primeiras duas linhas, identificamos quatro pessoas e quatro cidades, é o suficiente para entendermos que se trata de questão de correlacionamento, portanto, resolução será por meio de tabela (linhas e colunas).

	Luiz	Arnaldo	Mariana	Paulo
Fortaleza				
Goiânia				
Curitiba				
Salvador				

Preencher a tabela com as informações adicionais.

- *Luiz e Arnaldo não viajaram para Salvador;*

	Luiz	Arnaldo	Mariana	Paulo
Fortaleza				
Goiânia				
Curitiba				
Salvador	**Não**	**Não**		

- *Mariana viajou para Curitiba;*

	Luiz	Arnaldo	Mariana	Paulo
Fortaleza			**Não**	
Goiânia			**Não**	
Curitiba	**Não**	**Não**	**Sim**	**Não**
Salvador	Não	Não	**Não**	

- *Paulo não viajou para Goiânia;*

	Luiz	Arnaldo	Mariana	Paulo
Fortaleza			Não	
Goiânia			Não	**Não**
Curitiba	Não	Não	**Sim**	Não
Salvador	Não	Não	Não	

- *Luiz não viajou para Fortaleza.*

	Luiz	Arnaldo	Mariana	Paulo
Fortaleza	**Não**		Não	
Goiânia			Não	Não

	Luiz	Arnaldo	Mariana	Paulo
Curitiba	Não	Não	**Sim**	Não
Salvador	Não	Não	Não	

Olhando para as colunas, é certo que Luiz foi para Goiânia. Na sequência, inferimos que Arnaldo foi para Fortaleza e, por fim, Paulo para Salvador.

	Luiz	Arnaldo	Mariana	Paulo
Fortaleza	Não	**Sim**	Não	Não
Goiânia	**Sim**	Não	Não	Não
Curitiba	Não	Não	**Sim**	Não
Salvador	Não	Não	Não	**Sim**

Reposta: É correto concluir que, em janeiro, Luiz viajou para Goiânia.

Gabarito: B

1.7.3. Hipóteses

A terceira e última classificação, nas questões que envolvem verdades e mentiras, são as hipóteses. O desenvolvimento e a resolução do problema passam pela criação de hipóteses, considerando situações ora verdadeiras, ora mentirosas.

O objetivo é testar cada uma das situações hipotéticas até chegar a uma conclusão, sem que haja contradições entre as premissas e a conclusão.

Por exemplo: São dadas três afirmativas e a questão informa que duas delas são falsas e a outra é verdadeira, porém, não se sabe qual. Logo, é preciso formular as possíveis situações e testar cada uma delas:

	Hipótese 1	Hipótese 2	Hipótese 3
Afirmativa 1	**Verdade**	Falso	Falso
Afirmativa 2	Falso	**Verdade**	Falso
Afirmativa 3	Falso	Falso	**Verdade**

Então, para as informações falsas, faz-se a negação e, finalmente, identifica-se a hipótese que não apresenta contradição e dela se retira a resposta para a questão.

Atenção às contradições.

Informações contraditórias revelam a existência de valores lógicos opostos, um verdadeiro e outro falso. Isso pode eliminar alguma ou algumas hipóteses.

QUESTÃO PASSO A PASSO

112. ***(FCC – TRT (PR) 9ª Região – Técnico Judiciário Área Administrativa – 2022)*** *Uma camiseta autografada foi comprada por um e apenas um torcedor de um grupo de cinco amigos: Alberto, Breno, Carlos, Davi e Ernesto. Perguntados sobre quem comprou a camiseta, cada um deles respondeu:*

- *Alberto: Eu não comprei.*
- *Breno: Quem comprou foi o Carlos.*
- *Carlos: Foi Ernesto quem comprou.*
- *Davi: Alberto disse a verdade.*
- *Ernesto: Breno mentiu.*

Sabendo-se que apenas um dos amigos mentiu e que todos os outros disseram a verdade, o dono da camiseta é

(A) Breno.

(B) Ernesto.

(C) Alberto.

(D) Davi.

(E) Carlos.

▶ **Comentários**

Cinco amigos respondem a mesma pergunta: Quem comprou a camiseta?

O conjunto de respostas dos cinco amigos, considerando que entre elas uma é mentirosa, tem o objetivo de validar quem, entre eles, comprou a camiseta autografada.

A quantidade de possibilidades, segundo a análise combinatória, é o resultado da combinação de 5 por 1 ou, utilizando os termos da questão, a quantidade de possibilidades de uma resposta mentirosa entre as cinco respostas dos cinco amigos.

Bem, são cinco possibilidades.

Amigos	Resposta:	Hipótese 1	Hipótese 2	Hipótese 3	Hipótese 4	Hipótese 5
Alberto	Alberto não comprou	Mentira				
Breno	Carlos comprou		Mentira			
Carlos	Ernesto comprou			Mentira		

Amigos	Resposta:	Hipótese 1	Hipótese 2	Hipótese 3	Hipótese 4	Hipótese 5
Davi	Alberto disse verdade				Mentira	
Ernesto	Breno mentiu					Mentira

Percebe que a quantidade de hipóteses é um fator preocupante. Imagine se tivéssemos que testar uma a uma e a correta fosse a última afirmação a ser analisada. Seria muito tempo empregado para responder apenas uma questão.

Nesta hora que é importante a dica revelada na parte teórica: Trabalhar com as contradições.

Observe as respostas dadas pelos amigos Breno e Carlos, aquele afirma que foi Carlos quem fez a compra da camiseta, enquanto Carlos, por sua vez, afirma que a compra foi realizada por Ernesto. Impossível serem duas respostas verdadeiras, no caso, um dos dois está mentindo e o outro falando a verdade.

Sendo de conhecimento que apenas um amigo mentiu, Breno ou Carlos, pule para a última resposta, Ernesto afirma que Breno mentiu. Como Ernesto só pode ter falado a verdade, concluímos que a mentira foi proferida mesmo por Breno.

Após esta análise lógica da situação apresentada, sem precisar testar as hipóteses, entendemos que a hipótese 2 é a mentira e quem comprou a camiseta foi Ernesto.

Tudo bem, mas e se quisermos confirmar segundo as respostas dos amigos?

Então, veja a comprovação.

Amigos	Resposta:	Hipótese 2
Alberto	Alberto não comprou	
Breno	~~Carlos comprou~~ → Carlos não comprou	Mentira
Carlos	Ernesto comprou	
Davi	Alberto disse verdade	
Ernesto	Breno mentiu	

A negação da resposta de Breno converte a mentira em verdade. Após, examinando cada resposta, veja que todas são compatíveis com a situação tanto de haver um único que respondeu mentira como também de que a camiseta é mesmo de Ernesto.

Resposta: O dono da camiseta é Ernesto.

Gabarito: B

QUESTÃO RÁPIDA

113. ***(FCC – TRT (RO e AC) 14ª Região – Analista Judiciário Área Administrativa – 2022)*** *Ana, Bia e Cleo são irmãs e têm idades diferentes entre si, uma com 25 anos, uma com 30 anos e uma com 35 anos. Considere as seguintes afirmações:*

I. *Ana é mais velha do que Bia.*

II. *Cleo não nasceu antes de Ana.*

III. *Bia é 10 anos mais nova do que Cleo.*

Dessas afirmações, uma é verdadeira e duas são falsas; logo, ordenando essas irmãs em ordem crescente de suas idades, temos

(A) *Ana, Bia e Cleo.*

(B) *Ana, Cleo e Bia.*

(C) *Bia, Ana e Cleo.*

(D) *Bia, Cleo e Ana.*

(E) *Cleo, Ana e Bia.*

▶ Comentários

A princípio a questão apresenta uma situação de ordenação (ordem crescente de idades), porém, a trataremos por hipóteses, tendo em vista o cenário no qual existe uma informação verdadeira e outras duas falsas.

Enfim, são três possíveis hipóteses.

Afirmações	Hipótese 1	Hipótese 2	Hipótese 3
Ana é mais velha do que Bia.	Verdade		
Cleo não nasceu antes de Ana.		Verdade	
Bia é 10 anos mais nova do que Cleo.			Verdade

- **Hipótese 1**

Afirmações	Hipótese 1	Considerações
Ana é mais velha do que Bia.	Verdade	Bia é mais nova que Ana. Bia – Ana

Afirmações	Hipótese 1	Considerações
Cleo não nasceu antes de Ana.	Mentira	Logo, Cleo nasceu antes Ana, portanto, mais velha. Bia (25) – Ana (30) – Cleo (35)
Bia é 10 anos mais nova do que Cleo.	Mentira	Bia é sim 10 anos mais nova que Cleo e a afirmação deveria ser mentirosa.

A terceira informação é incompatível porque Bia, de fato, é 10 anos mais nova do que Cleo.

- **Hipótese 2**

Afirmações	Hipótese 2	Considerações
Ana é mais velha do que Bia.	Mentira	A afirmação é mentirosa, logo, Ana é mais nova que Bia. Ana – Bia
Cleo não nasceu antes de Ana.	Verdade	Logo, Cleo é mais nova que Ana. Cleo (25) – Ana (30) – Bia (35)
Bia é 10 anos mais nova do que Cleo.	Mentira	Logo, Bia não é 10 anos mais nova do que Cleo.

Não existe incompatibilidade, esta é a hipótese correta.

Na prova, é só parar por aqui e partir para a próxima questão, entretanto, vamos praticar analisando a hipótese 3.

- **Hipótese 3**

Afirmações	Hipótese 2	Considerações
Ana é mais velha do que Bia.	Mentira	A afirmação é mentirosa, logo, Ana é mais nova que Bia. Ana – Bia
Cleo não nasceu antes de Ana.	Mentira	Logo, Cleo nasceu antes que Ana, portanto, são duas possibilidades: Ana (25) – Cleo (30) – Bia (35) Ana (25) – Bia (30) – Cleo (35)
Bia é 10 anos mais nova do que Cleo.	Verdade	A afirmação (verdadeira) é incompatível com as duas possibilidades acima.

Atenção para não se confundir no momento da prova: Ordem crescente de idade é o oposto de ordem crescente de data de nascimento.

Resposta: Ordenando as irmãs em ordem crescente de suas idades, temos Cleo, Ana e Bia.

Gabarito: E

QUESTÃO RÁPIDA

114. ***(FCC – TRT (RO e AC) 14ª Região – Técnico Judiciário Área Administrativa – 2022)*** *Em uma aula de improvisação, Alex, Beto e Caio foram escolhidos para conversar com os demais alunos e, cada um, durante toda a conversa, falou apenas verdades ou apenas mentiras. Os três escolhidos combinaram entre si quem falaria verdades e quem falaria mentiras, mas o resto do grupo não sabia o papel que cada um interpretava. Quando a improvisação começou, Alex disse: "Beto escolheu o papel de mentiroso" e Beto disse: "dois entre nós três escolheram o papel de mentiroso". O professor, que também não sabia quem falava a verdade e quem mentia, perguntou a Caio em que ano ele havia nascido, ao que Caio respondeu. Paula, em seguida, repetiu para Caio a mesma pergunta que o professor havia feito e, com a resposta que Caio lhe deu, somente assim, ela pôde concluir logicamente que os papéis representados por Alex, Beto e Caio eram, respectivamente,*

(A) *mentiroso, honesto, mentiroso.*

(B) *mentiroso, mentiroso, honesto.*

(C) *mentiroso, honesto, honesto.*

(D) *mentiroso, mentiroso, mentiroso.*

(E) *honesto, mentiroso, honesto.*

▶ **Comentários**

Na sequência temos as informações:

Primeiro: Cada aluno fala só verdade ou só mentira.

Segundo: As afirmações de Alex e Beto:

- Alex disse: "Beto escolheu o papel de mentiroso".
- Beto disse: "dois entre nós três escolheram o papel de mentiroso".

Terceiro: Caio responde ao professor seu ano de Nascimento.

Quarto: Paulo tem certeza de quem fala verdade ou mentira somente após Caio lhe responder a mesma pergunta que o professor havia feito.

Pois bem, o quarto item é fundamental para entender e resolver a questão, pois, se a certeza de Paulo vem após Caio responder duas vezes a mesma pergunta, é certo que ele mentiu porque, imaginando ser coincidente as duas respostas, Paula permaneceria na dúvida porque não daria pra afirmar ser verdade ou mentira.

Por outro lado, duas respostas diferentes de Caio dá a Paula a certeza de que ele mentiu.

Sabemos que Caio mentiu, agora analisaremos como se portaram Alex e Beto.

Se Alex disse a verdade:

Alunos	Afirmação	Conclusão
Alex	Beto mentiu	Alex disse a verdade, logo, Beto mentiu.

Caio mentiu, Alex falou a verdade, logo, Beto mentiu. São dois mentirosos e um veraz. Isto é incompatível com a afirmação de Beto porque seria uma verdade quando concluímos que ele teria mentido.

Então, testamos a situação em que Alex mentiu.

Alunos	Afirmação	Conclusão
Alex	Beto mentiu	A afirmação de Alex é mentirosa, logo, Beto falou a verdade.
Beto	Dois mentiram	Perfeito, Alex e Caio mentiram e Beto fez uma afirmação verdadeira.

Resposta: Alex, Beto e Caio assumiram, respectivamente, os papeis de mentiroso, honesto e mentiroso.

Gabarito: A

QUESTÃO RÁPIDA

115. ***(FCC – TRT (MS) 24ª Região – Técnico Judiciário Tecnologia da Informação – 2017)*** *Em um grupo de cinco homens (P, Q, R, S e T) que se conhecem muito bem, cada um é destro ou canhoto, ou seja, não há ambidestros. P diz ser destro, Q diz que P é canhoto, R diz que Q é canhoto, S diz que Q é destro, e T diz que R é canhoto. Sabe-se que os homens destros estão dizendo a verdade, e que os canhotos estão mentindo. Se apenas dois dos cinco homens são canhotos, então os canhotos são*

(A) P e S.

(B) Q e S.

(C) S e T.

(D) P e R.

(E) Q e R.

► **Comentários**

O grupo é formado por homens, três destros e dois canhotos, sendo que os canhotos falam mentira.

Sabemos também que:

- P diz ser destro
- Q diz que P é canhoto
- R diz que Q é canhoto
- S diz que Q é destro
- T diz que R é canhoto

O fato de não conhecer os destros e os canhotos implicaria em montar hipóteses para todas as possíveis combinações entre os cinco homens, o que é totalmente inviável.

O melhor a ser feito é identificar informações contraditórias, por exemplo:

- P diz ser destro
- Q diz que P é canhoto

Claro que um está dizendo a verdade e o outro mente.

- R diz que Q é canhoto
- S diz que Q é destro

Também, entre R e S, um está dizendo a verdade e o outro mente.

Se os dois são canhotos, aqueles que falaram mentira, estão um está entre P e Q e o outro está entre R e S, daí podemos acreditar que T diz a verdade. Ainda, a verdade de T revela que R está mentindo.

Segue apresentação organizada do que foi dito até aqui.

Afirmações	Verdade/Mentira	Logo:
P diz ser destro		
Q diz que P é canhoto		
R diz que Q é canhoto	Canhoto (mentira)	Q é destro
S diz que Q é destro		
T diz que R é canhoto	Destro (verdade)	R de fato é canhoto

Novas informações vão surgindo na sequência. Se Q é destro e falou a verdade, então P é canhoto.

Afirmações	Verdade/Mentira	Logo:
P diz ser destro	Canhoto (mentira)	
Q diz que P é canhoto	Destro (verdade)	P é canhoto
R diz que Q é canhoto	Canhoto (mentira)	Q é destro
S diz que Q é destro		
T diz que R é canhoto	Destro (verdade)	R de fato é canhoto

Finalmente, P mentiu e S disse a verdade.

Afirmações	Verdade/Mentira	Logo:
P diz ser destro	Canhoto (mentira)	P é canhoto
Q diz que P é canhoto	Destro (verdade)	P é canhoto
R diz que Q é canhoto	Canhoto (mentira)	Q é destro

Afirmações	Verdade/Mentira	Logo:
S diz que Q é destro	Destro (verdade)	Q é destro
T diz que R é canhoto	Destro (verdade)	R de fato é canhoto

Nenhuma contradição encontrada e são destros Q, S e T.

Resposta: Os canhotos são P e R.

Gabarito: D

QUESTÃO RÁPIDA

116. ***(FCC – TRT (RO e AC) 14ª Região – Analista Judiciário Oficial de Justiça Avaliador Federal – 2016)*** *Aldo, Daniel e Eduardo são três amigos. Dois deles têm 66 anos, e sempre mentem. O outro deles tem 48 anos e sempre diz a verdade. Se Aldo disse "– A idade de Daniel não é 66 anos", então, é correto afirmar que*

(A) *Eduardo e Daniel dizem a verdade.*

(B) *Aldo e Eduardo mentem.*

(C) *Eduardo tem 48 anos.*

(D) *Aldo diz a verdade.*

(E) *Aldo tem 48 anos.*

▶ **Comentários**

Dois amigos entre os três mentem, implica em formular hipóteses.

Sabendo o que Aldo declara:

- *A idade de Daniel não é 66 anos.*

Vamos supor que Aldo tem 48 anos e disse a verdade.

48 anos	Verdade	Aldo	*"A idade de Daniel não é 66 anos."*
66 anos	Mentira	Daniel	?
66 anos	Mentira	Eduardo	

Se Aldo disse a verdade, Daniel não tem 66 anos, logo, a hipótese formulada não se sustenta, pois Daniel também teria 48 anos.

Vejamos a situação na qual Aldo tem 66 anos e mente.

48 anos	Verdade		
66 anos	Mentira	Aldo	*"A idade de Daniel não é 66 anos."*
66 anos	Mentira		

Lembre-se, neste caso a informação de Aldo é mentira, logo, Daniel tem sim 66 anos. Consequentemente, Eduardo tem 48.

48 anos	Verdade	Eduardo	
66 anos	Mentira	Aldo	*"A idade de Daniel não é 66 anos."*
66 anos	Mentira	Daniel	

Resposta: Eduardo tem 48 anos de idade.

Gabarito: C

QUESTÃO RÁPIDA

117. *(FCC – TRT (RS) 4ª Região – Técnico Judiciário Área Administrativa – 2015)* *Há um diamante dentro de uma das três caixas fechadas e de cores diferentes (azul, branca, cinza). A etiqueta da caixa azul diz "o diamante não está aqui", a da caixa branca diz "o diamante não está na caixa cinza", e a da caixa cinza diz "o diamante está aqui". Se apenas uma das etiquetas diz a verdade, então, a caixa em que está o diamante e a caixa com a etiqueta que diz a verdade são, respectivamente,*

(A) *cinza e cinza.*

(B) *cinza e azul.*

(C) *azul e branca.*

(D) *azul e cinza.*

(E) *branca e azul.*

▶ Comentários

Informações gerais:

- São 3 caixas nas cores azul, branca e cinza.
- Há um diamante em apenas uma caixa.
- Apenas uma caixa tem informação verdadeira.

Informações consignadas em cada caixa:

Caixas	Mensagem	Hipótese 1	Hipótese 2	Hipótese 3
Azul	*"o diamante não está aqui"*	Verdade		
Branca	*"o diamante não está na caixa cinza"*		Verdade	
Cinza	*"o diamante está aqui"*			Verdade

Poderíamos testar cada uma das três hipóteses conforme quadro anterior, mas, como sabemos, em questões de verdade e mentira, uma ação importante é verificar as contradições entre as mensagens.

Observe as duas últimas mensagens, uma diz que o diamante não está na caixa cinza e a outra diz que sim, está lá. Logo, Uma é verdadeira e a outra é mentirosa. Com isso fica descartada a hipótese 1.

Se apenas uma mensagem é verdadeira e está entre as caixas branca e cinza, é certo que a caixa azul também traz uma informação mentirosa, logo, contrário do que lá está escrito, o diamante está na caixa azul.

Ou seja, as informações das caixas branca e cinza são, respectivamente, verdadeira e falsa.

Caixas	Mensagem	Hipótese 2	Conclusão
Azul	*"o diamante não está aqui"*	Mentira	O diamante está aqui
Branca	*"o diamante não está na caixa cinza"*	Verdade	O diamante não está na caixa cinza
Cinza	*"o diamante está aqui"*	Mentira	O diamante não está aqui

Mesmo fazendo as negações das informações mentirosas não encontramos nenhuma inconsistência.

Resposta: A caixa em que está o diamante e a caixa com a etiqueta que diz a verdade são, respectivamente, azul e branca.

Gabarito: C

1.8. Lógica Sequencial

As questões de sequências lógicas são um bom exemplo de critério de avaliação que visa melhorar o desempenho em geral e o desempenho em específico do candidato a uma vaga para o funcionalismo público.

É isso mesmo, a íntegra deste item está focada na análise e interpretação de diferentes situações para as quais existe a necessidade de identificação da lógica empregada, sem que para isso sigamos uma única regra que a defina. A sistemática é diferente da que foi orientada na lógica proposicional, para equivalência e negação de proposições que é seguir exatamente a regra, passo a passo.

Reforçando ainda mais o potencial do item, vale destacar a quantidade de testes psicotécnicos que envolvem os problemas de sequências, sejam em clínicas especializadas ou mesmo para a seleção e contratação de funcionários nas empresas em geral. Nestes casos, a análise é mais aprofundada que a nossa, porque se aqui cuidamos de como resolver e acertar a questão, lá existe a análise de habilidades específicas e características da personalidade do indivíduo, o que requer o conhecimento de profissionais da área de psicologia.

Ficamos, dessa forma, restritos a nossa realidade e objetivo: Resolver correta e rapidamente as questões de provas de concursos públicos.

1.8.1. Raciocínio sequencial

Esta é a oportunidade de aplicar a sua capacidade de olhar para um conjunto de termos e, dessa observação, por meio da sua percepção e, por vezes aliada ao conhecimento das operações básicas de matemática, identificar uma regra de formação de determinada sequência.

A verdade é que sempre haverá espaço para aprimorar a sua capacidade de identificar o padrão de formação das sequências lógicas. Para isso, nada melhor que treinar. Veja as orientações ao longo deste item e resolva muitas questões.

Sequências

As sequências formuladas para questões de concursos estão, na sua maior parte, relacionadas a números. Mesmo aquelas que utilizam figuras, acabam, em algum momento, valendo-se de operações matemáticas.

O seu objetivo é identificar a lógica empregada no trecho da sequência e, a partir dela, identificar os elementos seguintes e suas posições.

Reafirmamos que o uso de operações matemáticas básicas é muito empregado, portanto, na sua análise para definir a lógica da sequência, faça comparações com os elementos agrupando-os dois a dois ou três a três; verifique a relação do primeiro com o último elemento da sequência; preste atenção nas somas ou diferenças entre elementos, investigue se existe uma constante que multiplica ou divide cada elemento; verifique se a sequência é crescente ou decrescente.

Pois bem, isso é o que podemos deixar de indicativos para facilitar seu trabalho, entretanto, a dica principal para este tipo de questão é:

"Evite a perda de tempo"

A análise inicial para identificação da lógica que define a sequência deve ser feita de forma rápida, não mais do que um minuto. Identificou a lógica, OK, siga em frente e resolva a questão. Não identificou, então pule para a próxima questão e retorne à esta depois de responder as demais questões. Ou seja, elabore sua estratégia para resolver a prova com eficiência.

O grau de dificuldade deste tipo de questão vai depender da criatividade do examinador que a elaborou. Encontraremos questões fáceis e de nível intermediário, nada muito difícil. Vale ressaltar que, dada a quantidade de questões a seguir, é certo que a cobrança, em provas recentes, é uma realidade.

QUESTÃO PASSO A PASSO

118. ***(Vunesp – TRF 3ª Região – Analista Judiciário Contadoria – 2024)*** *Uma senha de seis dígitos, todos numéricos, corresponde ao 10º elemento da seguinte sequência numérica:*

2, 11, 47, 191, 767, 3 071, ...

Considerando-se que a senha seja mpqxyz, em que m, p, q, x, y, z representam os algarismos dessa senha, o número que representa y é

(A) 5.
(B) 7.
(C) 9.
(D) 3.
(E) 1.

▶ **Comentários**

Sem a identificação do 10º elemento da sequência não há conteúdo para trabalhar as letras que correspondem aos números da senha de seis dígitos, logo, foco na sequência.

Sabemos que:

Sequência	*2, 11, 47, 191, 767, 3 071,...*

A primeira impressão é de uma progressão geométrica face ao aumento dos valores aparentemente exponencial. O que não se sustenta, pois a razão (divisão de um elemento pelo imediatamente anterior) não é constante.

Uma segunda tentativa de identificação do padrão que rege a sequência é verificar a diferença entre os elementos.

Diferenças	11 – 2 = 9 47 – 11 = 36 191 – 47 = 144 767 – 191 = 576 3071 – 767 = 2304

As diferenças são múltiplos de 9.

Múltiplos de 9	9 . 1 = 9 9 . 4 = 36 9 . 16 = 144 9 . 64 = 576 9 . 256 = 2304

Encontramos outra sequência, esta sim uma progressão geométrica: 1, 4, 16, 64, 256...

Portanto, segue a sequência conjuntamente com o padrão de formação.

Padrão de formação da sequência	1º elemento	2
	2º elemento	2 + (9 . 1) = 11
	3º elemento	11 + (9 . 4) = 47
	4º elemento	47 + (9 . 16) = 191
	5º elemento	191 + (9 . 64) = 767
	6º elemento	767 + (9 . 256) = 3071

Com um pouco de paciência e atenção aos cálculos, seguimos até o 10º elemento.

Padrão de formação da sequência	7º elemento 8º elemento 9º elemento 10º elemento	3071 + (9 . 1024) = 12287 12287 + (9 . 4096) = 49151 49151 + (9 . 16384) = 196607 196607 + (9 . 65536) = 786431

Senha conhecida, faremos a correspondência com as letras.

Considerando-se que a senha seja mpqxyz, em que m, p, q, x, y, z representam os algarismos dessa senha	m = 7 p = 8 q = 6 x = 4 y = 3 z = 1

O examinador exagerou na cobrança de cálculos, talvez por ser cargo específico (contadoria).

Resposta: O número 3 representa a letra y.

Gabarito: D

QUESTÃO PASSO A PASSO

119. ***(Vunesp – TJ (SP Capital) – Escrevente Técnico Judiciário – 2023)*** *A sequência a seguir foi criada com um padrão lógico: 1, 3, 9, 13, 25, 31, 49, 57, ... Nessa sequência, a diferença entre o menor termo maior que 1000 e o maior termo menor que 1000 é*

(A) 119.

(B) 108.

(C) 87.

(D) 96.

(E) 128.

► Comentários

Vamos detalhar a resolução da questão, o que pode parecer um pouco longo, porém, não se assustem, grande parte do que segue é a reprodução de diferentes maneiras pensar, os vários caminhos para chegarmos à solução e, obviamente, pensar é bem mais rápido que a mensagem escrita.

Não sairemos do lugar enquanto não identificarmos o padrão lógico da sequência apresentada.

Sequência	1, 3, 9, 13, 25, 31, 49, 57, ...

Visualmente, percebemos tratar-se de uma sequência crescente na qual, aparentemente, as diferenças entre os elementos vão aumentando. Nada mais que isso.

Uma sugestão, verificar as diferenças entre os elementos.

Sequência	2 4 6 8 **1 3 9 13 25 31 49 57** 6 12 18

Mesmo não estando totalmente claro, alguma lógica existe nas diferenças intercaladas. Aquelas apontadas na parte superior acrescem duas unidades a cada diferença e, na parte inferior, seis unidades a cada diferença. Pois bem, um bom indicativo são as posições alternadas (posições ímpares e posições pares).

Posições ímpares	1 9 25 49...	A prática matemática é uma boa aliada, a sequência são quadrados perfeitos

Cada um dos valores acima é o quadrado perfeito da posição que ocupa na sequência:

- Posição 1 = 1^2 = 1
- Posição 3 = 3^2 = 9
- Posição 5 = 5^2 = 25
- Posição 7 = 7^2 = 49

Posições pares	3 13 31 57...	Elemento imediatamente anterior mais o valor da posição que ocupa.

Novamente vale a posição que ocupa cada elemento, no caso, o somatório com o elemento anterior:

- Posição 2 = 2 + 1 = 3
- Posição 4 = 4 + 9 = 13
- Posição 6 = 6 + 25 = 31
- Posição 8 = 8 + 49 = 57

Não há necessidade de montar toda a sequência até o valor 1000, mas sim, há necessidade de identificar os valores anterior e posterior a ele. E como fazer isso?

A resposta é utilizar menos matemática e mais aleatoriedade com um mínimo de critério.

Uma vez que os elementos das posições pares dependem dos elementos das posições ímpares, o caminho é nos valermos dos quadrados perfeitos. E veja que não é tão difícil se fizermos algumas projeções com números redondos.

- Posição 20 = 20^2 = 400
- Posição 30 = 30^2 = 900
- Posição 35 = 35^2 = 1225

Estamos chegando perto, 1000 está entre as posições 30 e 35. Vale recordar que a regra vale para as posições ímpares, logo, faz parte da sequência as posições 31 e 33.

- Posição 31 = 31^2 = 961

Parece que encontramos uma posição de interesse cuja confirmação teremos ao encontrar o elemento da posição 32 (somatório do valor da posição com o elemento imediatamente anterior).

- Posição 32 = 32 + 961 = 993

Concluímos que um dos elementos que nos interessa está na posição 32 e não na anterior, logo, precisamos do valor da posição 33.

- Posição 33 = 31^2 = 1089

A sequência, desconsiderando valores intermediários segue abaixo.

Sequência	1, 3, 9, 13, 25, 31, 49, 57, ..., 961, 993, 1089, ...

Precisamos da diferença entre o primeiro valor maior que 1000 e o primeiro menor que 1000.

Diferença	1089 – 993 = 96

Resposta: A diferença entre o menor termo maior que 1000 e o maior termo menor que 1000 é igual a 96.

Gabarito: D

QUESTÃO RÁPIDA

120. ***(Vunesp – TJ (SP) – Escrevente Técnico Judiciário – 2023)*** *A seguir estão desenhadas as oito primeiras figuras de uma sequência ilimitada com um padrão lógico.*

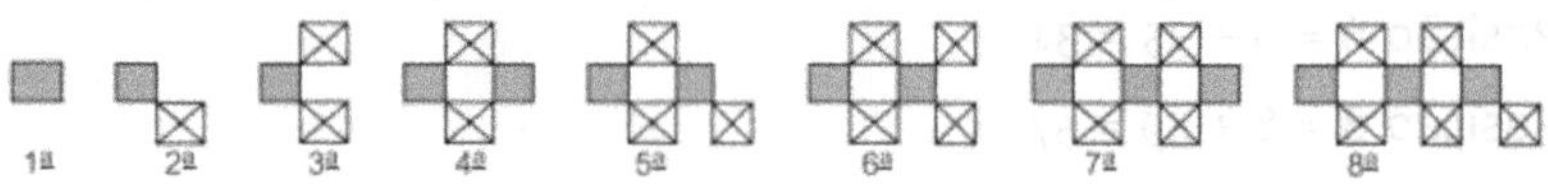

Na 34ª figura dessa sequência, a diferença entre o número de quadriláteros que tem as diagonais traçadas e o número de quadriláteros sombreados é igual a

(A) 9.

(B) 13.

(C) 10.

(D) 12.

(E) 11.

▶ Comentários

A visão geral da sequência mostra que o total de quadriláteros (com diagonais e sombreados) é igual ao valor da posição que ocupa.

Desenhar a figura com 36 quadriláteros, apesar de possível, é trabalhoso. Então, que tal observarmos somente os quadriláteros só com diagonais ou somente os sombreados?

Quadriláteros sombreados.

Posição	1	2	3	4	5	6	7	8
Quantidade de quadriláteros	1	1	1	2	2	2	3	3

Quadriláteros com diagonais.

Posição	1	2	3	4	5	6	7	8
Quantidade de quadriláteros	0	1	2	2	3	4	4	5

Entre as opções, a primeira é mais fácil trabalhar para chegar na posição 36 (múltiplos de 3 dividido por 3), inclusive, as duas posições anteriores tem a mesma quantidade de quadriláteros sombreados.

Em outras palavras, a cada três posições aumenta uma unidade na quantidade de quadriláteros sombreados.

Posição	7	8	9	...	34	35	36
Quantidade de quadriláteros	3	3	3		12	12	12

Considerando que a figura da posição 34 tem este mesmo número de quadriláteros (com diagonais e sombreados) e desses, 12 são sombreados, os outros 22 são os com diagonais.

Resposta: Na 34ª figura, a diferença entre o número de quadriláteros que tem as diagonais e o número dos sombreados é igual a 10 (22 – 12 = 10).

Gabarito: C

QUESTÃO PASSO A PASSO

121. ***(Vunesp – TJ (SP Capital) – Escrevente Técnico Judiciário – 2023)*** *Estão, a seguir, as 14 primeiras figuras de uma sequência figural ilimitada, criada com um padrão lógico.*

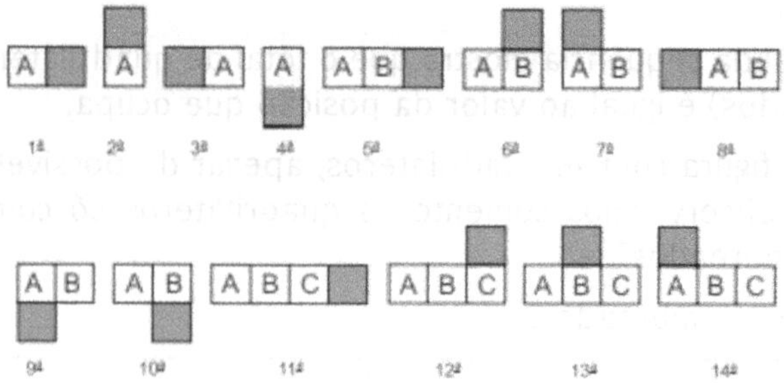

A figura a seguir ocupa a posição:

(A) 100ª
(B) 103ª
(C) 102ª
(D) 99ª
(E) 101ª

▶ Comentários

Para ser considerada uma sequência lógica há necessidade de atender dois termos:

- Primeiro: dar continuidade a algo que se iniciou, em outras palavras, uma fila;
- Segundo: existir a lógica, ou seja, um padrão que se repete na continuidade da sequência.

São duas etapas importantes para resolver a maioria das questões sobre sequências lógicas, identificar o padrão e, a partir deste padrão, identificar novos termos da continuidade da sequência ou parte da mesma sequência muitas posições à frente.

- **Identificar o padrão da sequência lógica.**

Para esta primeira etapa, observar a sequência como um todo vai proporcionar direcionamento para a resolução. Por exemplo, veja as primeiras constatações acerca da sequência dada na questão.

Posições 1 a 4	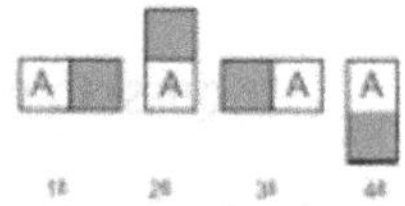

Posições 5 a 10	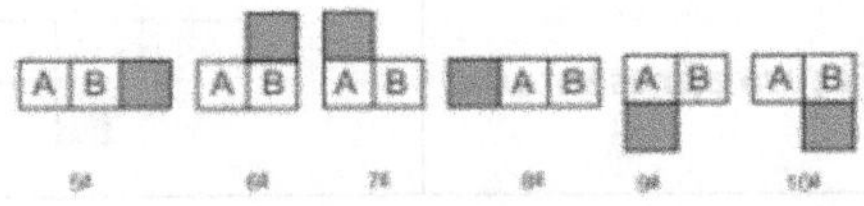
Posições 11 a 14	

O olhar um pouco mais atendo revela o padrão lógico empregado, quadrados com as letras do alfabeto com outros quadrados sombreados que circundam por cada uma dos lados daqueles quadrados com letras do alfabeto.

Ainda, é possível a divisão em grupos e, a cada novo grupo, o acréscimo de nova letra do alfabeto.

Observe o complemento do terceiro grupo.

Primeiro Grupo Posições 1 a 4	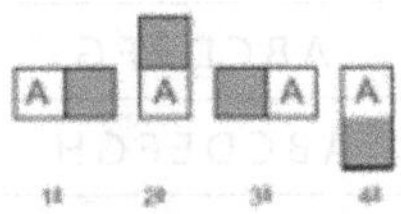
Segundo Grupo Posições 5 a 10	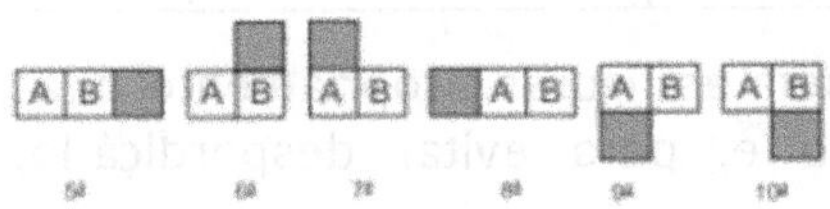
Terceiro Grupo Posições 11 a 18	

O quadrado sombreado faz um movimento anti-horário passando por todas os lados dos quadrados centrais (com letras) sempre iniciando na lateral direita da última letra.

Além do padrão, atenção à quantidade de figuras em cada grupo: no primeiro grupo são 4 figuras, no segundo grupo são 6 figuras e no terceiro grupo, 8 figuras.

A primeira etapa, identificar o padrão lógico de construção da sequência não foi difícil, então seguimos com a próxima etapa.

- **Identificar posição específica à frete na sequência.**

A figura a seguir faz parte da sequência e nosso trabalho é conhecer qual a posição que ocupa.

Figura apresentada	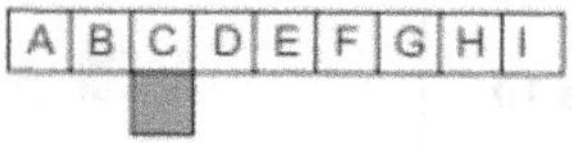

Podemos pular direto para o grupo que contém as letras do alfabeto de A a I.

Grupos	Letras	Nº de figuras	Posições
1º Grupo	A	4	1 a 4
2º Grupo	A B	6	5 a 10
3º Grupo	A B C	8	11 a 18
4º Grupo	A B C D	10	19 a 28
5º Grupo	A B C D E	12	29 a 40
6º Grupo	A B C D E F	14	41 a 54
7º Grupo	A B C D E F G	16	55 a 70
8º Grupo	A B C D E F G H	18	71 a 88
9º Grupo	A B C D E F G H I	20	89 a 108

Mesmo sem as figuras propriamente ditas, esse passo a passo demanda algum tempo e, para evitar desperdiçá-lo, podemos utilizar o seguinte raciocínio:

	Letras	Nº de figuras	Posições
1º	A	4	
2º	B	6	
3º	C	8	
4º	D	10	
5º	E	12	
6º	F	14	
7º	G	16	
8º	H	18	
Subtotal		88	
9º	I	20	89 a 108

Sem muita equação matemática para pular direto para as posições do 9º grupo de figuras, veja como conseguimos abreviar o tempo gasto com a resolução utilizando as informações e uma soma simples de quantidades de figuras.

Agora, de posse da figura e com o auxílio dela, chegamos à posição que ela ocupa.

Figura apresentada	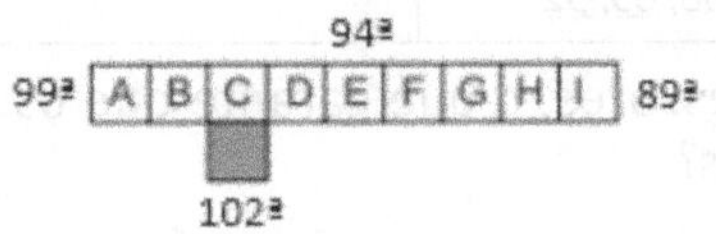

A posição inicial do quadrado sombreado fica à direita da letra "I" e corresponde à posição 89 da sequência. Seguindo no sentido anti-horário, vamos contando cada lateral das letras até a lateral inferior da letra "C", ou seja, posição 102.

Resposta: A figura apresentada no enunciado ocupa a posição 102.

Gabarito: C

QUESTÃO RÁPIDA

122. ***(Vunesp – TJ (SP) – Escrevente Técnico Judiciário – 2023)*** *A sequência a seguir é ilimitada e foi criada com um padrão lógico: 20, 5, 4, 40, 10, 8, 60, 15, 12, 80, 20, 16, ..., 180, _K_, _L_, ..., 260, _M_, _N_, ... O valor de K + L + M + N é*

(A) 192.

(B) 202.

(C) 186.

(D) 198.

(E) 208.

▶ **Comentários**

Vamos olhar atentamente sobre a sequência.

20, 5, 4, 40, 10, 8, 60, 15, 12, 80, 20, 16, ..., 180, _K_, _L_, ..., 260, _M_, _N_	A primeira parte da sequência, somente números, revela grupos de três termos decrescentes.

Feita a observação acima, passamos à análise do detalhe.

20 5 4 40 10 8 60 15 12 80 20 16	• Primeira coluna aumenta 20 unidades (20, 40, 60, 80). • Segunda coluna aumenta 5 unidades (5, 10, 15, 20). • Terceira coluna aumenta 4 unidades (4, 8, 12, 16). • Segunda coluna igual a 25% da primeira (20, 5). • Terceira coluna igual a 20% da primeira (20, 4). • Terceira coluna igual a 80% da segunda (5, 4).

Apesar das várias relações entre os termos da sequência, bastam dois deles para completar a sequência.

180, _K_, _L_ 260, _M_, _N_	• Segunda coluna igual a 25% da primeira (20, 5). • Terceira coluna igual a 20% da primeira (20, 4).
180, 45, 36 260, 65, 52	

Mas, professores, o que garante que os termos 180 e 260 iniciam os grupos de três termos?

Realmente, essa certeza não teríamos se não fossem as alternativas. Caso esses termos ocupassem a segunda ou a terceira posição dos grupos, o somatório dos valores de K até N seria maior do que qualquer uma das alternativas.

Somatório (S)	S = K + L + M + N S = 45 + 36 + 65 + 52 S = 198

Resposta: O somatório K + L + M + N é igual a 198.

Gabarito: D

QUESTÃO RÁPIDA

123. ***(Vunesp – TJ (SP Capital) – Escrevente Técnico Judiciário – 2023)*** *Considere duas sequências, A e B, cada uma criada com o próprio padrão lógico. Na sequência A, o primeiro termo apresentado é o 1, e o último termo é o 97.*

A = (1, 2, 4, 7, 9, 10, 12, 15, 17, 18, 20, 23, 25, ..., 97)

Na sequência B, o primeiro termo apresentado é o 100, e o último termo é o 4.

B = (100, 97, 95, 94, 92, 89, 87, 86, 84, 81, 79, 78, 76, ..., 4)

Observe os exemplos a seguir. A diferença, em valor absoluto, entre os números do par formado pelos primeiros termos de cada sequência, o 1 e o 100, é igual a 99 (100 – 1). A diferença, em valor absoluto, entre os números do par formado pelos sétimos termos de cada sequência, o 12 e o 87, é igual a 75 (87 – 12). O par de termos de cada sequência que, pareados conforme os exemplos anteriores, apresenta a menor diferença absoluta entre seus termos está localizado na posição

(A) 24.

(B) 25.

(C) 23.

(D) 27.

(E) 26.

▶ Comentários

Esta questão é fácil, apenas vai exigir paciência para completar as sequências até as posições apresentadas nas alternativas e testar qual delas tem menor diferença absoluta.

Vamos apresentar duas maneiras diferente de resoluções.

- **Continuar as sequências até a posição 27.**

Sequência A **Padrão: +1, +2, +3, +2**	1, 2, 4, 7, 9, 10, 12, 15, 17, 18, 20, 23, 25, 26, 28, 31, 33, 34, 36, 39, 41, 42, **44, 47, 49, 50, 52**, ...
Sequência B **Padrão: -3, -2, -1, -2**	100, 97, 95, 94, 92, 89, 87, 86, 84, 81, 79, 78, 76, 73, 71, 70, 68, 65, 63, 62, 60, 57, **55, 54, 52, 49, 47**, ...

Verificar as diferenças das posições apontadas nas alternativas.

Posição 23	Posição 24	Posição 25	Posição 26	Posição 27
55 – 44 = 11	54 – 47 = 7	52 – 49 = 3	50 – 49 = 1	52 – 47 = 5

Lembre-se que os valores são absolutos, por isso o ajuste de posição do minuendo e subtraendo (termos da subtração) para que os resultados fossem todos positivos.

- **Considerar o padrão das diferenças dos pares de termos.**

Posição 1	100 – 1 = 99	As diferenças diminuem 4 unidades a cada par de termos.
Posição 2	97 – 2 = 95	
Posição 3	95 – 4 = 91	
Posição 4	94 – 7 = 87	

Podemos pular 10 pares e a diferença diminuirá 40 unidades.

Posição 14	87 – 40 = 47	Considerar apenas as posições e as diferenças.
Posição 24	47 – 40 = 7	

Agora voltamos para as posições de pares de termos um a um.

Posição 25	7 – 4 = 3	Lembre-se, valores absolutos.
Posição 26	3 – 4 = -1	
Posição 27	-1 – (-4) = -5	

Resposta: O par de termos que apresenta a menor diferença absoluta entre seus termos está localizado na posição 26.

Gabarito: E

QUESTÃO RÁPIDA

124. *(FCC – TRT (GO) 18ª Região – Analista Judiciário Área Administrativa– 2023)* *Dora começa a ler um livro de 174 páginas em um domingo. Ela lê 5 páginas por dia exceto aos domingos, quando lê 16 páginas. Para terminar a leitura do livro, que foi feita em dias consecutivos, Dora precisou exatamente de*

(A) *4 sextas-feiras.*

(B) *5 segundas-feiras.*

(C) *3 quintas-feiras.*

(D) *3 sábados.*

(E) *5 domingos.*

▶ Comentários

O que temos é uma sequência com ciclos de uma semana.

- Domingo = 16 páginas
- Segunda a sábado = 30 páginas (5 por dia)

Dora lê 46 páginas por semana.

Ao dividir o total de páginas do livro, 174, por quantidade semanal, 46, encontramos resultado (quociente) igual a 3 e resto igual a 36. Significa que a leitura foi feita em 3 semanas completas e restaram 36 páginas para leitura na quarta semana.

Dom	Seg	Ter	Qua	Qui	Sex	Sab
16	5	5	5	5		

A leitura deu-se em:

- Domingo, segunda, terça, quarta e quinta = 4 dias de cada.
- Sexta e sábado = 3 dias de cada.

Resposta: Para terminar a leitura do livro, Dora precisou exatamente de 3 sábados.

Gabarito: D

QUESTÃO RÁPIDA

125. *(FCC – TRT (RO e AC) 14ª Região – Técnico Judiciário Área Administrativa – 2022)* *A sequência mista 4, 8, 7, 5, 10, 9, 13, 6, 16, 10, 19, 7, ... contém os elementos de duas sequências, sendo uma delas formada pelos elementos que ocupam as posições ímpares e a outra pelos elementos das posições pares. Nessa sequência mista, subtraindo seu 100º elemento de seu 99º elemento, obtemos*

(A) 115.

(B) 125.

(C) 119.

(D) 122.

(E) 118.

▶ **Comentários**

Temos uma dica, são duas sequências.

Posições ímpares	4 7 10 13 16 19 ...	+3 a cada elemento
Posições pares	8 5 9 6 10 7 ...	-3, +4 a cada par de elementos

Para as posições ímpares, veja como descobrir o elemento da posição 50, que corresponde à posição 99 da sequência inicial.

Sequência ímpares	Padrão	Sequência inicial
Posição 1	1 . 3 + 1 = 4	Posição 1
Posição 2	2 . 3 + 1 = 7	Posição 3
Posição 3	3 . 3 + 1 = 10	Posição 5
Posição 4	4 . 3 + 1 = 13	Posição 7
Posição 5	5 . 3 + 1 = 16	Posição 9
Posição 50	50 . 3 + 1 = 151	Posição 99

Vale destacar que precisamos da posição 50 de ambas as sequências para chegar às posições 99 e 100 da sequência inicial.

Caso tenha ficado com dúvidas sobre qual posição ímpar corresponde a posição 99 da sequência inicial, basta dividir este por dois e arredondar para cima (99 / 2 = 49,5 ou, arredondando 50).

A relação entre a sequência de posições pares e a sequência inicial também aplicamos a divisão por 2 (100 / 2 = 50).

Sequência pares	Padrão	Sequência inicial
Posição 1	8	Posição 2
Posição 2	5	Posição 4
Posição 3	9	Posição 6
Posição 4	6	Posição 8
Posição 5	10	Posição 10
Posição 6	7	Posição 12
Posição 50		Posição 100

A sequência de posições pares novamente divide-se em duas: "8, 9, 10" e "5, 6, 7". Ambas aumenta uma unidade a cada termo.

Uma vez que precisamos da posição 100 da sequência inicial, portanto a posição 50 da sequência de posições pares, então, nosso interesse é pela nova sequência "5, 6, 7" (posições pares da sequência par), ou seja, agora uma nova sequência com 25 posições.

Sendo 25 posições e a cada uma delas o acréscimo de uma unidade, somamos ao valor 3 mais 22 unidades porque restam outras 22 posições a frente.

Sequência pares	Padrão	Sequência inicial
Posição 2	5	Posição 4
Posição 4	6	Posição 8
Posição 6	7	Posição 12
Posição 50	7 + 22 = 29	Posição 100

Resposta: Na sequência mista (inicial), subtraindo seu 100º elemento (igual a 151) de seu 99º elemento (igual a 29), obtemos: 151 -29 = 122.

Gabarito: D

QUESTÃO PASSO A PASSO

126. ***(IBFC – TJ (MG) – Analista Judiciário – 2022)*** *Abaixo temos uma sequência lógica de números naturais. Dessa forma, o próximo número dessa sequência que segue a essa lógica 1, 7, 25, 79, ... corresponde a:*

(A) 108

(B) 241

(C) 257

(D) 571

(E) 342

▶ Comentários

A questão vai direto ao ponto, apresenta uma sequência lógica e solicita o próximo número que dá continuidade a ela.

É certo que em algumas questões de sequências, uma simples visão geral dos termos apresentados é suficientes para entender a lógica que determina a constância entre os elementos. Não é este o caso, então, vamos raciocinar sobre os números conhecidos.

Uma primeira opção é fazer operações básicas da matemática com os termos da sequência, por exemplo, a diferença entre um termo e o imediatamente anterior.

Sequência	Diferenças
1, 7, 25, 79	7 – 1 = 6 25 – 7 = 18 79 – 25 = 54

Parece que tivemos sucesso em nossa primeira tentativa quando observamos as diferenças acima.

Cada nova diferença é o produto da anterior por 3, ou seja, a próxima diferença é igual a 162 (produto de 54 por 3).

O próximo número (X) da sequência menos o anterior (79) é igual a 162.	X – 79 = 162 X = 162 + 79 X = 241

Para confirmar, veja como fica a sequência.

Sequência	Diferenças
1, 7, 25, 79, 241	7 – 1 = 6 25 – 7 = 18 79 – 25 = 54 241 – 79 = 162

Resposta: O próximo número da sequência é igual a 241.

Gabarito: B

QUESTÃO RÁPIDA

127. ***(IBFC – TJ (MG) – Oficial Judiciário Assistente Técnico de Controle Financeiro – 2022)*** *Os números a seguir apresentam uma sequência lógica. Dessa forma, o próximo número dessa sequência que segue essa lógica é igual a: 2, 8, 12, 48, 52, 208, 212, ...*

(A) 848

(B) 216

(C) 424

(D) 636

(E) 512

▶ Comentários

Duas operações matemáticas, multiplicação e soma, definem a lógica da sequência.

Sequência	Lógica
2, 8, 12, 48, 52, 208, 212, ...	2 . 4 = 8 8 + 4 = 12 12 . 4 = 48 48 + 4 = 52 52 . 4 = 208 208 + 4 = 212

Mantendo a lógica, o próximo número é o produto do último termo (212) por 4.

Resposta: O próximo número dessa sequência é igual a 848.

Gabarito: A

QUESTÃO RÁPIDA

128. ***(FGV – TJ (RO) – Técnico Judiciário – 2021)*** *Observe a sequência de figuras a seguir.*

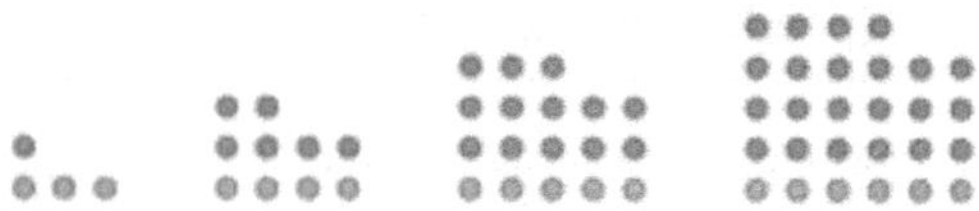

Fig 1 Fig 2 Fig 3 Fig 4

Mantendo o padrão apresentado nas figuras acima, o número de bolinhas da figura 15 é:

(A) 238;

(B) 244;

(C) 258;

(D) 270;

(E) 304.

▶ Comentários

Partindo do número da figura, cada uma delas tem uma linha a mais de bolinhas azuis e duas colunas a mais. Daí, a quantidade de bolinhas será o produto do número de linhas pelo número de colunas e, claro, subtraindo duas unidades.

Sequência	Lógica
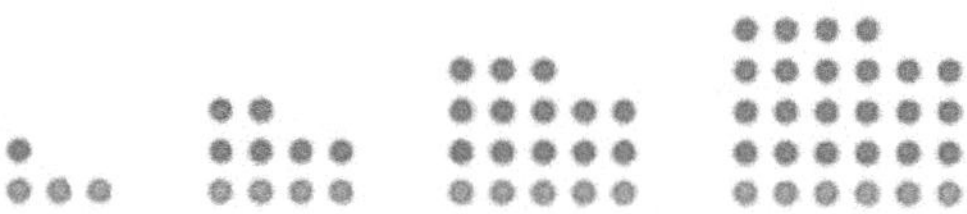 Fig 1 Fig 2 Fig 3 Fig 4	Fig. 1 = 2 . 3 – 2 = 4 Fig. 2 = 3 . 4 – 2 = 10 Fig. 3 = 4 . 5 – 2 = 18 Fig. 4 = 5 . 6 – 2 = 28 **Fig. 15 = 16 . 17 – 2 = 270**

Resposta: Mantendo o padrão apresentado nas figuras, o número de bolinhas da figura 15 é igual a 270.

Gabarito: D

QUESTÃO RÁPIDA

129. ***(FCC – TJ (SC) – Técnico Judiciário Auxiliar – 2021)*** *Observe, abaixo, os três triângulos formados por 7 palitos de fósforo. Lúcia quer construir uma faixa horizontal de 120 triângulos, seguindo a mesma regra de construção da figura.*

O número de palitos que Lúcia precisará para isso é

(A) 239.

(B) 238.

(C) 242.

(D) 240.

(E) 241.

► Comentários

A forma com que o examinador descreve o problema nos leva a pensar em proporção e, entretanto, se você embarcar nessa, vai errar a questão. Veja:

Proporção	Multiplicação Cruzada
3 7 120 → X	3X = 120 . 7 X = (120 . 7) / 3 X = 280

Felizmente não tem alternativa com essa resposta.

Isso acontece porque a proporção foi influenciada pelo primeiro triângulo que precisa de 3 palitos, os demais precisam de apenas 2.

Logo, uma equação matemática possível é:

Triângulos	Equação Matemática
1º = 3 palitos Do 2º ao 120º = 2 palitos cada	X = 3 + (2 . 119) X = 3 + 238 X = 241

Resposta: O número de palitos que Lúcia precisará para os 120 triângulos é igual a 241.

Gabarito: E

QUESTÃO RÁPIDA

130. ***(Vunesp – TJ (SP Capital) – Escrevente Técnico Judiciário – 2021)*** *Na sequência a seguir (45, 41, 42, 38, 40, 36, 39, 35, 39, 35, 40, 36, 42, 38, 45, 41, 49, ...), a soma entre o elemento da posição 21 e o elemento da posição 26 é igual a*

(A) 129.

(B) 134.

(C) 138.

(D) 143.

(E) 131.

▶ Comentários

Outras daquelas sequências para as quais precisamos fazer algumas operações matemáticas com o objetivo de identificar o padrão lógico.

Vejamos as diferenças entre cada elemento e o imediatamente posterior.

Sequência	Lógica
45, 41, 42, 38, 40, 36, 39, 35, 39, 35, 40, 36, 42, 38, 45, 41, 49, ...	45 – 41 = 4 41 – 42 = -1 42 – 38 = 4 38 – 40 = -2 40 – 36 = 4 36 – 39 = -3

As diferenças em relação aos primeiros termos são suficientes para entender a lógica: Alternadamente, 4 unidades e, entre estas, diferenças negativas, -1, -2, -3, -4, ...

Uma vez que precisamos de termos razoavelmente próximos, posições 21 e 26, mais fácil é dar continuidade à sequência.

Lógica	Continuidade da Sequência
45 – 41 = 4	Posição 18: 49 – 4 = 45
41 – 42 = -1	Posição 19: 45 + 9 = 54
42 – 38 = 4	Posição 20: 54 – 4 = 50
38 – 40 = -2	**Posição 21: 50 + 10 = 60**
40 – 36 = 4	Posição 22: 60 – 4 = 56
36 – 39 = -3	Posição 23: 56 + 11 = 67
...	Posição 24: 67 – 4 = 63
45 – 41 = 4	Posição 25: 63 + 12 = 75
41 – 49 = -8	**Posição 26: 75 – 4 = 71**

Observe que já trabalhamos anteriormente com diferenças, por isso, para a continuidade da sequência, invertemos os sinais.

Resposta: A soma entre o elemento da posição 21 (igual a 60) e o elemento da posição 26 (igual a 71) é igual a 131.

Gabarito: E

QUESTÃO RÁPIDA

131. ***(Vunesp – TJ (SP Capital) – Escrevente Técnico Judiciário – 2021)*** *A sequência a seguir foi criada com um padrão. Os números seguidos por um espaço tracejado são antecedidos por uma vogal, e o número antecedido por um espaço tracejado é seguido por uma vogal.*

1A2E3I4O5U6A7E8I9O10U11A12E ... 35_ ... 41_ ... 59_ ... 67_ ... _70 ... E98I99O100

As letras que ocuparão os espaços tracejados, na ordem em que aparecem, são

(A) UAOEO

(B) UAIEO

(C) EAIUO

(D) UAEIO

(E) AUIEI

▶ Comentários

Iniciamos pela análise da sequência.

Sequência
1A2E3I4O5U 6A7E8I9O10U 11A12E ... 35_ ... 41_ ... 59_ ... 67_ ... _70 ... E98I99O100

Observamos a presença numérica de 1 a 100 acompanhados, cada número, por uma vogal de A a U.

Mantendo a lógica, temos:

Grupos de 5 números e 5 letras	1A2E3I4O5U 6A7E8I9O10U ... 31_32_33_34_**35U** **41A**42_43_44_45 ... 56_57_58_**59O**50

Pronto, já temos uma alternativa compatível.

Resposta: As letras que ocuparão os espaços tracejados, na ordem em que aparecem, são UAOEO.

Gabarito: A

QUESTÃO RÁPIDA

132. ***(Consulplan – TRE (RJ) – Técnico Judiciário Programação de Sistemas – 2017)*** *Os termos de uma determinada sequência foram sucessivamente obtidos seguindo um determinado padrão: (5, 9, 17, 33, 65, 129...) O décimo segundo termo da sequência anterior é um número*

(A) menor que 8.000.

(B) maior que 10.000.

(C) compreendido entre 8.100 e 9.000.

(D) compreendido entre 9.000 e 10.000.

► Comentários

Reconhecer as diferenças entre os termos de uma sequência numérica em muitos casos é revelador.

Sequência	Diferenças
5, 9, 17, 33, 65, 129...	9 - 5 = 4 17 - 9 = 8 33 - 17 = 16 65 - 33 = 32 129 - 65 = 64

Temos uma potenciação crescente com base igual a dois ou, mais fácil, as diferenças dobram a cada termo.

Vamos replicar a lógica até o 12º termo.

Diferenças	Continuidade da sequência
9 - 5 = 4 17 - 9 = 8 33 - 17 = 16 65 - 33 = 32 129 - 65 = 64	Posição 7 = 129 + 128 = 257 Posição 8 = 257 + 256 = 513 Posição 9 = Posição 10 = Posição 11 = Posição 12 =

É perfeitamente possível uma equação matemática para obtermos o termo desejado, mas inviável na correria de uma prova.

Perfeitamente possível é inferir que as potencias de 2 (os números que estamos dobrando) sempre soma com outro número uma unidade maior, logo, bastam os números dobrados.

Diferenças	Continuidade da sequência
9 - 5 = 4 17 - 9 = 8 33 - 17 = 16 65 - 33 = 32 129 - 65 = 64	Posição 7 = 129 + 128 = 257 Posição 8 = 257 + 256 = 513 Posição 9 = 512 Posição 10 = 1024 Posição 11 = 2048 Posição 12 = 4097 + 4096 = 8193

Resposta: O décimo segundo termo da sequência anterior, igual a 8193, está compreendido entre 8.100 e 9.000.

Gabarito: C

QUESTÃO PASSO A PASSO

133. ***(FCC – TRT (SP) 2ª Região – Técnico Judiciário Área Administrativa – 2018)*** *Na sequência (5, 7, 9, 11, 6, 8, 10, 12, 7, 9, 11, 13, 8, 10, 12, 14, 9, 11, 13, 15, 10, 12, 14, 16, 11, . . .), o número 15 aparece pela primeira vez na 20ª posição e aparecerá pela última vez na posição de número*

(A) 44

(B) 41

(C) 43

(D) 42

(E) 40

▶ **Comentários**

A sequência apresenta um elemento com maior discrepância a cada quatro posições e isso chama a atenção. São quatro números em ordem crescente e o seguinte é menor, isso se repete indefinidamente.

A observação nos leva a pensar em grupos de quatro em quatro.

Posições 1 a 4	5, 7, 9, 11
Posições 5 a 8	6, 8, 10, 12
Posições 9 a 12	7, 9, 11, 13
Posições 13 a 16	8, 10, 12, 14
Posições 17 a 20	9, 11, 13, 15
Posições 21 a 24	10, 12, 14, 16
Posição 25	11, ..., ..., ...

Ao olhar para as colunas verificamos quatro sequências, todas as colunas aumentam uma unidade a cada linha.

No caso, a ideia não é manter a dinâmica da sequência até chegar no último número 15, mas sim, vamos entender qual a posição em que ele vai aparecer.

A coluna com menor numeração é a primeira da esquerda e nela aparecerá o último número 15. Depois, como as sequências são todas crescentes, não mais haverá repetições deste número.

Se a cada linha são 4 elementos e precisamos de outras 4 linhas, no total são 16 elementos. Este 16º elemento será o número 15 e estará na posição 41 (quantidade de elementos existentes na sequência, igual a 25, mais posições à frente, igual a 16).

Agora, se você chegou a este raciocínio, porém não está confiante. Faça uma mescla com o que pensamos e com a montagem da sequência propriamente dita.

Posição 25	11, ...
Posição 29	12, ...
Posição 33	13, ...
Posição 37	14, ...
Posição 41	15, ...

Acima, apenas a sequência dos primeiros elementos de cada grupo de quatro elementos.

Resposta: O número 15 aparece pela primeira vez na 20ª posição e aparecerá pela última vez na posição de número 41.

Gabarito: B

QUESTÃO RÁPIDA

134. ***(FCC – TRT (SP) 2ª Região – Analista Judiciário Área Contábil – 2018)*** *Uma sequência é formada pelos primeiros números ímpares positivos que possuem três, e apenas três divisores positivos distintos. A diferença entre o sexto e o quinto termos dessa sequência é*

(A) *335*

(B) *90*

(C) *268*

(D) *120*

(E) *196*

► Comentários

Diríamos, com muita convicção, que vários concursandos passaram por esta prova aplicada pela Fundação Carlos Chagas sem saber a regra para identificar números com apenas três divisores. A grande maioria, senão a totalidade daqueles que resolveram e acertaram a questão foi na raça e não com técnica.

Não é pra menos, somente os amantes da matemática provavelmente conhecem a regra, por sinal, bem simples.

Números com três divisores	Quadrado de um número primo

Simples assim. Apenas o cuidado para descartar o número par.

Números com três divisores	Número par	$2^2 = 4$
	1º Termo	$3^2 = 9$
	2º Termo	$5^2 = 25$
	3º Termo	$7^2 = 49$
	4º Termo	$11^2 = 121$
	5º Termo	$\mathbf{13^2 = 169}$
	6º Termo	$\mathbf{17^2 = 289}$
	7º Termo	$19^2 = 361$

Agora que você conhece a regra, ao aplicá-la, basta fazer as operações para as posições de interesse, então faríamos o quadrado dos números primos 13 e 17.

Resposta: A diferença entre o sexto, 289, e o quinto, 169, termos dessa sequência é igual a 120.

Gabarito: D

QUESTÃO RÁPIDA

135. ***(FCC – TRT (PE) 6ª Região – Analista Judiciário Área Administrativa – 2018)*** *Na sequência de números* $\left(x, x - \frac{1}{3}, x - \frac{2}{3}, x - \frac{3}{3}, \ldots\right)$ *a diferença entre o quinto e o nono termos, nesta ordem, é igual a*

(A) 5/3.

(B) 2/3.

(C) 1.

(D) 7/3.

(E) 4/3.

► Comentários

A sequência apresenta quatro termos e o padrão de alteração entre os elementos são os numeradores das frações. Os próximos dois termos são:

Sequência Apresentada	$\left(x, x - \frac{1}{3}, x - \frac{2}{3}, x - \frac{3}{3}, \ldots\right)$
Acréscimos de termos	$\left(x, x - \frac{1}{3}, x - \frac{2}{3}, x - \frac{3}{3}, x - \frac{4}{3}, x - \frac{5}{3}, x - \frac{6}{3}, x - \frac{7}{3}, x - \frac{8}{3}\right)$

Conforme solicitado, a diferença entre o quinto e o nono termos.

Diferença (D)	$D = \left(x - \frac{4}{3}\right) - \left(x - \frac{8}{3}\right)$ $D = x - \frac{4}{3} - x + \frac{8}{3}$ $D = -\frac{4}{3} + \frac{8}{3}$ $D = \frac{4}{3}$

Resposta: a diferença entre o quinto e o nono termos, nesta ordem, é igual a 4/3.

Gabarito: E

QUESTÃO RÁPIDA

136. ***(FCC – TRT (MS) 24ª Região – Analista Judiciário Tecnologia da Informação – 2017)*** *Na sequência 1A3E; 5I7O; 9U11A; 13E15I; 17O19U; 21A23E;. . ., o 12º termo é formado por algarismos e pelas letras*

(A) EI.

(B) UA.

(C) OA.

(D) IO.

(E) AE.

► Comentários

Cada termo da sequência apresenta dois números e duas vogais. Nas questões que fazem essa junção de números e letras, a primeira coisa a ser verificada é se existe coerência entre o número e a posição que a letra ocupa no alfabeto, não é o caso.

Outra possibilidade interessante é analisar separadamente os números e as letras.

Sequência	*1ª3E; 5I7O; 9U11A; 13E15I; 17º19U; 21ª23E;...*
Números **Vogais**	1; 3; 5; 7; 9; 11; 13; 15; 17; 19; 21; 23; A; E; I; O; U; A; E; I; O; U; A; E;

Reconhecemos o padrão de formação da sequência, então partimos para o 12º termo.

Uma vez que estamos falando de vogais e cada termo leva duas delas, o 5º termo termina na última vogal (O e U), o mesmo acontece no 10º termo.

5º Termo da Sequência **10º Termo da Sequência** **11º Termo da Sequência** **12º Termo da Sequência**	17O19U __O__U __A__E __I__O

Desnecessário dizer o porquê de termos desconsiderado os números.

Resposta: O 12º termo é formado por algarismos e pelas letras I e O.

Gabarito: D

QUESTÃO RÁPIDA

137. ***(FCC – TRT (MS) 24ª Região – Analista Judiciário Tecnologia da Informação – 2017)*** *Uma sequência pode ser criada com a seguinte regra: escolhe-se um número natural maior que 100, para ser o primeiro termo dessa sequência. Se o termo da sequência é um número natural PAR, o termo seguinte deverá ser a metade desse número PAR; se o termo da sequência for um número natural ÍMPAR, deve-se somar 13 a esse número ÍMPAR e em seguida calcular a metade dessa soma para* *obter o termo seguinte. Segue um exemplo: se um termo da sequência é o número 137, que é ÍMPAR, o termo seguinte será 75, que é a metade da soma entre 137 e 13.*

O 8º termo de uma sequência, criada com essa regra e com termo inicial igual a 4855, é

(A) 35

(B) 75

(C) 118

(D) 49

(E) 93

▶ **Comentários**

O examinador criou uma regra e descreveu o padrão. Restou seguir o comando do examinador e praticar as operações de soma e divisão.

Termo inicial igual a 4855	4855
Se o termo da sequência for um número natural ÍMPAR, deve-se somar 13 a esse número ÍMPAR e em seguida calcular a metade dessa soma para obter o termo seguinte.	(4855 + 13) / 2 = 2434
Se o termo da sequência é um número natural PAR, o termo seguinte deverá ser a metade desse número PAR.	2434 / 2 = 1217

E assim por diante até chegar ao 8º termo.

Ímpar	4º Termo	(1217 + 13) / 2 = 615
Ímpar	5º Termo	(615 + 13) / 2 = 314
Par	6º Termo	314 / 2 = 157
Ímpar	7º Termo	(157 + 13) / 2 = 85
Ímpar	8º Termo	(85 + 13) / 2 = 49

Resposta: O 8º termo de uma sequência criada com essa regra e com termo inicial igual a 4855, é o número 49.

Gabarito: D

1.9. Orientação Espacial e Temporal

Se a incidência de questões acerca de orientação sequencial é relativamente grande, o tema orientação espacial e temporal tem as suas questões cada vez mais esporádicas, o que não significa ausência de cobrança, tão pouco a desnecessidade de estudá-las.

1.9.1. Orientação espacial

Orientação espacial faz parte da rotina diária de qualquer pessoa, desde a arrumação das roupas nas gavetas até a engenharia de grandes construções.

Está baseada na ocupação do espaço, nas figuras, nos desenhos, nos mapas, na criação de jogos e por aí vai. Neste contexto, cabe as noções de tamanho, de forma, de movimento, tudo isso considerando o espaço tridimensional.

Especificamente, na orientação espacial para concursos, a banca explora a capacidade do concursando, por meio da mensagem trazida no enunciado da questão, conseguir orientar-se em relação à direção (lados direito ou esquerdo, por exemplo), segundo o plano cartesiano (horizontal e vertical) e posicionamento (atrás, sobre, frente) em face de determinado referencial. Nestes casos, sua atenção ao enunciado será de fundamental importância para resolução do problema proposto.

Atenção redobrada nas situações em que o problema insere também a temporalidade. A matemática será também uma ferramenta importante para a resolução.

Vejamos como as bancas abordam o assunto.

QUESTÃO PASSO A PASSO

138. ***(FCC – TRT (ES) 17ª Região – Analista Judiciário Área Judiciária – 2022)*** *A figura mostra um pedaço de papel que pode ser dobrado nas linhas de forma a montar uma caixa aberta.*

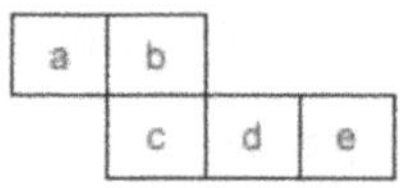

A face oposta à abertura da caixa é

(A) c

(B) a

(C) b

(D) e

(E) d

► Comentários

Há quem tenha uma percepção espacial mais apurada e, a partir de um simples olhar para a figura, visualiza as faces opostas umas às outras, são os casos das faces "a" e "d", assim como "c" e "e", restando como fundo da caixa, oposto à abertura, a face "b".

Para quem tem essa facilidade, questão respondida, mas, e você que ficou na dúvida!

Na verdade, o caminho será o mesmo trilhado por uma pessoa que, como dito anteriormente, tenha uma boa percepção espacial, apenas de forma mais lenta para o aprendizado.

Por exemplo, a partir da figura, pense como sendo duas linhas, então:

Faça uma dobra entre as duas linhas	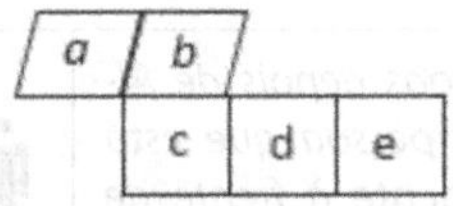

Percebemos "b" formando uma lateral em relação à "c". Ainda, dobrando apenas "a" esta será lateral tanto de "b" como de "c".

Agora, imagine uma dobra na linha que divide as faces "c" e "d"	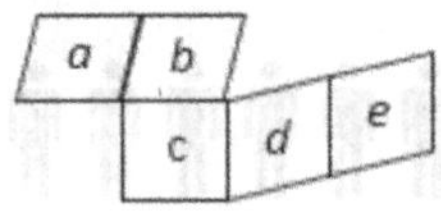

Neste caso, constatamos que "d" é uma lateral tanto de "c" como de "b" e, exatamente no lado oposto de "d" ficou a face "a".

Depois, mais uma dobra na linha entre as faces "d" e "e" e apuramos que são opostas as faces "c" e "e".

Finalmente, o lado oposto à face "b" é a parte aberta da caixa.

Resposta: A face oposta à abertura da caixa é a "b".

Gabarito: C

QUESTÃO RÁPIDA

139. ***(FGV – TRT (PB) 13ª Região – Técnico Judiciário Área Administrativa – 2022)*** *Carlos e Alberto estão em uma fila. Carlos está na frente de Alberto, mas há 3 pessoas entre eles. Há 7 pessoas depois de Alberto e a pessoa que está imediatamente à frente de Alberto ocupa o centro da fila. O número de pessoas que estão à frente de Carlos é*

(A) 4.

(B) 5.

(C) 6.

(D) 7.

(E) 8.

▶ **Comentários**

Para não errar, faça desenhos.

Pois bem, é isso que faremos fragmentando o texto do enunciado.

Carlos e Alberto estão em uma fila. Carlos está na frente de Alberto, mas há 3 pessoas entre eles.	

O Enunciado segue informando.

Há 7 pessoas depois de Alberto e a pessoa que está imediatamente à frente de Alberto ocupa o centro da fila.

A pessoa que ocupa o centro da fila está com os braços erguidos, logo:

Resposta: O número de pessoas que estão à frente de Carlos é igual a 5.

Gabarito: B

QUESTÃO PASSO A PASSO

140. ***(FCC – TRT (MT) 23ª Região – Técnico Judiciário Tecnologia da Informação – 2022)*** *Em um teatro, cada fileira tem o mesmo número de assentos. José observou que havia 5 pessoas sentadas à sua frente 4 pessoas sentadas atrás dele, e essas 9 pessoas estavam sentadas em fileiras diferentes. José também observou que havia 3 pessoas sentadas à sua direita e 2 pessoas sentadas à sua esquerda. O número mínimo de assentos que esse teatro tem é*

(A) 100

(B) 45

(C) 60

(D) 50

(E) 65

► Comentários

Estamos falando de ocupação do espaço disponível no teatro seguindo algumas regras definidas pelo examinador.

Primeiro uma informação geral a qual usaremos mais à frente. Lembre-se: Cada fileira tem o mesmo número de assentos.

Após, veja as observações de José:

- **Havia 5 pessoas sentadas à sua frente 4 pessoas sentadas atrás dele, e essas 9 pessoas estavam sentadas em fileiras diferentes.**

Atenção ao detalhe de que cada uma dessas 9 pessoas estavam em fileiras diferentes, então, você pode fazer uma breve anotação, algo como, 10 fileiras (uma do José, 5 à frente e 4 atrás). Ou um esboço da situação.

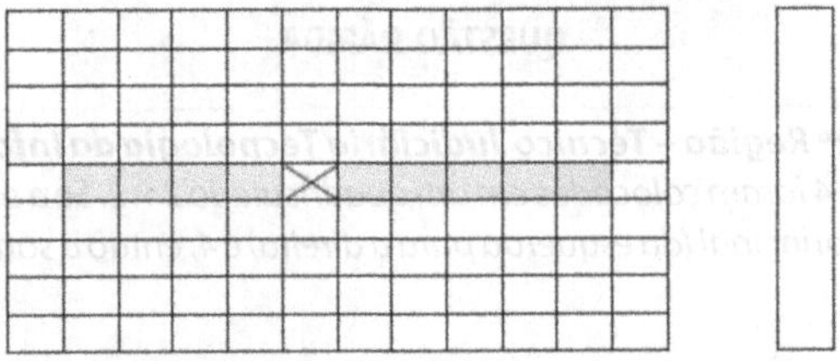

A observação seguinte revela que:

- **Também observou que havia 3 pessoas sentadas à sua direita e 2 pessoas sentadas à sua esquerda.**

Da mesma maneira como na observação anterior, você pode guardar a informação de que são 6 poltronas lado a lado (uma do José, 3 à direita e 2 à esquerda. Ou seguir com o esboço.

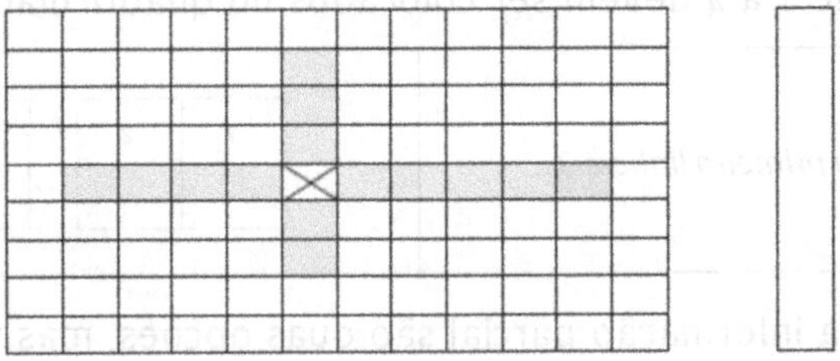

As pessoas citadas por José estão dispostas, figura acima, de tal forma que ficassem o mais perto possível uma das outras para que, no final, cheguemos ao menor número de poltronas no teatro.

Caso você tenha feito anotações breves, sabe que são 10 fileiras e em cada uma delas existem 6 poltronas. Fazendo a multiplicação, são pelo menos 60 assentos existe no teatro.

O mesmo produto, 6 por 10, faremos nos valendo apenas do esboço.

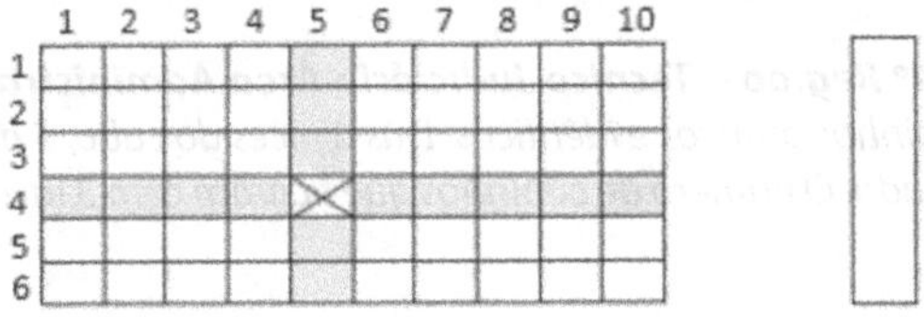

Resposta: O número mínimo de assentos que esse teatro tem é igual a 60.

Gabarito: C

QUESTÃO RÁPIDA

141. ***(FCC – TRT (PI) 22ª Região – Técnico Judiciário Tecnologia da Informação – 2022)*** *Cada um dos números 1, 2, 3 e 4 foram colocados em um quadriculado 2 × 2. Se a soma da primeira linha é 3 e a soma da diagonal principal (da esquerda para a direita) é 4, então a soma da primeira coluna é*

(A) 5.

(B) 4.

(C) 6.

(D) 7.

(E) 8.

▶ Comentários

Vamos raciocinar utilizando as operações básicas da matemática e alocação dos números no espaço 2 x 2.

Os números de 1 a 4 devem ser colocados no quadriculado 2 x 2, tal que:

<table>
<tr>
<td>Se a soma da primeira linha é 3...</td>
<td>
<table><tr><td>1</td><td>2</td></tr><tr><td></td><td></td></tr></table>
<table><tr><td>2</td><td>1</td></tr><tr><td></td><td></td></tr></table>
</td>
</tr>
</table>

O resultado da informação parcial são duas opções, mas facilmente entendemos qual a correta seguindo com o texto do enunciado.

<table>
<tr>
<td>... e a soma da diagonal principal (da esquerda para a direita) é 4</td>
<td>
<table><tr><td>2</td><td>1</td></tr><tr><td>3</td><td></td></tr></table>
</td>
</tr>
</table>

Resposta: A soma da primeira coluna é igual a 5.

Gabarito: A

QUESTÃO PASSO A PASSO

142. ***(FCC – TRT (RS) 4ª Região – Técnico Judiciário Área Administrativa – 2022)*** *Um cubo foi formado com 64 cubinhos brancos e idênticos. Das 6 faces do cubo, 5 delas foram pintadas de azul, e uma não foi pintada. O número de cubinhos que ficaram com 3 faces pintadas de azul é:*

(A) 24

(B) 16

(C) 9

(D) 8

(E) 4

▶ Comentários

Seria possível classificar uma questão como fácil ou difícil?

Nada comum, porém, olhando por diferentes perspectivas, a parte difícil é entender o enunciado e ter uma visão espacial sobre o cubo. Superada essa fase, a sequência é rápida e fácil.

Antes de mais nada, vale o alerta para distinguir cubo de cubinhos e o que foi dito sobre eles.

- *Um cubo foi formado com 64 cubinhos brancos e idênticos.*

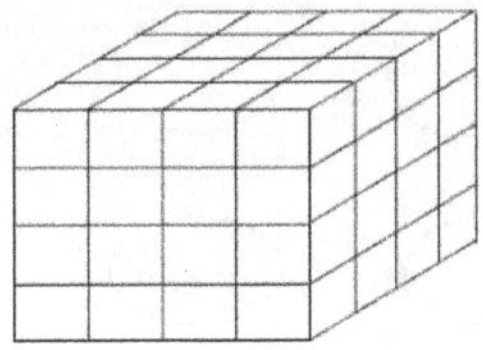

Uma vez que estamos falando de um figura espacial, cubo, a unidade de medida, na questão equivalente aos cubinhos, deve ser elevado ao cubo porque corresponde ao produto das medidas: largura, altura e profundidade ou $4^3 = 64$.

Primeira etapa superada, temos o elemento no qual a questão está pautada.

- *Das 6 faces do cubo, 5 delas foram pintadas de azul, e uma não foi pintada.*

Estamos falando do cubo, portanto a figura maior.

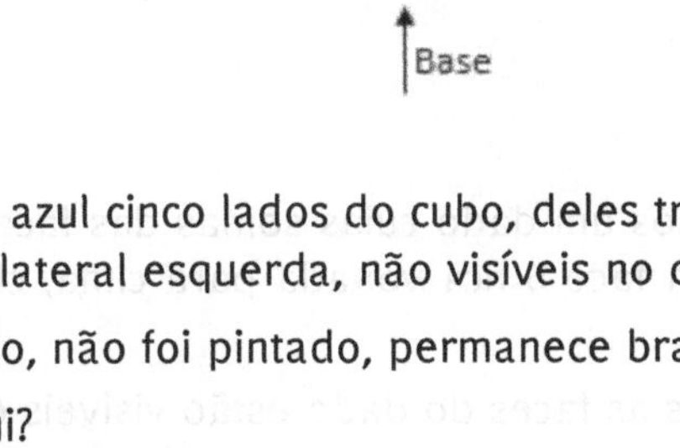

Estão pintados de azul cinco lados do cubo, deles três lados são visíveis e outros dois, base e a lateral esquerda, não visíveis no desenho.

O sexto lado, fundo, não foi pintado, permanece branco.

Entendido até aqui?

Ok, então o comando da questão.

- *O número de cubinhos que ficaram com 3 faces pintadas de azul.*

Passamos a falar de cubinhos, ou seja, os 64 cubos menores, aí segue o entendimento espacial do desenho.

Uma boa quantidade de cubinhos posicionados internamente em relação ao cubo, não têm nenhum lado pintado de azul. Outros, nas partes centrais de cada lado do cubo (exceto o fundo) tem apenas uma face pintada de azul. Nas quinas entre laterais do cubo, cubinhos com dois lados pintados de azul.

Com três lados pintados de azul, apenas as quinas na parte frontal.

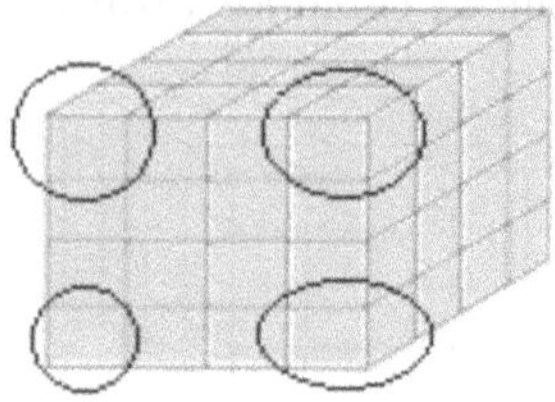

No desenho, o cubinho superior do lado direito é o que melhor demonstra os 3 lados pintados de azul. Da mesma forma, as outras três quinas tem cubinhos com 3 lados pintados de azul.

Resposta: O número de cubinhos que ficaram com 3 faces pintadas de azul é igual a 4.

Gabarito: E

QUESTÃO RÁPIDA

143. ***(FCC - TJ (SC) - Técnico Judiciário Auxiliar - 2021)*** *Considere um dado padrão, isto é, um cubo cujas faces estão numeradas com os números 1, 2, 3, 4, 5 e 6, de modo que a soma dos números em quaisquer duas faces opostas seja igual a 7. Se, após o lançamento do dado sobre uma mesa, a face com o número 6 está voltada para cima, então a soma dos números nas faces visíveis é*

(A) 20.

(B) 19.

(C) 17.

(D) 18.

(E) 15.

► Comentários

Pela descrição temos um dado cujas somas das faces opostas é igual a 7. Ao jogar este dado e a face 6 fica voltada para cima, claro que a face oculta leva o número 1.

Pelo exposto, todas as faces do dado estão visíveis exceto a de número 1.

Soma (S) dos números de faces visíveis	$S = 2 + 3 + 4 + 5 + 6$ $S = 20$

Resposta: A soma dos números nas faces visíveis é igual a 20.

Gabarito: A

1.9.2. Orientação temporal

Estamos falando de tempo objetivo: horas, minutos e segundos; da passagem do tempo, do momento antes, agora ou depois. Estamos falando de dias, semanas, meses e anos; na capacidade de navegação pelo calendários. Estamos falando de sucessão de acontecimentos em intervalos repetidos de tempo. Enfim, estamos falando da cronologia.

A proposta para resolver as questões acerca de orientação temporal é semelhante às indicadas para orientação espacial (item anterior) com acréscimo do detalhe: manter a mesma unidade de medida, por exemplo, se a questão faz citações em horas e minutos, faça a conversão de uma das medidas para que ambas fiquem iguais.

Sem perder tempo, vejamos as questões cobradas nos últimos anos.

QUESTÃO PASSO A PASSO

144. ***(FGV – TRT (PB) 13ª Região – Analista Judiciário Área Judiciária – 2022)*** *Milton, Nei e Otávio são técnicos e trabalham no interior do estado da Paraíba. Neste ano de 2022, os três fizeram cursos de aperfeiçoamento no Centro de Treinamento (CT) em João Pessoa. Considere as informações:*

- *Milton chegou no CT em 27 de abril e permaneceu lá por 40 dias.*
- *Nei chegou no CT em 03 de maio e permaneceu lá por 37 dias.*
- *Otávio chegou no CT em 25 de abril e permaneceu lá por 36 dias.*

Nas informações acima, o dia de chegada e o dia da partida são considerados como dias de permanência no CT. O número de dias que Milton, Nei e Otávio estiveram juntos no CT foi

(A) 27.

(B) 28.

(C) 29.

(D) 30.

(E) 31.

▶ **Comentários**

São três técnicos que estiveram no Centro de Treinamento (CT) em períodos dos quais alguns dias são comuns a todos.

Técnicos	Chegada	Permanência
Milton	27/04	40 dias
Nei	03/05	37 dias
Otávio	25/04	36 dias

Para a contagem dos dias comuns aos três técnicos, sabemos que o período inicia-se em 03 de maio e, se no momento da prova não lhe ocorrer nada melhor, verifique até quando se estende a permanência de cada um deles.

Milton chegou no CT em 27 de abril e permaneceu lá por 40 dias.

De 27 de abril a 26 de maio são 30 dias. Para os 10 dias restante precisamos considerar o dia 31 de maio, logo, o dia de partida de Milton será 05 de junho.

Nei chegou no CT em 03 de maio e permaneceu lá por 37 dias.

Neste casa, a contagem dos primeiros 30 dias finaliza em 01 de junho porque consideramos o dia 31 de maio. Acrescidos outros 7 dias, a partida do Nei foi em 08 de junho.

Otávio chegou no CT em 25 de abril e permaneceu lá por 36 dias.

Os primeiros 30 dias de permanência de Otávio foi até 24 de maio. Os 6 dias restantes finalizam em 30 de maio.

Técnicos	Chegada	Permanência	Partida
Milton	27/04	40 dias	05/06
Nei	03/05	37 dias	08/06
Otávio	25/04	36 dias	30/05

A permanência comum dos 3 técnicos inicia-se em 03 de maio e finaliza no dia 30 do mesmo mês, portanto, foram 28 dias em que os 3 técnicos estiveram juntos no CT.

Agora, se você raciocina espaço temporal com maior facilidade, poderia pensar conforme a sequência a seguir.

Técnicos	Chegada	Permanência
Milton	27/04	40 dias
Nei	03/05	37 dias
Otávio	25/04	36 dias

Data inicial de permanência comum no CT foi 03 de maio, até aqui sem problemas.

Passamos a verificar as datas de partida de Milton e Otávio em comparação com a partida de Nei.

Milton permaneceu no CT 3 dias a mais que Nei, se ele (Milton) chegou 6 dias antes, então é certo que ele saiu 3 dias antes que Nei.

Já Otávio permaneceu no CT 1 dia a menos que Nei, se ele (Otávio) chegou 8 dias antes, então é certo que ele saiu 9 dias antes que Nei.

Logo, Otávio quem foi, entre os três técnicos, o primeiro a chegar e a data de sua partida define o dia final em que a permanência dos três foi conjunta.

Início do período comum	Período de permanência comum
Última data de chegada entre os técnicos	Subtrair os 9 dias da permanência de Nei (quantidade de dias que Otávio partiu antes de Nei)
03/05	37 − 9 = 28

Resposta: Milton, Nei e Otávio estiveram juntos no CT por 28 dias.

Gabarito: B

QUESTÃO RÁPIDA

145. ***(FGV – TRT (PB) 13ª Região – Técnico Judiciário Área Administrativa – 2022)*** *Três amigos, A, B e C, trabalham juntos. Certo dia, os três almoçaram no refeitório da empresa. Sabe-se que:*

- *A chegou no refeitório às 12h05min e permaneceu por 44 min.*
- *B chegou no refeitório às 12h13min e permaneceu por 47 min.*
- *C chegou no refeitório às 12h09min e permaneceu por 38 min.*

O tempo em que os três amigos estiveram juntos no refeitório foi de

(A) *34 min.*

(B) *36 min.*

(C) *38 min.*

(D) *40 min.*

(E) *42 min.*

▶ **Comentários**

Sabemos que:

Amigos	Chegada	Permanência	Saída
A	12:05	44 min.	
B	12:13	47 min.	
C	12:09	38 min.	

A partir das informações conhecidas, chegamos aos horários de saída:

Amigos	Chegada	Permanência	Saída
A	12:05	44 min.	12:49
B	12:13	47 min.	13:00
C	12:09	38 min.	12:47

Portanto, horário comum aos três amigos foi de 12:13 às 12:47 horas, ou seja, 34 minutos.

Resposta: O tempo em que os três amigos estiveram juntos no refeitório foi de 34 minutos.

Gabarito: A

QUESTÃO PASSO A PASSO

146. ***(FCC – TRT (MA) 16ª Região – Analista Judiciário Área Judiciária – 2022)*** *No Brasil, o Dia das Mães é comemorado no segundo domingo de maio. Em um determinado ano bissexto, o dia 1º de janeiro ocorreu em uma terça-feira.*

Lembrando que, em ano bissexto, fevereiro tem 29 dias, concluímos que, nesse ano, o Dia das Mães foi comemorado no dia

(A) *9 de maio.*

(B) *10 de maio.*

(C) *11 de maio.*

(D) *12 de maio.*

(E) *13 de maio.*

▶ **Comentários**

Uma questão com possibilidade de diferentes caminhos a serem trilhados até a sua resposta. Tudo vai depender da sua capacidade de compor períodos do início do ano até o segundo domingo de maio. Quanto maior o período, mais rápido chegaremos à resposta.

Veja o exemplo considerando um único período de 1º de janeiro até 30 de abril.

Período de Janeiro a Abril	Semana = 7 dias	Conclusão
Janeiro = 31 dias Fevereiro = 29 dias Março = 31 dia Abril = 30 dias Total = 121 dias	Dividindo 121 por 7 o resultado é igual a 17 e o resto igual a 2.	De janeiro a abril foram 17 semanas e 2 dias.

Lembre-se que o examinador afirma que 1º de janeiro caiu na terça-feira, logo, o ciclo de uma semana termina na segunda-feira. Por causa do resto igual a 2, contamos outros dois dias após fechar o ciclo semanal, então, dia 30 de abril caiu na quarta-feira.

Restaram 2 dias de abril que iniciam o ciclo semanal. Iniciamos o mês de maio até domingo dia 4 e extrapolamos para o domingo seguinte dia 11 de maio.

Ter	Qua	Qui	Sex	Sáb	Dom	Seg
29	30	1	2	3	4	
					11	

Resposta: O Dia das Mães foi comemorado no dia 11 de maio.

Agora, imagine que os períodos sejam menores, por exemplo, meses, com um pouco mais de trabalho chegaremos na mesma resposta.

Janeiro			**Fevereiro**	**Março**			**Abril**	
Ter	Qua	Qui	Sex	Sáb	Dom	Seg	Ter	Qua
1			1	1			1	
8			8	8			8	
15			15	15			15	
22			22	22			22	
29	30	31	29	29	30	31	29	30

Percorremos cada mês de maneira resumida até chegar em 30 de abril, quarta-feira. Então maio inicia-se numa quinta-feira e o primeiro domingo cai no dia 4.

Maio	Qui	Sex	Sab	Dom
	1	2	3	4
				11

Conclusão, o segundo domingo de maio será dia 11.

Gabarito: C

QUESTÃO PASSO A PASSO

147. ***(FCC – TRT (SP) 15ª Região – Técnico Judiciário Área Administrativa – 2018)*** *Um curso de segurança do trabalho ministrado para servidores estaduais terá 35 horas de aula. Os servidores podem se inscrever nesse curso em módulos de duas aulas semanais de 1 hora e 10 minutos cada (opção 1), ou em módulos de três aulas semanais de 50 minutos cada (opção 2). Considerando que as duas opções de cursos iniciarão em uma segunda-feira e que não haverá feriados nas datas das aulas dos cursos, a opção de maior duração, em semanas, é a*

(A) *1, superando a 2 em uma semana.*

(B) *1, superando a 2 em duas semanas.*

(C) *2, superando a 1 em uma semana.*

(D) *1 superando a 2 em três semanas.*

(E) *2 superando a 1 em duas semanas.*

▶ **Comentários**

Trabalharemos com unidades de medidas distintas, desde o minuto, passando por hora e dia até chegar a semana. Por isso, atenção para não misturar unidades de medidas e nas suas conversões.

Um curso de segurança do trabalho ministrado para servidores estaduais terá 35 horas de aula.	Curso = 35 horas
Os servidores podem se inscrever nesse curso em módulos de duas aulas semanais de 1 hora e 10 minutos cada (opção 1).	**Opção 1** 1 hora e 10 minutos (70 minutos) 2x por semana.
Ou em módulos de três aulas semanais de 50 minutos cada (opção 2).	**Opção 2** 50 minutos 3x por semana.

Considerando as duas opções para os servidores se inscreverem, acima, os respectivos tempos de duração para completar o curso de 35 horas (ou 2100 minutos) são:

- **Opção 1**

Tempo por semana	Semanas para completar o curso
70 min x 2 = 140 min	2100 / 140 = 15 semanas

- **Opção 2**

Tempo por semana	Semanas para completar o curso
50 min x 3 = 150 min	2100 / 150 = 14 semanas

Destacamos que os tempo foram convertidos para a mesma unidade. O curso tem duração de 2100 minutos e a carga semanal é de 140 e 150 minutos para as opções 1 e 2.

Resposta: A opção de maior duração, em semanas, é a 1 superando a 2 em uma semana.

Gabarito: A

QUESTÃO RÁPIDA

148. ***(FCC – TRT (SP) 2ª Região – Técnico Judiciário Área Administrativa – 2018)*** *A tabela abaixo mostra os tempos de Fernanda em 5 dias seguidos de treinamento de corrida.*

Tempos diários do treinamento de Fernanda	
2ª Feira	12 min 35 s
3ª Feira	11 min 20 s
4ª Feira	13 min 15 s
5ª Feira	12 min 40 s
6ª Feira	13 min 00 s

Nas duas semanas seguintes Fernanda também treinou 5 dias seguidos. Na primeira dessas duas semanas, Fernanda correu, cada um dos 5 dias, em um tempo igual ao menor tempo da tabela. Na segunda dessas duas semanas, Fernanda correu, cada um dos 5 dias, em um tempo igual ao maior tempo da tabela. Desse modo, o total de tempo de treinamento a mais, que Fernanda treinou na segunda dessas duas semanas em relação à primeira delas, foi igual a

(A) *9 minutos e 35 segundos.*

(B) *8 minutos e 45 segundos.*

(C) *10 minutos e 15 segundos.*

(D) *9 minutos e 55 segundos.*

(E) *8 minutos e 25 segundos.*

▶ **Comentários**

Foram três semanas de treinamento de corrida para Fernanda cujos tempos estão discriminados no enunciado. Para as outras duas semanas é o que vamos apurar.

- *Na primeira dessas duas semanas, Fernanda correu, cada um dos 5 dias, em um tempo igual ao menor tempo da tabela.*

  Para todos os dias dessa semana vale o menor tempo da semana anterior, igual a 11 minutos e 20 segundos.

- *Na segunda dessas duas semanas, Fernanda correu, cada um dos 5 dias, em um tempo igual ao maior tempo da tabela.*

  Para esta semana vale o maior tempo da primeira, igual a 13 minutos e 15 segundos.

Para apurar a diferença do tempo de treino a mais, na última semana em relação à anterior. Uma caminho é verificar a diferença de tempo de um dia e multiplicar por 5.

Tempo diário da última semana	**Tempo diário da semana anterior**	**Diferença**
11 minutos e 20 segundos.	13 minutos e 15 segundos.	1 minuto e 55 segundos (115 segundos)

Mantenha atenção às unidades de tempo. Foi esta a razão da conversão da diferença acima em segundos.

Diferença na Semana	115 . 5 = 575 segundos

Para a conversão em minutos, divisão por 60, encontramos quociente igual a 9. Portanto são 9 minutos, e resto igual a 35, ou seja, 35 segundos.

Resposta: O tempo que Fernanda treinou a mais na segunda dessas duas semanas em relação à primeira delas foi igual a 9 minutos e 35 segundos.

Gabarito: A

QUESTÃO RÁPIDA

149. ***(FCC – TRT (SP) 2ª Região – Analista Judiciário Área Administrativa – 2018)*** *Os meses de agosto e setembro têm, respectivamente, 31 e 30 dias. Às 16 horas do dia 4 de agosto de 2018, que é um sábado, um cronômetro, que estava inicialmente zerado, foi acionado. Esse cronômetro será desligado às 15 horas da primeira quarta-feira de outubro de 2018. O total de horas que o cronômetro indicará é igual a*

(A) 1420

(B) 1369

(C) 1419

(D) 1439

(E) 1607

▶ Comentários

O intervalo de tempo a que a questão se refere pode ser fracionado para facilitar o cálculo do tempo.

- *Às 16 horas do dia 4 de agosto de 2018, que é um sábado, um cronômetro, que estava inicialmente zerado, foi acionado.*

Ainda no dia 4, faltam 8 horas para terminar o sábado e iniciar o domingo, 05 de agosto.

Se o dia 05 cai no domingo, as próximos semanas completam-se aos sábados: 11, 18 e 25 de agosto e 1º setembro.

Sábado, 04/08/2018	8 horas
4 Semanas: de 05/08 a 01/09	28 dias ou 672 horas

Em setembro, seguindo com as contagens e fechando as semanas aos sábados nos dias 8, 15, 22, 29.

4 Semanas: de 01/09 a 29/09	28 dias ou 672 horas

- *Esse cronômetro será desligado às 15 horas da primeira quarta-feira de outubro de 2018.*

O dia 29 foi no sábado, logo, a quarta-feira (primeira do mês de outubro) cairá no dia 03.

3 Dias: de 29/09 a 02/10, terça-feira	3 dias ou 72 horas
Quarta-feira, 03/10/2018	15 horas

Resposta: O total de horas que o cronômetro indicará (8 + 672 + 672 + 72 + 15) é igual a 1439.

Gabarito: D

QUESTÃO RÁPIDA

150. ***(FGV – TRT (SC) 12ª Região – Técnico Judiciário Área Administrativa – 2017)*** *Alguns consideram que a cidade de Florianópolis foi fundada no dia 23 de março de 1726, que caiu em um sábado. Após 90 dias, no dia 21 de junho, a data assinalou o início do inverno, quando a noite é a mais longa do ano.*

Esse dia caiu em uma:

(A) *segunda-feira;*

(B) *terça-feira;*

(C) *quarta-feira;*

(D) *quinta-feira;*

(E) *sexta-feira.*

▶ **Comentários**

Passados 90 dias da data inicial, um sábado, decorreram 12 semanas e 6 dias. Para este cálculo divide-se 90 por 7, o quociente é igual a 12 (semanas) e o resto da operação é igual a 6 (dias).

A partir daí nos resta contar seis dias da semana a partir de sábado.

Resposta: Após 90 dias, no dia 21 de junho, a data que assinalou o início do inverno, quando a noite é a mais longa do ano, caiu em uma sexta-feira.

Gabarito: E

QUESTÃO RÁPIDA

151. ***(FGV – TRT (SC) 12ª Região – Técnico Judiciário Área Administrativa – 2017)*** *No mês de julho deste ano, em Florianópolis, o sol se pôs no dia 2 às 17h31min e nasceu no dia seguinte às 07h05min.*

A duração dessa noite foi de:

(A) *10h26min;*

(B) *12h34min;*

(C) *12h36min;*

(D) *13h34min;*

(E) *14h26min.*

▶ **Comentários**

Faremos a contagem do tempo em duas etapas.

Das 17h31min às 24 horas	29 minutos até às 18 horas 6 horas até às 24 horas
Da 0 hora às 07h05min	7 horas 5 minutos

Resposta: A duração dessa noite foi de 13 horas (6 + 7) e 34 minutos (29 + 5).

Gabarito: D

1.10. Conjuntos Lógicos

Passamos à análise de um grupo de questões com mesmas características que denominamos "conjuntos", e a razão principal para a nomenclatura é porque a resolução indicada é por meio do diagrama de *Venn*, ou seja, conjuntos.

Apesar de haver exceções, a grande maioria das questões narram a existência de coisas (pessoas, animais, objetos) com determinadas características, de tal forma que pertençam a um ou outro conjunto, bem como pertençam a dois ou mais conjuntos ao mesmo tempo.

Um exemplo bastante didático: o autor informa que uma escola de idiomas tem alunos que estudam espanhol, outros que estudam inglês e também aqueles que estudam francês. Revela, ainda, algumas quantidades desses alunos e seus cursos, algo como X alunos estão matriculados em 2 idiomas, Y alunos estão matriculados no curso da língua francesa.

Bem, é claro que as informações contidas no enunciado da questão não são completas, são o ponto de partida para análise e inferência de outras informações até que se atinja o objetivo, responder a questão.

Dica

Entenda que intersecções provocam a contagem em duplicidades quando referem-se a dois conjuntos. Quando a intersecção for de três conjuntos, o mesmo item multiplica-se por três e assim por diante.

A perfeita compreensão das contagens em casos de intersecção resultará na maior rapidez para resolução da questão e em alguns casos este será o ponto crucial para chegar ou não ao resultado final da questão.

Vamos aproveitar o exemplo da escola de idiomas e colocar alguns números para nossa análise.

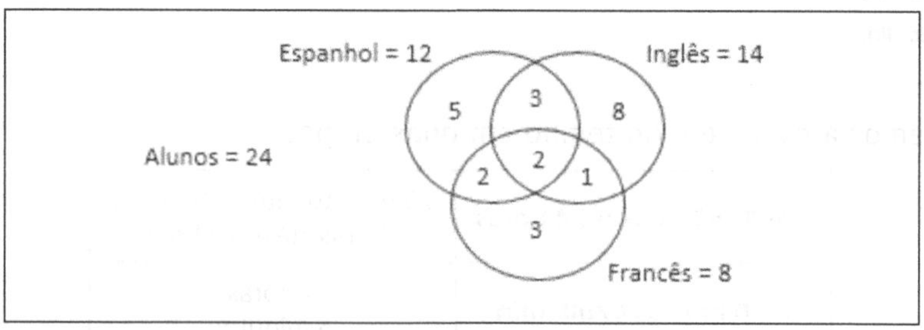

Quando somamos os alunos por disciplina, 12 em espanhol, 14 em inglês e outros 8 em francês, o total é igual a 34, entretanto, o total de alunos da escola de idiomas é igual a 24.

Acontece que alguns alunos estão matriculados em mais de uma língua estrangeira, exatamente nas quantidades que se encontram nas regiões de intersecção.

Intersecção entre dois conjuntos.	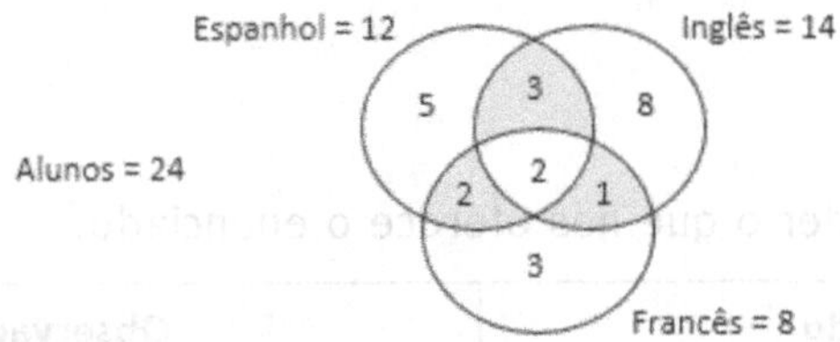	Por terem sido duplamente somados, uma vez deve ser considerada e outra não.

Daquele somatório igual a 34, subtraindo as duplas contagens ficamos com: 34 – 2 – 3 – 1 = 28.

A quantidade ainda é maior que o número de alunos da escola de idiomas porque não tratamos da intersecção entre os três conjuntos, daqueles alunos que cursam os três idiomas.

Intersecção entre três conjuntos.	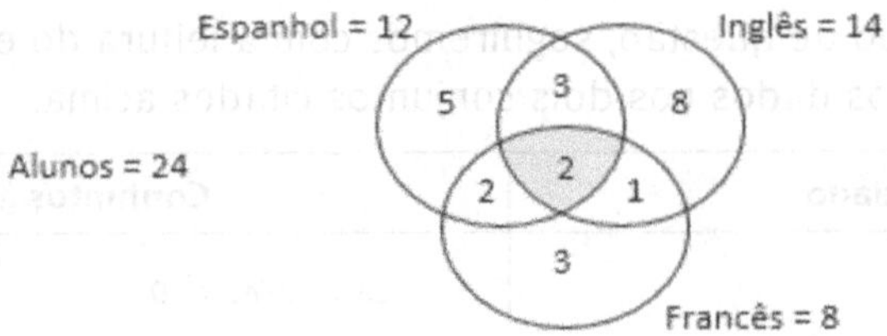	Por terem sido triplamente somados, uma vez deve ser considerada e outra duas não.

Aqui o descarte é de duas vezes a quantidade 2 porque, considerando a tripla contagem, uma delas vale e as outras duas são repetições dos mesmos alunos.

A partir do último somatório, igual a 28, subtraímos a tripla contagem: 28 – 2 – 2 = 24.

Então, desconsiderando as repetições de mesmos elementos que pertencem a mais de um conjunto, chegamos ao correto total de elementos ou ao correto número de alunos matriculados na escola de idiomas.

Para aprimorar as explicações, passamos a resolver as últimas questões aplicadas nos concursos para Tribunais.

QUESTÃO PASSO A PASSO

152. ***(Cespe/Cebraspe – TJ (CE) – Técnico Judiciário Área Jurídica – 2023)*** *Considere-se que um grupo de 50 servidores de um tribunal tenha sido selecionado para realizar cursos de aperfeiçoamento e que cada pessoa desse grupo faça pelo menos um dos seguintes dois cursos: gestão de projetos e ciência de dados. Nessa situação hipotética, se 29 pessoas fizerem ambos os cursos e 37 pessoas fizerem pelo menos o curso de gestão de projetos, o número exato de pessoas que farão apenas o curso de ciência de dados é igual a*

(A) 8.

(B) 13.

(C) 42.

(D) 21.

(E) 33.

▶ **Comentários**

Vamos ler e entender o que nos oferece o enunciado.

Enunciado	**Observação**
Considere-se que um grupo de 50 servidores de um tribunal tenha sido selecionado para realizar cursos de aperfeiçoamento e que cada pessoa desse grupo faça pelo menos um dos seguintes dois cursos: gestão de projetos e ciência de dados.	A primeira parte, apesar de inicial corresponde a mais da metade do enunciado, é suficiente para entender tratar-se de uma questão do tipo conjuntos. São 50 servidores divididos em dois conjuntos: gestão de projetos (GP) e ciência de dados (CD).

Identificado o tipo de questão, seguiremos com a leitura do enunciado por trechos e inserindo os dados nos dois conjuntos citados acima.

<table>
<tr><th>Enunciado</th><th>Conjuntos</th></tr>
<tr><td>Nessa situação hipotética, se 29 pessoas fizerem ambos os cursos</td><td>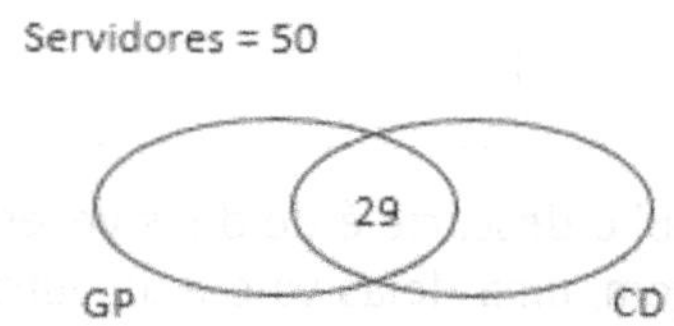
</td></tr>
</table>

Perceba que todo o enunciado percorrido até aqui está representado no diagrama formado pelos dois conjuntos.

<table>
<tr><th>Enunciado</th><th>Conjuntos</th></tr>
<tr><td>37 pessoas fizerem pelo menos o curso de gestão de projetos</td><td>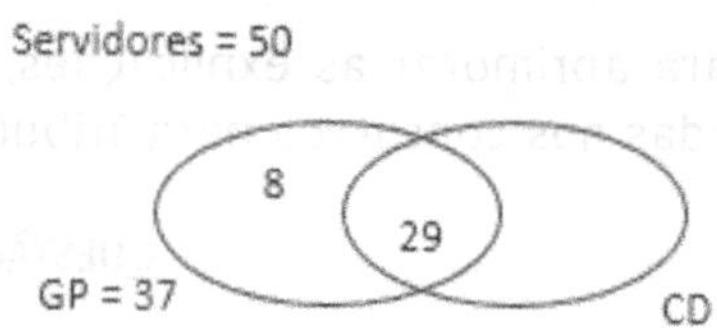
</td></tr>
</table>

O detalhe, na informação anterior, é que as 37 pessoas fizeram pelo menos o curso de gestão de projetos, portanto, seria diferente se fosse dito terem feito apenas o curso gestão de projetos. Então chegamos ao número total de servidores que fizeram GP, igual a 37, a quantidade dos que fizeram ambos os cursos é igual a 29 e a diferença, igual a 8, é o número de servidores que fizeram apenas GP.

Inferência	Conjuntos
De um total de 50 servidores, 37 fizeram pelo menos o curso de gestão de projetos. A diferença, 50 – 37 = 13	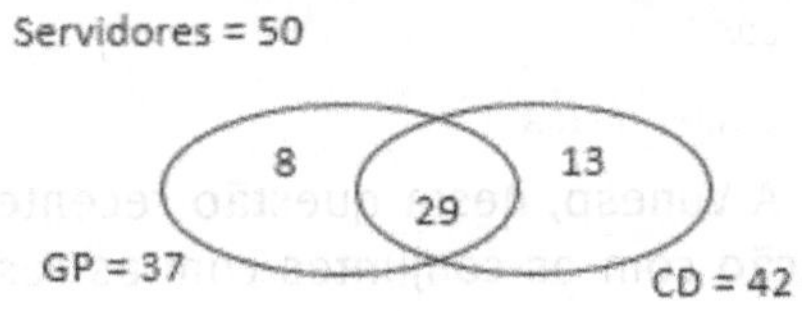

Que acharam? Essa foi bem fácil!

Só não vá confundir a quantidade dos que fizeram apenas ciência de dados, igual a 13, com a quantidade dos que fizeram pelo menos ciência de dados, igual a 42.

Resposta: O número de pessoas que fizeram apenas o curso de ciência de dados é igual a 13.

Gabarito: B

Dissemos que a grande maioria das questões deste grupo seguem as mesmas características: o comando da questão apresenta a narrativa sobre itens, elementos, objetos, pessoas entre outros de maneira a possibilitar a separação destes em grupos específicos. Então aproveitamos os dados apresentados, organizamo-los em conjuntos e depreendemos novas informações a partir daquelas conhecidas.

No ano de 2023, a Vunesp aplicou questões que se enquadram nesta mesma categoria, porém, já com o diagrama pronto. Veja nas questões seguintes.

QUESTÃO PASSO A PASSO

153. ***(Vunesp – TJ (SP Capital) – Escrevente Técnico Judiciário – 2023)*** *A figura a seguir representa um diagrama lógico composto por 4 conjuntos. Nesse diagrama, há regiões de intersecção de 3 e apenas 3 conjuntos, regiões de intersecção de 2 e apenas 2 conjuntos e regiões que são de apenas 1 conjunto.*

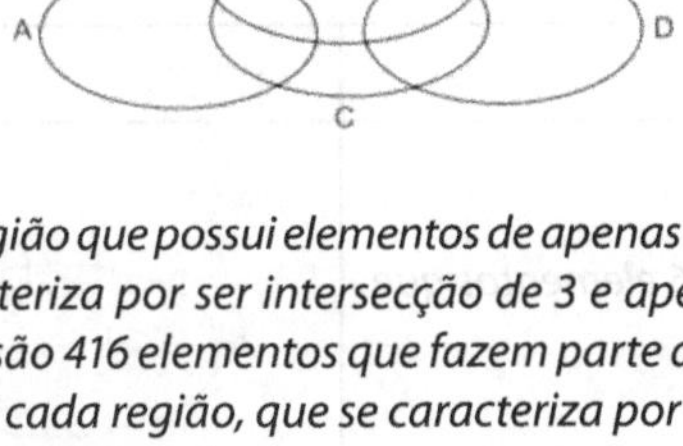

Nesse diagrama lógico, cada região que possui elementos de apenas 1 conjunto possui 24 elementos, e em cada região que se caracteriza por ser intersecção de 3 e apenas 3 conjuntos possui 40 elementos. Sabe-se que, no total, são 416 elementos que fazem parte desse diagrama e que o número de elementos que pertencem a cada região, que se caracteriza por ser intersecção de 2 e apenas 2 conjuntos, é igual entre si. E esse número é

(A) 40.

(B) 36.

(C) 48.

(D) 60.

(E) 80.

▶ Comentários

A Vunesp, nesta questão recente, resolveu inovar ao apresentar a diagramação com os conjuntos com as respectivas intersecções entre 3 conjuntos e entre 2 conjuntos.

Na segunda parte do enunciado o examinador passa a descrever as quantidades de elementos a serem alocados nos diagramas. Essa parte faremos de forma detalhada.

Enunciado	Diagrama
Nesse diagrama lógico, cada região que possui elementos de apenas 1 conjunto possui 24 elementos	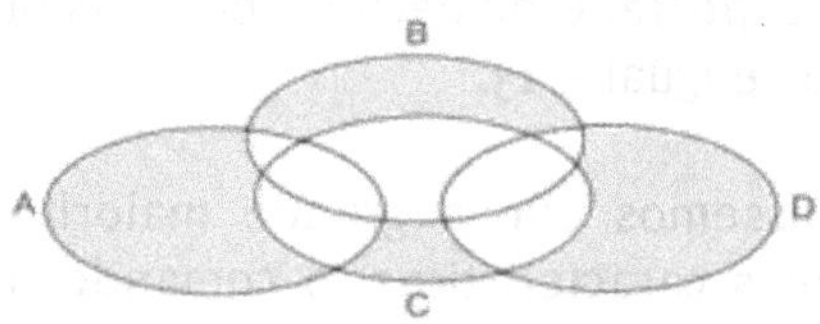

Como foi dito que a quantidade de elementos de cada uma dessas regiões é igual a 24, o somatório (regiões marcadas) será igual a 96 e corresponde a quantidade de elementos com as posições definidas no diagrama.

Enunciado	Diagrama
em cada região que se caracteriza por ser intersecção de 3 e apenas 3 conjuntos possui 40 elementos	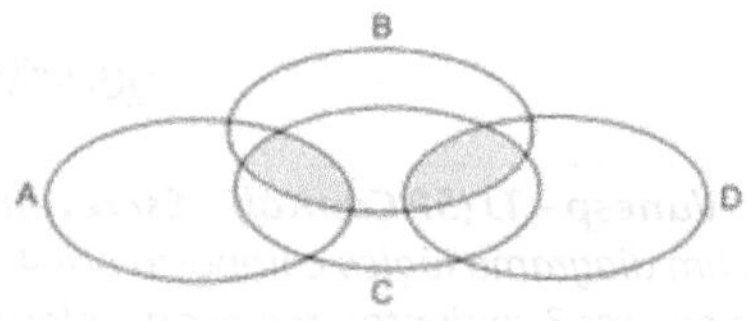

São duas regiões em destaque com intersecções de 3 e apenas 3 conjuntos e cada uma com 40 elementos, portanto, são outros 80 elementos com as posições definidas no diagrama.

Enunciado	Diagrama
Sabe-se que, no total, são 416 elementos que fazem parte desse diagrama	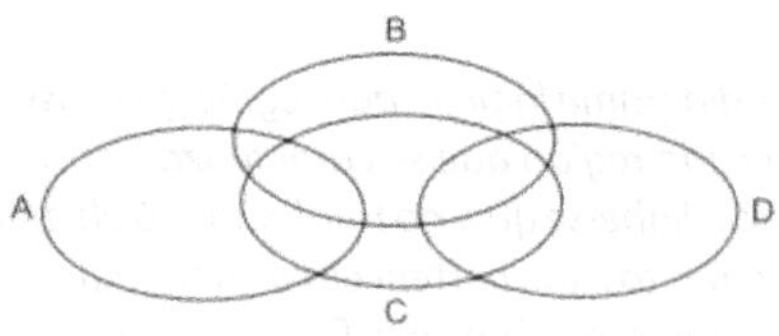

Neste último diagrama não há região em destaque, isso porque o total de 416 elementos está distribuído por todo o diagrama.

O enunciado segue com o questionamento que devemos responder: "*o número de elementos que pertencem a cada região, que se caracteriza por ser intersecção de 2 e apenas 2 conjuntos, é igual entre si*".

Observação	Diagrama
Em destaque as regiões que apresentam intersecção de 2 e apenas 2 conjuntos. Estas áreas são o complemento do diagrama, se considerarmos os dois diagramas no início da resolução.	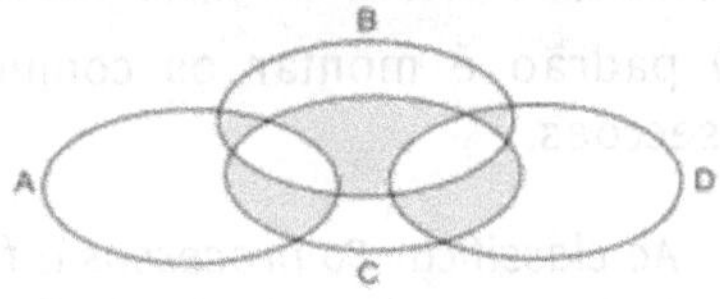

Por ser uma área complementar, para saber o total de elementos aqui alocados faremos a diferença entre o total de elementos (416) menos o somatório das outras duas regiões (96 e 80 elementos). A diferença é igual a 240.

Retomando esta parte do enunciado, "*o número de elementos que pertencem a cada região, que se caracteriza por ser intersecção de 2 e apenas 2 conjuntos, é igual entre si*", entendemos que a quantidade de elementos igual a 240 e está distribuída igualmente entre cada uma das regiões que caracteriza as intersecções de 2 conjuntos (último diagrama).

A divisão igualitária entre as 5 regiões revela que cada uma delas tem 48 elementos.

Resposta: Cada uma das intersecção com 2 e apenas 2 conjuntos tem 48 elementos.

Gabarito: C

Como dissemos, a Vunesp alterou a maneira usual para formular este tipo de questão, entretanto, a resolução segue com a mesma peculiaridade, trabalhar com os conjuntos e suas intersecções.

QUESTÃO PASSO A PASSO

154. ***(Cespe/Cebraspe – TRT (PA e AP) 8ª Região – Técnico Judiciário Área Administrativa – 2023)*** *Ao classificar 80 processos a fim de distribuí-los às áreas competentes para tratamento, um técnico judiciário verificou que, devido aos diversos critérios de classificação, 45 dos processos poderiam ser distribuídos ao setor A, 55 ao setor B e 15 a nenhum desses dois setores.*

Na situação hipotética precedente, a quantidade de processos que poderiam ser distribuídos a qualquer um dos setores A ou B é igual a

(A) 10.

(B) 30.

(C) 35.

(D) 40.

(E) 65.

▶ Comentários

Apesar de relativa simplicidade, chegaremos ao resultado desejado com poucas operações, mesmo assim, sugerimos manter o padrão de resolução. Isso vai dar mais consistência a sua preparação e você estará apto a resolver qualquer questão deste tipo, desde as mais fáceis até as mais difíceis.

O padrão é montar os conjuntos, considerar as suas áreas e as suas intersecções.

- *Ao classificar 80 processos a fim de distribuí-los às áreas competentes para tratamento, um técnico judiciário verificou que, devido aos diversos critérios de classificação, 45 dos processos poderiam ser distribuídos ao setor A, 55 ao setor B e 15 a nenhum desses dois setores.*

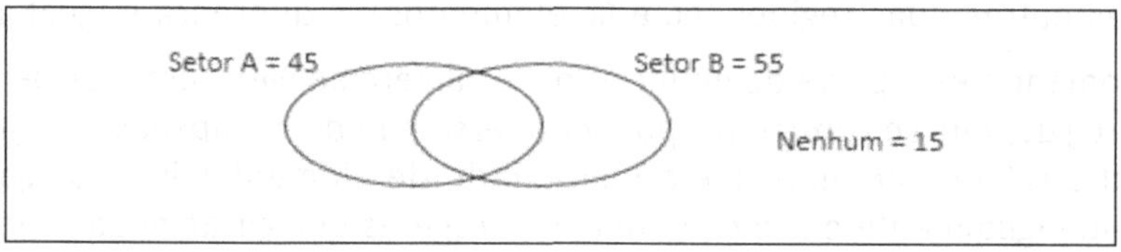

As operações, como dito, são simples, e com o desenho, fica mais simples ainda.

De um total de 80 processos, 15 não podem ser distribuídos para o setor A, tão pouco para o setor B, logo, estamos falando de 65 processos a serem distribuídos.

Se a informação é que para o setor A são 45 e para o setor B outros 55 processos, totalizando 100 processos, é certo que houve contagem em duplicidade.

A duplicidade (100 – 65 = 35) é exatamente igual ao número de processos possíveis de serem classificados em qualquer um dos dois setores.

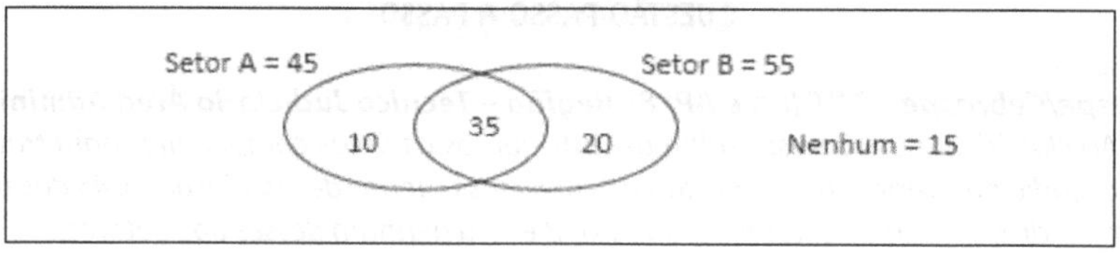

Somadas cada uma das quantidade, 10 + 35 + 20 + 15, encontramos o número total de processos, igual a 80.

Resposta: A quantidade de processos que poderiam ser distribuídos a qualquer um dos setores A ou B é igual a 35.

Gabarito: C

QUESTÃO PASSO A PASSO

155. ***(Vunesp – TJ (SP) – Escrevente Técnico Judiciário – 2023)*** *Três conjuntos: I, II e III formam um diagrama lógico com a seguinte disposição:*

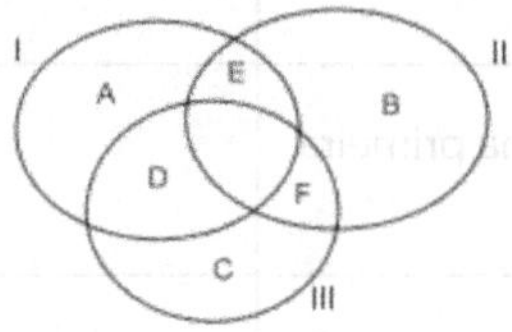

As regiões A, D e E são regiões do conjunto I. As regiões B, E e F são regiões do conjunto II. As regiões C, D e F são regiões do conjunto III. As letras representam o número de elementos da região na qual a letra está inserida. A intersecção simultânea dos três conjuntos não possui elementos. A união dos três conjuntos possui 55 elementos, e sabe-se que:

- A + B = 23
- A + C = 26
- B + C = 25

A região D tem um elemento a mais que a região E, que, por sua vez, tem um elemento a mais que a região F. Sendo assim, é correto afirmar que o conjunto que tem mais elementos supera o conjunto com o menor número de elementos em

(A) 2 elementos.
(B) 3 elementos.
(C) 4 elementos.
(D) 1 elemento.
(E) 5 elementos.

▶ **Comentários**

O diagrama é conhecido e sobre ele foram dadas as seguintes informações sobre a intersecção e união dos três conjuntos:

- *A intersecção simultânea dos três conjuntos não possui elementos. A união dos três conjuntos possui 55 elementos*

  o I ∩ II ∩ III = 0

  o I ∪ II ∪ III = 55

Na sequência temos informações sobre algumas regiões dos conjuntos cujas características nos condicionam a aplicar as operações básicas da matemática.

- A + B = 23 ou B = 23 - A
- A + C = 26 ou C = 26 - A
- B + C = 25

Vamos resolver as equações matemáticas pelo método da substituição.

Substituir as referências das duas primeiras equações na terceira	$B + C = 25$ $(23 - A) + (26 - A) = 25$ $2A = 49 - 25$ $A = 12$
Substituir o valor de A na primeira equação	$B = 23 - A$ $B = 23 - 12$ $B = 11$
Substituir o valor de A na segunda equação	$C = 26 - A$ $C = 26 - 12$ $C = 14$

Por ora, o diagrama está assim:

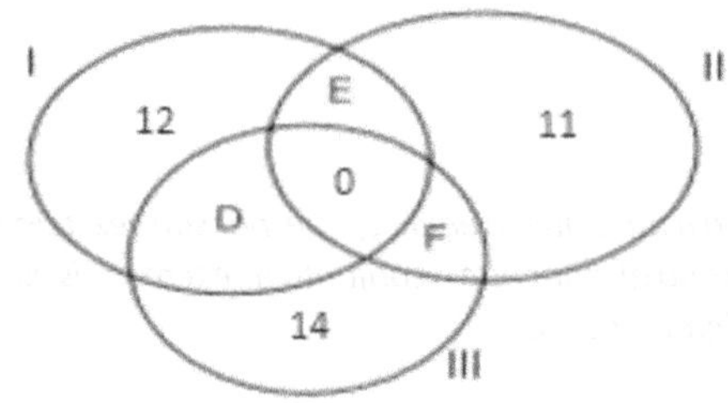

Restam as regiões D, E e F sobre as quais foi dito que:

- *A região D tem um elemento a mais que a região E*

  o $D = E + 1$

- *A região E, que, por sua vez, tem um elemento a mais que a região F*

  o $E = F + 1$

Voltando para a matemática e aproveitando outra informação vista no início da resolução "I ∪ II ∪ III = 55" temos:

Equações	$I \cup II \cup III = 55$ ou $A + B + C + D + E + F = 55$ $D = E + 1$ $E = F + 1$

Trabalhando com as duas últimas equações:

Substituir o valor de E	$D = E + 1$ $D = (F + 1) + 1$ $D = F + 2$

Agora com a união dos três conjuntos.

Substituir os valores conhecidos	A + B + C + D + E + F = 55 12 + 11 + 14 + (F + 2) + (F + 1) + F = 55 3F = 55 – 40 F = 5
Substituir o valor de F nas outras equações	D = F + 2 = 5 + 2 = 7 E = F + 1 = 5 + 1 = 6

Está completo o diagrama.

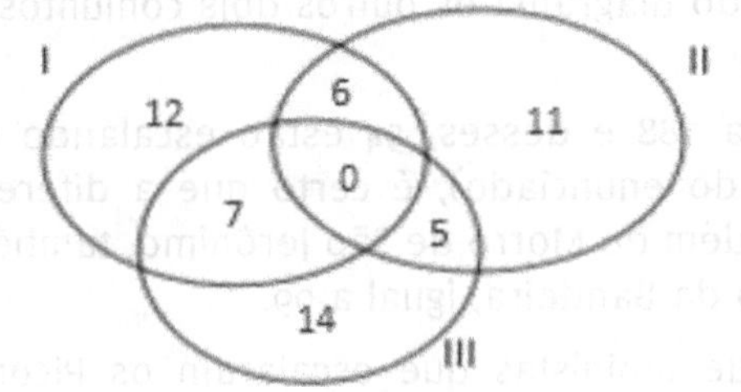

Conjunto I = 12 + 6 + 7 = 25
Conjunto II = 6 + 11 + 5 = 22
Conjunto III = 7 + 5 + 14 = 26

Resposta: O conjunto III tem mais elementos, igual a 26 e supera o conjunto II, com 4 elementos a menos, igual a 22.

Gabarito: C

Aqui sim a Vunesp nos obrigou a lançar mão da matemática, entretanto, foram operações e equações simples, bastando um pouco de interpretação das informações dadas e atenção na estruturação para a resolução da questão.

Enfim, uma boa questão para valorizar o candidato que está preparado.

QUESTÃO RÁPIDA

156. ***(FCC – TRT (RO e AC) 14ª Região – Analista Judiciário Área Administrativa – 2022)*** *Um grupo de 188 alpinistas conversa no topo do Morro de São Jerônimo. Desses montanhistas, 37 já escalaram o Pico da Neblina e 99 já escalaram o Pico da Bandeira. Se para 54 pessoas desse grupo é a primeira escalada que fazem, o número desses alpinistas que já escalaram o Morro de São Jerônimo, o Pico da Neblina e o Pico da Bandeira é*

(A) 2

(B) 5

(C) 4

(D) 3

(E) 6

► **Comentários**

A construção do enunciado é bem interessante, o que nos leva a um diagrama diferente do convencional.

Enunciado	Diagrama
Um grupo de 188 alpinistas conversa no topo do Morro de São Jerônimo. Desses montanhistas, 37 já escalaram o Pico da Neblina e 99 já escalaram o Pico da Bandeira	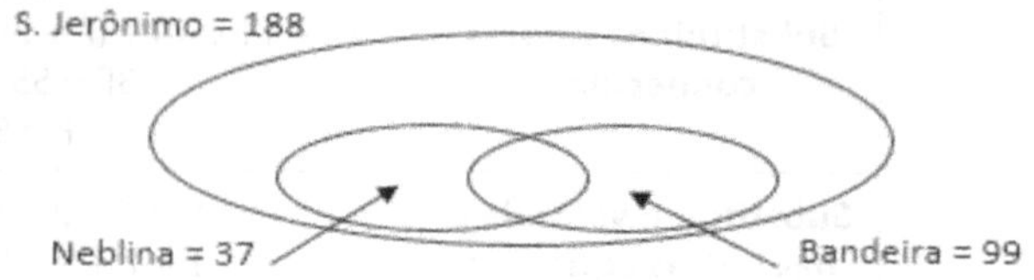

Estamos falando de alpinistas que se encontram no topo do Morro de São Jerônimo, por isso, na configuração do diagrama os outros dois conjuntos são internos a este conjunto.

Se o total de alpinista é igual a 188 e desses, 54 estão escalando pela primeira vez (informação seguinte do enunciado), é certo que a diferença, igual a 134 alpinistas, já escalaram, além do Morro de São Jerônimo, também o Pico da Neblina, igual a 37, ou o Pico da Bandeira, igual a 99.

O somatório das quantidades de alpinistas que escalaram os Picos da Neblina e da Bandeira (37 + 99) é igual a 136, ou seja, duas unidades a mais que a diferença apurada no parágrafo anterior.

A diferença (136 - 134 = 2) deve-se a soma em duplicidade daqueles que escalaram os dois Picos, além do Morro de São Jerônimo. Esta é a resposta para a questão.

Mas, antes de finalizar, veja o diagrama completo.

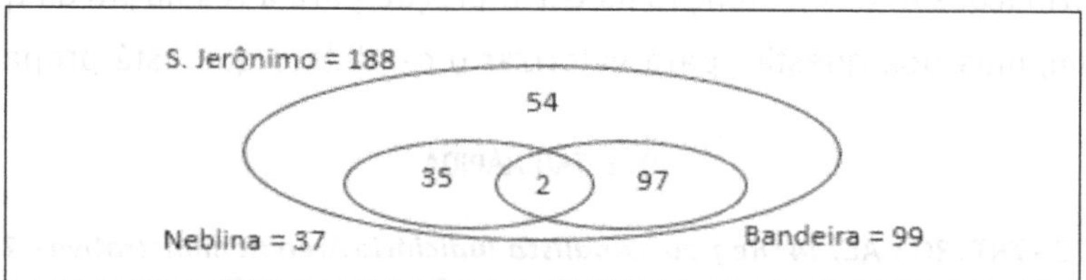

Resposta: O número de alpinistas que já escalaram o Morro de São Jerônimo, o Pico da Neblina e o Pico da Bandeira é igual a 2.

Gabarito: A

QUESTÃO RÁPIDA

157. ***(FCC – TRT (PI) 22ª Região – Técnico Judiciário Tecnologia da Informação – 2022)*** *Em uma festa com 80 pessoas serão servidos dois pratos quentes, massa ou carne. Todos os convidados gostam de ao menos um dos pratos. Dos 80 convidados, 45 gostam de massa e 52 gostam de carne. O número de convidados que gostam dos dois pratos é*

(A) 15.

(B) 17.

(C) 16.

(D) 14.

(E) 22.

▶ **Comentários**

Sabemos que:

Enunciado	Diagrama
Em uma festa com 80 pessoas serão servidos dois pratos quentes, massa ou carne.	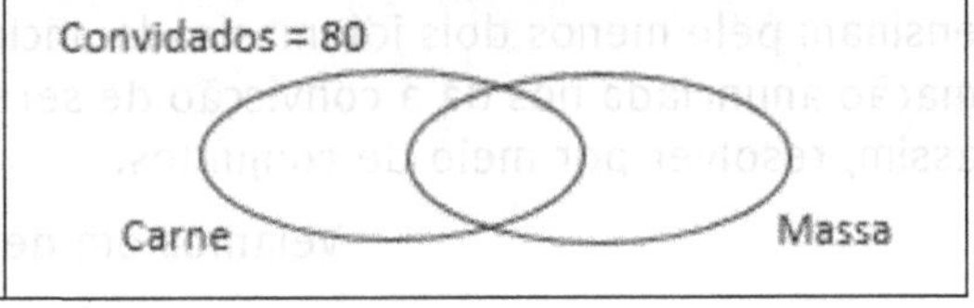

Desses 80 convidados foi dito que:

Enunciado	Diagrama
Todos os convidados gostam de ao menos um dos pratos. Dos 80 convidados, 45 gostam de massa e 52 gostam de carne.	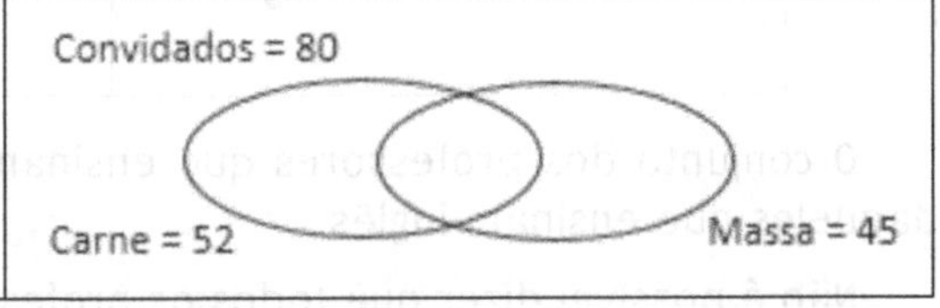

Considerando que todos os convidados gostam de ao menos um dos pratos e que o somatório daqueles que gostam de carne com os que gostam de massa (52 + 45 = 97) é maior que a quantidade de convidados, a diferença (97 - 80 = 17) corresponde a soma em duplicidade, ou seja, os mesmos convidados que gostam tanto de carne como de massa.

Resposta: O número de convidados que gostam dos dois pratos é igual a 17.

Gabarito: B

Apesar de respondida a questão, veja o diagrama completo.

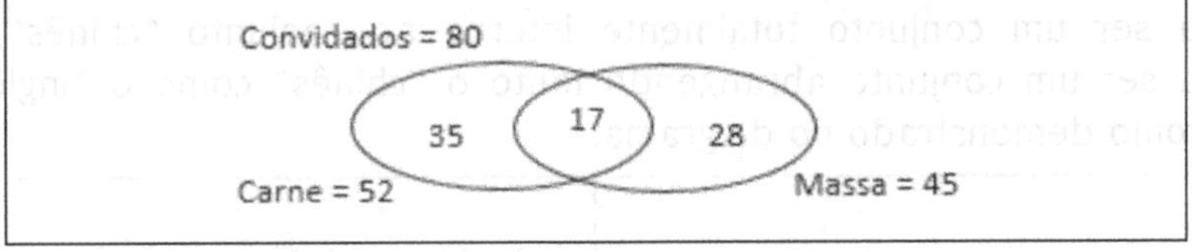

QUESTÃO PASSO A PASSO

158. ***(FCC – TRT (RS) 4ª Região – Analista Judiciário Área Judiciária – 2022)*** *Em determinada escola de línguas, todos os professores que ensinam chinês ensinam, também, inglês. Nessa escola há, pelo menos, um professor que ensina alemão e chinês, e há, pelo menos, um professor que ensina francês e inglês. É correto afirmar que, nessa escola de línguas, necessariamente,*

(A) *todos os professores que ensinam inglês ensinam, também, francês.*

(B) *todos os professores que ensinam alemão ensinam, também, inglês.*

(C) *há, pelo menos, um professor que ensina alemão e francês.*

(D) *há, pelo menos, um professor que ensina francês e chinês.*

(E) *há, pelo menos, um professor que ensina inglês e alemão.*

▶ **Comentários**

Na escola de línguas descrita no enunciado aparentemente os professores ensinam pelo menos dois idiomas cada. Inclusive, a forma com que cada informação anunciada nos dá a convicção de serem proposições categóricas, sendo assim, resolver por meio de conjuntos.

Vejamos em detalhe.

Todos os professores que ensinam chinês ensinam, também, inglês.

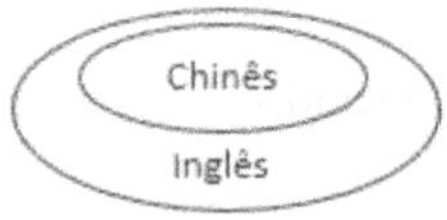

O conjunto dos professores que ensinam chinês está contido no conjunto daqueles que ensinam inglês.

Não é possível dizer que todos os professores de inglês ensinam, também, chinês, o que é visualmente comprovado no diagrama.

Nessa escola há, pelo menos, um professor que ensina alemão e chinês.

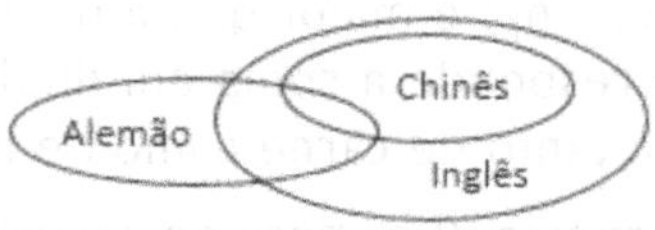

Cuidado, não conhecemos a dimensão do conjunto dos professores de alemão, apenas que há no mínimo 1 que ensina alemão e chinês. Portanto, poderia ser um conjunto totalmente interno ao conjunto "chinês", como poderia ser um conjunto abrangendo tanto o "chinês" como o "inglês", ou ainda como demonstrado no diagrama.

E há, pelo menos, um professor que ensina francês e inglês.

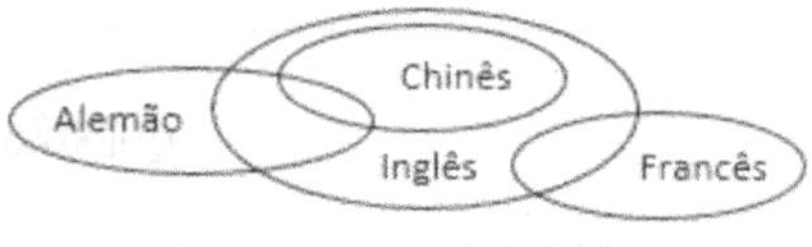

Vale também a informação quanto a dimensão do conjunto "francês". Certo é que deve haver intersecção entre "francês" e "inglês", mas pode não ser só isso, por exemplo:

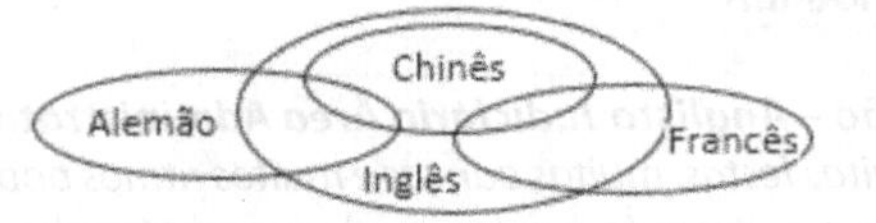

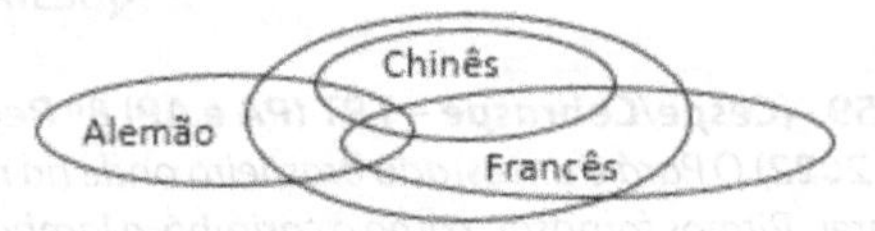

Enfim, estamos prontos para as alternativas.

A) todos os professores que ensinam inglês ensinam, também, francês.

Nem todos.

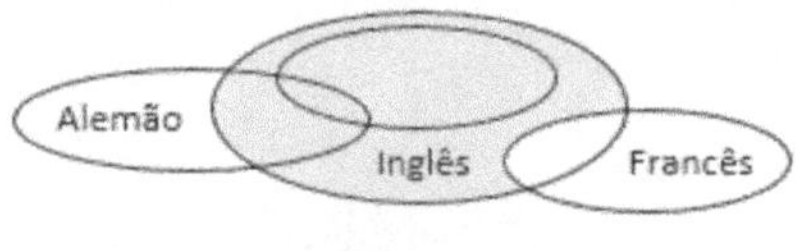

B) todos os professores que ensinam alemão ensinam, também, inglês.

Nem todos.

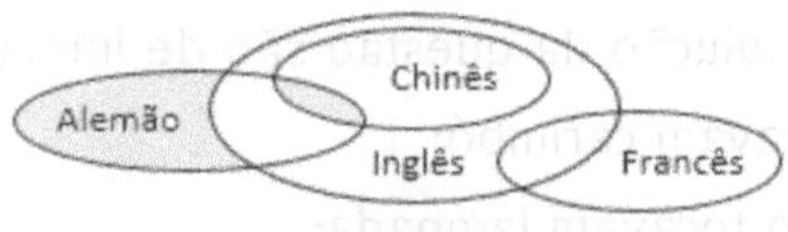

C) há, pelo menos, um professor que ensina alemão e francês.

Pode ser que sim, mas isso não é certeza, mesmo porque formulamos outro diagrama sem essa hipótese.

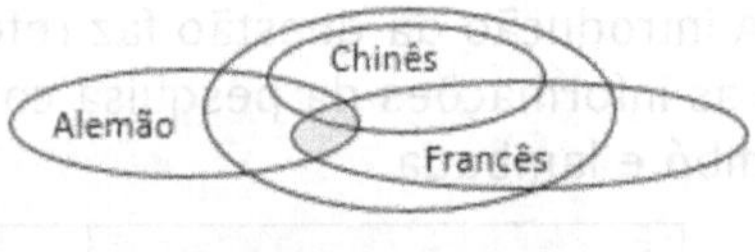

D) há, pelo menos, um professor que ensina francês e chinês.

Pode ser que sim, mas isso não é certeza conforme diagrama ao lado.

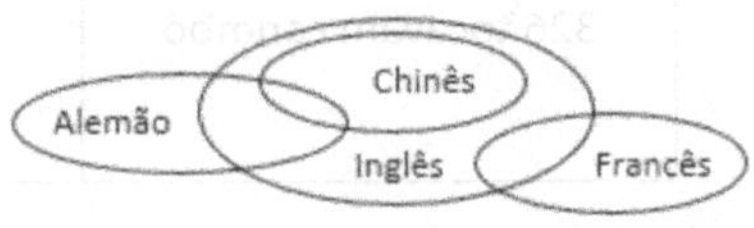

E) há, pelo menos, um professor que ensina inglês e alemão.

Perfeito, porque pelo menos 1 professor ensina alemão e chinês, se ensina chinês também ensina inglês.

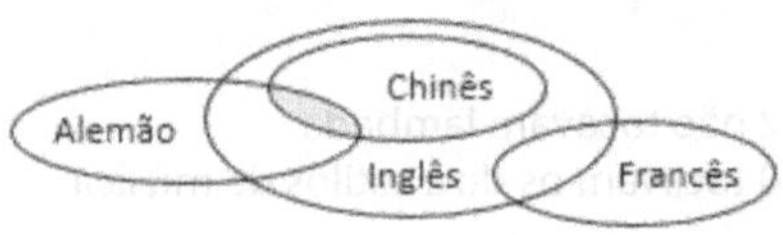

Gabarito: E

QUESTÃO RÁPIDA

159. ***(Cespe/Cebraspe – TRT (PA e AP) 8ª Região – Analista Judiciário Área Administrativa – 2022)*** *O Pará é um estado brasileiro onde há muitas festas, muitas danças e muitos ritmos populares. Ritmos famosos, como o carimbó, a lambada, a guitarrada, o calypso, o brega e o tecnobrega paraenses, fazem a alegria dos locais e dos turistas que visitam essa região. Uma pesquisa feita com vários grupos musicais que atuam nas grandes cidades do Pará revelou que, entre esses grupos musicais, 326 tocavam carimbó, 182 não tocavam lambada, 190 tocavam esses dois estilos de música e 148 tocavam apenas um desses dois estilos de música. Tendo em vista essas informações, é correto afirmar que o número de grupos musicais que participaram dessa pesquisa está entre*

(A) 200 e 260.

(B) 260 e 320.

(C) 320 e 380.

(D) 380 e 440.

(E) 440 e 500.

▶ Comentários

Para a resolução da questão são de interesse as seguintes informações.

- 326 tocavam carimbó;
- 182 não tocavam lambada;
- 190 tocavam esses dois estilos de música; e
- 148 tocavam apenas um desses dois estilos de música.

A introdução da questão faz referência a vários ritmos populares do Pará, mas as informações da pesquisa com grupos musicais limitaram-se aos ritmos carimbó e lambada.

Informação de interesse	Diagrama
326 tocavam carimbó	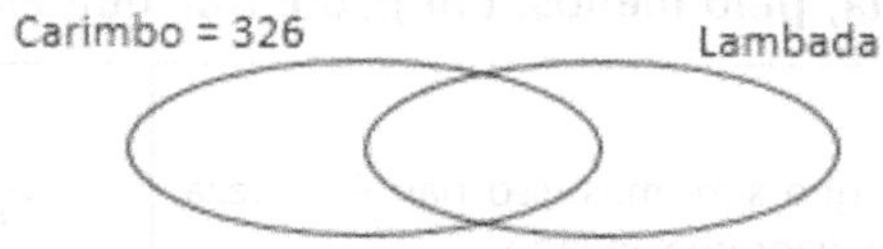

Seguimos com as duas informações seguintes.

Informações de interesse	Diagrama
182 não tocavam lambada 190 tocavam os dois estilos de música	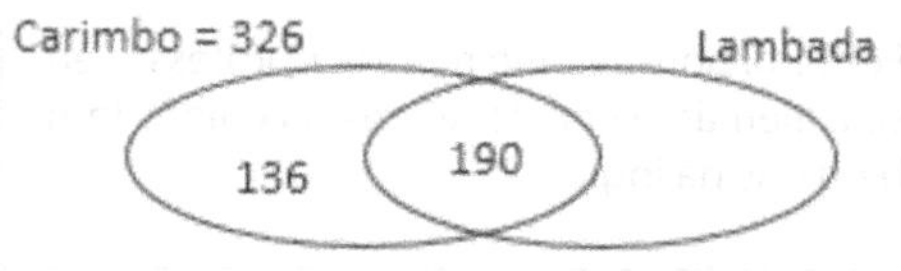

Sendo 190 os grupos que tocam ambos os ritmos, concluímos que 136 tocam apenas carimbo (326 - 190 = 136).

Partindo da informação de que 182 não tocam lambada e desses 136 tocam carimbó, a diferença (182 - 136 = 46) corresponde àqueles que não tocam nenhum desses dois ritmos.

Finalmente.

Informação de interesse	Diagrama
148 tocavam apenas um desses dois estilos de música	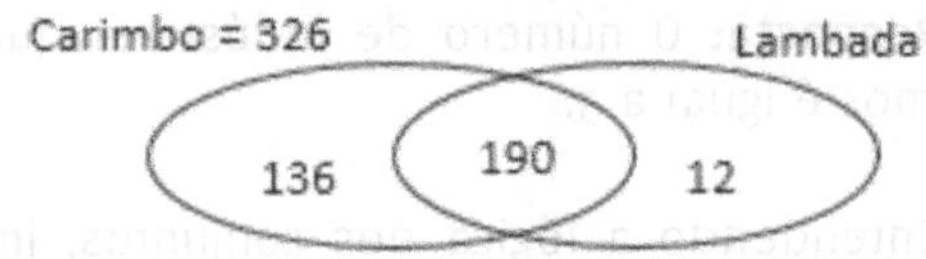

Sabendo que 136 tocam apenas carimbó, é certo que outros 12 conjuntos tocam apenas lambada.

Lembrando que 46 conjuntos pesquisados não tocam nenhum desses dois ritmos, somados aos que declararam tocar pelo menos um deles (136 + 190 + 12), o total pesquisado é igual a 384.

Resposta: O número de grupos musicais que participaram dessa pesquisa é igual a 384 e está entre 380 a 440.

Gabarito: D

QUESTÃO RÁPIDA

160. ***(FCC – TRT (MT) 23ª Região – Técnico Judiciário Tecnologia da Informação – 2022)*** *Em uma pesquisa com 30 indústrias farmacêuticas sobre os tipos de insumos utilizados na produção de um determinado remédio, verificou-se que elas usam no máximo 2 tipos de insumos. Dentre as 30 indústrias pesquisadas, 16 usam insumo tipo A, 9 usam insumo tipo B e 8 usam insumo tipo C. O número de indústrias que usam exatamente dois tipos de insumos é*

(A) 3

(B) 6

(C) 4

(D) 5

(E) 2

▶ Comentários

Considerando:

- 30 Indústrias farmacêuticas pesquisadas.
- Máximo 2 insumos para a produção do medicamento.
- Insumo A = 16.

- Insumo B = 9.
- Insumo C = 8.

O somatório dos insumos A, B e C é igual a 33, sabendo que 30 indústrias foram pesquisadas e que nenhuma delas usa mais do que dois insumos, a diferença (33-30=3) é o somatório, em duplicidade, de insumos, ou seja, necessariamente, temos 3 unidades de insumos adicionais ao número de indústrias, assim foram 3 indústrias que usaram dois insumos na produção do remédio.

Resposta: O número de indústrias que usam exatamente dois tipos de insumos é igual a 3.

Gabarito: A

Entendendo a lógica dos conjuntos, inclusive as suas intersecções, você será capaz de resolver rapidamente uma questão como esta, mas lembre-se, há necessidade de conhecer o assunto e treino, muito treino com a resolução de questões de provas de concursos anteriores da área de interesse.

Se desenhássemos o diagrama, teríamos:

Observações	Diagrama
Face à limitada quantidade de informação, a melhor representação seria este diagrama em cujas áreas marcadas estarão as 3 empresas que usam dois insumos.	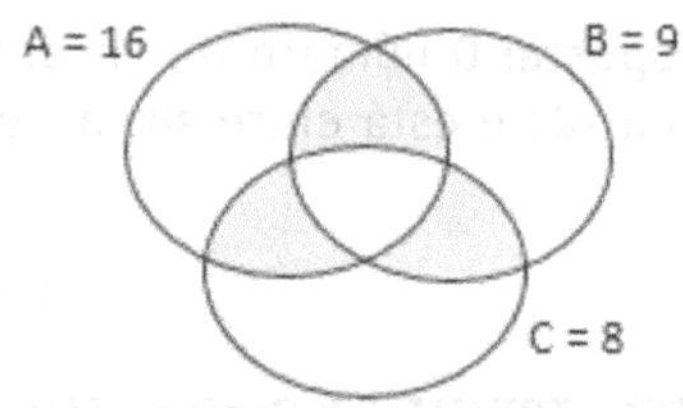

A seguir uma hipótese por nós criada (não disponível no enunciado).

Observações	Diagrama
Duas empresas usam os insumos A e B. Uma empresa usa os insumos A e C.	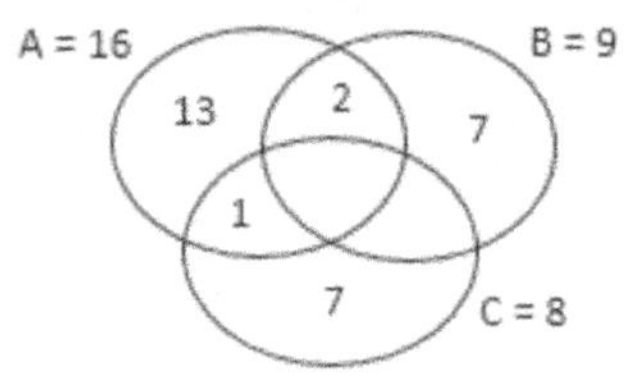

Ressaltamos, esta parte final é apenas ilustrativa, não consta no enunciado, visa a melhora do estudo e aprimoramento do seu conhecimento.

QUESTÃO PASSO A PASSO

161. ***(FCC – TRT (BA) 5ª Região – Técnico Judiciário Agente da Polícia Judicial – 2022)*** *Uma pesquisa em um grupo de 25 estudantes constatou que 15 deles gostam de assistir jogos de futebol pela televisão, 12 gostam de assistir jogos de tênis e 10 gostam de assistir jogos de futebol e de tênis. O número de alunos dessa classe que não gostam de assistir jogos de futebol ou tênis é:*

(A) 5

(B) 6

(C) 7

(D) 8

(E) 10

▶ **Comentários**

O texto do enunciado discorre sobre um grupo de 25 estudantes dos quais: parte gosta de assistir futebol pela televisão, outros assistem tênis e, ainda, há aqueles que gostam de assistir ambos.

Esse é o típico enredo de questões cuja resolução mais recomendada é por meio dos conjuntos, sendo cada um representando um grupo, no caso, preferência de programa para assistir pela televisão.

As informações sobre os 25 estudantes a serem tratadas juntamente com os conjuntos são:

Enunciado	Diagrama
15 deles gostam de assistir jogos de futebol pela televisão, 12 gostam de assistir jogos de tênis e 10 gostam de assistir jogos de futebol e de tênis.	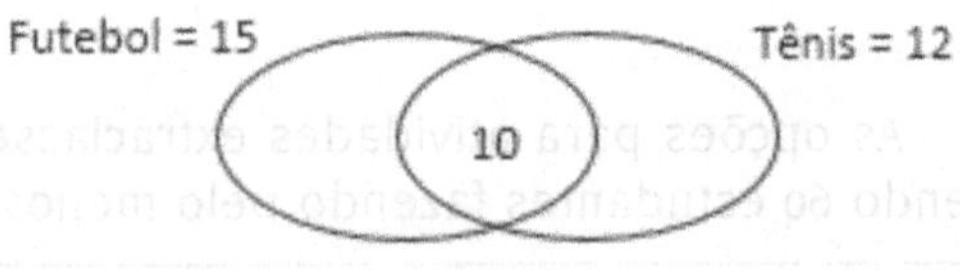

Para completar o diagrama, veja que o grupo daqueles que gostam de assistir futebol é composto por 15 estudantes, dos quais 10, além de futebol, gostam de assistir tênis. Daí, restam outros 5 que se dedicam apenas a assistir futebol.

O mesmo raciocínio vale para os estudantes que gostam de assistir tênis.

Observação	Diagrama
Assistem apenas futebol: 15 – 10 = 5. Assistem apenas tênis: 12 – 10 = 2	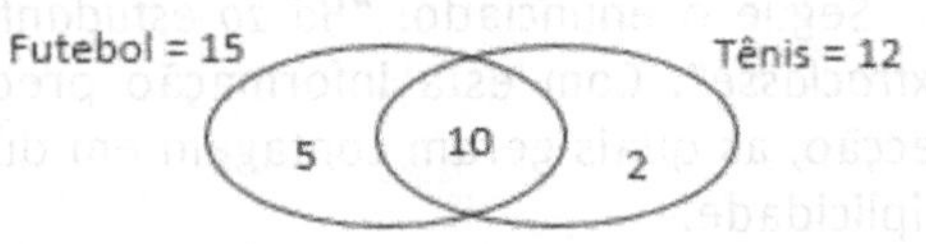

Temos as quantidades de estudantes que assistem televisão, seja futebol ou mesmo tênis, entretanto, fazendo o somatório (5 + 10 + 2) observamos serem 17 estudantes representados no diagrama.

Acontece que a diferença entre o número total de estudantes pesquisados e o número total de estudantes que declararam assistir um dos dois programas na televisão (25 - 17 = 8) é exatamente a quantidade de estudantes que não gostam de assistir jogos de futebol nem de tênis pela televisão.

Resposta: O número de alunos que não gostam de assistir jogos de futebol ou tênis é igual a 8.

Gabarito: D

QUESTÃO RÁPIDA

162. ***(FCC – TJ (CE) – Analista Judiciário Ciência da Computação – 2022)*** *Em uma escola, os estudantes podem escolher como atividade extraclasse aulas de pintura, cerâmica ou capoeira. Sessenta estudantes estão fazendo pelo menos uma atividade extraclasse. Há 34 estudantes fazendo pintura, 24 fazendo cerâmica e 30 fazendo capoeira. Há 20 estudantes que fazem pelo menos 2 atividades extraclasse. O número de estudantes que fazem três atividades extraclasse é*

(A) 8.

(B) 6.

(C) 4.

(D) 7.

(E) 3.

▶ Comentários

As opções para atividades extraclasse são pintura, cerâmica ou capoeira, sendo 60 estudantes fazendo pelo menos uma dessas atividades e:

Enunciado	Diagrama
Há 34 estudantes fazendo pintura, 24 fazendo cerâmica e 30 fazendo capoeira.	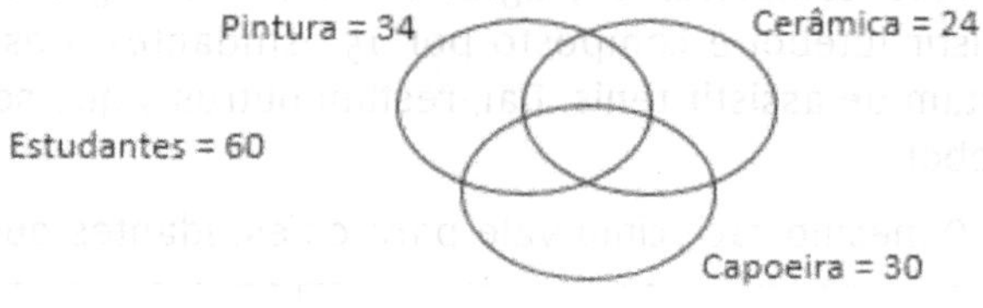

Segue o enunciado: *"Há 20 estudantes que fazem pelo menos 2 atividades extraclasse"*. Com esta informação precisamos pensar no conceito de intersecção, as quais geram contagem em duplicidade ou, neste caso, também em triplicidade.

- Vamos chegar na contagem em duplicidade ou triplicidade.

O total de estudantes fazendo atividades extraclasse (34 + 24 + 30) é igual a 88, entretanto, foi dito que o universo é igual a 60 estudantes. Existe uma diferença igual a 28.

Considerando serem 20 estudantes que fazem mais de uma atividade, concluímos que desses 8 (28 - 20) fazem as três atividades e foram triplamente contados.

A questão está respondida, mas vamos ao diagrama.

Observação	Diagrama
8 estudantes fazem as três atividades extraclasse	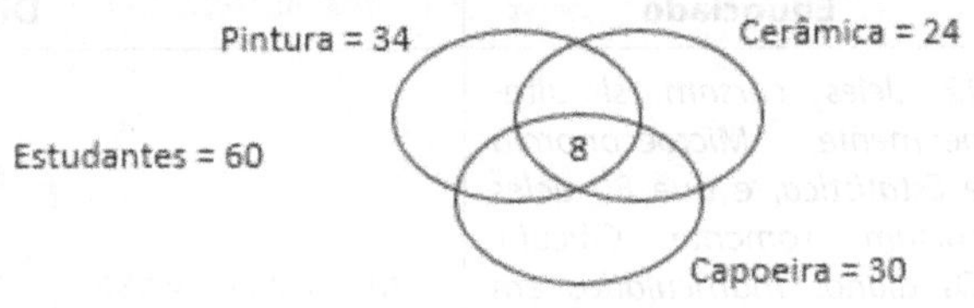

São outros 12 distribuídos nas intersecções entre dois conjuntos, são aqueles que fazem duas atividades extraclasse.

O enunciado não informa, mas faremos uma divisão igualitária apenas para fechar o diagrama.

Observação	Diagrama
12 estudantes fazem duas atividades extraclasse	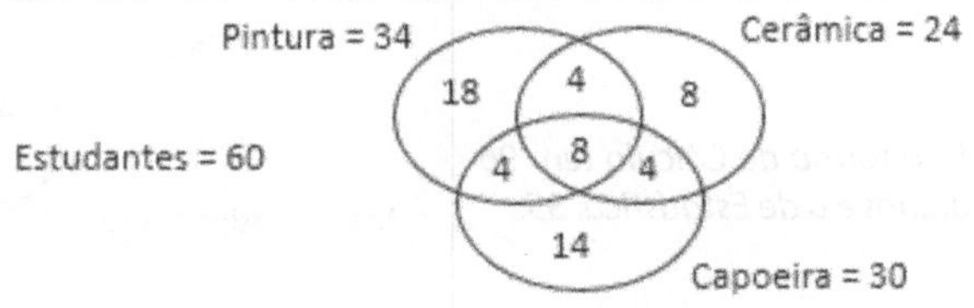

Acima, um exemplo de uma possível configuração que não contradiz o que o enunciado nos informa.

Resposta: O número de estudantes que fazem três atividades extraclasse é igual a 8.

Gabarito: A

QUESTÃO RÁPIDA

163. ***(FCC – TRF 3ª Região – Técnico Judiciário Administrativo – 2019)*** *O número de matriculados nas disciplinas de Cálculo, Estatística e Microeconomia é 150. Sabe-se que 12 deles cursam simultaneamente Microeconomia e Estatística, e que 80 deles cursam somente Cálculo. Os alunos matriculados em Microeconomia não cursam Cálculo. Se a turma de Cálculo tem 96 alunos e a de Estatística, 35, o número de alunos na turma de Microeconomia é*

(A) 12.

(B) 47.

(C) 7.

(D) 28.

(E) 23.

▶ Comentários

Partimos da informação de que são 150 matrículas para as disciplinas de Cálculo, Estatística e Microeconomia, então temos que:

<table>
<tr><th>Enunciado</th><th>Diagrama</th></tr>
<tr><td>12 deles cursam simultaneamente Microeconomia e Estatística, e que 80 deles cursam somente Cálculo. Os alunos matriculados em Microeconomia não cursam Cálculo.</td><td>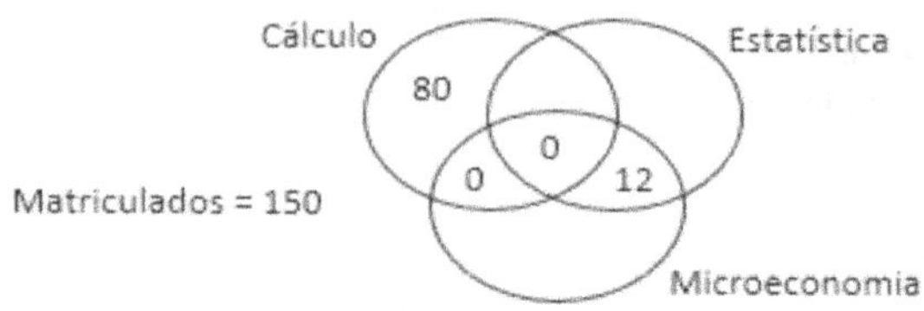
</td></tr>
</table>

Acima, a parte final é indicativo para que a intersecção entre Microeconomia e Cálculo seja igual a zero.

O enunciado segue.

<table>
<tr><th>Enunciado</th><th>Diagrama</th></tr>
<tr><td>Se a turma de Cálculo tem 96 alunos e a de Estatística, 35.</td><td>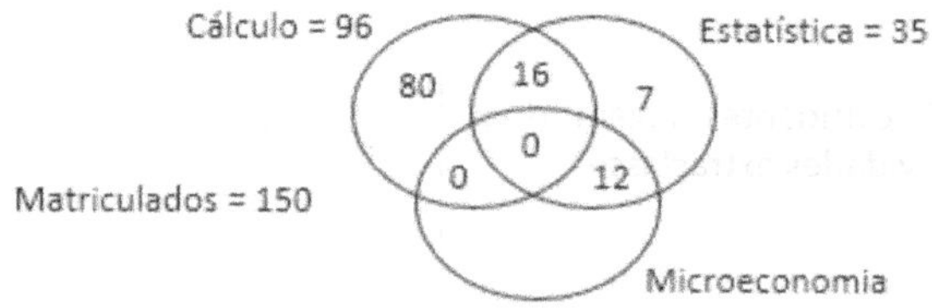
</td></tr>
</table>

O diagrama está praticamente completo, resta encontrar a quantidade matriculada apenas em Microeconomia que é a diferença que falta para completar 150 matriculados.

<table>
<tr><th>Observação</th><th>Diagrama</th></tr>
<tr><td>Por dedução, identificamos serem 35 matriculados apenas em microeconomia e 47 (somado aos 12 que também estão matriculados em Estatística) é o total da disciplina.</td><td>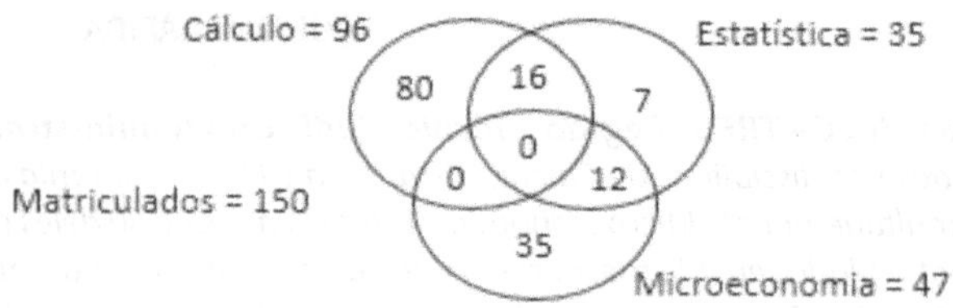
</td></tr>
</table>

Resposta: O número de alunos na turma de Microeconomia é igual a 47.

Gabarito: B

QUESTÃO RÁPIDA

164. ***(FCC – TRT (SP) 2ª Região – Analista Judiciário Área Contábil –2018)*** *Considere os conjuntos, suas respectivas intersecções e a existência de elementos em todas as regiões do diagrama.*

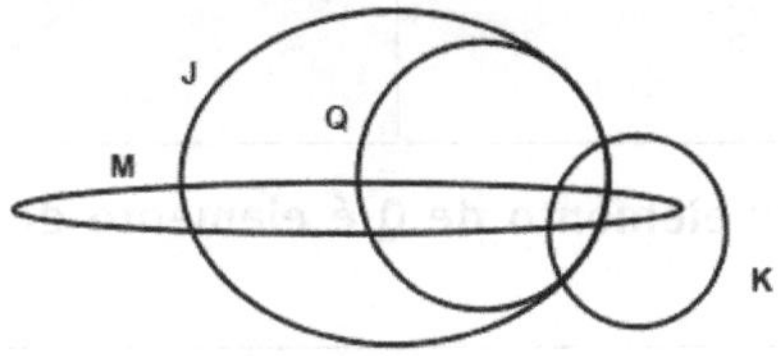

A partir dessas informações é correto concluir que

(A) *qualquer elemento de J que não seja elemento de Q é elemento de M.*

(B) *há elemento de K que, além de ser de K, é também elemento de J, mas apenas de J.*

(C) *os elementos de M, que também são elementos de Q, não são apenas elementos desses dois conjuntos.*

(D) *todo e qualquer elemento de Q é elemento de pelo menos mais dois conjuntos.*

(E) *há elemento de M que seja elemento apenas de M e Q.*

► **Comentários**

A Fundação Carlos Chagas saiu do convencional e apresentou o diagrama pronto para nossa interpretação. Faremos isso comentando cada uma das alternativas.

(A) qualquer elemento de J que não seja elemento de Q é elemento de M.

<table>
<tr><td>Nem todos.</td><td>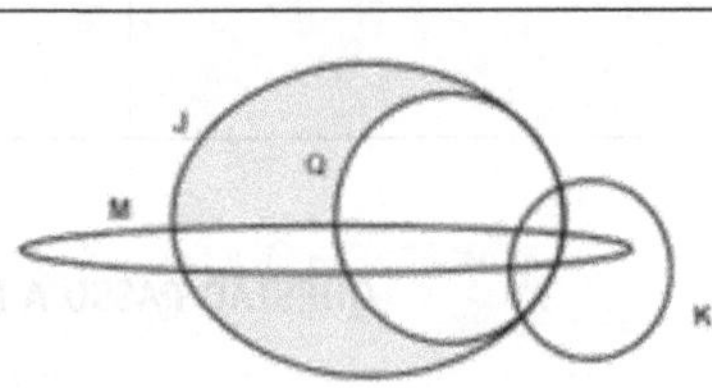
</td></tr>
</table>

(B) há elemento de K que, além de ser de K, é também elemento de J, mas apenas de J.

<table>
<tr><td>Não. O elemento que é K e J será também Q ou ainda Q e M</td><td>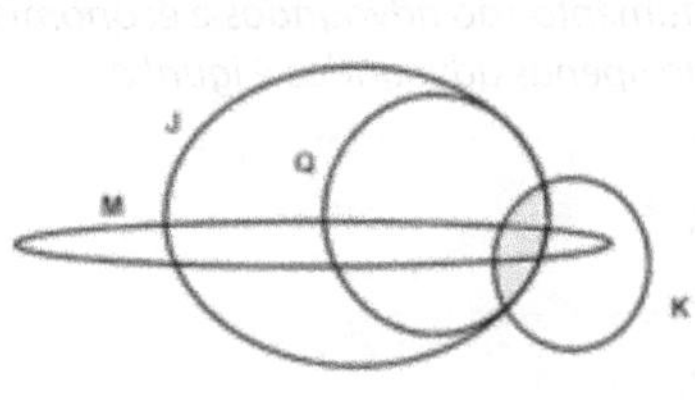
</td></tr>
</table>

(C) os elementos de M, que também são elementos de Q, não são apenas elementos desses dois conjuntos.

Ok. Além de elementos de M e Q, são também elementos de J ou ainda de J e K.	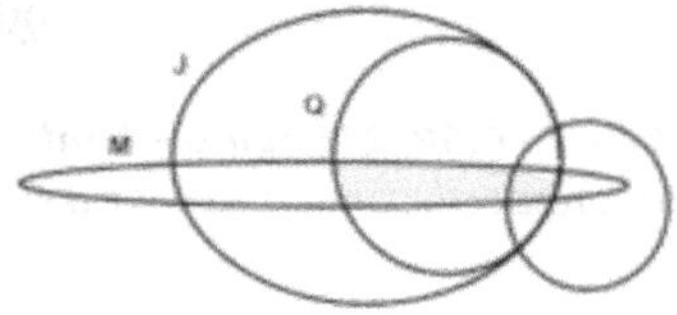

(D) todo e qualquer elemento de Q é elemento de pelo menos mais dois conjuntos.

Há área em que um elemento de Q é também elemento de J e mais nenhum grupo.	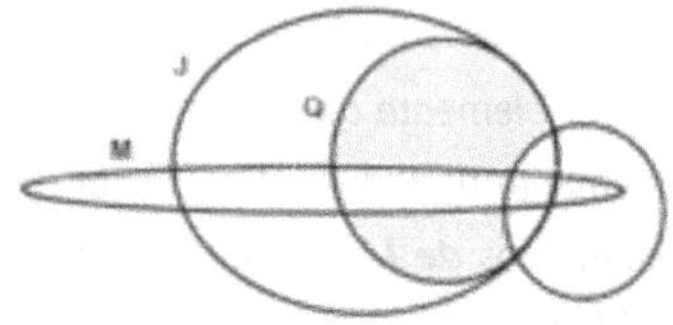

(E) há elemento de M que seja elemento apenas de M e Q.

Não. Ora será elemento de J além de M e Q e ora será também de J e K.	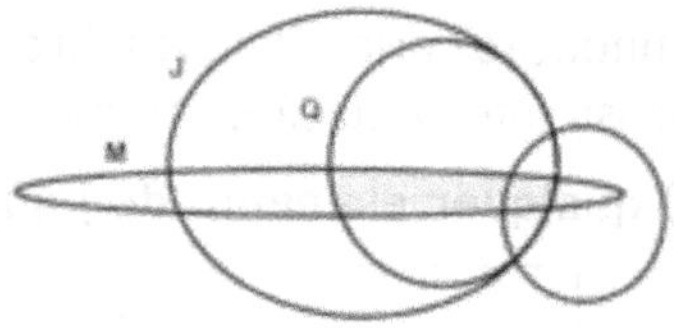

Gabarito: C

QUESTÃO PASSO A PASSO

165. ***(FCC – TRT (PE) 6ª Região – Técnico Judiciário Área Administrativa – 2018)*** *Em um determinado departamento, todos os funcionários são ou advogados, ou economistas, ou advogados e economistas. Sabe-se que 5 funcionários são apenas economistas, e que 15 funcionários são advogados, sendo que parte destes também são economistas. Se 45% dos funcionários desse departamento são advogados e economistas, então o número de funcionários do departamento que são apenas advogados é igual a*

(A) 7.

(B) 8.

(C) 4.

(D) 5.

(E) 6.

▶ Comentários

As opções entre advogados e economistas são perfeitamente representadas por dois conjuntos.

De antemão já vamos dizendo que a questão é fácil, mas aproveitamos para trabalhar dois detalhes importantes para este tipo de questão.

Sabe-se que 5 funcionários são apenas economistas, e que 15 funcionários são advogados, sendo que parte destes também são economistas.

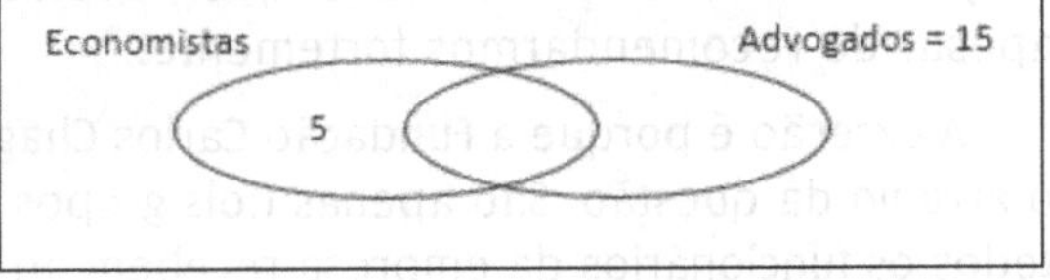

Observação 1

A diferença entre as informações sobre as quantidade de economistas e de advogados, o primeiro diz "apenas" e por essa razão sabemos exatamente a área do diagrama em que eles se encontram. Sobre os advogados foi dito "todos" e, por enquanto, não sabemos quantos deles são apenas advogados e quantos são advogados e economistas.

Se 45% dos funcionários desse departamento são advogados e economistas.

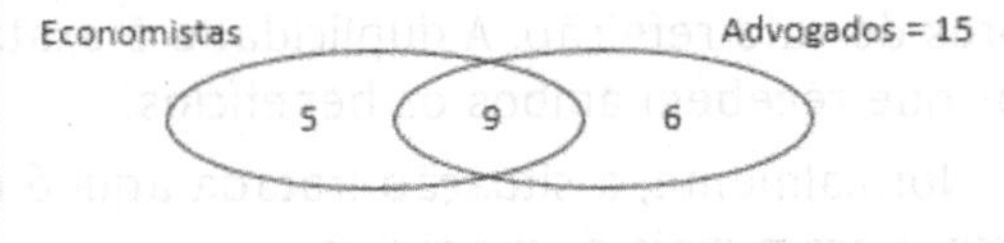

Observação 2

A porcentagem faz referência ao funcionários do departamento e como foi dito só existirem as opções entre advogados e economistas, os números anteriores revelam a quantidade de funcionários do departamento (5 + 15) igual a 20.

Por isso as quantidade 9 (45% de 20 funcionários) e 6 (diferença entre os somente advogados e os advogados e economistas).

Resposta: o número de funcionários do departamento que são apenas advogados é igual a 6.

Gabarito: E

QUESTÃO RÁPIDA

166. ***(FCC – TRT (PE) 6ª Região – Analista Judiciário Área Judiciária – 2018)*** *Em uma empresa com 120 funcionários, 42 recebem vale-transporte e 95 recebem vale-refeição. Sabendo que todos os funcionários da empresa recebem ao menos um desses dois benefícios, o total de funcionários que recebem ambos os benefícios é igual a*

(A) 25.

(B) 17.

(C) 15.

(D) 19.

(E) 20.

► Comentários

Talvez um dos poucos casos de questões que envolvem elementos, conjuntos e suas intersecções que resolveremos sem fazer os desenhos, apesar de recomendarmos fortemente.

A exceção é porque a Fundação Carlos Chagas evitou as nuances cabíveis para o arranjo da questão. São apenas dois grupos de elementos e foi informado que todos os funcionários da empresa recebem ao menos um desses dois benefícios.

No caso concreto, o total de funcionários que recebem ambos os benefícios:

Diferença entre a soma das quantidades dos dois conjuntos em relação ao total de funcionários.	Duplicidade = (42 + 95) - 120 Duplicidade = 137 - 120 Duplicidade = 17

Existe uma dupla contagem daqueles funcionários que se enquadram no grupo dos recebedores de vale-transporte e também no grupo dos recebedores de vale-refeição. A duplicidade é exatamente a quantidade de funcionários que recebem ambos os benefícios.

Normalmente, a situação tratada aqui é parte de questões sobre o mesmo tema, porém mais abrangentes.

Resposta: O total de funcionários que recebem ambos os benefícios é igual a 17.

Gabarito: B

QUESTÃO PASSO A PASSO

167. ***(FCC – TRT (SP) 15ª Região – Analista Judiciário Área Judiciária – 2018)*** *Os 240 formandos de uma faculdade de Direito participaram de uma pesquisa que os inquiria sobre suas pretensões profissionais, de modo que podiam optar por nenhuma, uma ou mais das seguintes possibilidades: trabalhar em um escritório bem estabelecido, ingressar em um cargo público, abrir o próprio escritório. Os dados coletados foram os seguintes:*

- *10% não indicaram nenhuma das possibilidades contidas na pesquisa;*
- *30% almejam ingressar em um cargo público;*
- *50 têm interesse tanto em um cargo público quanto em trabalhar em um escritório bem estabelecido, mas não cogitam abrir seu próprio negócio;*
- *50% têm interesse em trabalhar em um escritório bem estabelecido ou em abrir seu próprio escritório, mas não se interessam por cargos públicos;*
- *20 têm interesse exclusivamente por trabalhar em um escritório bem estabelecido.*

Sendo assim, a quantidade daqueles que, entre esses formandos, têm interesse exclusivo por abrir seu próprio escritório é

(A) 8.

(B) 16.

(C) 24.

(D) 4.

(E) 12.

▶ **Comentários**

O indicativo, logo no começo do enunciado, que nos faz crer que a questão será resolvida por meio de conjuntos é: "*...de modo que podiam optar por nenhuma, uma ou mais das seguintes possibilidades: trabalhar em um escritório bem estabelecido, ingressar em um cargo público, abrir o próprio escritório*".

Aos conjuntos atribuiremos as denominações:

- **Estabelecido** para aqueles que optarem pelo escritório bem estabelecido.
- **Escritório** para os que externaram a preferência por abrir o próprio escritório.
- **Público** para os formando com interesse em ingressar no serviço público.

Montaremos o diagrama com os três conjuntos a medida que analisamos cada informação adicional.

<table>
<tr><td>10% não indicaram nenhuma das possibilidades contidas na pesquisa;</td><td>Nenhuma indicação
240 . 10% = 24</td></tr>
<tr><td>30% almejam ingressar em um cargo público;</td><td>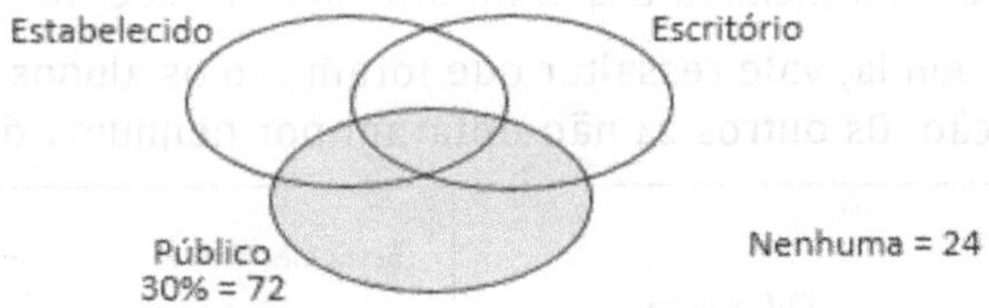
</td></tr>
</table>

Entre os 240 estudantes, 24 não opinaram e 72 indicaram o serviço público.

Por ora não sabemos como estão divididos os 72 interessados em ingressar no serviço público nas áreas do conjunto "público". A certeza é que esta é a quantidade total deste conjunto.

<table>
<tr><td>50 têm interesse tanto em um cargo público quanto em trabalhar em um escritório bem estabelecido, mas não cogitam abrir seu próprio negócio;</td><td>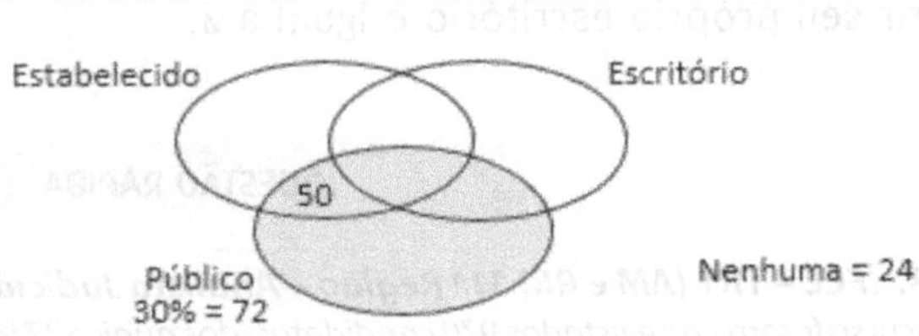
</td></tr>
</table>

Aprimoramos a informação de que 72 alunos indicaram o serviço público. 50 deles, além do serviço público, têm interesse por escritório bem estabelecido.

<table>
<tr>
<td>50% têm interesse em trabalhar em um escritório bem estabelecido ou em abrir seu próprio escritório, mas não se interessam por cargos públicos;</td>
<td>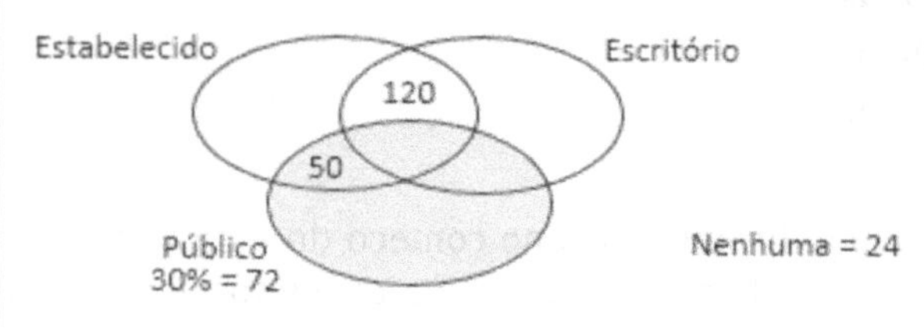
</td>
</tr>
</table>

O examinador volta a falar em percentual, 50% do total de alunos o que corresponde a 120 alunos.

<table>
<tr>
<td>20 têm interesse exclusivamente por trabalhar em um escritório bem estabelecido.</td>
<td>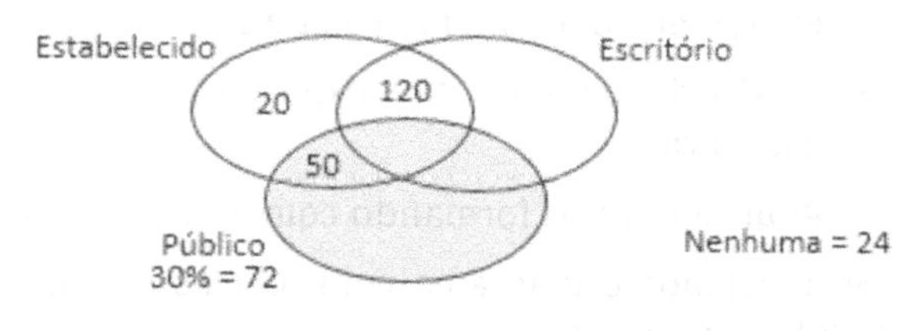
</td>
</tr>
</table>

Por exclusão, chegamos ao número da área desejada, interesse exclusivo por escritório próprio.

Lembre-se, no somatório de alunos da área marcada do diagrama, igual a 72, está incluída a quantidade 50 (intersecção "público" e "estabelecido").

Ainda, vale ressaltar que foram 216 os alunos que fizeram pelo menos uma opção. Os outros 24 não optaram por nenhuma das três opções.

<table>
<tr>
<td>Diferença:
216 – (72 + 20 + 120)
216 – 212
4</td>
<td>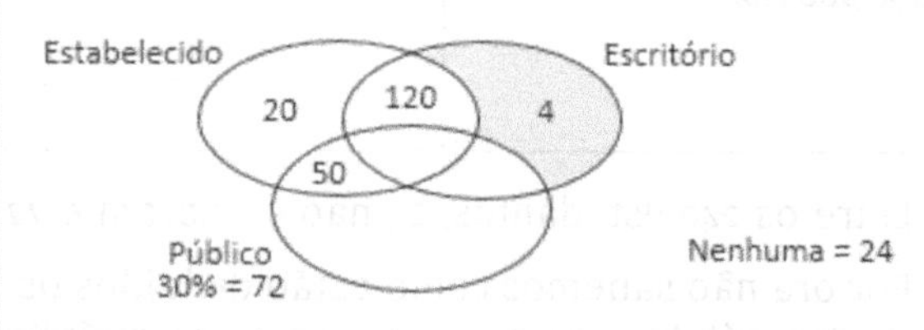
</td>
</tr>
</table>

Resposta: A quantidade de formandos que têm interesse exclusivo por abrir seu próprio escritório é igual a 4.

Gabarito: D

QUESTÃO RÁPIDA

168. ***(FCC – TRT (AM e RR) 11ª Região – Analista Judiciário Área Judiciária –2017)*** *Para um concurso foram entrevistados 970 candidatos, dos quais 527 falam inglês, 251 falam francês, 321 não falam inglês nem francês. Dos candidatos entrevistados, falam inglês e francês, aproximadamente,*

(A) 13%.
(B) 18%.
(C) 9%.
(D) 11%.
(E) 6%.

► Comentários

Mais uma questão para ser trabalhada com conjuntos.

Foram entrevistados 970 candidatos para um concurso, os quais falam inglês, francês ou ambos, conforme preconiza o enunciado.

527 falam inglês, 251 falam francês	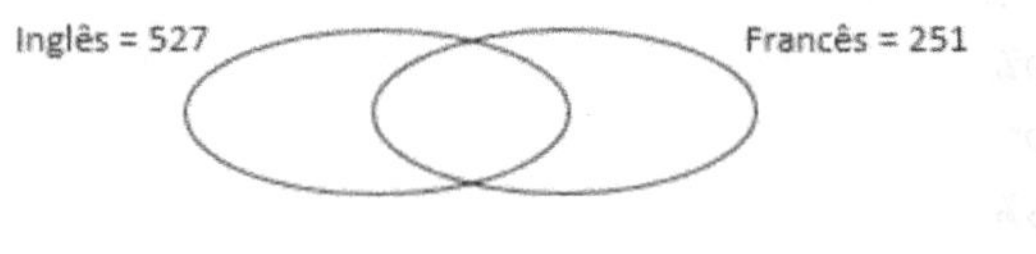

Adicionalmente, sabemos que 321 entre os 970 candidatos não falam inglês nem francês. A diferença, igual a 649, é a quantidade que candidatos que falam pelo menos uma das duas línguas.

Ao somas as quantidades informadas, inglês igual a 527 e francês igual a 251, encontramos a quantidade de 778.

Ficamos com duas quantidades, a primeira igual a 649 referente a quantidade de candidatos que falam pelo menos uma língua. A segunda, 778, é o somatório de quem fala inglês com os que falam francês. A diferença é resultado de contagem em duplicidade, ou seja, aqueles que falam ambas as línguas.

Falam inglês e francês (778 - 649 = 129)	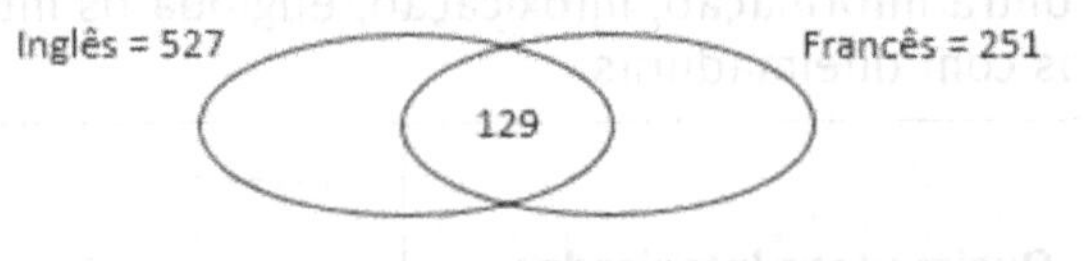

Finalmente o percentual dos candidatos que falam as duas línguas em relação ao total de candidatos.

Percentual (P) dos candidatos que falam ambas as línguas	P = 129 / 970 P = 0,13

Resposta: Dos candidatos entrevistados, aproximadamente 0,13 ou 13% falam inglês e francês.

Gabarito: A

QUESTÃO PASSO A PASSO

169. ***(FCC – TRT (RO e AC) 14ª Região – Analista Judiciário Oficial de Justiça Avaliador Federal – 2016)*** *Após combater um incêndio em uma fábrica, o corpo de bombeiros totalizou as seguintes informações sobre as pessoas que estavam no local durante o incêndio:*

- *28 sofreram apenas queimaduras;*
- *45 sofreram intoxicação;*
- *13 sofreram queimaduras e intoxicação;*
- *7 nada sofreram.*

Do total de pessoas que estavam no local durante os acidentes, sofreram apenas intoxicação

(A) 48,38%.

(B) 45,00%.

(C) 42,10%.

(D) 56,25%.

(E) 40,00%.

▶ Comentários

Existem duas situações resultantes do incêndio na fábrica, queimaduras e intoxicação. Por outro lado, em relação às pessoas, existem aquelas que sofreram tanto queimaduras como intoxicação.

Mais fácil que a explicação é olhar para os conjuntos que representam cada situação.

- *28 sofreram apenas queimaduras;*
- *45 sofreram intoxicação.*

A sutileza entre as duas primeiras informações está no limitador "apenas", ou seja, sofreram só queimaduras.

A outra informação, intoxicação, engloba os intoxicados bem como os intoxicados com queimaduras.

Queimados e Intoxicados

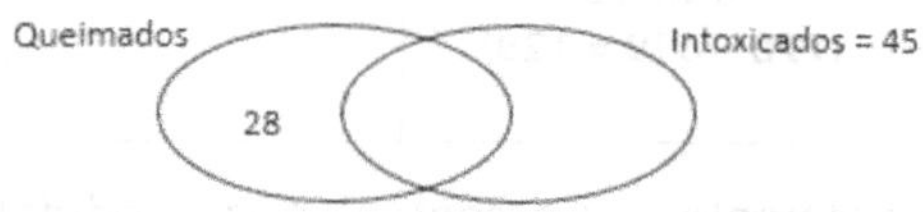

Com a informação seguinte conseguimos detalhar a quantidade dos 45 intoxicados.

- *13 sofreram queimaduras e intoxicação.*

Queimados e Intoxicados

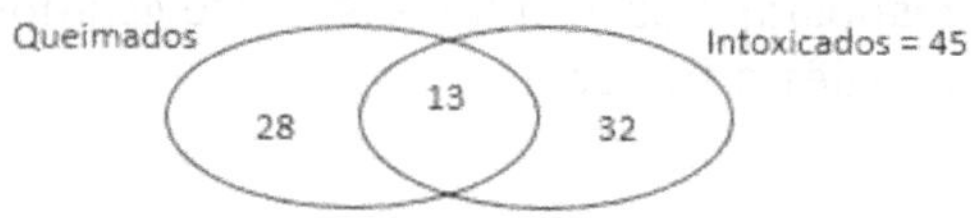

Identificados no quadro acima, são 73 pessoas que sofreram alguma lesão, somadas as outras 7 que nada sofreram, identificamos 80 pessoas que estavam no local no momento em que o incêndio começou.

Precisamos apenas do percentual dos intoxicados, que é igual a 32, em relação ao total de pessoas.

Percentual (P) de Intoxicados	P = 32/80 P = 0,4 P = 40%

Resposta: Sofreram apenas intoxicação 40% do total de pessoas que estavam no local durante os acidentes.

Gabarito: E

1.11. Problemas Lógicos

O Raciocínio Lógico é bastante abrangente e, o que vocês viram até aqui nos primeiros itens deste capítulo é apenas uma parte desse universo, mas é a parte que nos interessa, são os assuntos que fazem pertencentes à grande maioria dos editais quando a disciplina se faz presente.

Além dos itens anteriores cujas questões, por suas características específicas, conseguimos agrupar, há uma significativa quantidade de outras questões cobradas em concursos públicos que trazem singularidades em seu conteúdo. Estas outras questões estão em um mesmo item denominado Problemas Lógicos não por suas semelhanças, mas sim pela sua unicidade.

Então, face à singularidade de cada questão a ser tratada, pouparemos teorias e, para este item, vamos nos concentrar no maior detalhamento dos comentários, ou seja, teremos uma sequência de questões resolvidas passo a passo.

QUESTÃO PASSO A PASSO

170. ***(Vunesp – TJ (SP Capital) – Escrevente Técnico Judiciário – 2023)*** *Alguns homens, familiares entre si, estão em uma sala e verificam que, entre eles, 1 é bisavô, 2 são avôs, 6 são pais, 6 são netos e 2 são bisnetos. O bisavô desses 2 bisnetos está na sala. Cada um dos 6 netos olha pela sala e pode ver o seu avô. Cada um dos 6 pais olha pela sala e pode ver o seu pai, exceto o bisavô que olha, e seu pai não está sala. O menor número possível de pessoas que podem estar nessa sala é igual a*

(A) 17.

(B) 10.

(C) 11.

(D) 8.

(E) 9.

▶ Comentários

O primeiro objetivo é interpretar o comando da questão e, para isso, recomendamos a leitura de trechos, a depuração daquilo que se lê e a retirada dos dados relevantes para a resolução da questão.

Enunciado	Dados
Alguns homens, familiares entre si, estão em uma sala e verificam que, entre eles, 1 é bisavô, 2 são avôs, 6 são pais, 6 são netos e 2 são bisnetos.	Bisavô = 1 Avôs = 2 Pais = 6 Netos = 6 Bisnetos = 2

A primeira parte restringe-se a fornecer dados sem a necessidade de maiores entendimentos, além do fato que os familiares citados estão em uma sala.

Seguem algumas relações entre parentescos e as respectivas quantidades. Aqui sim haverá um pouco de reflexão considerando o fechamento do enunciado, o qual nos solicita o número mínimo de pessoas na sala.

Pois bem, voltemos à parte central do enunciado.

Enunciado	Pessoas na Sala
O bisavô desses 2 bisnetos está na sala.	Bisavô = 1

São os extremos da linhagem, porém ele afirma que o bisavô está na sala.

A próxima informação é mais abrangente: "*Cada um dos 6 netos olha pela sala e pode ver o seu avô*". Atenção porque, considerando a nomenclatura inicial, por exemplo, o "pai" é neto do "bisavô".

Assim, vamos aos 6 netos.

Enunciado	Pessoas na Sala
Cada um dos 6 netos olha pela sala e pode ver o seu avô.	Bisavô = 1 **Pais = 6**

Repetindo, mantivemos a nomenclatura daquele primeiro quadro no início dos comentários onde a pessoa denominada "pai" é neto da pessoa denominada "bisavô" e a quantidade indicada é igual a 6.

Nesta situação somamos 7 pessoas na sala.

Veja a informação seguinte: "*Cada um dos 6 pais olha pela sala e pode ver o seu pai*". Já colocamos seis pessoas na sala identificadas como "pai", entretanto, todas elas tem o próprio pai na sala, logo, precisamos incluir uma pessoa na sala, ou seja, na nomenclatura inicial, o "avô".

Pessoas na Sala	Observação
Cada um dos 6 pais olha pela sala e pode ver o seu pai, exceto o bisavô que olha, e seu pai não está sala.	Bisavô = 1 **Avô = 1** Pais = 6

Temos uma configuração mínima de familiares segundo o miolo do enunciado (8 familiares), falta conferir com aquela relação inicial que apenas relaciona as quantidades.

- 1 é bisavô

Perfeito, trata-se da pessoa com mesma denominação: bisavô.

- 2 são avôs

O familiar indicado como "pai" é também avô daquele indicado como "bisneto", então, entre os 6 "pais" da nossa lista, 2 podem perfeitamente ser avôs. Item atendido.

- 6 são pais

Perfeito, são as 6 pessoas que levam a mesma denominação.

- 6 são netos

Item atendido, os 6 "pais", conforme explicado anteriormente, são netos daquele denominado "bisavô".

- 2 são bisnetos

Opa, não temos pessoa com este grau de parentesco.

Então, feita a comprovação e acrescentando os 2 bisnetos, fechamos nossa lista (abaixo) sem qualquer divergência em relação às referencias enunciadas.

Familiares presentes na sala.	Bisavô = 1 Avô = 1 Pais = 6 Bisnetos = 2

Resposta: O menor número possível de pessoas que podem estar nessa sala é igual a 10.

Gabarito: B

QUESTÃO PASSO A PASSO

171. ***(FCC – TRT (GO) 18ª Região – Técnico Judiciário Área Administrativa – 2023)*** *Ana, Bia, Carla e Diana têm 20 anéis. Ana é quem tem mais anéis, Bia tem um anel a menos do que Ana, Carla é quem tem menos anéis e Diana tem um anel a mais do que Carla. Sabendo-se que todas têm pelo menos 3 anéis, é correto afirmar:*

(A) Diana tem 4 anéis.

(B) *Carla tem, no máximo, 4 anéis.*

(C) *Bia tem 5 anéis.*

(D) *Ana e Diana juntas têm menos de 10 anéis.*

(E) *Beatriz tem 5 anéis.*

► Comentários

O simples fato de organizar as informações facilita a visão do todo e, consequentemente, a resolução.

Ana	Bia	Carla	Diana	Total
É quem tem mais anéis	*Um anel a menos do que Ana*	*É quem tem menos anéis*	*Tem um anel a mais do que Carla*	20

- *Sabendo-se que todas têm pelo menos 3 anéis.*

Conhecido o número mínimo de anéis, igual a 3, uma hipótese é que Carla tenha essa quantidade. Neste caso, Diana teria 4 anéis.

Ainda é possível dizer as quantidades de Ana e Bia para a hipótese que estamos trabalhando.

Ana	Bia	Carla	Diana	Total
É quem tem mais anéis	*Um anel a menos do que Ana*	*É quem tem menos anéis*	*Tem um anel a mais do que Carla*	20
7	**6**	**3**	**4**	**20**

Esta é a situação em que Ana tem a maior quantidade possível de anéis e Carla a menor quantidade possível.

Antes de qualquer outra simulação, até para não perder tempo, vejamos as alternativas.

A) Diana tem 4 anéis.

É exatamente a quantidade que atribuímos a ela. Ocorre que é uma das possibilidade e não a única. Por essa razão, não podemos afirmar categoricamente que Diana tem essa quantidade de anéis.

B) Carla tem, no máximo, 4 anéis.

Para a alternativa é necessário testar nova hipótese e, uma vez que fala em limite máximo, vamos testar as quantidades de anéis 4 e 5.

Ana	Bia	Carla	Diana	Total
6	5	**4**	5	20
		5	**6**	

4 anéis para Carla é possível e é o limite máximo. Veja que a conta não fecha quando a opção é 5 anéis para ela.

Por esta análise, podemos afirmar que existem apenas duas possibilidades de divisão dos anéis. Carla ter 3 ou 4 anéis.

C) Bia tem 5 anéis.

Mesmo raciocínio adotado para a alternativa "A", é uma possibilidade, mas não a única. Bia pode ter 5 ou 6 anéis.

D) Ana e Diana juntas têm menos de 10 anéis.

Na primeira hipótese, a soma de anéis de Ana e Diana foi maior que 10, igual a 11.

E) Beatriz tem 5 anéis.

É sério isso? A Fundação Carlos Chagas colocou na alternativa uma personagem que não participa do enunciado.

Gabarito: B

QUESTÃO RÁPIDA

172. ***(FGV – TRT (MA) 16ª Região – Técnico Judiciário Área Administrativa – 2022)*** *Em um jogo, as peças têm a forma abaixo, formada por 6 quadradinhos.*

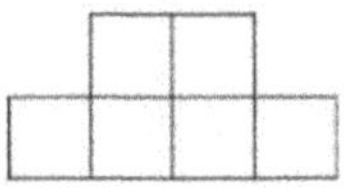

Na primeira fase do jogo, as peças devem ter exatamente 2 quadradinhos pretos e os outros brancos, mas os dois quadradinhos pretos não podem ser vizinhos, ou seja, não podem ter um lado em comum. O número de peças diferentes na primeira fase desse jogo é

(A) 9.

(B) 10.

(C) 12.

(D) 14.

(E) 16.

▶ Comentários

A primeira fase dos jogos são sempre mais simples e aqui não é diferente. Do total de 6 quadradinhos, 2 serão pintados de preto de modo que não sejam vizinhos.

Dado a facilidade, melhor é fazer na prática.

Quadrado superior esquerdo "preto"	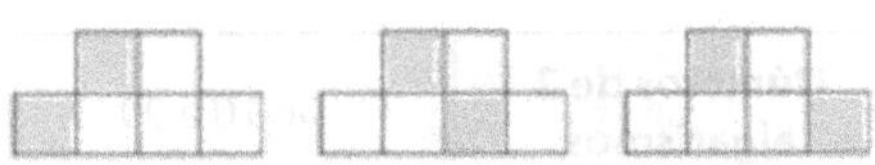

Ao pintar de preto o quadro superior direito encontraremos a mesma quantidade de situações distintas, portanto, temos 6 até agora.

Quadrados inferiores "pretos"	

São 3 opções com quadro pretos na parte inferior somadas as outras 6 vistas acima, no total são 9 situações distintas na primeira fase deste jogo.

Resposta: O número de peças diferentes na primeira fase desse jogo é igual a 9.

Gabarito: A

QUESTÃO PASSO A PASSO

173. ***(FCC – TRT (PR) 9ª Região – Técnico Judiciário Área Administrativa – 2022)*** *Raquel começou a escrever em seu caderno os números inteiros e positivos, 1, 2, 3, ..., e parou quando escreveu o milésimo algarismo. Os três últimos algarismos que Raquel escreveu foram:*

(A) 3, 6, 8.

(B) 3, 7, 1.

(C) 7, 0, 3.

(D) 9, 3, 7.

(E) 6, 9, 3.

▶ Comentários

Apesar da aparência matemática, também existe o lado lógico, ademais, para uma boa e rápida resolução, a lógica é imprescindível.

Resumindo, uma sequência numérica é iniciada pelo algarismo 1 e finalizada no milésimo algarismo, vejamos até onde chega a sequência.

Um bom caminho é considerar grupos de números com mesma quantidade de algarismos.

Números de 1 algarismo	De 1 a 9	9	9

Observe que são 9 números de um algarismo. Caso o examinador tivesse dito que a sequência teve início com o número zero, aí sim teríamos 10 números de um algarismo.

Números de 2 algarismos	De 10 a 99	90 números **180 algarismos**	189

Números com dois algarismos possuem o intervalo que vai do número 10 até o número 99 totalizando 90 números e, multiplicado por dois, contabilizamos 180 algarismos.

Observe que na última coluna acima encontramos o total acumulado de algarismos até o número 99.

Números de 3 algarismos	De 100 a 199	100 números **300 algarismos**	489
Números de 3 algarismos	De 200 a 299	100 números **300 algarismos**	789

Agora, até o número 299, o somatório dos algarismos é igual a 789 e para chegar ao milésimo algarismo faltam 211. Considerando serem números de 3 algarismos, são mais outros 70 números aproximadamente.

Números de 3 algarismos	De 200 a 299	100 números **300 algarismos**	789
Números de 3 algarismos	De 300 a 369	70 números **210 algarismos**	999

Concluímos que, incluindo o número 369, somamos 999 algarismo, logo, o milésimo será o primeiro algarismo do número 370.

Resposta: Os três últimos algarismos que Raquel escreveu foram 6, 9 e 3 (369, 370).

Gabarito: E

QUESTÃO PASSO A PASSO

174. ***(FCC – TRT (PI) 22ª Região – Analista Judiciário Área Judiciária – 2022)*** *Considere a figura abaixo.*

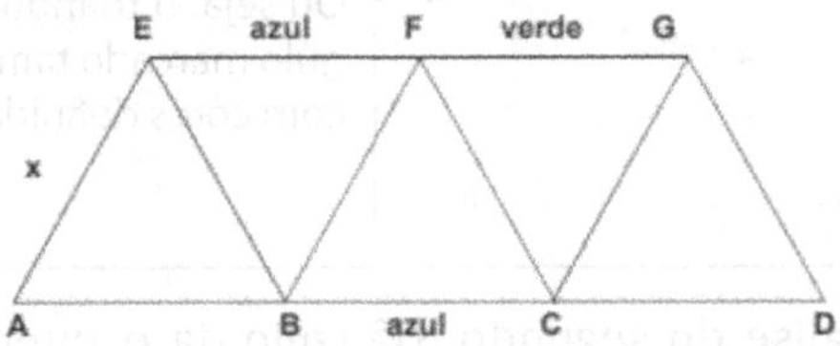

Cada um dos segmentos da figura deve ser pintado de azul, de rosa ou de verde, de tal forma que os três lados de cada triângulo tenham cores diferentes. O lado indicado por x pode ser pintado

(A) *apenas de verde.*

(B) *apenas de azul.*

(C) *de azul ou de verde.*

(D) *apenas de rosa.*

(E) *de rosa ou de verde.*

▶ **Comentários**

A premissa de que cada lado do triângulo deve ser pintado com cores distintas ficou claro, entretanto, para a possível cor de x é preciso entender como estarão pintados os lados dos triângulos vizinhos.

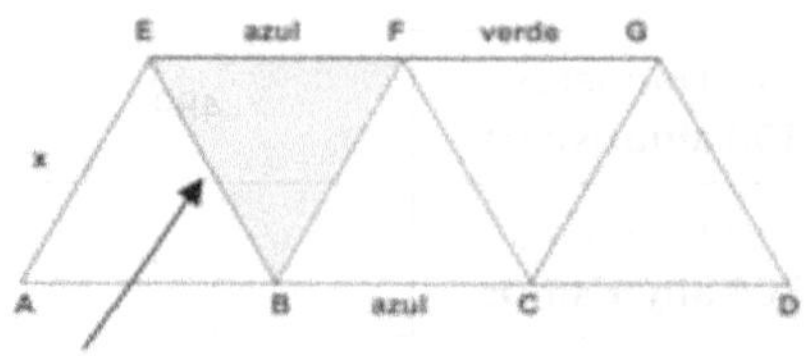

O triângulo marcado tem um dos lados com cor definida, azul, logo, é certo que o lado identificado pela seta não é da cor azul.

Se o lado apontado pela seta não é azul, concluímos ser esta uma possível cor do lado x.

Mas será azul a única opção ou conseguimos identificar outra possibilidade?

Vamos buscar a resposta no outro triângulo, no centro da figura.

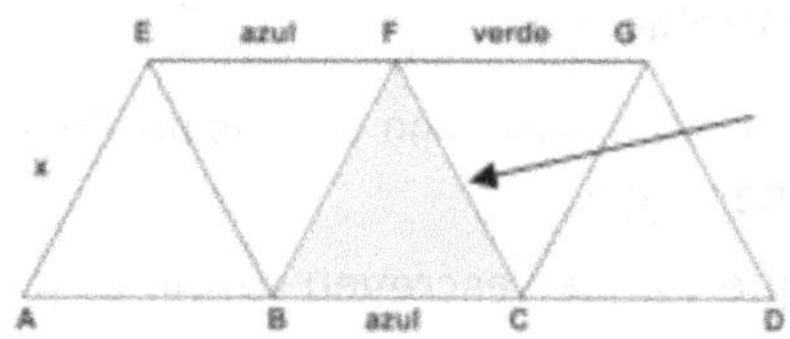

O lado identificado pela seta não é azul porque a base do triângulo marcado leva esta cor. Também não é verde pois este mesmo lado faz parte do triângulo a sua direita e nele existe outro lado desta cor.

Além do lado apontado pela seta, acabamos por definir o outro lado do triângulo central.

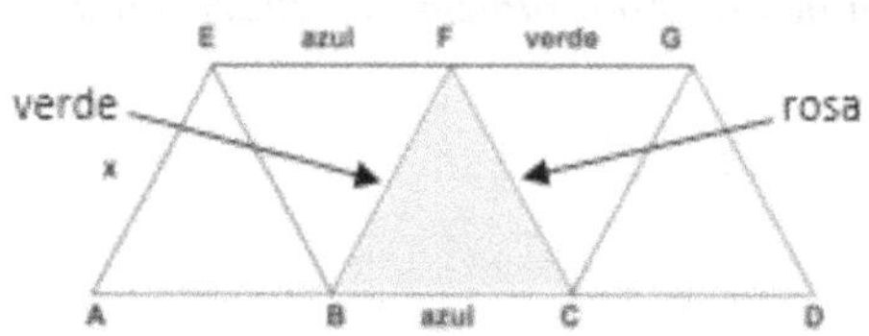

Ou seja, o triângulo à esquerda do triângulo marcado também tem todos os lado com cores definidas.

Retomamos a análise do segundo triângulo da esquerda para a direita.

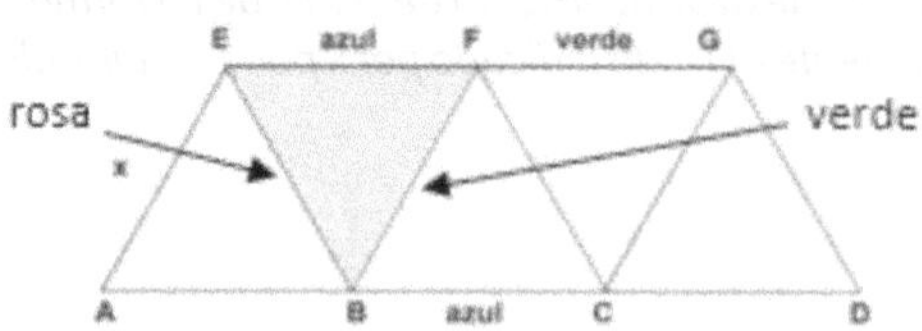

Portanto, o lado x não pode ser da cor rosa.

Além da cor azul que falamos no início da resolução, concluímos também que x pode ser da cor verde.

Resposta: O lado indicado por x pode ser pintado pelas cores azul ou verde.

Gabarito: C

QUESTÃO PASSO A PASSO

175. ***(FCC – TRT (PI) 22ª Região – Analista Judiciário Oficial de Justiça Avaliador Federal – 2022)*** *Se um determinado mês teve 5 sábados, 5 domingos, 4 segundas-feiras e 4 sextas-feiras, o mês seguinte terá 5*

(A) *quartas-feiras.*

(B) *sábados.*

(C) *domingos.*

(D) *quintas-feiras.*

(E) *sextas-feiras.*

▶ **Comentários**

O texto é curto e direto, também não há muito o que interpretar. Enfim, considerando o enredo, parece que um desenho é um bom caminho para a resolução do problema proposto.

Entretanto, antes de montar o nosso calendário, vamos verificar alguns conceitos sobre meses e dias da semana.

- A semana tem 7 dias, logo, 4 semanas totalizam 28 dias.

Ou seja, para todos os meses do ano, os dias da semana repetem-se pelo menos 4 vezes e para:

- Mês de 28 dias, todos os dias da semana terão 4 repetições.
- Mês de 29 dias, apenas um dia da semana terá 5 repetições.
- Mês de 30 dias, dois dias da semana terão 5 repetições.
- Mês de 31 dias, três dias da semana terão 5 repetições.

Ainda, tenha em mente que após um mês de 28, 29 ou 30 dias sempre teremos o próximo mês com 31 dias. Por outro lado, após o mês de 31 dias pode suceder mês de 28, 29, 30 ou mesmo de 31 dias.

Para completar estas informações gerais sobre os meses, a sequência de dias da semana com 5 repetições define o dia de início e término do mês. Veja na questão como aproveitar a informação.

Enunciado	Observação
Se um determinado mês teve 5 sábados, 5 domingos...	Este mês iniciou-se no sábado e terminou no domingo.

Além de termos definido os dias da semana de início e fim do mês, é certo que se trata de um mês de 30 dias porque foram 2 dias da semana com 5 repetições.

Daí, entendemos que o próximo mês terá 31 dias, consequentemente, iniciando na segunda-feira e terminando na quarta-feira pois serão 3 dias da semana com 5 repetições.

Com este entendimento é possível responder corretamente a questão, mas vejamos como seria no calendário, ou a famosa forma desenho.

Lembra, nossa primeira constatação foi de que estamos falando de um mês de 30 dias que se inicia no sábado, logo:

Dom	Seg	Ter	Qua	Qui	Sex	Sab
						1
2						8
9						15
16						22
23						29
30						

Acima a reprodução de um mês de 30 dias com o mínimo de informação para nossa resolução.

Para o mês seguinte, considerando ter 31 dias e iniciando na segunda, teremos:

Dom	Seg	Ter	Qua	Qui	Sex	Sab
	1					
	8					
	15					
	22					
	29	30	31			

Chegamos no mesmo entendimento, segunda, terça e quarta-feira são dias da semana com 5 repetições.

Resposta: O mês seguinte terá 5 quartas-feiras.

Gabarito: A

QUESTÃO PASSO A PASSO

176. ***(FCC – TRT (PI) 22ª Região – Analista Judiciário Área Administrativa – 2022)*** *Uma senha foi formada com 4 algarismos diferentes escolhidos no conjunto {0, 1, 2, ..., 9}. Sabendo-se que: - A soma dos quatro algarismos da senha é 20. - O algarismo 3 está na senha. - Existem dois algarismos na senha, em que um deles é o dobro do outro. - O algarismo 6 não está na senha. O produto dos 4 algarismos da senha é*

(A) 324.
(B) 240.
(C) 72.
(D) 162.
(E) 480.

► Comentários

As bancas em geral, inclusive a Fundação Carlos Chagas, exploram muito o raciocínio lógico permeado com operações básicas de matemática. Apesar da matemática estar presente, a lógica é fundamental, não só para entender o contexto, como também para definir a condução da resolução da questão.

No caso, temos uma senha de quatro algarismos sobre a qual sabemos também que:

Enunciado	Somatório
A soma dos quatro algarismos da senha é 20.	A + B + C + D = 20

Logo na sequência.

Enunciado	Vamos assumir que:
O algarismo 3 está na senha.	A = 3

Ainda.

Enunciado	Opções:
Existem dois algarismos na senha, em que um deles é o dobro do outro. O algarismo 6 não está na senha.	2 e 4 4 e 8

Observações:

- Excluímos a opção 6 porque o enunciado informa que o algarismo 6 não faz parte da senha.
- A opção 2 e 4 não podemos admitir porque o somatório dos 4 algarismos estaria prejudicado.

Sabendo que:	Somatório
A soma dos quatro algarismos da senha é 20 e que A é igual a 3	A + B + C + D = 20 3 + 2 + 4 + D = 20 D = 11

Por esta configuração, D teria dois algarismos.

Assim, resta que um dos algarismos é igual a 4 e outro, dobro, igual a 8. Então, vamos considerar B igual a 4 e C igual a 8.

Somatório	$A + B + C + D = 20$ $3 + 4 + 8 + D = 20$ $D = 20 - 15$ $D = 5$

Apesar de não saber ao certo a sequência dos algarismos da senha, mesmo porque o enunciado não dá subsídios para isso, concluímos quais são estes algarismos.

Algarismos da Senha	**Produto**
$A = 3$ $B = 4$ $C = 8$ $D = 5$	$A.B.C.D$ $= X$ $3.4.8.5$ $= X$ $X = 480$

Resposta: O produto dos 4 algarismos da senha é igual a 480.

Gabarito: E

QUESTÃO PASSO A PASSO

177. ***(FGV – TRT (MA) 16ª Região – Técnico Judiciário Área Administrativa – 2022)*** *Uma urna tem 15 bolas. Sobre essas bolas, sabe-se que:*

- *Pelo menos 3 delas são azuis.*
- *Dadas 4 quaisquer dessas bolas, pelo menos uma não é azul.*

É correto concluir que

(A) *exatamente 11 dessas bolas são azuis.*

(B) *exatamente 11 dessas bolas não são azuis.*

(C) *pelo menos 4 dessas bolas são azuis.*

(D) *exatamente 12 dessas bolas não são azuis.*

(E) *no máximo 4 dessas bolas não são azuis.*

▶ **Comentários**

O enunciado restringe-se à apresentação de dados sem que haja um questionamento a ser respondido, neste caso a resolução é a análise das alternativas.

Sabemos que:

- A urna contém 15 bolas.
- Pelo menos 3 são azuis.
- De 4 bolas quaisquer, pelo menos uma não é azul.

Perceba que esta última informação limita a anterior, pois:

- Pelo menos 3 são azuis.

O entendimento é de que pode haver 3 ou mais bolas na urna.

- De 4 bolas quaisquer, pelo menos uma não é azul.

Aqui, para qualquer cenário, ou seja, para qualquer grupo de 4 bolas, sempre haverá ao menos uma que não seja azul (podem ser ainda os casos em que 2, 3 ou mesmo as 4 bolas não sejam azuis).

Em outras palavras, foi dito que as bolas azuis limitam-se a 3 unidades.

Logo, para a análise das alternativas podemos considerar:

- A urna contém 15 bolas.
- 3 bolas são azuis.

(A) exatamente 11 dessas bolas são azuis.

Muito diferente do que a alternativa prega, são exatamente 3 bolas azuis.

(B) exatamente 11 dessas bolas não são azuis.

A informação é próxima à realidade, na verdade 12 bolas não são azuis.

(C) pelo menos 4 dessas bolas são azuis.

Desnecessária a análise uma vez que o anunciado afirma que *"pelo menos 3 delas são azuis"*.

(D) exatamente 12 dessas bolas não são azuis.

Correto, de um total de 15 bolas concluímos serem 3 azuis, logo, as outras 12 bolas não são desta cor.

(E) no máximo 4 dessas bolas não são azuis.

Muito mais que o anunciado nesta alternativa, inclusive não caberia a expressão "no máximo", mas sim "exatamente" 12 dessas bolas não são azuis.

Gabarito: D

QUESTÃO PASSO A PASSO

178. ***(FGV – TRT (MA) 16ª Região – Analista Judiciário Área Judiciária – 2022)*** *Em uma caixa há 18 bolas. A bola mais leve pesa 20 gramas e a mais pesada, 24 gramas. O peso de cada bola é um número inteiro de gramas. É correto concluir que:*

(A) *pelo menos uma bola pesa 22 gramas.*

(B) *nenhuma bola pesa 22 gramas.*

(C) *a média dos pesos de todas as bolas é 22 gramas.*

(D) *pelo menos 4 bolas têm o mesmo peso.*

(E) *a soma dos pesos de todas as bolas é maior do que 396 gramas.*

▶ Comentários

Foram apresentadas as seguintes informações:

- Uma caixa com 18 bolas.
- Mais leve pesa 20 gramas.
- Mais pesada pesa 24 gramas.

Para completar, temos a informação de que os pesos são números inteiros, o que nos leva a crer que além das bolas de 20 e 24 gramas, podem existir outras de 21, 22 e 23 gramas.

Sobre o enunciado não há nada mais a fazer, então, vejamos o que manifesta cada uma das alternativas.

(A) pelo menos uma bola pesa 22 gramas.

Não existe nenhum indício sobre quantidade de bolas de cada peso. A única conclusão possível é de que há pelo menos uma bola de 20 gramas e uma bola de 24 gramas.

(B) nenhuma bola pesa 22 gramas.

Não temos informação suficiente para garantir que não tenha nenhuma bola de 22 gramas bem como não podemos garantir que exista pelo menos um com este peso.

(C) a média dos pesos de todas as bolas é 22 gramas.

Como não conhecemos as quantidades de bolas segmentadas por peso, não há que se falar em média de pesos.

(D) pelo menos 4 bolas têm o mesmo peso.

São 18 bolas no total cujos pesos podem ser de 20, 21, 22, 23 ou 24 gramas. Para que não tenhamos 4 com o mesmo peso, vamos considerar:

- 3 bolas de 20 gramas
- 3 bolas de 21 gramas
- 3 bolas de 22 gramas
- 3 bolas de 23 gramas
- 3 bolas de 24 gramas

Acima criamos uma situação para desqualificar a alternativa onde alocamos 15 bolas, entretanto, existem outras 3 para completar o universo de 18 bolas.

Constatamos que independente da configuração sempre haverá pelo menos 4 bolas com o mesmo peso.

Alternativa correta.

(E) a soma dos pesos de todas as bolas é maior do que 396 gramas.

Aqui também vamos tentar desqualificar a alternativa partindo de:

- 1 bola de 20 gramas
- 1 bola de 24 gramas

Pelo que depreendemos do enunciado, existe pelo menos uma bola de 20 gramas e pelo menos uma bola de 24 gramas. Como não há informação concreta de quantas bolas e quais os respectivos pesos, podemos considerar que as demais 16 bolas tenham 20 gramas, o que não vai de encontro ao enunciado.

- 1 bola de 20 gramas
- 16 bolas de 20 gramas
- 1 bola de 24 gramas

Fazendo o somatório, 20 + 16 x 20 + 24, chegamos no peso de 364 gramas, portanto, menor que 396 contrário ao que descreve a alternativa.

Gabarito: D

QUESTÃO PASSO A PASSO

179. ***(FGV – TRT (MA) 16ª Região – Analista Judiciário Área Judiciária – 2022)*** *No Brasil, o Dia das Mães é comemorado no segundo domingo de maio. Em um determinado ano bissexto, o dia 1º de janeiro ocorreu em uma terça-feira. Lembrando que, em ano bissexto, fevereiro tem 29 dias, concluímos que, nesse ano, o Dia das Mães foi comemorado no dia*

(A) *9 de maio.*

(B) *10 de maio.*

(C) *11 de maio.*

(D) *12 de maio.*

(E) *13 de maio.*

▶ **Comentários**

Uma questão com possibilidade de diferentes caminhos a serem trilhados até a sua resposta. Tudo vai depender da sua capacidade de compor períodos do início do ano até o segundo domingo de maio. Quanto maior o período, mais rápido chegaremos à resposta.

Veja o exemplo considerando um único período de 1º de janeiro até 30 de abril.

Período de Janeiro a Abril	Semana = 7 dias	Conclusão
Janeiro = 31 dias Fevereiro = 29 dias Março = 31 dia Abril = 30 dias Total = 121 dias	Dividindo 121 por 7 o resultado é igual a 17 e o resto igual a 2.	De janeiro a abril foram 17 semanas e 2 dias.

Lembre-se que o examinador afirma que 1º de janeiro caiu na terça-feira, logo, o ciclo de uma semana termina na segunda-feira. Por causa do resto igual a 2, contamos outros dois dias após fechar o ciclo semanal, então, dia 30 de abril caiu na quarta-feira.

Restaram 2 dias de abril que iniciam o ciclo semanal. Iniciamos o mês de maio até domingo dia 4 e extrapolamos para o domingo seguinte dia 11 de maio.

Ter	Qua	Qui	Sex	Sáb	Dom	Seg
29	30	1	2	3	4	
					11	

Resposta: O Dia das Mães foi comemorado no dia 11 de maio.

Agora, imagine que os períodos sejam menores, por exemplo, meses, com um pouco mais de trabalho chegaremos na mesma resposta.

Janeiro

Ter	Qua	Qui
1		
8		
15		
22		
29	30	31

Fevereiro

Sex
1
8
15
22
29

Março

Sáb	Dom	Seg
1		
8		
15		
22		
29	30	31

Abril

Ter	Qua
1	
8	
15	
22	
29	30

Percorremos cada mês de maneira resumida até chegar em 30 de abril, quarta-feira. Então maio inicia-se numa quinta-feira e o primeiro domingo cai no dia 4.

Maio

Qui	Sex	Sab	Dom
1	2	3	4
			11

Conclusão, o segundo domingo de maio será dia 11.

Gabarito: C

QUESTÃO PASSO A PASSO

180. ***(FGV – TRT (MA) 16ª Região – Analista Judiciário Área Judiciária – 2022)*** *Horácio tem 5 filhos. Cada um desses 5 filhos, também tem 5 filhos ou não tem filho algum. Horácio não tem bisnetos. Ao todo, somando filhos e netos, Horácio tem 20 descendentes. O número de descendentes de Horácio que não têm filhos é igual a*

(A) 3.
(B) 6.
(C) 9.
(D) 15.
(E) 17.

▶ Comentários

Conforme descreve o enunciado, Horácio tem 20 descendentes dos quais 5 são seus filhos, isso significa que são 15 netos.

Dada a restrições:

- Cada filhos ou tem 5 filhos ou tem zero filho.

Deduzimos que, dos 5 filhos de Horácio, 3 têm 5 filhos e outros 2 não tem filho algum.

Desse grupo de descendentes, 5 filhos e 15 netos, 17 não têm nenhum filho.

Ficou sucinta a explicação ou caso não tenha segurança em adotar esse tipo de resolução, não hesite em "rabiscar" sua prova, faça esquemas, faça desenhos.

Uma possível forma esquematizada seria:

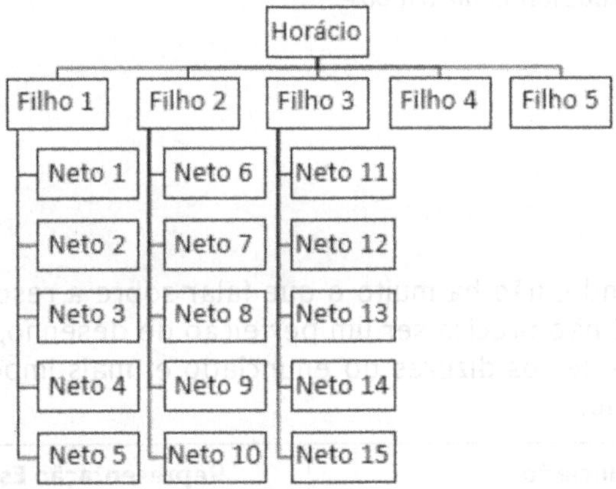

Como dissemos, são 5 filhos e, desses, 3 também tem 5 filhos cada e outros dois não têm filhos.

Como Horácio não tem bisnetos, nenhum de seus netos têm filhos e nem 2 de seus filhos que também não têm filhos.

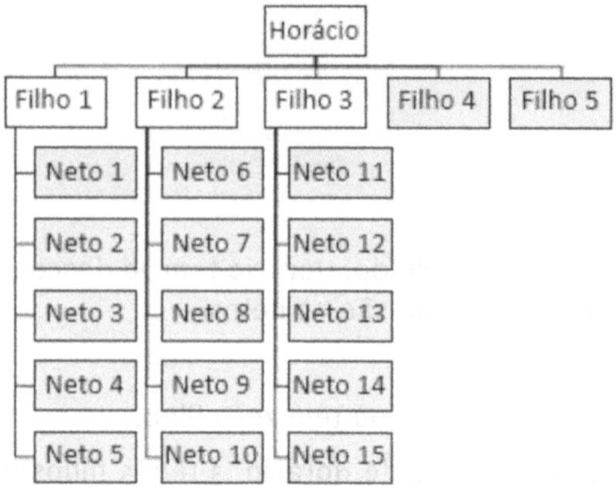

Resposta: Horácio tem 17 descendentes de que não têm filhos.

Gabarito: E

QUESTÃO PASSO A PASSO

181. ***(FCC – TRT (ES) 17ª Região – Técnico Judiciário Área Administrativa – 2022)*** *Um grupo de meninas formou uma roda. Ana é a quarta à esquerda de Helena e a sétima à direita de Helena. O número de meninas que formaram a roda é*

(A) 9

(B) 12

(C) 10

(D) 11

(E) 13

▶ Comentários

Mesmo querendo, não há muito o que falar sobre a resolução da questão senão desenhar. E não precisa ser um perfeição de desenho, apenas o esboço de maneira a atender os dizeres do enunciado e, mais importante, que você entenda, algo como:

Enunciado	Representação Esquematizada
Um grupo de meninas formou uma roda. Ana é a quarta à esquerda de Helena...	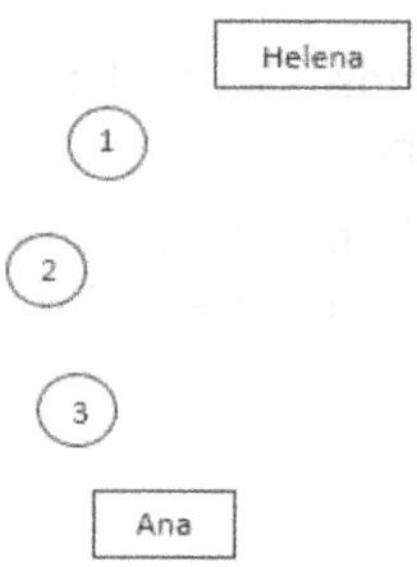

Interpretamos "à esquerda de Helena" sob o ponto de vista do leitor, mas, caso você considere a esquerda em relação à Helena, então desenhe para o lado contrário do que o demonstrado acima, no final o resultado será o mesmo. Apenas cuidado para manter o mesmo raciocínio para a informação seguinte.

Enunciado	Representação Esquematizada
(Ana) *e a sétima à direita de Helena.*	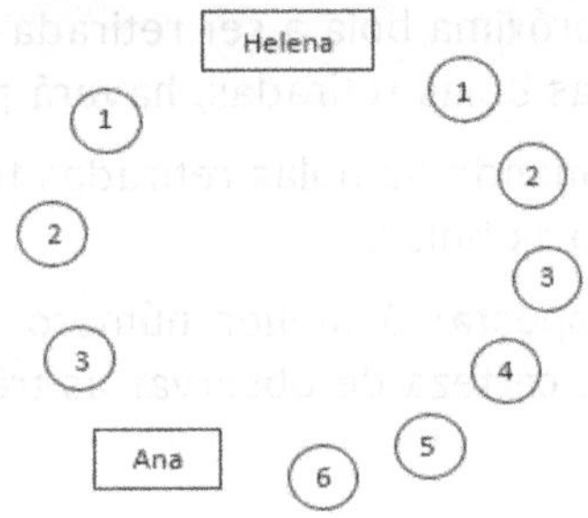

A contagem (Helena + Ana + 3 + 6) revela a quantidade de meninas na roda.

Resposta: O número de meninas que formaram a roda é igual a 11.

Gabarito: D

QUESTÃO PASSO A PASSO

182. ***(FCC – TRT (ES) 17ª Região – Técnico Judiciário Área Administrativa – 2022)*** *Uma caixa contém 3 bolas amarelas, 4 azuis e 8 vermelhas. O menor número de bolas a serem retiradas da caixa para termos certeza de observar as três cores é*

(A) 12

(B) 5

(C) 13

(D) 3

(E) 10

▶ **Comentários**

Temos uma caixa com 15 bolas, sendo:

- 3 amarelas;
- 4 azuis; e
- 8 vermelhas.

Para apontar o menor número possível de bolas retiradas da caixa de maneira que haja certeza da retirada de pelo menos uma bola de cada cor é necessário pensar no pior cenário.

Claro que a chance de que o pior cenário transforme-se em fato e bem pequena, entretanto, é o que garante a certeza daquilo que o enunciado preconiza.

Nosso pior cenário é:

1. Retirar todas as bolas vermelhas (maior quantidade); e
2. Retirar todas as bolas azuis (segunda maior quantidade).

A próxima bola a ser retirada da caixa é, evidente, amarela e com certeza, entre as bolas retiradas, haverá pelo menos uma de cada cor.

Somando as bolas retiradas temos 8 vermelhas, 4 azuis e 1 amarela, totalizando 13 bolas.

Resposta: O menor número de bolas a serem retiradas da caixa para termos certeza de observar as três cores é igual a 13.

Gabarito: C

QUESTÃO PASSO A PASSO

183. ***(FCC – TRT (ES) 17ª Região – Analista Judiciário Área Judiciária – 2022)*** *Para visitar uma exposição, a fila foi organizada em trios. Ana, Bia e Caio observaram que formavam o sétimo grupo contando a partir do início da fila e o nono contando a partir do final da fila. Porém, observaram que o último trio não estava completo. O número máximo de pessoas nessa fila é*

(A) 45

(B) 44

(C) 47

(D) 48

(E) 46

▶ Comentários

Sabemos, sobre a fila para visitar a exposição, que:

Enunciado	Observação
... a fila foi organizada em trios. Ana, Bia e Caio observaram que formavam o sétimo grupo contando a partir do início da fila...	Se o trio está na posição sete, entendemos que até sua posição, incluindo o trio Ana, Bia e Caio, são 21 pessoas.

Para seguir com a contagem, veja o que mais nos informa o enunciado.

Enunciado	Observação
(O trio) *e o nono contando a partir do final da fila. Porém, observaram que o último trio não estava completo.*	Se o trio está na posição nona (de trás para frente), entendemos que, além do trio, são oito posições até o final da fila.

Atenção ao complemento do trecho acima, o último trio não está completo, logo, tem uma ou duas pessoas. Como procuramos o número máximo de pessoas na fila, podemos considerar que a última posição tem duas pessoas.

Assim, nas oito posições atrás do trio somamos 23 pessoas (duas pessoas na última posição) com as outras 21 na parte da frente da fila (inclusive o trio), concluímos serem 44 pessoas.

Resposta: O número máximo de pessoas nessa fila é igual a 44.

Gabarito: B

QUESTÃO PASSO A PASSO

184. ***(FCC – TRT (ES) 17ª Região – Analista Judiciário Área Judiciária – 2022)*** *Ana, Beto, Clara, Diva e Edu disputam uma maratona de matemática. Para cada problema respondido corretamente ganham 1 ponto e se errarem nada ganham. A soma dos pontos recebidos pelos cinco participantes é 75. A diferença de pontos entre Ana e Beto é 2, mas não necessariamente nessa ordem, a diferença de pontos entre Beto e Clara é 3, mas não necessariamente nessa ordem, a diferença entre Clara e Diva é 4 e entre Diva e Edu é 9. Sabe-se que Edu teve a maior pontuação e Diva a menor pontuação dentre os cinco. A soma das pontuações obtidas por Ana e Beto é*

(A) 31

(B) 24

(C) 32

(D) 36

(E) 33

► **Comentários**

Questões com grandes enunciado, apesar de, neste caso, nem ser tão grande assim, é importante não desperdiçar tempo com duas leituras ou mesmo com a procura de dados (e isso vale para outras disciplinas).

- Leia, no final do enunciado, o comando da questão.

Sabendo o que responder, temos melhor noção do que é importante e, inclusive, possibilita pensar em caminhos para a resolução.

- Leia trecho a trecho do enunciado e grifes os dados os quais podem ser aproveitados na resolução.

O comando, ou aquilo que efetivamente vamos responder, "*A soma das pontuações obtidas por Ana e Beto é*" nos diz que precisamos das pontuações de Ana e Beto.

Agora análise do enunciado.

Enunciado	Observação
Ana, Beto, Clara, Diva e Edu disputam uma maratona de matemática. Para cada problema respondido corretamente ganham 1 ponto e se errarem nada ganham.	Resposta correta = 1 ponto. Resposta errada = 0 ponto.

Neste primeiro trecho, grifar a parte sobre pontuação.

Enunciado	Observação
A soma dos pontos recebidos pelos cinco participantes é 75.	$A + B + C + D + E = 75$

Além de apontar o somatório igual a 75, coloque nos arredores da questão a expressão matemática que traduz a informação lida.

Seguem outras expressões matemáticas na sequência.

Enunciado	Observação
A diferença de pontos entre Ana e Beto é 2, mas não necessariamente nessa ordem, a diferença de pontos entre Beto e Clara é 3, mas não necessariamente nessa ordem, a diferença entre Clara e Diva é 4 e entre Diva e Edu é 9.	$\|A - B\| = 2$ $\|B - C\| = 3$ $C - D = 4$ $D - E = 9$

Para não perder informação, as duas primeiras diferenças estão em módulo para desconsiderar o sinal uma vez que, para estas duas diferenças, foi dito "não necessariamente nessa ordem".

O texto do enunciado completa.

Enunciado	Observação
Sabe-se que Edu teve a maior pontuação e Diva a menor pontuação dentre os cinco.	Encontramos uma incoerência porque se Edu em maior pontuação e Diva a menor, a situação "D – E = 9" não é possível. Consideramos, então, "E – D = 9"

Temos equações e aparência de questão matemática, mas devo dizer, trabalhar somente com o sistema de equações vai lhe tomar tempo precioso, portanto e na medida do possível, vamos agregar a lógica.

Recordando, sabemos que:

- $A + B + C + D + E = 75$
- $|A - B| = 2$
- $|B - C| = 3$
- $C - D = 4$
- $E - D = 9$

Ou, ainda:

- $(A + B) + C + D + E = 75$
- $|A - B| = 2$

- $|B - C| = 3$
- $C - D = 4$ ou $C = 4 + D$
- $E - D = 9$ ou $E = 9 + D$

Na primeira equação o destaque entre parênteses deve-se ao fato de ser a expressão que responde a questão e, ainda na matemática, façamos as substituições.

Substituir os valores de C e E	$(A + B) + C + D + E = 75$ $(A + B) + (4 + D) + D + (9 + D) = 75$ $(A + B) + 13 + 3D = 75$ $3D = 62 - (A + B)$

Trabalhamos minimamente a parte matemática e, se seguíssemos em frente desenvolvendo as equações, seria um caminho longo e dispendioso em relação a tempo.

Usemos a lógica, ou melhor, as alternativas com a substituição dos valores em (A + B). Para facilitar faça apenas "62 - (A+ B)" e veja se é divisível por 3.

(A) 31 → 62 - 31 = 31 → Não é divisível por três.

(B) 24 → 62 - 24 = 38 → Não é divisível por três.

(C) 32 → 62 - 32 = 30 → É divisível por três.

(D) 36 → 62 - 36 = 26 → Não é divisível por três.

(E) 33 → 62 - 33 = 29 → Não é divisível por três.

Só uma alternativa possível. É nossa resposta é igual a 32.

Importante ressaltar que valer-se de alternativas é algo que você não deve contar, mesmo porque as bancas criam situações para dificultar este caminho inverso, a partir das alternativas.

Este foi um caso esporádico cuja utilização demanda conhecimento de matemática e perspicácia do concursando para juntar à resolução as alternativas.

Se assim não fosse feito, haveria necessidade de trabalhar com hipóteses de equações.

Para $\|A - B\| = 2$	Há necessidade de considerar: $A - B = 2$ $B - A = 2$

Ainda, para cada uma das duas hipóteses anteriores, outras duas.

Para $\|B - C\| = 3$	Há necessidade de considerar: $B - C = 3$ $C - B = 3$

Testando as hipóteses acabaríamos por identificar como corretas: "B - C = 3" e "B - A = 2".

Substituir o valor de C **C = 4 + D**	B – C = 3 B – (4 + D) = 3 B = 7 + D
Substituir o valor de B **B = 7 + D**	B – A = 2 7 + D – A = 2 -A = -5 – D A = 5 + D

Aí sim a substituição na primeira equação.

Substituir os valores de A, B, C e E	A + B + C + D + E = 75 (5+D) + (7+D) + (4+D) + D + (9+D) = 75 25 + 5D = 75 5D = 50 D = 10

As substituições seguintes são mais fáceis e, no final, após um longo caminho, chegamos no valor de A igual a 15 e B igual a 17.

Resposta: A soma das pontuações obtidas por Ana e Beto é igual a 32.

Gabarito: C

QUESTÃO PASSO A PASSO

185. ***(FCC – TRT (BA) 5ª Região – Técnico Judiciário Área Administrativa – 2022)*** *Para descobrir qual é o código que dá acesso a um computador, foram feitas várias tentativas, para as quais foram geradas as mensagens que seguem:*

Tentativa 1		5	2	4	Um número correto e corretamente posicionado
Tentativa 2		5	4	6	Nada correto
Tentativa 3		8	6	2	Um número correto, mas incorretamente posicionado
Tentativa 4		3	6	9	Dois números corretos, mas incorretamente posicionados

De acordo com as mensagens, o código correto é:

(A) 562

(B) 948

(C) 675

(D) 923

(E) 237

▶ Comentários

A ideia tem origem, pelo menos no Brasil, no jogo "Senha" que viralizou na década de 70. É um jogo que podemos qualificar como sendo de raciocínio lógico, tanto que foi cobrado pela FCC para o TRT da Bahia.

A regra é, feita uma tentativa, haverá uma resposta dizendo se algum número está correto e se estão ou não na posição correta.

Então, vamos ao jogo, ou melhor, vamos identificar o código correto e resolver a questão.

Tentativa 1

Tentativa 1		5	2	4	Um número correto e corretamente posicionado

A tentativa foi "524" cuja resposta diz que um dos três números está correto e também na posição correta.

Tentativa 2

A análise é feita considerando a resposta da primeira tentativa.

Tentativa 2		5	4	6	Nada correto

Na segunda tentativa nada está correto, nem números nem posições. Portanto, descartamos os três.

Ainda, tanto o número 5 como o número 4 estão na primeira tentativa e, por terem sidos desqualificados, o número 2 (tentativa 1) está correto e na posição correta, é o número que ocupa a posição central.

Tentativa 3

Tentativa 3		8	6	2	Um número correto, mas incorretamente posicionado

Outra confirmação de que o número 2 ocupa a posição central (correto em posição incorreta). Também, por esta tentativa 3, descartamos o número 8 (o número 6 havíamos desqualificado na rodada anterior).

Recordando, até aqui sabemos que não fazem parte do código os números 4, 5, 6 e 8.

Tentativa 4

Tentativa 4		3	6	9	Dois números corretos, mas incorretamente posicionados

A última tentativa apresenta dois números corretos, são eles 3 e 9, uma vez que o número 6 está fora. Além do mais, suas posições não estão corretas.

Bem, o número 2 ocupa a posição central, restando os extremos. Claro, invertendo as posições dos números 3 e 9 chegamos ao código correto: 923.

Resposta: De acordo com as mensagens, o código correto é 923.

Gabarito: D

QUESTÃO PASSO A PASSO

186. ***(IBFC – TJ (CE) – Analista Judiciário Ciência da Computação – 2022)*** *Cada quadradinho do tabuleiro 5 x 4 deve ser pintado com as cores Azul (A), Bege (B), Preto (P) e Verde (V), de modo que quadradinhos vizinhos tenham cores diferentes. Considera-se aqui que dois quadradinhos são vizinhos se tiverem pelo menos um vértice em comum. O tabuleiro já começou a ser pintado, como mostra a figura abaixo.*

A	B		P	V
				X

A cor com a qual deve ser pintado o quadradinho marcado com um X é:

(A) *V.*

(B) *B.*

(C) *P.*

(D) *A.*

(E) *B ou V.*

► Comentários

O tabuleiro deve ser pintado de modo que mesma cor não seja repetida em quadradinhos vizinhos. Para isso não há uma regra predefinida, claro, apenas a restrição quanto a repetição de cores.

Mas, antes de passar para a resolução, vamos recordar um pouco de geometria e o que é vértice.

- **Vértice**: É o ponto de encontro entre dois lados nas figuras planas, entre duas ou mais arestas nas figuras espaciais.

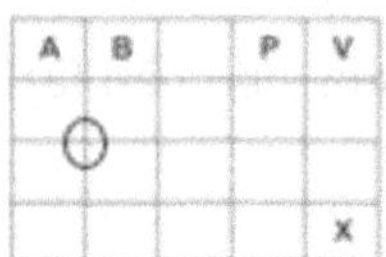

Ou seja, cada vértice reúne quatro quadradinhos e cada um deve ser pintado de uma cor diferente.

Agora podemos partir para a pintura do tabuleiro. E para você que acha que vai ser fácil, veja uma primeira tentativa.

<table>
<tr><td>Imagine que você quer chegar logo na letra X e pinta dois quadradinhos.</td><td><table><tr><td>A</td><td>B</td><td></td><td>P</td><td>V</td></tr><tr><td></td><td></td><td></td><td>A</td><td>B</td></tr><tr><td></td><td></td><td></td><td></td><td></td></tr><tr><td></td><td></td><td></td><td></td><td>X</td></tr></table></td></tr>
</table>

Mas veja a inconsistência.

<table>
<tr><td>Para o quadradinho marcado, a única possibilidade é pintar da cor vermelha (V).</td><td><table><tr><td>A</td><td>B</td><td>V</td><td>P</td><td>V</td></tr><tr><td></td><td></td><td></td><td>A</td><td>B</td></tr><tr><td></td><td></td><td></td><td></td><td></td></tr><tr><td></td><td></td><td></td><td></td><td>X</td></tr></table></td></tr>
<tr><td>Em relação aos quatro quadradinhos, o inferior à esquerda seria bege (B).</td><td><table><tr><td>A</td><td>B</td><td>V</td><td>P</td><td>V</td></tr><tr><td></td><td></td><td>B</td><td>A</td><td>B</td></tr><tr><td></td><td></td><td></td><td></td><td></td></tr><tr><td></td><td></td><td></td><td></td><td>X</td></tr></table></td></tr>
<tr><td>Entretanto, por conta do vértice, acaba tendo um vizinho de mesma cor.</td><td><table><tr><td>A</td><td>B</td><td>V</td><td>P</td><td>V</td></tr><tr><td></td><td></td><td>B</td><td>A</td><td>B</td></tr><tr><td></td><td></td><td></td><td></td><td></td></tr><tr><td></td><td></td><td></td><td></td><td>X</td></tr></table></td></tr>
</table>

Isso foi para demonstrar que o desenho deve ser pintado não pensando em chegar mais rápido no quadradinho X, mas considerando os quadradinhos já pintados.

Vamos completar a primeira linha.

<table>
<tr><td>Para completar a primeira linha existem duas possibilidades.</td><td><table><tr><td>A</td><td>B</td><td>A</td><td>P</td><td>V</td></tr><tr><td></td><td></td><td></td><td></td><td></td></tr><tr><td></td><td></td><td></td><td></td><td></td></tr><tr><td></td><td></td><td></td><td></td><td>X</td></tr></table> <table><tr><td>A</td><td>B</td><td>V</td><td>P</td><td>V</td></tr><tr><td></td><td></td><td></td><td></td><td></td></tr><tr><td></td><td></td><td></td><td></td><td></td></tr><tr><td></td><td></td><td></td><td></td><td>X</td></tr></table></td></tr>
</table>

Os dois primeiros quadradinhos da segunda linha devem ser pintados de preto (P) e verde (V). Neste caso, a ordem faz diferença e você vai perceber isso no momento de pintar o terceiro quadradinho desta linha.

Para qualquer hipótese criada na situação anterior, os dois primeiros quadradinhos da segunda linha são verde (V) e preto (P), nesta ordem.

A	B	A	P	V
V	P			
				X

A	B	V	P	V
V	P			
				X

Na sequência desta mesma linha as cores são diferentes se comparadas as duas opções.

Você vai preencher um quadradinho por vez e verá que não existe outra opção para fechar a terceira linha.

A	B	A	P	V
V	P	V	B	A
				X

A	B	V	P	V
V	P	A	B	A
				X

Para a quarta linha, independente de começar pela esquerda ou pela direita, também um quadradinho de cada vez, verá que para cada hipótese existe apenas uma opção.

Interessante é que em ambas as hipóteses, as terceiras linhas são repetições das primeiras.

A	B	A	P	V
V	P	V	B	A
A	B	A	P	V
				X

A	B	V	P	V
V	P	A	B	A
A	B	V	P	V
				X

Portanto:

As quartas linhas são repetições das segundas.

A	B	A	P	V
V	P	V	B	A
A	B	A	P	V
V	P	V	B	A

A	B	V	P	V
V	P	A	B	A
A	B	V	P	V
V	P	A	B	A

Resposta: A cor com a qual deve ser pintado o quadradinho marcado com um X é azul (A).

Gabarito: D

QUESTÃO PASSO A PASSO

187. ***(FCC – TRT (ES) 17ª Região – Analista Judiciário Área Administrativa – 2022)*** *Um campeonato de judô contou com seis atletas. Cada atleta participante lutou exatamente uma vez contra cada um de seus oponentes. Nesse campeonato, uma vitória vale 2 pontos, um empate vale 1 ponto e uma derrota vale 0. Ao final do campeonato, um dos atletas somou 8 pontos, outro somou 6 pontos, e os quatro restantes obtiveram o mesmo número de pontos cada um. O número de pontos de cada um dos quatro atletas restantes é*

(A) 4
(B) 2
(C) 3
(D) 1
(E) 5

▶ Comentários

Para resolver esta questão e talvez para outras quando a situação considerar jogos nos quais a vitória vale 2 pontos, o empate vale 1 e a derrota zero ponto, tenha em mente a premissa: Cada partida vale 2 pontos.

Exemplo, jogo entre A e B.

- A vence: A ganha 2 pontos.
- B vence: B ganha 2 pontos.
- Empate: A ganha 1 ponto e B ganha 1 ponto.

Portando, independente do resultado, estão em disputa 2 pontos por jogo.

Também, para facilitar sua resolução, usaremos um pouco de análise combinatória (passaremos por este tópico no capítulo Raciocínio Matemático).

Estamos falando de 6 atletas que jogam entre si, o que equivale à combinação de 6 tomado de 2.

Combinação de 6 tomado de 2 C (6,2)	C(n,p) = n! / (p! . (n – p)!) C(6,2) = 6! / (2! . (6 – 2)!) C(6,2) = 6 . 5 . 4! / (2! . 4!)
Simplificar 4!	C(6,2) = 6 . 5 / 2! C(6,2) = 30 / 2 C(6,2) = 15

Por ora, não se preocupe, logo vamos trabalhar a análise combinatória e a maneira de abreviar a utilização da fórmula, o que não fizemos aqui.

Enfim, são 15 partidas a serem disputadas e, consequentemente, 30 pontos a serem distribuídos entre os atletas.

Entenderam a linha de raciocínio? Daqui para frente ficou fácil.

Sabemos que um atleta somou 8 pontos, outro 6 pontos, resta a diferença para 30 igual a 16.

Também sabemos que os outros 4 atletas somaram a mesma quantidade de pontos, logo, dividindo igualmente os 16 pontos para os 4 atletas, cada um somou 4 pontos.

Resposta: O número de pontos de cada um dos quatro atletas restantes é igual a 4.

Gabarito: A

QUESTÃO PASSO A PASSO

188. ***(FCC – TRT (AL) 19ª Região – Técnico Judiciário Tecnologia da Informação – 2022)*** *Em um jantar, cada convidado recebeu um código formado por 3 algarismos ordenados, e cada assento estava marcado com um código formado por 3 letras também ordenadas. Os amigos, Ana, Bia, Caio, Davi e Edu devem sentar-se em uma mesa cujos assentos foram identificados pelos códigos YZY, ZBY, HZB, BHY e ZHY. Ana recebeu o código 414, Bia o código 812, Caio o código 124, Davi o código 184, e Edu esqueceu seu código. Como cada letra está associada a um único algarismo e letras distintas estão associadas a algarismos distintos, o código de Edu é*

(A) 842

(B) 482

(C) 428

(D) 284

(E) 248

▶ Comentários

Enunciado criado para confundir o concursando, então, aí vai uma boa sugestão, reescrever os dados relevantes do enunciado.

Enunciado	Dados Relevantes
Em um jantar, cada convidado recebeu um código formado por 3 algarismos ordenados, e cada assento estava marcado com um código formado por 3 letras também ordenadas.	Convidados = Código com 3 algarismos. Assentos = Código com 3 letras.

Para essa parte inicial, grifar a parte de interesse é o suficiente.

Enunciado	Dados Relevantes
Os amigos, Ana, Bia, Caio, Davi e Edu devem sentar-se em uma mesa cujos assentos foram identificados pelos códigos YZY, ZBY, HZB, BHY e ZHY.	Convidados = Ana, Bia, Caio, Davi e Edu. Assentos = YZY, ZBY, HZB, BHY e ZHY.

Na sequência do enunciado.

Enunciado	Dados Relevantes
Ana recebeu o código 414, Bia o código 812, Caio o código 124, Davi o código 184, e Edu esqueceu seu código.	Ana = 414 Bia = 812 Caio = 124 Davi = 184 Edu = ?

Atentando ao fato de que há relação entre algarismos e letras, cada letra está associada a um único algarismo e letras distintas estão associadas a algarismos distintos, passamos às conexões.

Códigos com Algarismos	Códigos com Letras
Ana = 414 Bia = 812 Caio = 124 Davi = 184 Edu = ?	YZY ZBY HZB BHY ZHY

Conclusões:

- YZY é compatível com os algarismos do código de Ana face à repetição dos números 4 e das letras Y. Logo, Y = 4 e Z = 1. Assim:

  o Ana = 414 = YZY

- ZBY, conhecendo os números relacionados às letras Y e Z, este é o código do assento no qual deve sentar-se Caio. Daí, B = 2. Temos:

  o Caio = 124 = ZBY

- HZB, as letras Z e B são conhecidas e possível associar com o código de Bia. Logo, H = 8. Ainda:

  o Bia = 812 = HZB

- BHY corresponde aos algarismos 284 e, por não ter sido mencionado, inferimos ser o código de Edu.

  o **Edu = 284 = BHY**

- ZHY é o código do assento de Davi e está relacionado aos algarismos 184.

  o Davi = 184 = ZHY.

As relações entre algarismos e letras não requerem maiores sacrifícios para serem encontradas, talvez o enunciado cause um pouco de preocupação o que é superado com atenção e reescrevendo as listas de códigos com um mínimo de organização.

Resposta: O código de Edu é 284.

Gabarito: D

QUESTÃO PASSO A PASSO

189. ***(FGV – TJ (RO) – Técnico Judiciário – 2021)*** *Na sala de arquivos de um escritório há 7 armários, cada um com 7 gavetas, sendo que cada gaveta comporta 15 pastas. Os armários são identificados por A, B, C, ..., G. As gavetas são numeradas com 1, 2, 3, ..., 7. As pastas são numeradas com 01, 02, 03, ..., 15. A localização de uma pasta é dada por um código que indica o armário, a gaveta e a posição onde ela está. Por exemplo, uma pasta com o código B403 significa que ela é a 3ª pasta da gaveta 4 do armário B. Todas as pastas foram arquivadas em ordem, nenhum lugar ficou vazio e a última pasta colocada no arquivo foi a de código D512. O número total de pastas desse arquivo é:*

(A) 338;
(B) 342;
(C) 366;
(D) 387;
(E) 398.

▶ Comentários

Iniciamos com a leitura do enunciado, ou partes dele, fazendo a identificação de dados relevantes, o que pode ser feito por meio de grifos, e reescrevê-los de maneira esquematizada.

Enunciado	Esquema
Na sala de arquivos de um escritório há 7 armários, cada um com 7 gavetas, sendo que cada gaveta comporta 15 pastas.	7 Armários ⇨ 7 Gavetas ⇨ 15 Pastas

Para cada um dos armários, gavetas e pastas existe uma identificação.

Enunciado	Esquema
Os armários são identificados por A, B, C, ..., G. As gavetas são numeradas com 1, 2, 3, ..., 7. As pastas são numeradas com 01, 02, 03, ..., 15.	7 Armários A até G ⇨ 7 Gavetas 1 até 7 ⇨ 15 Pastas 01 até 15

As identificações de armários, gavetas e pastas geram um código de localização.

Enunciado	Código de Localização
A localização de uma pasta é dada por um código que indica o armário, a gaveta e a posição onde ela está. Por exemplo, uma pasta com o código B403 significa que ela é a 3ª pasta da gaveta 4 do armário B.	Armário / Gaveta / Pasta B / 4 / 03

É interessante que, ao final da leitura do enunciado, você tenha em mente o que extraímos até aqui.

Disposição das Pastas	Código de Localização
7 Armários A até G ⇨ 7 Gavetas 1 até 7 ⇨ 15 Pastas 01 até 15	Armário / Gaveta / Pasta B / 4 / 03

Com base neste último quadro resolvemos a questão sem a necessidade de voltar ao enunciado para certificar quais as quantidades de gavetas, por exemplo, ou mesmo sem a necessidade de uma segunda leitura.

Seguimos com o comando da questão propriamente dito: *"Todas as pastas foram arquivadas em ordem, nenhum lugar ficou vazio e a última pasta colocada no arquivo foi a de código D512. O número total de pastas desse arquivo é".*

Analise do código D512:

- Como estamos no armário D, os três anteriores estão completos.

Cada armário tem 105 pastas (7 gavetas com 15 pastas cada), contamos 315 pastas nos armários de A à C.

- No armário D, estamos falando da gaveta 5, logo, as 4 gavetas anteriores estão completas.

Se cada gaveta tem 15 pastas, somamos 60 pastas nas gavetas de 1 a 4.

- Por fim, na gaveta 5, o último arquivo está na pasta 12.

Somamos 12 pastas nesta última gaveta.

Somando 315 + 60 + 12, chegamos no total de pastas do arquivo, igual a 387.

Resposta: O número total de pastas desse arquivo é igual a 387.

Gabarito: D

QUESTÃO PASSO A PASSO

190. ***(FCC – TJ (SC) – Técnico Judiciário Auxiliar – 2021)*** *Um tabuleiro de Sudoku de dimensão 4 é um quadrado 4 × 4 subdividido em quatro quadrados 2 × 2 demarcados. Observe na figura abaixo um tabuleiro desse tipo parcialmente preenchido.*

X	3	1	4
Y	2	3	
3			Z

Para terminar de preenchê-lo, é preciso colocar os números de 1 a 4, sem repetição, em cada linha, em cada coluna e em cada quadrado 2 × 2 demarcado. Preenchido corretamente o tabuleiro na figura, obtém-se que X + Y + Z é igual a

(A) 10.

(B) 9.

(C) 7.

(D) 8.

(E) 6.

▶ **Comentários**

Cada linha, cada coluna e cada quadrado 2x2 do tabuleiro deve ser preenchido com os números de 1 a quatro sem repetições.

<table>
<tr><th>Observações</th><th>Quadrado 4x4</th></tr>
<tr><td>Parece claro que partimos da primeira linha, pois falta apenas um número.
Logo, X = 2.</td><td><table><tr><td>2</td><td>3</td><td>1</td><td>4</td></tr><tr><td></td><td></td><td></td><td></td></tr><tr><td>Y</td><td>2</td><td>3</td><td></td></tr><tr><td>3</td><td></td><td></td><td>Z</td></tr></table></td></tr>
</table>

Observe o quadrado 2x2 superior direito, faltam dois números (2 e 3).

<table>
<tr><th>Observações</th><th>Quadrado 4x4</th></tr>
<tr><td>O número 3 não pode ser colocado na terceira coluna uma vez já existe este número.</td><td><table><tr><td>2</td><td>3</td><td>1</td><td>4</td></tr><tr><td></td><td></td><td>2</td><td>3</td></tr><tr><td>Y</td><td>2</td><td>3</td><td></td></tr><tr><td>3</td><td></td><td></td><td>Z</td></tr></table></td></tr>
</table>

Fechamos a terceira coluna sem problemas.

<table>
<tr><th>Observações</th><th>Quadrado 4x4</th></tr>
<tr><td>O número 3 não pode ser colocado na terceira coluna uma vez já existe este número.</td><td><table><tr><td>2</td><td>3</td><td>1</td><td>4</td></tr><tr><td></td><td></td><td>2</td><td>3</td></tr><tr><td>Y</td><td>2</td><td>3</td><td></td></tr><tr><td>3</td><td></td><td>4</td><td>Z</td></tr></table></td></tr>
</table>

Pulamos para a quarta linha.

<table>
<tr><th>Observações</th><th>Quadrado 4x4</th></tr>
<tr><td>O número 2 está presente nas primeira, segunda e terceira linhas e nas primeira, segunda e terceira colunas, resta a posição de quarta linha e quarta coluna.
Logo, Z = 2.</td><td><table><tr><td>2</td><td>3</td><td>1</td><td>4</td></tr><tr><td></td><td></td><td>2</td><td>3</td></tr><tr><td>Y</td><td>2</td><td>3</td><td></td></tr><tr><td>3</td><td></td><td>4</td><td>2</td></tr></table></td></tr>
</table>

No quadrado 2x2 inferior direito falta o número 1 e, na sequência:

<table>
<tr><th>Observações</th><th>Quadrado 4x4</th></tr>
<tr><td>Sabendo que o último número da terceira linha é igual a 1, concluímos que Y é igual a 4.</td><td><table><tr><td>2</td><td>3</td><td>1</td><td>4</td></tr><tr><td></td><td></td><td>2</td><td>3</td></tr><tr><td>4</td><td>2</td><td>3</td><td>1</td></tr><tr><td>3</td><td></td><td>4</td><td>2</td></tr></table></td></tr>
</table>

Apuramos que os valores de X, Y e Z, respectivamente, 2, 4 e 2.

Resposta: O somatório X + Y + Z é igual a 8.

<table>
<tr><th>Observações</th><th>Quadrado 4x4</th></tr>
<tr><td>Para não deixar o quadrado incompleto...</td><td><table><tr><td>2</td><td>3</td><td>1</td><td>4</td></tr><tr><td>1</td><td>4</td><td>2</td><td>3</td></tr><tr><td>4</td><td>2</td><td>3</td><td>1</td></tr><tr><td>3</td><td>1</td><td>4</td><td>2</td></tr></table></td></tr>
</table>

Gabarito: D

QUESTÃO PASSO A PASSO

191. ***(Vunesp – TJ (SP Capital) – Escrevente Técnico Judiciário – 2021)*** *Na gaveta de camisetas de Jeferson há 5 camisetas pretas, 7 camisetas vermelhas e 9 camisetas azuis. O menor número de camisetas que Jeferson precisará retirar da gaveta, de maneira aleatória e sem saber quais camisetas estão saindo, para ter certeza de ter retirado pelo menos uma camiseta preta e uma camiseta azul, é*

(A) 14.

(B) 18.

(C) 16.

(D) 20.

(E) 17.

▶ **Comentários**

Pensa numa pessoa azarada. Pois bem, esta pessoa é o Jeferson.

É exatamente assim que vamos pensar para que tenhamos certeza de que, na retirada aleatória de camisas da gaveta e sem saber qual a cor, ter retirado pelo menos uma na cor preta e uma na cor azul.

Sabendo que na gaveta há:

- 5 camisetas pretas;
- 7 camisetas vermelhas; e
- 9 camisetas azuis.

Como Jeferson é muito azarado, a hipótese mais indesejável pode acontecer com ele:

- Nas primeira 7 retiradas, todas são vermelhas.
- Nas próximas 9 retiradas, todas são azuis.

Depois das primeiras 16 camisas retiradas da gaveta, a 17ª com certeza será da cor preta e, aí sim, teremos pelo menos uma desta cor e pelo menos uma da cor azul.

Resposta: Para ter certeza de ter retirado pelo menos uma camiseta preta e uma camiseta azul, Jeferson precisará retirar da gaveta 17 camisetas.

Gabarito: E

QUESTÃO PASSO A PASSO

192. ***(FCC – TRF 3ª Região – Técnico Judiciário Administrativo – 2019)*** *Em uma urna há 3 bolas verdes, 3 vermelhas, 3 azuis e 3 amarelas, todas iguais ao tato. São retiradas, ao acaso, 10 bolas dessa urna. Então, com certeza,*

(A) *3 bolas de mesma cor foram retiradas.*

(B) *3 bolas verdes ou 3 bolas vermelhas foram retiradas.*

(C) *2 bolas de cores distintas ficaram na urna.*

(D) *3 bolas verdes, 3 bolas vermelhas e 3 bolas azuis foram retiradas.*

(E) *3 bolas verdes foram retiradas.*

▶ Comentários

Urnas com bolas coloridas é um enredo recorrente em questões de concursos e, via de regra, solicita o mínimo número de retiradas aleatórias para ter certeza que, entre as bolas retiradas, exista pelo menos uma de determinada cor, ou cores.

Aqui não é diferente, bolas coloridas, com retiradas ao acaso e a certeza de determinado resultado a confirmar nas alternativas.

Sabendo que:

Urna	Retiradas
3 bolas verdes 3 bolas vermelhas 3 bolas azuis 3 bolas amarelas	Foram retiradas 10 bolas

Vamos analisar as alternativas.

(A) 3 bolas de mesma cor foram retiradas.

Para que o resultado seja uma certeza, criaremos uma hipótese que desqualifica o que diz a alternativa: 2 bolas verdes, 2 vermelhas, 2 azuis e 2 amarelas. Sem que haja pelo menos 3 bolas de qualquer uma das cores serias 8 retiradas. Com as duas últimas retiradas, ao menos uma cor terá pelo menos 3 bolas.

A alternativa está correta.

(B) 3 bolas verdes ou 3 bolas vermelhas foram retiradas.

Caso sejam retiradas 3 bolas azuis, 3 amarelas, 2 verdes e 2 vermelhas, completamos as 10 bolas sem que haja 3 da cor verde ou 3 da cor vermelha.

(C) 2 bolas de cores distintas ficaram na urna.

Foram 10 retiradas de um total de 12 bolas, restaram 2 bolas na urna que podem ser de cores diferentes como podem ser da mesma cor, independentemente da cor, qualquer uma delas.

(D) 3 bolas verdes, 3 bolas vermelhas e 3 bolas azuis foram retiradas.

Daria para criar uma porção de hipóteses para desqualificar a alternativa, inclusive, as chances de isso acontecer são pequenas.

(E) 3 bolas verdes foram retiradas.

Pode acontecer de as 3 bolas verdes terem sido retiradas como também pode ter ficado uma delas, ou duas, na urna.

Gabarito: A

QUESTÃO RÁPIDA

193. ***(FCC – TRF 4ª Região – Analista Judiciário Oficial de Justiça Avaliador Federal – 2019)*** *Marco sempre se atrasa. A esposa de Marco pediu que ele levasse seu filho à escola e adiantou o relógio de Marco em 10 minutos, sem que ele soubesse, para evitar atraso. Marco deixou seu filho na escola acreditando que tinha se atrasado em 8 minutos, porém, de fato ele estava*

(A) *2 minutos adiantado.*

(B) *2 minutos atrasado.*

(C) *18 minutos atrasado.*

(D) *18 minutos adiantado.*

(E) *4 minutos adiantado.*

► Comentários

A esposa de Marcos adiantou o relógio em 10 minutos sem que ele soubesse e quando ele deixa o filho na escola pensando estar 8 minutos atrasado em relação ao horário de seu relógio, na verdade, descontados os 10 minutos, o filho chegou 2 minutos adiantado na escola.

Talvez a intenção do examinador foi provocar dúvida no concursando, por exemplo, haver alguma informação que passou despercebida. Mas não, é isso mesmo, a questão é fácil, 10 menos 2 é igual a 8.

Resposta: Marco deixou seu filho na escola 2 minutos adiantado.

Gabarito: A

QUESTÃO RÁPIDA

194. ***(FGV – TRT (SC) 12ª Região – Analista Judiciário Área Administrativa – 2017)*** *Uma gaveta A tem sete canetas vermelhas e uma gaveta B tem sete canetas azuis. Essas são as únicas canetas contidas nas duas gavetas. Retiram-se três canetas da gaveta A, que são então colocadas na gaveta B. Agora, retiram-se, aleatoriamente, quatro canetas da gaveta B, que são então colocadas na gaveta A.*

Após essas transferências, é correto afirmar que:

(A) *só ficaram canetas azuis na gaveta B;*

(B) *só ficaram canetas vermelhas na gaveta A;*

(C) *há pelo menos uma caneta vermelha na gaveta B;*

(D) *há pelo menos uma caneta azul na gaveta A;*

(E) *há mais canetas azuis na gaveta B do que canetas vermelhas na gaveta A.*

▶ Comentários

São duas gavetas e o relato é que nelas estão somente os objetos conforme relação.

- Gaveto A: 7 canetas vermelhas.
- Gaveto B: 7 canetas azuis.

Primeira movimentação de canetas entre as gavetas.

Retiram-se três canetas da gaveta A, que são então colocadas na gaveta B.	Gaveta A = 4 Vermelhas Gaveta B = 7 Azuis e 3 Vermelhas

Uma segunda movimentação entre as gavetas.

- *Agora, retiram-se, aleatoriamente, quatro canetas da gaveta B, que são então colocadas na gaveta A.*

Como não há um comando definido no enunciado, partimos para as alternativas.

(A) só ficaram canetas azuis na gaveta B.

As quatro canetas retiradas podem ser, por exemplo, 2 azuis e 2 vermelhas, restando canetas das duas cores na gaveta.

(B) só ficaram canetas vermelhas na gaveta A.

Conforme hipótese apresentada na alternativa anterior, pode ficar canetas das duas cores.

(C) há pelo menos uma caneta vermelha na gaveta B.

Ao retirar quatro canetas, há possibilidade de 3 canetas vermelhas serem escolhidas e não ficar nenhuma delas na gaveta.

(D) há pelo menos uma caneta azul na gaveta A.

No máximo, retornam para a gaveta A 3 canetas vermelhas e, obrigatoriamente, 1 azul. Então sim, está correto dizer que há pelo menos uma azul na gaveta A.

E) há mais canetas azuis na gaveta B do que canetas vermelhas na gaveta A.

Pode acontecer de retornarem as 3 canetas vermelhas para a gaveta A e mais uma caneta azul, neste caso, contrário à afirmação, ficariam 6 canetas azuis na gaveta B e 7 vermelhas na gaveta A.

Gabarito: D

QUESTÃO RÁPIDA

195. ***(FCC – TRT (MS) 24ª Região – Técnico Judiciário Área Administrativa – 2017)*** *O cadastro de veículos de uma pequena cidade registra 40 veículos de carga e 245 veículos de passeio. Desses 285 veículos cadastrados, 32 são movidos a diesel. Utilizando apenas essas informações, a respeito desses veículos cadastrados, é correto afirmar que,*

(A) *no máximo, 213 são de passeio movidos a diesel.*

(B) *no mínimo, 32 são de carga movidos a diesel.*

(C) *algum veículo de carga é movido a diesel.*

(D) *no mínimo, 20% dos veículos de carga não são movidos a diesel.*

(E) *pelo menos, 8 veículos de passeio são movidos a diesel.*

▶ **Comentários**

O formato como são apresentados os dados inspira colocá-los em planilha.

	Carga	Passeio	
Diesel			**32**
	40	**245**	

De acordo com a planilha, não há muita certeza. Entretanto, vejamos o que aponta cada uma das alternativas.

(A) no máximo, 213 são de passeio movidos a diesel.

Absurdo, uma vez que nos foi informado serem 32 veículos movidos à diesel.

(B) no mínimo, 32 são de carga movidos a diesel.

Chegou perto, estaria correto se fosse dito "no máximo".

(C) algum veículo de carga é movido a diesel.

Relacionar veículo de carga com combustível diesel é algo intrínseco ao nosso conhecimento, mas nada foi dito no enunciado que garanta esta informação.

(D) no mínimo, 20% dos veículos de carga não são movidos a diesel.

Estamos falando de veículos de carga movidos por outro combustível que não diesel. Mesmo que todos movidos a diesel fossem veículos de carga, ainda assim restariam 8 unidades (20% de 40 unidades) não movidos à diesel. Esse percentual só aumenta, podendo chegar a 100%.

Gabarito correto.

(E) pelo menos, 8 veículos de passeio são movidos a diesel.

Dos 40 veículos de carga, 32 poderiam ser movidos à diesel, neste caso, nenhum veículo de passeio seria movido à diesel.

Gabarito: D

QUESTÃO RÁPIDA

196. ***(FCC – TRT (SE) 20ª Região – Analista Judiciário Área Judiciária –2016)*** *Marina, Kátia, Carolina e Joana se sentam em uma mesa hexagonal (seis assentos), conforme indica a figura abaixo.*

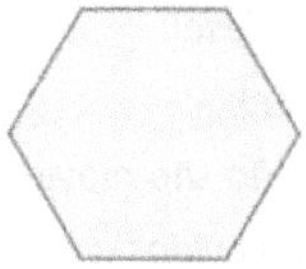

Sabe-se que Carolina se senta imediatamente à direita de Marina e em frente à Kátia; e que Joana não se senta em frente a um lugar vazio. Dessa forma, é correto afirmar que, necessariamente,

(A) *Kátia se senta imediatamente ao lado de dois lugares vazios.*

(B) *Joana se senta imediatamente ao lado de Kátia.*

(C) *Marina se senta em frente à Kátia.*

(D) *Carolina se senta imediatamente ao lado de dois lugares vazios.*

(E) *Carolina está tão distante de Kátia na mesa quanto está de Marina.*

► **Comentários**

É hora de seguir fielmente as regras e, assim, acomodaremos, ou pelo menos tentaremos, alocar as quatro moças na mesa hexagonal.

Considere:

- Marina = M;
- Kátia = K;
- Carolina = C;
- Joana = J.

Sabe-se que Carolina se senta imediatamente à direita de Marina e em frente à Kátia.	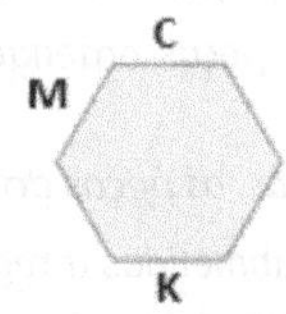

Aqui não interessa se estamos falando de direita do nosso ponto de vista ou do ponto de vista da própria Carolina. O que importa é manter o padrão até final da questão.

Joana não se senta em frente a um lugar vazio.	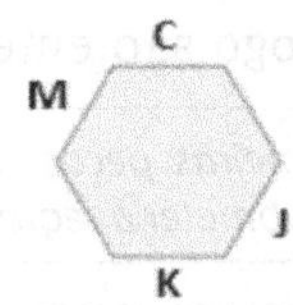

Mais rápido que esperávamos.

Alternativas:

A) Kátia se senta imediatamente ao lado de dois lugares vazios.

Não, apenas um.

B) Joana se senta imediatamente ao lado de Kátia.

Perfeito.

C) Marina se senta em frente à Kátia.

Marina se senta em frende à Joana.

D) Carolina se senta imediatamente ao lado de dois lugares vazios.

Não, apenas um.

E) Carolina está tão distante de Kátia na mesa quanto está de Marina.

Carolina está no lado oposto de Kátia e imediatamente ao lado de Marina.

Gabarito: B

QUESTÃO RÁPIDA

197. ***(FCC – TRT (RS) 4ª Região – Analista Judiciário Área Judiciária – 2015)*** *As peças de um jogo estão numeradas com a sequência ordenada dos primeiros números inteiros não negativos. Nesse jogo, sabe-se que:*

- *as dez primeiras peças ordenadas devem se submeter à regra A;*
- *as cinco primeiras peças ordenadas de numeração par devem se submeter à regra B;*

- *as cinco primeiras peças ordenadas de numeração ímpar devem se submeter à regra C;*
- *as cinco primeiras peças ordenadas com numeração de número primo devem se submeter à regra D.*

De acordo com as regras, as peças do jogo submetidas à regra

A) A também estão submetidas à regra C.

B) A também estão submetidas à regra D.

C) A mas não submetidas à regra B são as mesmas que estão submetidas à regra C.

D) A e à regra B, simultaneamente, constituem um conjunto sem elementos.

E) B e à regra C, simultaneamente, constituem um conjunto de um único elemento.

▶ Comentários

As regras do jogo são entendidas como conjuntos matemáticos.

As dez primeiras peças ordenadas devem se submeter à regra A.	A = {1, 2, 3, 4, 5, 6, 7, 8, 9, 10}
As cinco primeiras peças ordenadas de numeração par devem se submeter à regra B.	B = {2, 4, 6, 8, 10}
As cinco primeiras peças ordenadas de numeração ímpar devem se submeter à regra C.	C = {1, 3, 5, 7, 9}
As cinco primeiras peças ordenadas com numeração de número primo devem se submeter à regra D.	D = {2, 3, 5, 7, 11}

Seguimos com a checagem de cada uma das alternativas.

A) A também estão submetidas à regra C.

Nem todas as peças submetidas à regra A estão submetidas à regra C. O inverso seria verdade.

B) A também estão submetidas à regra D.

Nem todas as peças submetidas à regra A estão submetidas à regra D.

C) A mas não submetidas à regra B são as mesmas que estão submetidas à regra C.

Perfeito. Se retirarmos as peças submetidas à regra B (números pares) daquelas submetidas à regra A, restam as submetidas à regra C (números ímpares).

D) A e à regra B, simultaneamente, constituem um conjunto sem elementos.

Seria a intersecção dos conjuntos A e B e o resultado são os mesmos elementos do conjunto B, portanto, com 5 elementos.

E) B e à regra C, simultaneamente, constituem um conjunto de um único elemento.

São dois conjuntos totalmente distintos, regra B, números pares, e regra C, números ímpares, Logo, a intersecção é um conjunto vazio.

Gabarito: C

QUESTÃO RÁPIDA

198. ***(FCC – TRT (RS) 4ª Região – Técnico Judiciário Área Administrativa – 2015)*** *As pastas de um arquivo estão ordenadas com uma sequência de códigos, que segue sempre o mesmo padrão. Os códigos das quinze primeiras pastas desse arquivo são: A1, A2, A3, B1, B2, A4, A5, A6, B3, B4, A7, A8, A9, B5, B6.*

De acordo com o padrão, a centésima pasta desse arquivo terá o código

(A) A50.

(B) B40.

(C) B32.

(D) B50.

(E) A51.

▶ Comentários

Por vezes, as questões de problemas sequenciais confrontam nosso conhecimento em relação a dois fatos distintos: o primeiro, quanto a identificação do padrão que rege a sequência, e o segundo, como identificar um elemento distante sem a necessidade de passar por todos os elementos anteriores a ele.

Dito isto, vamos enfrentar nosso primeiro problema, qual o padrão que rege a sequência dada.

A1, A2, A3, B1, B2, A4, A5, A6, B3, B4, A7, A8, A9, B5, B6.

Sem despender de maiores esforços, nota-se a presença de duas sequências que se intercalam formando apenas uma.

Sequência A	*A1, A2, A3, ..., A4, A5, A6, ..., A7, A8, A9, ...,*
Sequência B	*B1, B2, ..., B3, B4, ..., B5, B6, ...,*

Vencida a primeira parte, vamos pensar em como chegar ao centésimo elemento.

Um caminho possível, fácil e que serve de exemplo para casos semelhantes, é considerar grupos para completar a sequência não por elementos um a um, mas em blocos.

No caso em tela, grupos de 10 elementos parece uma quantidade boa. O elemento de interesse será o último elemento do 10º grupo.

Não só por isso, face à sequência apresentar ciclos de 5 elementos (*A1, A2, A3, B1, B2*), também é motivo para a escolha de grupos de 10 elementos, o que considera dois ciclos completos.

Grupo 1	*A1, A2, A3, B1, B2, A4, A5, A6, B3, B4*
Grupo 2	*..., B8*

Note que não há necessidade de listar todos os elementos, basta pensar na última posição de cada grupo.

Sempre o último elemento de cada grupo inicia-se pela letra B e finaliza por um múltiplo de quatro (multiplicar pelo número do grupo, linha 2 = 2 . 4 = 8).

Para o 10º grupo, 4 . 10 = 40.

Grupo 10	*..., B40*

Resposta: A centésima pasta desse arquivo terá o código B40.

Gabarito: B

1.12. Resumo Esquematizado

1.12.1. Lógica proposicional

Tabela Verdade

Linhas da tabela verdade: $L = 2^n$

L = nº de linhas   n = nº de proposições simples

Quadro resumo dos conectivos lógicos			
Conectivo	**Estrutura lógica**	**A proposição composta é verdadeira quando:**	**A proposição composta é falsa quando:**
Conjunção	**$p \wedge q$**	Ambas as proposições simples forem verdadeiras.	Pelo menos uma das proposições simples for falsa.
Disjunção	**$p \vee q$**	Pelo menos uma proposição simples for verdadeira.	Ambas as proposições simples forem falsas.
Disjunção exclusiva	**$p \veebar q$**	Os valores lógicos das proposições simples forem diferentes.	Os valores lógicos das proposições simples forem iguais.

Quadro resumo dos conectivos lógicos			
Condicional	**p → q**	Em todas as situações, exceto quando: o primeiro termo for verdadeiro e o segundo for falso.	O primeiro termo for verdadeiro e o segundo for falso.
Bicondicional	**p ↔ q**	Os valores lógicos das proposições simples forem iguais.	Os valores lógicos das proposições simples forem diferentes.

Negação das proposições compostas			
Conectivo	**Estrutura lógica**	**Regra**	**Negação**
Conjunção	**p ∧ q**	Negar as duas proposições simples e alterar o conectivo para disjunção "ou".	**~p ∨ ~q**
Disjunção	**p ∨ q**	Negar as duas proposições simples e alterar o conectivo para conjunção "e".	**~p ∧ ~q**
Condicional	**p → q**	Negar a segunda proposição simples e alterar o conectivo para conjunção "e".	**p ∧ ~q**

Equivalência da proposição composta condicional			
Conectivo	**Estrutura lógica**	**Regra**	**Equivalência**
Condicional	**p → q**	Inverter a posição dos termos, negar ambos e manter o mesmo conectivo.	**~q → ~p**
Condicional	**p → q**	Negar o primeiro termo e alterar o conectivo para disjunção "ou".	**~p ∨ q**

Fórmulas proposicionais

Precedência

1º ~ (negação)

2º ∧ ∨ ⊻ (conjunção, disjunção e disjunção exclusiva)

3º → ↔ (condicional e bicondicional)

1.12.2. Estruturas lógicas

ARGUMENTAÇÃO LÓGICA	
ARGUMENTO	Relação entre um conjunto de proposições (sentenças declarativas), denominadas premissas, com uma proposição conclusiva, ou seja, a conclusão.
VALIDADE DO ARGUMENTO	As premissas e a conclusão são classificadas por seus valores lógicos (verdadeiros e falsos). A estrutura ou argumentação é classificada como válida ou inválida. Será válida quando a conclusão estiver totalmente fundamentada nas premissas que a antecedem.
ENACADEAMENTO LÓGICO	Sequência de proposições compostas (premissas) das quais extrairemos a conclusão ou conclusões. A resolução do problema está em considerar todas as proposições compostas verdadeiras para então chegar ao objetivo que são os valores lógicos das proposições simples.

1.12.3. Correlacionamento lógico

CORRELACIONAMENTO LÓGICO	
ORDENAÇÃO	Problemas relacionados a situações sequenciais (filas) cuja ordem não foi definida. O objetivo e analisar as informações dadas e, a partir delas, definir qual a sequência correta. A resolução dá-se por meio de leitura atenta e interpretação delas. Interessante considerar diagramas, tabelas, desenhos para organizar as ideias.
DEDUÇÃO	Algumas informações são conhecidas e delas deduziremos outras. Existe um relacionamento entre grandezas diferentes, por exemplo: cores, idades, profissões, veículos e por aí vai. Resolva as questões com este perfil alinhando as grandezas em linhas e colunas como numa planilha do *excel*. As células que representam o cruzamento de linha e coluna são preenchidas com "SIM" ou "NÃO", considerando se a relação está correta ou errada, respectivamente.
HIPÓTESES	São as famosas questões que envolvam verdades e mentiras. O desenvolvimento e a resolução do problema passam pela criação de hipóteses, considerando situações ora verdadeiras, ora mentirosas. O objetivo é testar cada uma das situações hipotéticas até chegar a uma conclusão, sem que haja contradições entre as premissas e a conclusão.

1.12.4. Proposições categóricas

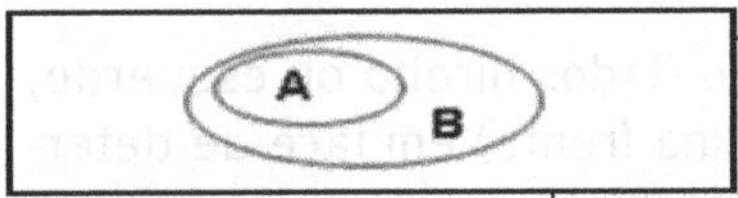

Todo A é B

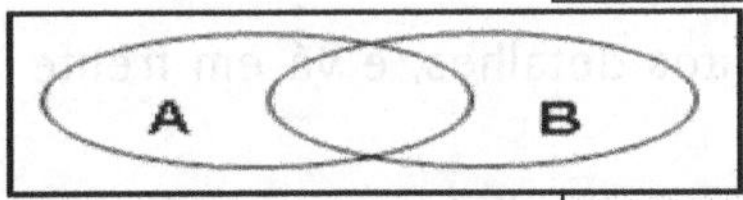

Algum A é B

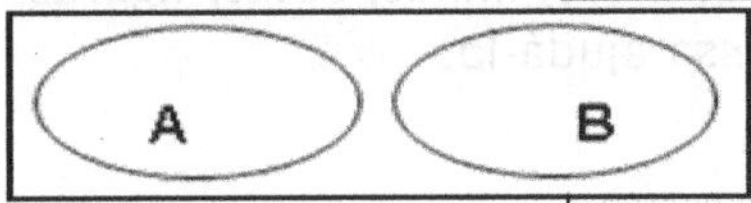

Nenhum A é B

Equivalência

Proposição	Equivalência
Todo A é B	Nenhum A não é B
Todo A não é B	Nenhum A é B

Negação

Proposição	Negação
Algum	Nenhum
Nenhum	Algum
Todos	Algum... não

1.12.5. Raciocínio sequêncial

O objetivo é identificar a lógica empregada no trecho da sequência e, a partir dela, identificar os elementos seguintes e suas posições.

Para descobrir qual a regra de formação de determinada sequência parta de uma visão geral sobre o conjunto de elementos disponibilizados, então, faça comparações com os elementos agrupando-os dois a dois ou três a três; verifique a relação do primeiro com o último elemento da sequência; preste atenção nas somas ou diferenças entre elementos, investigue se existe uma constante que multiplica ou divide cada elemento; verifique se a sequência é crescente ou decrescente.

Descobriu a lógica da sequência, vá em frete a resolva a questão. Do contrário, pule-a e deixe para resolvê-la no final da prova, não desperdice muito tempo na fase da identificação da regra.

1.12.6. Orientação espacial

A finalidade é orientar-se em relação à direção (lados direito ou esquerdo, por exemplo) e posicionamento (atrás, sobre, na frente) em face de determinado referencial.

Muita atenção ao enunciado, principalmente aos detalhes, e vá em frente na resolução do problema.

Se necessário, use e abuse de desenhos, diagramas, linhas, setas, figuras geométricas ou qualquer outra forma que possa ajudá-lo.

1.12.7. Orientação temporal

Além das dicas para os dois itens anteriores, acrescentamos o cuidado em relação à grandeza utilizada como unidade de medida.

Mantenha a mesma unidade de medida, por exemplo, se o enunciado descreve um problema com medidas de tempo em horas, minutos e segundos, faça as devidas conversões de modo que todas estejam na mesma unidade.

CAPÍTULO 2

Matemática

2. MATEMÁTICA

Chegamos à transição da lógica para a matemática, o que não significa mergulhar nos cálculos nem tão pouco esquecer do raciocínio lógico. Na verdade, seguiremos com uma abordagem generalizada da matemática, principalmente em relembrando as operações básicas e, o mais importante, associando-a com a lógica. Resumindo, contextualização, interpretação e raciocínio continuam permeando nossa abordagem para esta segunda metade da nossa revisão.

Os problemas de raciocínio matemático são frequentes em todas as provas para os Tribunais e estão discriminados em editais, em itens como, Raciocínio Lógico-Matemático ou mesmo quando menciona especificamente Raciocínio Lógico ou simplesmente Matemática. O fato é que recordaremos os conhecimentos adquiridos no ensino fundamental, os quais revisaremos conjuntamente com a abordagem lógica.

O conteúdo matemático, uma vez que fez parte do seu currículo escolar, tende a ser compreendido e assimilado mais facilmente, logo, nossa orientação estará focada na leitura dos enunciados, no entendimento do contexto e na conversão do texto da linguagem escrita para a linguagem matemática, ou seja, os textos servem para entender o contexto para, a partir daí, resolvermos os problemas utilizando operações numéricas, desenhos geométricos, equivalências, proporções e por aí vai.

E qual a melhor forma para relembrar a matemática e, simultaneamente, trazer a lógica para este conteúdo?

Não há outro caminho senão praticar (Entenda "praticar" como resolver muitas questões) e, detalhe, sempre resolva as questões propostas antes de ler os comentários, assim, você vai entender onde reside sua dificuldade e, consequentemente, vai aprender melhor e mais rápido.

2.1. Números, Operações e Expressões Matemáticas

Como dito acima, nosso foco principal não é a matemática básica, pelo menos não a sua teoria, mas sim a parte lógica das questões.

Ainda que conhecido, nunca é demais recordar alguns detalhes importantes.

Entre as operações básicas, adição, subtração, multiplicação e divisão, muita atenção a esta última. A divisão é uma operação explorada em vários itens de edital (razão e proporção, porcentagem, regra de três, média, juros, equações e na resolução de situações-problema) e é um tanto quanto traiçoeira.

Você tem certeza que domina a operação de divisão?

Você sabe fazer divisão com números decimais e ou fracionários?

Se não tem convicção em responder afirmativamente, sugerimos muito treino para que não perca preciosos pontos por causa de detalhes.

Vale insistir, exclua a calculadora do seu dia a dia até o dia da sua prova. Pelo menos, não a utilize durante o tempo dedicado aos estudos.

Neste primeiro momento seremos pragmáticos e partiremos direto para as questões e, quando necessário, acrescentaremos as explicações (teoria) juntamente com a resolução das questões.

QUESTÃO PASSO A PASSO

199. ***(FCC – TRT (GO) 18ª Região – Técnico Judiciário Área Administrativa – 2023)*** *Em cada um de 35 cartões em branco, João escreveu ou o número 3 ou o número 4. Ao final, somou os 35 números escritos e percebeu que a soma era par e múltiplo de 17. O valor da soma é*

(A) 102

(B) 136

(C) 170

(D) 204

(E) 68

► Comentários

Observe a parte inicial do enunciado: “*Em cada um de 35 cartões em branco, João escreveu ou o número 3 ou o número 4*”. Pois bem, não dá pra imaginar que faremos várias tentativas de somatórios entre os números 3 e 4, para depois selecionar somente os resultados pares para, então, testar se são múltiplos de 17. Realmente, não parece um caminho producente.

Talvez a seleção de múltiplos de 17! Parece uma opção um pouco melhor, não é mesmo?

Tendo isso em vista, por que a indicação do somatórios de 35 números 3 ou 4?

Simplesmente para testar sua habilidade lógica. Por exemplo, nesse caso, vamos definir o menor e o maior resultado possível para a soma do João.

Hipótese	Somatório	Conclusão
35 cartões com o número 3	35 . 3 = 105	105 é o menor resultado possível para a soma de João
35 cartões com o número 4	35 . 4 = 140	140 é o maior resultado possível para a soma de João

Sequer chegamos ao final da resolução e já sabemos qual a alternativa correta.

Se não fosse a ajuda das alternativas e tivéssemos que seguir com a resolução, parece mais óbvio trabalhar com os múltiplos de 17.

Porém, mesmo assim, não precisamos de uma lista completa desses múltiplos, seria muito preciosismo. Faremos alguns poucos produtos até chegar no intervalo entre 105 e 140.

O produto mais simples, sem dúvidas, é a multiplicação por 10, igual a 170, que está acima do limite superior. Então, vamos tentar o produto de 17 por 8.

Múltiplo de 17 (multiplicado por 8)	17 . 8 = 136
Múltiplo de 17 (multiplicado por 7)	17 . 7 = 119

No intervalo entre 105 e 140 são dois múltiplos de 14, desses, apenas um é par.

Resposta: A soma de João é igual a 136.

Gabarito: B

QUESTÃO RÁPIDA

200. ***(FCC – TRT (GO) 18ª Região – Técnico Judiciário Tecnologia da Informação – 2023)*** *A expressão em que é possível trocar "5" por "3" sem alterar o resultado é*

(A) (5+5+5+5) / 5 - 5

(B) (5+5+5−5) / 5

(C) 5 + 5 - 5

(D) (5+5) / 5 . 5

(E) (5+5−5) . 5

▶ Comentários

Alguma dúvida quanto a ir direto às alternativas e testar uma a uma? Mesmo porque, com atenção, as operações são feitas de cabeça.

A	B	C	D	E
(5+5+5+5) / 5 – 5 20 / 5 – 5 4 – 5 -1	(5+5+5–5) / 5 10 / 5 2	5 + 5 – 5 5	(5+5) / 5 . 5 10 / 5 . 5 2 . 5 10	(5+5–5) . 5 5 . 5 25
(3+3+3+3) / 3 – 3 12 / 3 – 3 4 – 3 1	(3+3+3–3) / 3 6 / 3 2	3 + 3 – 3 3	(3+3) / 3 . 3 6 / 3 . 3 2 . 3 6	(3+3–3) . 3 3 . 3 9

Resposta: Na expressão (5+5+5–5) / 5, a troca do "5" pelo "3" não altera o resultado.

Gabarito: B

Não trouxemos a teoria em relação aos números, expressões e operações básicas, face ao baixo nível de dificuldade e porque entendemos ser assunto conhecido do candidato às vagas de concursos públicos. Mesmo assim, segue breve revisão de alguns detalhes pontuais.

- Tanto na multiplicação quanto na divisão, quando os termos possuírem o mesmo sinal, o resultado será positivo. Quando os termos possuírem sinais diferentes, o resultado será negativo.

Sinais Iguais	Sinais Diferentes
$(+) \times (+) = +$ $(+) \div (+) = +$ $(-) \times (-) = +$ $(-) \div (-) = +$	$(+) \times (-) = -$ $(+) \div (-) = -$ $(-) \times (+) = -$ $(-) \div (+) = -$

- Sobre expressões ou equações matemática, fique atento à ordem em que serão efetivadas as operações.

Ordem das operações matemáticas.	1º passo: Resolver as potências e raízes. 2º passo: Resolver os produtos e quocientes. 3º passo: Resolver as adições e subtrações.

- A ordem das operações será alterada com a inclusão dos símbolos de operação, os quais também seguem determinada ordem.

Ordem dos símbolos de operações.	1º passo: Operações entre parênteses ( ). 2º passo: Operações entre colchetes [ ]. 3º passo: Operações entre chaves { }.

QUESTÃO RÁPIDA

201. ***(FCC – TRT (GO) 18ª Região – Técnico Judiciário Tecnologia da Informação – 2023)*** *João escreveu todos os números de 4 algarismos usando os mesmos algarismos do número 2023, com a mesma frequência. A maior diferença entre dois números escritos por João é*

(A) 1197
(B) 1188
(C) 990
(D) 1298
(E) 1288

▶ **Comentários**

Para a maior diferença precisamos dos números que ficam nos extremos. Serão o maior e o menor número escrito por João com os algarismos 0, 2, 2 e 3.

Menor número	2023
Maior número	3220

Uma simples operação de subtração (3220 – 2023) e temos a maior diferença igual a 1197.

Observação: A formação 0223 não deve ser considerada porque teríamos um número de três algarismos (223) e não de quatro algarismos conforme a regra do enunciado.

Resposta: A maior diferença entre dois números escritos por João é igual a 1197.

Gabarito: A

QUESTÃO RÁPIDA

202. ***(FCC – TRT (GO) 18ª Região – Técnico Judiciário Tecnologia da Informação – 2023)*** *No diagrama, os três quadradinhos centrais devem ser preenchidos com números de modo que a soma dos três primeiros números seja 100, a soma dos três números centrais seja 200 e a soma dos três últimos números seja 300.*

20				140

O valor que ocupará o quadradinho central é

(A) 30
(B) 120
(C) 40
(D) 110
(E) 60

▶ Comentários

A contextualização apresentada parece valorizar o Raciocínio Lógico, entretanto, o predomínio é da Matemática.

Enunciado	Considere	Equações
... a soma dos três primeiros números seja 100, a soma dos três números centrais seja 200 e a soma dos três últimos números seja 300.	20 | a | b | c | 140	20 + a + b = 100 a + b + c = 200 b + c + 140 = 300

Apresentaremos dois caminhos, ambos são formas de resolver sistemas de equações.

Método da Substituição	20 + a + b = 100 a + b = 80
Substituir o valor "a + b" na segunda equação	a + b + c = 200 80 + c = 200 c = 120
Calcular o valor de b	b + c + 140 = 300 b + 120 + 140 = 300 b = 40

Ou

Método da Soma	a + b + c = 200 20 + a + b = 100
Multiplicar a segunda equação por (-1) e somar as duas primeiras	a + b + c = 200 -a – b – 20 = -100 c – 20 = 100 c = 120
Calcular o valor de b	b + c + 140 = 300 b + 120 + 140 = 300 b = 40

Resposta: O valor que ocupará o quadradinho central é igual a 40.

Gabarito: C

QUESTÃO PASSO A PASSO

203. ***(FCC – TRT (GO) 18ª Região – Técnico Judiciário Tecnologia da Informação – 2023)*** *Os números inteiros positivos x, y e z são tais que xy = 12, yz = 28 e xz = 21. A expressão x – y + z vale:*

(A) 9

(B) 6

(C) 14

(D) 11

(E) 8

▶ Comentários

Não teria como a questão ser mais objetiva. Foram dadas três equações nas quais existem três incógnitas.

- xy = 12
- yz = 28
- xz = 21

A primeira ideia de solução é isolar os termos da equação (ou equações) e substituir em outra.

Isolar x e z nas primeiras equações	Substituir na terceira
xy = 12 x = 12/y yz = 28 → z = 28/y	xz = 21 12/y . 28/y = 21 $12 . 28 = 21y^2$ $336 / 21 = y^2$ $y = \sqrt{16}$ y = 4

As incógnitas x e z ficaram isoladas nas primeiras duas equações e seus valores serão substituídos na terceira equação. É a maneira de resolver duas ou mais equações que é denominada Método da Substituição.

Encontramos o valor de y e, para as demais incógnitas, novas substituições.

Valor de x	x = 12/y x = 12/4 x = 3
Valor de z	z = 28/y z = 28/4 z = 7

Resposta: A expressão x – y + z equivale a 3 - 4 + 7 e é igual a 6.

Trata de Resolução Matemática, sem grandes dificuldades, talvez a divisão "336 / 21" seja a parte mais complicada, mas também sem maiores dificuldades, apenas requer alguns segundos na operação.

Mesmo assim, vamos voltar ao início e conversar um pouco mais sobre a questão.

Dados:

- xy = 12
- yz = 28
- xz = 21

Atenção ao que foi dito sobre as incógnitas: "*Os números inteiros positivos x, y e z*". Sendo números inteiros e positivos, os produtos são quase que intuitivos.

Por exemplo:

xy = 12	Opções: 1 e 2 2 e 6 3 e 4

Para não ficar dúvidas:

xz = 21	Opções: 1 e 21 3 e 7

No último quadro, uma das opções pode ser descartada porque o valor 21 inviabiliza as outras equações. Portanto, dos quadros acima restam:

xy = 12	3 e 4
xz = 21	3 e 7

Logo:

- xy = 12 → 3 . 4 = 12
- yz = 28 4 . 7 = 28
- xz = 21 3 . 7 = 21

Sendo: x = 3, y = 4 e z = 7.

Apesar de a explicação consumir tempo e várias linhas escritas, o candidato que estiver com maturidade lógico-matemática resolverá questões como esta de maneira rápida e assertiva.

Gabarito: B

QUESTÃO PASSO A PASSO

204. ***(FCC – TRT (ES) 17ª Região – Analista Judiciário Área Judiciária – 2023)*** *Os sete quadradinhos da figura abaixo formam três linhas sendo uma horizontal e duas verticais. Os números de 1 a 7 devem ser escritos, um em cada quadradinho, de forma que as somas dos três números de cada linha sejam iguais.*

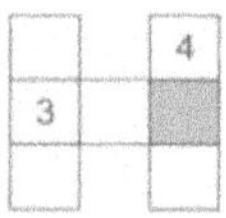

Os números 3 e 4 já foram escritos. O número que deve ser colocado no quadradinho cinza é

(A) 2

(B) 5

(C) 1

(D) 6

(E) 7

▶ **Comentários**

A questão está pautada basicamente na operação mais simples da matemática, a adição.

São três linhas, duas na vertical e uma na horizontal cujas somas são iguais.

Face às igualdades, poderíamos formular equações matemáticas e resolver a questão de maneira formal, entretanto, esse é um daqueles casos nos quais as tentativas são mais eficazes, claro, com um mínimo de lógica.

Por exemplo, vamos considerar os valores extremos, 1 e 7, na mesma linha.

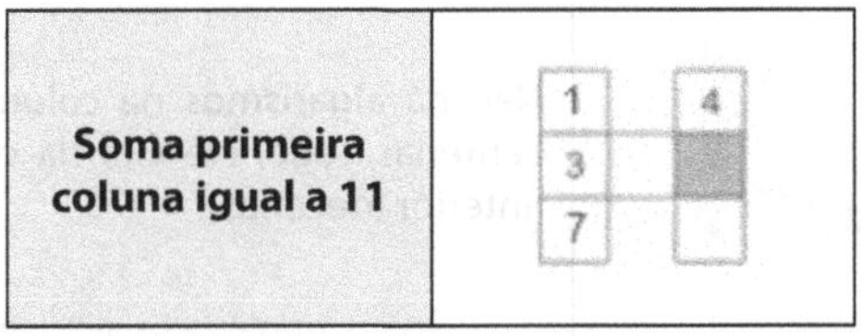

Considerar, também, valores menores, 1 e 2, bem como os maiores, 6 e 7, em linhas separadas.

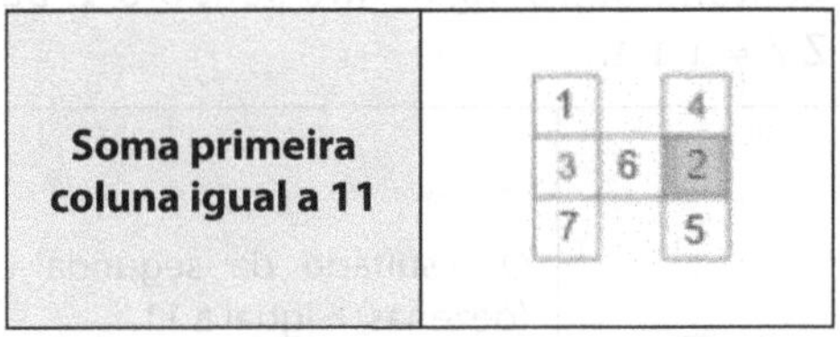

Com um pouco de lógica a tentativa torna-se mais assertiva.

Resposta: No quadro cinza deve ser colocado o número 2.

Gabarito: A

QUESTÃO PASSO A PASSO

205. ***(FCC – TRT (PI) 22ª Região – Analista Judiciário Área Administrativa – 2022)*** *Na soma abaixo, letras iguais representam algarismos iguais e letras diferentes representam algarismos diferentes.*

$$\begin{array}{rrr} & & X \\ + & & X \\ & Y & Y \\ \hline Z & Z & Z \end{array}$$

O valor de X é

(A) 4.

(B) 5.

(C) 6.

(D) 7.

(E) 3.

▶ Comentários

Vamos nos valer do método "Tentativa e Erro" que, na verdade não tem nada de método.

Claro que não meus amigos! Estamos trabalhando para domar qualquer tipo de questão ou a maioria delas.

Então, o que fazer?

Primeiro, observe a coluna da centena.

X + X Y Y Z Z Z ↗	Não há algarismos na coluna das centenas, logo, ele virá da coluna anterior (dezenas).

Uma vez que existe apenas um algarismo na coluna das dezenas, não tem como passar para a centena outro algarismo senão o 1. Daí a certeza de que z é igual a 1, assim, Z Z Z = 1 1 1.

1 X + X Y Y 1 1 1	O resultado da segunda coluna (dezenas) é igual a 11.

Para chegar a 11 na coluna das dezenas é necessário que y seja igual a 9 e tenha passado 2 da coluna das unidades.

1 2 X + X 9 9 1 1 1	O resultado da coluna à direita (unidades) é igual a 21.

Então x é igual a 6.

$$\begin{array}{r} 1\ 2 \\ 6 \\ +\quad 6 \\ 9\ 9 \\ \hline 1\ 1\ 1 \end{array}$$	X = 6 Y = 9 Z = 1

O examinador perguntou qual o valor de X porque é o último a ser revelado.

Resposta: O valor de X é igual a 6.

Gabarito: C

QUESTÃO RÁPIDA

206. ***(FGV – TRT (PB) 13ª Região – Analista Judiciário Área Judiciária – 2022)*** *A soma de 2 números naturais é 22253. Um dos números é divisível por 10 e se retirarmos o algarismo das unidades desse número obtém-se o outro número. A diferença entre o maior e o menor número é*

(A) 13222.

(B) 14644.

(C) 15876.

(D) 17732.

(E) 18207.

▶ Comentários

O pulo do gato está na interpretação e estruturação daquilo que nos informa o enunciado.

São dois números com as seguintes características.

Enunciado	Interpretação
Um dos números é divisível por 10 e se retirarmos o algarismo das unidades desse número obtém-se o outro número.	abcd0 abcd

O primeiro dos dois números termina em zero porque é divisível por 10.

Soma	$$\begin{array}{r} a\,b\,c\,d\,0 \\ a\,b\,c\,d \\ \hline 2\,2\,2\,5\,3 \end{array}$$

Substituir os valores a partir das unidades.	abc30 abc3 22253	ab230 ab23 22253	20230 2023 22253

Para finalizar, a diferença entre 20230 e 2023, igual a 18207.

Resposta: A diferença entre o maior e o menor número é igual a 18207.

Gabarito: E

QUESTÃO RÁPIDA

207. *(FCC – TRT (AL) 19ª Região – Analista Judiciário Tecnologia da Informação – 2022)* *Cada quadradinho da figura deve ser preenchido com um número de tal forma que a soma de todos os cinco números seja 35 e a soma dos três primeiros seja 22. Dois quadradinhos já foram preenchidos.*

3				4

O número que deve aparecer no quadradinho cinza é:

(A) 12

(B) 7

(C) 9

(D) 8

(E) 10

▶ Comentários

A diferença entre a soma dos cinco números, 35, e a soma dos três primeiros, 22, é igual a 13, que corresponde a soma dos últimos dois números.

Uma vez que já existe o número 4, o outro é igual a 9.

Parece que o examinador pensou em outra resolução e acabou entregando a questão de graça.

Resposta: No quadradinho cinza deve aparecer o número 9.

Gabarito: C

QUESTÃO PASSO A PASSO

208. *(FGV – TRT (PB) 13ª Região – Analista Judiciário Área Judiciária – 2022)* *Um número inteiro positivo é chamado de "quadrado perfeito" quando ele é o quadrado de um número inteiro positivo. Por exemplo, 16 é um quadrado perfeito pois é igual a 4^2. O número de quadrados perfeitos maiores do que 100 e menores do que 2023 é*

(A) 28.

(B) 34.

(C) 42.

(D) 44.

(E) 48.

► Comentários

O que é Quadrado Perfeito?

O autor da questão define como: *"Um número inteiro positivo é chamado de "quadrado perfeito" quando ele é o quadrado de um número inteiro positivo"*.

Posto que o quadrado (expoente 2) está intrinsicamente relacionado com a raiz quadrada, vale considerar também a definição:

Número inteiro e positivo (número natural) cuja raiz quadrada traz como resultado outro número inteiro de positivo.

Exemplos:

Quadrados perfeitos	1, 4, 9, 16, 25, 36, 49, 64.
Confirmação	$\sqrt{1} = 1$, $\sqrt{4} = 2$, $\sqrt{9} = 3$, $\sqrt{16} = 4$, $\sqrt{25} = 5$, $\sqrt{36} = 6$, $\sqrt{49} = 7$, $\sqrt{64} = 8$.

Pensando na exponenciação, segundo a definição apresentada pelo autor, uma maneira fácil de listar os quadrados perfeitos decorre do que o próprio nome diz, expoente quadrado.

- $1^2 = 1 . 1 = \mathbf{1}$
- $2^2 = 2 . 2 = \mathbf{4}$
- $3^2 = 3 . 3 = \mathbf{9}$
- $4^2 = 4 . 4 = \mathbf{16}$

Entendida a dinâmica do quadrado perfeito, vamos pensar na forma de identificar os quadrados perfeitos entre 100 e 2023, afinal, o objetivo é responder a questão.

O número 100 é um quadrado perfeito porque sua raiz é igual a 10 (número inteiro e positivo). E quanto ao número 2023, é um quadrado perfeito?

O caminho natural é por meio da fatoração, entretanto, e que nenhum professor de matemática nos escute, vamos tentar alguns quadrados fáceis, algo como quadrado de 10 igual a 100, quadrado de 20 igual a 400.

Teste de quadrados	$40^2 = 40 . 40 = 1600$ $50^2 = 50 . 50 = 2500$
Procuramos algo intermediário	$45^2 = 45 . 45 = 2025$

Pronto, e nem precisamos saber qual o quadrado perfeito. Sabendo que 45 ao quadrado é igual a 2023 e nosso limite é 2023, basta considerar que 44 elevado a segunda potência resulta em um quadrado perfeito dentro do nosso limite.

Logo, os quadrados perfeitos serão os resultados de 11^2, 12^2, ..., 44^2.

Quantidade (Q) de quadrados perfeitos entre 100 e 2023	Q = 44 – 11 + 1 Q = 34

Observação: como os extremos fazem parte da lista, faz-se a diferença entre o maior e o menor e acrescenta uma unidade.

Resposta: O número de quadrados perfeitos maiores do que 100 e menores do que 2023 é igual a 34.

Gabarito: B

QUESTÃO PASSO A PASSO

209. ***(FGV – TRT (MA) 16ª Região – Técnico Judiciário Área Administrativa – 2022)*** *N é o menor número que é múltiplo de 5 e de 7, e é maior que 800. A soma dos algarismos de N é*

(A) 11.

(B) 12.

(C) 13.

(D) 14.

(E) 15.

▶ Comentários

Os múltiplos de um número é o conjunto dos resultados do produto deste com todos os números naturais (números inteiros e positivos).

Tudo bem, múltiplos não são novidade. Também não é novidade a identificação dos múltiplos de 5, aqueles finalizados por algarismos zero ou cinco.

Múltiplos de 5 maiores que 800.	800, 805, 810, 815, 820, 825, 830, ...

E, quais são os múltiplos de 7?

Existe sim uma regra para confirmar se um número é múltiplo de 7, regra de divisibilidade, porém, desaconselhamos sua utilização.

Para sanar a curiosidade, são divisíveis por 7 os números que atendem a regra: Multiplicar por 2 o último algarismo do número. Subtrair este valor do número inicial sem o último algarismo, o resultado deve ser múltiplo de 7.

Vamos testar o número 800.

Multiplicar por 2 o último algarismo do número.	0 . 2 = 0
Subtrair este valor do número inicial sem o último algarismo.	80 – 0 = 80

80 não é divisível por 7, logo, o número 800 não é divisível por 7, consequentemente, não é múltiplo de 7.

Ainda sobre a regra, caso não seja possível saber se o resultado da subtração é divisível por 7, repete-se a regra, no caso, testaremos o número 80

Multiplicar por 2 o último algarismo do número.	0 . 2 = 0
Subtrair este valor do número inicial sem o último algarismo.	8 – 0 = 8

Afinal, por que desconsiderar a regra da divisibilidade por 7?

Porque sua necessidade é muito rara e, quando surgir, como aqui, uma ou poucas operações de divisão resolvem nosso problema.

Divisão 800 por 7.

800 | 7 7 114 10 30 2	Atenção ao resto da operação, igual a 2

Nessa divisão existe resto, portanto, está confirmado: não é múltiplo de 7. Mas, subtraindo duas unidades (resto da operação) do número inicial, teremos um múltiplo de 7. O número 798 (800 – 2 = 798) é múltiplo de 7.

Múltiplos de 5 maiores que 800	800, **805**, 810, 815, 820, 825, 830, ...
Múltiplos de 7 maiores que 798	798, **805**, 812, 819, 826, 833, ...

O número procurado, primeiro múltiplo de 5 e 7 maior que 800 é o número 805.

Resposta: A soma dos algarismos do número 805 é igual a 13.

Gabarito: C

QUESTÃO PASSO A PASSO

210. ***(FCC – TRT (PR) 9ª Região – Analista Judiciário Área Administrativa – 2022)*** *Em uma escola de basquete há 40 rapazes e 32 moças. Para um treino a professora quer formar grupos com todos os rapazes e moças. Os grupos deverão ter a mesma composição em relação ao número de moças e de rapazes. O maior número de grupos com essas condições é:*

(A) 8.

(B) 16.

(C) 6.

(D) 4.

(E) 2.

▶ **Comentários**

São apresentados dois grupos com quantidades distintas de elementos, no caso, alunos da escola de basquete, 40 rapazes e 32 moças.

Essa primeira parte é inquestionável, simplesmente apresentação de dados.

Seguem as regras para a formação de grupos.

Para um treino a professora quer formar grupos com todos os rapazes e moças.	Equivale dizer que não haverá sobras.
Os grupos deverão ter a mesma composição em relação ao número de moças e de rapazes.	Todos os grupos terão quantidades iguais de rapazes e quantidades iguais de moças.

Resumindo, as quantidades de rapazes e moças serão dispostas em grupos de tal sorte que as quantidades de grupos formados por rapazes seja igual à quantidade de grupos formados por moças. Está descrito o máximo divisor comum, ou mdc.

Máximo divisor comum - mdc		
	40, 32	2 ←
	20, 16	2 ←
	10, 8	2 ←
	5, 4	2
	5, 2	2
	5, 1	5
	1,1	2 . 2 . 2 = 8

Lembre-se que para o mdc faz-se a fatoração e multiplica apenas os fatores que dividiram ambos concomitantemente (identificados pelas setas).

Consigo formar no máximo 8 grupo e em cada um deles terá 5 rapazes (40/8 = 5) e quatro moças (32/8 = 4)

Resposta: Nessas condições, 8 será o maior número de grupos.

Gabarito: A

QUESTÃO PASSO A PASSO

211. ***(FCC – TRT (BA) 5ª Região – Técnico Judiciário Área Administrativa – 2022)*** *Uma doação de 506 quilos de alimentos deve ser distribuída igualmente por um número par de famílias, de forma que atenda o maior número possível de famílias e que cada uma receba mais do que 5 quilos de alimentos. A soma do número de famílias atendidas e a quantidade de alimentos que cada família recebeu é:*

(A) 57

(B) 46

(C) 32

(D) 63

(E) 54

▶ Comentários

Há necessidade de dividir a quantidade 506 em quantidades iguais sem que sobre restos e seguindo as regras de divisibilidade a partir do 5, teremos as situações a seguir:

- Divisível por 6: Deve ser divisível tanto por 2 quanto por 3.

  506 não é divisível por 3 porque a soma dos algarismos, igual a 11, não é divisível por 3, portanto, não é divisível por 6.

- Divisível por 7: Selecionar o último algarismos e multiplicar por 2, subtrair este do número restante (número sem o último algarismo). O resultado deve ser divisível por 7.

  "50 – (6 . 2) = 38". 38 não é divisível por 7, portanto, 506 não é divisível por 7.

- Divisível por 8: Os três últimos algarismos devem ser iguais a 000 ou divisível por 8.

Neste caso não há outra coisa a fazer senão testar a divisibilidade 506/8. O resultado não é exato. 506 não é divisível por 8.

- Divisível por 9: A soma dos algarismos deve ser divisível por 9.

A soma dos algarismos de 506 é igual a 11, não é divisível por 9.

- Divisível por 10: Números terminados em zero.

  506 não é divisível por 10.

- Divisível por 11: A diferença da soma das posições ímpares e da soma das posições pares deve ser divisível por 11.

  (5 + 6) – (0) = 11. A diferença é igual a 11, portanto, sim, é divisível por 11.

Resta saber se vai dividir para um número par de famílias.

Dividir em partes de 11 kg cada	506 / 11 = 46

Resposta: A soma do número de famílias atendidas, igual a 46, e a quantidade de alimentos que cada família recebeu, 11 kg, é igual a 57(46+11).

Gabarito: A

QUESTÃO PASSO A PASSO

212. ***(FCC – TRT (ES) 17ª Região – Analista Judiciário Tecnologia da Informação – 2022)*** *Os números de 1 a 9 devem ser escritos no quadriculado 3×3 da figura, sem repetições, de forma que o produto dos três números de cada linha e de cada coluna seja igual ao número indicado. Por exemplo, o produto dos três números da primeira linha deve resultar em 70 e o produto dos três números da primeira coluna deve ser 64.*

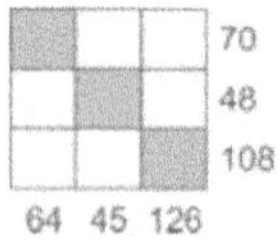

A soma dos números que devem ser colocados nos quadradinhos pintados de cinza é

(A) 12

(B) 6

(C) 9

(D) 16

(E) 15

▶ Comentários

O que vai ajudar muito nesta questão são as regras de divisibilidade, fatoração dos produtos e um pouco de lógica. Por exemplo: primeira linha e primeira coluna.

- 1ª linha: Divisores de 70 = 2, 5, 7.
- 1ª coluna: Divisores de 64 = 2, 4, 8.

A coincidência do divisor 2 nos leva a acreditar que este número preenche o cruzamento da primeira linha com primeira coluna.

Aproveitando que estamos na primeira linha, cujo produto é igual a 70, é a única divisível por 5. Em relação às colunas, na segunda coluna o 45 também é o único divisível por 5. Concluímos que o número 5 cabe na primeira linha com segunda coluna.

Primeira Linha x Primeira Coluna **Primeira Linha x Segunda Coluna**	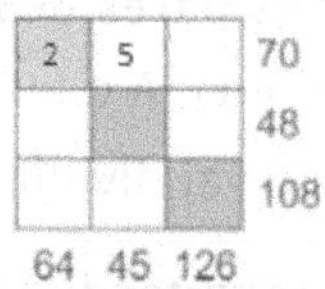

Logo, completa a primeira linha o número 7.

Olhe para a segunda coluna, divisores de 45 são poucos e o número 3 é um deles. Acontece que ao colocar o número 3, seria necessário outro número 3 para que o produto seja igual a 45.

Outra opção para a segunda coluna são os número 1 e 9 e nessa ordem porque o maior deles fica na terceira linha cujo produto também é maior.

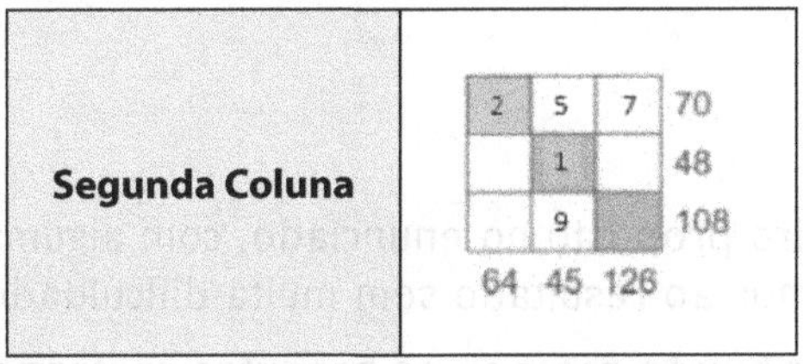

Seguimos com os divisores para a segunda linha.

- 2ª linha: Divisores de 48 = 2, 3, 4, 6, 8.

Obrigatoriamente, para os dois espaços da segunda linha, teremos os números 6 e 8.

Vale destacar se colocarmos o número 6 na primeira coluna não chegaremos no produto 64, logo, a segunda linha completa será: 8, 1 e 6.

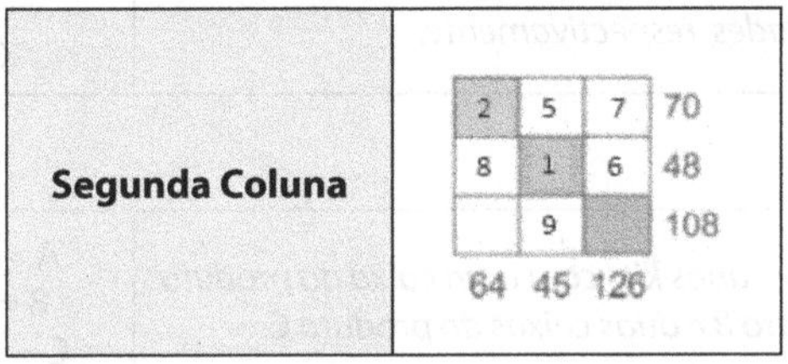

Poucas operações entre produto e quociente bastam para fechar o quadro.

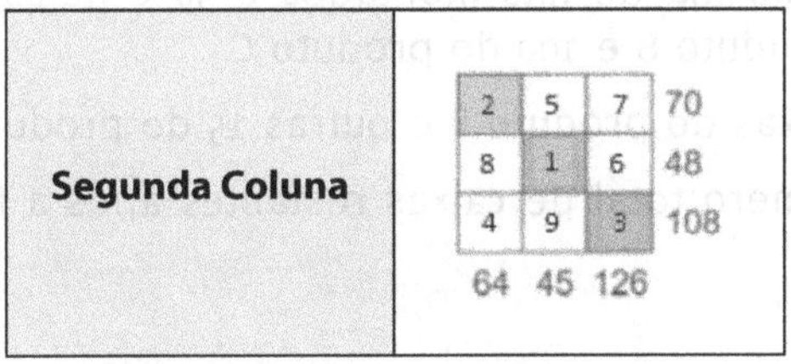

Resposta: A soma dos números que devem ser colocados nos quadradinhos pintados de cinza, 2, 1 e 3 é igual a 6.

Gabarito: B

QUESTÃO PASSO A PASSO

213. ***(FCC – TRT (BA) 5ª Região – Técnico Judiciário Área Administrativa – 2022)*** *Um centro de distribuição recebeu 600 unidades de um produto A, 420 unidades de um produto B e 460 unidades de um produto C. As unidades dos produtos A, B e C foram embaladas em caixas com 12, 6 e 4 unidades, respectivamente. Em seguida foram montados kits com uma caixa do produto A, uma caixa do produto B e duas caixas do produto C. O número total de caixas restantes após a formação dos kits é*

(A) 26

(B) 32

(C) 45

(D) 48

(E) 35

▶ Comentários

Seguindo o roteiro proposto no enunciado, com algumas divisões, adições e subtrações chegamos ao resultado sem muita dificuldade.

O centro de distribuição recebeu os produtos conforme descreve.

Recebeu 600 unidades de um produto A, 420 unidades de um produto B e 460 unidades de um produto C.	A = 600 B = 420 C = 460

Estes produtos estão acondicionados em caixas.

As unidades dos produtos A, B e C foram embaladas em caixas com 12, 6 e 4 unidades, respectivamente.	A = 600/12 = 50 B = 420/6 = 70 C = 460/4 = 115

Então, os kits.

Em seguida foram montados kits com uma caixa do produto A, uma caixa do produto B e duas caixas do produto C.	A = 600/12 = 50 → 50 B = 420/6 = 70 → 50 C = 460/4 = 115 → 100

A quantidade máxima de kits montados é 50 e neles estão 50 caixas do produto A, 50 do produto B e 100 do produto C.

Restaram 20 caixas do produto B e outras 15 do produto C.

Resposta: O número total de caixas restantes após a formação dos kits é 35.

Gabarito: E

QUESTÃO RÁPIDA

214. ***(IBFC - TJ (CE) - Analista Judiciário Ciência da Computação - 2022)*** *Em uma chácara há 10 galinhas. Cinco delas botam um ovo por dia e as outras cinco botam 1 ovo a cada dois dias. O número de ovos que essas 10 galinhas botam juntas em 10 dias é*

(A) 65.

(B) 80.

(C) 70.

(D) 85.

(E) 75.

▶ Comentários

Segundo o texto, as galinhas produzem ovos conforme:

- *Em uma chácara há 10 galinhas. Cinco delas botam um ovo por dia e as outras cinco botam 1 ovo a cada dois dias.*

Na prática não há que se falar em meio ovo por dia, porém, matematicamente falando, é isso que acontece com parte das galinhas.

- 5 galinhas produzem 5 ovos em 1 dia.
- 5 galinhas produzem 2,5 ovos em 1 dia.

O total da produção diária é igual a 7,5 ovos e em 10 dias é igual a 75 ovos.

Resposta: As 10 galinhas botam juntas em 10 dias 75 ovos.

Gabarito: E

QUESTÃO RÁPIDA

215. ***(FCC – TRT (ES) 17ª Região – Técnico Judiciário Área Administrativa – 2022)*** *Um número foi pintado em cada uma das seis faces de um cubo de tal modo que todas as somas dos números que estão em faces opostas fossem iguais. Cinco dos números pintados são: 5, 6, 9, 11 e 14. O número pintado na sexta face é*

(A) 15

(B) 16

(C) 20

(D) 12

(E) 13

▶ **Comentários**

Para obtermos somas iguais, combinar os extremos é um bom ponto de partida.

- 5 + 14 = 19

Entretanto, não conseguimos outras combinações com o mesmo somatório. Vamos para uma segunda tentativa.

- 6 + 14 = 20
- 9 + 11 = 20

Faltou o par para o número 5, ou seja, 15.

Resposta: 15 é o número pintado na sexta face.

Gabarito: A

QUESTÃO PASSO A PASSO

216. ***(FCC – TRT (BA) 5ª Região – Analista Judiciário Área Judiciária – 2022)*** *Em um congresso com 384 participantes presentes verificou-se que 1/4 dos presentes tomavam café só com açúcar, 5/8 dos presentes tomavam café com açúcar e leite, e 1/16 dos presentes tomavam café só com leite. O número dos demais congressistas presentes que tomavam café "puro", sem açúcar e sem leite, é*

(A) 56
(B) 42
(C) 32
(D) 40
(E) 24

▶ Comentários

O enunciado está fundamentado em frações que demonstram tratar-se de operações de divisão. Além disso, as frações guardam algumas características, como por exemplo, as operações entre elas.

A informação conhecida revela a participação de 384 congressistas dos quais:

- 1/4 tomavam café com açúcar;
- 5/8 tomavam café com açúcar e leite;
- 1/16 tomavam café só com leite.

Uma vez que todas as frações referem-se a partes de um mesmo universo, podemos somá-las.

Soma (S) de frações	S = 1/4 + 5/8 + 1/16
mmc = 16	S = (4 + 10 + 1) / 16 S = 15/16

A soma das frações equivale à quantidade de congressistas que tomava, café acompanhado de açúcar ou leite ou ambos. A diferença para completar um inteiro, igual a 1/16, é a parte dos congressistas que tomavam café puro.

Congressistas que tomavam café puro (P)	P = 1/16 . 384 P = 384/16 P = 24

Resposta: O número dos demais congressistas presentes que tomavam café "puro", sem açúcar e sem leite, é igual a 24.

Gabarito: E

QUESTÃO RÁPIDA

217. ***(FCC – TRT (PR) 9ª Região – Analista Judiciário Oficial de Justiça Avaliador Federal – 2022)*** *Dizemos que um quadriculado preenchido com números reais é mágico, se obtemos sempre o mesmo resultado quando somamos os números de uma linha, ou de uma coluna ou de uma diagonal. O resultado de uma dessas somas chama-se número mágico. O número mágico do quadriculado abaixo, parcialmente preenchido, é 1,5.*

		0,6
	0,5	
		0,8

O valor que deve ser colocado no quadradinho cinza é

(A) 0,4.

(B) 0,3.

(C) 0,9.

(D) 0,2.

(E) 0,7.

▶ **Comentários**

O objetivo é preencher os quadrados de tal forma que a soma de cada linha, cada coluna e cada diagonal seja igual a 1,5.

Problema a ser resolvido apenas com operações básicas matemáticas.

- Terceira coluna e as duas diagonais.

São conhecidos dois valores, logo, calculando a diferença para o valor 1,5 completamos estas três sequências.

0,2		0,6
	0,5	**0,1**
0,4		0,8

- Terceira linha.

0,2		0,6
	0,5	0,1
0,4	**0,3**	0,8

Esta é a resposta para a questão. Entretanto, não custa deixar o quadriculado completo.

0,2	0,7	0,6
0,9	0,5	0,1
0,4	0,3	0,8

Resposta: O valor que deve ser colocado no quadradinho cinza é igual a 0,3.

Gabarito: B

QUESTÃO RÁPIDA

218. ***(FCC – TRT (PR) 9ª Região – Analista Judiciário Oficial de Justiça Avaliador Federal – 2022)*** *Os preços dos bilhetes para uma peça de teatro são diferentes para professores e para alunos. O bilhete de professor custa R$ 35,00 e o bilhete de aluno custa 3/7 do preço do bilhete de professor. O valor total gasto, em reais, com as entradas para uma peça de teatro de um grupo de 91 alunos e 6 professores é*

(A) 1.775,00.

(B) 1.375,00.

(C) 1.175,00.

(D) 1.575,00.

(E) 1.975,00.

▶ Comentários

A contextualização é clara, o grupo de professores e alunos tem custo diferenciado para ingressar no teatro. Nosso trabalho resume-se em realizar as operações matemáticas.

O bilhete de professor custa R$ 35,00 e o bilhete de aluno custa 3/7 do preço do bilhete de professor.	Professor = 35,00 Aluno = 3/7 . 35,00 Aluno = (3 . 35) / 7 Aluno = 15,00

Conhecendo os valores dos ingressos, seguimos.

Grupo de 91 alunos e 6 professores.	Professor = 35,00 . 6 Professor = 210,00 Aluno = 15,00 . 91 Aluno = 1.365,00

Resposta: O valor total gasto com as entradas para uma peça de teatro do grupo é de R$ 1.575,00.

Gabarito: D

QUESTÃO PASSO A PASSO

219. ***(FCC – TRF 4ª Região – Técnico Judiciário Área Administrativa – 2019)*** *Na granja de Celso, há codornas, galinhas e patas. Por dia, Celso recolhe 15 ovos de codorna, 12 ovos de galinha e 9 ovos de pata. O menor número de dias necessários para Celso ter certeza de que recolheu, pelo menos, 1 800 ovos de galinha e 1 500 de pata é*

(A) 150

(B) 316

(C) 156

(D) 167

(E) 100

▶ Comentários

Não há o que comentar, operação de divisão.

Galinhas	12 ovos por dia	1800/12 = 150
Pata	9 ovos por dia	1500/9 = 166,6

Entre galinhas e patas, consideramos aquela que demora mais tempo para atingir o objetivo de Celso, patas.

O único detalhe, facilmente percebido, é que havendo decimal, arredondamos o número de dias para cima.

Resposta: Serão necessários 167 dias para Celso ter certeza de que recolheu, pelo menos, 1 800 ovos de galinha e 1 500 de pata.

Gabarito: D

QUESTÃO RÁPIDA

220. ***(FGV – TRT (SC) 12ª Região – Técnico Judiciário Área Administrativa – 2017)*** *Um funcionário do tribunal dividiu os 80 processos que necessitavam de revisão entre sete advogados. Seis deles receberam a mesma quantidade de processos para rever e o último advogado, o mais jovem deles, recebeu um número menor de processos do que cada um dos outros, porém maior que 5.*

O número de processos que o advogado mais jovem recebeu foi:

(A) 7;

(B) 8;

(C) 9;

(D) 10;

(E) 11.

▶ Comentários

Foram apresentadas três informações.

1. 80 processos serão divididos entre 7 advogados.

2. 6 recebem a mesma quantidade e 1 recebe menos processos.

3. A quantidade menor de processos é maior que 5.

Precisamos de uma referência que funcione como ponto de partida e, na hora da prova, não dá para pensar muito.

Vamos para o básico, uma divisão igual para os 7 advogados.

80 processos divididos entre 7 advogados	80 / 7 = 11,

Lembre-se, este é nosso ponto de partida, por isso, basta o resultado inteiro da operação de divisão.

Se um advogado vai receber menos processos, os demais receberão mais. É isso que faremos, aumentar a quantidade e temos como referência, a quantidade igual a 11.

Hipótese: 6 advogados recebem 12 processos	12 . 6 = 72

Deu certo, pois neste caso o advogado mais novo ficaria responsável por revisar 8 processos (80 - 72 = 8).

Resposta: O número de processos que o advogado mais jovem recebeu foi 8.

Gabarito: B

QUESTÃO PASSO A PASSO

221. ***(FCC – TRT (MS) 24ª Região – Técnico Judiciário Área Administrativa – 2017)*** *Um funcionário arquivou certo número de processos ao longo dos cinco dias úteis de trabalho de uma semana. Na terça-feira ele arquivou 2/3 do número de processos que havia arquivado na segunda-feira. Na quarta-feira ele arquivou o dobro do que havia arquivado na terça-feira. Tanto na quinta-feira quanto na sexta-feira ele arquivou 5 processos a mais do que havia arquivado na terça-feira. Sabendo-se que esse funcionário arquivou 49 processos de segunda a sexta-feira dessa semana, a soma do número de processos arquivados por ele nos três dias da semana em que arquivou mais processos foi igual a*

(A) 32

(B) 41

(C) 31

(D) 34

(E) 38

► Comentários

Reescreveremos todas as informações dadas textualmente em números e operações.

- *Um funcionário arquivou certo número de processos ao longo dos cinco dias úteis de trabalho de uma semana. Na terça-feira ele arquivou 2/3 do número de processos que havia arquivado na segunda-feira.*

Considere X o número de processos arquivados na segunda-feira.	Terça = 2/3 de X Terça = 2X/3

- *Na quarta-feira ele arquivou o dobro do que havia arquivado na terça-feira.*

Quarta-feira	Quarta = 2 . 2X/3 Quarta = 4X/3

- *Tanto na quinta-feira quanto na sexta-feira ele arquivou 5 processos a mais do que havia arquivado na terça-feira.*

Quita e Sexta-feira	Quinta = 5 + 2X/3 Sexta = 5 + 2X/3

- *Sabendo-se que esse funcionário arquivou 49 processos de segunda a sexta-feira dessa semana.*

Calcular o valor de X a partir do total (T) arquivado na semana.	T = Seg + Ter + Qua + Qui + Sex 49 = X + 2X/3 + 4X/3 + 5 + 2X/3 + 5 + 2X/3 147 = 3X + 2X + 4X + 15 + 2X = 15 + 2X 147 – 30 = 13X X = 117/13 X = 9

Com o valor de X podemos calcular a quantidade arquivada em cada dia da semana, o que é desnecessário se estivermos pensando em encontrar os três dias nos quais houve maior número de processos arquivados.

Por exemplo, é perceptível que segunda é maior que terça e quarta é maior que a segunda. Observe:

- Segunda = X
- Terça = 2X/3
- Quarta = 4X/3
- Quinta = 5 + 2X/3
- Sexta = 5 + 2X/3

Segunda é maior que terça porque na terça a quantidade arquivada é uma parcela de X (uma parcela do número arquivado na segunda).

Quarta é maior que a segunda porque o numerador da fração é maior que o denominador, logo, a quantidade é maior que o valor de X (quantidade da segunda).

Se quarta tem o maior número de processos arquivados (comparado com a segunda e terça) vejamos os valores para quarta e quinta.

Quarta	**Quinta**
Quarta = 4X/3 Quarta = (4 . 9)/3 Quarta = 12	Quinta = 5 + 2X/3 Quinta = 5 + (2 . 9)/3 Quinta = 5 + 6 Quinta = 11

Apesar da quantidade arquivada na quinta ser menor que a quantidade de quarta, ainda assim é maior que da segunda cuja quantidade foi X (igual a 9).

Soma (S) das três maiores quantidades	S = Qua + Qui + Sex S = 12 + 11 + 11 S = 34

Resposta: A soma do número de processos arquivados nos três dias da semana em que arquivou-se mais processos foi igual a 34.

Gabarito: D

2.1.1. Potenciação

Aqui sim vale passar por alguns detalhes da teoria uma vez que a exponenciação não faz parte do nosso dia a dia, e o mais importante, porque a cobrança nos certames para Tribunais vem explorando o tema com mais intensidade.

Vamos nos restringir àquilo que não faz parte do conhecimento comum, a potenciação.

Uma das operações da matemática, a potenciação ou exponenciação, implica multiplicar a base (número real), por ela mesma, tantas vezes quanto for o valor da potência.

Lembre-se

$x^1 = x$

$x^0 = 1$ (Obs.: $0^0 = 1$, por convenção)

$1^x = 1$

Multiplicação e divisão de potências.

Nos casos da multiplicação, a potência do produto é igual ao produto das potências. A mesma regra vale para a divisão, ou seja, a potência do quociente é igual ao quociente das potências.

Ficou complicada a explicação? Então, veja como vai clarear bastante com a exemplificação.

A potência do produto é igual ao produto das potências.	$(a \,.\, b)^x = a^x \,.\, b^x$
A potência do quociente é igual ao quociente das potências.	$(a / b)^x = a^x / b^x$

Propriedades da potenciação.

Propriedade	Regra	Exemplo
Multiplicação de potências com mesma base.	Manter a base e somar os expoentes.	$a^x . a^y = a^{(x+y)}$
Divisão de potências com mesma base.	Manter a base e subtrair os expoentes.	$a^x / a^y = a^{(x-y)}$
Potência da potência.	Manter a base e multiplicar os expoentes.	$(a^x)^y = a^{x \cdot y}$

Observe a potenciação a seguir.

a^{x^y}	Não se trata de potência da potência. Nesse caso, primeiro calcula-se "x" elevado à potência "y" para, na sequência, calcular a potenciação da base "a".

Estamos preparados para a sequência de questões a seguir.

QUESTÃO PASSO A PASSO

222. ***(FCC – TRT (GO) 18ª Região – Técnico Judiciário Área Administrativa – 2023)*** *Dado que $16^n + 16^n + 16^n + 16^n = 2^{2022}$, o valor de n é*

(A) 1010

(B) 1011

(C) 505

(D) 4020

(E) 504

► Comentários

Muita atenção!! A regra de conservar a base e somar os expoentes é válida para a multiplicação de números exponenciais e aqui estamos falando de adição.

Dada a expressão	$16^n + 16^n + 16^n + 16^n = 2^{2022}$

Uma vez que o resultado da operação tem base 2, buscaremos transformar a expressão em multiplicação, assim teremos:

Resolução passo a passo	$16^n + 16^n + 16^n + 16^n = 2^{2022}$ $4 . 16^n = 2^{2022}$
Converter os fatores para base 2	$2^2 . (2^4)^n = 2^{2022}$
Propriedade potência da potência	$2^2 . 2^{4 . n} = 2^{2022}$

Passamos a trabalhar com a multiplicação de potencias de mesma base, inclusive, como nosso objetivo é conhecer o valor de n, podemos descartar a base e trabalhar somente com os expoentes. Claro, observando a propriedade "manter a base e somar os expoentes".

Somar os expoentes	2 + (4 . n) = 2022 4n = 2022 – 2 N = 2020/4 n = 505

Resposta: O valor de n é igual a 505.

Gabarito: C

QUESTÃO RÁPIDA

223. ***(FCC – TRT (GO) 18ª Região – Analista Judiciário Área Judiciária – 2023)*** *O valor da expressão*

$(1/3)^{-1} + (2/3)^{-1} + (3/3)^{-1} + (4/3)^{-1}$ é:

(A) (5/2)2

(B) (2/5)2

(C) (5/3)-1

(D) (5/3)2

(E) (3/5)2

▶ Comentários

A regra para tratar frações com expoente negativo nos orienta a inverter o número e, assim, o mesmo expoente passa a ser positivo.

Expressão	$(1/3)^{-1} + (2/3)^{-1} + (3/3)^{-1} + (4/3)^{-1}$ $(3/1)^{1} + (3/2)^{1} + (3/3)^{1} + (3/4)^{1}$

Com todos os expoentes positivos, e sendo igual a 1, basta eliminá-los e seguir como uma soma normal de frações.

Expressão	(3/1) + (3/2) + (3/3) + (3/4) (36/12) + (18/12) + (12/12) + (9/12) (36 + 18+ 12 + 9) /12 75/12 25/4

Voltando para potência.

Expressão	25/4 $(5/2)^2$

Resposta: O valor da expressão dada é igual a $(5/2)^2$.

Gabarito: A

QUESTÃO RÁPIDA

224. ***(FCC – TRT (GO) 18ª Região – Analista Judiciário Área Administrativa – 2023)*** *O dobro do quadrado da metade de um número positivo vale 8. O número é:*

(A) 6

(B) 8

(C) 4

(D) 5

(E) 2

▶ Comentários

Transcrever o enunciado em linguagem matemática.

Enunciado	**Linguagem Matemática**
O dobro do quadrado da metade de um número positivo vale 8.	$2 . (x/2)^2 = 8$

Iniciaremos pela resolução dos parênteses.

Resolver a equação	$2 . (x/2)^2 = 8$ $2 . x^2/4 = 8$ $2x^2/4 = 8$ $2x^2 = 32$ $x^2 = 16$ $x = \sqrt{16}$ $x = 4$

Resposta: O número que responde a equação é igual a 4.

Gabarito: C

QUESTÃO PASSO A PASSO

225. ***(FGV – TRT (PB) 13ª Região – Analista Judiciário Área Administrativa – 2022)*** *O valo da expressão numérica*

$$\frac{2^{2022} - 2^{2021} - 2^{2020} + 2^{2019}}{2^{2020} - 2^{2019}}$$

é

(A) 5.

(B) 4.

(C) 3.

(D) 2.

(E) 1.

▶ Comentários

Nessa questão não há atalhos. Para a questão valem os conhecimentos sobre operações básica, fração e exponenciação.

Faremos a resolução passo a passo para que você não perca nenhum detalhe, principalmente na parte inicial da resolução.

Dada a expressão	$\frac{2^{2022} - 2^{2021} - 2^{2020} + 2^{2019}}{2^{2020} - 2^{2019}}$
Igualar os expoentes	$\frac{(2^3 . 2^{2019}) - (2^2 . 2^{2019}) - (2 . 2^{2019}) + (2^{2019})}{(2 . 2^{2019}) - (2^{2019})}$

Por ora não há que se falar em simplificação entre numerador e denominador, face às operações de soma e subtração, razão pela qual colocamos em evidência a parte repetida em todas as parcelas.

Colocar 2^{2019} em evidência	$\frac{2^{2019}(2^3 - 2^2 - 2 + 1)}{2^{2019}(2 - 1)}$

A expressão passou a apresentar multiplicação e divisão. Situação em que se permite a simplificação.

Simplificar 2^{2019}	$\frac{(2^3 - 2^2 - 2 + 1)}{(2 - 1)}$
Seguem operações básicas	$\frac{8 - 4 - 2 + 1}{1}$ 3

Resposta: O valor da expressão é igual a 3.

Gabarito: C

QUESTÃO RÁPIDA

226. ***(FGV – TRT (MA) 16ª Região – Técnico Judiciário – 2022)*** *O valor da expressão numérica*

$$\frac{2^3 + 2^4 + 2^5 + 2^6 + 2^7 + 2^8}{3^3 + 3^4 + 3^5 + 3^6}$$

é:

(A) 2/3.

(B) 4/7.

(C) 5/11.

(D) 7/15.

(E) 8/17.

▶ Comentários

Expressão Matemática	$\frac{2^3 + 2^4 + 2^5 + 2^6 + 2^7 + 2^8}{3^3 + 3^4 + 3^5 + 3^6}$
Igualar os expoentes	$\frac{2^3(1 + 2 + 2^2 + 2^3 + 2^4 + 2^5)}{3^3(1 + 3 + 3^2 + 3^3)}$

Conservamos o menor expoente e colocamos em evidência.

Fazer as operações	$\frac{8(1 + 2 + 4 + 8 + 16 + 32)}{27(1 + 3 + 9 + 27)}$ $\frac{8(63)}{27(40)}$
Simplificar	$\frac{63}{27(5)}$ $\frac{7}{3(5)}$
Resolver o denominador	$\frac{7}{15}$

Resposta: O valor da expressão dada no enunciado é igual a 7/15.

Gabarito: D

QUESTÃO RÁPIDA

227. ***(FCC – TRT (AL) 19ª Região – Analista Judiciário Tecnologia da Informação – 2022)*** *O valor da expressão* $(\sqrt{169} \div (2^4 - 3)) \times 2^5 \div 4$ *é:*

(A) 2

(B) 22

(C) 1

(D) 24

(E) 23

▶ Comentários

A expressão aborda quase que a totalidade das operações básicas da matemática.

Expressão Matemática	$(\sqrt{169} \div (2^4 - 3)) \times 2^5 \div 4$ $(13 \div (16 - 3)) \times 2^5 \div 4$

A radiciação comumente é calculada por meio da fatoração. Para as provas, valem as tentativas, erros e acertos.

Raiz quadrada de 169	10 . 10 = 100 15 . 15 = 225 12 . 12 = 144 13 . 13 = 169

Quantos menos aleatórias forem as tentativas, mais rápido vai encontrar a resposta.

De volta à expressão matemática.

Resolver os parênteses	$(13 \div (16 - 3)) \times 2^5 \div 4$ $(13 \div 13) \times 2^5 \div 4$ $1 \times 2^5 \div 2^2$

O número 1 é elemento neutro da multiplicação, portanto, pode ser excluído. E, não só pela facilidade, mas também para manter o padrão das alternativas, converteremos o número 4 em potência.

Divisão de potência de mesma base	$2^5 \div 2^2$ 2^{5-2} 2^3

Resposta: O valor da expressão é igual a 2^3.

Gabarito: E

QUESTÃO RÁPIDA

228. ***(FCC – TRT (AM e RR) 11ª Região – Técnico Judiciário Área Administrativa – 2017)*** *O valor que corresponde ao resultado correto da expressão numérica $(13^2 - 11^2) \div (12^2 \div 3) \div (10^2 - 9^2 - 4^2)$ é*

(A) 3/4 .

(B) 1/5 .

(C) 1/3 .

(D) 2/5 .

(E) 1/4 .

▶ Comentários

Dada a expressão, não há outro caminho senão desenvolvê-la.

Expressão dada	$(13^2 - 11^2) \div (12^2 \div 3) \div (10^2 - 9^2 - 4^2)$

Nota dos autores: Para os primeiros parênteses, além da resolução tradicional, cabe a fatoração.

Modelo: Diferença de Quadrados	Resolução
$(x^2 - y^2) = (x + y)(x - y)$	$(13^2 - 11^2)$ $(13 + 11)(13 - 11)$ $24 . 2$ 48

Mais fácil!! Concordam?

Para o restante da expressão, seguirmos a ordem e faremos as operações.

Expressão dada	$(13^2 - 11^2) \div (12^2 \div 3) \div (10^2 - 9^2 - 4^2)$ $48 \div (144 \div 3) \div (100 - 81 - 16)$ $48 \div 48 \div 3$

E agora, posso resolver as operações independentemente da ordem?

Não. Se as operações têm a mesma hierarquia, duas divisões, e não há limitadores como os parênteses, a resolução acompanha a ordem em que aparecem.

Faça o teste e verá que os resultados são diferentes.

Expressão dada	$48 \div 48 \div 3$ $1 \div 3$ $1/3$

Resposta: O valor da expressão é 1/3.

Gabarito: C

2.2. Proporcionalidade

A denominação do item, Proporcionalidade, literalmente falando, foi escolhida de forma *lato sensu*, de forma ampla, generalizada, porque representa tudo o que falaremos aqui. Também analisaremos na forma stricto sensu cada um dos subitens, isoladamente.

Vale ressaltar a importância de uma operação matemática básica: A divisão. Ou, melhor dizendo, Razão.

Aliado à razão, trataremos da proporcionalidade entre valores e também sobre a ferramenta que talvez seja a sua maior aliada na prova: A Regra de Três.

Imagino que já conheça a regra de três pela sua facilidade de compreensão e larga utilização, entretanto, lembre-se, o examinador sempre está procurando formas de acrescentar detalhes que podem passar despercebidos para o concursando não familiarizado com as questões da banca, por exemplo, apresentar valores cuja relação guarda proporcionalidade inversa.

Por isso, mesmo que conheça o tema, vale muito a pena revê-lo e praticar resolvendo as questões!

2.2.1. Fração

A fração é uma forma de apresentar a divisão entre dois números ou, podemos dizer, é a correspondência da parte em relação ao todo. Nesse sentido, o numerador exprime o número de parcelas de um todo, e o denominador exprime a quantidade de partes em que esse todo foi dividido.

Resumindo, fração é uma divisão.

QUESTÃO PASSO A PASSO

229. ***(FCC – TRT (PR) 9ª Região – Técnico Judiciário Área Administrativa – 2022)*** *Em relação às frações 7/15, 8/21, 2/5 tem-se que*

(A) 7/15 < 2/5 < 8/21.

(B) 2/5 < 7/15 < 8/21.

(C) 8/21 < 7/15 < 2/5.

(D) 2/5 < 8/21 < 7/15.

(E) 8/21 < 2/5 < 7/15.

► Comentários

A comparação entre razões, ou fração no caso, é direta quando:

- **Os denominadores são iguais.**

Este é o caso mais simples, se as frações têm mesmo denominador, será maior aquela com maior numerador.

- **Os numeradores são iguais.**

Não deixa de ser simples, se as frações têm mesmo numerador, será maior aquela com menor denominador.

- **Numeradores e denominadores diferentes entre si.**

É a situação que, para resolver, temos três caminhos que podem ser considerados.

Resolução 1

A fração representa uma das quatro operações básicas matemáticas. Aí o caminho é pôr em prática nossos conhecimentos quanto à divisão.

Fazer as divisões e comparar os quocientes		
7/15 = 0,467	8/21 = 0,381	2/5 = 0,4

Resolução 2

Mais recomendados quando os denominadores têm maior possibilidade de divisores. Igualar os denominadores por meio do mínimo múltiplo comum – mmc.

Mínimo Múltiplo Comum - mmc Entre 12, 21 e 5	15, 21, 5 | 3 5, 7, 5 | 5 1, 7, 1 | 7 1, 1, 1 | 3 . 5 . 7 = 105

Os denominadores ficam todos iguais a 105 e, para os numeradores, dividir 105 pelo denominador e multiplicar pelo numerador de cada fração.

Frações com mesmo denominador		
$\frac{105/15 . 7}{105} = \frac{49}{105}$	$\frac{105/21 . 8}{105} = \frac{40}{105}$	$\frac{105/5 . 2}{105} = \frac{42}{105}$

Resolução 3

Para comparações de frações duas a duas, não é o nosso caso. Multiplicar o denominador da fração pelo numerador da outra e vice-versa.

$\frac{7}{15} \nwarrow \frac{8}{21}$	**1ª fração** 21 . 7 = 147	O resultado da multiplicação é atribuído à fração para onde a seta aponta.
$\frac{7}{15} \nearrow \frac{8}{21}$	**2ª fração** 15 . 8 = 120	

A primeira fração é maior que a segunda.

Como disse, o método é recomendado para comparar duas frações. Neste caso seria mais trabalhoso porque faríamos três comparações.

Resposta: A fração 7/15 é a maior, seguida por 2/5 e a menor é 8/21.

As alternativas listam as frações da menor para a maior, cuidado!

Gabarito: E

- **Fração sobre fração.**

Área específica e rotineiramente explorada pelas bancas. O problema apresenta o fracionamento do todo. Após, novo fracionamento.

A resolução, para estes casos, torna-se fácil se a estrutura como se colocam as frações estiver entendida e devidamente montada. Esse é o foco para as próximas questões.

QUESTÃO PASSO A PASSO

230. ***(FCC – TRT (RO e AC) 14ª Região – Técnico Judiciário Área Administrativa – 2022)*** *Sete netos, todos com idades diferentes entre si, devem dividir a quantia de R$ 4.664,00 da seguinte maneira: o neto mais novo deve receber três oitavos dessa quantia e, do que sobrar, o mais velho deve receber um quinto. Finalmente a quantia que ainda restar deve ser igualmente distribuída entre os demais netos. André não é o neto mais novo, nem é o neto mais velho, e a diferença entre as quantias recebidas pelo neto mais velho e André é*

(A) R$ 111,50.

(B) R$ 116,60.

(C) R$ 124,40.

(D) R$ 128,50.

(E) R$ 132,50.

▶ Comentários

A questão cobra o conhecimento de operação com fração, mas, principalmente, a lógica pra estruturar as informações dadas para, a partir delas, montar as expressões matemáticas e chegar à resposta.

Enunciado	Dados
Sete netos, todos com idades diferentes entre si, devem dividir a quantia de R$ 4.664,00 da seguinte maneira:	Netos = 7 Dividir = 4.664,00

O valor de R$ 4.664,00 será dividido entre os 7 netos de acordo com as regras:

- ***O neto mais novo deve receber três oitavos dessa quantia e, do que sobrar, o mais velho deve receber um quinto.***

De acordo com a descrição do texto, a melhor forma de transformar a linguagem escrita para a forma visualmente observável, é por meio do fluxograma.

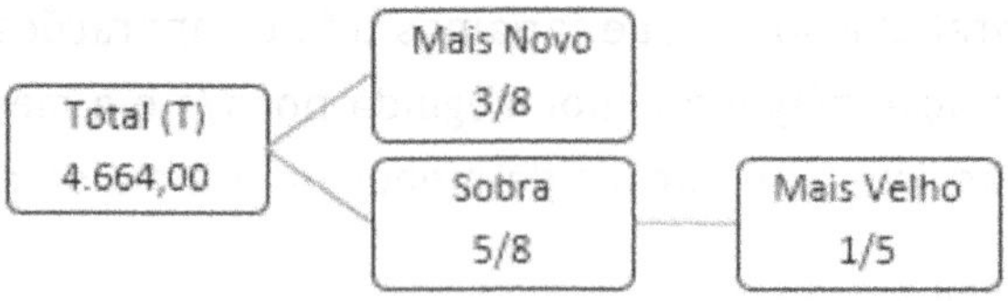

- ***Finalmente a quantia que ainda restar deve ser igualmente distribuída entre os demais netos.***

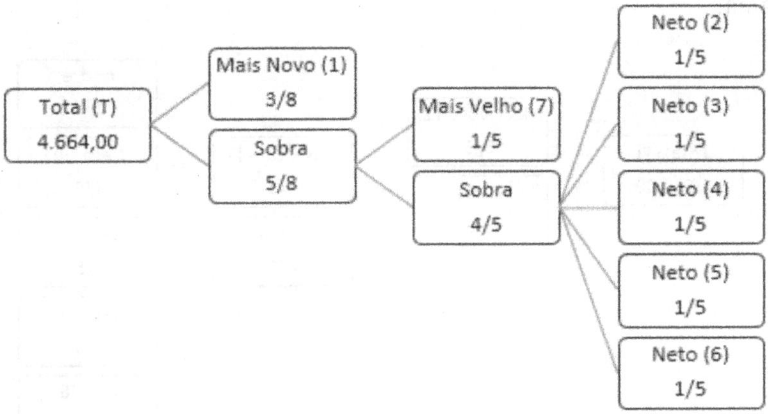

- ***André não é o neto mais novo, nem é o neto mais velho.***

Qualquer das posições identificadas como neto (2) até neto (6) representa o neto André.

E, para a resolução da questão, precisamos dos valores recebidos pelo neto mais velho e por André, o que faremos por meio de equações que montaremos a partir do fluxograma.

Para o valor recebido pelo neto mais velho (V) considere:

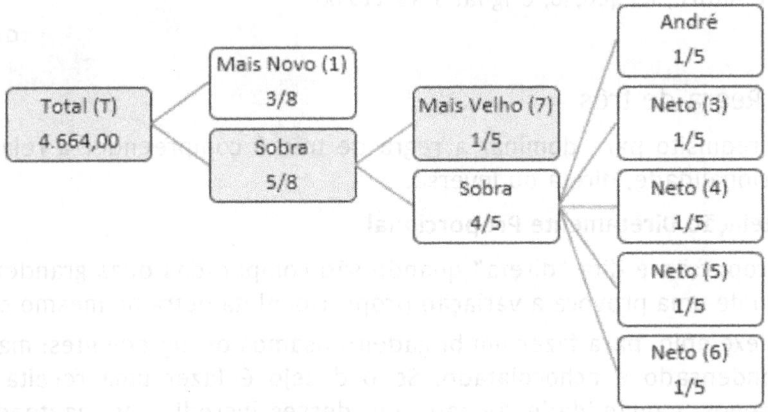

Mais velho (V)	V = 4.664 . 5/8 . 1/5 V = (4664 . 5) / (8 . 5) V = 4664 / 8 V = 583

Ao neto mais velho coube a quantia de R$ 583,00.

Em relação a André, a equação é resultado da sequência identificada no fluxograma.

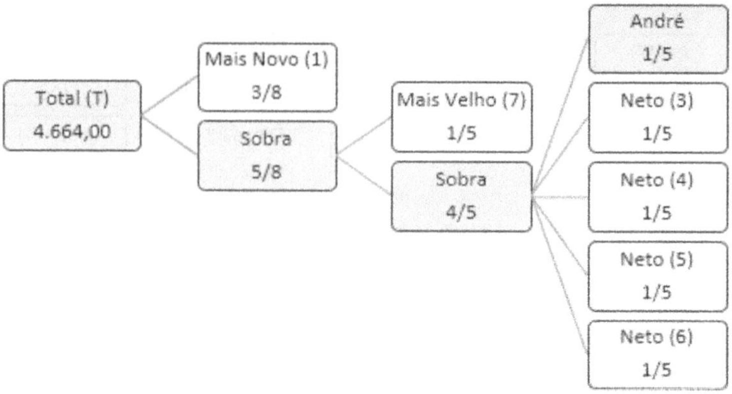

André (A)	A = 4.664 . 5/8 . 4/5 . 1/5 A = (4664 . 5 . 4) / (8 . 5 . 5) V = 4664 / 2 . 5 V = 466,4

André recebeu R$ 466,40.

Resposta: A diferença entre as quantias recebidas pelo neto mais velho, R$ 583,00, e André, R$ 466,40, é igual a R$ 116,60.

Gabarito: B

2.2.2. Regra de três

Pré-requisito para dominar a regra de três é compreender a relação de proporcionalidade, direta ou inversa.

- **Relação Diretamente Proporcional**

A proporção é dita "direta" quando são comparadas duas grandezas e a variação de uma provoca a variação proporcional da outra no mesmo sentido.

Por exemplo, para fazer um brigadeiro usamos os ingredientes: manteiga, leite condensado e achocolatado. Se o desejo é fazer uma receita maior, aumentamos a quantidade de cada um desses ingredientes mantendo-se a mesma proporção.

Esta análise é muito importante para a resolução da regra de três, pois, apesar de não ter implicação alguma quando a relação é direta, a relação inversa exige que seja feito um procedimento antes de efetivamente resolvermos a regra de três.

- **Relação Inversamente Proporcional**

Diferente da proporção direta, na relação inversa também há variação proporcional entre as grandezas comparadas, porém, em sentidos contrários.

Por exemplo, uma pessoa dedica meia hora por dia para fazer a leitura de um determinado livro e, assim, a leitura do livro estará concluída em 12 dias. Se essa mesma pessoa passar a dedicar três horas de leitura por dia, concluirá a leitura do livro em um prazo menor. Assim, aumentando-se o tempo diário de leitura, temos que o prazo para o término do livro será reduzido (quando aumentamos uma grandeza, a outra sofrerá uma redução proporcional).

Ao resolver problemas de regra de três em que a relação seja inversamente proporcional, é necessária a alteração da posição dos valores de uma das grandezas. Aproveitando o exemplo citado temos:

Tempo de leitura por dia (Horas)	Tempo para conclusão (Horas)
1,5 ou 0,5	12
3	X

Como a relação é inversamente proporcional, faz-se a inversão das posições dos valores de uma das grandezas.

Tempo de leitura por dia (Horas)	Tempo para conclusão (Horas)
3	12
1,5 ou 0,5	X

Acima, em negrito, os valores que correspondem às medidas de horas de leitura por dia tiveram suas posições alteradas.

Após a alteração (Tempo de leitura por dia), a resolução é feita normalmente com a multiplicação cruzada.	3X = 0,5 . 12 X = 6 / 3 X = 2

Conclui-se que, alterando o tempo de leitura diária, de meia hora para três horas, o livro será lido em dois dias.

A regra de três é uma importante ferramenta para resolução de questões que abordam grandezas proporcionais.

Usando um termo mais técnico, denominamos a regra de três por "quarta proporcional", onde são conhecidos três valores de uma sequência de quatro e, mantida a proporção, descobrimos o quarto valor.

Quarta Proporcional	"a" está para "b", assim como "c" está para "X"

Para resolver e achar o valor de X, multiplica-se em cruz. Ou, relembrando uma propriedade da proporção, o produto dos extremos é igual ao produto dos meios.

Multiplicação Cruzada	"a → "b", assim como, "c" → "X" aX = bc X = bc / a

Que tal praticar um pouco?

QUESTÃO PASSO A PASSO

231. ***(FCC – TRT (PI) 22ª Região – Técnico Judiciário Área Administrativa – 2022)*** *Alberto trabalha em uma empresa que paga R$ 20,00 por hora trabalhada. Quando a semana tem cinco dias úteis, ele trabalha 6 horas por dia, mas quando a semana tem quatro dias úteis ele redistribui, igualmente entre os quatro dias, o total de horas necessárias para receber o mesmo valor semanal. O número de horas diárias trabalhadas por Alberto em uma semana de quatro dias é:*

(A) Sete horas.

(B) Sete horas e quarenta e cinco minutos.

(C) Seis horas.

(D) Sete horas e trinta minutos.

(E) Sete horas e quinze minutos.

▶ Comentários

Provavelmente você identificou na parte inicial que a remuneração por hora trabalhada é de R$ 20,00. Tudo bem, até porque falamos por diversas vezes quanto à importância de grifar os dados à medida que lemos o enunciado. Enfim, o valor pago por hora é um dado a ser descartado.

Enunciado	Relação
Quando a semana tem cinco dias úteis, ele trabalha 6 horas por dia, mas quando a semana tem quatro dias úteis ele redistribui, igualmente entre os quatro dias, o total de horas necessárias para receber o mesmo valor semanal.	5 dias úteis está para 6 horas por dia, assim como 4 dias úteis está para X horas por dia.

Lembre-se, mesmo sendo a regra de três simples a nossa forma de resolver a questão, primeiro devemos verificar se a proporcionalidade é direta ou inversa.

Ao reduzirmos o número de dias úteis, torna-se necessário trabalhar mais horas por dia para fecharmos a semana com a mesma remuneração, logo, a relação é inversamente proporcional.

Relação	Inverter os valores de uma grandeza	Multiplicação Cruzada
5 dias → 6 horas 4 dias → X horas	5 dias → **X horas** 4 dias → **6 horas**	4X = 5 . 6 X = 30 / 4 X = 7,5

O resultado 7,5 corresponde às horas a serem trabalhadas por dia na semana de 4 dias úteis. E você sabe, 7,5 horas corresponde a 7h e 30min.

A transformação de horas em minutos requer a multiplicação por 60. O produto de 0,5 horas por 60 é igual a 30 minutos.

Resposta: O número de horas diárias trabalhadas por Alberto em uma semana de quatro dias é igual a 7 horas e 30 minutos.

Gabarito: D

- **Regra de Três Composta**

Para a resolução dos problemas que apresentam mais de duas grandezas lançamos mão da regra de três composta cujo desenvolvimento obedece ao seguinte regramento:

- Posicionar as grandezas em linhas e colunas;
- Analisar se as relações são direta ou inversamente proporcionais;
- Alterar as posições das grandezas inversamente proporcionais;
- Isolar a coluna na qual se encontra a variável e fazer o produto das demais;
- Resolver como uma regra de três simples.

Para o seu objetivo é importante dominar esse assunto. Nos últimos anos, em várias provas de diferentes bancas, havia questões a serem resolvidas por meio da regra de três.

QUESTÃO PASSO A PASSO

232. ***(FGV – TRT (PB) 13ª Região – Técnico Judiciário Área Administrativa – 2022)*** *Dois barbeiros barbeiam 6 homens em 1 hora. Três barbeiros barbeiam 3 homens em*

(A) 45 minutos.

(B) 40 minutos.

(C) 30 minutos.

(D) 20 minutos.

(E) 15 minutos.

▶ Comentários

O examinador foi bastante breve no enunciado, vamos reescrever os dados de maneira a facilitar a visualização.

Quantidade de Barbeiros	Homens Barbeados	Tempo (Horas)
2	6	1
3	3	X

Ajustar o quadro para minutos seguindo o padrão das alternativas.

Quantidade de Barbeiros	Homens Barbeados	Tempo (Minutos)
2	6	60
3	3	X

Parece tudo muito simples, não é?... Aguarde!

Analisar se as relações são direta ou inversamente proporcionais.

Comparação de grandezas, duas a duas, em relação àquela que contém a incógnita X.

Esse é o padrão para a resolução da regra de três composta, mesmo porque, em quase todas as questões de concursos públicos, as grandezas estão em função daquela que tem a incógnita.

Isso não é comum, razão pela qual os professores relevam este detalhe.

O mais correto é o seguinte entendimento.

As grandezas estão em função da quantidade de pessoas barbeadas. Barbeiros barbeiam homens e gastam tempo para barbear homens. A grandeza "Homens Barbeados" é resultado da ação dos barbeiros e é resultado da decorrência do tempo, logo, é o referencial para verificar a proporcionalidade direta e inversa.

À frente, você também verá que "Homens Barbeados" define a coluna a ficar isolada.

- "Quantidade de Barbeiros" em relação ao "Homens Barbeados". O aumento na quantidade daquele implica maior quantidade de pessoas barbeadas. Relação direta (setas apontadas para mesma direção).

Quantidade de Barbeiros	Homens Barbeados	Tempo (Minutos)
↑	↑	

- “Tempo” em relação ao “Homens Barbeados”. Quanto maior o tempo, maior será a quantidade de pessoas barbeadas. Relação direta (setas no mesmo sentido).

Quantidade de Barbeiros	Homens Barbeados	Tempo (Minutos)
↑	↑	↑

Alterar as posições das grandezas inversamente proporcionais.

Não se aplica. Todas as setas estão apontadas na mesma direção.

Isolar a coluna referencial e fazer o produto das demais.

Novamente, a referência é a coluna “Homens Barbeados”, mantê-la isolada e fazer o produto das outras duas.

Produto	Manter (Homens Barbeados)
2 . 60	6
3 . X	3

Resolver como uma regra de três simples.

Resolver demanda por multiplicação cruzada. Ou melhor, se fizermos as simplificações neste momento a resolução torna-se ainda mais simples.

Produto	Homens Barbeados
2 . ~~60~~ 20	6
~~3~~ . X	3

Caso queira, pode simplificar ainda mais, sempre em linha reta (coluna ou linha).

Multiplicação Cruzada	6X = (2 . 20) . 3 X = 120 / 6 X = 20

Resposta: Três barbeiros barbeiam 3 homens em 20 minutos.

Gabarito: D

QUESTÃO RÁPIDA

233. ***(FCC – TRT (AL) 19ª Região – Analista Judiciário Tecnologia da Informação – 2022)*** *Um acampamento de férias tinha suprimentos para 150 crianças por 60 dias. Após 20 dias, 50 crianças a mais chegaram no acampamento. O restante de suprimentos é suficiente para atender às 200 crianças por, no máximo,*

(A) *30 dias.*
(B) *20 dias.*
(C) *15 dias.*
(D) *35 dias.*
(E) *25 dias.*

▶ Comentários

Passo a passo da regra de três composta.

- **Posicionar as grandezas em linhas e colunas**

Suprimento	Crianças	Dias
1	150	60
2/3	200	X

Professores, não entendi o quadro acima!

Suprimento: Adotamos 1 (uma) quantidade de suprimento (1 saco, 1 caixa, 1 fardo). Decorridos 20 dias (1/3 de 60 dias), restam 2/3 da quantidade inicial do suprimento.

Crianças: Eram 150, passados 20 dias, chegaram outras 50. No segundo momento, são 200 crianças a serem alimentadas diariamente.

Dias: A quantidade de suprimento era suficiente para 60 dias e irrelevante seria subtrair 20 desses 60 dias.

A chegada de mais crianças altera a quantidade de suprimento consumida diariamente e, consequentemente, não havendo reposição, o suprimento acabará em menos dias. É exatamente essa quantidade de dias que vamos descobrir.

- **Analisar se as relações são direta ou inversamente proporcionais**

"Suprimento" e "Dias". Mais suprimento, mais dias de alimentação. Relação direta.

"Crianças" e "Dias". Mais crianças, a alimentação dura menos dias. Relação inversa.

Suprimento	Crianças	Dias
↑	↓	↑

- **Alterar as posições das grandezas inversamente proporcionais**

Suprimento	Crianças	Dias
1	**200**	60
2/3	**150**	X

- **Isolar a coluna na qual se encontra a variável e fazer o produto das demais**

Suprimento x Crianças	Dias
1 . 200	60
2/3 . 150	X

Facilite seu trabalho fazendo as simplificações.

Suprimento x Crianças	Dias
1 . 1	3
2/3 . 15	X

- **Resolver como uma regra de três simples**

Multiplicação Cruzada	1X = (2/3 . 15) 3 X = 10 . 3 X = 30

Resposta: O restante de suprimentos é suficiente para atender às 200 crianças por, no máximo, 30 dias.

Gabarito: A

2.2.3. Razão

A maneira objetiva para diferenciar fração de razão é por meio da quantidade de grandezas, aquela, a fração, apenas uma e na razão existe a comparação de grandezas diferentes. Por exemplo, 1/4 de hora é uma fração enquanto a composição do combustível, uma parte de etanol para três gasolina, logo a razão de etanol e no combustível é de 1/4. Posso, ainda dizer que a razão de gasolina no combustível é 3/4.

Razão é, portanto, o quociente entre dois números que têm por finalidade a comparação relativa entre eles. Ao fazer a divisão de uma grandeza por outra, na mesma unidade de medida, o resultado indica o quanto a primeira representa em relação à segunda.

Exemplo: Imagine uma indústria de eletrodomésticos, linha branca, com produção semanal de 40 geladeiras, 110 fogões e 125 máquinas de lavar roupa. Em relação à produção podemos formalizar algumas razões:

Razão entre a quantidade de geladeiras e a produção total de unidades.

$\frac{\text{Geladeira}}{\text{Total}} = \frac{40}{275} = 0{,}145$	Significa que a produção de geladeiras representa 0,145 da produção total da indústria. Também podemos dizer que 14,5% de unidades produzidas são de geladeiras.

Razão entre a produção total e a quantidade de máquinas de lavar roupas.

$\frac{\text{Total}}{\text{Máquinas}} = \frac{275}{125} = 2{,}2$	O total de unidades produzidas na indústria é 2,2 vezes maior que a produção de máquinas de lavar. Ou, a produção total é 120% maior que a produção de máquinas de lavar.

Razão entre a quantidade produzida de fogões e geladeiras.

$\frac{\text{Fogões}}{\text{Geladeiras}} = \frac{110}{40} = 2{,}75$	A indústria produz 175% mais fogões que geladeiras. Ou, a produção de fogões é 2,75 vezes maior que a produção de geladeiras.

Vale destacar, a forma como é dita a razão é a maneira como será representada a fração, a grandeza dita primeira é o numerador e a seguinte o denominador da fração. A alteração de posições proporcionaria resultado e interpretação diferentes.

QUESTÃO RÁPIDA

234. *(FCC – TRT (RO e AC) 14ª Região – Técnico Judiciário Área Administrativa – 2022)* *Um professor possui vários livros, uma parte em inglês e a outra em português, sendo a razão entre o número de livros em inglês e o número de livros em português igual a 2/7. Esse professor trocou 120 livros que tinha em inglês por 90 outros livros, sendo 56 em português e os demais em inglês. Após a troca, a razão entre o número de livros em inglês e o número de livros em português desse professor passou a ser de 9/40. Agora, o número de livros que ele possui é*

(A) 1974.

(B) 2037.

(C) 2016.

(D) 1995.

(E) 2058.

▶ Comentários

A informação inicial é sobre a razão, ou proporção, entre as quantidades de livros em inglês e português.

Enunciado	Razão
Um professor possui vários livros, uma parte em inglês e a outra em português, sendo a razão entre o número de livros em inglês e o número de livros em português igual a 2/7.	I/P = 2/7 I = P(2/7)

Onde: Livros em Inglês (I) = 2 e livros em Português (P) = 7.

Enunciado	Razão
Esse professor trocou 120 livros que tinha em inglês por 90 outros livros, sendo 56 em português e os demais em inglês.	I – 120 + 34 P + 56
Após a troca, a razão entre o número de livros em inglês e o número de livros em português desse professor passou a ser de 9/40.	(I – 86)/(P + 56) = 9/40 40I – 3440 = 9P + 504

São duas equações e duas incógnitas, um sistema de equações.

Substituir o valor de (I) na segunda equação	40I – 3440 = 9P + 504 40P(2/7) – 3440 = 9P + 504 80P/7 – 3440 = 9P + 504
mmc = 7	80P – 24080 = 63P + 3528 17P = 27608 P = 1624

Conhecido a quantidade de livros em português (P), calculamos a quantidade em inglês (I).

Quantidade de livros em inglês	I = P(2/7) I = 1624 (2/7) I = 464

Vale destacar que as quantidades P e I são iniciais, antes da troca de livros. Após a troca essas quantidades passaram para:

Após a troca de livros	I' = I – 86 = 464 – 86 = 378 P' = P + 56 = 1624 + 56 = 1680

Resposta: Após a troca o total de livros passou a 2058.

Gabarito: E

2.2.4. Proporção

Razão e proporção, são itens correlacionados e difícil passar por um deles alheio ao outro, tanto que, ao longo do item anterior, por diversas vezes, falamos em proporção.

Para não passar em branco, vamos resumir em poucas palavras, proporção é a igualdade entre duas frações, ou entre duas razões.

$\frac{a}{b} = \frac{c}{d}$	A razão "a para b" é igual à razão "c para d", ou seja, as razões (frações) são proporcionais.

Ah! Como no parágrafo precedente, usamos indistintamente os termo fração e razão, trata-se da mesma coisa?

As semelhanças prevalecem, porém a diferença está no número de grandezas. A fração é o termo para a singularidade de grandeza, por exemplo, 1/4 do jogo de basquete ou 1/3 da tarefa foi realizada.

Se duas grandezas são comparadas, o termo empregado corretamente é razão, por exemplo, nos jogos olímpicos há 3 jogos de vôlei para cada 2 de basquete (razão 3/2).

QUESTÃO PASSO A PASSO

235. ***(FCC – TRT (PI) 22ª Região – Técnico Judiciário Área Administrativa – 2022)*** *Com 2 tiras de papel de mesma largura e comprimento é possível formar uma tira de 80 cm de comprimento, sendo que as tiras ficam superpostas 10 cm. Para formar uma tira de 76 cm de comprimento, com essas duas tiras, a proporção de uma tira que ficará sobreposta é*

(A) 7/80.

(B) 7/40.

(C) 11/80.

(D) 28/45.

(E) 14/45.

▶ Comentários

Questão simples de fácil resolução, se bem elaborada e, entenda por bem elaborada como bem desenhada.

É isso mesmo, faça o desenho daquilo que está dito no enunciado. Você pode pular esta fase e responder corretamente a questão, mas existe uma chance grande de equívoco nos centímetros de sobreposição.

- *Com 2 tiras de papel de mesma largura e comprimento é possível formar uma tira de 80 cm de comprimento, sendo que as tiras ficam superpostas 10 cm.*

O examinador fala em tira de papel, o que nos leva a pensar em algo com maior comprimento de que largura. Apesar de indiferente para a questão, vamos desenhar conforme descrito, tira de mesma largura e comprimento.

Formada tira de 80 centímetros com sobreposição de 10 centímetros.	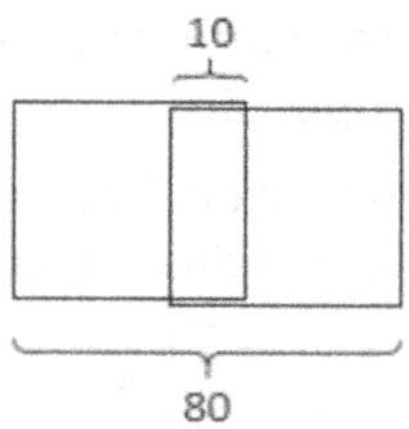

Subtraído 10 centímetros dos 80, restam 70 divididos em duas partes de 35 centímetros cada.

<table>
<tr><td>Formada tira de 80 centímetros com sobreposição de 10 centímetros.</td><td>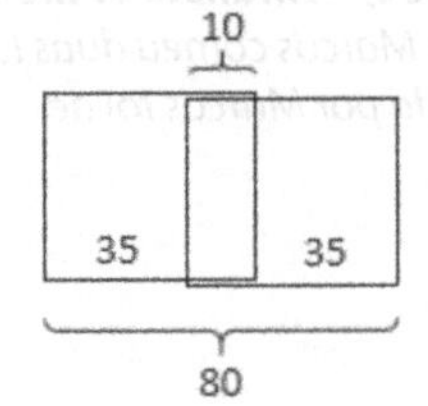</td></tr>
<tr><td>Cada uma das duas tiras são quadradas e tem lados igual a 45 centímetros.</td><td>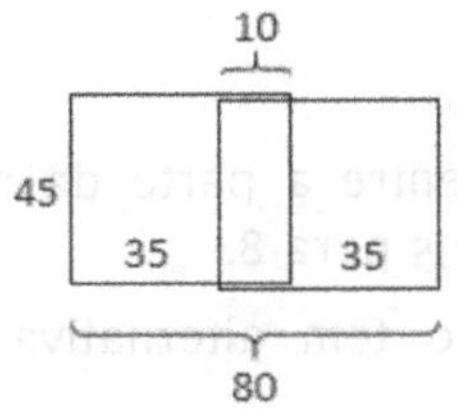</td></tr>
</table>

- *Para formar uma tira de 76 cm de comprimento, com essas duas tiras*

Com as mesmas duas tiras de lados iguais a 45 cm faremos uma tira de 76 centímetros.

<table>
<tr><td>A tira tem 76 centímetros com parte sobreposta.</td><td>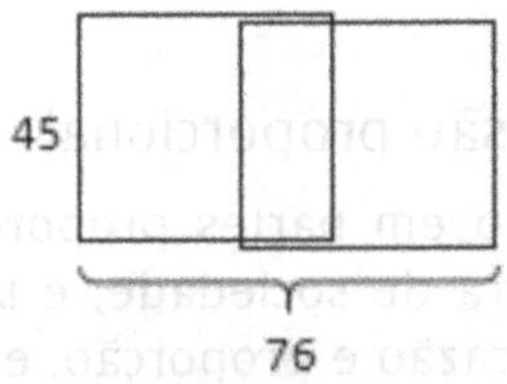</td></tr>
</table>

A parte sobreposta corresponde a diferença 90 cm (soma das duas tiras) e a medida final igual a 76 cm.

<table>
<tr><td>Cada tira tem 45 cm dos quais 14 estão sobrepostos.</td><td>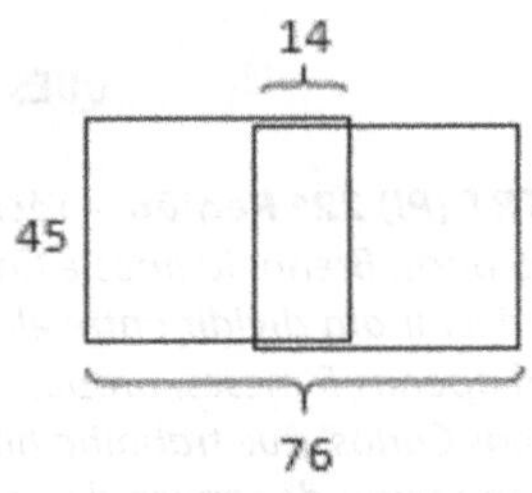</td></tr>
</table>

Resposta: a proporção de uma tira que ficará sobreposta é de 14/45.

Gabarito: E

QUESTÃO RÁPIDA

236. ***(FCC – TJ (CE) – Analista Judiciário Ciência da Computação – 2022)*** *De uma pizza com 8 fatias idênticas Marcos comeu duas fatias inteiras e mais meia fatia. Em relação à pizza inteira, a proporção comida por Marcos foi de*

(A) 1/4.

(B) 5/16.

(C) 3/16.

(D) 1/8.

(E) 3/8.

▶ Comentários

A razão entre a parte da pizza que Marcos comeu em relação à pizza inteira é de 2,5 para 8.

Como não tem alternativa para a razão acima, vejamos uma fração proporcional.

Multiplicar por 2 tanto o numerador quanto o denominador.	Proporção = 2,5/8 Proporção = 5/16

Resposta: a proporção comida por Marcos foi de 5/16.

Gabarito: B

2.2.5. Divisão proporcional

A divisão em partes proporcionais ou, como algumas bancas costumam chamar, regra de sociedade, é uma aplicabilidade do que foi visto nos itens anteriores, razão e proporção, e que também pode ser resolvida com a regra de três.

Atenção quanto a proporcionalidade direta ou inversa. Mas deixemos os detalhes para serem comentados ao logo das resoluções das próximas questões.

QUESTÃO PASSO A PASSO

237. ***(FCC – TRT (PI) 22ª Região – Técnico Judiciário Tecnologia da Informação – 2022)*** *Alberto tem 25 anos, Breno 40 anos e Carlos 35 anos. Os três trabalham como garçons em um restaurante e decidiram dividir entre eles o valor total das gorjetas. Alberto, que trabalha no restaurante há apenas 5 meses, propôs dividir o total das gorjetas proporcionalmente à idade de cada um, mas Carlos, que trabalha há 1 ano e 3 meses, discorda e propõe que a divisão seja proporcional ao tempo de serviço de cada um no restaurante. Breno, com 1 ano e 8 meses no restaurante foi convidado a desempatar e decidiu que o valor total fosse dividido proporcionalmente ao tempo de serviço. Com um valor total de gorjetas de R$ 1.200,00 e considerando as duas propostas, Alberto deixou de ganhar, em reais,*

(A) 100,00.
(B) 250,00.
(C) 30,00.
(D) 150,00.
(E) 300,00.

▶ Comentários

Os três garçons do restaurante resolvem dividir as gorjetas por meio das possíveis regras:

- Alberto propôs dividir o total das gorjetas proporcionalmente à idade de cada um.
- Carlos discorda e propõe que a divisão seja proporcional ao tempo de serviço de cada um no restaurante.

Para a resposta da questão o foco são os valores de gorjetas recebidos por Alberto, logo, faremos a divisão proporcional tomando por base a idade e também o tempo de serviço.

Sabemos que:

- Alberto tem 25 anos e trabalha a 5 meses.
- Breno tem 40 anos e trabalha 1 ano e 8 meses.
- Carlos tem 35 anos e 1 ano e três meses.
- Valor total de gorjetas de R$ 1.200,00.

Seguindo a proposta do próprio Alberto, proporcional à idade, temos:

Garçom	Idade	Gorjeta
Alberto	**25**	**X**
Breno	40	
Carlos	35	
Total	**100**	**1.200,00**

A linha completa "total" serve como referência para calcular a gorjeta que seria destinada a Alberto por meio da regra de três.

Multiplicação cruzada	$100X = 25 . 1200$ $X = 25 . 12$ $X = 300$

Segundo a proposta de Carlos, a divisão seria proporcional ao tempo de serviço.

Garçom	Tempo Serviço (meses)	Gorjeta
Alberto	**5**	**X**
Breno	20	
Carlos	15	
Total	**40**	**1.200,00**

Novamente a linha completa "total" serve como referência para calcular a gorjeta que seria destinada a Alberto por meio da regra de três.

Multiplicação cruzada	40X = 5 . 1200 X = 5 . 30 X = 150

Concluímos que o recebimento de Alberto quando considerada a proporção idade seria de R$ 300,00 e quando a proporção tempo de serviço seria de R$ 150,00.

Resposta: Considerando a distribuição das gorjetas pela proposta de Carlos, Alberto deixou de ganhar o valor de R$ 150,00.

Gabarito: D

QUESTÃO RÁPIDA

238. ***(FGV – TRT (PB) 13ª Região – Analista Judiciário Área Judiciária – 2022)*** *Uma distribuidora de produtos químicos recebeu 1600 litros de certo composto e deve distribuir toda essa quantidade entre 5 laboratórios em partes proporcionais aos números 3, 4, 5, 6 e 7. O laboratório que receber a menor quantidade receberá*

(A) 190 litros.
(B) 192 litros.
(C) 194 litros.
(D) 196 litros.
(E) 198 litros.

► Comentários

Os 1600 litros de composto serão divididos entre 5 laboratórios em partes proporcionais aos números 3, 4, 5, 6 e 7.

Laboratórios	Proporção	Composto
A	**3**	**X**
B	4	
C	5	
D	6	
E	7	
Total	**25**	**1600**

Recebe menos o laboratório com menor proporção. Logo, usamos as linhas da proporção 3 e "Total".

Multiplicação cruzada	25X = 3 . 1600 X = 4800 / 25 X = 192

Resposta: O laboratório que receber a menor quantidade receberá 192 litros.

Gabarito: B

2.2.6. Questões variadas

QUESTÃO RÁPIDA

239. ***(FCC – TRT (GO) 18ª Região – Analista Judiciário Área Administrativa– 2023)*** *Um elevador pode carregar, no máximo, 12 adultos ou, equivalentemente, 20 crianças. O número máximo de crianças que podem subir nesse elevador com 9 adultos é:*

(A) 9

(B) 6

(C) 7

(D) 8

(E) 5

▶ **Comentários**

A proporção entre adultos e crianças é de 12 para 20.

Estão no elevador 9 adultos, portanto, resta espaço equivalente a 3 adultos.

Equivalência	Regra de Três
12 → 20 3 → x	12x = 3 . 20 x = 60/12 x = 5

Resposta: Podem subir, no máximo, 5 crianças no elevador.

Gabarito: E

QUESTÃO RÁPIDA

240. ***(FCC – TRT (BA) 5ª Região – Técnico Judiciário Tecnologia da Informação – 2022)*** *Um grupo de 6 pessoas, em que todas trabalham no mesmo ritmo, realiza uma certa tarefa em cinco dias se cada uma delas trabalhar 2 horas por dia. Para fazer a mesma tarefa, duas dessas pessoas trabalharam inicialmente 4 horas por dia durante cinco dias, e nesse momento, uma delas desistiu. A outra, mantendo a mesma carga de trabalho de 4 horas por dia, deverá terminar a tarefa em:*

(A) *4 dias.*

(B) *5 dias.*

(C) *6 dias.*
(D) *7 dias.*
(E) *8 dias.*

▶ Comentários

Com pouco tempo de treino você resolverá questões como esta sem sequer checar o passo a passo.

- **Organizar as grandezas em linhas e colunas**

Pessoas	Dias	Tempo (horas por dia)
6	5	2
2	X	4

Não sairemos do lugar sem antes saber quantos dias as duas pessoas realizam a mesma tarefa trabalhando 4 horas por dia.

- **Verificar as relações direta ou inversamente proporcionais**

Aumentar o número de "pessoas" significa menos "dias" para concluir a tarefa. Relação inversa.

Aumentar o "tempo" de trabalho diário resulta em menos "dias" para concluir a tarefa. Relação inversa.

Pessoas	Dias	Tempo (horas por dia)
↑	↓	↑

Em relação à quantidade de "dias" trabalhados, as outras duas grandezas tem relação inversa.

- **Alterar as posições das grandezas inversamente proporcionais**

Pessoas	Dias	Tempo (horas por dia)
6	**X**	2
2	**5**	4

- **Isolar a coluna na qual se encontra a variável e fazer o produto das demais**

Pessoas x Tempo	Dias
~~6 . 2~~ 3	X
~~2 . 4~~ 2	5

- **Resolver como uma regra de três simples**

Após as simplificações, multiplicação cruzada.

Multiplicação Cruzada	2X = 3 . 5 X = 15 . 2 X = 7,5

A tarefa estaria finalizada em 7 dias e meio. Entretanto, passados 5 dias um trabalhador desistiu, o que vai alterar o tempo restante para finalizar a tarefa.

Restam 2 dias e meio e, como a força de trabalho foi reduzida pela metade, o tempo para entregar a tarefa será dobrado, ou seja 5 dias.

Tudo bem que a relação, metade e dobrou, foi tranquila, mas seria um caso de regra de três simples.

Pessoas	Dias
2	2,5
1	X

Relação inversa

Pessoas	Dias
1	2,5
2	X

Multiplicação cruzada

Dias restantes	X = 2 . 2,5 X = 5

Resposta: Depois do 5º dia, um único trabalhador deverá terminar a tarefa em 5 dias.

Gabarito: B

QUESTÃO RÁPIDA

241. ***(FGV – TRT (PB) 13ª Região – Técnico Judiciário Área Administrativa – 2022)*** *Considere as frações: a = 5/6; b = 7/9; c = 13/18.*

Colocando essas frações em ordem crescente a sequência correta é

(A) a < b < c.

(B) b < a < c.

(C) b < c < a.

(D) c < a < b.

(E) c < b < a.

▶ Comentários

Vamos igualar os denominadores por meio do mínimo múltiplo comum, este igual a 18.

Encontraremos uma fração equivalente para cada uma delas dividindo o mmc pelo denominador e multiplicando pelo numerador da fração original.

Frações com mesmo denominador		
$\frac{18/6.5}{18} = \frac{15}{18}$	$\frac{18/9.7}{18} = \frac{14}{18}$	$\frac{13}{18}$

Resposta: Em ordem crescente, a sequência é: c = 13/18, b = 7/9, a = 5/6.

Gabarito: E

QUESTÃO PASSO A PASSO

242. ***(FCC – TRT (PI) 22ª Região – Técnico Judiciário Área Administrativa – 2022)*** *Uma empresa de construção possui 48 funcionários divididos igualmente em 4 setores. No setor da Engenharia, 2/3 são formados em Engenharia Civil sendo metade desses mulheres. No setor de Contabilidade todos os funcionários são homens, no setor de Administração 1/4 dos funcionários são mulheres e, finalmente, no setor de Arquitetura, metade são mulheres. No máximo, o número de mulheres dentre os 48 funcionários é*

(A) 31.

(B) 17.

(C) 25.

(D) 13.

(E) 12.

▶ Comentários

A empresa tem 48 funcionários divididos igualmente entre os quatro setores.

Sabe-se também que:

- *No setor da Engenharia, 2/3 são formados em Engenharia Civil sendo metade desses mulheres.*

  2/3 de 12 funcionários é igual a 8.

Resolver a fração	2/3 de 12 2/3 . 12 24/3 8

Desses 8 funcionários, metade são mulheres. Assim dizendo, são 4 mulheres, 4 homens e os últimos 4 não dá pra identificar o gênero.

Setor	Funcionários	Eng. Civil	Mulheres	Homens
Engenharia	8 de 12	8	4	4

- *No setor de Contabilidade todos os funcionários são homens.*

Setor	Funcionários	Eng. Civil	Mulheres	Homens
Engenharia	8 de 12	8	4	4
Contabilidade	12	- o -	0	12

- *No setor de Administração 1/4 dos funcionários são mulheres.*

Resolver a fração	1/4 de 12 1/4 . 12 12/4 3

1/4 de 12 funcionários é igual a 3.

Setor	Funcionários	Eng. Civil	Mulheres	Homens
Engenharia	8 de 12	8	4	4
Contabilidade	12	- o -	0	12
Administração	12	- o -	3	9

- *No setor de Arquitetura, metade são mulheres.*

Setor	Funcionários	Eng. Civil	Mulheres	Homens
Engenharia	8 de 12	8	4	4
Contabilidade	12	- o -	0	12
Administração	12	- o -	3	9
Arquitetura	12	- o -	6	6
Total				

Repare como uma boa leitura, interpretação e organização dos dados são importantes. Finalizamos a leitura e a resolução está praticamente pronta.

Setor	Funcionários	Eng. Civil	Mulheres	Homens
Engenharia	8 de 12	8	4	4
Contabilidade	12	- o -	0	12

Setor	Funcionários	Eng. Civil	Mulheres	Homens
Administração	12	- o -	3	9
Arquitetura	12	- o -	6	6
Total	**44 de 48**		**13**	**31**

Dos 48 funcionários, sabemos que 13 são mulheres, 31 são homens. Restam outros 4 funcionários que tanto podem ser mulheres como homens.

Na melhor das hipóteses e objetivando o maior número possível de mulheres, os últimos 4 funcionários seriam mulheres, totalizando 17 funcionárias.

Resposta: No máximo, o número de mulheres dentre os 48 funcionários é igual a 17.

Gabarito: B

QUESTÃO RÁPIDA

243. ***(FCC – TRT (PR) 9ª Região – Analista Judiciário Área Administrativa – 2022)*** *Uma estante contém 30 livros, que têm capa comum ou capa dura. Destes, 8 são livros de capa comum e são escritos em português. Apenas 20% dos livros são de capa dura e 1/3 destes são escritos em inglês. O número de livros escritos em português é, no máximo,*

(A) 4.

(B) 12.

(C) 10.

(D) 6.

(E) 8.

▶ Comentários

- *Uma estante contém 30 livros, que têm capa comum ou capa dura. Destes, 8 são livros de capa comum e são escritos em português.*

	Capa Comum	Capa Dura	
Português	8		
			30 livros

- *Apenas 20% dos livros são de capa dura e 1/3 destes são escritos em inglês.*

20% de 30 é igual a 0,2 . 30 = 6 livros de capa dura.

1/3 de 6 é igual a 6/3 = 2 livros escritos em inglês.

	Capa Comum	Capa Dura	
Português	8		
Inglês		2	
		6	30 livros

Completar o quadro.

	Capa Comum	Capa Dura	Total
Português	8		
Inglês	16	2	18
Total	24	6	30 livros

Seguindo a sequência lógica/necessária, chegamos na posição acima, daí concluímos serem 12 livros escritos em português.

	Capa Comum	Capa Dura	Total
Português	8	4	**12**
Inglês	16	2	18
Total	24	6	30 livros

Resposta: O número de livros escritos em português é igual a 12.

Gabarito: B

QUESTÃO RÁPIDA

244. ***(Cespe/Cebraspe – TRT (PA e AP) 8ª Região – Técnico Judiciário Área Administrativa – 2022)*** *Os estudantes de determinado colégio foram todos convocados para o pátio central. Na chegada foram entregues três bandeiras para cada um dos meninos e cinco bandeiras para cada uma das meninas e assim todas as bandeiras foram distribuídas. Em seguida, todas essas bandeiras foram recolhidas e verificou-se que elas poderiam ser redistribuídas da seguinte maneira: duas bandeiras para cada uma das meninas e quatro bandeiras para cada um dos meninos. Com base nessa situação hipotética, assinale a opção correta.*

(A) O número de meninas corresponde a 50% do total de estudantes.

(B) O número de meninos corresponde a 75% do total de estudantes.

(C) O número de meninos é igual a 1/3 do número de meninas.

(D) O número de meninas é igual a 5/2 do número de meninos.

(E) O número de meninos é igual à metade do número de meninas.

► **Comentários**

De acordo com o enunciado, foram dois momentos distintos nos quais houve a distribuição de bandeiras, no primeiro:

Enunciado	Observação
Na chegada foram entregues três bandeiras para cada um dos meninos e cinco bandeiras para cada uma das meninas e assim todas as bandeiras foram distribuídas.	Meninos = 3 bandeiras cada Meninas = 5 bandeiras cada

Após, no segundo momento:

Enunciado	Observação
Em seguida, todas essas bandeiras foram recolhidas e verificou-se que elas poderiam ser redistribuídas da seguinte maneira: duas bandeiras para cada uma das meninas e quatro bandeiras para cada um dos meninos.	Meninos = 4 bandeiras cada Meninas = 2 bandeiras cada

Nos dois momentos as quantidades de estudantes são iguais, portanto a igualdade.

Soma dos meninos (H) e meninas (M) nos dois momentos	3H + 5M = 4H + 2M

A bem da verdade, cada termo da equação é o somatório das bandeiras e não de estudantes, mas, o que vale é a proporção.

Desenvolver a equação	3H + 5M = 4H + 2M 5M – 2M = 4H – 3H 3M = H

De cada 4 estudantes, 3 são meninos e 1 menina ou 3/4 meninos e 1/4 menina ou 0,75 meninos e 0,25 meninas ou, por fim, 75% meninos e 25% meninas.

Resposta: O número de meninos corresponde a 75% do total de estudantes.

Gabarito: B

QUESTÃO RÁPIDA

245. ***(FCC – TRT (MT) 23ª Região – Analista Judiciário Área Administrativa – 2022)*** *Hugo e Luís são gêmeos e foram passear com sua tia Elisa. Sabe-se que 3/5 da soma das idades dos três é igual à idade de Elisa, que é 14 anos mais velha que os meninos. A idade de Elisa é*

(A) 28

(B) 21

(C) 18

(D) 35

(E) 25

▶ Comentários

A partir do enunciado montamos equações.

Enunciado	Observação
Hugo e Luís são gêmeos e foram passear com sua tia Elisa. Sabe-se que 3/5 da soma das idades dos três é igual à idade de Elisa, que é 14 anos mais velha que os meninos.	H = L (H + L + E) . 3/5 = E E = H + 14 E = L + 14

Onde:

- H = Hugo
- L = Luís
- E = Elisa

Vencida a fase da transcrição do contexto em equações, segue-se apenas matemática.

Isolar H e L	E = H + 14 → H = E - 14 E = L + 14 → L = E - 14

Substituir na segunda equação para que tenha uma única incógnita.

Substituir H e L	(H + L + E) . 3/5 = E ((E – 14)+(E – 14)+E) . 3/5 = E (3E – 28) . 3/5 = E 9E/5 – 84/5 = E 9E – 84 = 5E 4E = 84 E = 21

Elisa tem 21 anos (resposta da questão) e os gêmeos 14 a menos, 7 anos cada.

Resposta: A idade de Elisa é igual a 21.

Gabarito: B

QUESTÃO PASSO A PASSO

246. ***(FGV – TRT (PB) 13ª Região – Técnico Judiciário – 2022)*** *O valor da expressão*

$$\frac{1-2+3-4+5-6+\cdots+2019-2020+2021-2022}{2023-2022+2021-2020+\cdots+7-6+5-4+3-2}$$

é

(A) 1.

(B) −1.

(C) −1011/1012.

(D) 1011/1012.

(E) −1012/1011.

▶ Comentários

Certamente, uma parte considerável dos candidatos que realizaram a prova TRT PB pulou esta questão, simplesmente por associar algo grandioso com alto grau de dificuldade.

Vocês verão que não é bem assim. Uma tentativa, até que com pouco esforço, é suficiente para identificar uma sequência, tanto no numerador como no denominador, e a partir daí, vale a sua prática com os números e operações matemáticas.

Os sinais são alternados, soma e subtração, razão pela qual nos leva a fazer as primeiras observações em pares.

Numerador: **(1 – 2) + (3 – 4) + (5 – 6)**	1 – 2 = -1 3 – 4 = -1 5 – 6 = -1

Se, a cada par, o resultado é igual a -1 e de 2022 números existem 1011 pares, o somatório será igual a -1011.

Vamos seguir com o mesmo raciocínio em relação ao denominador.

Denominador: **(2023 – 2022) + (2021 – 2020) + (2019 – 2018)**	2023 – 2022 = 1 2021 – 2020 = 1 2019 – 2018 = 1

Novamente, a cada par de elementos da sequência, o resultado se repete, sempre igual a 1. Uma vez que a sequência tem 2022 elementos, a quantidade de pares é igual a 1011, portanto, o somatório dos resultados de cada par é igual a 1011.

Recordando

Para saber quantos elementos tem uma sequência numérica (2023, 2022, 2020, 2019, ..., 4, 3, 2), subtraia o menor número do maior e acrescente uma unidade.

2023 – 2 + 1 = 2022.

Economizamos muitas somas e subtrações para encontrar os valores da razão, resta apenas a divisão.

Divisão	$\frac{-1011}{1011} = -1$

Agora, outro caminho com um pouco mais de lógica e ainda pensando em pares por causa da sequência soma e subtração.

2 elementos	4 elementos	6 elementos
$\frac{1-2}{3-2} = -1$	$\frac{1-2+3-4}{5-4+3-2} = -1$	$\frac{1-2+3-4+5-6}{7-6+5-4+3-2} = -1$

Portanto, mantidas as sequências no numerador e denominador e sendo pares as quantidades de elementos, o resultado sempre será o mesmo, igual a -1.

Uma regra que levaremos desta questão: Expressões grandes, normalmente não devem ser resolvidas integralmente, sempre haverá um caminho lógico, um pulo do gato, que leve mais rápido à resposta.

Resposta: O valor da expressão é igual a -1.

Gabarito: B

QUESTÃO PASSO A PASSO

247. ***(FCC – TRT (RO e AC) 14ª Região – Analista Judiciário Área Judiciária – 2022)*** *Em um treino de cobrança de penalidades, cada um dos 18 jogadores de um time chutou um mesmo número de vezes. Após o treino, um levantamento mostrou que a razão entre o número de cobranças convertidas em gol e o número de cobranças não convertidas em gol foi de 5 para 7. Esse levantamento também mostrou que, se não forem considerados os chutes e gols marcados pelo artilheiro do time, a razão passa a ser de 7 para 10. Se nesse treino o artilheiro fez 22 gols, o número total de gols feitos no treino, incluindo os do artilheiro, foi*

(A) 210.

(B) 300.

(C) 270.

(D) 240.

(E) 330.

► Comentários

Conhecemos a razão entre cobranças de pênaltis convertidos e não convertidos.

Razão entre o número de cobranças convertidas (C) em gol e o número de cobranças não convertidas (N) em gol foi de 5 para 7.	C/N = 5/7

Vale ressaltar que a quantidade C, gols convertidos, mais a quantidade N, gols não convertidos é igual ao total de chutes a gol.

Cada um dos 18 jogadores de um time chutou um mesmo número de vezes.	Total chutes = 18x

Onde:

- x = Quantidade de chutes de cada jogador.

Logo:

Vale a igualdade.	C + N = 18x

Na sequência, o enunciado nos informa que a razão fica alterada quando retirados os chutes do artilheiro. Desses chutes, ele converteu 22 dos pênaltis cobrados.

- A razão passa a ser de 7 para 10.

Razão	Igualdade
(C – 22)/n = 7/10	(C – 22) + n = 17x

Onde:

- n = Gols não convertidos (sem os chutes do artilheiro).
- 17x = Total de chutes (sem os chutes do artilheiro).

Para que não haja confusão, vamos listar as equações formuladas:

- C/N = 5/7
- C + N = 18x
- (C – 22)/n = 7/10
- (C – 22) + n = 17x

As incógnitas C e x são comuns a todas as equações enquanto N e n não. Essa é a razão de isolarmos estas duas últimas e realizarmos a substituição.

Isolar N	C/N = 5/7 N = 7C/5
Substituir N na outra equação	C + N = 18x C + (7C/5) = 18x 5C + 7C = 90x 4C = 30x 2C = 15x

O mesmo raciocínio para n.

Isolar n	$(C - 22)/n = 7/10$ $7n = 10C - 220$ $n = (10C - 220) / 7$
Substituir n na outra equação	$(C - 22) + n = 17x$ $C - 22 + ((10C - 220) / 7) = 17x$ $7C - 154 + 10C - 220 = 119x$ $17C - 374 = 119x$ $C - 22 = 7x$

Restaram duas equações e duas incógnitas. Esse novo sistema de equações para o qual isolamos a incógnita (x), visa calcular o número de gols totais convertidos (C).

Isolar x	$2C = 15x$ $x = 2C/15$
Substituir x na outra equação	$C - 22 = 7x$ $C - 22 = 7(2C/15)$ $C - 22 = 14C/15$ $15C - 330 = 14C$ $C = 330$

Resposta: Foram 330 gols feitos no treino, incluindo os do artilheiro.

Gabarito: E

QUESTÃO PASSO A PASSO

248. ***(FCC – TRT (RO e AC) 14ª Região – Analista Judiciário Área Administrativa – 2022)*** *Os 3 primeiros colocados de uma corrida de rua dividiram um prêmio de R$ 7.685,00. O valor individual recebido foi calculado por meio de divisão em partes inversamente proporcionais ao tempo de corrida de cada corredor. O terceiro colocado, corredor que fez o maior tempo, recebeu R$ 2.030,00 e o tempo do segundo colocado corresponde a sete sextos do tempo do vencedor da corrida. O valor recebido pelo vencedor dessa corrida foi*

(A) R$ 3.010,00

(B) R$ 3.080,00

(C) R$ 3.045,00

(D) R$ 3.066,00

(E) R$ 3.031,00

▶ **Comentários**

O detalhe é a divisão inversamente proporcional, isso faz muita diferença.

A divisão será de um prêmio de R$ 7.685,00 para três corredores inversamente proporcional ao tempo de corrida de cada um deles.

Preparar a resolução segue a mesma sistemática como se fosse uma divisão proporcional normal.

Corredores	Tempo	Prêmio
Terceiro colocado		R$ 2.030,00
Segundo colocado	7/6	
Primeiro colocado	1	
Total		**R$ 7.685,00**

Segundo a informação, *"o tempo do segundo colocado corresponde a sete sextos do tempo do vencedor da corrida"*, adotamos uma unidade de tempo para o primeiro colocado e 7/6 para o segundo.

Também, eliminamos o terceiro colocado da tabela. Para isso, reduzimos do valor total da premiação a parte que coube a ele.

Prêmios para o segundo e primeiro colocados	R$ 7.685,00 – R$ 2.030,00 R$ 5.655,00

Ficamos com:

Corredores	Tempo	Prêmio
Segundo colocado	7/6	
Primeiro colocado	1	
Total		**R$ 5.655,00**

Agora o detalhe, para divisão inversamente proporcional, inverter os números que servem de referência para a divisão.

- Inverso de 7/6 = 6/7.
- Inverso de 1 = 1.

Corredores	Tempo	Prêmio
Segundo colocado	6/7	
Primeiro colocado	1	
Total		**R$ 5.655,00**

Pausa para fazer a soma das frações.

Soma (S) de frações	$S = 6/7 + 1$ $S = (6 + 7) / 7$ $S = 13/7$

Completar o quadro com o somatório da coluna "Tempo".

Corredores	Tempo	Prêmio
Segundo colocado	6/7	
Primeiro colocado	1	
Total	**13/7**	**R$ 5.655,00**

Agora eliminamos a linha correspondente ao segundo colocado porque o que nos interessa é a premiação do vencedor da corrida.

Corredores	Tempo	Prêmio
Primeiro colocado (P)	1	P
Total	**13/7**	**R$ 5.655,00**

Segue a regra de três.

Multiplicação cruzada	13/7 . P = 5655 P = 5655 / (13/7) P = 5655 . 7 / 13 P = 39585 / 13 P = 3.045,00

Resposta: O valor recebido pelo vencedor dessa corrida foi de R$ 3.045,00.

Gabarito: C

QUESTÃO PASSO A PASSO

249. ***(FCC – TRT (PR) 9ª Região – Analista Judiciário – 2022)*** *O valor da soma*

$$\frac{1}{2022^{-2}+1}+\frac{1}{2022^{-1}+1}+\frac{1}{2022^{0}+1}+\frac{1}{2022^{1}+1}+\frac{1}{2022^{2}+1}$$

é

(A) 7/2.

(B) 9/2.

(C) 3/2.

(D) 5/2.

(E) 1/2.

▶ Comentários

Cada uma das parcelas da soma é uma razão e estas, por sua vez, são semelhantes, à exceção do expoente que aparece nos denominadores. Ainda que exista diferença nos expoentes, há uma lógica: (-2, -1, 0, 1, 2).

Essas são as premissas pra gente pensar explorar a questão.

Que tal fazer a soma por partes?

Por exemplo, as duas frações dos extremos, primeira e última.

Soma de frações	$\dfrac{1}{2022^{-2}+1}+\dfrac{1}{2022^{2}+1}$

Antes de fazer a soma, vamos tratar a primeira fração.

Desenvolver a frações (expoente negativo)	$\dfrac{1}{2022^{-2}+1}=\dfrac{1}{\dfrac{1}{2022^{2}}+1}=$
Substituir 1 por fração equivalente (ou mmc = 2022^2)	$\dfrac{1}{\dfrac{1}{2022^{2}}+\dfrac{2022^{2}}{2022^{2}}}=\dfrac{1}{\dfrac{1+2022^{2}}{2022^{2}}}=$
Divisão de frações vira multiplicação	$1\cdot\dfrac{2022^{2}}{1+2022^{2}}=\dfrac{2022^{2}}{1+2022^{2}}$

Tratamos a fração e agora ela retorna para a soma.

Soma de frações	$\dfrac{1}{2022^{-2}+1}+\dfrac{1}{2022^{2}+1}=$ $\dfrac{2022^{2}}{1+2022^{2}}+\dfrac{1}{2022^{2}+1}=$ $\dfrac{2022^{2}+1}{2022^{2}+1}=1$

Não foi realizada nenhuma operação em relação à exponenciação, apenas aplicamos regras pertinentes às frações.

Se você retornar ao início dessa fase, na qual tratamos a fração, vai reparar que não há nenhuma novidade apensar da forma e do número 2022 ao quadrado, serem, no primeiro momento, assustadores.

Para frente a resolução torna-se ainda mais fácil.

Vamos fazer a soma de outras duas frações.

Soma de frações	$\dfrac{1}{2022^{-1}+1}+\dfrac{1}{2022^{1}+1}=1$

Pronto, resolvido.

Como explicado, o que vale não é a exponenciação, mas sim as regras em relação às frações, logo, nenhuma novidade em relação à soma anterior.

Resta uma última fração, vejamos:

Desenvolver a fração	$\frac{1}{2022^0+1}=\frac{1}{1+1}=\frac{1}{2}$

Também nenhum problema.

Recapitulando:

Soma de frações	$\frac{1}{2022^{-2}+1}+\frac{1}{2022^2+1}=1$
Soma de frações	$\frac{1}{2022^{-1}+1}+\frac{1}{2022^1+1}=1$
Fração	$\frac{1}{2022^0+1}=\frac{1}{1+1}=\frac{1}{2}$

Acima e em partes estão todas as frações cujo somatório é:

Somatório	$1+1+\frac{1}{2}=$ $\frac{2+2+1}{2}=$ $\frac{5}{2}$

Resposta: A soma das frações é igual a 5/2.

Gabarito: D

QUESTÃO PASSO A PASSO

250. ***(FCC – TRT (RS) 4ª Região – Analista Judiciário Área Judiciária – 2022)*** *Uma loja costuma contratar costureiras de acordo com as encomendas que recebe. O dono da loja sabe que, em 4 dias, 15 costureiras fazem 18 cortinas, trabalhando juntas e no mesmo ritmo. Ele recebeu uma encomenda de 120 cortinas para serem entregues em 16 dias. Para entregar essa encomenda no prazo estipulado, o número mínimo de costureiras que ele precisa contratar é*

(A) 18

(B) 22

(C) 25

(D) 24

(E) 30

▶ **Comentários**

O dono da loja sabe que:

Dias	Costureiras	Cortinas
4	15	18

Ele recebeu uma encomenda de:

Dias	Costureiras	Cortinas
4	15	18
16	?	120

- **Verificar as relações direta ou inversamente proporcionais**

"Dias" e "Costureiras" têm relação inversa pois o aumento de uma grandeza implica a redução da outra para completar o mesmo trabalho.

Entre "Costureiras" e "Cortinas" a relação é direta visto que o aumento de uma resulta no aumento da outra grandeza.

Dias	Costureiras	Cortinas
↑	↓	↓

- **Alterar as posições das grandezas inversamente proporcionais**

Dias	Costureiras	Cortinas
16	15	18
4	X	120

- **Isolar a coluna na qual se encontra a variável e fazer o produto das demais**

Dias x Cortinas	Costureiras
16 . 18	15
4 . 120	X

Lembre-se das simplificações (em linha reta). Isso facilita muito.

Dias x Cortinas	Costureiras
1 . 1	5
1 . 5	X

- **Resolver como uma regra de três simples**

Multiplicação Cruzada	X = 5 . 5 X = 25

Resposta: Ele precisa contratar 25 costureiras no mínimo.

Gabarito: C

QUESTÃO PASSO A PASSO

251. ***(FCC – TRT (PR) 9ª Região – Analista Judiciário Área Judiciária – 2022)*** *Em um determinado prédio, uma equipe de pintores pinta um apartamento em 4 dias e outra, em 6 dias. Supondo que as equipes consigam trabalhar em conjunto, mantendo o mesmo ritmo, o número de dias que elas precisam para pintar 10 apartamentos é*

(A) 24

(B) 22

(C) 25

(D) 23

(E) 26

▶ **Comentários**

Situação interessante e é muito importante saber como tratá-la.

- *Em um determinado prédio, uma equipe de pintores pinta um apartamento em 4 dias e outra, em 6 dias.*

Nota dos autores: Está claro que uma equipe é mais rápida que a outra, a primeira pinta um apartamento e 4 dias enquanto a segunda faz o mesmo trabalho em 6 dias. E quando as duas equipes trabalham juntas, como somamos as produtividades de períodos diferentes?

É simples (guardem essa informação), trabalhe com a produtividade unitária, no caso, qual a parcela do apartamento que cada equipe pinta na unidade de tempo.

Em um determinado prédio, uma equipe de pintores pinta um apartamento em 4 dias e outra, em 6 dias.	Equipe 1 = 1/4 por dia Equipe 2 = 1/6 por dia

Identificamos as equipes como 1 e 2 com as respectivas produtividades diárias. Agora sim a soma é possível.

Produtividade diárias (PD) das duas equipes	PD = 1/4 + 1/6 PD = (3 + 2) / 12 PD = 5/12

Se em um dia as duas equipes pintam 5/12 de um apartamento, mantendo a proporção, para 10 apartamentos lançamos mão da regra de três.

Relação	Multiplicação Cruzada
1 dia 5/12 apartamento X dias → 10 apartamentos	5X/12 = 10 5X = 120 X = 120/5 X = 24

Resposta: São necessários 24 dias para as duas equipes juntas pintarem 10 apartamentos.

Gabarito: A

QUESTÃO RÁPIDA

252. ***(FCC – TRT (PR) 9ª Região – Analista Judiciário Área Judiciária – 2022)*** *Em uma loja há entre 30 e 50 troféus em miniatura. A funcionária da loja agrupou-os de 5 a 5 e sobrou-lhe um troféu. Depois, agrupou-os de 3 a 3 e não sobrou nenhum troféu. O número exato de troféus na loja é:*

(A) 41

(B) 39

(C) 36

(D) 48

(E) 42

▶ Comentários

A simplicidade do problema possibilita listar todas as opções conforme a regra definida no enunciado.

Em uma loja há entre 30 e 50 troféus em miniatura. A funcionária da loja agrupou-os de 5 a 5 e sobrou-lhe um troféu.	Possíveis quantidades: 31, 36, 41 e 46

Aproveitamos os múltiplos de 5 (terminados em zero e cinco) acrescidos em uma unidade no intervalo entre 30 e 50.

Depois, agrupou-os de 3 a 3 e não sobrou nenhum troféu.	Testar as quantidades identificadas anteriormente: ~~31~~, 36, ~~41~~ e ~~46~~

O único divisível por 3 (soma dos algarismos é divisível por 3) é o 36.

Resposta: O número exato de troféus na loja é 36.

Gabarito: C

QUESTÃO RÁPIDA

253. ***(FCC – TRT (PR) 9ª Região – Analista Judiciário Oficial de Justiça Avaliador Federal – 2022)*** *Luciana é professora de italiano e dá aula de 14 em 14 dias, Domingos é professor de espanhol e dá aulas de 4 em 4 dias, e Ana é professora de francês e dá aulas de 7 em 7 dias. Os três dão aulas na mesma escola de línguas. Sabendo que deram aula no dia 29 de junho de 2022, a próxima data em que se encontrarão na escola para dar aula é*

(A) 24 de julho de 2022.

(B) 20 de julho de 2022.

(C) 03 de agosto de 2022.

(D) 10 de agosto de 2022.

(E) 27 de julho de 2022.

▶ Comentários

A questão concilia a compreensão matemática acerca de coincidência de múltiplos cuja resolução envolve o mínimo múltiplo comum, assim como a contagem de dias no calendário.

Na primeira parte, considerando a frequência de aula dos professores:

- *Luciana é professora de italiano e dá aula de 14 em 14 dias;*
- *Domingos é professor de espanhol e dá aulas de 4 em 4 dias;*
- *Ana é professora de francês e dá aulas de 7 em 7 dias.*

Para encontrar o dia mais próximo, calculamos o mínimo múltiplo comum em relação a frequência de aulas de cada um dos três professores.

mmc entre 14, 4 e 7	14, 4, 7 | 2 7, 2, 7 | 2 7, 1, 7 | 7 1, 1, 1 | $2^2 . 7 = 28$

Para a segunda parte, observar o calendário e contar 28 dias para frente.

- Junho tem 30 dias.

Se o último dia no qual houve a coincidência de aulas foi em 29 de junho de 2022, resta apenas um dia para completar o mês.

- Mais 27 dias.

Dos 28 dias o primeiro encerra o mês de junho, restam outros 27 dias no mês de julho, portanto, 27 de julho de 2022.

Resposta: próxima data em que se encontrarão na escola para dar aula é 27 de julho de 2022.

Gabarito: E

QUESTÃO RÁPIDA

254. ***(FGV – TRT (PB) 13ª Região – Técnico Judiciário Área Administrativa – 2022)*** *Em uma reunião de condomínio, há jovens com até 21 anos, adultos com mais de 21 e menos de 60 anos, e idosos com 60 anos ou mais. Para cada 2 jovens há 5 adultos e para cada 7 adultos há 3 idosos. A razão entre o número de jovens e o número total de pessoas presentes a essa reunião é*

(A) 2/15.

(B) 7/15.

(C) 3/14.

(D) 2/17.

(E) 7/32.

► Comentários

Analisar o enunciado.

Enunciado	Observação
Em uma reunião de condomínio, há jovens com até 21 anos, adultos com mais de 21 e menos de 60 anos, e idosos com 60 anos ou mais.	Jovens = J Adultos = A Idosos = I

Proporções.

Enunciado	Razão
Para cada 2 jovens há 5 adultos e para cada 7 adultos há 3 idosos.	J/A = 2/5 A/I = 7/3

Para facilitar, utilizaremos o mínimo múltiplo comum para adultos (A), igual a 35 (5*7), porque está presente nas duas razões.

Ajuste das razões	J/A = 2/5 = 14/35 A/I = 7/3 = 35/15

Admitimos a hipótese de quantidades:

- Jovens (J) = 14
- Adultos (A) = 35
- Idosos (I) = 15

Esta estratégia facilita para encontrarmos a razão solicitada.

Razão entre jovens (J) e total (T) de participantes na reunião	J/T = 14/(14 + 35 + 15) J/T = 14/64 J/T = 7/32

Resposta: A razão entre o número de jovens e o número total de pessoas presentes nessa reunião é igual a 7/32.

Gabarito: E

QUESTÃO PASSO A PASSO

255. ***(FCC – TRT (MT) 23ª Região – Analista Judiciário Área Administrativa – 2022)*** *Em um processo de partilha de herança entre Ana, Beatriz e Clara, ficou decidido que os valores recebidos serão diretamente proporcionais às suas respectivas idades. Sabe-se que Ana tem o triplo da idade de Clara que, por sua vez, tem a metade da idade de Beatriz. Clara receberá 100 mil reais. O valor total da herança é de:*

(A) R$ 700.000,00

(B) R$ 400.000,00

(C) R$ 600.000,00

(D) R$ 900.000,00

(E) R$ 500.000,00

▶ **Comentários**

A resolução do problema divide-se em duas fases a serem tratadas simultaneamente, são elas: definir as idades das herdeiras e os valores da herança.

Sobre as herdeiras:

- Ana – Triplo da idade de Clara.
- Beatriz.
- Clara – Metade da idade de Beatriz – Receberá 100 mil reais.

Segue a estrutura para a divisão proporcional em relação às idades das herdeiras.

Herdeiras	Idades	Herança
Ana	3X	
Beatriz	2X	
Clara	X	100.000
Total	**6X**	**H**

Vamos entender o quadro acima.

- **Ana – Triplo da idade de Clara**

Consideramos a idade de Clara igual a X e de Ana o triplo disso, ou seja, 3X.

- **Clara – Metade da idade de Beatriz – Receberá 100 mil reais**

A idade de Clara definimos como X e por ser a metade da idade de Beatriz ou, de modo inverso, Beatriz tem o dobro da idade de Clara, logo, 2X.

E o valor informado de 100 mil que coube a Clara como sua parte na herança.

Para calcular o valor total da herança (H), basta uma única regra de três com as seguintes informações:

Herdeiras	Idades	Herança
Clara	X	100.000
Total	6X	H

Regra de três.

Multiplicação cruzada	H . X = 6X . 100.000 H = (6X . 100000) / X H = 600.000

Resposta: O valor total da herança é de R$ 600.000,00.

Gabarito: C

QUESTÃO RÁPIDA

256. ***(FGV – TRT (PB) 13ª Região – Analista Judiciário Área Judiciária – 2022)*** *Sobre 4 grandezas X, Y, Z e W sabe-se que:*

- *A razão de W para X é 4:3*
- *A razão de Y para Z é 3:2*
- *A razão de Z para X é 1:6*

A razão de X+Y para Z+W é

(A) 5:6

(B) 4:7

(C) 3:5

(D) 6:11

(E) 8:11

▶ Comentários

Dadas as razões:

- W para X = 4:3
- Y para Z = 3:2
- Z para X = 1:6

Vamos ajustar a terceira razão utilizando a segunda como referência, para isso, vamos igualar o valor de Z multiplicando a terceira razão por 2.

Ajuste da terceira razão	Y/Z = 3/2 Z/X = 1/6 = 2/12

Vamos ajustar a razão proporcional para a primeira delas em relação ao X.

Ajuste da primeira razão	W/X = 4/3 = 16/12 Y/Z = 3/2 Z/X = 2/12

Assim, hipoteticamente, as quantidades são:

- W = 16
- X = 12
- Y = 3
- Z = 2

Para finalizar.

Razão de X+Y para Z+W	(X+Y)/(Z+W) = (12+3)/(2+16) (X+Y)/(Z+W) = 15/18 (X+Y)/(Z+W) = 5/6

Resposta: A razão de X+Y para Z+W é igual a 5/6 ou 5:6.

Gabarito: A

QUESTÃO RÁPIDA

257. ***(FGV – TRT (MA) 16ª Região – Analista Judiciário Área Judiciária – 2022)*** *Michael coleciona moedas brasileiras, americanas e francesas. Para cada 3 moedas americanas Michael tem 7 moedas brasileiras e para cada 5 moedas brasileiras, ele tem 2 francesas. Com relação às moedas de Michael, a razão entre a quantidade de moedas brasileiras e a quantidade de moedas não brasileiras é igual a*

(A) 7/5.

(B) 12/7.

(C) 25/19.

(D) 30/23.

(E) 35/29.

▶ **Comentários**

Forma mencionadas as seguintes razões.

Enunciado	Razão
Para cada 3 moedas americanas Michael tem 7 moedas brasileiras e para cada 5 moedas brasileiras, ele tem 2 francesas.	A/B = 3/7 B/F = 5/2

Onde:

- B = Moedas brasileiras
- A = Moedas americanas
- F = Moedas francesas

Vamos construir razões proporcionais às apresentadas tendo como referência a proporção de moedas brasileiras, assim, faremos 7*5=35 e para mantermos a razão, multiplicamos também as demais moedas.

Razões proporcionais	A/B = 3/7 = 15/35 B/F = 5/2 = 35/14

Como resultado, teremos as seguintes quantidades:

- B = 35
- A = 15
- F = 14

Assim:

Razão entre moedas brasileiras (B) e não brasileiras (N)	B/N = 35/(15 + 14) B/N = 35/29

Resposta: A razão entre a quantidade de moedas brasileiras e a quantidade de moedas não brasileiras é igual a 35/29.

Gabarito: E

QUESTÃO RÁPIDA

258. ***(FGV – TRT (MA) 16ª Região – Técnico Judiciário Área Administrativa – 2022)*** *Uma empresa de engenharia está realizando as obras X, Y e Z. Foram comprados 360 sacos de cimento que deverão ser repartidos entre as obras X, Y e Z em partes proporcionais aos números 4, 7 e 9, respectivamente. O número de sacos de cimento que a obra Y receberá é*

(A) 108.

(B) 112.

(C) 120.

(D) 126.

(E) 144.

► Comentários

Organizar as informações.

Obras	Proporção	Comento (sacos)
X	4	
Y	7	

Obras	Proporção	Comento (sacos)
Z	9	
Total	**20**	**360**

A partir da última linha, "Total", e por meio da regra de três, é possível calcular a quantidade de sacos de cimento a serem destinados a qualquer obra.

Como nos interessa somente a quantidade destinada à obra Y, descartamos as outras linhas.

Obras	Proporção	Comento (sacos)
Y	7	X
Total	**20**	**360**

Regra de três.

Multiplicação cruzada	$20 . X = 7 . 360$ $X = 7 . 18$ $X = 126$

Resposta: O número de sacos de cimento que a obra Y receberá é igual a 126.

Gabarito: D

QUESTÃO RÁPIDA

259. ***(FGV – TRT (MA) 16ª Região – Analista Judiciário Área Judiciária – 2022)*** *Um terreno de 1280 m² foi dividido em 3 partes, proporcionais aos números: 2, 5/2 e 7/2. A área da maior parte, em m², é*

(A) 400.

(B) 440.

(C) 480.

(D) 520.

(E) 560.

▶ Comentários

Para a divisão proporcional, vamos estruturar as informações dadas.

Partes	Proporção	Terreno em m²
A	2	
B	5/2	
C	7/2	
Total		**1280**

Soma de fração com mesmo denominador, conserva o denominador e soma os numeradores. Lembre-se que 2 = 4/2.

Partes	Proporção	Terreno em m^2
A	4/2	
B	5/2	
C	7/2	
Total	**16/2**	**1280**

Uma vez que todos os valores de uma coluna tem divisores iguais, é possível simplificar.

Partes	Proporção	Terreno em m^2
A	4	
B	5	
C	7	
Total	**16**	**1280**

Ainda, como somente a maior parte nos interessa, eliminamos as linhas das duas partes menores.

Partes	Proporção	Terreno em m^2
C	7	X
Total	**16**	**1280**

Regra de três.

Multiplicação cruzada	16 . X = 7 . 1280 X = 7 . 1280 / 16 X = 560

Resposta: A área que ficou com a maior parte tem 560 m^2.

Gabarito: E

QUESTÃO RÁPIDA

260. ***(FGV – TRT (MA) 16ª Região – Técnico Judiciário Área Administrativa – 2022)*** *Uma grandeza A é diretamente proporcional a B e inversamente proporcional a C. Quando B = 30 e C = 20, o valor de A é 60. Quando o valor de C é o dobro do valor de B, o valor de A é*

(A) 10.

(B) 20.

(C) 30.

(D) 40.

(E) 50.

▶ Comentários

Proporcionalidade.

- *Uma grandeza A é diretamente proporcional a B e inversamente proporcional a C.*

A	B	C
↑	↑	↓

- *Quando B = 30 e C = 20, o valor de A é 60.*

A	B	C
↑	↑	↓
60	30	20

- *Quando o valor de C é o dobro do valor de B, o valor de A é*

O enunciado está bem resumido e a informação acaba gerando alguma dúvida, entretanto, o trecho simplesmente diz para considerar o valor de C igual a 60 (o dobro de B que é igual a 30).

A↑	C↓
60	20
X	60

Mudamos o valor de uma das grandezas porque a razão é inversa.

A↑	C↓
60	60
X	20

A disposição e valores das grandezas dispensa qualquer operação. O valor de X é igual a 20.

Resposta: O valor da grandeza A é igual a 20.

Gabarito: B

QUESTÃO PASSO A PASSO

261. *(FCC – TRF 4ª Região – Analista Judiciário Área Jurídica – 2019)* *Os inscritos em um congresso receberam crachás com identificações que começam pelas letras A ou B, seguidas de três números. Do total de inscritos, 3/7 receberam crachás com a letra A. Em uma palestra 2/5 dos inscritos que receberam crachás com a letra A compareceram e todos os inscritos que receberam crachás com a letra B também compareceram. Havia 260 participantes nessa palestra. O total de inscritos nesse congresso é de*

(A) 300

(B) 520

(C) 560

(D) 350

(E) 260

► Comentários

Em determinado congresso, os participantes foram identificados com crachás com as letras A ou B seguidas de três números.

- ***Do total de inscritos, 3/7 receberam crachás com a letra A.***

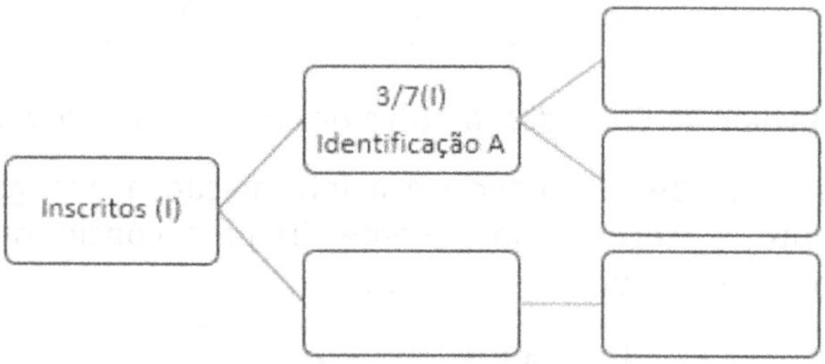

Percebemos que a questão discorre sobre frações de frações e, nesses casos, uma boa maneira para resolvê-la é por meio de fluxograma, acima, identificando cada uma das fases. O mesmo raciocínio vale para as questões sobre porcentagem de porcentagem.

- ***Em uma palestra 2/5 dos inscritos que receberam crachás com a letra A compareceram e todos os inscritos que receberam crachás com a letra B também compareceram.***

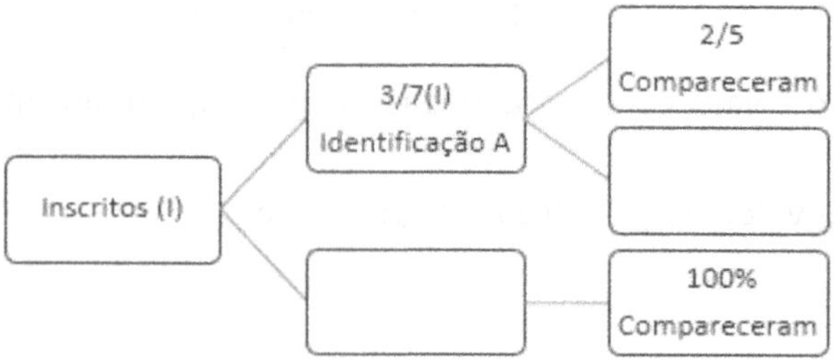

O fluxograma tem exatamente as informações contidas no enunciado, delas inferimos que:

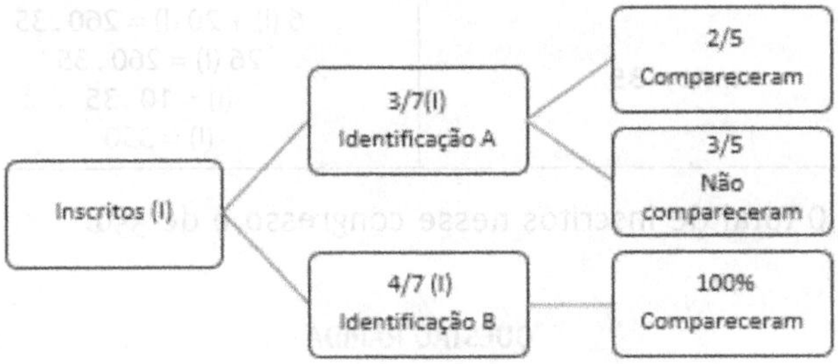

Uma última informação trazida pelo enunciado.

- *Havia 260 participantes nessa palestra.*

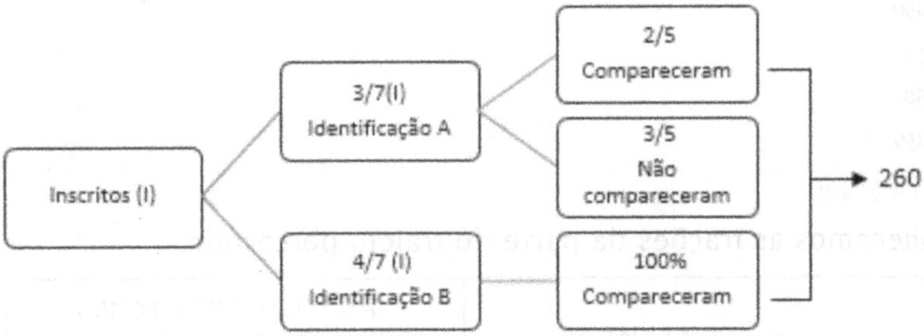

Passamos do fluxograma para a equação matemática utilizando as informações de interesse conforme o que a questão nos solicita.

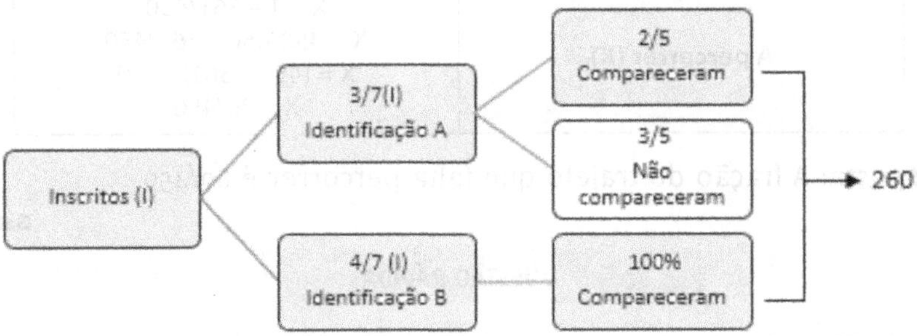

A única quantidade disponível corresponde aos inscritos que compareceram na palestra. Será essa a quantidade e a parte identificada do fluxograma que definem a equação matemática.

Compareceram na palestra	3/7 (I) . 2/5 + 4/7 (I) = 260 6/35 (I) + 4/7 (I) = 260
mmc = 35	6 (I) + 20 (I) = 260 . 35 26 (I) = 260 . 35 (I) = 10 . 35 (I) = 350

Resposta: O total de inscritos nesse congresso é de 350.

Gabarito: D

QUESTÃO RÁPIDA

262. ***(FCC – TRF 4ª Região – Técnico Judiciário Tecnologia da Informação – 2019)*** *Um ciclista pedalou durante três horas. Na primeira hora percorreu 5/18 do trajeto, na segunda hora percorreu 7/25 do trajeto e na terceira hora percorreu 11/45 do trajeto. A fração do trajeto que falta percorrer é*

(A) 361/450

(B) 351/450

(C) 89/450

(D) 99/450

(E) 250/450

► Comentários

Conhecemos as frações da parte do trajeto percorrido.

Percorrido (P)	P = 5/18 + 7/25 + 14/45 P = (125+126+110) / 450 P = 361 / 450

Fração a ser percorrida.

A percorrer (X)	X = 1 – 361/450 X = 450/450 – 361/450 X = (450 – 361) / 450 X = 89/450

Resposta: A fração do trajeto que falta percorrer é 89/450.

Gabarito: C

QUESTÃO RÁPIDA

263. ***(FCC – TRF 4ª Região – Técnico Judiciário Tecnologia da Informação – 2019)*** *Para fazer um doce de banana, deve-se usar 0,625 kg de açúcar para cada quilo de bananas. A quantidade aproximada (com erro de, no máximo, 3 g da quantidade exata) de açúcar, em kg, que se deve usar para fazer um doce com 3,5 kg de bananas é*

(A) 1,875

(B) 2,100

(C) 2,200

(D) 2,190

(E) 3,000

▶ Comentários

Razão entre os ingredientes para o doce de banana.

- Açúcar e banana = 0,625/1

Para 3,5 kg de bananas a proporção de açúcar será:

Relação açúcar/banana	Multiplicação cruzada
0,625 → 1 X → 3,5	1X = 0,625 . 3,5 X = 2,188

Admitindo o erro máximo de até 3g, arredondamos o resultado para 2,190 kg.

Resposta: São necessários 2,190 kg de açúcar para 3,5 kg de bananas.

Gabarito: D

QUESTÃO PASSO A PASSO

264. ***(FCC – TRT (MS) 24ª Região – Analista Judiciário Tecnologia Informação – 2017)*** *Um bônus de R$ 47.600,00 foi distribuído, a três funcionários de uma empresa, em partes diretamente proporcionais às respectivas idades. Sabendo que as idades são 23, 35 e 54 anos, a diferença, em reais, entre o valor daquele que recebeu mais e o valor daquele que recebeu menos, é*

(A) 16650

(B) 8925

(C) 12745

(D) 13175

(E) 9850

▶ Comentários

A palavra chave é: "distribuído (...) em partes diretamente proporcionais".

Pronto, é uma divisão proporcional cuja resolução sugerimos fazê-la por meio da regra de três tão logo esteja com os dados devidamente organizados.

Funcionários	Idades	Distribuído
Primeiro	23	
Segundo	35	
Terceiro	54	
Total	**112**	**47.600,00**

A linha completa, "total", é a referência para junto com qualquer outra encontrar os valores distribuídos a cada funcionários.

Para o maior valor, sendo a divisão diretamente proporcional, vale a maior idade.

Funcionários	Idades	Distribuído
Terceiro (T)	54	T
Total	**112**	**47.600,00**

Regra de três.

Multiplicação Cruzada	$112T = 47600 . 54$ $T = 425 . 54$ $T = 22950$

O funcionário para o qual coube a maior parcela recebeu R$ 22.950,00.

Para o menor valor distribuído, vale a menor idade.

Funcionários	Idades	Distribuído
Primeiro (P)	23	P
Total	**112**	**47.600,00**

Regra de três.

Multiplicação Cruzada	$112P = 47600 . 23$ $T = 425 . 23$ $T = 9775$

O menor valor distribuído é de R$ 9.775,00 e a diferença entre o maior e o menor é igual a R$ 13.175,00.

Resposta: A diferença entre o valor daquele que recebeu mais e o valor daquele que recebeu menos, é de 13175.

Gabarito: D

QUESTÃO PASSO A PASSO

265. ***(FCC – TRT (MS) 24ª Região – Analista Judiciário Área Administrativa – 2017)*** *Francisco verificou que havia x pastas em um diretório. Ele abriu 1/3 dessas pastas, deixou as restantes fechadas e foi embora. Geraldo encontra as pastas como Francisco havia deixado, abre 5/7 das pastas que ainda estavam fechadas e foi embora. Humberto observa a situação das pastas após a intervenção de Geraldo, fecha 7/34 das pastas que encontrou abertas e abre metade das pastas que encontrou fechadas. Após a intervenção de Humberto, a fração, das x pastas, que ficaram abertas é igual a*

(A) 31/42

(B) 5/34

(C) 13/21

(D) 15/34

(E) 9/21

▶ Comentários

O relato é que as pastas do diretório são abertas em sequência e em quantidades representadas por frações.

- *Francisco verificou que havia x pastas em um diretório. Ele abriu 1/3 dessas pastas, deixou as restantes fechadas e foi embora.*

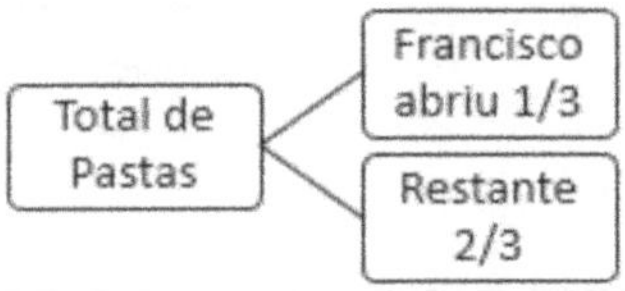

- *Geraldo encontra as pastas como Francisco havia deixado, abre 5/7 das pastas que ainda estavam fechadas e foi embora.*

- *Humberto observa a situação das pastas após a intervenção de Geraldo, fecha 7/34 das pastas que encontrou abertas e abre metade das pastas que encontrou fechadas.*

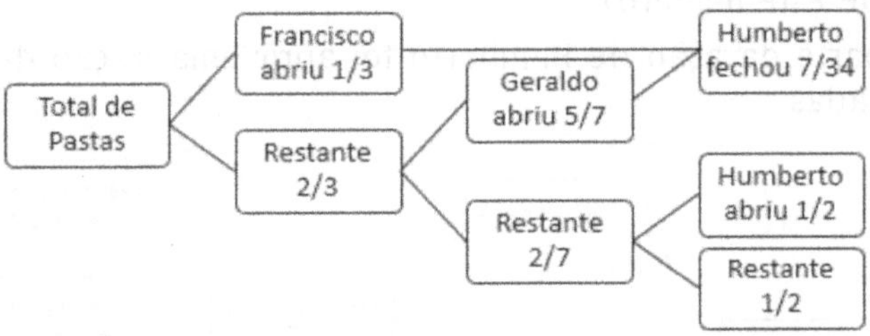

Humberto promoveu duas ações, na primeira ele fechou parte das pastas que encontravam-se abertas. Também, abriu parte das pastas que estavam fechadas.

Na primeira parte, as pastas fechadas por Humberto devem ser tratadas com atenção porque o percentual de fechamento de pastas incide sobre o total das pastas abertas (marcado com a circunferência). E mais, não são as pastas que ele fechou que nos interessam, mas sim as que permaneceram abertas.

Pastas abertas por Francisco	1/3
Pastas abertas por Geraldo	2/3 . 5/7 = 10/21

Acima as frações de pastas abertas e prontas para o somatório.

Total de pastas abertas	1/3 + 10/21 = 17/21
Pastas que Humberto deixou abertas 27/34	17/21 . 27/34 (17 . 27)/(21 . 34) (1 . 9)/(7 . 2) 9/14

Com esta primeira ação de Humberto, permaneceram abertas 9/14 de pastas (guarde este número).

A outra parte da ação de Humberto foi abrir uma fração das pastas que estavam fechadas.

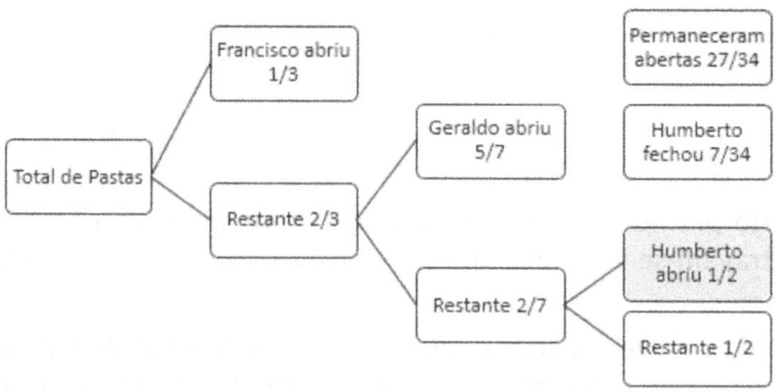

A sequência aponta fração sobre fração, então há necessidade de multiplicação.

Pastas abertas por Humberto	2/3 . 2/7 . 1/2 (2 . 2 . 1)/(3 . 7 . 2) 4/42 2/21

Chegamos à segunda fração de pastas abertas que é igual a 2/21. Resta o somatório com aquela quantidade apurada anteriormente igual a 9/14.

Total de pastas abertas	9/14 + 2/21 (27 + 4)/42 31/42

Resposta: A fração, das x pastas, que ficaram abertas é igual a 31/42.

Gabarito: A

QUESTÃO PASSO A PASSO

266. ***(FCC – TRT (AM e RR) 11ª Região – Técnico Judiciário Área Administrativa – 2017)*** *Do seu salário líquido Raimundo separa 1/3 para pagar os gastos com moradia. Para alimentação Raimundo separa 2/5 do restante do dinheiro. Exatamente 1/3 do que restou, após os gastos com moradia e alimentação, Raimundo deposita em uma conta de investimento que, nesse mês, recebeu como depósito a quantia de R$ 780,00. Nesse mês, a quantia do salário que Raimundo separou para moradia e alimentação, somadas, foi igual a*

(A) R$ 3.820,00.

(B) R$ 3.240,00.

(C) R$ 3.730,00.

(D) R$ 3.510,00.

(E) R$ 3.190,00.

► **Comentários**

Ao perceber a existência de fração incidente sobre outra fração, e para evitar confusão durante a resolução, o melhor a fazer é mapear as destinações do salário do Raimundo.

Do seu salário líquido Raimundo separa 1/3 para pagar os gastos com moradia.	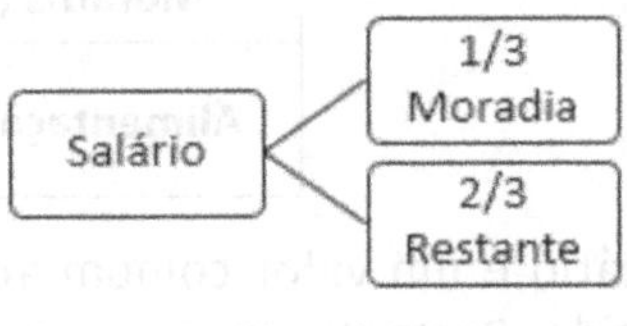

A informação sobre a destinação seguinte, também em fração, incide sobre a fração anterior.

Para alimentação Raimundo separa 2/5 do restante do dinheiro.

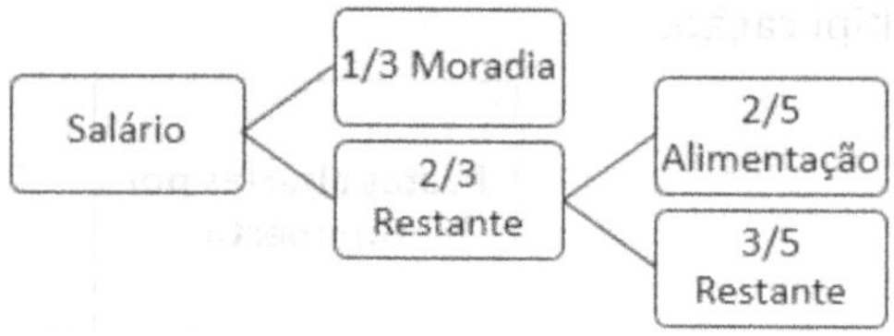

Na sequência, outra fação sobre fração.

Exatamente 1/3 do que restou, após os gastos com moradia e alimentação, Raimundo deposita em uma conta de investimento.

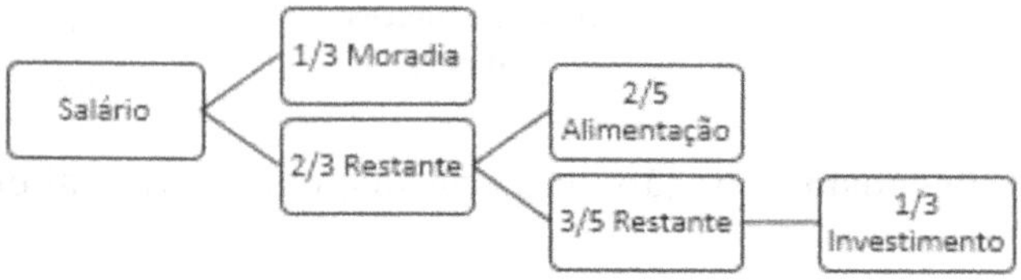

O examinador completa dizendo que em determinado mês o depósito na conta de investimento foi de R$ 780,00.

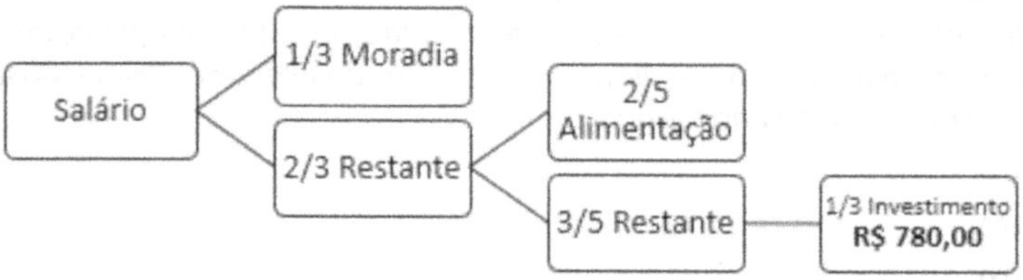

Com as informações organizadas, passamos ao comando da questão para confirmar o que é necessário calcular.

- *Nesse mês, a quantia do salário que Raimundo separou para moradia e alimentação.*

São necessários os valores de moradia e alimentação.

Moradia (M)	M = Salário . 1/3
Alimentação (A)	A = Salário . 2/3 . 2/5

Salário é um valor comum aos dois cálculos apresentados e, por ora, não conhecido. Portanto, vamos a ele.

Salário (S)	S . 2/3 . 3/5 . 1/3 = 780,00 S . 6/45 = 780,00 6S = 780,00 . 45 S = 130,00 . 45 S = 5.850,00

Repare que todas as equações foram retiradas do mapeamento do salário do Raimundo.

Enfim, conhecendo o salário do Raimundo, vamos às despesas com moradia e alimentação.

Moradia (M)	M = 5850 . 1/3 M = 1950
Alimentação (A)	A = 5850 . 2/3 . 2/5 A = 5850 . 4/15 A = 1560

Resposta: Nesse mês, a quantia do salário que Raimundo separou para moradia R$ 1.950,00 e alimentação R$ 1.560,00, somadas, foi igual a R$ 3.510,00.

Gabarito: D

QUESTÃO PASSO A PASSO

267. ***(FCC – TRT (AM e RR) 11ª Região – Analista Judiciário Área Judiciária – 2017)*** *José Souza, Paulo Almeida e Claudio Prinot são três funcionários que têm que realizar, no total para os três, 72 tarefas diariamente. Cada dia eles escolhem um critério diferente para repartir as tarefas. Por exemplo, no dia de ontem eles decidiram que as 72 tarefas seriam divididas entre eles diretamente proporcional às consoantes do sobrenome de cada um. Sendo assim, ontem Paulo Almeida teve que realizar o total de tarefas igual a*

(A) 15.

(B) 12.

(C) 18.

(D) 9.

(E) 24.

▶ **Comentários**

Faremos a divisão proporcional de acordo com as quantidades de consoantes dos sobrenomes dos três funcionários.

- José **Souza** = 2 consoantes.
- Paulo **Almeida** = 3 consoantes.
- Claudio **Prinot** = 4 consoantes.

As quantidades de consoantes equivalem às proporções de tarefas a serem realizadas por cada um.

Funcionários	Proporção	Tarefas
José Souza	2	
Paulo Almeida	3	
Claudio Prinot	4	
Total	**9**	**72**

Uma vez que precisamos apenas da quantidade de tarefas destinadas ao Paulo, faremos apenas este cálculo.

Funcionários	Proporção	Tarefas
Paulo Almeida	3	P
Total	**9**	**72**

Calcular por meio da regra de três.

Multiplicar em cruz	9P = 3 . 72 P = (3 . 72)/9 P = 3 . 8 P = 24

Resposta: Paulo Almeida teve que realizar 24 tarefas.

Gabarito: E

QUESTÃO RÁPIDA

268. ***(FCC – TRT (AM e RR) 11ª Região – Analista Judiciário Área Judiciária – 2017)*** *A altura máxima, em metros, que um guindaste é capaz de içar uma carga é inversamente proporcional ao peso dessa carga, em toneladas. Sabe-se que esse guindaste iça uma carga de 2,4 toneladas a uma altura máxima de 8,5 metros. Sendo assim, se a altura máxima que o guindaste consegue içar uma carga é de 12 metros, o peso máximo da carga, que pode ser içada a essa altura, é igual a 1 tonelada e*

(A) 500 kg.
(B) 800 kg.
(C) 600 kg.
(D) 900 kg.
(E) 700 kg.

▶ Comentários

Estamos falando proporcionalidade inversa entre altura máxima e peso de carga para um guindaste conforme o quadro a seguir.

Carga em Toneladas	Altura Máxima em Metros
2,4	8,5
X	12

Sendo inversamente proporcional, alteramos a posição dos valores de uma das grandezas.

Carga em Toneladas	Altura Máxima em Metros
X	8,5
2,4	12

E resolvemos a regra de três.

Multiplicação Cruzada	12X = 2,4 . 8,5 12X = 20,4 X = 1,7

Para a altura de 12 metros, o guindaste consegue içar uma carga de até 1,7 tonelada.

Resposta: Os decimais da capacidade de carga é igual a 0,7 tonelada ou 700 quilos.

Gabarito: E

2.3. Média

Você já se pegou tentando definir o que é média?

Normalmente a definição de média é dada como: "somatório de valores dividido pela quantidade desses valores". Isso todos sabem, mas, na realidade, não é uma definição.

A bem da verdade, poucos conseguem definir rapidamente o que vem a ser média. É o que vamos tentar.

Média	Média é o valor que equilibra uma lista de valores, portanto, um único número que representação um rol de outros números.

2.3.1. Média aritmética simples

Aprendemos que média é ponto de equilíbrio e, a propósito disso, a definição popular que falamos acima "somatório de valores dividido pela quantidade de valores" é, de fato, a forma de resolver um dos tipos de média, a Média Aritmética Simples.

Apesar dos diferentes tipos de média, aritmética simples, aritmética ponderada, geométrica, harmônica, o foco será a primeira dessa lista.

Média Aritmética Simples (M)	$M = \frac{X1 + X2 + \ldots + Xn}{n}$

Onde:

- M = Média
- X1, X2, ... = Valores de cada unidade
- n = Quantidade de valores

QUESTÃO PASSO A PASSO

269. ***(FCC – TRT (GO) 18ª Região – Técnico Judiciário Área Administrativa – 2023)*** *Uma residência apresentou os seguintes consumos de energia elétrica, em kWh, nos últimos meses de 2022: 611 em julho, 574 em agosto, 599 em setembro, 596 em outubro e 556 em novembro. Os moradores da residência desejam que o consumo médio do segundo semestre de 2022 não supere 580 kWh. Para que a meta seja alcançada o consumo no mês de dezembro de 2022 deve ser, no máximo, de*

(A) 533 kWh

(B) 612 kWh

(C) 544 kWh

(D) 588 kWh

(E) 573 kWh

▶ Comentários

A leitura da parte inicial da questão não revela o que realmente vamos calcular, mas uma coisa é certa, os dados são interessantes e devem ser destacados e a maneira mais fácil para isso é grifar.

Os dados a serem grifados são:

Consumo nos últimos meses de 2022:	Julho = 611 Agosto = 574 Setembro = 599 Outubro = 596 Novembro = 556

Imediatamente após a série de consumos, julho a novembro, a leitura revela que estamos falando de média a qual não deve superar 580 kWh.

Se nada mais foi dito sobre média, ou seja, não ficou especificado ser média ponderada, média harmônica, então, trabalhamos com a média aritmética simples que pressupõe o somatório dos valores mensais dividido pela quantidade de meses.

Neste caso, a média é conhecida e igual a 580 kWh (máximo desejado para o período), entretanto, nos valemos da fórmula para definir o valor limite para o mês de dezembro (D).

Calcular a média (aritmética simples)	Média = (J + A + S + O + N + D) / 6 580 = (611 + 574 + 599 + 596 + 556 + D) / 6 580 = (2936 + D) / 6 580 . 6 = 2936 + D D = 3480 – 2936 D = 544

Resposta: Para que a meta seja alcançada o consumo no mês de dezembro de 2022 deve ser, no máximo, de 544 kWh.

Gabarito: C

QUESTÃO RÁPIDA

270. ***(FCC – TRT (GO) 18ª Região – Analista Judiciário Área Administrativa– 2023)*** *Seja x um número positivo. Se a média aritmética de $(x + 1)^2$ e $(x - 1)^2$ é igual a 10, então o valor de x é:*

(A) 3

(B) 5

(C) 2

(D) 6

(E) 4

▶ Comentários

A média de dois números é a soma deles divido por dois.

Média Aritmética	$[(x + 1)^2 + (x - 1)^2] / 2 = 10$
Produto Notável	$[(x^2 + 2x + 1) + (x^2 - 2x + 1)] / 2 = 10$
Resolver a equação	$2x^2 + 2 = 20$ $2x^2 = 18$ $x^2 = 9$ $x = \sqrt{9}$ $x = 3$

Resposta: O valor de x é igual a 3.

Gabarito: A

QUESTÃO PASSO A PASSO

271. ***(FCC – TRT (GO) 18ª Região – Analista Judiciário Área Jurídica – 2023)*** *Em uma turma de 60 alunos, 10 foram reprovados. Sabendo-se que a média dos alunos aprovados foi 8,5 e a média dos alunos reprovados foi de 3,4, a média da turma foi:*

(A) 8,35

(B) 7,65

(C) 7,95

(D) 6,95

(E) 7,05

▶ Comentários

A média é uma boa medida para resumir um grupo de medidas e fazer comparações entre dois ou mais grupos, apesar da possibilidade de distorções quando não associada à outras medidas.

Falando de média aritmética simples, elas não podem simplesmente serem somadas umas às outras, ou mesmo, na maioria dos casos, extrair a média de um grupo de outras médias.

A média das médias, como no caso desta questão, deve levar em conta o peso de cada uma delas, portanto, passamos a falar de média ponderada.

Sabemos que, dos 60 alunos:

- 10 foram reprovados.
- 50 foram aprovados.

E que as suas médias foram:

- 3,4 dos reprovados.
- 8,5 dos aprovados.

Os valores são assim aplicados na fórmula:

- X1 = 3,4
- X2 = 8,5
- P1 = 10
- P2 = 50

Média Ponderada (Mp)	$Mp = \frac{X1 . P1 + X2 . P2}{P1 + P2}$ $Mp = \frac{3,4 . 10 + 8,5 . 50}{10 + 50}$ $Mp = \frac{34 + 425}{60}$ $Mp = \frac{459}{60}$ $Mp = 7,65$

Resposta: O turma obteve média 7,65.

Gabarito: B

QUESTÃO RÁPIDA

272. ***(FCC – TRT (ES) 17ª Região – Analista Judiciário Área Jurídica – 2022)*** *Em uma confraternização, doze amigas comeram, em média, 1,5 brigadeiro. Nenhuma delas comeu mais do que dois brigadeiros, nenhuma delas compartilhou um brigadeiro e duas delas só comeram salgados. O número de meninas que comeram dois brigadeiros é*

(A) 5
(B) 6
(C) 7
(D) 4
(E) 8

▶ Comentários

As doze amigas, na confraternização, comeram em média 1,5 brigadeiro. Nenhuma comeu mais que dois brigadeiros e duas delas não comeram nenhum.

Conclusões	Total brigadeiros = 12 . 1,5 = 18 2 amigas = zero brigadeiros 10 amigas = 18 brigadeiros

Deixamos a matemática de lado porque a lógica salta aos olhos.

Se cada uma das 10 amigas comeu pelo menos 1 brigadeiro cada, restam outros 8 brigadeiros. Considerando que nenhuma comeu mais do que dois brigadeiros, oito amigas comeram 2 brigadeiros cada.

Ou seja:

- 2 amigas = 0 brigadeiro cada.
- 2 amigas = 1 brigadeiro cada.
- 8 amigas = 2 brigadeiros cada.

Resposta: 8 amigas comeram dois brigadeiros cada.

Gabarito: E

QUESTÃO RÁPIDA

273. ***(FCC – TRT (MT) 23ª Região – Técnico Judiciário Tecnologia da Informação – 2022)*** *Para que um time de basquete, com 5 jogadores, possa se inscrever em um torneio juvenil, a idade média dos jogadores, no momento da inscrição, deve ser estritamente menor do que 15 anos. Quatro amigos com idades 13, 14, 14 e 16 anos querem se inscrever nesse torneio e precisam de mais um jogador. A idade máxima do jogador que vai completar o time é*

(A) 17
(B) 18
(C) 16
(D) 19
(E) 15

▶ Comentários

Aplicação direta da fórmula da média aritmética simples.

Média Aritmética Simples (M)	M = Soma Idades / Quant. Jogadores 15 = (13+14+14+16+X) / 5 15 . 5 = 57 + X X = 75 – 57 X = 18

Se o último jogador tiver 18 anos, a idade média do time será igual a 15 e **MUITA** atenção, a questão fala *"a idade média dos jogadores, no momento da inscrição, deve ser estritamente **menor** do que 15 anos"*.

Resposta: A idade máxima do jogador que vai completar o time deve ser de 17 anos.

Gabarito: A

QUESTÃO PASSO A PASSO

274. ***(FCC – TRT (MT) 23ª Região – Analista Judiciário Área Judiciária – 2022)*** *Alberto, Bruno e Carlos são motoristas de caminhões e realizam juntos, em média, 14 viagens por mês. Bruno faz o dobro do número de viagens que Alberto faz e metade do número de viagens que Carlos faz. O número de viagens que Alberto realiza por mês é igual a*

(A) 8

(B) 6

(C) 7

(D) 4

(E) 14

▶ Comentários

Vamos averiguar o que temos para trabalhar.

Enunciado	Dados de Interesse
Alberto, Bruno e Carlos são motoristas de caminhões e realizam juntos, em média, 14 viagens por mês.	Média = 14 viagens/mês

A Média é o que vai dominar a questão e, paralelamente, equações e operações matemáticas.

Enunciado	Dados de Interesse
Bruno faz o dobro do número de viagens que Alberto faz e metade do número de viagens que Carlos faz.	B = 2A B = C/2

Onde:

- A = Alberto
- B = Bruno
- C = Carlos

As equações têm em comum a quantidade de viagens de Bruno (B), razão pela qual isolamos as outras incógnitas para que tenhamos uma equação, da média, em função de (B).

Isolar A e C	B = 2A → A = B/2 B = C/2 → C = 2B

Substituir na equação da média.

Média (M)	M = (A + B + C) / 3 14 = (B/2 + B + 2B) / 3 42 = B/2 + B + 2B
mmc = 2	84 = B + 2B + 4B 84 = 7B B = 12

Partimos para o cálculo do número de viagens de Alberto (resposta para a questão).

Viagens de Alberto	A = B/2 A = 12/2 A = 6

Resposta: O número de viagens que Alberto realiza por mês é igual a 6.

Gabarito: B

QUESTÃO RÁPIDA

275. ***(FCC – TRT (BA) 5ª Região – Analista Judiciário Área Administrativa – 2022)*** *Na tabela, temos o registro do número semanal de livros novos recebidos pela biblioteca.*

Sem 1	Sem 2	Sem 3	Sem 4	Sem 5	Sem 6	Sem 7	Sem 8
15	8	12	?	?	30	26	35

Sabe-se que a média semanal de recebimento de livros é de 21 livros; no entanto, os números correspondentes às semanas 4 e 5 foram perdidos. A informação que foi recuperada é que o número de livros recebidos na semana 5 é 10% superior ao número da semana 4. Na semana 5 foram recebidos:

(A) 12 livros.

(B) 15 livros.

(C) 19 livros.

(D) 22 livros.

(E) 25 livros.

▶ **Comentários**

A representação matemática sobre as semanas 4 e 5 é o ponto de partida.

Enunciado	Dados de Interesse
A informação que foi recuperada é que o número de livros recebidos na semana 5 é 10% superior ao número da semana 4.	Sem 4 = X Sem 5 = 1,1X

Tudo pronto para iniciar a fórmula da média.

Média Semanal (M)	M = S1+S2+S3+S4+S5+S6+S7+S8 / 8 21 = 126 + 2,1X / 8 21 . 8 = 126 + 2,1X 168 – 126 = 2,1X X = 42 / 2,1 X = 20

Conclusão:

- Livros recebidos na semana 4 é igual a 20.
- Livros recebidos na semana 5 é igual a 22 (acréscimo de 10% sobre a semana anterior).

Resposta: Na semana 5 foram recebidos 22 livros.

Gabarito: D

2.3.2. Média aritmética ponderada

A média aritmética simples é a mais utilizada e recomendada para valores com representatividade uniforme. Quando a representatividade é desigual, por exemplo, as questões de determinada prova de concurso tem as seguintes ponderações: Peso 3 para as questões de Português, peso 2 para as questões de Raciocínio lógico e peso 1 para as questões de Direito.

Então, vale a média aritmética ponderada ou simplesmente média ponderada.

Média Ponderada (Mp)	$Mp = \frac{X1 . P1 + X2 . P2 + \ldots + Xn . Pn}{P1 + P2 + \cdots + Pn}$

Onde:

- M = Média
- X1, X2, ... = Valores de cada unidade
- P1, P2, ... = Peso de cada unidade
- n = Quantidade de valores

Para sua prova ficamos por aqui, limitados às médias aritméticas simples e ponderada.

QUESTÃO PASSO A PASSO

276. *(FCC – TRT (GO) 18ª Região – Técnico Judiciário Área Administrativa – 2023)* *Na disciplina de matemática, o critério de avaliação é a média ponderada das notas em três provas, sendo que a terceira tem peso 2 e as demais têm peso 1 cada uma. Na segunda prova, a nota de Pedro foi 50% maior do que a nota de sua primeira prova. Já na terceira prova, Pedro tirou 1 ponto a mais do que em sua segunda prova. Sabendo-se que a média ponderada de Pedro na disciplina de matemática foi 6, a nota da primeira prova foi*

(A) 7

(B) 6

(C) 5

(D) 4

(E) 3

▶ **Comentários**

Sabemos tratar-se de média ponderada entre três notas das provas de Pedro com pesos 1 para as provas 1 e 2 e peso 2 para a prova 3.

Ainda, foi-nos informado que:

Enunciado	Observação
Na segunda prova, a nota de Pedro foi 50% maior do que a nota de sua primeira prova.	Prova 1 = X1 Prova 2 = 1,5 . X1

A referência para a nota da prova 2 é a prova anterior que, por não conhecermos a nota, definimos como X1, consequentemente, a nota da segunda prova é o produto da nota da primeira por 1,5 (fator de multiplicação para o aumento percentual).

Enunciado	Observação
Já na terceira prova, Pedro tirou 1 ponto a mais do que em sua segunda prova.	Prova 3 = (1,5 . X1) + 1

Por fim, temos a informação de que a média ponderada foi igual a 6 e pede-se a nota da primeira prova.

Considere:

- Mp = Média ponderada
- X1, X2 e X3 = Notas das provas
- P1, P2 e P3 = Peso de cada prova

Média Ponderada (Mp)	$Mp = \frac{X1 . P1 + X2 . P2 + X3 . P3}{P1 + P2 + P3}$ $6 = \frac{(X1 . 1) + (1,5X1 . 1) + (1,5X1 + 1) . 2}{1 + 1 + 2}$ $6 = \frac{X1 + 1,5X1 + 3X1 + 2}{4}$ $6 . 4 = 5,5X1 + 2$ $5,5X1 = 24 - 2$ $X1 = 22/5,5$ $X1 = 4$

Resposta: A nota da primeira prova de Pedro foi 4.

Gabarito: D

QUESTÃO RÁPIDA

277. ***(FCC – TRT (MT) 23ª Região – Analista Judiciário Área Administrativa – 2022)*** *Uma escola de ensino médio possui 30 alunos e 5 professores. A idade média dos alunos é de 16 anos e a dos professores é de 34 anos. Um professor acaba de ser contratado e a idade média dessas 36 pessoas passou a ser de 19 anos. A idade do novo professor é:*

(A) *56 anos.*

(B) *26 anos.*

(C) *35 anos.*

(D) *40 anos.*

(E) *34 anos.*

► **Comentários**

Escola de ensino médio:

- 30 alunos com idade média de 16 anos;
- 5 professores com idade média de 34 anos.

Com a contratação do novo professor, a idade média geral passa a 19 anos.

Para a idade média do grupo de professores e estudantes, cabe a média ponderada.

Média Ponderada (Mp)	$Mp = \frac{X1 . P1 + X2 . P2}{P1 + P2}$ $Mp = \frac{16 . 30 + 34 . 5}{30 + 5}$

Perceba que a média da idade dos alunos, igual a 16, representa o conjunto de 30 alunos. Essa a razão de utilizar peso 30. Mesmo raciocínio para a idade dos professores.

Acima temos apenas a explicação, porque o faremos é agregar ao cálculo o professor contratado (X).

Onde:

- Quantidade de professores = 6 (5 + 1).
- A idade média dos alunos e professores (36 pessoas) é igual a 19.

Média Ponderada (MP) dos alunos e professores	$Mp = \frac{(X1 . P1) + (X2 . P2) + X}{P1 + P2 + 1}$ $19 = \frac{16 . 30 + 34 . 5 + X}{35 + 1}$ $19 = \frac{480 + 170 + X}{36}$ $684 = 480 + 170 + X$ $X = 34$

A idade média do novo professor é 34 anos, significa dizer que dos professores permanece inalterada, igual a 34 anos.

Resposta: O novo professor tem 34 anos.

Gabarito: E

2.4. Equações Matemáticas

Certamente você observou, ao longo dos itens anteriores, os diversos alertas quanto à importância da leitura e interpretação dos enunciados, de como ler trechos menores e reescrever a mensagem assimilada, transformando-a de palavras para o formato numérico. Pois bem, esta parte é muito relevante e, se bem executada, é um grande passo no caminho da resolução rápida e correta do problema proposto.

Quando falamos em linguagem no formato numérico o resultado, na maior parte das vezes, será algo que empregamos largamente nos diversos temas matemáticos e que denominamos de equações matemáticas.

Equação é uma sentença matemática cuja característica principal é a igualdade entre os termos que, por sua vez, são compostos de números ora conhecidos, ora desconhecidos.

Aproveitaremos a oportunidade para tratar de outros temas muito próximos às equações, que são as inequações e as funções. Lembrando sempre que manteremos o foco na prática e com o mínimo de teoria.

Então, vamos ao trabalho!

2.4.1. Equação

Sim, é verdade! Já trabalhamos com equação em alguns itens anteriores!

Aproveitaremos a ocasião para dar um pouco de formalidade ao tema, começando por uma descrição breve: Equação é a igualdade entre expressões onde estão presentes as variáveis que, por sua vez, serão valoradas para que tenhamos uma identidade numérica.

2.4.2. Equação de primeiro grau

A igualdade entre expressões, cujas variáveis (comumente representada por x, y ou z) têm expoentes iguais a um, dá origem ao que classificamos como equação de primeiro grau.

Representação da Equação de 1º grau	$ax + b = 0$

Onde:

- "a" e "b" são números reais e conhecidos;
- "a" deve ser diferente de zero;
- "x" é a incógnita cujo valor é desconhecido.

Resolver uma equação significa descobrir o valor da incógnita. Por exemplo, a equação "$70 + 8x = 5x + 19$" é, na maior parte das vezes, resolvida instintivamente.Quando feita no detalhe, teremos o seguinte passo a passo.

Equação	$70 + 8x = 5x + 19$
Posicionar a incógnita de um lado da igualdade e termos numéricos do outro lado.	$8x - 5x = 19 - 70$
Fazer as operações em cada um dos membros da equação.	$3x = -51$
Isolar a incógnita em um dos membros da equação.	$x = -51/3$ $x = -17$

Acontece que as equações podem apresentar duas ou mais incógnitas e, nem por isso, a equação deixa de ser do primeiro grau. Neste caso é representada por: $ax + by + c = 0$.

As duas incógnitas, x e y, formam o par ordenado (x, y) da equação e mantém entre si uma relação de dependência. Nesta situação o valor de x depende do valor que assume a variável y (o contrário também é válido).

	Valor de x	Valor de y	Par ordenado (x, y)
Dada a equação: 4x – 6y = 12	x = 0	y = -2	(0, -2)
	x = 3	y = 0	(3, 0)
	x = 6	y = 2	(6, 2)

Em provas, invariavelmente, acabamos nos deparando com duas ou mais equações associadas a duas ou mais incógnitas, as quais passamos a considerar como um sistema de equações.

QUESTÃO RÁPIDA

278. ***(FCC – TRT (GO) 18ª Região – Técnico Judiciário Área Administrativa – 2023)*** *Quatro barras de chocolate custam R$ 46,50 a mais do que uma barra. O preço de duas barras de chocolate é*

(A) R$ 30,00

(B) R$ 32,00

(C) R$ 33,50

(D) R$ 33,00

(E) R$ 31,00

▶ Comentários

Questão simples e boa para praticar a formatação da equação e sua resolução.

Enunciado	Equação
Quatro barras de chocolate custam R$ 46,50 a mais do que uma barra.	4x = 46,5 + x

A equação representa fielmente o que a questão nos oferece na linguagem escrita.

- Quatro barras de chocolate = 4x
- Custam R$ 46,50 a mais que uma barra = 46,5 + x

Onde "x" equivale à barra de chocolate.

A equação matemática com uma incógnita é resolvida diretamente.

Resolver a equação	4x = 46,5 + x 4x – x = 46,5 3x = 46,5 x = 46,5 / 3 x = 15,5

Resposta: O preço de duas barras de chocolate, R$ 15,50 x 2, é igual a R$ 31,00.

Gabarito: E

QUESTÃO RÁPIDA

279. *(FCC – TRT (PR) 9ª Região – Analista Judiciário Oficial de Justiça Avaliador Federal – 2022)* *Um número inteiro positivo, N, somado ao seu dobro é igual à sua metade mais 10. O valor de N é*

A) 4.

B) 2.

C) 10.

D) 6.

E) 8.

▶ Comentários

O enunciado descreve uma equação sem qualquer entrelinhas.

Um número inteiro positivo, N, somado ao seu dobro	N + 2N
é igual à sua metade mais 10.	N + 2N = N/2 + 10

Basta desenvolver a equação.

Valor de N	N + 2N = N/2 + 10 3N = N/2 + 10 6N = N + 20 5N = 20 N = 4

Resposta: O valor de N é 4.

Gabarito: A

QUESTÃO RÁPIDA

280. *(FCC – TRT (MT) 23ª Região – Analista Judiciário Área Judiciária – 2022)* *Um número positivo N é subtraído do seu dobro. Em seguida, o mesmo número N é subtraído de seu triplo. O produto das duas diferenças é 32. O número N é:*

(A) 2

(B) 5

(C) 4

(D) 6

(E) 3

▶ Comentários

O enunciado parece confuso até que seja feita uma leitura atenta do texto.

Enunciado	Equação
Um número positivo N é subtraído do seu dobro.	$N - 2N$
Em seguida, o mesmo número N é subtraído de seu triplo.	$N - 3N$
O produto das duas diferenças é 32.	$(N - 2N) . (N - 3N) = 32$

Aplicamos uma das propriedades da multiplicação.

Distributiva	$(N - 2N) . (N - 3N) = 32$ $N^2 - 3N^2 - 2N^2 + 6N^2 = 32$
Resolver a equação	$2N^2 = 32$ $N^2 = 16$ $N = \sqrt{16}$ $N = 4$

Resposta: O número N é igual a 4.

Gabarito: C

2.4.3. Sistema de equações

Duas ou mais equações são equivalentes quando as mesmas incógnitas resolvem ambas equações. O conjunto de equações equivalentes forma o sistema de equações cuja resolução tradicional passa por isolar variável em uma delas e substituí-la em outra, é o chamado método da substituição.

Tá, mas a questão vai trazer duas equações e pedir para resolver o sistema?

Não é bem assim, haverá um problema que o levará a compor duas ou mais equações. Lembra, é aquela parte lógica que continua rondando a matemática. No exemplo da questão a seguir o assunto principal é razão, no entanto, a resolução passa pelo sistema de equações.

QUESTÃO PASSO A PASSO

281. ***(FCC – TRT (PR) 9ª Região – Técnico Judiciário Área Administrativa – 2022)*** *Um aplicativo de entrega de comida apresenta apenas três opções de gorjeta aos clientes: R$ 5,00, R$ 1,00 ou não dar gorjeta. Amarildo concluiu 20 entregas em um determinado dia de trabalho em que recebeu um total de R$ 68,00 em gorjetas. Sabendo que em apenas 4 dessas entregas não recebeu gorjeta, o número de entregas em que recebeu R$ 1,00 de gorjeta, nesse dia, foi*

(A) 6.

(B) 7.

(C) 4.

(D) 3.

(E) 5.

▶ Comentários

O aplicativo de entrega de comida dispões de opções de gorjetas.

Enunciado	Opções de Gorjeta
Apresenta apenas três opções de gorjeta aos clientes: R$ 5,00, R$ 1,00 ou não dar gorjeta.	R$ 0,00 R$ 1,00 R$ 5,00

Sobre as entregas do Amarildo, foi dito:

Enunciado	Opções de Gorjeta
Concluiu 20 entregas em um determinado dia de trabalho em que recebeu um total de R$ 68,00 em gorjetas.	$A + B + C = 20$ $0A + 1B + 5C = 68$
Sabendo que em apenas 4 dessas entregas não recebeu gorjeta.	$A = 4$ $B + C = 16$

Onde:

- A = Quantidade de entregas cuja gorjeta foi igual a zero.
- B = Quantidade de entregas cuja gorjeta foi igual a R$ 1,00.
- C = Quantidade de entregas cuja gorjeta foi igual a R$ 5,00.

A quantidade de entregas em que Amarildo não recebeu gorjetas pode ser excluída das equações, então, passamos a trabalhar com duas equações.

Equações	$B + C = 16$ $1B + 5C = 68$

Diante de um sistema de equações com duas incógnitas, a resolução mais praticada é por meio do método da substituição.

Isolar uma incógnita	$B + C = 16$ $C = 16 - B$

Observação: Precisamos da quantidade de gorjetas recebidas de R$ 1,00, incógnita B, para responder a questão, por isso isolamos a outra incógnita referente à gorjeta de R$ 5,00.

Substituir o valor de C na outra equação	$1B + 5C = 68$ $1B + 5(16 - B) = 68$ $1B + 80 - 5B = 68$ $-4B = 68 - 80$ $4B = 12$ $B = 3$

Resposta: Amarildo recebeu R$ 1,00 de gorjeta, nesse dia, em 3 entregas.

Gabarito: D

QUESTÃO RÁPIDA

282. ***(FCC – TRT (BA) 5ª Região – Analista Judiciário Área Administrativa – 2022)*** *Aldo e Beto têm, juntos, 235 figurinhas. Aldo tem 25 figurinhas a mais do que o dobro do número de figurinhas de Beto. A diferença entre o número de figurinhas de Aldo e de Beto é*

(A) 100

(B) 125

(C) 85

(D) 105

(E) 95

► **Comentários**

Enredo comum e cobrado com frequência nas provas de concursos públicos.

Enunciado	Equação
Aldo e Beto têm, juntos, 235 figurinhas.	A + B = 235

Considere:

- A = Quantidade de figurinhas de Aldo.
- B = Quantidade de figurinhas de Beto.

Enunciado	Equação
Aldo tem 25 figurinhas a mais do que o dobro do número de figurinhas de Beto.	A = 25 + 2B

Sistema de equações a ser resolvido pelo método da substituição.

Substituir o valor de A na primeira equação	A + B = 235 25 + 2B + B = 235 3B = 210 B = 70
Valor de A	A + B = 235 A = 235 – 70 A = 165

Resposta: *A diferença entre o número de figurinhas de Aldo, igual a 165, e de Beto, igual a 70, é igual a 95.*

Gabarito: E

2.4.4. Inequação de primeiro grau

Tal qual a equação, a inequação é uma expressão matemática que se caracteriza pela presença de uma ou mais incógnitas e, diferente daquela, representa uma desigualdade (maior, menor, maior ou igual, menor ou igual).

2.4.5. Equação de segundo grau

Antes de discorrer por este item, verifique se consta equação de 2º grau em seu edital, pois não é comum a todas as bancas e nem a todos os certames.

A equação de segundo grau caracteriza-se pela existência do expoente 2 (variável elevada ao quadrado) em uma das variáveis. Assim, a representação será: $ax^2 + bx + c = 0$.

Esse tipo de equação tem no máximo duas raízes (valores de x) e a resolução largamente utilizada é por meio do método de *Bhaskara*.

Veja, por exemplo, que as raízes da equação: "$x^2 - 10x + 24 = 0$" tanto pode ser o valor 4 quanto o valor 6.

x = 4	$x^2 - 10x + 24 = 0$ $4^2 - 10(4) + 24 = 0$ $16 - 40 + 24 = 0$ $0 = 0$
x = 6	$x^2 - 10x + 24 = 0$ $6^2 - 10(6) + 24 = 0$ $36 - 60 + 24 = 0$ $0 = 0$

Vejamos, então, a fórmula de *Bhaskara*, e na sequência a sua aplicação.

Fórmula de *Bhaskara*	$\dfrac{-b \pm \sqrt{\Delta}}{2a}$	$\dfrac{-b \pm \sqrt{b^2 - 4ac}}{2a}$

Exemplo: $x^2 - 2x - 3 = 0$.

Como dito anteriormente, a equação de 2º grau possui a seguinte lei de formação "$ax^2 + bx + c = 0$", onde a, b e c são os coeficientes da equação ($a = 1$, $b = -2$ e $c = -3$).

Na fórmula de Bhaskara utilizaremos somente os coeficientes. Veja:

Definir o valor do discriminante (delta).	$\Delta = b^2 - 4ac$ $\Delta = (-2)^2 - 4(1)(-3)$ $\Delta = 4 + 12$ $\Delta = 16$

Desenvolver a fórmula para x.	$x = \frac{-b \pm \sqrt{\Delta}}{2a}$ $x = \frac{-(-2) \pm \sqrt{16}}{2\,(1)}$ $x = \frac{2 \pm 4}{2}$

A equação possui duas raízes.

Calcular a raiz x'.	$x' = \frac{2+4}{2}$ $x' = 3$
Calcular a raiz x".	$x'' = \frac{2-4}{2}$ $x'' = -1$

Resposta: As possíveis soluções para a equação são: x' = 3 e x" = -1.

QUESTÃO PASSO A PASSO

283. ***(Vunesp – TRF 3ª Região – Analista Judiciário Contadoria – 2024)*** *Três terrenos retangulares, um ao lado outro, têm as laterais com a mesma medida. O primeiro terreno tem a medida de frente correspondente a 3 m a menos que metade da medida lateral; o segundo terreno tem medida de frente correspondente à quinta parte da medida lateral; e o terceiro terreno tem 9 m a mais de frente que tem o segundo terreno. Sabendo-se que a média aritmética simples das áreas dos três terrenos é 850 m^2, a medida da frente do primeiro terreno é de*

(A) 22 m.

(B) 21 m.

(C) 20 m.

(D) 19 m.

(E) 18 m.

▶ **Comentários**

Questão abrangente em relação à matemática, fração, equação, geometria e média aritmética, isso sem falar na contextualização, o que nos cobra um pouco de interpretação e lógica.

Mas vamos aos fatos.

São três terrenos, lado a lado, cujas medidas das laterais são todas iguais.

O primeiro terreno tem a medida de frente correspondente a 3 m a menos que metade da medida lateral; o segundo terreno tem medida de frente correspondente à quinta parte da medida lateral; e o terceiro terreno tem 9 m a mais de frente que tem o segundo terreno.	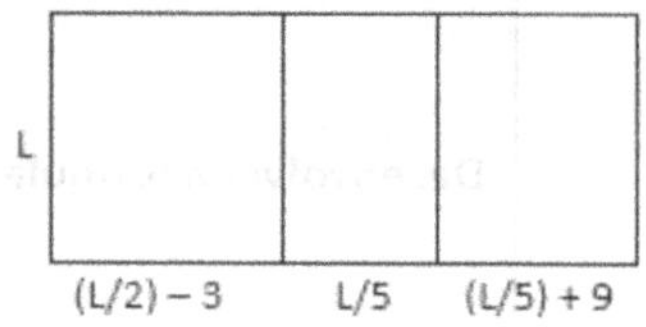

Foi-nos dito, também, que a área média dos terrenos é igual a 850 m², o que nos leva à medida da área total multiplicando este valor por 3. A área dos terrenos é igual a 2550 m².

Agora, a geometria, área do retângulo.

Calcular o valor da medida da lateral "L"	$\text{Área} = \text{base} \,.\, \text{altura}$ $2550 = \left(\frac{L}{2} - 3 + \frac{L}{5} + \frac{L}{5} + 9\right) . L$

Frações, lembra? Encontrar o mmc e eliminar os denominadores.

mmc entre 2 e 5 é igual a 10.	$25500 = (5L - 30 + 2L + 2L + 90) . 10L$ $25500 = (9L + 60) . 10L$ $25500 = 90L^2 + 600L$ $90L^2 + 600L - 25500 = 0$

Temos uma equação de segundo grau e, para facilitar nossos cálculos, vamos simplificar.

Simplificar por 10 e, após, por 3.	$90L^2 + 600L - 25500 = 0$ $9L^2 + 60L - 2550 = 0$ $3L^2 + 20L - 8500 = 0$

Você pode resolver utilizando a fórmula completa. Nós faremos por partes, primeiro o discriminante delta.

Definir o valor do discriminante (delta).	$\Delta = b^2 - 4ac$ $\Delta = (20)^2 - 4(3)(-8500)$ $\Delta = 400 + 102000$ $\Delta = 102400$

Seguimos com *Bhaskara*.

Valor de L.	$L = \frac{-b \pm \sqrt{\Delta}}{2a}$ $L = \frac{-(20) \pm \sqrt{102400}}{2\,(3)}$

E como resolver a raiz quadrada de 102400?

Vale a informalidade e tentativas assertivas.

O radicando tem seis dígitos, logo a raiz terá três dígitos, então, vamos às tentativas.

Raiz quadrada de 1420000	100 . 100 = 10.000 300 . 300 = 90.000 310 . 310 = 96.100 320 . 320 = 102.400

Retomando à fórmula.

Valor de L.	$L = \frac{-(20) \pm \sqrt{102400}}{2\,(3)}$ $L = \frac{-20 \pm 320}{6}$ $L = \frac{300}{6}$ $L = 50$

Conhecido o valor de L (utilizamos apenas o valor positivo das duas raízes), passamos a medida da frente do primeiro terreno.

Frente do Primeiro Terreno (PT)	PT = (L/2) – 3 PT = (50/2) – 3 PT = 25 – 3 PT = 22

Resposta: A medida da frente do primeiro terreno é de 22 metros.

Gabarito: A

Você deve estar pensando que este tipo de questão é muito trabalhosa, morosa e que não vale à pena resolvê-la.

Não se engane! Qualquer meio ponto é importantíssimo para sua aprovação.

O treino por meio de resolução de questões, muitas questões, vai reduzir em muito o tempo para resolvê-las.

- **Discriminante Δ igual a zero**

Determinar a solução da seguinte equação do 2º grau: x2 + 8x + 16 = 0.

Definir o valor do discriminante (delta).	$\Delta = b^2 - 4ac$ $\Delta = 8^2 - 4(1)(16)$ $\Delta = 64 - 64$ $\Delta = 0$
Desenvolver a fórmula para x.	$x = \frac{-b \pm \sqrt{\Delta}}{2a}$ $x = \frac{-8 \pm \sqrt{0}}{2(1)}$ $x = \frac{-8 \pm 0}{2(1)}$

As duas raízes são iguais.

Calcular a raiz x'.	$x' = \frac{-8+0}{2}$ $x' = -4$
Calcular a raiz x''.	$x'' = \frac{-8-0}{2}$ $x'' = -4$

Resposta: A única possibilidade para a resolução da equação é: x = -4.

No exemplo observamos que o valor do discriminante é igual a zero e, nesses casos, a equação possuirá somente uma solução ou raiz única.

- **Discriminante Δ negativo**

Calcule o conjunto solução da equação: $10x^2 + 6x + 1 = 0$

Definir o valor do discriminante (delta).	$\Delta = b^2 - 4ac$ $\Delta = 6^2 - 4(10)(1)$ $\Delta = 36 - 40$ $\Delta = -4$

A equação de 2º grau cujo discriminante é menor que zero, isto é, número negativo, não possui raiz, pelo menos, não que pertença ao conjunto dos números reais.

- **Resumo dos discriminante**

$\Delta > 0$	Duas raízes reais e diferentes (duas respostas).
$\Delta = 0$	Duas raízes reais e iguais (uma única resposta).
$\Delta < 0$	Nenhuma raiz real (nenhuma resposta).

- **RELAÇÃO ENTRE COEFICIENTES E RAÍZES**

Uma opção para resolver a equação de 2º grau, sem nos valermos da fórmula de *Bhaskara*, é por meio da relação de soma e multiplicação das raízes.

Soma das raízes x' e x"	$S = \frac{-b}{a}$
Produto das raízes x' e x"	$P = \frac{c}{a}$

Exemplo: Calcular o valor de x para a equação: $x^2 - 10x + 24 = 0$.

Soma das raízes x' e x"	$S = \frac{-b}{a} = \frac{-(-10)}{1} = 10$
Produto das raízes x' e x"	$P = \frac{c}{a} = \frac{24}{1} = 24$

Sabemos que a soma dos dois possíveis valores de x é igual a 10 e que o produto desses mesmos dois valores é igual a 24. Logo, as raízes são:

Possíveis produtos	Soma	Satisfaz
1 x 24 = 24	1 + 24 = 25	não
2 x 12 = 24	2 + 12 = 14	não
3 x 8 = 24	3 + 8 = 11	não
4 x 6 = 24	**4 + 6 = 10**	**sim**

Resposta: As raízes para a equação são iguais a 4 e 6.

2.4.6. Questões variadas

QUESTÃO RÁPIDA

284. ***(FCC – TRT (GO) 18ª Região – Analista Judiciário Área Judiciária – 2023)*** *Dois números diferentes são escolhidos do conjunto {1, 2, 3, 4, 5, 6, 7, 8, 9}. Em relação aos dois números escolhidos, sabe-se que a soma deles é igual ao produto deles menos 2 e que a diferença entre eles é 2. A soma dos dois números escolhidos é:*

(A) 4

(B) 8

(C) 14

(D) 6

(E) 10

► Comentários

O examinador coloca o conjunto de números naturais de 1 a 9, provavelmente pensando que o candidato vai usá-los nas tentativas de acertar os dois números escolhidos.

Trilhando o conhecimento matemático, chegaremos aos dois números sem maiores problemas.

Considere os dois números escolhidos x e y.

Sabe-se que a soma deles é igual ao produto deles menos 2	$x + y = xy - 2$
E que a diferença entre eles é 2	$x - y = 2$ $x = 2 + y$

Está pronto o sistema de equações.

Substituir o valor de x	$x + y = xy - 2$ $2 + y + y = (2 + y)y - 2$ $2 + 2y = 2y + y^2 - 2$ $2 = y^2 - 2$ $y^2 = 4$ $y = \sqrt{4}$ $y = 2$

Valor da outra incógnita.

Valor de x	$x = 2 + y$ $x = 2 + 2$ $x = 4$

Resposta: A soma dos dois números escolhidos, 4 e 2, é igual a 6.

Gabarito: D

QUESTÃO PASSO A PASSO

285. ***(FCC – TRT (ES) 17ª Região – Analista Judiciário Área Judiciária – 2023)*** *Ana, Beto, Clara, Diva e Edu disputam uma maratona de matemática. Para cada problema respondido corretamente ganham 1 ponto e se errarem nada ganham. A soma dos pontos recebidos pelos cinco participantes é 75. A diferença de pontos entre Ana e Beto é 2, mas não necessariamente nessa ordem, a diferença de pontos entre Beto e Clara é 3, mas não necessariamente nessa ordem, a diferença entre Clara e Diva é 4 e entre Diva e Edu é 9. Sabe-se que Edu teve a maior pontuação e Diva a menor pontuação dentre os cinco. A soma das pontuações obtidas por Ana e Beto é*

(A) 31

(B) 24

(C) 32

(D) 36

(E) 33

▶ Comentários

Problemas respondidos corretamente pelos maratonistas correspondem a um ponto e:

Enunciado	Valor de tabela (X)
A soma dos pontos recebidos pelos cinco participantes é 75.	$A + B + C + D + E = 75$

Onde:

- A corresponde aos pontos recebidos por Ana, B por Beto, C por Clara, D por Diva e E por Edu.

Enunciado	Valor de tabela (X)
A diferença de pontos entre Ana e Beto é 2, mas não necessariamente nessa ordem, a diferença de pontos entre Beto e Clara é 3, mas não necessariamente nessa ordem, a diferença entre Clara e Diva é 4 e entre Diva e Edu é 9.	$A - B = \|2\|$ $B - C = \|3\|$ $C - D = 4$ $D - E = 9$

Os resultados das duas primeiras diferencias estão em módulo porque o enunciado diz "não necessariamente nessa ordem", porém, cabe uma correção em relação à última diferença.

- Sabe-se que Edu teve a maior pontuação e Diva a menor pontuação.

Se Edu obteve a maior pontuação, a diferença correta é E – D = 9.

Sabemos que a maior pontuação foi do Edu (E) e a menor da Diva (igual a E – 9).

Vamos fazer as relações todas em função de E (maior pontuação).

Pontuação	E = E D = E – 9

Sobre a pontuação da Clara sabemos que a diferença em relação a Diva é igual a 4.

Clara em função de Edu (maior pontuação)	C – D = 4 C – (E – 9) = 4 C = E – 5

Então:

Pontuação	E = E C = E – 5 D = E – 9

A pontuação de Beto abre duas possibilidades.

Beto em função de Edu (maior pontuação) C = E – 5	B – C = |3| B –(E – 5) = |3| B' = E – 5 + 3 B' = E – 2
	B" = E – 5 – 3 B" = E – 8

Na ordem decrescente de pontuação.

Pontuação	E = E B = E – 2 C = E – 5 D = E – 9	E = E C = E – 5 B = E – 8 D = E – 9

A diferença entre Ana e Beto vai gerar duas opções para cada uma das duas acima.

Ana em função de Edu (maior pontuação) B = E – 2	A – B = |2| A –(E – 2) = |2| A' = E + 2 – 2 A' = E
	A" = E – 2 – 2 A" = E – 4

A primeira delas descartamos porque a opção indica pontuação de Ana igual a de Edu.

<table>
<tr><td rowspan="2">Ana em função de Edu (maior pontuação) B = E – 8</td><td>A – B = |2|
A –(E – 8) = |2|
A' = E + 2 – 8
A' = E – 6</td></tr>
<tr><td>A" = E – 2 – 8
A" = E – 10</td></tr>
</table>

Descartamos a segunda opção porque a pontuação de Ana seria menor que a da Diva.

Pontuação	E = E B = E – 2 A = E – 4 C = E – 5 D = E – 9	E = E C = E – 5 A = E – 6 B = E – 8 D = E – 9

Vejamos a equação inicial

A + B + C + D + E = 75	A + B + C + D + E = 75 5E = 75 + 20 E = 19	A + B + C + D + E = 75 5E = 75 + 28 E = 20,6

A maior pontuação foi de 19 pontos. De acordo com o sistema de pontuação, um ponto para cada reposta correta, não seria possível 20,6.

Fazer as substituição para A + B.

Somatório A e B (X)	A + B = X (E – 4) + (E – 2) = X 15 + 17 = X X = 32

Resposta: A soma das pontuações obtidas por Ana e Beto é igual a 32.

Gabarito: C

QUESTÃO RÁPIDA

286. ***(FCC – TRT (GO) 18ª Região – Analista Judiciário Área Judiciária – 2023)*** *Sabe-se que 10% da metade de um número mais 80% do dobro desse mesmo número vale 33. Esse número é:*

(A) 21

(B) 12

(C) 20

(D) 14

(E) 18

▶ Comentários

Tipo de questão que a Fundação Carlos Chagas vem repetindo com frequência. É a descrição literal de uma equação matemática.

Sabe-se que 10% da metade de um número	10% (X/2)
mais 80% do dobro desse mesmo número	10% (X/2) + 80% (2X)
vale 33	10% (X/2) + 80% (2X) = 33

Nosso trabalho é desenvolver a equação. E não se preocupe com os percentuais, uma possibilidade é a apresentação decimal.

Equação Matemática	10% (X/2) + 80% (2X) = 33 0,1 (X/2) + 0,8 (2X) = 33 0,1X/2 + 1,6X = 33 0,1X + 3,2X = 66 3,3X = 66 X = 20

Resposta: O número X é igual a 20.

Gabarito: C

QUESTÃO RÁPIDA

287. ***(FGV – TRT (PB) 13ª Região – Técnico Judiciário Área Administrativa – 2022)*** *Em certa cidade, os taxis cobram R$ 4,80 de valor inicial (bandeirada) mais R$ 2,40 por quilômetro rodado. Nessa cidade, Hugo fez um percurso de táxi, sem paradas, e pagou R$ 36,00 pela corrida. O número de quilômetros que Hugo percorreu foi*

(A) 10,5.

(B) 12.

(C) 13.

(D) 14,5.

(E) 15.

▶ Comentários

Seguem os detalhes sobre a cobrança de corridas de táxis.

Enunciado	Equação
Os táxis cobram R$ 4,80 de valor inicial (bandeirada) mais R$ 2,40 por quilômetro rodado.	C = 4,80 + 2,40 . k

Onde:

- C = Valor total da corrida.
- k = Quilômetros rodados.

Para o percurso cujo valor total foi de R$ 36,00, temos:

Quilômetros rodados	$C = 4{,}80 + 2{,}40 \cdot k$ $36{,}00 = 4{,}80 + 2{,}40 \cdot k$ $2{,}4k = 31{,}2$ $k = 13$

Resposta: Hugo percorreu 13 quilômetros.

Gabarito: C

QUESTÃO PASSO A PASSO

288. ***(FCC – TRT (ES) 17ª Região – Analista Judiciário Área Administrativa – 2022)*** *Em um exame com 30 questões, cada uma delas é considerada correta ou incorreta. O número de respostas corretas dadas por um candidato que fez esse exame foi 50% maior do que o número de respostas incorretas. O número de questões corretas desse candidato é*

(A) 24

(B) 12

(C) 20

(D) 18

(E) 21

▶ **Comentários**

A leitura e compreensão do enunciado são importantes para a correta identificação dos dados fornecidos.

Enunciado	Equação
Em um exame com 30 questões, cada uma delas é considerada correta ou incorreta.	$C + I = 30$

Onde:

- C = Quantidade de questões respondidas corretamente.
- I = Quantidade de questões respondidas incorretamente.

Mesmo que simples, o primeiro trecho traduz-se em uma equação matemática com grande chance de fazer parte da resolução da questão.

Seguimos com a leitura do enunciado.

Enunciado	Equação
O número de respostas corretas dadas por um candidato que fez esse exame foi 50% maior do que o número de respostas incorretas.	$C = I + 0{,}5I$ $C = 1{,}5I$

São duas equações e duas incógnitas, um sistema de equações cuja resolução faremos pelo método da substituição.

É interessante isolar o termo que não fará parte da resposta, no caso, a quantidade de questões respondidas incorretamente (I).

Isolar a incógnita I	C + I = 30 I = 30 – C
Substituir o valor de (I) na outra equação	C = 1,5 (30 – C) C = 45 – 1,5C 2,5C = 45 C = 18

Poderíamos substituir o valor de C, questões respondidas corretamente, em qualquer das equações para achar a quantidade de questões respondidas incorretamente (operação possível de realizar mentalmente), mas é desnecessário.

Resposta: O candidato respondeu 18 questões corretamente.

Gabarito: D

QUESTÃO RÁPIDA

289. ***(FCC – TRT (ES) 17ª Região – Analista Judiciário Área Administrativa – 2022)*** *Júlia tinha que adicionar 26 ao número que já estava em sua calculadora, mas apertou o sinal de subtração e obteve -14. O número que deveria ter obtido é*

(A) 36

(B) 30

(C) 12

(D) 38

(E) 42

▶ Comentários

Realizar diretamente as simples operações bastariam, entretanto, vamos treinar a montagem das equações.

Enunciado	Equação
Júlia tinha que adicionar 26 ao número que já estava em sua calculadora,	X + 26 = ?
Mas apertou o sinal de subtração e obteve -14.	X – 26 = -14

Apenas uma incógnita.

Calcular o valor de X	X – 26 = 14 X = -14 + 26 X = 12

A operação correta seria:

Resultado correto	X + 26 = ? 12 + 26 = 38

Resposta: O número que deveria ter obtido é 38.

Gabarito: D

QUESTÃO RÁPIDA

290. ***(FCC – TRT (BA) 5ª Região – Analista Judiciário Área Judiciária – 2022)*** *Numa eleição em que concorreram quatro candidatos e que contou com 963 votantes, o candidato vencedor teve 53 votos a mais do que o segundo classificado, 79 votos a mais do que o terceiro e 105 votos a mais do que o quarto classificado. A soma do número de votos do vencedor com o número de votos do perdedor é*

(A) 495

(B) 547

(C) 300

(D) 416

(E) 468

▶ **Comentários**

Enunciado	Equação
Numa eleição em que concorreram quatro candidatos e que contou com 963 votantes	A + B + C + D = 963

Onde:

- A = Vencedor
- B = Vice
- C = Terceiro classificado
- D = Quarto classificado

Enunciado	Equação
O candidato vencedor teve 53 votos a mais do que o segundo classificado, 79 votos a mais do que o terceiro e 105 votos a mais do que o quarto classificado.	A = B + 53 ou B = A – 53 A = C + 79 ou C = A – 79 A = D + 105 ou D = A – 105

No quadro acima foram isoladas as incógnitas B, D e D.

Substituir os valores de B, C e D	A + B + C + D = 963 A + (A – 53) + (A – 79) + (A – 105) = 963 4A – 237 = 963 A = 1200 / 4 A = 300

Somar os votos do vencedor e do perdedor.

Soma (S) A e D	S = A + D S = 300 + (A – 105) S = 300 + (300 – 105) S = 495

Resposta: A soma do número de votos do vencedor com o número de votos do perdedor é igual a 495.

Apesar de chegarmos a uma resposta correta, a questão foi anulada pela banca, provavelmente pela falta de clareza no enunciado. O uso do termo "perdedor", no caso para o quarto classificado, pode ser entendido como qualquer um que não o vencedor.

Gabarito: Questão Anulada

QUESTÃO RÁPIDA

291. ***(FCC – TRT (BA) 5ª Região – Analista Judiciário Área Administrativa – 2022)*** *A produção de 864 veículos de uma fábrica foi planejada de forma que os números de veículos brancos e de veículos cinza produzidos fossem, respectivamente, o triplo e o quíntuplo do número de veículos pretos produzidos. O número de veículos pretos produzidos deve ser*

(A) 96

(B) 105

(C) 121

(D) 130

(E) 136

► Comentários

A fábrica produz veículos nas cores branco, cinza e preto, conforme as seguintes regras:

Enunciado	Equação
A produção de 864 veículos de uma fábrica	B + C + P = 864
Foi planejada de forma que os números de veículos brancos e de veículos cinza produzidos fossem, respectivamente, o triplo e o quíntuplo do número de veículos pretos produzidos.	B = 3P C = 5P

Onde:

- B = Quantidade de veículos brancos.
- C = Quantidade de veículos cinzas.
- P = Quantidade de veículos pretos.

O examinador entregou a questão praticamente pronta.

Substituir os valores de B e C na primeira equação	B + C + P = 864 3P + 5P + P = 864 9P = 864 P = 96

Resposta: A fábrica deve produzir 96 veículos pretos.

Gabarito: A

QUESTÃO RÁPIDA

292. ***(FCC – TRT (AL) 19ª Região – Técnico Judiciário Tecnologia da Informação – 2022)*** *Pedro e Marco resolveram juntos uma prova com 30 questões. Para cada 2 questões que Pedro resolveu, Marco resolveu 3. A diferença entre o número de questões resolvidas por Marco e o número de questões resolvidas por Pedro foi de*

(A) 6

(B) 8

(C) 12

(D) 10

(E) 9

▶ **Comentários**

Uma prova foi resolvida por Pedro (P) e Marcos (M).

Enunciado	Equação
Pedro e Marco resolveram juntos uma prova com 30 questões.	P + M = 30
Para cada 2 questões que Pedro resolveu, Marco resolveu 3.	2P = 3M

Resolver o sistema de equações.

Isolar uma das incógnitas	P + M = 30 P = 30 – M
Substituir o valor de P na outra equação	2P = 3M 2(30 – M) = 3M 60 – 2M = 3M 5M = 60 M = 12

A quantidade resolvida por Pedro é a diferença para completar as 30 questões, igual a 18.

Resposta: A diferença entre o número de questões resolvidas por Marco (igual a 12) e o número de questões resolvidas por Pedro (igual a 18) foi de 6.

Gabarito: A

QUESTÃO RÁPIDA

293. ***(FCC – TRT (ES) 17ª Região – Analista Judiciário Área Judiciária – 2022)*** *Marcos desconta um cheque de R$ 2.700,00 em um banco e pede ao caixa que lhe dê um certo número de notas de R$ 10,00 mais 20 vezes esse número em notas de R$ 20,00 e o restante em notas de R$ 50,00. O número de notas de R$ 50,00 que Marcos recebe é*

(A) 12

(B) 11

(C) 10

(D) 13

(E) 14

▶ Comentários

Vejamos como ficou a troca do cheque de Marcos.

Enunciado	Equação
Marcos desconta um cheque de R$ 2.700,00 em um banco e pede ao caixa que lhe dê um certo número de notas de R$ 10,00 mais 20 vezes esse número em notas de R$ 20,00 e o restante em notas de R$ 50,00.	10,00x + 20,00 (20x) + 50y = 2700

Onde:

- x = Quantidade de notas de R$ 10,00 (e referência para a quantidade de notas de R$ 20,00).
- y = Quantidade de notas de R$50,00.

Bem, são duas incógnitas e apenas uma equação. O que fazer?

Testar valores para a quantidade x com algum critério mínimo.

Ajustado a equação	10,00x + 20,00 (20x) + 50y = 2700 10,00x + 20,00 (20x) – 2700 = -50y

O resultado do primeiro termo deve ser um número múltiplo de 50.

Se x = 1	10 + 400 – 2700 410 – 2700 2290

Observe que a quantidade de notas de R$ 10,00 tem influência direta entre o resultado ser ou não múltiplo de 50. Essa é a razão de testar x = 5.

Se x = 5	10,00x + 20,00 (20x) – 2700 50 + 2000 – 2700 -650

Sim, é possível quando o número de notas de R$ 10,00 é igual a 5.

Quantidade de notas de R$ 50,00	-650 = -50y y = -650 / -50 y = 13

Resposta: Marcos recebeu 13 notas de R$ 50,00.

Gabarito: D

QUESTÃO RÁPIDA

294. ***(FCC – TRT (PR) 9ª Região – Analista Judiciário Área Judiciária – 2022)*** *Em um dia, Marta, sua mãe e seu pai fizeram ao todo 32 ligações de um celular. Marta fez 5 ligações e sua mãe fez o dobro do número de ligações que seu pai fez. O número de ligações que a mãe de Marta fez foi*

(A) 20.

(B) 9.

(C) 10.

(D) 18.

(E) 27.

► **Comentários**

A conversão da informação escrita em linguagem numérica vai te conduzir automaticamente para a resposta.

Em um dia, Marta, sua mãe e seu pai fizeram ao todo 32 ligações de um celular.	Total = 32

Seguindo o enunciado.

Marta fez 5 ligações e sua mãe fez o dobro do número de ligações que seu pai fez.	Marta = 5 Mãe = 2X Pai = X

A quantidade de ligações efetivadas pelo pai de Marta, chamamos de X e o dobro dessa quantidade são as ligações realizadas pela sua mãe.

Uma única equação resulta do conjunto das informações acima.

Total de ligações	Total = Marta + Mãe + Pai 32 = 5 + 2X + X 27 = 3X X = 27/3 X = 9

Para atender o comando da questão:

Ligações da mãe de Marta	Mãe = 2X Mãe = 2 . 9 Mãe = 18

Resposta: O número de ligações que a mãe de Marta fez foi igual a 18.

Gabarito: D

QUESTÃO RÁPIDA

295. ***(FGV – TJ (RO) – Técnico Judiciário – 2021)*** *Considere a expressão:*
"1/2 – 1/3 + 1/4 – 1/5 + 1/6 = x/180".
O valor de x é:

(A) 57;
(B) 59;
(C) 63;
(D) 65;
(E) 69.

▶ Comentários

Igualar todos os denominadores a 180.

Resolver a equação	1/2 – 1/3 + 1/4 – 1/5 + 1/6 = x/180 90/180 – 60/180 + 45/180 – 36/180 + 30/180 = x/180

O procedimento é o mesmo de quando usamos o mmc, dividir 180 pelo denominador e multiplicar pelo numerador de cada fração.

Passamos a ter todos os denominadores iguais a 180 e, sendo uma equação, simplificamos o primeiro termo com o segundo termo, assim, na prática, eliminamos os denominadores.

Excluir os denominadores	90 – 60 + 45 – 36 + 30 = x x = 69

Resposta: O valor de x é 69.

Gabarito: E

QUESTÃO PASSO A PASSO

296. ***(FCC – TJ (SC) – Técnico Judiciário Auxiliar – 2021)*** *Sabe-se que objetos iguais têm o mesmo peso e que uma balança de pratos está em equilíbrio quando, nos dois pratos, há o mesmo peso. Objetos em forma de pentágono, estrela e triângulo foram colocados nas balanças de maneira que as duas estejam em equilíbrio, como na figura abaixo:*

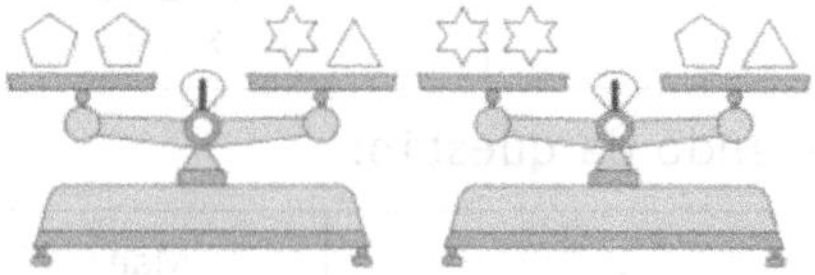

Nesse caso,

(A) *uma estrela pesa o mesmo que um triângulo, que, por sua vez, tem a metade do peso de um pentágono.*

(B) *um pentágono pesa o mesmo que duas estrelas.*

(C) *três estrelas pesam o mesmo que quatro triângulos.*

(D) *os três objetos têm o mesmo peso.*

(E) *dois triângulos pesam o mesmo que três pentágonos.*

▶ **Comentários**

São figuras e balanças possíveis de serem substituídas, respectivamente, por incógnitas e igualdades, ou seja, estamos diante de equações.

	2P = E + T
	2E = P + T

Considere:

- P = Pentágono
- E = Estrela
- T = Triângulo

Não há outra coisa a fazer ou interpretar em relação ao enunciado. Passemos às alternativas.

(A) uma estrela pesa o mesmo que um triângulo, que, por sua vez, tem a metade do peso de um pentágono.

Podemos calcular a relação estrela e triângulo, excluindo a terceira incógnita, P (pentágono), das equações montadas.

Isolar P em uma equação	2E = P + T P = 2E – T
Substituir na outra equação	2P = E + T 2(2E – T) = E + T 4E – 2T = E + T 3E = 3T

Primeira parte confirmada, uma estrela tem mesmo peso que um triângulo. Seguimos com a relação estrela e pentágono. Para isso, isolamos a incógnita T (triângulo).

Isolar T em uma equação	$2E = P + T$ $T = 2E - P$
Substituir na outra equação	$2P = E + T$ $2P = E + (2E - P)$ $2P = 3E - P$ $3P = 3E$

Os objetos pentágono e estrela tem o mesmo peso. A segunda parte do da alternativa está errada.

(B) um pentágono pesa o mesmo que duas estrelas.

Um pentágono tem o mesmo peso que uma estrela.

Alternativa errada.

(C) três estrelas pesam o mesmo que quatro triângulos.

Os objetos estrela e triângulo tem o mesmo peso.

Alternativa errada

(D) os três objetos têm o mesmo peso.

Apesar de não confirmar a relação entre T e P, triângulo e pentágono, face às constatações das outras duas relações, é certo que esses objetos tem o mesmo pesos.

Alternativa correta.

(E) dois triângulos pesam o mesmo que três pentágonos.

Triângulo e pentágono são objetos com o mesmo peso.

Gabarito: D

QUESTÃO PASSO A PASSO

297. (FGV – TJ (RO) – Técnico Judiciário – 2021) *Pedro afirmou: "Nesse mesmo dia do ano passado a idade do meu filho era a terça parte da minha idade e, daqui a 12 anos, eu terei o dobro da idade dele." No dia em que Pedro fez essa afirmação, ele tinha:*

(A) 38 anos;

(B) 39 anos;

(C) 40 anos;

(D) 41 anos;

(E) 42 anos.

▶ **Comentários**

Curiosidade, a FGV cobrou a mesma questão para a prova do TCE do Rio de Janeiro no mesmo ano de 2021.

Para total clareza da resolução, primeiro a afirmação de Pedro colocada na linha do tempo.

Nesse mesmo dia do ano passado a idade do meu filho era a terça parte da minha idade e, daqui a 12 anos, eu terei o dobro da idade dele.	-1 0 12

São três momentos distintos, hoje: tempo zero, um ano atrás: tempo -1 e daqui a doze anos: tempo 12.

Tempo zero: Pedro tem idade igual a x e seu filho idade igual a y.

-1 0 12	Pedro = x Filho = y

Tempo -1: Um ano menos na idade de cada um. Também, a idade do filho de Pedro corresponde a 1/3 de sua idade.

-1 0 12	Pedro = x – 1 Filho = y – 1	$y - 1 = (x - 1)/3$ $3y - 3 = x - 1$ $x = 3y - 2$

Tempo 12: Neste caso, acréscimo de 12 anos na idade de Pedro e de seu filho. Ainda a relação de que a idade de Pedro corresponde ao dobro da idade de seu filho.

-1 0 12	Pedro = x + 12 Filho = y + 12	$y + 12 = (x + 12)/2$ $2y + 24 = x + 12$

Dispomos de duas equações e em ambas aparecem as mesmas duas incógnitas, logo, um sistema de equações. Inclusive, na primeira delas deixamos isolado "x" para substituir o valor correspondente a ele na outra equação.

Resolver o sistema substituindo o valor de "x" na outra equação.

Substituir o valor de "x" igual a "3y – 2"	$2y + 24 = x + 12$ $2y + 24 = 3y - 2 + 12$ $y = 14$

Com o valor de "y", calcular a idade de Pedro no dia de hoje (valor de "x").

Calcular o valor de "x"	$x = 3y - 2$ $x = 3(14) - 2$ $x = 40$

Resposta: No dia em que Pedro fez essa afirmação, ele tinha 40 anos.

Gabarito: C

QUESTÃO PASSO A PASSO

298. ***(FCC – TRF 3ª Região – Técnico Judiciário Administrativo – 2019)*** *Ana, Beto e Carlos têm juntos 39 bolas de gude. Se Beto der 5 bolas para Carlos, Carlos der 4 bolas para Ana e Ana der 2 bolas para Beto, os três ficam com a mesma quantidade de bolas. O número de bolas de Beto antes das trocas é*

(A) 12.

(B) 15.

(C) 14.

(D) 13.

(E) 16.

▶ Comentários

O cuidado com questões como está nas quais existem dois momentos distintos, no caso, quantidades de bolas de gude antes e após as trocas, porque o examinador pode formular perguntas relativas aos dois momentos.

Enunciado	Equação
Ana, Beto e Carlos têm juntos 39 bolas de gude.	$A + B + C = 39$

Sem problemas, quantidade inicial de bolas de gude de Ana (A), Beto (B) e Carlos (C).

Enunciado	Expressões
Se Beto der 5 bolas para Carlos, Carlos der 4 bolas para Ana e Ana der 2 bolas para Beto.	$B - 5 + 2 = B - 3$ $C + 5 - 4 = C + 1$ $A + 4 - 2 = A + 2$

As trocas acabaram reduzindo a quantidade de bolas de gude de Beto em 3 unidades e acrescentou 1 unidade à quantidade que dispunha Carlos e outras 2 unidades a Ana.

Com essa nova configuração de quantidades de bolas de gude, as quantidades igualaram-se.

Enunciado	Equação
Os três ficam com a mesma quantidade de bolas.	$B - 3 = C + 1 = A + 2$

Agora o objetivo da questão, número inicial de bolas de gude de Beto e, para facilitar, precisamos isolar as incógnitas A e C em função de B.

Isolar A	$A + 2 = B - 3$ $A = B - 3 - 2$ $A = B - 5$
Isolar C	$C + 1 = B - 3$ $C = B - 3 - 1$ $C = B - 4$

Assim, calculamos diretamente a quantidade de bola de gude que Beto tinha inicialmente.

Quantidade inicial de bola de Beto	$A + B + C = 39$ $(B - 5) + B + (B - 4) = 39$ $3B - 9 = 39$ $3B = 48$ $B = 16$

Resposta: Beto, antes das trocas, tinha 16 bolas de gude.

Gabarito: E

QUESTÃO RÁPIDA

299. ***(FCC – TRF 4ª Região – Analista Judiciário Área Judiciária – 2019)*** *Alberto, Breno e Carlos têm, ao todo, 40 figurinhas. Alberto e Breno têm a mesma quantidade de figurinhas e Carlos tem a metade da quantidade de figurinhas de Breno. A quantidade de figurinhas que Alberto e Carlos têm juntos é*

(A) 16

(B) 8

(C) 24

(D) 32

(E) 20

▶ Comentários

Os protagonistas são Alberto (A), Breno (B) e Carlos (C).

Enunciado	Equações
Alberto, Breno e Carlos têm, ao todo, 40 figurinhas. Alberto e Breno têm a mesma quantidade de figurinhas e Carlos tem a metade da quantidade de figurinhas de Breno.	$A + B + C = 40$ $A = B$ $C = B/2$ ou $C = A/2$

Primeiro a quantidade de figurinhas de Alberto.

Alberto (A)	$A + B + C = 40$ $A + A + A/2 = 40$ $2A + 2A + A = 80$ $5A = 80$ $A = 16$

A quantidade de figurinhas de Carlos.

Carlos (C)	$A + B + C = 40$ $16 + 16 + C = 40$ $C = 8$

Resposta: A quantidade de figurinhas que Alberto e Carlos têm juntos é igual a 24.

Gabarito: C

QUESTÃO PASSO A PASSO

300. ***(FCC – TRF 4ª Região – Analista Judiciário Área Judiciária – 2019)*** *Em um jogo de pôquer, independentemente do valor das fichas, uma ficha preta equivale a 5 fichas verdes, uma verde equivale a duas azuis, uma azul equivale a 2 vermelhas e uma vermelha a 5 brancas. Dessa forma, 8 fichas verdes são equivalentes a*

(A) *1 preta, 5 azuis e 2 vermelhas.*

(B) *1 preta, 5 azuis e 5 brancas.*

(C) *1 preta, 5 azuis e 15 brancas.*

(D) *10 azuis, 10 vermelhas e 5 brancas.*

(E) *10 azuis, 15 vermelhas e 10 brancas.*

▶ Comentários

Para este jogo de pôquer, especificamente, as relações entre fichas são.

Enunciado	Equações
Uma ficha preta equivale a 5 fichas verdes, uma verde equivale a duas azuis, uma azul equivale a 2 vermelhas e uma vermelha a 5 brancas.	$P = 5V$ $V = 2A$ $A = 2R$ $R = 5B$

Onde:

- P = Preta.
- V = Verde.
- A = Azul.
- R = Vermelha (Red).
- B = Branca.

Uma vez que a quantidade de fichas verdes disponíveis comportam diferentes modos de substituição por outras fichas, mantendo a mesma correspondência, em termos de valores, vamos trabalhar em conjunto com as alternativas.

Com as 8 fichas verdes, testaremos, à princípio, as equivalências conforme descrevem as alternativas A, B e C.

1 ficha preta	P = 5V	Restam 3 verdes

Das oito fichas verdes, excluímos 5 por serem equivalentes a uma ficha preta. Das 3 restantes, a equivalência será em relação às fichas azuis.

5 fichas azuis	V = 2A 2,5V = 5A	Resta 0,5 verde

As azuis equivalem à metade do valor das fichas verdes, logo, para 5 fichas azuis excluímos 2,5 verdes. Restou o correspondente à metade do valor de uma ficha verde.

2 fichas vermelhas	V = 2A = 4R 0,5V = 1A = 2R	Resto zero

O valor de meia ficha verde corresponde a uma ficha azul que, por sua vez, corresponde a duas fichas vermelhas.

Resposta: 8 fichas verdes são equivalentes a 1 preta, 5 azuis e 2 vermelhas.

Gabarito: A

QUESTÃO RÁPIDA

301. ***(FCC – TRF 4ª Região – Técnico Judiciário Área Administrativa – 2019)*** *Maria tem 3 anos de diferença do seu irmão mais velho. Daqui a 9 anos o produto das idades de ambos irá aumentar 288 unidades. A idade de Maria é*

(A) 10

(B) 11

(C) 20

(D) 12

(E) 9

▶ **Comentários**

Maria é mais nova que seu irmão.

Enunciado	Equações
Maria tem 3 anos de diferença do seu irmão mais velho.	M + 3 = I

Onde:

- M = Idade de Maria.
- I = Idade do irmão de Maria.

Enunciado	Equações
Daqui a 9 anos o produto das idades de ambos irá aumentar 288 unidades.	$(M + 9) . (I + 9) = MI + 288$

Atenção ao enunciado. Foi dito que "*daqui a 9 anos o produto das idades de ambos irá aumentar 288 unidades*", diferente de "daqui a 9 anos o produto das idades de ambos é igual a 288".

Ainda sobre esta última equação, é possível tratá-la ainda mais.

Desenvolver a equação	$(M + 9) . (I + 9) = MI + 288$ $MI + 9M + 9I + 81 = MI + 288$ $9M + 9I = 207$ $9(M + I) = 207$ $M + I = 23$

Pronto, duas equações e duas incógnitas.

Na primeira equação a incógnita I está isolada. Aproveitaremos para substituir na outra equação.

Substituir o valor de (I)	$M + I = 23$ $M + (M + 3) = 23$ $2M = 23 - 3$ $M = 20/2$ $M = 10$

Resposta: Hoje Maria tem 10 anos.

Gabarito: A

QUESTÃO PASSO A PASSO

302. ***(FCC – TRF 4ª Região – Técnico Judiciário Área Administrativa – 2019)*** *Lívia leu um livro nas férias em 4 dias. No 1º dia, leu um terço do livro. No 2º dia, leu um terço do que faltava. No 3º dia, leu 10 páginas a mais do que tinha lido no 2º dia. No 4º dia, Lívia leu as 30 páginas que faltavam para acabar o livro. O número de páginas do livro de Lívia é*

(A) 240

(B) 180

(C) 150

(D) 480

(E) 360

▶ Comentários

O livro foi lido por Lívia em 4 dias, sendo que:

Enunciado	Equação
No 1º dia, leu um terço do livro.	1º dia (A) = 1/3 de X A = X/3

1º dia está representado pela letra A e a incógnita X corresponde à quantidade total de páginas do livro.

Enunciado	Equação
No 2º dia, leu um terço do que faltava.	2º dia (B) = 1/3 de 2/3 de X B = 2X/9

No 2º dia, representado pela letra B, restavam 2/3 do livro para serem lidos. Lívia leu 1/3 destes 2/3.

Enunciado	Equação
No 3º dia, leu 10 páginas a mais do que tinha lido no 2º dia.	3º dia (C) = B + 10 C = B + 10 C = 2X/9 + 10

Apenas o acréscimo de 10 páginas à quantidade B (lida no dia anterior).

Enunciado	Equação
No 4º dia, Lívia leu as 30 páginas que faltavam para acabar o livro.	4º dia (D) = 30 D = 30

Vamos somar os quatro dias e analisar a equação resultante deste somatório.

Número de páginas do livro (X)	X = A + B + C + D X = X/3 + 2X/9 + 2X/9 + 10 + 30
mmc = 9	9X = 3X + 2X + 2X + 90 + 270 9X – 7X = 360 2X = 360 X = 180

Resposta: O livro de Lívia tem 180 páginas.

Gabarito: B

QUESTÃO RÁPIDA

303. ***(FCC – TRF 4ª Região – Técnico Judiciário Área Administrativa – 2019)*** *Há uma maçã verde, uma maçã vermelha e uma laranja. Deve-se verificar quanto cada fruta pesa, mas só podem ser pesadas duas a duas. As maçãs verde e vermelha juntas pesam 450 g, a maçã verde e a laranja juntas pesam 390 g, a maçã vermelha e a laranja juntas pesam 360 g. A maçã vermelha pesa*

(A) 220 g
(B) 210 g
(C) 205 g
(D) 215 g
(E) 225 g

▶ Comentários

Temos os pesos das frutas duas a duas.

Enunciado	Equações
As maçãs verde e vermelha juntas pesam 450 g, a maçã verde e a laranja juntas pesam 390 g, a maçã vermelha e a laranja juntas pesam 360 g.	V + R = 450 V + L = 390 R + L = 360

Onde:

- V = Maça verde.
- R = Maça vermelha (red).
- L = Laranja.

O que vai responder a questão é o peso da maça vermelha (R) e, para evitar cálculos desnecessários, manteremos essa incógnita (R) em uma equação e substituiremos as outras incógnitas (V) e (L).

Isolar V	Substituir o valor de V
V + L = 390 V = 390 – L	V + R = 450 390 – L + R = 450

Repetimos o procedimento com a última equação com o objetivo de eliminar a incógnita L.

Isolar	Substituir o valor de L
R + L = 360 L = 360 – R	390 – L + R = 450 390 – (360 – R) + R = 450 30 + R + R = 450 R = 420/2 R = 210

Resposta: A maçã vermelha pesa 210 g.

Gabarito: B

QUESTÃO RÁPIDA

304. ***(FCC – TRF 4ª Região – Técnico Judiciário Tecnologia da Informação – 2019)*** *Célia possui 8 gatos. Ela gasta 2 latas inteiras mais 1/4 de lata de comida para cada 4 gatos por dia. O número de latas que Célia deve comprar para alimentar todos os seus gatos por 30 dias é*

(A) 68

(B) 135

(C) 75

(D) 128

(E) 150

▶ Comentários

O texto da questão indica ser uma questão de proporcionalidade.

Enunciado	Observação
Célia possui 8 gatos. Ela gasta 2 latas inteiras mais 1/4 de lata de comida para cada 4 gatos por dia.	Para 4 gatos: 2 latas e 1/4. Para 8 gatos: 4 latas e 1/2.

Por dia, Célia gasta 4,5 latas de comida para alimentar seus 8 gatos.

Para 30 dias	30 dias = 4,5 . 30 30 dias = 135

Resposta: Célia deve comprar 135 latas de comida para alimentar todos os seus gatos por 30 dias.

Gabarito: B

QUESTÃO RÁPIDA

305. ***(FCC – TRF 4ª Região – Técnico Judiciário Tecnologia da Informação – 2019)*** *Uma empresa levará seus funcionários ao teatro. O grupo é formado por 240 funcionários e, dentre eles, há pessoas com mais de 60 anos. No teatro há 2 tipos de ingressos: normal ao preço de R$ 50,00; com desconto, para quem tem mais de 60 anos, por R$ 25,00. O gasto da empresa com os ingressos para os funcionários que têm mais de 60 anos foi 1/11 do gasto total. O valor gasto, em reais, com os demais funcionários foi de*

(A) 12.000,00

(B) 11.000,00

(C) 10.000,00

(D) 8.000,00

(E) 5.000,00

▶ Comentários

Serão comprados 240 ingressos para o teatro aos preços de R$ 50,00 (normal) e de R$ 25,00 (com desconto).

Por esse resumo extraímos uma primeira equação: N + D = 240.

Onde:

- N = Quantidade de ingressos com preço normal.
- D = Quantidade de ingressos com desconto.

Enunciado	Observação
O gasto da empresa com os ingressos para os funcionários que têm mais de 60 anos foi 1/11 do gasto total.	25D = (25D + 50N) / 11 275D = 25D + 50N 250D = 50N

Ou seja, o valor pago pelos ingressos com desconto (25,00 . D) corresponde a um onze avos do valor total pago pelos ingressos (25,00 . D + 50,00 . N).

Isolar a incógnita D	N + D = 240 D = 240 – N
Substituir o valor de D na outra equação	250D = 50N 250(240 – N) = 50N 250 . 240 – 250N = 50N 300N = 250 . 240 N = (25 . 24) / 3 N = 200

Foram 200 funcionários com ingressos normais ao valor de R$ 50,00 cada. O gasto total foi de R$ 10.000,00.

Resposta: A empresa gastou R$ 10.000,00 na compra de ingressos normais.

Gabarito: C

QUESTÃO RÁPIDA

306. ***(Consulplan – TRE (RJ) – Técnico Judiciário Programação de Sistemas – 2017)*** *A lógica é um dos campos da filosofia, e pode ser considerada uma disciplina introdutória para qualquer estudo filosófico. Isso acontece porque a lógica lida com raciocínios e argumentos. Hoje em dia, temos a lógica tradicional e a lógica matemática ou simbólica. A lógica matemática desenvolveu-se graças aos avanços da lógica tradicional. A base da lógica tradicional foi formulada pelo filósofo grego Aristóteles e foi reelaborada durante a Idade Média. Na segunda metade do século XIX, a lógica teve um enorme desenvolvimento até chegar a seu estágio atual, a lógica matemática ou simbólica. Para todo e qualquer valor de x, tem-se* $-2x^2 - x + 1 < 0$ *a proposição funcional "para todo e qualquer valor de x será verdadeira", se x for um número real*

(A) $-1 < x < 1/2$.

(B) *menor que –1 e maior que 1/2.*

(C) *maior que –1 e menor que 1/2.*

(D) *menor que –1 e menor que 1/2.*

▶ Comentários

A introdução é interessante, discorre sobre lógica, seu precursor Aristóteles e o avanço até os dias atuas, lógica matemática ou simbólica, entretanto, é irrelevante para resolver o problema: Uma inequação de segundo grau.

- $-2X^2 - X + 1 < 0$

A inequação de segundo grau resolvemos como se fosse uma equação de segundo grau.

Discriminante (delta).	$\Delta = b^2 - 4ac$ $\Delta = (-1)^2 - 4(-2)(1)$ $\Delta = 1 + 8$ $\Delta = 9$
Desenvolver a fórmula para x.	$x = \frac{-b \pm \sqrt{\Delta}}{2a}$ $x = \frac{-(-1) \pm \sqrt{9}}{2\,(-2)}$ $x = \frac{1 \pm 3}{-4}$

São duas raízes possíveis.

Calcular a raiz x'.	$x' = \frac{1+3}{-4}$ $x' = -1$
Calcular a raiz x''.	$x'' = \frac{1-3}{-4}$ $x'' = 1/2$

Resultado da inequação. Para "a" negativo, parábola virada para baixo.

Raízes	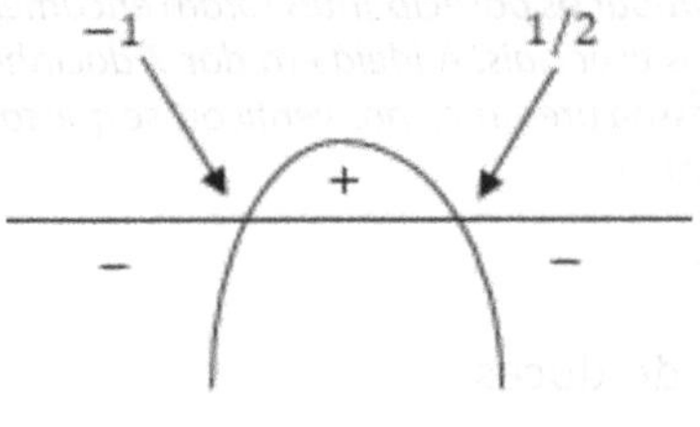

Os resultados de interesse são os negativos porque a inequação aponta valores menores que zero: $-2x^2 - x + 1 < 0$, portando externos à parábola.

- x menores que -1
- x maiores que 1/2

Resposta: Os valores de x que satisfazem a inequação são os menores que -1 **ou** maiores que 1/2.

Existe uma pequena imperfeição na alternativa B por usar o conectivo "e" quando o correto seria "ou".

Gabarito: B

QUESTÃO PASSO A PASSO

307. *(FCC – TRT (AM e RR) 11ª Região – Técnico Judiciário Área Administrativa – 2017)* *Na festa de fim de ano de uma empresa estavam presentes **X** pessoas. Para agradar os participantes foram encomendados docinhos especiais. A ideia era dar 7 docinhos para cada pessoa presente, mas verificou-se que faltariam 19 docinhos. Se fossem dados 6 docinhos para cada pessoa, sobrariam 98 docinhos. O número de docinhos que haviam sido encomendados para essa festa era igual a*

(A) 800.

(B) 750.

(C) 600.

(D) 950.

(E) 100.

► Comentários

São muitas as questões cuja interpretação e tradução do que se lê em números ou equações é suficiente para entregar pronta a resolução.

Na prática, vamos, passo a passo, enfrentar o enunciado da questão.

*Na festa de fim de ano de uma empresa estavam presentes **X** pessoas.*	X = Total de pessoas

Apenas a denominação X para a quantidade de pessoas presentes na festa de final de ano.

Para agradar os participantes foram encomendados docinhos especiais. A ideia era dar 7 docinhos para cada pessoa presente, mas verificou-se que faltariam 19 docinhos.	T = 7X – 19

Onde:

- T = Total de doces.
- X = Quantidade de pessoas.

Contextualizando, ao multiplicar a quantidade de docinhos (X) por 7 e subtrair aqueles que faltaram, igual a 19, chegamos ao total de docinhos. Isto é o que foi dito no enunciado e transformado na equação, no quadro acima.

Na sequência do enunciado.

Se fossem dados 6 docinhos para cada pessoa, sobrariam 98 docinhos.	T = 6X + 98

Aqui a quantidade de docinhos por pessoas é igual a 6 e sobraram 98, por isso, mais 98 na equação.

Vejam que o valor total (T) de docinhos não se altera e, por ser o ponto comum entre as duas equações, podemos igualar as expressões de ambas as equações.

T = 7X – 19 **T = 6X + 98**	$7X - 19 = 6X + 98$ $7X - 6X = 98 + 19$ $X = 117$

Para o total de docinhos, substituir o valor de X em qualquer das equações montadas.

Total de docinhos	$T = 6X + 98$ $T = (6 . 117) + 98$ $T = 702 + 98$ $T = 800$

Resposta: O número de docinhos encomendados para essa festa foi igual a 800.

Gabarito: A

2.5. Porcentagem

A porcentagem é uma razão, ou seja, é uma fração que tem como característica a base 100. Quando escrito de modo formal, o número é acompanhado pelo símbolo da porcentagem "%".

A razão centesimal ou fração de base 100 tem o denominador com esse valor. O número decimal é o quociente (resultado) da fração centesimal. Assim, a porcentagem pode ser representada por:

Razão centesimal	Número decimal	Porcentagem
0,5/100	0,005	0,5%
1/100	0,01	1%
4,3/100	0,043	4,3%
25/100	0,25	25%
100/100	1	100%
650/100	6,5	650%
1200/100	12	1200%

O mais importante, em se tratando de porcentagem, é a identificação da base sobre a qual será aplicado o índice.

Podemos dizer, por exemplo, que um comerciante comprou uma mercadoria pelo custo X e pretende vender a um preço Y de tal forma que obtenha um lucro de 30% sobre o preço de venda. Neste caso, o índice percentual deve ser aplicado sobre o valor Y, ou seja, valor de venda.

No mesmo exemplo, o examinador poderia mencionar lucro sobre o custo. Então, o percentual seria aplicado sobre o valor X, ou seja, valor da compra despendido pelo comerciante.

Nas duas situações propostas para o mesmo exemplo os resultados serão distintos.

Vamos repetir várias vezes esse conceito ao longo das resoluções de questões, inclusive, a seguir a Fundação Getulio Vargas - FGV cobrou exatamente esse conceito.

QUESTÃO PASSO A PASSO

308. ***(FGV - TRT (MA) 16ª Região - Técnico Judiciário Área Administrativa - 2022)*** *No ano de 2020, uma empresa que vende caixas de fósforos anunciou a redução do número de palitos de cada caixa de 240 palitos para 200 palitos e incluiu a informação de que a redução foi de 40 fósforos ou 20%.*

A informação contida no rótulo da caixa de fósforos

(A) *está correta.*

(B) *está errada, porque a redução foi de 40%.*

(C) *está errada, porque a redução foi de, aproximadamente, 22,5%.*

(D) *está errada, porque a redução foi de, aproximadamente, 16,7%.*

(E) *está errada, porque a redução foi de, aproximadamente, 83,3%.*

▶ Comentários

A informação da empresa: "*redução foi de 40 fósforos ou 20%*".

Em relação à quantidade, valor absoluto, não há o que questionar, entretanto, o percentual tem que considerar a base sobre a qual incidirá e, apesar da empresa não mencionar explicitamente, entendemos que o percentual de redução aplica-se à quantidade original.

Então, pela informação percentual temos:

Redução de 20%	240 fósforos – 20% (de 240) 240 – 0,2 . 240 240 – 48 192

Concluímos que a informação não condiz com a realidade. O percentual correto seria:

Relação quantidade de fósforos	240 fósforos → 100% 40 fósforos → x%
Percentual de Redução	240x = 100 . 40 x = 4000 / 240 x = 16,67

A redução de 40 fósforos equivale a 16,67% em relação à quantidade que havia anteriormente na caixa.

Resposta: A informação contida no rótulo da caixa de fósforos está errada porque a redução foi de, aproximadamente, 16,7%

Gabarito: D

2.5.1. Fator de multiplicação

O fator de multiplicação é um número decimal que permite o cálculo, de forma direta, do valor resultante de um acréscimo percentual ou desconto percentual.

Descrição	Fator
Fator de multiplicação para aumento percentual:	FM = 1 + Porcentagem
Fator de multiplicação para desconto percentual:	FM = 1 – Porcentagem

Atentar para o fato de que porcentagem é representada na forma decimal.

Veja alguns exemplos de fator de multiplicação.

Porcentagem	Número decimal	Fator para acréscimo	Fator para desconto
0,2%	0,002	1,002	0,998
5%	0,05	1,05	0,95
36%	0,36	1,36	0,64
89%	0,89	1,89	0,11

QUESTÃO PASSO A PASSO

309. ***(FCC – TRT (GO) 18ª Região – Técnico Judiciário Área Administrativa – 2023)*** *O aluguel do apartamento em que João mora custa R$ 1.300,00 por mês acrescido do valor de R$ 400,00, que corresponde às despesas do condomínio. João foi notificado que, a partir do próximo mês, o aluguel terá um reajuste de 5% e o valor do condomínio terá um reajuste de 13,5%. O acréscimo nas despesas de João com aluguel e condomínio no próximo mês será de:*

(A) 10,50%

(B) 7,00%

(C) 6,00%

(D) 12,50%

(E) 9,25%

▶ Comentários

João tem duas despesas com o apartamento, aluguel e condomínio, e cada uma delas com um índice de reajuste diferente.

Vejamos o reajuste de cada despesa aplicando o índice específico de reajuste.

Reajuste do Aluguel	Aluguel = 1300 Índice = 5%	1300 . 5% 1300 . 0,05 65
Reajuste do Condomínio	Condomínio = 400 Índice = 13,5%	400 . 13,5% 400 . 0,135 54

Os reajustes percentuais sobre determinado valor podem ser calculados separadamente. O valor a ser reajustado e somado ao principal ou por meio do fator de multiplicação cujo resultado contempla tanto o principal como o valor do reajuste.

Se aplicássemos o fator de multiplicação nos cálculos para o aluguel e condomínio do João, multiplicaríamos por 1,05 e 1,135 respectivamente.

A decisão entre calcular separadamente ou por meio do fator de multiplicação vai depender, principalmente, do resultado que você pretende obter ou o que a questão solicita. No caso, o interesse é o percentual de acréscimo, logo, desnecessário o valor final. Essa foi a razão pela qual optamos pelo cálculo apenas do valor do reajuste.

Para o percentual que buscamos, são necessários:

- Valor inicial das despesas = 1.700,00 (aluguel e condomínio).
- Valor do reajuste = 119,00 (sobre aluguel e condomínio).

Percentual de Reajuste (R)	R = 119/1700 R = 0,07

Resposta: O acréscimo nas despesas de João com aluguel e condomínio foi de 0,07 ou 7%.

Gabarito: B

2.5.2. Questões Variadas

QUESTÃO PASSO A PASSO

310. ***(Vunesp – TRF 3ª Região – Analista Judiciário Contadoria – 2024)*** *O preço unitário de venda de um produto, que era praticado em 2020, teve um único aumento, em 2021, de 10%. Em 2022, foi concedido, sobre o preço de venda reajustado em 2021, um único desconto de 5%. É correto afirmar que o desconto concedido em 2022 correspondeu, do preço do produto que era praticado em 2020, a:*

(A) 6,5%

(B) 5,5%

(C) 4,5%

(D) 5,0%

(E) 6,0%

► Comentários

O preço do produto não foi informado, por isso e por se tratar de uma questão sobre porcentagem, o melhor é assumir um valor para o preço unitário do produto em 2020, igual a R$ 100,00.

Atenção à sequência.

- *O preço unitário de venda de um produto, que era praticado em 2020, teve um único aumento, em 2021, de 10%. Em 2022, foi concedido, sobre o preço de venda reajustado em 2021, um único desconto de 5%.*

Preço unitário em 2020	R$ 100,00
2021: Acréscimo de 10% 2022: Desconto de 5%	Fator de acréscimo = 1,1 Fator de desconto = 0,95

Aplicar o fator de acréscimo para 2021.

Fator de acréscimo = 1,1	100,00 . 1,1 = 110,00

Veja que não vamos aplicar o fator de desconto para o ano de 2022 porque o que nos foi solicitado tem relação com o valor descontado neste ano e não em relação ao preço final do produto.

Desconto (D) em 2022 = 5%	D = 110,00 . 5% D = 110,00 . 0,05 D = 5,50

A razão pela qual adotarmos o valor inicial igual a R$ 100,00 foi para evitar o cálculo de percentual aqui no final da questão. Uma vez que a base é 100 (para valor e para percentual), o desconto de 2022, igual a R$ 5,50 é equivalente ao percentual.

Resposta: O desconto concedido em 2022 correspondeu, do preço do produto que era praticado em 2020, a 5,5%.

Gabarito: B

QUESTÃO PASSO A PASSO

311. ***(FCC – TRT (GO) 18ª Região – Analista Judiciário Área Administrativa – 2023)*** *João trabalhou de janeiro a junho do ano X2 em uma empresa e recebeu no período um salário mensal médio de R$ 8.000,00. Os salários em janeiro e fevereiro foram iguais, mas em março o valor do salário teve um acréscimo de 10%, permanecendo esse valor até junho. O valor do salário de João em janeiro do ano X2 foi de:*

(A) R$ 7.000,00

(B) R$ 7.200,00

(C) R$ 7.700,00

(D) R$ 7.800,00

(E) R$ 7.500,00

▶ Comentários

A ideia, conforme estamos acostumados, é trabalhar cada trecho do enunciado iniciando pelo salário médio de João no primeiro semestre de X2.

Enunciado	Média (M)
João trabalhou de janeiro a junho do ano X2 em uma empresa e recebeu no período um salário mensal médio de R$ 8.000,00.	M = 8.000,00

Os salários desses seis meses não foram iguais.

Enunciado	Média (M)
Os salários em janeiro e fevereiro foram iguais, mas em março o valor do salário teve um acréscimo de 10%, permanecendo esse valor até junho.	Jan e Fev = X Mar, Abr, Mai, Jun e Jul = 1,1X

Tanto o salário de janeiro como o de fevereiro são iguais e, para representá-los, igualamos a X. Para os demais quatro meses, o valor X multiplicado pelo fator 1,1 que representa o acréscimo de 10%.

O valor de X será calculado por meio da fórmula da média que tem valor conhecido e igual a R$ 8.000,00. Lembrando que são 2 meses igual a X e outros 4 meses igual a 1,1X.

Média (M)	M = (2X + 4(1,1X)) / 6 8000 = (2X + 4,4X) / 6 8000 . 6 = 6,4X X = 48000 / 6,4 X = 7.500

Resposta: João recebeu, em janeiro do ano X2, o salário de R$ 7.500,00.

Gabarito: E

QUESTÃO PASSO A PASSO

312. ***(FCC – TRT (GO) 18ª Região – Analista Judiciário Área Administrativa – 2023)*** *Três candidatos A, B e C receberam um total de 400 votos em uma eleição em que 25% dos eleitores era do sexo feminino. Cada um dos três candidatos recebeu 1/3 do total de votos dos eleitores do sexo masculino. O candidato A recebeu 40% dos votos femininos; o candidato B obteve 10 votos a mais do que o candidato C. O total de votos do candidato menos votado foi:*

(A) 135

(B) 125

(C) 140

(D) 150

(E) 145

▶ **Comentários**

Inicialmente, antes da resolução propriamente dita, devemos entender e retirar do enunciado as informações disponibilizadas.

- Três candidatos A, B e C receberam um total de 400 votos em uma eleição em uma eleição em que 25% dos eleitores eram do sexo feminino.

A partir desse trecho formulamos duas equações.

- A + B + C = 400
- Mulheres = 400 . 25% = 400 . 0,25 = 100

Para continuar de maneira que o visual seja um facilitador para o entendimento e desenvolvimento do raciocínio, colocamos as informações em tabela.

	A	B	C	Total
Mulheres				100
Homens				
Total				**400**

Outras informações do enunciado.

- Cada um dos três candidatos recebeu 1/3 do total de votos dos eleitores do sexo masculino.

Por dedução, a partir do quadro anterior, a quantidade de votos dos eleitores masculinos é igual a 300 e cada terço dessa quantidade é igual a 100.

	A	**B**	**C**	**Total**
Mulheres				100
Homens	100	100	100	300
Total				**400**

- O candidato A recebeu 40% dos votos femininos; o candidato B obteve 10 votos a mais do que o candidato C.

A recebeu 40 votos e os outros 60 foram divididos entre os candidatos B e C. Como B recebeu 10 a mais que C, eles receberam 35 e 25 respectivamente.

	A	**B**	**C**	**Total**
Mulheres	40	35	25	100
Homens	100	100	100	300
Total				**400**

Resta o somatório de cada candidato.

	A	**B**	**C**	**Total**
Mulheres	40	35	25	100
Homens	100	100	100	300
Total	**140**	**135**	**125**	**400**

Resposta: C foi o candidato menos votado e recebeu 125 votos.

Gabarito: B

QUESTÃO PASSO A PASSO

313. ***(FCC – TRT (GO) 18ª Região – Analista Judiciário Área Judiciária – 2023)*** *Um professor observou que em sua disciplina 70% dos alunos foram aprovados sem necessidade de fazer a prova de recuperação. Na prova de recuperação, ele verificou que compareceram apenas 90% dos reprovados na primeira avaliação e que todos os que compareceram foram aprovados. Sabendo-se que 3 alunos foram reprovados na disciplina, o total de alunos nessa disciplina era:*

(A) *80*

(B) *100*

(C) 70

(D) 200

(E) 120

▶ **Comentários**

Questão para ser resolvida passo a passo, diagramando cada informação.

Um professor observou que em sua disciplina 70% dos alunos foram aprovados sem necessidade de fazer a prova de recuperação.	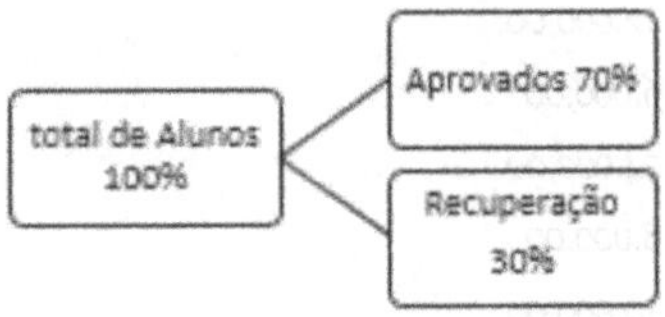

Conhecendo o percentual de alunos aprovados, 70%, é certo que o restante, 30%, ficaram em recuperação.

Na prova de recuperação, ele verificou que compareceram apenas 90% dos reprovados na primeira avaliação e que todos os que compareceram foram aprovados.	

A única quantidade de alunos, base para montar a equação matemática, refere-se ao não comparecimento na prova de recuperação. A equação segue a linha do diagrama até chegar na quantidade desses alunos.

Total de Alunos 100% = x	100%x . 30% . 10% = 3 x . 0,3 . 0,1 = 3 0,03x = 3 x = 3/0,03 x = 300/3 x = 100

Resposta: O total de alunos nessa disciplina era igual a 100.

Gabarito: B

QUESTÃO RÁPIDA

314. ***(FCC – TRT (GO) 18ª Região – Analista Judiciário Área Judiciária – 2023)*** *Abelardo gasta sua renda mensal da seguinte maneira: metade da renda é destinada para gastos fixos, tais como moradia e supermercado. Para os gastos variáveis, como lazer, ele destina 25% da renda, e com saúde ele gasta 15% de sua renda. O restante ele destina à sua poupança. Se no mês de novembro Abelardo poupou R$ 1.200,00, sua renda nesse mês foi de*

(A) R$ 12.000,00

(B) R$ 6.000,00

(C) R$ 24.000,00

(D) R$ 8.000,00

(E) R$ 10.000,00

► Comentários

Todos os percentuais incidem sobre a renda.

- *Metade da renda é destinada para gastos fixos, tais como moradia e supermercado.*

  50% sobre a renda para gastos fixos.

- *Para os gastos variáveis, como lazer, ele destina 25% da renda, e com saúde ele gasta 15% de sua renda.*

  25% sobre a renda para lazer.

  15% sobre a renda para saúde.

- *O restante ele destina à sua poupança.*

  10% sobre a renda para poupança.

A soma dos percentuais (50%, 25% e 15%) é permitida porque a referência é a mesma. Para poupança coube a diferença para completar 100%.

Se no mês de novembro restaram R$ 1.200,00 para poupança, o que equivale a 10%, a dedução é imediata, sua renda foi de R$ 12.000,00.

Não fosse pelo percentual que permitiu o cálculo mental, o caminho seria a regra de três.

Proporção	Multiplicação Cruzada
10% 1200 100% → X	10X = 100 . 1200 X = (100 . 1200)/10 X = 12000

Resposta: A renda de Abelardo no mês de novembro foi de R$ 12.000,00.

Gabarito: A

QUESTÃO RÁPIDA

315. ***(FCC – TRT (GO) 18ª Região – Analista Judiciário Área Judiciária – 2023)*** *João recebeu um aumento de 2% em sua remuneração semanal e Maria, que ganhava o dobro de João antes do aumento de 2%, recebeu um aumento de 10% em sua remuneração semanal. A soma das duas remunerações semanais após os respectivos aumentos é de R$ 3.220,00. O valor da remuneração semanal de João antes do aumento era de*

(A) R$ 780,00

(B) R$ 720,00

(C) R$ 1.360,00

(D) R$ 1.200,00

(E) R$ 1.000,00

▶ Comentários

O resumo do que foi dito no enunciado está no quadro abaixo.

	Renda Anterior	% de reajuste	Renda Atual
João	X	2%	102% de X
Maria	2X	10%	110% de 2X
Total			3.220,00

Foi-nos solicitada a renda anterior de João, a qual denominamos X. E notem como o quadro acima, que não apresenta nada além do que está disposto no enunciado, facilita encontrar o caminho até a resposta.

A coluna de interesse é aquela que tem o valor total.

Equação Matemática	102% . X + 110% . 2X = 3.220,00 1,02X + 1,1 . 2X = 3.220,00 1,02X + 2,2X = 3.220,00 3,22X = 3.220,00 X = 1.000,00

Resposta: O valor da remuneração semanal de João antes do aumento era de R$ 1.000,00.

Gabarito: E

QUESTÃO PASSO A PASSO

316. ***(FCC – TRT (GO) 18ª Região – Analista Judiciário Área Judiciária – 2023)*** *João pediu emprestado R$ 1.000,00 a serem pagos em 30 dias com acréscimo de 10%, mas como pagou antes do prazo recebeu desconto de 5% sobre o valor que deveria pagar. O valor pago pelo empréstimo foi de:*

(A) R$ 1.105,00

(B) R$ 1.005,00

(C) R$ 1.045,00

(D) R$ 1.255,00

(E) R$ 1.095,00

▶ Comentários

O valor de partida referente ao empréstimo feito por João é um número fácil de ser trabalhado e sobre ele incidem dois percentuais, um de acréscimo outro de decréscimo.

A descrição com relativa simplicidade do valor e dos percentuais justifica a aplicação direta sem utilização dos fatores de multiplicação, tanto para aumento como para redução dos percentuais.

Resolução pela forma direta.

Empréstimo	Acréscimo 10%	Valor Devido
R$ 1.000,00	1.000,00 . 10% 1.000,00 . 0,1 100,00	1.000,00 + 100,00 1.100,00

A referência sobre a qual aplica-se o percentual de desconto não é o valor inicial tomado emprestado, mas sim o tamanho da dívida se quitada em 30 dias.

Valor Devido	Desconto 5%	Valor Devido
R$ 1.100,00	1.100,00 . 5% 1.100,00 . 0,05 55,00	1.100,00 – 55,00 1.045,00

Caso prefira utilizar o fator de multiplicação, o que aconselhamos, porque a sua prova pode apresentar uma sequência com vários acréscimos ou decréscimos percentuais e não apenas dois. Segue a resolução:

- Fator de acréscimo 10% = 100% + 10% = 1,1
- Fator de decréscimo 5% = 100% + 5% = 0,95

Valor Pago (P)	P = 1000 . 1,1 . 0,95 P = 1045

Resposta: O valor pago pelo empréstimo foi de R$ 1.045,00.

Gabarito: C

QUESTÃO RÁPIDA

317. ***(FCC – TRT (AC e RO) 14ª Região – Analista Judiciário Área Judiciária – 2022)*** *Um produto foi oferecido com 12% de desconto sobre o preço de tabela. Um cliente pediu que o preço de tabela fosse reduzido em R$ 85 e, só depois, fosse dado o desconto de 12%. Com a proposta aceita, o cliente pagou R$ 715 no produto. O preço de tabela desse produto está compreendido entre*

(A) R$ 852 e R$ 901.

(B) R$ 902 e R$ 951.

(C) R$ 1.052 e R$ 1.101.

(D) R$ 1.002 e R$ 1.051.

(E) R$ 952 e R$ 1.001.

▶ Comentários

O enunciado descreve exatamente uma equação matemática, o trabalho é fazer a conversão daquilo que se lê em números.

Enunciado	Valor de tabela (X)
Um cliente pediu que o preço de tabela (X) fosse reduzido em R$ 85 e, só depois, fosse dado o desconto de 12%. Com a proposta aceita, o cliente pagou R$ 715 no produto.	(X – 85) . 0,88 = 715

Observe que o desconto de 12% está na equação como fator de multiplicação (100% - 12% = 88% = 0,88).

Daí, resolvemos a equação.

Valor de X	(X – 85) . 0,88 = 715 0,88X – 74,80 = 715 0,88X = 789,8 X = 897,50

Resposta: O preço de tabela do produto é igual a R$ 897,50.

Gabarito: A

QUESTÃO PASSO A PASO

318. ***(FCC – TRT (AC e RO) 14ª Região – Analista Judiciário Área Administrativa – 2022)*** *Uma dívida de R$ 81.400,00 foi negociada para ser paga em duas parcelas, a primeira no momento da assinatura do acordo e a segunda 30 dias depois. Sobre a segunda parcela incidirão juros de 3,5% sobre o saldo devedor. Após decidido o valor a ser pago no momento da assinatura do acordo, constatou-se que as parcelas seriam iguais, valores esses iguais a*

(A) R$ 42.000,00

(B) R$ 41.400,00

(C) R$ 41.800,00

(D) R$ 40.700,00

(E) R$ 42.100,00

▶ Comentários

O assunto é específico, matemática financeira, e descreve o pagamento em duas parcelas iguais, uma à vista e a outra 30 dias após, sendo que os juros incidem apenas sobre esta segunda parcela.

A proposta de resolução passa por colocar as duas parcelas no mesmo momento.

Parcelas	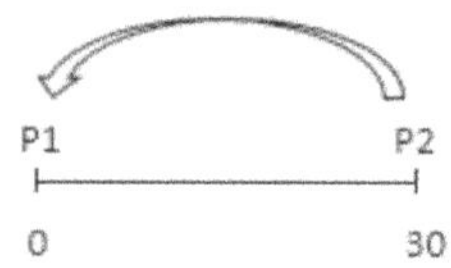

Ao trazer a segunda parcela, P2, para a data zero, descontamos os juros do período. o somatório das duas parcelas é igual a R$ 81.400,00.

Para o retorno de P2 para a data zero, faremos a divisão por 1,035 (fator: 100% do capital + 3,5% dos juros), então estaremos diante de uma equação.

Equação: Parcelas no tempo zero	P1 + P2/1,035 = 81400
mmc = 1,035	1,035P1 + P2 = 81400 . 1,035
Para não confundir, considerar: P1 = P2 = P	2,035P = 82249 P = 82249 / 2,035 P = 41400

Professor, no lugar da <u>divisão por 1,035</u> é possível <u>multiplicar por 0,965</u> (100% - 3,5% = 96,5%)?

Não, porque o produto por 0,965 está considerando como base o tempo "30 dias", ou seja, o índice de juros está sendo aplicado sobre o momento futuro, quando o correto e incidir sobre o valor no tempo zero.

Resposta: A dívida vai ser paga em duas parcelas iguais de R$ 41.400,00.

Gabarito: B

QUESTÃO RÁPIDA

319. ***(FCC – TRT (PR) 9ª Região – Técnico Judiciário Área Administrativa – 2022)*** *João e Gilberto são muito amigos. Quando Gilberto pediu um empréstimo sem juros a João, este concordou e deu-lhe 25% do que tinha na poupança. Gilberto já pagou 80% do valor emprestado e ainda faltam R$ 100,00. Antes de emprestar o dinheiro a Gilberto, o saldo da poupança de João, em reais, era*

(A) 2.000,00.

(B) 500,00.

(C) 3.000,00.

(D) 3.500,00.

(E) 5.000,00.

► Comentários

A primeira relação refere-se a quantia que João retira da poupança, 25% do saldo existente.

Do valor emprestado a Gilberto, 80% está pago, logo, o restante R$ 100,00 refere-se ao percentual de 20%.

Dispomos de material para uma regra de três.

Valor que João emprestou a Gilberto	20% → R$ 100,00 100% → x
Multiplicação cruzada	20x = 100 . 100 x = 100 . 5 x = 500

Conhecido o valor do empréstimo, passamos para o saldo inicial da poupança de João.

Saldo da poupança de João	25% → R$ 500,00 100% → x
Multiplicação cruzada	25x = 500 . 100 x = 500 . 4 x = 2000

Resposta: Antes de emprestar o dinheiro a Gilberto, o saldo da poupança de João, em reais, era de R$ 2.000,00.

Gabarito: A

QUESTÃO RÁPIDA

320. ***(FCC – TRT (PR) 9ª Região – Técnico Judiciário Área Administrativa – 2022)*** *Aldo, Bernardo e Cristiano são corretores de imóveis e combinaram de dividir a comissão de uma venda da seguinte maneira: metade da comissão cabe a Aldo e a outra metade será dividida em partes iguais entre Bernardo e Cristiano. A comissão total da venda será de 4% sobre o valor do imóvel, que é de R$ 810.000,00. A comissão de Bernardo será, em reais, de*

(A) 12.000,00.

(B) 8.100,00.

(C) 3.000,00.

(D) 7.500,00.

(E) 1.000,00.

► Comentários

Para a divisão da comissão e valor a ser destinado a Bernardo, uma única equação satisfaz, considerando que do total da comissão, 25% é a parte que cabe a ele.

Comissão de Bernardo (B)	B = (4% . 810000) . 25% B = (0,04 . 810000) . 0,25 B = 32400 . 0,25 B = 8100

Resposta: A comissão de Bernardo será de R$ 8.100,00.

Gabarito: B

QUESTÃO RÁPIDA

321. ***(FCC – TRT (PI) 22ª Região – Analista Judiciário Área Administrativa – 2022)*** *Dois jogadores resolveram participar do seguinte jogo: lançam uma moeda e cada um aposta R$ 10,00 em uma das faces da moeda. Quem acertar a face que aparece em um determinado lançamento recebe 85% do valor total apostado e o restante será doado para um hospital de caridade. Os apostadores doaram R$ 21,00 para o hospital. O número de vezes que os jogadores lançaram a moeda foi*

(A) 7.

(B) 9.

(C) 14.

(D) 8.

(E) 4.

▶ Comentários

Faremos o caminho inverso porque o valor da doação é conhecido, igual a R$ 21,00, e sabemos que refere-se a 15% sobre o valor de cada rodada do jogo.

Valor doado e valor total apostado	15% → R$ 21,00 100% → x
Multiplicação Cruzada	15x = 21 . 100 x = 2100 / 15 x = 140

Foram apostados R$ 140,00 e desses, 85% retornou aos apostadores conforme suas apostas acertadas e 15% foram doações.

Considerando o total de R$ 140,00, entendemos a ocorrência de 7 lançamentos sendo, para cada lançamento a aposta de R$ 20,00 (cada jogador apostou R$ 10,00).

Resposta: Os jogadores lançaram a moeda 7 vezes.

Gabarito: A

QUESTÃO PASSO A PASSO

322. ***(FCC – TRT (PR) 9ª Região – Analista Judiciário Área Administrativa – 2022)*** *Em 2018, um museu registrou um público de 10,2 milhões de visitantes. Relativamente ao ano de 2017, registrou-se um aumento de 25% no número de visitantes. O número de pessoas que visitaram esse museu no ano de 2017 foi*

(A) 7.966.000.

(B) 8.160.000.

(C) 7.860.000.

(D) 7.960.000.

(E) 8.166.000.

▶ Comentários

A questão informa o público visitante de determinado museu no ano de 2018:

- 10,2 milhões.

O enunciado segue dizendo que para chegar a este número de visitantes, sobre o ano anterior, 2017, houve um aumento de 25%.

Importante prestar atenção no percentual de aumento de visitantes, este deve incidir sobre o ano de 2017 e não sobre o número de visitantes conhecido, 10,2 milhões, de 2018.

Se a base para a aplicação do índice de aumento percentual é o ano de 2017, podemos dizer que o número de visitantes de 2017 corresponde a 100% e do ano seguinte, 2018, corresponde a 125%, ou seja, houve um acréscimo de 25%.

Entendida esta relação, seguimos com a resolução por meio da regra de três.

Ano	Percentual	Visitantes
2017	100	X
2018	125	10,2 milhões

Outra opção seria, no lugar de 100%, usar 25%. Neste caso estaríamos calculando apenas o número de visitantes acrescido de um ano para o outro.

Multiplicação Cruzada	125x = 10,2 . 100 x = 1020 / 125 x = 8,16

O valor de x, igual a 8,16 milhões, é o número de visitantes de 2017.

Resposta: O número de pessoas que visitaram esse museu no ano de 2017 foi de 8.160.000.

Gabarito: B

QUESTÃO RÁPIDA

323. ***(FGV – TRT (PB) 13ª Região – Técnico Judiciário Área Administrativa – 2022)*** *Zuleide pagou uma conta atrasada com 5% de multa. O valor total, com a multa incluída, foi de R$ 294,00. O valor da multa foi de*

(A) R$ 14,00.

(B) R$ 14,70.

(C) R$ 15,20.

(D) R$ 15,80.

(E) R$ 16,40.

▶ Comentários

O valor pago por Zuleide corresponde a 100% da conta acrescido de 5% de multa, logo, o que ela pagou, R$ 294,00, corresponde ao somatório desses percentuais.

Valor total pago e valor da multa	105% → R$ 294,00 5% → x
Multiplicação Cruzada	105x = 5 . 294 x = 1470 / 105 x = 14

Resposta: O valor da multa foi de R$ 14,00.

Gabarito: A

QUESTÃO PASSO A PASSO

324. ***(FGV – TRT (PB) 13ª Região – Analista Judiciário Área Judiciária – 2022)*** *Flávio é engenheiro e seu salário é constituído de duas partes: 60% do valor bruto referem-se ao trabalho de escritório e 40%, pelas visitas às obras. Flávio foi promovido; com isso, a parte do seu salário referente a visitas às obras teve aumento de 100%, mas a outra parte permaneceu igual. Sobre o novo salário, a parte relativa ao trabalho de escritório representa, aproximadamente,*

(A) 37%.

(B) 39%.

(C) 41%.

(D) 43%.

(E) 45%.

▶ Comentários

Salário do engenheiro Flávio, conforme descrição no enunciado é de:

Seu salário é constituído de duas partes: 60% do valor bruto referem-se ao trabalho de escritório e 40%, pelas visitas às obras.	Escritório = 60% Obras = 40%

Facilite seu trabalho considerando um valor para o salário de Flávio, por exemplo, R$ 100,00.

Salário de Flávio	Constituição do Salário	Reajuste	Novo Salário
R$ 100,00	Escritório = $ 60,00 Obras = $ 40,00	Escritório = $ 0,00 Obras = $ 40,00	Escritório = $ 60,00 Obras = $ 80,00

O que fizemos foi criar um salário hipotético para Flávio que inicialmente era de R$ 100,00 e, após o reajuste, passou a R$ 140,00.

Este recurso, de atribuir valores quando só existem indicações em percentuais é uma forma interessante de resolver a questão e que o candidato pode lançar mão.

Então, o novo salário, hipotético, de Flávio é de R$ 140,00 e a parcela referente ao trabalho de escritório é de R$ 60,00 cujo percentual calculamos a seguir:

Percentual (P) do trabalho de escritório	P = 60 / 140 P = 0,428

A questão fala em resultado aproximado, então, cabe arredondamento.

Resposta: Sobre o novo salário, a parte relativa ao trabalho de escritório representa corresponde a 42,8%, arredondando, 43%.

Gabarito: D

QUESTÃO RÁPIDA

325. *(FCC – TRT (MT) 23ª Região – Técnico Judiciário Tecnologia da Informação – 2022)* *Carlos tem uma caixa com bolinhas de gude. O primo de Carlos perdeu quatro bolinhas de gude que estavam na caixa. Carlos verificou que o total de bolinhas da caixa se reduziu a 90% do que ele tinha na caixa. Nessas condições, é correto afirmar que o número de bolinhas na caixa antes da perda era*

(A) 40

(B) 60

(C) 80

(D) 32

(E) 44

▶ Comentários

Em outras palavras, 4 bolinhas de gude foram perdidas e a caixa passou a ter 90% do total original de bolinhas.

Ora, se 4 bolinhas equivalem a 10%, a caixa completa tinha 40 bolinhas de gude.

Resposta: O número de bolinhas na caixa antes da perda era igual a 40.

Gabarito: A

QUESTÃO PASSO A PASSO

326. *(FCC – TRT (MT) 23ª Região – Analista Judiciário Área Judiciária – 2022)* *Uma fábrica de ovos de Páscoa vende seus ovos para dois distribuidores e também os vende diretamente. Ao Distribuidor 1 oferece 40% de desconto no preço normal, ao Distribuidor 2 oferece 30% de desconto no preço normal e, nas vendas diretas, cobra o preço integral (sem desconto). A tabela a seguir mostra o número de unidades vendidas no ano passado.*

Distribuidor 1	Distribuidor 2	Venda Direta
10 000 unidades	12 000 unidades	5 000 unidades

Se a receita total da fábrica no ano passado foi de R$ 1.746.000,00, então o preço normal de um ovo de Páscoa dessa fábrica é:

(A) R$ 90,00
(B) R$ 95,00
(C) R$ 92,00
(D) R$ 100,00
(E) R$ 85,00

▶ Comentários

A fábrica de ovos de páscoa vende seus produtos por meio de distribuidores e venda direta ao consumidor a preços diferentes.

- Venda direta = X.
- Distribuidor 1 = 0,6X.
- Distribuidor 2 = 0,7X.

O preço normal de cada ovo de páscoa é igual a X, valor para as vendas diretas. Para os distribuidores 1 e 2 as vendas são com desconto de 40% e 30% respectivamente.

Quando aplicados os descontos, o valor de venda é a diferença entre o preço normal e o desconto, para o Distribuidor 1, por exemplo, 100% - 40% = 60% ou 0,6. Por isso chegamos ao preço de venda 0,6X.

O faturamento é resultado do produto das quantidades pelos valores unitários. Como não dispomos do valor normal do produto, inclusive é esse nosso objetivo, partimos do faturamento anual da fábrica para chegar no valor de cada ovo de páscoa.

Distribuidor 1	*Distribuidor 2*	*Venda Direta*
10 000 unidades	*12 000 unidades*	*5 000 unidades*

Acima as quantidades de unidades vendidas apresentadas no enunciado.

Considere:

- F = 1.746.000,00 = Faturamento Anual.
- D1 e D2 = Unidades vendidas aos distribuidores.

Faturamento Anual	(D1 . 0,6X) + (D2 . 0,7X) + (VD . X) = F (10000 . 0,6X)+(12000 . 0,7X)+(5000 . X) = 1746000 6000X + 8400X + 5000X = 1746000
Simplificar (por 1000)	6X + 8,4X + 5X = 1746 19,4X = 1746 X = 1746/19,4 X = 90

Resposta: O preço normal de um ovo de Páscoa da fábrica é R$ 90,00.

Gabarito: A

QUESTÃO PASSO A PASSO

327. ***(FGV – TRT (MA) 16ª Região – Analista Judiciário Área Judiciária – 2022)*** *Em um grupo de P pessoas, 54% são mulheres e as demais pessoas são homens. Trinta mulheres deixam o grupo e trinta novos homens passam a fazer parte do mesmo. Nesse novo grupo, os homens representam 61%. O valor de P é*

(A) 200.

(B) 220.

(C) 240.

(D) 250.

(E) 260.

▶ **Comentários**

Temos a seguinte formação do grupo.

Enunciado	**Conclusão**
Em um grupo de P pessoas, 54% são mulheres e as demais pessoas são homens.	Mulheres (M) = 54% de P = 0,54P Homens (H) = 46% de P = 0,46P

Do grupo original saíram 30 mulheres e entraram 30 homens. A quantidade P não alterou, apenas os percentuais de mulheres e homens.

- Percentual de homens passou a ser de 61%.
- Percentual de mulheres passou a ser de 39%.

As diferenças de percentuais, antes e depois, dos homens e das mulheres correspondem às quantidades alteradas.

30 mulheres equivalem a 15% de P (54% - 39% = 15%)	0,15P = 30 P = x

Note que a quantidade de homens alterou na mesma proporção (61% - 46% = 15%) visto serem 30 homens tal qual a quantidade de mulheres.

Resolvendo a proporcionalidade acima chegaremos ao total de pessoas (P) do grupo. Ainda poderíamos usar a proporcionalidade para obter as quantidades separadamente:

- Quantidades de mulheres antes e após as alterações.
- Quantidades de homens antes e após as alterações.

Sigamos com a regra de três.

Pessoas (P) do grupo	0,15x = 30 . 1 x = 30/0,15 x = 200

O grupo é formado por 200 pessoas.

Resposta: O valor de P é 200.

Gabarito: A

QUESTÃO RÁPIDA

328. ***(FGV – TRT (MA) 16ª Região – Analista Judiciário Área Judiciária – 2022)*** *Certo supermercado anunciou a promoção que se vê na foto a seguir:*

Esse desconto foi de, aproximadamente,

(A) 15%.

(B) 1,5%.

(C) 0,15%.

(D) 0,015%.

(E) 0,0015%.

► Comentários

Face às alternativas, apesar do percentual, o examinador está simplesmente cobrando a habilidade em fazer a operação básica da matemática: Divisão.

- Valor do Whisky = 189,90
- Valor do desconto = 0,27 (189,90 – 189,63)

Percentual de Desconto (D)	D = 0,27 / 189,90 D = 0,0015

Resposta: O percentual de desconto é de, aproximadamente, 0,0015 ou 0,15%.

Gabarito: C

QUESTÃO RÁPIDA

329. ***(FGV – TRT (MA) 16ª Região – Técnico Judiciário Área Administrativa – 2022)*** *Uma jarra está totalmente cheia de suco de laranja. Um quinto do conteúdo da jarra é colocado em uma caneca e o restante é dividido igualmente por 5 xícaras. Em relação à capacidade total da jarra, o conteúdo colocado em cada xícara corresponde a*

(A) 20%.

(B) 18%.

(C) 16%.

(D) 15%.

(E) 12%.

► **Comentários**

O suco de laranja foi assim distribuído:

Enunciado	Conclusão
Um quinto do conteúdo da jarra é colocado em uma caneca.	1/5 = 0,2 = 20%
O restante é dividido igualmente por 5 xícaras.	80% / 5 = 16%

Resposta: O conteúdo colocado em cada xícara corresponde a 16% da capacidade total da jarra.

Gabarito: C

QUESTÃO PASSO A PASSO

330. ***(FCC – TRT (BA) 5ª Região – Analista Judiciário Área Administrativa – 2022)*** *Na assembleia geral de um clube estavam presentes 60% dos associados. Uma proposta da diretoria foi aprovada por 55% dos presentes. Em relação ao total de associados, o número de votos favoráveis à proposta da diretoria corresponde a*

(A) 33% do total de associados.

(B) 36% do total de associados.

(C) 45% do total de associados.

(D) 47% do total de associados.

(E) 59% do total de associados.

► **Comentários**

Nos casos de porcentagem de porcentagem o resultado final é o produto das partes.

Na assembleia geral de um clube estavam presentes 60% dos associados. Uma proposta da diretoria foi aprovada por 55% dos presentes.

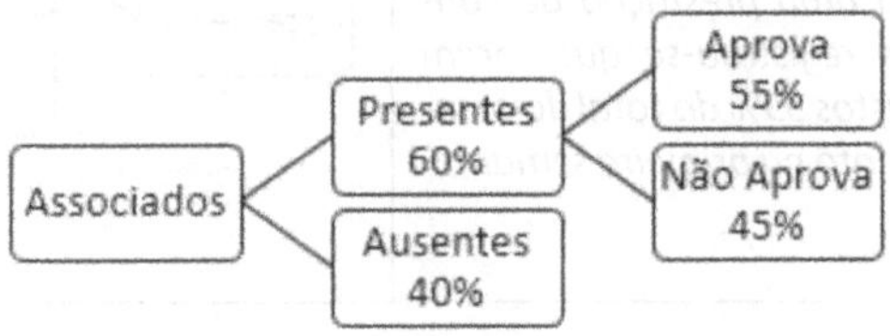

O entendimento é flagrante quando colocamos em fluxograma.

Seguir o fluxo e fazer o produto das partes

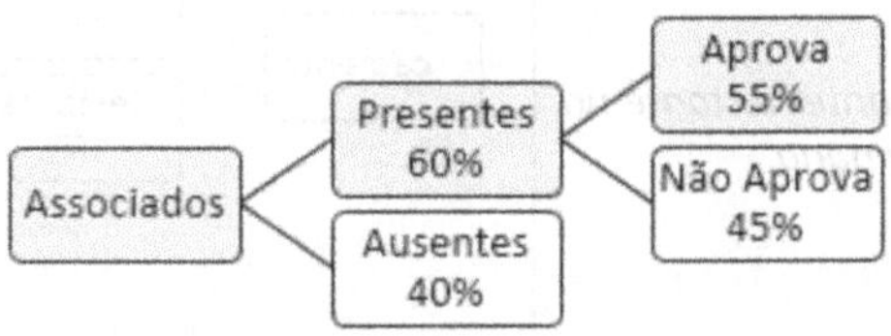

O percentual de associados que votaram pela aprovação da proposta foi de:

Percentual de Aprovação (A)	A = 60% . 55% A = 0,6 . 0,55 A = 0,33

Resposta: Em relação ao total de associados, o número de votos favoráveis à proposta da diretoria corresponde a 0,33 ou 33%.

Gabarito: A

QUESTÃO PASSO A PASSO

331. ***(FCC – TRT (BA) 5ª Região – Analista Judiciário Área Administrativa – 2022)*** *Em uma prestação de contas registrou-se que foram gastos 35% do total do orçamento na primeira semana, 20% da quantia restante na segunda semana e 25% do que ainda havia em caixa na terceira semana. Após esse último registro, verificou-se que restavam R$ 4.875,00 em caixa. O valor do orçamento inicial era de*

(A) R$ 10.000,00

(B) R$ 12.500,00

(C) R$ 14.000,00

(D) R$ 15.500,00

(E) R$ 17.000,00

▶ Comentários

Percentuais de gastos sucedem-se semana a semana formando um fluxo de gastos.

Em uma prestação de contas registrou-se que foram gastos 35% do total do orçamento na primeira semana.	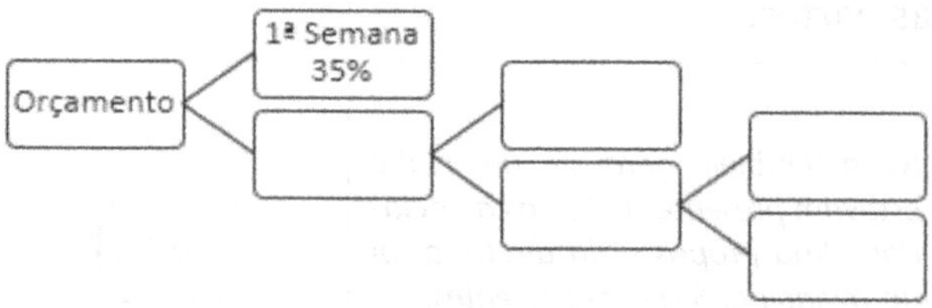

Seguem os gastos na segunda semana.

20% da quantia restante na segunda semana.	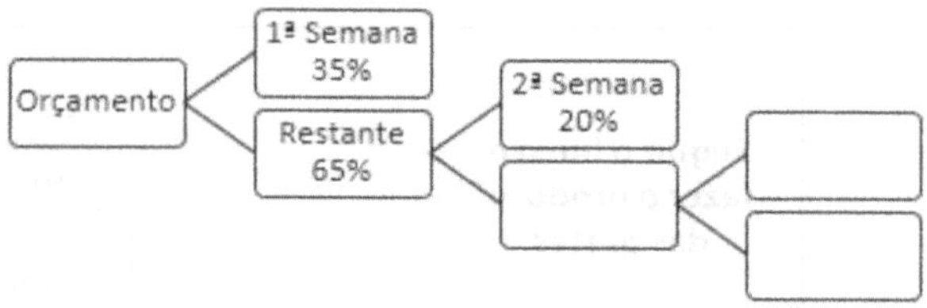

E os gastos na semana seguinte.

25% do que ainda havia em caixa na terceira semana.

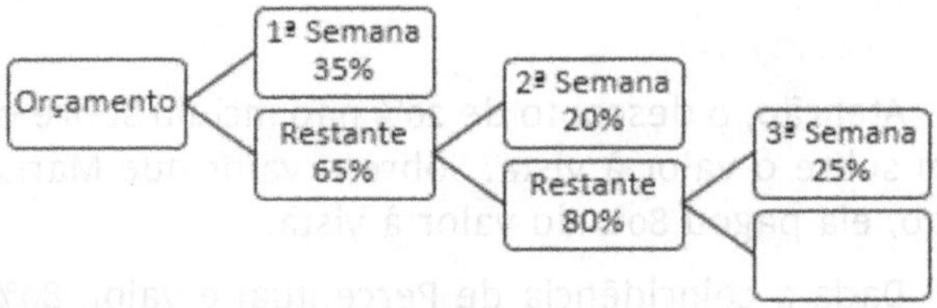

Ainda restou uma sobra em caixa.

Após esse último registro, verificou-se que restavam R$ 4.875,00 em caixa.

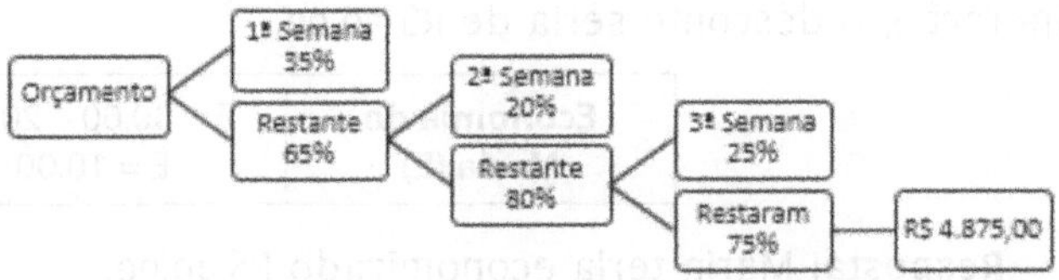

O orçamento inicial é o produto das partes do fluxo até o valor restante, que é a única referência em valor.

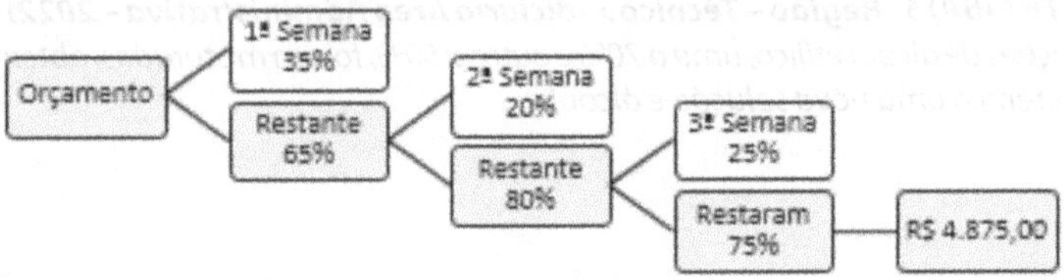

Traduzindo em equação:

Orçamento Inicial (X)	X . 65% . 80% . 75% = 4875 X . 0,65 . 0,8 . 0,75 = 4875 0,39X = 4875 X = 4875/0,39 X = 12500

Resposta: O valor do orçamento inicial era de R$ 12.500,00.

Gabarito: B

QUESTÃO RÁPIDA

332. ***(IBFC – TJ (MG) – Oficial Judiciário Oficial de Justiça – 2022)*** *Maria comprou um produto e pagou R$ 80,00 com 20% de desconto sobre o preço à vista. Nessas condições, se o desconto fosse de 30% sobre o preço à vista, então Maria teria economizado o valor de:*

(A) R$ 12,00

(B) R$ 20,00

(C) R$ 18,00

(D) R$ 16,00

(E) R$ 10,00

▶ Comentários

Atenção, o desconto de 20% não incidiu sobre o valor pago de R$ 80,00, mas sim sobre o valor à vista. Sobre o valor que Maria pagou foi descontado 20%, logo, ela pagou 80% do valor à vista.

Dada a coincidência de Percentual e valor, 80% e R$ 80,00, infere-se que o valor à vista do produto é igual a R$ 100,00.

Para o desconto de 30% sobre R$ 100,00, também desnecessário qualquer operação, o desconto seria de R$ 30,00.

Economia de Maria (E)	E = 30,00 – 20,00 E = 10,00

Resposta: Maria teria economizado R$ 10,00.

Gabarito: E

QUESTÃO RÁPIDA

333. ***(FCC – TRT (BA) 5ª Região – Técnico Judiciário Área Administrativa – 2022)*** *Quantidades iguais de soluções de álcool etílico, uma a 70% e outra a 50%, foram misturadas, obtendo uma nova solução. Obteremos uma nova solução e álcool a:*

(A) 55%

(B) 60%

(C) 65%

(D) 70%

(E) 75%

▶ Comentários

Imagine a hipótese em que temos 2 embalagens de 1 litro, sendo uma de solução de álcool etílico a 70% e a outra a 50%.

Ao juntar as duas embalagens passamos a ter 2 litros cujo percentual de álcool etílico passa de:

- 70% em 1 litro para 35% em 2 litros.
- 50% em 1 litro para 25% em 2 litros.

A nova solução passa a 60% de álcool etílico.

O que fizemos nada mais é senão a média aritmética simples entre os percentuais das soluções, 70% e 50%, igual a 60%.

Resposta: Obteremos uma nova solução de álcool a 60%.

Gabarito: B

QUESTÃO PASSO A PASSO

334. ***(FCC – TRT (ES) 17ª Região – Analista Judiciário Área Administrativa – 2022)*** *Alberto e mais quatro amigos recebem um salário médio mensal de R$ 6.000,00. A partir do próximo mês apenas Alberto recebeu um aumento de 10% e, com isso, a nova média salarial do grupo passou a ser R$ 6.180,00. O salário de Alberto, em reais, antes do aumento era de*

(A) 8.900,00

(B) 12.000,00

(C) 9.900,00

(D) 9.000,00

(E) 8.000,00

▶ **Comentários**

O assunto principal é média e, conjuntamente, trabalhamos com percentual.

Inicialmente, temos a média dos salários de Alberto e seus quatro amigos.

Alberto e mais quatro amigos recebem um salário médio mensal de R$ 6.000,00.	(A + 4X)/5 = 6000

Onde:

- A = Salário de Alberto.
- X = Salário dos quatro amigos.

O salário de Alberto foi reajustado o que provocou o aumento da média.

A partir do próximo mês apenas Alberto recebeu um aumento de 10% e, com isso, a nova média salarial do grupo passou a ser R$ 6.180,00.	(1,1A + 4X)/5 = 6180

O salário de Alberto está multiplicado pelo fator 1,1 considerando o aumento percentual de 10% sobre seu salário.

São duas equações, logo, um sistema de equações.

Isolar 4X	(A + 4X)/5 = 6000 A + 4X = 6000 . 5 4X = 30000 - A

Poderíamos isolar apenas a incógnita X, porém, há repetição de 4X na outra equação, essa a razão de manter a constante 4.

Substituir o valor de 4X	(1,1A + 4X)/5 = 6180 (1,1A + 30000 – A)/5 = 6180 0,1A + 30000 = 6180 . 5 0,1A = 30900 – 30000 A = 900 / 0,1 A = 9000

Lembre-se, definimos "A" como sendo o salário inicial de Alberto, portanto, resposta para a questão. Entretanto, o examinador poderia questionar qual o novo salário de Alberto ou mesmo o valor do reajuste.

Resposta: O salário de Alberto antes do aumento era de R$ 9.000,00.

Gabarito: D

QUESTÃO RÁPIDA

335. ***(FCC – TRT (RS) 4ª Região – Analista Judiciário Área Judiciária – 2022)*** *Os bens do Sr. João foram partilhados após sua morte. Os custos processuais corresponderam a 10% do valor total dos bens. Após os custos, a partilha foi feita de modo que a esposa do Sr. João ficou com metade do saldo e a outra metade foi repartida igualmente entre os três filhos do casal. A parte de cada um dos filhos, em relação ao valor total dos bens antes dos custos, corresponde a*

(A) 20%

(B) 15%

(C) 10%

(D) 12,5%

(E) 17,5%

▶ Comentários

Para a maioria das questões acerca de porcentagem que incide sobre um valor não informado, onde o que importa não é o valor, mas sim os percentuais, vale pensar na possibilidade de utilizar números, melhor ainda, tratar o valor desconhecido como sendo igual a 100.

Na partilha do Sr. João, o valor dos bens equivale a 100 unidades de valor.

Os custos processuais corresponderam a 10% do valor total dos bens.	Custos Proces. = 100 . 10% Custos Proces. = 100 . 0,1 Custos Proces. = 10

Do total de 100 unidades de valor, 90 cabem à esposa e aos filhos.

Após os custos, a partilha foi feita de modo que a esposa do Sr. João ficou com metade do saldo	Esposa = 90 . 50% Esposa = 45
e a outra metade foi repartida igualmente entre os três filhos do casal.	Cada Filho = (90 . 50%) /3 Cada Filho = 45 / 3 Cada Filho = 15

Uma vez que definimos o valor total dos bens partilhados igual a 100 e nosso objetivo é o percentual que coube a cada filho em relação a este valor inicial, ou seja, base 100, o valor equivale ao percentual procurado.

Resposta: A parte de cada um dos filhos, em relação ao valor total dos bens antes dos custos, corresponde a 15%.

Gabarito: B

QUESTÃO PASSO A PASSO

336. *(FCC – TRT (PR) 9ª Região – Analista Judiciário Área Judiciária – 2022)* *Leonor tem uma caixa com 600 botões. Nessa caixa, 2/5 dos botões são brancos e 150 botões são amarelos. Dos restantes, 1/3 são vermelhos e 2/3 são azuis. Leonor vendeu 5% dos botões brancos, 10% dos amarelos e 20% dos vermelhos. Após a venda, o número de botões que restou na caixa foi*

(A) 559.

(B) 571.

(C) 535.

(D) 544.

(E) 569.

► **Comentários**

A sutileza do enunciado está na expressão "dos restantes", isso muda a referência sobre a qual são aplicadas as frações. Sendo assim, vale à pena esquematizar a distribuição das cores dos 600 botões.

Leonor tem uma caixa com 600 botões. Nessa caixa, 2/5 dos botões são brancos e 150 botões são amarelos.	Brancos = 2/5 . 600 = 240 Amarelos = 150

A partir daí o ponto de referência muda.

Dos restantes, 1/3 são vermelhos e 2/3 são azuis.	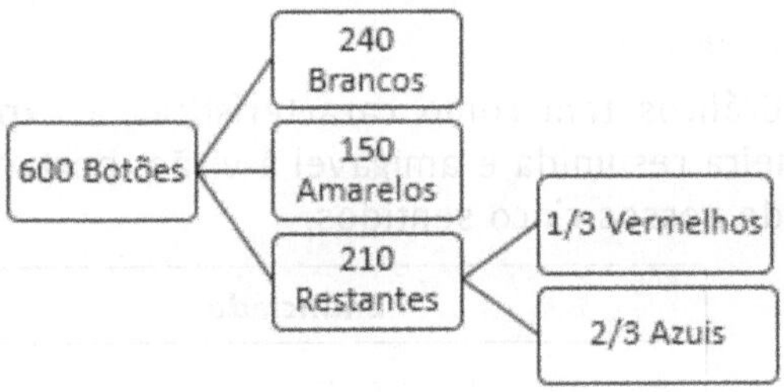

Ou seja, a quantidade de botões vermelhos corresponde a 1/3 de 210, igual a 70 botões. Os outros 2/3, igual a 140, é a quantidade de botões azuis.

Vários desses botões foram vendidos.

Leonor vendeu 5% dos botões brancos, 10% dos amarelos e 20% dos vermelhos.	Brancos = 240 . 0,95 = 228 Amarelos = 150 . 0,9 = 135 Vermelhos = 70 . 0,8 = 56

Além dos botões acima (228 + 135 + 56), restaram também outros 140 botões azuis.

Resposta: Após a venda, restaram 559 botões na caixa.

Gabarito: A

QUESTÃO RÁPIDA

337. ***(FCC – TJ SC – Técnico Judiciário – 2021)*** *Foi perguntado às 200 crianças de uma escola infantil qual é o seu sabor favorito de sorvete. Os resultados encontram-se no gráfico de setores abaixo.*

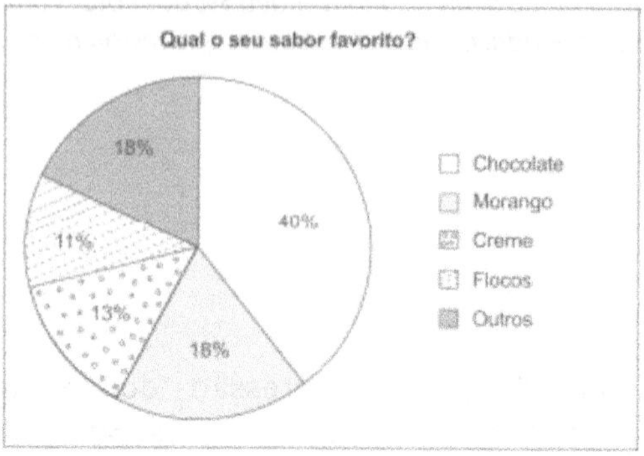

É correto afirmar que

(A) *menos de 105 crianças preferem creme ou chocolate.*

(B) *menos de 100 crianças preferem chocolate ou morango.*

(C) *mais de 20 crianças preferem creme.*

(D) *mais de 90 crianças preferem chocolate.*

(E) *menos de 20 crianças preferem flocos.*

▶ Comentários

Gráficos tem como características a explanação e análise de dados de maneira resumida e amigável à visão, portanto, a ideia é explorar este que é um de nossos cinco sentidos.

Enunciado	**Sabores Favoritos**
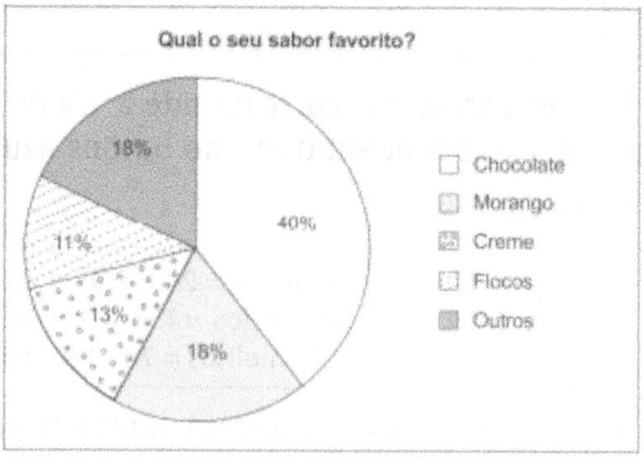	40% Chocolate 18% Morango 13% Creme 11% Flocos 18% Outros

Se participaram da pesquisa 200 crianças, basta transformar os percentuais em números.

Quantidades Percentuais	Valores Absolutos
40% Chocolate	0,4 . 200 = 80
18% Morango	0,18 . 200 = 36
13% Creme	0,13 . 200 = 26
11% Flocos	0,11 . 200 = 22
18% Outros	0,18 . 200 = 36

Vejamos as alternativas:

(A) menos de 105 crianças preferem creme ou chocolate.

Preferem creme 26 crianças e chocolate outras 80 criança. Total igual a 106. Errado.

(B) menos de 100 crianças preferem chocolate ou morango.

Chocolate são 80 crianças e morango são 36. Total igual a 116. Errado.

(C) mais de 20 crianças preferem creme.

Correto, são 26 crianças que responderam preferirem creme.

(D) mais de 90 crianças preferem chocolate.

São menos que 90 crianças, na verdade, 80 delas responderam gostar de chocolate. Errado.

(E) menos de 20 crianças preferem flocos.

22 crianças preferem flocos, logo, número maior do que 20. Errado.

Gabarito: C

QUESTÃO PASSO A PASSO

338. ***(FCC – TRF 3ª Região – Técnico Judiciário Administrativa – 2019)*** *Um engenheiro introduziu um novo método na fabricação de um produto que reduziu o custo de fabricação em 50%. Um ano depois, outra modificação no processo de fabricação foi feita e reduziu o custo em 15%. Após as duas modificações na produção, o custo inicial, em porcentagem, foi reduzido em*

(A) 65,5.

(B) 63,5.

(C) 47,5.

(D) 57,5.

(E) 45,5.

▶ Comentários

Quando falamos de reduções percentuais sucessivas, devemos tomar muito cuidado na análise do fluxo dessas reduções.

Um engenheiro introduziu um novo método na fabricação de um produto que reduziu o custo de fabricação em 50%. Um ano depois, outra modificação no processo de fabricação foi feita e reduziu o custo em 15%.	

O que nos interessa é o custo que permaneceu e não a parte que o engenheiro, com novos métodos, conseguiu reduzir.

Fluxo do custo atual ajustado	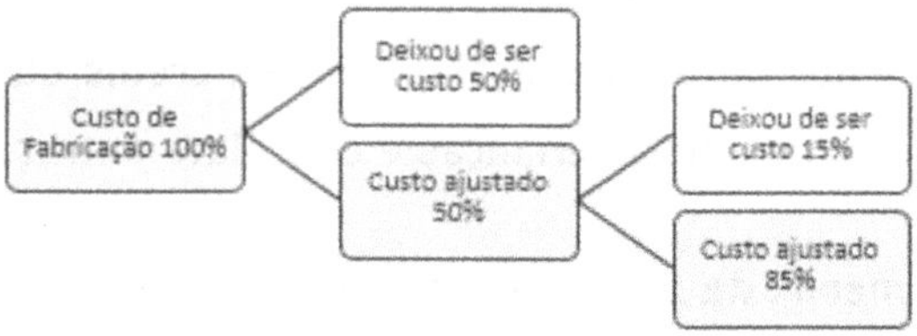

Para o custo ajustado faremos o produto dos percentuais remanescentes.

Percentual (P) do custo atual ajustado	P = 100% . 50% . 85% P = 1 . 0,5 . 0,85 P = 0,425

Após dois ajustes da produção, o custo passou a representar 42,5% do custo inicial. Mas a questão não perguntou qual o percentual de custo e sim o percentual de redução em relação ao início.

Redução percentual ® em relação ao custo inicial	R = 100% - 42,5% R = 57,5

Resposta: Após as duas modificações na produção, o custo inicial foi reduzido em 57,5%

Gabarito: D

QUESTÃO PASSO A PASSO

339. ***(FCC – TRF 4ª Região – Analista Judiciário Tecnologia da Informação – 2019)*** *Um comerciante compra uma caixa de latas de azeites estrangeiros por R$ 1.000,00. Retira 5 latas da caixa e a vende pelo mesmo preço, R$ 1.000,00. Desse modo o preço de cada dúzia de latas do azeite aumenta em R$ 120,00 em relação ao preço que ele pagou. O aumento, em porcentagem, do preço da lata foi de*

(A) 20

(B) 25

(C) 30

(D) 35

(E) 40

▶ Comentários

Antes da matemática propriamente dita, há o dispêndio de esforço para entender e definir uma linha de resolução para o problema proposto. O que se torna mais fácil fazendo o passo a passo com muita atenção.

- *Um comerciante compra uma caixa de latas de azeites estrangeiros por R$ 1.000,00.*

O comerciante pagou R$ 1.000,00	Q . P = 1000

Onde:

- Q = Quantidade de latas de azeite.
- P = Preço de cada lata de azeite.

Ainda:

- *Retira 5 latas da caixa e a vende pelo mesmo preço, R$ 1.000,00. Desse modo o preço de cada dúzia de latas do azeite aumenta em R$ 120,00 em relação ao preço que ele pagou.*

Ou seja, são 5 latas a menos e R$ 10,00 a mais por lata de azeite (onera uma dúzia de latas).

O comerciante vendeu por R$ 1.000,00	(Q – 5) . (P + 10) = 1000 QP + 10Q – 5P – 50 = 1000
Sabemos que: Q . P = 1000	1000 + 10Q – 5P – 50 = 1000 10Q – 5P = 50 2Q – P = 10 -P = 10 - 2Q P = 2Q – 10

Na equação acima "P" está isolado.

Substitui o valor de "P"	Q . P = 1000 Q . (2Q – 10) = 1000 $2Q^2 - 10Q = 1000$ $Q^2 - 5Q = 500$ $Q^2 - 5Q - 500 = 0$

Equação de segundo grau a ser resolvida por meio da fórmula de *Bhaskara*.

Bhaskara	$Q = \frac{-b \pm \sqrt{b^2 - 4ac}}{2a}$ $Q = \frac{5 \pm \sqrt{-5^2 + 2000}}{2}$ $Q = \frac{5 \pm \sqrt{2025}}{2}$ $Q = \frac{5 \pm 45}{2}$

São dois possíveis resultados.

Duas Raízes	Q' = 50/2 = 25 Q" = -40/2 = -20

Como estamos falando de quantidade, o valor negativo é descartado.

Voltando ao tema principal da questão, agora conhecendo a quantidade inicial comprada pelo comerciante, igual a 25 latas de azeite.

O comerciante pagou R$ 1.000,00	Q . P = 1000 25 . P = 1000 P = 1000/25 P = 40,00

O valor pago por cada lata de azeite foi de R$ 40,00 e vendido por R$ 50,00 (acréscimo de R$ 10,00 conforme demonstrado anteriormente).

Aumento (A) percentual	A = 10 / 40 A = 0,25

Resposta: O aumento do preço da lata foi de R$ 10,00 e corresponde a 25% do valor pago.

Gabarito: B

QUESTÃO RÁPIDA

340. ***(FCC – TRT (SP) 15ª Região – Técnico Judiciário Área Administrativa – 2018)*** *Em uma situação hipotética, um Tribunal julgou procedente o recurso de um jogador profissional que atua num clube do interior paulista, e manteve o reconhecimento da unicidade contratual no período de 5/8/2013 a 22/9/2015, desconsiderando, assim, a dispensa ocorrida em 27/7/2015. A decisão colegiada também aumentou de R$ 5 mil para R$ 32 mil a multa compensatória a ser paga pelo clube ao jogador, pela dispensa imotivada.*

(Adaptado de: ***http://portal.trt15.jus.br/****. Acessado em: 29/03/18)*

De acordo com a notícia, o aumento percentual da multa compensatória a ser paga ao jogador foi de

(A) 185%.

(B) 156%.

(C) 540%.

(D) 640%.

(E) 590%.

► Comentários

Valor original da multa compensatória:

- R$ 5.000,00

Valor aumentado da multa compensatória:

- R$ 32.000,00

O percentual solicitado é do aumento da multa que foi de R$ 27.000,00 e não do valor final.

Percentual de Aumento (P)	P = 27000 / 5000 P = 5,4

A apresentação percentual acima está na forma decimal, para a apresentação padrão, multiplicar por 100.

Resposta: O aumento percentual da multa compensatória a ser paga ao jogador foi de 540%.

Gabarito: C

2.6. Análise Combinatória

Vamos em frente! Ânimo para os estudos!

Sobre o tema deste item, podemos afirmar ser raro encontrar uma edital discriminando textualmente "análise combinatória" em certames para os Tribunais. Da mesma forma, você vai constatar que não existiem questões diretamente relacionadas ao tema.

Eita!!!! Então por que estudar esse assunto?

Simples, primeiro porque é base para resolver questões de raciocínio lógico e, principalmente, porque faz parte da estrutura para várias questões da disciplina de matemática, isso ficará claro no item seguinte, probabilidade, assim como questões da disciplina de estatística.

Como o objetivo é facilitar a sua vida, mantra repetido desde o início do livro, seguiremos com a estratégia de menos teoria e mais prática, é isso que faremos: Uma ambientação rápida relacionada ao tema e dicas para superar os obstáculos.

Estamos combinados? Então, bora começar!!!

2.6.1. Análise combinatória

A análise combinatória é o estudo das possibilidades de se combinar elementos em conjuntos, a partir de um número finito de elementos, em determinadas circunstâncias. Ou seja, quantificar os diferentes modos em que um grupo de elementos pode ser agrupado de diferentes maneiras.

Vamos dividir o nosso estudo em quatro tipos principais de agrupamentos: princípio fundamental da contagem, permutação, arranjo e combinação.

2.6.2. Princípio fundamental da contagem

Também chamado princípio multiplicativo, o princípio fundamental da contagem parte do pressuposto de que o evento pode ser segregado em etapas independentes, sendo que o resultado (total de agrupamentos possíveis) será o produto dos totais de possibilidades de cada etapa.

Exemplo: O novo padrão de placas utilizadas no Brasil, seguindo o modelo dos países do Mercosul, teve início em 2018 no estado do Rio de Janeiro. O sistema atual tem quatro letras e três números, no padrão "AAA1A11". Considerando esta formação, qual o total de diferentes placas possíveis?

- Considerar as etapas do problema e as possibilidades de cada uma delas.

Etapas	**1ª Etapa**	**2ª Etapa**	**3ª Etapa**	**4ª Etapa**	**5ª Etapa**	**6ª Etapa**	**7ª Etapa**
Descrição	Letra	Letra	Letra	Número	Letra	Número	Número
Possibilidades	26	26	26	10	26	10	10

- Fazer o produto dos totais de possibilidades de cada etapa.

Total de Possibilidades	T = 1ªEt . 2ªEt . 3ªEt . 4ªEt . 5ªEt . 6ªEt. 7ªEt T = 26 . 26 . 26 . 10 . 26 . 10 . 10 T = 456.976.000

Ou seja, são quase 457 milhões de possibilidades de diferentes placas automotivas no sistema atual adotado pelo Brasil.

- **Preferência**

A preferência, ou restrição, diferencia as etapas que contém certa particularidade, as quais devem ser tratadas preliminarmente.

Exemplo: Qual é a quantidade de centenas pares e maiores que quinhentos, formadas a partir dos algarismos 1, 2, 3, 4, 5, 6 e 7.

Estamos falando de números de três algarismos (3 etapas) iniciados por 5, 6 ou 7 (maiores que quinhentos) e finalizados por 2, 4 ou 6 (números pares).

Etapas	1ª Etapa	2ª Etapa	3ª Etapa
Descrição	Algarismos 5, 6 ou 7	Algarismos 1, 2, 3, 4, 5, 6 ou 7	Algarismos 2, 4 ou 6
Possibilidades	3	7	3

Analisadas as restrições, resta fazer o produto das possibilidades de cada etapa.

Total de Possibilidades	T = 3 . 7 . 3 T = 63

Concluímos serem 63 as diferentes centenas possíveis dadas as restrições apresentadas.

Uma característica do princípio fundamental da contagem é a inexistência de fórmulas. São os casos em que você identifica a oportunidade de dividir o problema em etapas, analisa o número de possibilidades de cada uma e finaliza com a operação de multiplicação.

QUESTÃO PASSO A PASSO

341. ***(FCC – TRF 4ª Região – Analista Judiciário Oficial de Justiça Avaliador Federal – 2019)*** *Em um concurso com 5 vagas, os candidatos aprovados serão alocados, cada um, em um dos municípios A, B, C, D ou E. O primeiro colocado foi designado para o município A. O número de possíveis alocações dos outros candidatos aprovados é*

(A) 120

(B) 24

(C) 30

(D) 6

(E) 4

► **Comentários**

Este é um caso que resolvemos por meio da permutação cujas etapas (denominação dada na teoria acima) aqui traduz-se em municípios.

Em um concurso com 5 vagas, os candidatos aprovados serão alocados, cada um, em um dos municípios A, B, C, D ou E.	___ x ___ x ___ x ___ x ___ A B C D E

Definidas as etapas, seguimos com a quantificação de possibilidades para cada uma delas, lembrando que as restrições são tratadas com antecedência.

No caso, a restrição é:

O primeiro colocado foi designado para o município A.	1 x __ x __ x __ x __ (A B C D E)

Qualquer dos outros 4 candidatos aprovados podem escolher o município B, após, restam 3 candidatos possíveis para o município C, na escolha para o município D são apenas dois candidatos e, finalmente, 1 candidato para o município E.

Total de possibilidades de cada etapa	1 x 4 x 3 x 2 x 1 (A B C D E)

O produto das possibilidades individualizadas por etapas é a quantidade total possível para alocar os 5 candidatos nos 5 municípios.

Total (T) de possibilidades	T = 1 . 4 . 3 . 2 . 1 T = 24

Resposta: O número de possíveis alocações dos outros candidatos aprovados é igual a 24.

Gabarito: B

2.6.3. Permutação

A permutação é um caso particular de arranjo cuja característica principal é formar os agrupamentos utilizando todos os elementos do conjunto dado. Revela a quantidade de sequências distintas em que os elementos de determinado conjunto podem ser ordenados.

A forma de resolução da permutação é a aplicação do fatorial: P(x) = x!.

Exemplo: Quantas são as formas distintas para que cinco pessoas se acomodem em um carro de cinco lugares?

Permutação de 5 elementos	P(x) = x! P(5) = 5! P(5) = 5 . 4 . 3 . 2 . 1 P(5) = 120

Será que estamos preparados para uma questão de arranjo?

Vamos testar.

QUESTÃO PASSO A PASSO

342. ***(Cespe/Cebraspe – TJ (CE) – Técnico Judiciário Área Judiciária – 2023)*** *Considerando-se que, em uma estante, há 3 livros de direito constitucional, 2 livros de direito tributário e 3 livros de direito trabalhista, é correto afirmar que o número de maneiras distintas de se organizarem os livros na estante de modo que os livros de direito constitucional fiquem sempre juntos é igual a*

(A) 40.320.

(B) 4.320.

(C) 18.

(D) 72.

(E) 720.

► **Comentários**

As quantidades de livros na estão são:

- 3 de direito constitucional
- 2 de direito tributário
- 3 de direito trabalhista

Preparar a resolução de questões sobre análise combinatória é um passo enorme para respondê-la corretamente.

Para a distribuição dos livros na prateleira a restrição imposta cita apenas os livros de direito condicional. Consequência disso é tratar os livros de direito tributário e direito trabalhista sem distinção entre eles.

Passamos a considerar:

- 3 livros de direito constitucional
- 5 livros de direito (exceto constitucional)

Em relação à análise combinatória, ao dispor os livros em prateleira a ordem importa, razão pela qual descartamos combinação.

Separadamente, os 3 livros de constitucional permutam entre si e os outros 5 livros igualmente permutam entre si.

Estamos falando de permutação (fatorial) porque a quantidade de livros é a mesma quantidade a ser disposta de maneira distinta.

Permutação 3 livros de constitucional (C)	C = 3! C = 3 . 2 . 1 C = 6

Os demais 5 livros também permutam entre si.

Permutação 5 livros de direito (D)	D = 5! D = 5 . 4 . 3 . 2 . 1 D = 120

Cada possibilidade de disposição dos 3 livros de constitucional combina com cada possibilidade de disposição dos demais 5 livros, mas não basta isso. Vamos entender:

A multiplicação das duas permutações estaria considerando apenas esta situação	

As distintas posições dos livros dada a restrição são:

Possibilidades de disposição dos livros de constitucional.	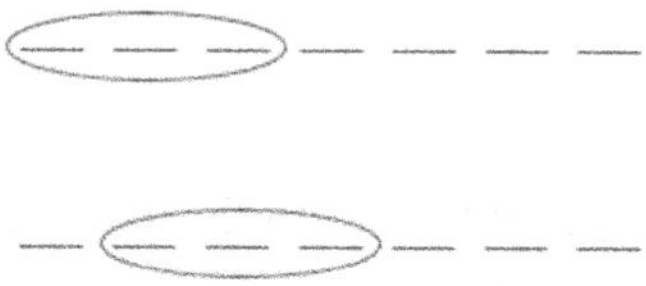

Ou seja, consideramos os três livros de constitucional como um único elemento que combina em 6 posições (somado com os outros 5 livros). Daí 6 posições distintas.

Combinação 6 elementos tomados 1 a 1.	C(6,1) = 6

Por que combinação? Por que a ordem não importa?

Sim, a ordem importa, porém já tratamos nas permutações tanto para os 3 livros de constitucional como para os outros 5 livros.

Vencidas as nuances da resolução, resta o produto das possibilidades encontradas.

Total (T) de possibilidades de disposição dos 8 livros	T = 6 . 120 . 6 T = 4320

Resposta: O número de maneiras distintas de se organizarem os livros na estante de modo que os livros de direito constitucional fiquem sempre juntos é igual a 4320.

Gabarito: B

- **Permutação com Repetição**

Neste caso, um ou mais elementos são repetidos.

Suponha três elementos, sendo dois deles repetidos, por exemplo, 1, 1 e 2. Dado o conjunto universo, as centenas possíveis são: 112, 121, 211. Perceba que a troca de dois elementos "1" não produz nova centena.

A permutação com repetição é calculada por meio da fórmula:

Permutação com Repetição	$P(rep) = \frac{x!}{r1!.r2!.(...).rn!}$

Onde:

- x! é o fatorial do número total de elementos;
- r1, r2 e rn representam os vários elementos que se repetem.

Exemplo clássico são os anagramas, ou alteração das posições das letras de uma palavra. Veja o anagrama da palavra "assistir". Observe que são três letras "s" e outras duas letras "i" que se repetem, logo:

Anagrama da palavra "assistir"	$P(rep) = \frac{x!}{r1!.r2!}$ $P(8{:}\,3\ e\ 2) = \frac{8!}{3!.2!}$ $P(8{:}\,3\ e\ 2) = \frac{8.7.6.5.4}{2!}$ $P(8{:}\,3\ e\ 2) = 8.7.6.5.2$ $P(8{:}\,3\ e\ 2) = 3360$

O total de outras combinações usando as mesmas letras da palavra "assistir" é igual a 3360.

2.6.4. Arranjo e combinação

Arranjo e combinação serão adotados quando os agrupamentos possuírem quantidades diferentes de elementos, em relação ao grupo inicial. Exemplo: Quantos são os agrupamentos possíveis no jogo da megasena, cujo conjunto inicial possui 60 elementos e os agrupamentos serão feitos de seis em seis elementos.

Para distinguir entre arranjo ou combinação, inverta a posição dos elementos que formam o subconjunto e verifique se o resultado é um conjunto diferente. Caso o resultado seja um novo conjunto, então resolvemos por arranjo. Se não formar um novo conjunto, resolveremos por combinação.

Exemplo: Considere uma classe com 10 alunos. A partir desse grupo, vamos formar uma comissão com três alunos para representar a classe ou formar uma chapa com três alunos para disputar as eleições do diretório acadêmico, sendo um aluno o presidente, o outro, secretário e o último, tesoureiro.

Estamos diante da comissão formada por três alunos: Ana, Beto e Cida. Imagine o que acontece se alterarmos as posições dos membros desta comissão. A comissão permanece a mesma! Trata-se de combinação.

Por outro lado, a chapa com três alunos: Ana (presidente), Beto (secretário) e Cida (tesoureira), quando há alteração da ordem, novo grupo é formado: Beto (presidente), Cida (secretária) e Ana (tesoureira). Trata-se de arranjo.

Para fixar

Alteração da ordem dos elementos:

- O subconjunto **con**tinua o mesmo → **com**binação.
- O subconjunto fica alterado → arranjo.

- **Arranjo**

Arranjo é a forma de agrupar elementos na qual a ordem faz diferença. Significa dizer que cada posição tem a sua característica e difere das demais. É o caso do exemplo anterior, chapa para a disputa da eleição do centro acadêmico, onde a ordem (presidente, secretário e tesoureiro) faz diferença.

Calcula-se por meio da seguinte fórmula:

Arranjo	$A(n, p) = \frac{n!}{(n - p)!}$

Onde: A = Arranjo; n = Total de elementos; p = Total de elementos do subgrupo.

- **Combinação**

Diferente do arranjo, na combinação a ordem não importa. Independe de agrupar as letras (A, B, C) nesta sequência ou em outra (C, B, A), mantém-se o mesmo conjunto.

A combinação é calculada por meio da seguinte fórmula:

Combinação	$C(n, p) = \frac{n!}{p!\,(n - p)!}$

Onde: C = Combinação; n = Total de elementos; p = Total de elementos do subgrupo.

2.6.5. Arranjo e combinação – forma "amigável"

Essa é a melhor parte, uma maneira de eliminar uma parte dos cálculos.

A regra é mais simples de assimilar do que as fórmulas, tanto para arranjo como combinação. Pode até parecer chato no momento da leitura (abaixo), entretanto, ao aplicar a metodologia em duas ou três questões, você ficará com a certeza de ser o caminho mais fácil.

	Regra
Arranjo A(n,p)	Multiplicar "n" por seus antecedentes (subtrair uma unidade a cada fator), tantas vezes quanto for o valor de p.
Combinação C(n,p)	1. Comparar a diferença "n – p" com o valor de "p". Aquele que for menor será a quantidade de fatores a serem multiplicados, tanto no numerador como no denominador. 2. Numerador: Multiplicar "n" pelos seus antecedentes (subtrair uma unidade a cada fator), tantas vezes quanto for o valor definido no item anterior. 3. Denominador: Multiplicar o número 1 pelos seus subsequentes (acrescentar uma unidade a cada fator), tantas vezes quanto for o valor definido no primeiro item.

Vamos colocar em prática o que falamos por meio de exemplos.

Arranjo A(n,p)	
Multiplicar "n" por seus antecedentes (subtrair uma unidade a cada fator), tantas vezes quanto for o valor de p.	A(5,4) = 5 . 4 . 3 . 2 = 120 A(12,2) = 12 . 11 = 132 A(7,3) = 7 . 6 . 5 = 210 A(8,3) = 8 . 7 . 6 = 336 A(3,2) = 3 . 2 = 6 A(10,1) = 10

Nos casos de arranjo sempre iniciamos a multiplicação pelo valor do total de elementos do conjunto, ou seja, o valor de "n". Veja também que existem tantos fatores quanto for o valor de "p". No primeiro exemplo, A(5,4), foram quatro fatores (5, 4, 3, 2), no segundo, A(12,2), foram dois fatores (12, 11) e assim por diante.

Aproveitamos os mesmos exemplos acima para trabalhar a situação da combinação.

Regra	Combinação C(n,p)	"n – p"	"p"	Total de Fatores
Comparar a diferença "n – p" com o valor de "p". Aquele que for menor será a quantidade de fatores a serem multiplicados, tanto no numerador como no denominador.	C(5,4) C(12,2) C(7,3) C(8,3) C(3,2) C(10,1)	5 – 4 = 1 12 – 2 = 10 7 – 3 = 4 8 – 3 = 5 3 – 2 = 1 10 – 1 = 9	4 2 3 3 2 1	1 2 3 3 1 1

Apesar da demonstração detalhada, essa comparação é feita mentalmente sem maiores problemas. Temos, dessa forma, definida a quantidade de fatores tanto no numerador como no denominador para o cálculo da combinação.

Regra	Total de Fatores	Comparação "n – p" ou "p"
Numerador: Multiplicar "n" pelos seus antecedentes (subtrair uma unidade a cada fator), tantas vezes quanto for o valor definido no item anterior. Denominador: Multiplicar o número 1 pelos seus subsequentes (acrescentar uma unidade a cada fator), tantas vezes quanto for o valor definido no primeiro item.	1	$C(5,4) = \frac{5}{1} = 5$
	2	$C(12,2) = \frac{12 \cdot 11}{1 \cdot 2} = 66$
	3	$C(7,3) = \frac{7 \cdot 6 \cdot 5}{1 \cdot 2 \cdot 3} = 35$
	3	$C(8,3) = \frac{8 \cdot 7 \cdot 6}{1 \cdot 2 \cdot 3} = 56$
	1	$C(3,2) = \frac{3}{1} = 3$
	1	$C(10,1) = \frac{10}{1} = 10$

E vamos praticar.

QUESTÃO PASSO A PASSO

343. ***(FGV – TRT (MA) 16ª Região – Analista Judiciário Área Judiciária – 2022)*** *Alberto deverá fazer um tratamento contínuo de fisioterapia durante longo tempo. Para isso, deverá fixar 2 dias na semana (de 7 dias) para realizar as atividades do tratamento, mas esses dias não podem ser seguidos. O número de maneiras diferentes em que esses 2 dias podem ser fixados é igual a*

(A) 12.

(B) 14.

(C) 15.

(D) 18.

(E) 20.

▶ Comentários

Algumas questões são formuladas pelas bancas a partir da criatividade do examinador e, para algumas delas, até sugerimos a resolução na prática, algo como se nós estivéssemos passando pelo problema em detrimento da utilização de equações ou fórmulas prontas.

Para esta questão, cabe a resolução a ser tratada na prática. Entretanto, é um tema específico, cobrado em provas de concurso e, pode ter certeza, a grande maioria será resolvida por meio de fórmulas (resolução formal).

Nem é preciso lembrar que estamos na fase de estudos, razão pela qual faremos duas resoluções distintas.

Primeiro esquematizando os dias da semana e marcando dois dias para a fisioterapia.

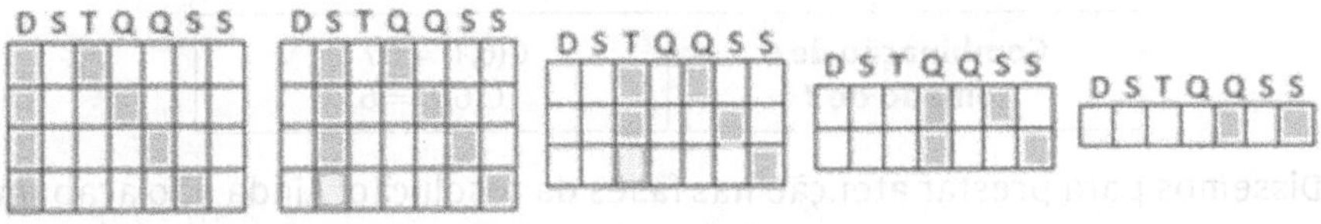

Ou seja, foi reproduzida todas as 14 situações possíveis.

Uma coisa é certa, a quantidade de respostas corretas para a questão provavelmente foi grande, e se você acertar estará nivelado com grande parte dos candidatos. O melhor é estar preparado para questões que cobram mais do concursando aí sim acertar a questão te coloca na frente de muitos.

Por tudo isso, vale aprender e praticar não só a análise combinatória como os demais itens do seu edital.

Agora muita atenção porque o problema requer, mais o entendimento das fases da resolução do que a aplicação propriamente dita da análise combinatória.

A análise geral revela a combinação de dois dias em um total de sete.

Estamos falando de combinação porque a ordem não importa, tanto faz dizer que as fisioterapias serão as segundas e quintas como dizer que serão as quintas e segundas. Começamos, então, pela combinação de 7 elementos tomados 2 a 2.

Combinação de 7 tomado de 2	C(7,2) = (7 . 6) / (1 . 2) C(7,2) = 21

Este número corresponde ao total de possibilidades de combinar dois dias em uma semana de sete dias. Acontece que existe uma restrição, os dias de fisioterapia não podem ser consecutivos.

Calcularemos as possibilidades de dias consecutivos e faremos a subtração do total de possibilidades, igual a 21.

A possibilidade de dias consecutivos é o mesmo que selecionar dois dias e transformá-los e um único dia.

Contar dois dias como se fosse um.	D S T Q Q S S

Por exemplo, terça e quarta é um único dia e a semana passa a ter 6 dias. A combinação de 6 elementos tomado 1 a 1, revela a quantidade de posições que esses dias consecutivos podem ocupar.

Combinação de 6 tomado de 1	C(6,1) = 6 / 1 C(6,1) = 6

Dissemos para prestar atenção nas fases da resolução. Ainda não acabamos.

Nesse formato a quantidade de posições consecutivas não considerou o último dia da semana, sábado, com o primeiro dia da semana seguinte, domingo.

Concluímos que além das 6 possibilidades de dias consecutivos em uma semana, também há necessidade de considerar uma possibilidade a mais, último dia de uma semana com o primeiro da semana seguinte.

Total (T) de possibilidades de Alberto marcar fisioterapia.	T = 21 – 6 – 1 T = 14

Perceberam que a análise combinatória foi mais trabalhosa que o formato "desenho". Agora, imagine se os números da questão fosse maiores, por exemplo 8 dias de fisioterapia em um mês de 30 dias, que tamanho ficaria seu "desenho".

Resposta: O número de maneiras diferentes que Alberto pode marcar a fisioterapia é igual a 14.

Gabarito: B

QUESTÃO PASSO A PASSO

344. ***(Cespe/Cebraspe – TRT (AP e PA) 8ª Região – Técnico Judiciário Área Administrativa – 2022)***

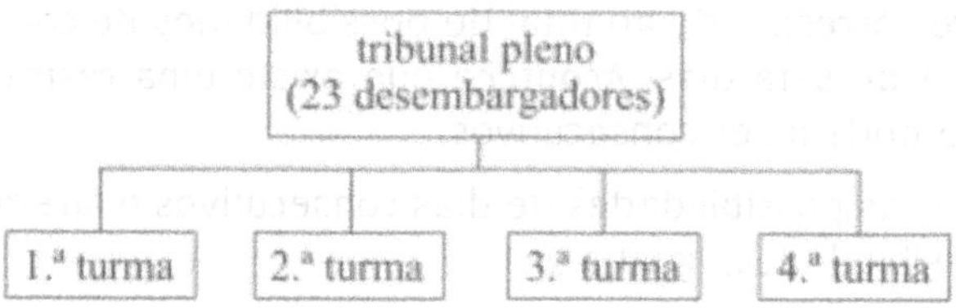

O Tribunal Regional do Trabalho de determinada região é composto de 23 desembargadores, sendo que três são escolhidos como presidente, vice-presidente e corregedor regional e os demais 20 desembargadores são distribuídos em quatro turmas. Dentre esses 20 desembargadores que são distribuídos nas quatro turmas, exatamente 12 são homens.

Com base na situação hipotética apresentada no texto, o número de maneiras de se formar as referidas quatro turmas com cinco desembargadores em cada, de forma aleatória, e de tal maneira que cada turma contenha exatamente duas desembargadoras, está entre

(A) $\left(\frac{8!}{12^4}\right) e \left(\frac{8!}{12^8}\right)$

(B) $\left(\frac{8!}{12^8}\right) e \left(\frac{12!}{12^8}\right)$

(C) $\left(\frac{12!}{12^8}\right) e \left(\frac{12!\,8!}{12^8}\right)$

(D) $\left(\frac{12!\,8!}{12^8}\right) e \left(\frac{(12!)^2\,8!}{12^8}\right)$

(E) $\left(\frac{(12!)^2\,8!}{12^8}\right) e \left(\frac{(12!)^2\,(8!)^2}{12^8}\right)$

▶ Comentários

Assustado?

Deixe o temor de lado e resolva a questão, conforme repetimos diversas vezes, passo a passo.

- *O Tribunal Regional do Trabalho de determinada região é composto de 23 desembargadores, sendo que três são escolhidos como presidente, vice--presidente e corregedor regional e os demais 20 desembargadores são distribuídos em quatro turmas.*

São 23 desembargadores, porém, o que nos interessa são os 20 a serem distribuídos entre as quatro turmas.

- *Dentre esses 20 desembargadores que são distribuídos nas quatro turmas, exatamente 12 são homens.*

Muito relevante, 12 desembargadores homens e 8 desembargadoras mulheres.

- *O número de maneiras de se formar as referidas quatro turmas com cinco desembargadores em cada, de forma aleatória, e de tal maneira que cada turma contenha exatamente duas desembargadoras*

Nosso objetivo é quantificar as possibilidades de montar as quatro turmas atendendo a restrição de que em cada uma delas contenha 3 desembargadores e 2 desembargadoras.

Acrescenta-se ao exposto o que se observa em relação às alternativas: não são números absolutos, mas sim referências, ou seja, o examinador está cobrando conceito e não conhecimento ou habilidade em operações matemáticas.

Se você fez esse exercício de leitura e interpretação e tem o conhecimento básico de análise combinatória, não há razão para estar assustado.

Resumindo:

- 20 desembargadores: 12 homens e 8 mulheres.
- 4 turmas com 3 homens e 2 mulheres em cada.

Possibilidades para a 1ª Turma	C(12,3) . C(8,2) $\frac{12.11.10}{1.2.3} = \frac{8.7}{1.2}$ $\frac{12.11.10.8.7}{12}$

Observações:

1. Trata-se de combinação porque a ordem dos elementos não importa.
2. Possibilidades de 3 desembargadores de um total de 12, logo, C(12,3).
3. Possibilidades de 2 desembargadoras de um total de 8, logo, C(8,2).
4. Cada possibilidade de 3 desembargadores deve combinar com cada uma das possibilidades de 2 desembargadoras, logo, o produto das duas combinações.
5. Conforme estamos acostumados, utilizamos a forma "amigável" para as combinações.

Possibilidades para a 2ª Turma	C(9,3) . C(6,2) $\frac{9.8.7}{1.2.3} = \frac{6.5}{1.2}$ $\frac{9.8.7.6.5}{12}$

Observações:

1. Para a 2ª turma restaram 9 desembargadores, logo, C(9,3).
2. Das 8 desembargadoras restaram 6, logo, C(6,2).

Possibilidades para a 3ª Turma	C(6,3) . C(4,2) $\frac{6.5.4}{1.2.3} = \frac{4.3}{1.2}$ $\frac{6.5.4.4.3}{12}$

Para a 4ª turma, uma vez que estamos falando em combinação na qual a ordem não interessa, então, a possibilidade é única e contempla os desembargadores não selecionados para as turmas anteriores.

Ainda é necessário associar as turmas entre si, pois cada formação de uma turma combina com todas as possíveis formações das demais turmas, ou seja, produto entre elas.

Possibilidades de formar as 4 turmas	$\frac{12.11.10.8.7}{12} \cdot \frac{9.8.7.6.5}{12} \cdot \frac{6.5.4.4.3}{12} = \frac{12.11.10.9.8.7.6.5.4.3.4.8.7.6.5}{12^3}$

O denominador está no formato de apresentação semelhante às alternativas. Quanto ao numerador, foi ajustada a ordem para entender que existe o fatorial de 12, basta alterar um algarismo 4 pelo produto 2 por 2.

Possibilidades de formar as 4 turmas	$\frac{12!.2.8.7.6.5}{12^3}$

Pronto, não há necessidade de mais operações, somente comparar com as alternativas.

Alternativa C	**Possibilidades para as 4 turmas**
$\left(\frac{12!}{12^3}\right)$ e $\left(\frac{12!\ 8!}{12^3}\right)$	$\frac{12!.2.8.7.6.5}{12^3}$

Na representação que encontramos não completam os produtos para formar o fatorial de 8, mas será um valor próximo disso e está exatamente entre os valores representados na alternativa C.

Resposta: O número de diferentes maneiras de formar as 4 turmas está entre $\left(\frac{12!}{12^3}\right)$ e $\left(\frac{12!\ 8!}{12^3}\right)$.

Gabarito: C

QUESTÃO RÁPIDA

345. ***(Cespe/Cebraspe – TRT (PA e AP) 8ª Região – Técnico Judiciário Área Administrativa – 2023)*** *Entre seis técnicos judiciários de determinado tribunal, três serão escolhidos para compor uma comissão e os outros três serão designados como suplentes. Nessa situação hipotética, considerando-se que os seis técnicos judiciários sejam igualmente capazes, a quantidade de maneiras em que a distribuição dos técnicos poderá ser feita é igual a*

(A) 18.

(B) 20.

(C) 216.

(D) 720.

(E) 729.

► **Comentários**

Dados da questão:

- 6 Técnicos
  - o 3 da comissão
  - o 3 suplentes da comissão

A ordem não importa, o que nos leva a aplicar combinação para composição da comissão.

O detalhe é que não há que se falar em combinação para composição de suplentes, pois para qualquer situação que considere 3 técnicos para a comissão os outros 3 técnicos serão todos suplentes.

Comissão. Combinação de 6 elementos tomados 3 a 3	$C(6,3) = \frac{6.5.4}{1.2.3}$ $C(6,3) = 5.4$ $C(6,3) = 20$

Resposta: Os técnicos poderão ser distribuídos de 20 maneiras distintas para compor a comissão e ou suplência.

Gabarito: B

- **Combinação com Repetição**

A combinação com repetição, também denominada por alguns autores como combinação completa é uma vertente dentro das possibilidades de combinação.

Em determinado conjunto com "n" elementos, as possibilidades de agrupamento (lembrando que em combinação a ordem não importa) que podemos formar com k elementos, considerando que <u>um mesmo elemento pode ser escolhido mais de uma vez</u>.

Por exemplo, dado o conjunto das vogais do nosso alfabeto {A, E, I, O, U}, o total de subconjuntos formados por 3 elementos com repetição.

Observações:

- A ordem não importa, logo, {A, E, I} e {I, E, A} conta como um único subconjunto.
- Repetições são consideradas, logo, {A, A, A} e {A, A, E} são subconjuntos possíveis.

Combinação com Repetição (CR)	$CRn, k = \frac{(n + k - 1)!}{k!(n - 1)!}$

Onde:

- CR = Combinação com Repetição.
- n = Número total de elementos.
- k = Número de elementos do subconjunto.

No exemplo dado, o cálculo seria:

Combinação com Repetição (CR)	$CRn, k = \frac{(n+k-1)!}{k!(n-1)!}$ $CR(5,3) = \frac{(5+3-1)!}{3!(5-1)!}$ $CR(5,3) = \frac{7!}{3!4!}$ $CR(5,3) = \frac{7.6.5.4!}{3!.4!}$
Simplificações: 3! Com 6 e 4! Com 4!	$CR(5,3) = 7.5$ $CR(5,3) = 35$

Se preferir, você pode converter uma combinação com repetição em uma combinação simples.

Combinação com Repetição (CR)	$CR(n,k) = C(n+k-1, k)$

Façamos o teste ainda com o mesmo exemplo para comprovar.

Combinação com Repetição (CR) **CR(5;3) = C(5+3-1 ; 3) = C(7;3)**	$C(7,3) = \frac{7.6.5}{1.2.3}$ $C(7,3) = 7.5$ $C(7,3) = 35$

O Cebraspe explorou o tema em prova recente.

QUESTÃO PASSO A PASSO

346. ***(Cespe/Cebraspe – TJ (ES) – Analista Judiciário Área Administrativa – 2023)*** *O item a seguir apresenta uma situação hipotética seguida de uma assertiva a ser julgada com base em análise combinatória, probabilidade, operações com conjuntos e problemas geométricos.*

Suponha que a equipe de manutenção de determinado tribunal decida pintar 7 salas idênticas; que essa equipe tenha à disposição 3 cores distintas de tintas; e que cada sala será pintada apenas com uma cor. Nessa situação, há 36 maneiras distintas de pintar as salas com as cores disponíveis.

▶ Comentários

A resolução correta para o problema seria por meio do princípio da contagem no qual cada uma das salas dispõe de três opções de pintura.

O princípio da contagem, base da análise combinatória, revela que, se um evento (pintura de uma sala) tem x possibilidades e de outro evento (pintura de outra sala) tem y possibilidades, o cálculo simultâneo de ambos faz-se por meio do produto de x e y.

Princípio da Contagem 7 salas, cada uma com 3 possibilidades distintas de cores	Total = 3 . 3 . 3 . 3 . 3 . 3 . 3 Total = 3^7

Entretanto, o resultado de possibilidades é muito diferente de 36 conforme apresenta a afirmativa. Logo, apesar de não deixar claro, não foi isso que o examinador pensou.

O enunciado está flagrantemente incompleto. Faltou dizer que as três cores sempre devem ser utilizadas, ou seja, vamos combinar 3 (cores) em grupos de 7 em 7 (salas). Isso é uma combinação com repetição.

Combinação com Repetição (CR)	$CRn,k = \frac{(n+k-1)!}{k!(n-1)!}$

Onde:

- n = 3 (número de elementos)
- k = 7 (tamanho do agrupamento)

Na combinação, sempre que o valor de k for maior que n, estamos falando da combinação composta ou combinação com repetição.

Combinação com Repetição (CR)	$CR(3,7) = \frac{(3+7-1)!}{7!(3-1)!}$ $CR(3,7) = \frac{9!}{7!.2!}$ $CR(3,7) = \frac{9.8.7!}{7!.2}$ $CR(3,7) = \frac{9.8}{2}$ $CR(3,7) = 36$

Resposta: Usando três cores, sete salas podem ser pintadas de 36 maneiras distintas.

Gabarito: CERTO

QUESTÃO PASSO A PASSO

347. ***(FCC – TRT (SP) 15ª Região – Analista Judiciário Área Administrativa – 2018)*** *Um condomínio residencial com 12 apartamentos, cada um ocupado com apenas uma pessoa, pretende formar uma comissão para fazer uma auditoria de suas contas. Ficou decidido que essa comissão deve ter 2, 3, 4 ou 5 pessoas. Além disso, há exatamente 6 apartamentos cujos moradores declararam que não desejam participar da comissão; os demais não se opõem à participação. Dessa forma, a quantidade de possibilidades para a composição dessa comissão é*

(A) 56.

(B) 120.

(C) 15.

(D) 84.

(E) 67.

▶ **Comentários**

O problema reporta-se à análise combinatória e, como estamos falando de comissão, entendemos que a ordem dos componentes do grupo não importa, por essa razão, o caminho será a combinação.

- *Um condomínio residencial com 12 apartamentos, cada um ocupado com apenas uma pessoa, pretende formar uma comissão para fazer uma auditoria de suas contas (...) Além disso, há exatamente 6 apartamentos cujos moradores declararam que não desejam participar da comissão.*

Logo, partimos de 6 elementos para formar as comissões.

- *Ficou decidido que essa comissão deve ter 2, 3, 4 ou 5 pessoas.*

Implica dizer que serão quatro combinações.

Combinação de 6 tomados 2 a 2	C(6,2) = (6 . 5) / (1 . 2) C(6,2) = 15

Apesar da não necessidade do algarismo 1 no denominador da fração, ele está lá para seguir a regra fácil de resolver combinação (veja detalhes no item DICAS).

Combinação de 6 tomados 3 a 3	C(6,3) = (6 . 5 . 4) / (1 . 2 . 3) C(6,2) = 20
Combinação de 6 tomados 4 a 4	C(6,4) = (6 . 5) / (1 . 2) C(6,4) = 15
Combinação de 6 tomados 5 a 5	C(6,5) = 6 / 1 C(6,5) = 6

Uma vez que a comissão pode ser formada por um número variável de participantes, de 2 a 5, somamos as quantidades de cada uma dessas possibilidades.

Resposta: A quantidade de possibilidades para a composição dessa comissão (15 + 20 + 15 + 6) é igual a 56.

Gabarito: A

2.7. Probabilidade

A repetição de fenômenos ou experimentos, sob as mesmas condições, e que apresentam resultados alternados a cada repetição, são os denominados fenômenos aleatórios.

As ocorrências aleatórias e seu histórico antecedente de experimentos repetidos formam o conhecimento para determinar a possibilidade de novas ocorrências. Nestas circunstâncias, dizemos que a probabilidade é o estudo da quantificação determinística realizado *a priori*, ou seja, antes do acontecimento do evento e que indica as chances de acontecer.

A probabilidade de um evento é representada por um número real entre 0 e 1. Nesta escala, o evento impossível tem probabilidade zero, e o evento certo de acontecer tem probabilidade 1 ou 100%.

Quando lançamos um dado sabemos que será possível qualquer resultado entre 1 e 6, assim, podemos dizer que a probabilidade de obtermos um resultado entre 1 e 6 é de 100% ou probabilidade 1, pois este é um evento certo. Um evento impossível é obtermos, como resultado, a face do dado voltada para cima com valor 7.

2.7.1. Conceitos importantes

Experimento aleatório

São experimentos que, sob a mesma condição, podem apresentar diferentes resultados e de forma imprevisível a cada ocorrência. Exemplo: O ato de lançamento um dado e verificar qual a face voltada para cima.

Característica:

- O experimento repete-se indefinidas vezes se mantidas as mesmas condições;
- os resultados são todos conhecidos, mas o resultado de um evento específico é indefinido;
- à medida que aumentam as repetições dos experimentos, a frequência dos resultados tende à regularidade.

Espaço amostral

É o conjunto de todos os possíveis resultados de um experimento. Exemplo: para o lançamento de um dado, o espaço amostral será: $S = \{1, 2, 3, 4, 5, 6\}$.

Evento

É qualquer subconjunto do espaço amostral, ou seja, cada uma das ocorrências. Exemplo: O resultado após um determinado lançamento do dado.

Eventos independentes

Dois eventos são independentes se a ocorrência ou não ocorrência de um não afeta a probabilidade da ocorrência do outro. Exemplo: lançados dois dados, um vermelho e outro branco, o resultado do primeiro independe do resultado do outro.

Situações excludentes

Eventos mutuamente exclusivos ou, simplesmente, situações excludentes são aquelas cuja ocorrência de uma elimina a possibilidade de ocorrência da outra. A soma das probabilidades de ocorrência das situações excludentes, quanto forem complementares, será igual a 1 ou 100%.

Evento complementar

O complementar do evento A é representado por $\bar{A}$. É um subconjunto do espaço amostral cuja característica é somá-lo ao evento e ter como resultado o espaço amostral. Assim, $A \cup \bar{A} = S$.

2.7.2. Probabilidade

A probabilidade de ocorrer um evento é a divisão do número de eventos favoráveis pelo número total de eventos.

Probabilidade	$P(x) = \dfrac{\text{Eventos Favoráveis}}{\text{Total de Eventos}}$

Observe na questão a seguir como as bancas trabalham com probabilidade explorando o tema análise combinatória.

QUESTÃO PASSO A PASSO

348. ***(FGV – TJ (RO) – Técnico Judiciário – 2021)*** *As amigas Alice e Bianca estão entre as 6 pessoas classificadas em um concurso e esperam a entrevista com a banca examinadora. Os classificados receberão aleatoriamente números de 1 a 6, que determinarão a ordem em que eles serão entrevistados. A probabilidade de que Alice e Bianca fiquem vizinhas nessa fila é:*

(A) 1/2;

(B) 1/3;

(C) 1/4;

(D) 1/5;

(E) 1/6.

▶ **Comentários**

Questão sobre a probabilidade das duas amigas, Alice e Bianca, fiquem vizinha na fila de seis classificados no concurso.

Para o total de situações possíveis, denominador da razão que define a probabilidade podemos pensar no total de formas que as duas amigas podem estar distribuídas na fila.

São dois elementos de um total de seis, subgrupos diferentes do grupo completo, então estamos entre arranjo e combinação. Mas a ordem importa, dizer que Alice é a primeira e Bianca a segunda e diferente caso inverta a ordem. Pela análise resolvemos por arranjo.

- Total de casos possíveis.

Arranjo de 6 tomado de 2 em 2	$A(6,2) = 6 . 5$ $A(6,2) = 30$

Observe que não há necessidade de computar todos os casos possíveis da lista de 1 a 6. Seria um número muito maior porque para cada posição de Alice e Bianca, os demais classificados podem ser distribuídos de diversas maneiras nos lugares restantes da fila.

Caso siga esta linha de raciocínio, seria uma permutação, o mesmo padrão deve ser adotado para quantificar os casos de interesse. Entretanto, é muito mais simples por meio de arranjo.

- Total de casos de interesse.

Para que as duas amigas fiquem em posições vizinhas, consideramos uma única posição para as duas e, como a ordem importa, o resultado deve ser multiplicado por 2 para considerar a inversão entre elas (Alice, Bianca e Bianca, Alice).

Para as situações de interesse, arranho de 5 elementos tomados 1 a 1 cujo resultado é igual a 5. Para melhor compreensão, veja o esquema a seguir.

Arranjo de 5 tomado de 1 em 1	

As duas posições marcadas, Alice e Bianca, passamos a contar como se fosse uma de um total de 5 e, como dito, o resultado de A(5,1) é igual a 5 deve ser multiplicado por 2 (produto de 5 por 2 é igual a 10) por causa da inversão de posições entre as amigas.

Entendemos que o total de posições em que as duas amigas ocupem na fila é igual a 30 e o total de posições em que as duas são vizinhas é igual a 10.

A probabilidade é a parte mais fácil.

Probabilidade (P)	$P = 10/30$ $P = 1/3$

Resposta: A probabilidade de que Alice e Bianca fiquem vizinhas nessa fila é igual a 1/3.

Gabarito: B

Percebeu como é importante o estudo da análise combinatória para resolver as questões de probabilidade? Ainda que foi um caso simples de permutação com repetição.

De forma geral, o que acontece nos problemas são situações em que precisaremos da quantidade de casos favoráveis (corresponde à probabilidade desejada) e o total de casos (espaço amostral). Para essas duas quantidades, em alguns casos, a análise combinatória é o melhor caminho.

2.7.3. Propriedades

Probabilidade da união de dois eventos

Diante de dois eventos conectados entre si pela partícula "ou", por exemplo, a questão apresenta uma série de dados e ao final pergunta: Qual a probabilidade da ocorrência do evento A ou do evento B? Resolvemos esse tipo de questão com a fórmula:

União de dois eventos	P(A ou B) = P(A ∪ B) = P(A) + P(B) – P(A e B)

Probabilidade da ocorrência simultânea de dois eventos

Observe parte da fórmula anterior, P(A e B), trata-se da probabilidade de ocorrência simultânea dos eventos A e B. Caso os eventos A e B sejam eventos independentes, então a probabilidade de ocorrência de A e B, ao mesmo tempo, será encontrada pelo produto das probabilidades individuais.

Intersecção de dois eventos	P(A e B) = P(A ∩ B) = P(A) . P(B)

Caso os eventos sejam dependentes, a probabilidade do evento A e do evento B será igual à probabilidade de A.

Intersecção de dois eventos (Eventos dependentes)	P(A e B) = P(A ∩ B) = P(A)

Regrado "e" e do "ou"

Para melhor fixar as propriedades, pense na regra dos conectivos "e" e "ou".

- Conectivo "e": Efetuar a multiplicação das probabilidades.
- Conectivo "ou": Efetuar a adição das probabilidades.

Segue questão para praticar a aplicar as propriedades.

QUESTÃO PASSO A PASSO

349. ***(FGV – TRT (MA) 16ª Região – Analista Judiciário – 2022)*** *Na sala 1 há 12 alunos do sexo masculino e 8 do feminino; na sala 2 há 10 alunos do sexo masculino e 9 do feminino. Um aluno da sala 1 é aleatoriamente escolhido e conduzido à sala 2. Em seguida, um aluno da sala 2, já com o sorteado na sala 1 incluído, é aleatoriamente escolhido. A probabilidade de que o aluno sorteado na sala 2 seja do sexo feminino é igual a*

(A) 0,42.

(B) 0,47.

(C) 0,50.

(D) 0,53.

(E) 0,55.

► Comentários

Para chegar na probabilidade solicitada, antes analisaremos a probabilidade da retirada de um aluno da primeira sala.

Como são dois momentos de probabilidade, o esquema vai demostrar com mais precisão a nossa explicação sobre o roteiro da resolução.

Sabemos que:

- Sala 1
  - 12 Homens
  - 8 Mulheres
- Sala 2
  - 10 Homens
  - 9 Mulheres

A questão propõe:

- *Um aluno da sala 1 é aleatoriamente escolhido e conduzido à sala 2.*

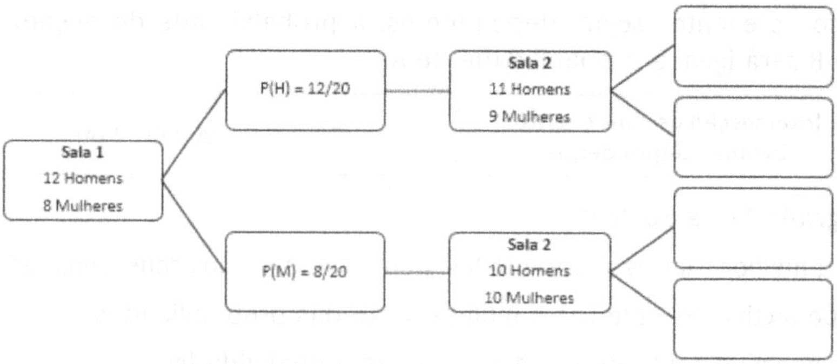

A retirada de um aluno aleatoriamente da sala um tanto pode ser um homem como uma mulher e as probabilidades, 12/20 e 8/20, respectivamente.

O esquema detalha as duas situações e como estaria composta a sala 2 em cada uma delas.

Outra retirada aleatória, agora da sala 2.

- *Em seguida, um aluno da sala 2, já com o sorteado na sala 1 incluído, é aleatoriamente escolhido.*

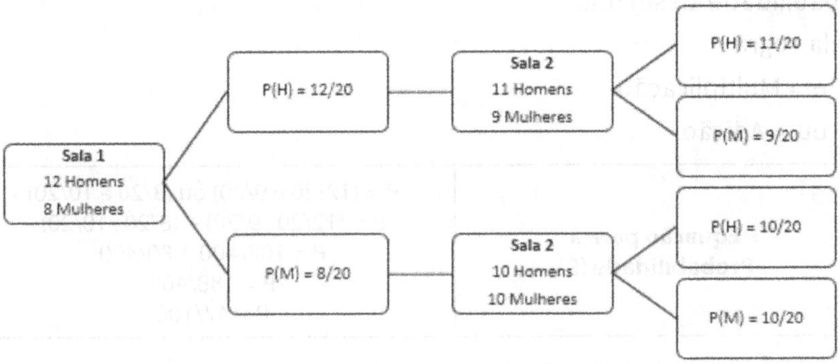

O esquema está completo com a segunda escolha aleatória de um aluno. Precisamos da probabilidade de que, na segunda escolha, seja uma aluna (mulher).

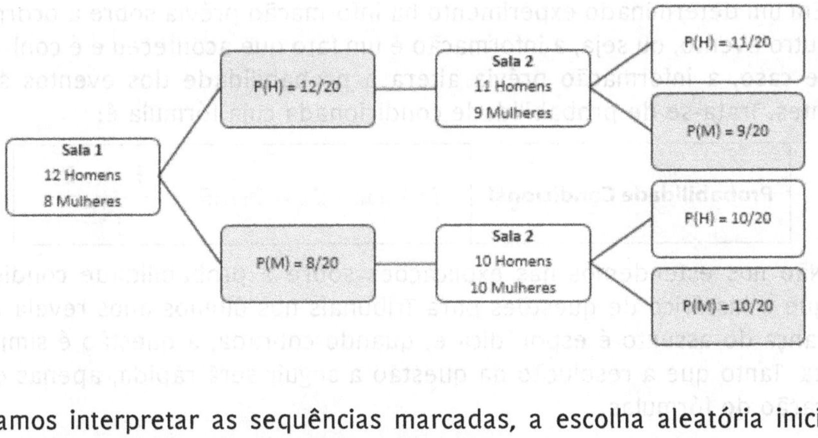

Vamos interpretar as sequências marcadas, a escolha aleatória inicial e que seja uma mulher na segunda escolha, como:

Equação para a Probabilidade (P)	P = (12/20 e 9/20) ou (8/20 e 10/20)

Na primeira sequência, um homem vai para a sala 2 com probabilidade de 12/20, após, há obrigatoriamente a retirada de uma mulher com probabilidade 9/20. Então essas duas situações devem acontecer, está é a razão de utilizarmos o conectivo "e".

O mesmo raciocínio aplicamos na segunda sequência, 8/20 e 10/20, também com o conectivo "e" pois, sendo esta a sequência, as duas probabilidades devem ser consideradas.

Entre as duas sequências, o conectivo "ou" porque qualquer delas atende a probabilidade desejada.

Pela regra:

- e = Multiplicação.
- ou = Adição.

Equação para a Probabilidade (P)	P = (12/20 e 9/20) ou (8/20 e 10/20) P = (12/20 . 9/20) + (8/20 . 10/20) P = 108/400 + 80/400 P = 188/400 P = 47/100

Resposta: A probabilidade de que o aluno sorteado na sala 2 seja do sexo feminino é igual a 47/100 ou 47%.

Gabarito: B

2.7.4. Probabilidade condicional

Em um determinado experimento há informação prévia sobre a ocorrência de outro evento, ou seja, a informação é um fato que aconteceu e é conhecido. Neste caso, a informação prévia altera a probabilidade dos eventos subsequentes. Trata-se de probabilidade condicionada cuja fórmula é:

Probabilidade Condicional	$P(A \text{ dado } B) = P(A\|B) = \dfrac{P(A \text{ e } B)}{P(B)}$

Não nos estendemos nas explicações sobre a probabilidade condicional porque o histórico de questões para Tribunais nos últimos anos revela que a cobrança do assunto é esporádica e, quando cobrada, a questão é simples e direta. Tanto que a resolução da questão a seguir será rápida, apenas com a aplicação de fórmulas.

QUESTÃO RÁPIDA

350. ***(FGV – TRT (MA) 16ª Região – Analista Judiciário – 2022)*** *A e B são dois eventos independentes com probabilidades P[A] = 0,2 e P[B] = 0,5. A probabilidade condicional P[A|B] e as probabilidades P[A∪B] e P[A∩B] valem respectivamente*

(A) 0,2; 0,6; 0,1.

(B) 0,1; 0,6; 0,2.

(C) 0,2; 0,3; 0,1.

(D) 0,2; 0,5; 0,1.

(E) 0,1; 0,6; 0,1.

▶ **Comentários**

Apenas não seguiremos a ordem tal qual solicitado no enunciado.

Intersecção de dois eventos P(A e B) = P(A ∩ B) = P(A) . P(B)	P[A∩B] = P[A] . P[B] P[A∩B] = 0,2 . 0,5 P[A∩B] = 0,1

Iniciamos pela interseção, conectivo "e", porque o resultado faz parte dos cálculos seguintes.

União de dois eventos P(A ou B) = P(A ∪ B) = P(A) + P(B) – P(A e B)	P[A∪B] = P[A] + P[B] – P[A∩B] P[A∪B] = 0,2 + 0,5 – 0,1 P[A∪B] = 0,6

Por fim, a probabilidade condicional.

Probabilidade Condicional $P(A \text{ dado } B) = P(A\|B) = \frac{P(A \text{ e } B)}{P(B)}$	P[A|B] = P[A∩B] / P[B] P[A|B] = 0,1 / 0,5 P[A|B] = 0,2

Resposta: A probabilidade condicional P[A|B] e as probabilidades P[A∪B] e P[A∩B] valem respectivamente 0,2; 0,6 e 0,1.

Gabarito: A

2.7.5. Questões variadas

O tema é probabilidade, mas, após passar pelas próximas questões, você terá a certeza da importância do estudo da análise combinatória.

QUESTÃO PASSO A PASSO

351. ***(FCC – TRT (ES) 17ª Região – Analista Judiciário – 2022)*** *Em um setor de órgão público trabalham 6 economistas e 4 contadores. É feita uma divisão aleatória em dois grupos, com 5 elementos cada um, com esses profissionais. A probabilidade desses dois grupos terem a mesma quantidade de economistas é de*

(A) 3/5

(B) 4/7

(C) 1/2

(D) 2/3

(E) 10/21

► Comentários

Os profissionais de determinado setor serão divididos em dois grupos e nos foi solicitada a probabilidade de que cada grupo tenha a mesma quantidade de economistas.

É importante saber o que é pedido quando o assunto é probabilidade, porque é exatamente esta informação vai compor a fórmula da probabilidade (numerador da razão).

Sabendo o número que buscamos, vejamos os dados da questão.

- Servidores públicos:
  - o 6 Economistas; e
  - o 4 Contadores.

Para montar um grupo com 5 servidores sendo 3 economistas e 2 contadores (a ordem não importa) trabalhamos com a combinação.

Número de Grupos possíveis com 3 economistas.	$C(6,3) = \frac{6.5.4}{1.2.3}$ $C(6,3) = 5.4$ $C(6,3) = 20$
Número de Grupos possíveis com 2 contadores.	$C(4,2) = \frac{4.3}{1.2}$ $C(4,2) = 2.3$ $C(4,2) = 6$

Uma vez que cada possibilidade de 3 economistas combina cada uma das possibilidades de 2 contadores, cabe p produto de ambos. O total de possibilidades de interesse é: 20 . 6 = 120.

E para o total de possibilidades dos grupos, faremos a combinação de 10 servidores tomados 5 a 5.

Total de possibilidade de formar grupos com 5 servidores	$C(10,5) = \frac{10.9.8.7.6}{1.2.3.4.5}$ $C(10,5) = 9.2.7.2$ $C(10,5) = 252$

Seguimos com o cálculo da probabilidade propriamente dita.

Probabilidade (P)	$P = \frac{C(6,3) \cdot C(4,2)}{C(10,5)}$ $P = \frac{120}{252}$ $P = \frac{10}{21}$

Resposta: A probabilidade desses dois grupos terem 3 economistas cada é de 10/21.

Gabarito: E

QUESTÃO PASSO A PASSO

352. ***(FGV – TRT (PB) 13ª Região – Analista Judiciário – 2022)*** *Numa empresa há seis gerentes e quatro superintendentes. Se quatro dessas pessoas forem selecionadas ao acaso para formar uma comissão de quatro membros, a probabilidade de que dois gerentes e dois superintendentes sejam escolhidos é aproximadamente igual a*

(A) 0,43.

(B) 0,50.

(C) 0,54.

(D) 0,59.

(E) 0,63.

▶ **Comentários**

O enunciado da questão divide-se em três partes, a primeira são dados sobre a empresa.

Numa empresa há seis gerentes e quatro superintendentes.	6 gerentes 4 superintendentes

A segunda parte comunica a formação de uma comissão.

Se quatro dessas pessoas forem selecionadas ao acaso para formar uma comissão de quatro membros.	Seleção aleatória de 4 pessoas

Finaliza questionando sobre probabilidade.

A probabilidade de que dois gerentes e dois superintendentes sejam escolhidos.	Escolha de 2 gerentes e 2 superintendentes.

Para a probabilidade necessitamos do número total de possibilidades de formar a comissão de 4 pessoas e em quantas dessas possibilidades estarão presentes exatamente 2 gerentes e 2 superintendentes.

Para o total de possibilidades, uma combinação visto que a ordem não importa, de 10 elementos tomados 4 a 4.

Total de possibilidade de formar comissão com 4 pessoas	$C(10{,}4) = \frac{10 . 9 . 8 . 7}{1 . 2 . 3 . 4}$ $C(10{,}4) = 5 . 3 . 2 . 7$ $C(10{,}4) = 210$

Para as possíveis participações de 2 gerentes e 2 superintendentes, o produto da combinação de ambas.

Comissões possíveis com 2 gerentes.	$C(6{,}2) = \frac{6 . 5}{1 . 2}$ $C(6{,}2) = 15$
Comissões possíveis com 2 superintendentes.	$C(4{,}2) = \frac{4 . 3}{1 . 2}$ $C(4{,}2) = 6$

Conhecidas as quantidades de comissões possíveis e desejáveis, passamos à probabilidade.

Probabilidade (P)	$P = \frac{C(6{,}2) . C(4{,}2)}{C(10{,}4)}$ $P = \frac{15 . 6}{210}$ $P = \frac{3}{7}$ $P = 0{,}428$

Resposta: A probabilidade de que dois gerentes e dois superintendentes sejam escolhidos é aproximadamente igual a 0,43 ou 43%.

Gabarito: A

QUESTÃO PASSO A PASSO

353. ***(FGV – TRT (PB) 13ª Região – Analista Judiciário – 2022)*** *Se escolhemos ao acaso um número de três algarismos, a probabilidade de que seus três algarismos sejam distintos é igual a*

(A) *46%.*

(B) *50%.*

(C) *60%.*

(D) *72%.*

(E) *78%.*

► Comentários

Utilizamos o princípio fundamental da contagem para a quantidade de números com 3 algarismos.

Número total (T) de três algarismos	9 x 10 x 10	T = 9 . 10 . 10 T = 900

Para a primeira posição não foi considerado o zero, apenas os algarismos de 1 a 9.

Agora a contagem de possibilidades com números distintos (sem repetição).

Número de três algarismos distintos (D)	9 x 9 x 8	D = 9 . 9 . 8 D = 648

Observações:

- Posição das centenas: Algarismos de 1 a 9, excluído o zero. São 9 possibilidades.
- Posição das dezenas: Acrescenta-se o zero e exclui uma unidade para não repetir o algarismo selecionado para a centena. São 9 possibilidades.
- Posição das unidades. Exclui duas unidades para não repetir os algarismos selecionados para a centena e para a dezena. São 8 possibilidades.

Segue a probabilidade.

Probabilidade (P)	$P = \frac{\text{Números Distintos}}{\text{Total de Possibilidades}}$ $P = \frac{648}{900}$ $P = \frac{54}{75}$ $P = 0{,}72$

Resposta: A probabilidade de escolher um número com três algarismos distintos é igual a 0,72 ou 72%.

Gabarito: D

QUESTÃO RÁPIDA

354. ***(FCC – TRT (MT) 23ª Região – Analista Judiciário – 2022)*** *Uma ação na Bolsa de Valores pode, em determinado dia de pregão (negociação), ter variação positiva ou negativa, exclusivamente. Suponha que nunca ocorre variação negativa em dois pregões sucessivos, mas se em certo pregão houve variação positiva, no pregão seguinte a probabilidade de variação positiva é igual à de ser negativa. Em uma semana sem feriados ou suspensão de negociações na Bolsa, houve variação negativa na segunda-feira. A probabilidade de ocorrer variação positiva na quinta-feira é*

(A) 1/4

(B) 2/3

(C) 3/4

(D) 3/5

(E) 1/3

▶ Comentários

O problema limita as variações dos pregões da Bolsa de Valores em positiva e negativa, além disso, sugere não haver variações negativas em dias consecutivos e que, após variação positiva, as chances são iguais de nova variação positiva ou negativa.

Estabelecidas as premissas, entramos no problema proposto.

- *Em uma semana sem feriados ou suspensão de negociações na Bolsa, houve variação negativa na segunda-feira. A probabilidade de ocorrer variação positiva na quinta-feira é*

Dada as características do problema, o esquema é um bom caminho.

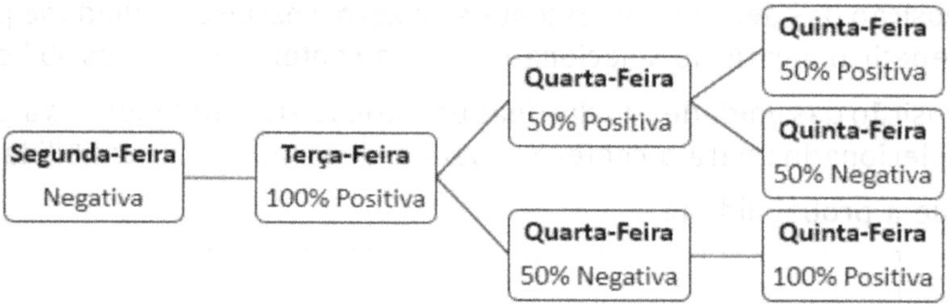

São duas as situações quando, na quinta-feira, a Bolsa de Valores apresenta variação positiva.

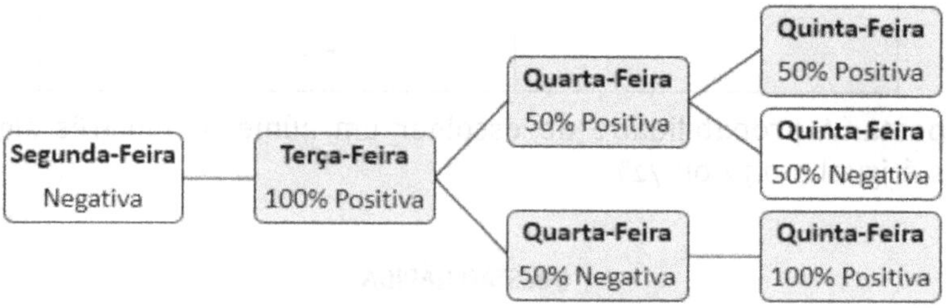

O que se reflete na equação considerando a regra do "e" e do "ou". Lembrando que "e" interpretamos como multiplicação e "ou" como adição.

Equação para a Probabilidade (P)	P = (100% e 50% e 50%) ou (100% e 50% e 100%) P = (1 . 0,5 . 0,5) + (1 . 0,5 e 1) P = 0,25 + 0,5 P = 0,75

Resposta: A probabilidade de ocorrer variação positiva na quinta-feira é igual a 0,75 ou 75% ou 3/4.

Gabarito: C

2.8. Velocidade

Sob o guarda-chuva deste tema muito pode ser dito, desde a inércia, manutenção do estado inicial de repouso ou movimento, passando por aceleração e alguns dos seus desdobramentos até chegar à velocidade propriamente dita. Não para por aí, ainda, velocidade instantânea, velocidade escalar média, velocidade vetorial.

Chega! Vamos parar por aqui e focar no que interessa, mesmo porque não precisamos de nada disso para nossa prova.

O que realmente enfrentaremos nas provas para Tribunais são questões acerca de velocidade média. Para isso, é suficiente a fórmula da velocidade média.

Outra fórmula para decorar?

Sim, é uma fórmula, entretanto, não há que se falar em decorar uma coisa que você conhece, diria mais, conhece há muito tempo.

Pense numa situação bem simples de movimento, por exemplo, na academia você quer fazer uma corrida leve na esteira e ajusta para velocidade para 6 quilômetros por hora. Pois é exatamente esta a fórmula da velocidade.

Velocidade Média	Velocidade para 6 quilômetros por hora Velocidade = quilômetros / hora Velocidade = distância / tempo Vm = D / t

Onde:

- Vm = Velocidade média.
- D = Distância percorrida.
- t = Tempo gasto.

Concluímos que fórmula não será nosso problema, talvez entender a questão e construir a resolução ou mesmo um pouco de matemática requeiram maior atenção, por isso resolvemos questões.

Aproveitando o tema velocidade, agregaremos questões sobre consumo médio de combustível.

Enfim, bora resolver questões!

QUESTÃO PASSO A PASSO

355. ***(FCC – TRT (BA) 5ª Região – Técnico Judiciário Agente da Polícia Judicial – 2022)*** *Dois ciclistas partem de um mesmo ponto para percorrer o mesmo circuito. O primeiro ciclista completa uma volta do circuito em 5 minutos e o segundo, em 6 minutos. Se eles derem voltas no circuito durante 1 hora e meia, passarão pelo ponto de partida ao mesmo tempo somente*

(A) *uma vez.*

(B) *duas vezes.*

(C) *três vezes.*

(D) *quatro vezes.*

(E) *cinco vezes.*

▶ Comentários

Apesar de a questão tratar de movimento e tempo, a resolução está centrada no mínimo múltiplo comum.

Os dois ciclistas partem do mesmo ponto no mesmo instante.

O primeiro ciclista completa uma volta do circuito em 5 minutos e o segundo, em 6 minutos.	Ciclista 1 = 1 volta em 5 minutos Ciclista 2 = 1 volta em 6 minutos

Cada volta do primeiro ciclista marca um instante múltiplo de 5 e do segundo um instante múltiplo de 6. Haverá coincidência de tempo na coincidência desses múltiplos.

O menor número inteiro, múltiplo de 5 e 6, mmc, é igual a 30. Portanto, a cada 30 minutos os ciclistas passam pelo ponto de partida ao mesmo tempo.

Após a partida, nos tempos:

- 30 minutos: 1ª passagem pelo ponto de partida no mesmo tempo.
- 60 minutos: 2ª passagem pelo ponto de partida no mesmo tempo.
- 90 minutos: 3ª passagem pelo ponto de partida no mesmo tempo.

Exatamente no instante em que os dois ciclista encerram as voltas, 90 minutos ou 1 hora e meia, estarão completando a terceira passagem juntos pelo ponto inicial.

Resposta: Em 1 hora e meia, passarão 3 vezes pelo ponto de partida ao mesmo tempo.

Gabarito: C

QUESTÃO PASSO A PASSO

356. ***(FCC – TRF 4ª Região – Analista Judiciário Tecnologia da Informação – 2019)*** *João levou sua mãe para visitar uma amiga. Na ida foi a uma velocidade média de 40 km/h, mas na volta percorreu o trajeto a 60 km/h. Se gastou ao todo 95 minutos e só parou por 5 minutos para deixar sua mãe na casa da amiga, a distância total percorrida foi de*

(A) 48 km

(B) 24 km

(C) 72 km

(D) 90 km

(E) 60 km

► **Comentários**

Descontados os 5 minutos gastos por João para deixar sua mãe na casa da amiga, o percurso de ida e volta levou 90 minutos ou 1,5 hora. "Hora" para manter a mesma unidade de medida utilizada para a velocidade.

Outra dedução importante do enunciado, o percurso é dividido em duas partes iguais, ida e volta, por isso podemos igualar as distâncias.

Recordando a fórmula da velocidade, V = D/t, desenvolvendo, chegamos à fórmula para calcular a distância percorrida: D = V . t.

Igualar as distâncias de ida e de volta	Di = Dv Vi . Ti = Vv . Tv 40Ti = 60Tv

Onde:

- Di e Dv = Distância de ida e de volta.
- Vi e Vv = Velocidade média da ida e da volta.
- Ti e Tv = Tempo gasto para ida e para volta.

Conhecemos o tempo total gasto para o percurso completo (ida e volta).

Tempo total 90 minutos ou 1,5h	Ti + Tv = 1,5 Tv = 1,5 – Ti

Isolado o tempo da volta (Tv), substituir na primeira equação.

Substituir o valor de Tv	40Ti = 60Tv 40Ti = 60 (1,5 – Ti) 40Ti = 90 – 60Ti 100Ti = 90 Ti = 0,9

O tempo gasto por João durante a ida para levar sua mãe foi de nove décimos de hora, todavia, precisamos calcular a distância para responder a questão.

Para isso, fórmula da velocidade. Poderíamos usar direto a variação da fórmula "D= V . t" como vimos anteriormente.

Distância no percurso de ida	V = D/T 40 = D/0,9 D = 40 . 0,9 D = 36

A distância de ida foi de 36 km e o percurso total o dobro dessa distância.

Resposta: A distância percorrida por João foi de 72 km.

Gabarito: C

QUESTÃO PASSO A PASSO

357. ***(FCC – TRF 4ª Região – Analista Judiciário Oficial de Justiça Avaliador Federal – 2019)*** *Um determinado modelo de automóvel é fabricado nas versões diesel ou gasolina. O modelo a gasolina percorre, em média, 10 km/litro, já o modelo a diesel, 15 km/litro. O preço da gasolina é de R$ 4,50 por litro e o do diesel, R$ 3,60 por litro. Se uma pessoa percorre 60 km/dia, em 30 dias a diferença de gasto, em reais, entre as duas versões é de*

(A) *432,00*

(B) *810,00*

(C) *378,00*

(D) *81,00*

(E) *43,20*

▶ Comentários

As informações que retiramos do enunciado da questão dizem respeito às características de determinado modelo de automóvel.

Versões	Consumo Médio
Gasolina	10 km/litro
Diesel	15 km/litro

Conhecendo os preços do litro da gasolina e do diesel, 4,50 e 3,60 respectivamente, calculamos o gasto para cada combustível em 30 dias com percurso diário de 60 km.

Mesmo podendo preparar uma única equação matemática, vamos fazer por partes para evitar engamos na resolução e resultado da questão.

Primeiro o consumo diário de combustível, que será multiplicado por 30 em razão do período definido, após, pelo valor do litro para chegar ao gasto total.

Versões	Consumo Médio	Consumo Diário	30 dias	Gasto Total
Gasolina	10 km/litro	60 / 10 = 6 litros	6 . 30 = 180	182 . 4,5 = 810
Diesel	15 km/litro	60 / 15 = 4 litros	4 . 30 = 120	120 . 3,6 = 432

Resposta: Percorrendo 60 km por dia, em 30 dias a diferença de gasto entre as duas versões é de R$ 378,00 (810 - 432 = 378).

Gabarito: C

QUESTÃO RÁPIDA

358. ***(FCC – TRT (SP) 15ª Região – Técnico Judiciário Área Administrativa – 2019)*** *O consumo de combustível de um veículo utilizado no transporte de magistrados é de 8 km por litro de gasolina em uso urbano, e de 12 km por litro de gasolina com uso em estrada. No percurso entre os tribunais das cidades A e B, que estão a 90 km um do outro, 12 km são de trecho urbano e o restante é de trecho em estrada. Ao custo de R$ 4,20 por litro de gasolina, uma boa estimativa do gasto com combustível no transporte de um magistrado entre esses dois tribunais é de*

(A) R$ 44,10.

(B) R$ 37,80.

(C) R$ 31,50.

(D) R$ 39,90.

(E) R$ 33,60.

► Comentários

Consumo do veículo:

Uso Urbano	Uso em Estrada
8 km por litro de gasolina	12 km por litro de gasolina

O percurso entre as cidades A e B, que estão a 90 km um do outro:

- 12 km são de trecho urbano.
- 78 km são de trecho em estrada.

Observando o custo de R$ 4,20 por litro de gasolina, o gasto esperado será a distância percorrida, dividida pelo consumo médio e multiplicado pelo valor do combustível. Uma vez que são trechos com consumos diferentes, melhor calcular separadamente.

Gasto (G1) no Percurso Urbano	Gasto (G2) no Percurso em Estrada
G1 = D/M . \$ G1 = 12/8 . 4,2 G1 = 1,5 . 4,2 G1 = 6,3	G1 = D/M . \$ G1 = 78/12 . 4,2 G2 = 6,5 . 4,2 G2 = 27,3

A soma do gasto de combustível urbano e na estrada é igual a R$ 33,60, corresponde ao gasto provável para ir do tribunal da cidade A para o tribunal da cidade B.

Resposta: A estimativa do gasto com combustível no transporte de um magistrado entre os dois tribunais é de R$ 33,60.

Gabarito: E

QUESTÃO PASSO A PASSO

359. ***(FCC – TRT (MS) 24ª Região – Técnico Judiciário Área Administrativa – 2017)*** *Uma avenida que possui 7 km de extensão teve o seu limite máximo de velocidade alterado de 50 km/h para 60 km/h. Levando-se em consideração apenas a extensão da avenida e veículos trafegando nas velocidades máximas permitidas, com a alteração do limite máximo permitido de velocidade, o tempo para percorrer a extensão total da avenida diminuiu em*

(A) 2 minutos e 45 segundos.

(B) minuto e 8 segundos.

(C) 1 minuto e 40 segundos.

(D) 2 minutos e 40 segundos.

(E) 1 minuto e 24 segundos.

► Comentários

A fórmula para velocidade é essencial e suficiente para a resolução do problema proposto pela FCC.

Velocidade	V = D/t

Onde:

- V = Velocidade.
- D = Distância.
- t = Tempo.

Considerando as velocidades da avenida, a anterior de 50 km/h e a atual de 60 km/h, bem como a distância percorrida, basta inseri-las na fórmula.

Tempo para a velocidade de 50 km/h	Tempo para a velocidade de 60 km/h
V = D / t 50 = 7 / t t = 7 / 50	V = D / t 60 = 7 / t t = 7 / 60

Aqui é importante uma pausa na resolução para um comentário sobre operações em relação a tempo.

Observe que a operação "t = 7 / 50" tem como resultado o valor 0,14. Tal valor e dado em horas e, para a continuidade da questão, deve ser convertido em minutos (multiplicar por 60) e segundos (multiplicar por 60).

Minutos: Multiplicar o valor decimal por 60.	Min = 0,14 . 60 Min = 8,4

A parte inteira são os minutos e o decimal converte-se em segundos.

Segundos: Multiplicados o valor decimal por 60.	Seg = 0,4 . 60 Seg = 24

Pronto calculamos os segundos e temos o tempo gasto: 8 minutos e 24 segundos.

Repetimos a operação para 60 km/h (nova velocidade máxima da avenida).

Tempo para velocidade de 60 km/h	t = 7 / 60 t = 0,11667
Multiplicar a parte decimal para calcular os minutos	Min = 0,11667 . 60 Min = 7

Portanto, o tempo gasto para o percurso era de 8 minutos e 24 segundos e passou a ser transposto em 7 minutos.

Resposta: O tempo para percorrer a extensão total da avenida diminuiu em 1 minuto e 24 segundos.

Gabarito: E

QUESTÃO PASSO A PASSO

360. ***(FCC – TRT (AM e RR) 11ª Região – Técnico Judiciário Área Administrativa – 2017)*** *Um ciclista cumpriu seu trajeto de treinamento com uma velocidade média de 20 km/h e um tempo de 6 horas e 24 minutos. No dia seguinte, ao voltar, o ciclista cumpriu o mesmo trajeto em exatamente 8 horas. Nesse dia sua velocidade média caiu, em relação ao treinamento do dia anterior, um valor igual a*

(A) 7 km/h.

(B) 4 km/h.

(C) 6 km/h.

(D) 1,5 km/h.

(E) 3 km/h.

► **Comentários**

Primeiro trajeto do ciclista.

- *Um ciclista cumpriu seu trajeto de treinamento com uma velocidade média de 20 km/h e um tempo de 6 horas e 24 minutos.*

São conhecidos a velocidade e o tempo. Cabe a nós calcular a distância.

Atenção para o detalhe das unidades de medidas distintas, horas e minutos. Muita atenção porque isso é recorrente.

Para contornar o problema, transformamos os 24 minutos em horas, ou 24/60 = 0,4. Logo, o tempo gasto pelo ciclista para completar o trajeto foi de 6,4 horas.

Distância do trajeto	V = D/t D = V . t D = 20 . 6,4 D = 128

Conhecida a distância do percurso, avançamos para o segundo trajeto.

- *No dia seguinte, ao voltar, o ciclista cumpriu o mesmo trajeto em exatamente 8 horas.*

Velocidade média no segundo trajeto	V = D/t V = 128/8 V = 16

O ciclista cumpriu o trajeto, no segundo dia, com velocidade média de 16 km por hora.

Resposta: Nesse dia sua velocidade média caiu em 4 km por hora em relação ao treinamento do dia anterior.

Gabarito: B

2.9. Problemas Matemáticos

Chegou a hora de testar o que aprendemos ao longo deste capítulo e, em proporção menor, face ao número reduzido de questões em últimos concursos, algum outro assunto que por ventura surja.

Vale ressaltar, agora ainda mais que nos itens anteriores, que os problemas matemáticos requerem maior grau de raciocínio e lógica (ou se utilizados facilitam a vida do candidato) para sua resolução. A ideia é usar a lógica de forma abrangente, o que compreende desde a leitura atenta e a interpretação do enunciado, passa pela estruturação dos dados conhecidos e a forma como se dará a resolução para finalmente chegar à conclusão, ou melhor, ao gabarito da questão.

E quanto à teoria?

Seguimos com nosso propósito de lançar mão nos casos realmente necessários. Claro, havendo a necessidade, agregaremos à medida que formos caminhando pelas resoluções.

QUESTÃO PASSO A PASSO

361. ***(FCC – TRT (GO) 18ª Região – Técnico Judiciário Tecnologia da Informação – 2023)*** *Em uma eleição para a direção do Centro Acadêmico, os 5 candidatos obtiveram números distintos de votos. De um total de 36 votos, o candidato vencedor teve 12 votos e o candidato que recebeu menos votos teve 4. O número de votos do candidato que ficou em segundo lugar foi*

(A) 9 ou 10

(B) 8

(C) 10

(D) 7 ou 8

(E) 8 ou 9

▶ Comentários

A questão não traz nada de muito elaborado, colhendo os dados do enunciado e atendendo as restrições impostas, a resolução surge com naturalidade e chegamos à resposta sem grandes problemas.

Enunciado	Observação
Em uma eleição para a direção do Centro Acadêmico, os 5 candidatos obtiveram números distintos de votos.	5 candidatos Número distintos de votos

Nada de relevante por ora, apenas dados.

Enunciado	Observação
De um total de 36 votos, o candidato vencedor teve 12 votos e o candidato que recebeu menos votos teve 4.	Total = 36 votos Vencedor = 12 votos Menos votos = 4 votos

Fazendo uma conta simples, de 36 subtraindo os votos que foram para o vencedor, 12, e aqueles que foram para o último colocado, 4, restam 20 votos.

Sem problemas até aí não é mesmo?

Esses 20 votos restantes são divididos entre os candidatos que ficaram com a segunda, a terceira e quarta colocação. Para estas posições e lembrando da restrição de que os números de votos são distintos, cabem as duas hipóteses.

Lembre-se, também, que estas posições intermediárias receberam mais votos que o menos votado e menos votos que o mais votado.

Hipótese 1	Hipótese 2
1º colocado = 12 votos **2º colocado = 9 votos** 3º colocado = 6 votos 4º colocado = 5 votos 5º colocado = 4 votos	1º colocado = 12 votos **2º colocado = 8 votos** 3º colocado = 7 votos 4º colocado = 5 votos 5º colocado = 4 votos

Para distribuir 20 votos nas posições intermediárias, sem repetição, são possíveis apenas as duas situações acima.

Resposta: O número de votos do candidato que ficou em segundo lugar foi 8 ou 9 votos.

Gabarito: E

QUESTÃO RÁPIDA

362. ***(FCC – TRT (GO) 18ª Região – Analista Judiciário Área Administrativa – 2023)*** *Em um condomínio, as casas são numeradas com números de 4 algarismos. Os dois primeiros identificam a rua e os demais, a casa. Por exemplo, 0315 é o número da casa 15 que fica na rua 03. A numeração das ruas é sequencial, começando com a rua 01, e, em cada rua, a numeração das casas é sequencial, começando com a casa 01. Na rua principal, que é também a rua 01, há 30 casas e nas demais ruas há 20 casas em cada uma. Se o condomínio tem, ao todo, 20 ruas, o número de algarismos 3 necessários para numerar todas as casas é*

(A) 82

(B) 80

(C) 92

(D) 90

(E) 100

► Comentários

O texto é quase que em sua íntegra a explicação da forma como as casas são numeradas. As informações a serem consideradas são:

- Rua 01 tem 30 casas.
- Demais ruas têm 20 casas cada.
- São 20 ruas no total.

Vamos separar as numerações de ruas e de casas e começamos pelas ruas.

Ruas	Algarismo 3	Quantidade de 3 das Ruas
01, 02, 03, ..., 13, ..., 20	03 e 13 Cada um repete-se 20 vezes	Algarismos = 20 . 2 Algarismos = 40

Acima são os dois primeiros algarismos da numeração das casas que identificam as ruas. A seguir, os dois últimos algarismos que identificam as casas.

A primeira rua tem 30 casas.

Rua 01	Algarismo 3	Quantidade de 3 das Casas
01, 02, 03, ..., 13, ..., 23, , 30	03, 13, 23 e 30	Algarismos = 4

As outras 19 ruas têm 20 casas cada.

Rua 02 a 19	Algarismo 3	Quantidade de 3 das Casas
01, 02, 03, ..., 13, ..., 20	03 e 13 Cada um repete-se 19 vezes	Algarismos = 19 . 2 Algarismos = 38

Resposta: São necessários 82 algarismos 3 para numerar todas as casas.

Gabarito: A

QUESTÃO PASSO A PASSO

363. ***(CEBRASPE – Analista Judiciário – Área Administrativa – TJ/ES – 2023)*** *O item a seguir apresenta uma situação hipotética seguida de uma assertiva a ser julgada com base em análise combinatória, probabilidade, operações com conjuntos e problemas geométricos.*

Considere que a equipe de compras de determinado tribunal precise comprar uma nova mesa de reuniões que deverá ocupar uma área máxima de 3 m². Considere, ainda, que essa equipe tenha encontrado uma mesa cujo tampo é um hexágono regular com 90 cm de medida de lado. Nessa situação, a mesa encontrada pela equipe de compras não cumpre o requisito de área.

▶ **Comentários**

Não existe um item específico para geometria em função da baixa quantidade de questões cobradas nos últimos anos, o que não significa que não será cobrado em sua prova, apesar da probabilidade ser mínima, então vale uma breve recordação.

Estamos falando de área de figuras geométricas e, sobre isso, é ideal que conheça as mais comuns.

	Figura	Fórmula	Nomenclatura
Área das Figuras planas	Triângulo	$A = \frac{b\,.\,h}{2}$	A = Área b = Base h = Altura l = Lado π = Pi (3,1416) r = Raio
	Triângulo Equilátero	$A = \frac{l^2\,.\,\sqrt{3}}{4}$	
	Retângulo	$A = b\,.\,h$	
	Círculo	$A = \pi\,.\,r^2$	

A unidade de área será a unidade de medida adotada elevada ao quadrado, já que a operação utilizada é o produto. Se as medidas são dadas em cm (centímetro), a área mede-se em cm² (centímetro quadrado).

Bem, mas estamos falando de uma mesa cujo tampo é um hexágono regular com 90 cm de medida de lado, e agora?

Simples, o hexágono regular equivale a seis triângulos equiláteros.

Relação entre o hexágono e o triângulo equilátero	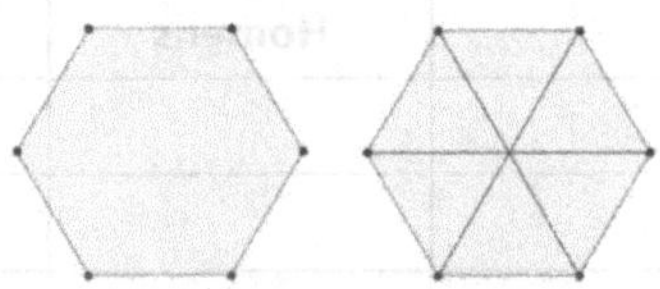

A mesma medida do lado do hexágono,90 cm, é a medida do lado de cada triângulo retângulo. Antes, vamos mudar para metro para usar a mesma unidade de medida da área que a mesa vai ocupar.

Área do hexágono (H)	$H = 6 \,.\, lado^2 \,.\, \sqrt{3}/4$ $H = 6 \,.\, 0{,}9^2 \,.\, \sqrt{3}/4$ $H = 6 \,.\, 0{,}81 \,.\, \sqrt{3}/4$ $H = 4{,}86 \,.\, \sqrt{3}/4$ $H = 1{,}215 \,.\, \sqrt{3}$

Não teve jeito, foi preciso um número aproximado da raiz de 3, vamos usar 1,7.

Área do hexágono	$H = 1{,}215 \,.\, \sqrt{3}$ $H = 1{,}215 \,.\, 1{,}7$ $H = 2{,}065$

Como estamos calculando área e a medida dos lados está em metro, o resultado é metro quadrado.

Resposta: A mesa tem área de aproximadamente 2,06 m2, logo, cumpre o requisito da área.

Gabarito: Errado

QUESTÃO PASSO A PASSO

364. ***(FCC – Analista Judiciário – Área Judiciária – TRT 4ªR – 2022)*** *Em uma empresa há 360 funcionários, metade homens, metade mulheres. Sabe-se que 45% dos funcionários têm Ensino Médio completo como maior grau de escolaridade, os demais têm Ensino Superior completo. Dentre os funcionários homens, 95 têm Ensino Superior completo. O número de mulheres que têm Ensino Médio completo como maior grau de escolaridade é*

(A) 77

(B) 81

(C) 79

(D) 78

(E) 80

▶ **Comentários**

Que tal organizar os dados em planilha?

- *Em uma empresa há 360 funcionários, metade homens, metade mulheres.*

	Homens	Mulheres	Total
Total	**180**	**180**	**360**

- *Sabe-se que 45% dos funcionários têm Ensino Médio completo como maior grau de escolaridade, os demais têm Ensino Superior completo.*

	Homens	Mulheres	Total
Ensino Médio – 45%			**162**
Ensino Superior			
Total	**180**	**180**	**360**

- *Dentre os funcionários homens, 95 têm Ensino Superior completo.*

	Homens	Mulheres	Total
Ensino Médio – 45%			**162**
Ensino Superior	95		
Total	**180**	**180**	**360**

Acima estão planilhados os dados fornecidos, os demais resultam de operações simples, adição e subtração.

	Homens	Mulheres	Total
Ensino Médio – 45%	85	77	**162**
Ensino Superior	95	103	**198**
Total	**180**	**180**	**360**

Resposta: O número de mulheres que têm Ensino Médio completo como maior grau de escolaridade é igual a 77.

Gabarito: A

QUESTÃO PASSO A PASSO

365. ***(FCC – TRT (AC e RO) 14ª Região – Analista Judiciário Área Judiciária – 2022)*** *Marta e Nilson brincam da seguinte maneira. Marta sempre começa e escolhe um número inteiro maior ou igual a 1 e menor do que 10000. Em seguida, Nilson multiplica esse número por 4, 7 ou 9. Depois, Marta multiplica o produto obtido por Nilson por 4, 7 ou 9 e, assim, sucessivamente, cada um, na sua vez, multiplica o produto obtido na multiplicação anterior por 4, 7 ou 9. Ganha o jogo quem obtém um produto maior do que 10000. Existem vários números que Marta pode escolher para começar o jogo e garantir que ganhará. Entre esses números estão*

(A) 4, 7 e 9.

(B) 6, 8 e 32.

(C) 8, 29 e 278.

(D) 12, 33 e 333.

(E) 19, 81 e 350.

▶ **Comentários**

O jogo consiste na escolha de um número natural a ser multiplicado sucessivamente por 4, 7 ou 9. Cada jogador faz uma multiplicação e passa a vez para o outro, vence quem ultrapassar 10000.

Para garantir a vitória é preciso dominar a sequência de números e faremos isso analisando as possibilidades de traz para frente.

Dividir 10000 por 9	1111,1 Arredondando = 1112

Marta precisa evitar passar para Nilson o número 1112 ou superior porque significaria a vitória dele. Note que o número 1111 quando multiplicado pelo maior opção, 9, é igual a 9999, ou seja, quem vence o jogo é o jogador seguinte.

E como fazer para forçar Nilson a passar a vez entregando o número 1112 ou maior?

Recorrendo novamente à divisão, entretanto, por 4.

Dividir 1112 por 4	278

Se Marta escolher 278 para iniciar o jogo, as opções de Nilson seriam:

- 278 . 4 = 1112
- 278 . 7 = 1946
- 278 . 9 = 2502

Para qualquer dos resultados possíveis que Nilson, passaria para Marta, ela venceria o jogo com a próxima multiplicação.

- **Conclusão 1**

Para vencer, Marta deve iniciar o jogo com qualquer número entre 278 e 1111.

Repetimos o raciocínio acima.

Dividir 278 por 9	30,8 Arredondando = 31

Ou seja, Basta que Marta inicie o jogo com qualquer número menor que 31.

Se Marta iniciar o jogo com o número 30, por exemplo, as opções de Nilson seriam:

- 30 . 4 = 120
- 30 . 7 = 210
- 30 . 9 = 270

Para qualquer opção escolhida por Nilson (120, 210 ou 270), Marta consegue devolver a Nilson um número entre 278 e 1111. Na sequência do jogo ela sempre vence.

- **Conclusão 2**

Marta iniciar o jogo com qualquer número entre 1 e 30.

Resposta: Marta pode escolher qualquer número entre 1 e 30 ou entre 278 e 1111 para garantir sua vitória no jogo.

Gabarito: C

QUESTÃO RÁPIDA

366. ***(FCC – TRT (PR) 9ª Região – Analista Judiciário Área Judiciária – 2022)*** *Em um clube há 5 turmas de Pilates. Os números de homens e de mulheres em cada turma estão na tabela:*

Turma	*Homens*	*Mulheres*
1	20	10
2	12	18
3	17	13
4	12	18
5	14	16

A direção do clube decidiu que cada turma tenha o mesmo número de homens e de mulheres, mas sem alterar o número total de alunos na turma. Para isso, alguns alunos devem trocar de turma. O número mínimo de alunos que devem trocar de turma é:

(A) 12.

(B) 14.

(C) 20.

(D) 18.

(E) 16.

▶ Comentários

Observando a tabela e fazendo poucos cálculos mentais, entendemos que cada uma das 5 turmas tem 30 alunos. Quanto ao total de homens e total de mulheres, talvez seja uma operação a ser colocada na ponta do lápis.

Turma	Homens	Mulheres
1	20	10
2	12	18
3	17	13

Turma	Homens	Mulheres
4	12	18
5	14	16
Total	**75**	**75**

Ou seja, cada turma deverá ficar com 15 homens e 15 mulheres. Para isso são necessárias as seguintes alterações:

- 5 homens saem da turma 1.
- 2 homens saem da turma 3.

Estes 7 associados serão alocados nas turmas 2, 4 e 5.

- 3 mulheres saem da turma 2.
- 3 mulheres saem da turma 4.
- 1 mulher sai da turma 5.

As mulheres que saíram dessas turmas serão alocadas nas turmas 1 e 3.

Somando as alterações, 5 + 2 + 3 + 3 + 1, chegamos no total de 14 mudanças de homens e mulheres entre turmas.

Resposta: O número mínimo de alunos que devem trocar de turma é igual a 14.

Gabarito: B

QUESTÃO RÁPIDA

367. ***(FCC – TRT (RO e AC) 14ª Região – Analista Judiciário – 2022)*** *Considere a sequência 3, 6, 36, 12, 15, 90, 30, 33, ... O 100º termo dessa sequência é*

(A) 3 . 224 + 6 . (224 − 1)

(B) 3 . 225 + 6 . (225 − 1)

(C) 3 . 232 + 6 . (232 − 1)

(D) 3 . 233 + 6 . (233 − 1)

(E) 3 . 250 + 6 . (250 − 1)

▶ **Comentários**

São duas situações a serem trabalhadas para o mesmo problema, primeiro, entender o padrão que norteia a sequência e, segundo, relacionar este padrão com a fórmula proposta nas alternativas.

Vamos começar pela segunda situação analisando as informações que as alternativas nos oferecem. É nítida a repetição da mesma estrutura para cada uma das alternativas com uma única distinção entre elas, os expoentes.

Desta feita, entendemos que a expressão matemática repetida nas alternativas é o padrão que rege a sequência apresentada no enunciado e o expoente é o diferencial, ou seja, o que provavelmente vai definir o termo (posição dos elementos).

Que tal fazer alguns testes?

Expoente igual a 0	$3 \cdot 2^0 + 6 \cdot (2^0 - 1)$ $3 \cdot 1 + 6 \cdot (1 - 1)$ $3 + 6 \cdot (0)$ $3 + 0$ 3

Para o expoente zero, encontramos o primeiro termo da sequência.

Expoente igual a 1	$3 \cdot 2^1 + 6 \cdot (2^1 - 1)$ $3 \cdot 2 + 6 \cdot (2 - 1)$ $6 + 6 \cdot (1)$ $6 + 6$ 12

Este é o quarto termo da sequência.

Expoente igual a 2	$3 \cdot 2^2 + 6 \cdot (2^2 - 1)$ $3 \cdot 4 + 6 \cdot (4 - 1)$ $12 + 6 \cdot (3)$ $12 + 18$ 30

Agora o termo encontrado é o sétimo.

Entendemos que o padrão definido pela expressão matemática que estamos desenvolvendo constrói uma sequência específica dentro de uma outra mais completa. Resumindo, a cada termo da sequência resultante da expressão matemática pulamos outros dois termos.

No detalhe, veja o que apuramos até aqui.

Termo	Sequência Dada	Expoente	Termo da Nova Sequência	Nova Sequência
1º	3	0	1º	3
2º	6			
3º	36			
4º	12	1	2º	12

Termo	Sequência Dada	Expoente	Termo da Nova Sequência	Nova Sequência
5º	15			
6º	90			
7º	30	2	3º	30
8º	33			

Lembre-se, procuramos o 100º termo (primeira coluna à esquerda do quadro anterior) e para encontrá-lo, associaremos com as posições na "nova sequência" (quarta coluna), o que nos remete a seguinte relação:

Relação expoente e termos	1º termo = 1 (expoente 0) 2º termo = 4 (expoente 1) 3º termo = 7 (expoente 2) 4º termo = 10 (expoente 3) 5º termo = 13 (expoente 4) 6º termo = 16 (expoente 5)

Observe que há uma nova ordenação para esta sequência e que os elementos correspondem aos termos da sequência inicial.

Uma vez que os termos iniciais agora são os elementos da sequência, lançamos mão da progressão aritmética para encontrar o elemento 100.

Sobre progressão aritmética o que você deve conhecer são as duas fórmulas básicas: termo geral e soma dos termos.

Termo Geral da PA	Soma dos Termos da PA
An = A1 + (n – 1) . r	Sn = [(A1 + An) . n] / 2

Onde:

- An = Enésimo termo da PA.
- A1 = Primeiro termo da PA.
- n = Indicação do termo da PA.
- r = Razão da PA.
- Sn = Soma dos termos da PA.

A seguir, consideramos o elemento 100, de posição desconhecida (enésimo termo), com o objetivo de identificar a posição nesta nova sequência e consequentemente o expoente para a expressão matemática das alternativas.

Termo geral da PA **An = 100**	An = A1 + (n – 1) . r 100 = 1 + (n – 1) . 3 100 = 1 + 3n – 3 3n = 102 n = 102/3 n = 34

Observe que o expoente é uma unidade menor que a posição (termo) da sequência formada apenas pelos valores resultantes da expressão matemática.

Relação expoente e termos	1º termo = 1 (expoente 0) 2º termo = 4 (expoente 1) 3º termo = 7 (expoente 2) 4º termo = 10 (expoente 3) 5º termo = 13 (expoente 4) 6º termo = 16 (expoente 5) ... 34º termo = 100 (expoente 33)

Identificamos o expoente desejado, é igual a 33. Corresponde a 34º posição da sequência formada apenas pelos resultados da expressão matemática correspondente à 100º posição, em relação a sequência apresentada no enunciado.

Expoente igual a 33	$3 . 2^{33} + 6 . (2^{33} - 1)$

Resposta: O 100º termo dessa sequência é o resultado da expressão matemática "$3 . 2^{33} + 6 . (2^{33} - 1)$".

Gabarito: D

QUESTÃO PASSO A PASSO

368. ***(FCC – TRT (PI) 22ª Região – Técnico Judiciário Tecnologia da Informação – 2022)*** *Considere dois números distintos, tais que a soma desses dois números é igual ao dobro do produto desses dois números e que um dos números é o dobro do outro. O valor do maior número é*

(A) 1/2.

(B) 1/4.

(C) 3/2.

(D) 5/2.

(E) 2/4.

► **Comentários**

O examinador economizou nas palavras, mesmo assim conseguiu atingir o objetivo, deixar o concursando um tanto quanto confuso.

Antes de prosseguir, de pronto são descartadas as alternativas A e E, pois trata-se do mesmo valor.

Vez ou outra, em questões de exatas, você pode ficar sem saber o que fazer no primeiro momento. Não se preocupe e não fique nervoso, principalmente no dia da prova, isso é normal.

Caso isso aconteça, leia o enunciado com atenção, trecho por trecho e sublinhe as informações importantes.

Enunciado	Observação
Considere dois números distintos	X e Y
tais que a soma desses dois números é igual ao dobro do produto desses dois números	S = X + Y P = X . Y S = 2P
e que um dos números é o dobro do outro.	X = 2Y

No quadro anterior, coluna da direita, está reproduzido exatamente o que apresenta o enunciado na linguagem matemática. O passo seguinte será ajustar as expressões.

Substituir os valores de soma (S) e do produto (P)	S = 2P X + Y = 2(X . Y) X + Y = 2XY

Feitas as substituições, chegamos a duas equações e duas incógnitas.

Considerar o valor de X	Substituir em:
X = 2Y	X + Y = 2XY 2Y + Y = 2(2Y)Y 3Y = 4Y² 3/4 = Y²/Y Y = 3/4

Vamos ao valor de X

Substituir o valor de Y	X = 2(3/4) X = 6/4 X = 3/2

Conhecendo os valores de X e Y, comparando-os, concluímos que 3/2 é maior que 3/4, logo, o número denominado X é o maior.

Resposta: O valor do maior número é igual a 3/2.

Gabarito: C

QUESTÃO RÁPIDA

369. ***(FCC – TRT (PR) 9ª Região – Analista Judiciário Área Judiciária – 2022)*** *Em uma gráfica, o preço de confecção de um convite depende da quantidade a ser impressa, como mostra a tabela:*

Quantidade	*Preço por unidade*
1 a 49	*R$ 4,00*
50 ou mais	*R$ 3,20*

A menor quantidade de convites para a qual é mais barato solicitar a confecção de 50 convites é:

(A) 39.

(B) 31.

(C) 44.

(D) 45.

(E) 41.

▶ **Comentários**

Para ter direito ao preço menor, R$ 3,20 por convite, é necessário comprar 50 unidades. A partir dessa quantidade, montamos a equação que aponta a quantidade de convites, com valor unitário de R$ 4,00, que iguala ao total anterior.

Totais iguais para valores unitários diferentes	50 . 3,20 = X . 4 4X = 160 X = 40

Entende X como a quantidade de convites ao preço de R$ 4,00.

A aquisição de 40 convites, preço maior, tem custo total igual a aquisição de 50 convites pelo preço menor.

Com o acréscimo de uma unidade, na compra de 41 convites, o valor será maior que a compra de 50 convites.

Resposta: A menor quantidade de convites para a qual é mais barato solicitar a confecção de 50 convites é de 41.

Gabarito: E

QUESTÃO PASSO A PASSO

370. *(FCC – TRT (PI) 22ª Região – Analista Judiciário Área Judiciária – 2022)* *Um prédio possui vários andares, e em cada andar há a mesma quantidade de apartamentos. Se houver k apartamentos por andar, então os apartamentos do 1º andar são numerados de 1 a k, os apartamentos do 2º andar são numerados de k + 1 a 2k e assim por diante. Se Maria mora no apartamento 18 que está no 3º andar e Bruno mora no apartamento 50 do 7º andar, o número de apartamentos por andar é*

(A) 5.

(B) 6.

(C) 7.

(D) 9.

(E) 8.

► Comentários

Diferente daquilo que conhecemos na prática sobre numeração dos apartamentos, para este prédio o autor da questão propôs uma regra bastante singular.

Tendo em mente que estamos falando de um prédio de vários andares e que em cada um deles tem o mesmo número de apartamentos, vejamos os demais dados que estão a nosso dispor.

Enunciado	Observação
Se houver k apartamentos por andar, ...	k = Quantidade de apartamentos por andar

Até aí bem fácil. O interessante vem na sequência.

Enunciado	Numeração dos Apartamentos
os apartamentos do 1º andar são numerados de 1 a k, os apartamentos do 2º andar são numerados de k + 1 a 2k e assim por diante.	1º andar → 1 a k 2º andar → K + 1 a 2K

Dada a descrição, inferimos que a numeração é uma sequência, por exemplo, imagina serem 4 apartamentos por andar (e isso é apenas uma hipótese).

1º andar	2º andar	3º andar
1 a k 1 a 4	K + 1 a 2K 4+1 a 2(4) 5 a 8	2K + 1 a 3K 2(4)+1 a 3(4) 9 a 12

Observando nosso exemplo hipotético, percebemos que o último número de apartamento de cada andar será um múltiplo da quantidade de apartamento por andar, conforme tabela abaixo.

Andares	Apartamentos por andar			
	5	6	7	8
1º andar	Até 5	Até 6	Até 7	Até 8
2º andar	Até 10	Até 12	Até 14	Até 16
3º andar	Até 15	Até 18	Até 21	Até 24
...				
6º andar	Até 30	Até 36	Até 42	Até 48
7º andar	Até 35	Até 42	Até 49	Até 56

Associado com a continuidade do texto do enunciado.

- Se Maria mora no apartamento 18 que está no 3º andar:

  De acordo com a tabela, são possibilidades 6, 7 ou 8 apartamento por andar.

6 apartamentos por andar: de 13 a 18.

7 apartamentos por andar: de 15 a 21.

8 apartamentos por andar: de 17 a 24.

- e Bruno mora no apartamento 50 do 7º andar:

Só é possível a opção de 8 apartamentos por andar: de 49 a 56.

Se você não teve essa percepção, sem problemas, avançamos desenvolvendo a resolução passo a passo.

De volta à enunciado, parte final, temos: "Se *Maria mora no apartamento 18 que está no 3º andar*". Sem muita preocupação com critérios, vejamos as possibilidades.

6 apartamentos por andar:

- 1º andar: 1 a 6;
- 2º andar: 7 a 12;
- 3º andar: 13 a 18.

7 apartamentos por andar:

- 1º andar: 1 a 7;
- 2º andar: 8 a 14;
- 3º andar: 14 a 21.

8 apartamentos por andar:

- 1º andar: 1 a 8;
- 2º andar: 9 a 16;
- 3º andar: 17 a 24.

Ainda não é possível definir quantos são os apartamentos por andar, sabemos que está entre 6 e 8 unidades.

Finalmente, considerando a parte final do enunciado, "*Bruno mora no apartamento 50 do 7º andar*".

Bem, como estamos entre as quantidades 6, 7 ou 8 de apartamentos por andar, e por trata-se de um andar mais alto, vejamos a regra definida pelo autor da questão e vamos direto ao 7º andar.

7º andar (6 apartamentos por andar) k = 6	6K + 1 a 7K 6(6) + 1 a 7(6) 37 a 42
7º andar (7 apartamentos por andar) k = 7	6K + 1 a 7K 6(7) + 1 a 7(7) 42 a 49
7º andar (8 apartamentos por andar) k = 8	6K + 1 a 7K 6(8) + 1 a 7(8) 48 a 56

Se Bruno mora no 7º andar, apartamento 50, por certo o prédio tem 8 apartamentos por andar.

Resposta: O número de apartamentos por andar é igual a 8.

Gabarito: E

QUESTÃO RÁPIDA

371. ***(FCC – TRT (PR) 9ª Região – Analista Judiciário Oficial de Justiça Avaliador Federal –2022)*** *João distribuiu 300 reais entre seus netos Antonio, Bernardo e Carlos do seguinte modo: deu, sucessivamente, 1 real a Antonio, 2 reais a Bernardo, 3 reais a Carlos, 4 reais a Antonio, 5 reais a Bernardo, 6 reais a Carlos e continuou seguindo esse padrão até que o dinheiro fosse totalmente distribuído. O valor que coube a Bernardo foi de*

(A) 108 reais.

(B) 92 reais.

(C) 100 reais.

(D) 102 reais.

(E) 104 reais.

▶ Comentários

Este é um belo exemplo de questão criativa cuja resolução depende de entender a regra anunciada pelo examinador.

- *João distribuiu 300 reais entre seus netos Antonio, Bernardo e Carlos do seguinte modo: deu, sucessivamente, 1 real a Antonio, 2 reais a Bernardo, 3 reais a Carlos, 4 reais a Antonio, 5 reais a Bernardo, 6 reais a Carlos e continuou seguindo esse padrão até que o dinheiro fosse totalmente distribuído.*

Netos	Antonio	Bernardo	Carlos	Total
1ª Rodada	1,00	2,00	3,00	6,00
2ª Rodada	4,00	5,00	6,00	15,00
...				
Total				300,00

Uma primeira equação é elementar.

Antonio (A), Bernardo (B) e Carlos (C)	A + B + C = 300

Outra equação pode ser extraída da análise do quadro anterior. Pensando nos valores destinados a Bernardo, tanto na 1ª como na 2ª rodada, também na soma delas, sempre é a média. Confira:

Bernardo (B) é igual a média entre os netos	B = 6/3 = 2 B = 15/3 = 5 B = 21/3 = 7

Com este entendimento, o problema está solucionado.

Bernardo (B)	B = (A + B + C) / 3 B = 300 / 3 B = 100

Vale ressaltar que esta linha de raciocínio vale apenas para determinar o valor que coube ao Bernardo.

Resposta: O valor que coube a Bernardo foi de R$ 100,00.

Gabarito: C

QUESTÃO PASSO A PASSO

372. ***(FCC – TRT (PR) 9ª Região – Analista Judiciário Área Administrativa – 2022)*** *O técnico deverá escolher 11 dentre 14 jogadoras para iniciar uma partida de futebol feminino. No vestiário há apenas meninas com 18, 19, 20, 21 e 22 anos. O número de meninas com 18 e com 20 anos é o mesmo e o número daquelas que têm 19 anos é 3 vezes o número das com 18 anos. Existem 3 meninas de 21 anos e só uma delas irá jogar. Uma das que tem 18 anos está machucada e não vai jogar e a única jogadora que tem 22 anos também é a única goleira. A soma das idades das 11 jogadoras que entrarão em campo é*

(A) 216.

(B) 219.

(C) 215.

(D) 218.

(E) 217.

► Comentários

O cuidado maior está em não confundir os números que indicam quantidades de jogadoras com o número representativo de suas idades.

Nada obstante, faremos a análise, como de costume, desde o início do enunciado.

Enunciado	Dados Relevantes
O técnico deverá escolher 11 dentre 14 jogadoras para iniciar uma partida de futebol feminino.	Total de jogadoras = 14 Iniciar a partida = 11

Então, seguem as informações, conforme dito anteriormente, sobre quantidades e idades das jogadoras.

Enunciado	Dados Relevantes
No vestiário há apenas meninas com 18, 19, 20, 21 e 22 anos. O número de meninas com 18 e com 20 anos é o mesmo e o número daquelas que têm 19 anos é 3 vezes o número das com 18 anos.	Possíveis idades = 18, 19, 20, 21 e 22. 18 anos = quant. X 20 anos = quant. X 19 anos = quant. 3X

Intencionalmente e para evitar a confusão, as informações foram identificadas por "anos" e "quant." (quantidade). Além disso, uma conclusão bem interessante em relação ao valor de X.

- X = 1, logo, uma atleta de 18 anos, uma de 20 e três de 19. Total 5 atletas.
- X = 2, logo, duas atletas de 18 anos, duas de 20 e seis de 19. Total 10 atletas.
- X = 3, logo, três atletas de 18 anos, três de 20 e nove de 19. Total 15 atletas.

De antemão, podemos afirmar que X (quantidade de atletas de 18 anos e também as de 20 anos) é igual a 1 ou igual a 2.

Enunciado	Dados Relevantes
Existem 3 meninas de 21 anos e só uma delas irá jogar.	21 anos = quant. 3 (uma iniciará a partida)

Extraímos da última informação que duas atletas de 21 estão entre as três que não iniciarão a partida.

Enunciado	Dados Relevantes
Uma das que tem 18 anos está machucada e não vai jogar e a única jogadora que tem 22 anos também é a única goleira.	Uma de 18 anos não iniciará a partida. 22 anos = quant. 1

Fazendo associações com o que foi dito anteriormente, resolvemos a questão.

Primeiro as quantidades de atletas por idade.

- 18 anos = quant. X
- 20 anos = quant. X
- 19 anos = quant. 3X
- 21 anos = quant. 3
- 22 anos = quant. 1

Sendo 4 atletas a soma das que têm 21 e 22 anos, restando outras 10, inferimos que X é igual a 2.

- X = 2, logo, duas atletas de 18 anos, duas de 20 e seis de 19. 10 atletas.

Total de Atletas	Iniciarão a Partida
18 anos = quant. X = 2 20 anos = quant. X = 2 19 anos = quant. 3X = 6 21 anos = quant. 3 22 anos = quant. 1	18 anos = quant. 1 20 anos = quant. 2 19 anos = quant. 6 21 anos = quant. 1 22 anos = quant. 1

Uma das atletas de 18 está machucada e não vai iniciar a partida e, outras duas de 21 anos também não.

Somatório das Idades (S)	S = 18+(2 . 20)+(6 . 19)+21+22 S = 18 + 40 + 114 + 21 + 22 S = 215

Resposta: A soma das idades das 11 jogadoras que entrarão em campo é igual a 215.

Gabarito: C

QUESTÃO PASSO A PASSO

373. ***(FCC – TRT (PR) 9ª Região – Analista Judiciário Oficial de Justiça Avaliador Federal – 2022)*** *Um professor foi convidado a elaborar um determinado número de questões para uma prova e realizou a tarefa em três dias. No primeiro dia ele elaborou metade das questões solicitadas, no segundo dia elaborou metade das questões restantes e finalmente, no terceiro dia, elaborou 4 questões. O número total de questões solicitadas ao professor foi*

(A) 15.

(B) 20.

(C) 16.

(D) 8.

(E) 24.

▶ Comentários

A questão não requer conhecimento aprofundado da matemática, talvez por isso o candidato resolva com menor grau de atenção, aumentando a possibilidade de errar e perder pontos.

Para ser certeiro, faça um esboço, pelo menos, do que nos informa o enunciado.

- *Um professor foi convidado a elaborar um determinado número de questões para uma prova e realizou a tarefa em três dias. No primeiro dia ele elaborou metade das questões solicitadas.*

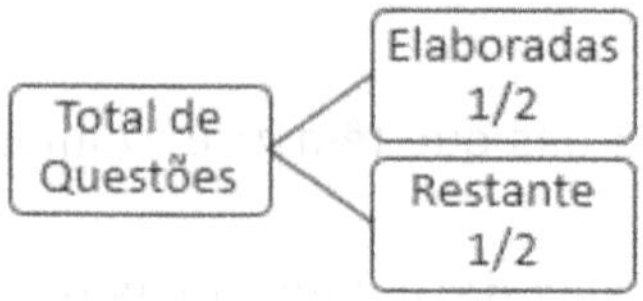

- *No segundo dia elaborou metade das questões restantes.*

- *No terceiro dia, elaborou 4 questões.*

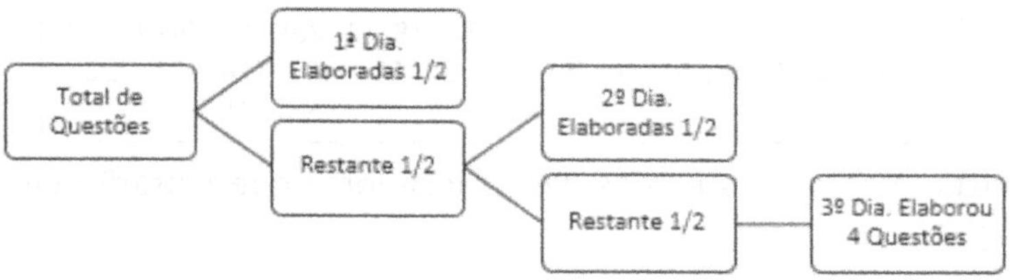

Diante do que temos, vamos propor duas resoluções. A primeira por meio de equação matemática.

Total de Questões (T)	T . 1/2 . 1/2 = 4 T / 4 = 4 T = 4 . 4 T = 16

Outra possibilidade é por meio da estrutura montada a partir do enunciado.

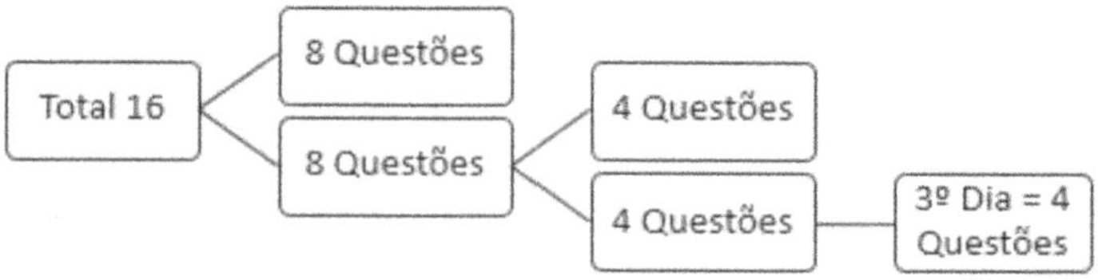

Resposta: O número total de questões solicitadas ao professor foi 16.

Gabarito: C

QUESTÃO PASSO A PASSO

374. *(Cespe/Cebraspe – TRT (AP e PA) 8ª Região – Analista Judiciário Área Administrativa – 2022)* *Como os processos jurídicos são costumeiramente compostos de centenas de páginas e estudos indicam que mudar levemente a tonalidade das páginas pode facilitar a leitura, tomou--se uma decisão de que todo processo de determinado órgão será organizado de modo que as primeiras 25 páginas tenham fundo branco, as 20 seguintes tenham fundo bege, as 15 seguintes tenham fundo verde claro, com o referido procedimento sendo repetido de modo que as 25 páginas seguintes tenham fundo branco e assim sucessivamente. Se um processo de 400 páginas já tiver sido organizado conforme esse procedimento,*

(A) *a página 67 terá ficado com fundo bege e a página 97 terá ficado com fundo branco.*

(B) *a página 117 terá ficado com fundo verde claro e a página 142 terá ficado com fundo bege.*

(C) *a página 330 terá ficado fundo verde claro e a página 390 terá ficado fundo bege.*

(D) *a página 156 terá ficado fundo bege e a página 230 terá ficado fundo verde claro.*

(E) *a página 280 terá ficado com fundo branco e a página 317 terá ficado com fundo verde claro.*

► Comentários

A contextualização inicial é preâmbulo daquilo que vai ser a organização das folhas dos processos jurídicos: "*as primeiras 25 páginas tenham fundo branco, as 20 seguintes tenham fundo bege, as 15 seguintes tenham fundo verde claro, com o referido procedimento sendo repetido de modo que as 25 páginas seguintes tenham fundo branco e assim sucessivamente*", ou seja, fica configura a seguinte sequência:

- 25 páginas brancas;
- 20 páginas bege;
- 15 páginas verde claro.

Portando, para cada ciclo de 60 páginas, as páginas de 01 a 25 são brancas, as de 26 a 45 são bege e as de 46 a 60 são verde claro.

Considerando a divisão de qualquer número de páginas (alternativas) por 60 e comparando o resto dessa operação com aqueles do ciclo inicial, encontramos a cor do fundo da página procurada.

Por outro lado e face ao número limitado em 400 páginas, fica mais fácil a sequência e, consequentemente, as cores dos fundos de páginas para, então, verificar as páginas apontadas nas alternativas.

	01 a 60	**61 a 120**	**121 a 180**	**181 a 240**	**241 a 300**	**301 a 360**	**361 a 400**
Branca	01 a 25						
Bege	26 a 45						
Verde	46 a 60						

O quadro acima é uma representação da sequência de cores para auxiliar na análise das alternativas.

A) a página 67 terá ficado com fundo bege e a página 97 terá ficado com fundo branco.

	01 a 60	61 a 120
Branca	01 a 25	61 a 85
Bege	26 a 45	86 a 105
Verde	46 a 60	

Para novos números de páginas basta o acréscimo de 60 unidades em relação ao número da coluna anterior.

A página 67 tem fundo branco e a 97 fundo bege.

B) a página 117 terá ficado com fundo verde claro e a página 142 terá ficado com fundo bege.

	01 a 60	61 a 120	121 a 180
Branca	01 a 25		121 a 145
Bege	26 a 45		
Verde	46 a 60	106 a 120	

A página 117 tem fundo verde claro e a 142 fundo branco.

C) a página 330 terá ficado fundo verde claro e a página 390 terá ficado fundo bege.

	01 a 60	61 a 120	121 a 180	181 a 240	241 a 300	301 a 360	361 a 400
Branca	01 a 25						
Bege	26 a 45					326 a 345	386 a 400
Verde	46 a 60						

Para cinco colunas à frente da primeira, acréscimos de 300 unidade (5 . 60 = 300).

As páginas 330 e 390 tem fundo bege.

D) a página 156 terá ficado fundo bege e a página 230 terá ficado fundo verde claro.

	01 a 60	61 a 120	121 a 180	181 a 240
Branca	01 a 25			
Bege	26 a 45		146 a 165	
Verde	46 a 60			226 a 240

A página 156 tem fundo bege e a 230 fundo verde claro.

Alternativa correta.

E) a página 280 terá ficado com fundo branco e a página 317 terá ficado com fundo verde claro.

	01 a 60	61 a 120	121 a 180	181 a 240	241 a 300	301 a 360
Branca	01 a 25					301 a 325
Bege	26 a 45				266 a 285	
Verde	46 a 60					

A página 280 tem fundo bege e a 317 fundo branco.

Caso prefira fazer operações de divisão, veja como seria para a alternativa D.

Página 156	O resto da divisão 156 por 60 é de 36	Branca de 01 a 25 Bege de 26 a 45 Verde de 46 a 60
Página 230	O resto da divisão 230 por 60 é de 50	

Os restos das operações, 36 e 50, correspondem às cores bege e verde claro.

Gabarito: D

QUESTÃO PASSO A PASSO

375. *(FCC – TRT (PI) 22ª Região – Analista Judiciário Oficial de Justiça Avaliador Federal – 2022)* *Moedas de 1 real, 50 centavos e 10 centavos foram guardadas em três gavetas. Sabe-se que na primeira gaveta há 6 moedas totalizando 1 real e na segunda gaveta o valor total é de 50 centavos. Existem 10 moedas de 10 centavos e pelo menos uma de 1 real. Se nas três gavetas há apenas 3 reais, o número total de moedas é*

(A) 20.

(B) 10.

(C) 15.

(D) 13.

(E) 17.

▶ Comentários

Sabemos que as moedas são de 1 real, 50 centavos e 10 centavos e, em relação às gavetas:

Gaveta 1	Gaveta 2	Gaveta 3
6 moedas = R$ 1,00	R$ 0,50	

Além disso, sabemos que:

- Existem 10 moedas de 10 centavos e pelo menos uma de 1 real.
- Nas três gavetas há apenas 3 reais.

Chegamos a dois resultados lógicos com análise preliminar, primeiro, a única composição de moedas na primeira gaveta é 1 moeda de 50 centavos e outras 5 moedas de 10 centavos. Segundo, a terceira gaveta totaliza R$ 1,50.

Gaveta 1	Gaveta 2	Gaveta 3
1 moeda de R$ 0,50 5 moedas de R$ 0,10		
6 moedas = R$ 1,00	R$ 0,50	R$ 1,50

Olhando para a tabela, agora mais completa, e vinculando à informação de que existe pelo menos 1 moeda de 1 real, é certo que tal moeda está na terceira gaveta.

Gaveta 1	Gaveta 2	Gaveta 3
1 moeda de R$ 0,50 5 moedas de R$ 0,10		1 moeda de R$ 1,00
6 moedas = R$ 1,00	R$ 0,50	R$ 1,50

A informação não utilizada diz que existem 10 moedas de 10 centavos. Na tabela acima estão alocadas 5 delas, as outras cinco, independentemente de serem colocadas na gaveta 2 ou gaveta 3, completa o valor da gaveta. Para a outra gaveta, uma única moeda de 50 centavos.

Gaveta 1	Gaveta 2	Gaveta 3
1 moeda de R$ 0,50 5 moedas de R$ 0,10	5 moedas de R$ 0,10	1 moeda de R$ 1,00 1 moeda de R$ 0,50
6 moedas = R$ 1,00	5 moedas = R$ 0,50	2 moedas = R$ 1,50

Resposta: Nas três gavetas existem 13 moedas.

Gabarito: D

QUESTÃO PASSO A PASSO

376. ***(FCC – TRT (PI) 22ª Região – Analista Judiciário Área Administrativa – 2022)*** *João tem três cachorros que nasceram em abril. Em maio de 2022, João somou as idades dos cachorros e seus anos de nascimento. A soma de João é igual a*

(A) *6066.*

(B) *4044.*

(C) *2022.*

(D) *8088.*

(E) *1011.*

▶ **Comentários**

Atenção aos detalhes, o primeiro deles é quanto ao nascimento dos cachorros, todos em abril (ano não informado) e decorrido determinado tempo, estamos em maio de 2022.

Por ora não sabemos quanto tempo passou do nascimento dos cachorros até a data em que João faz o somatório.

Por falar em somatório, João somou as idades dos cachorros e os anos de nascimento.

Imaginando que os 3 cachorros nasceram neste mesmo ano de 2022. Neste caso, não completaram o primeiro ano de vida, daí:

Somatório (S) de anos de nascimento e idades	S = 2022 + 2022 + 2022 + 0 + 0 + 0 S = 6066

Estranho, será que é só isso?

Nota dos autores: Agora que temos o gabarito oficial da banca, tudo bem, estamos com a resposta correta. Entretanto, imagino que no dia da prova a questão, de tão fácil, acabe provocando dúvidas quanto a alguma informação que tenha passado despercebidamente.

A primeira sugestão é manter a confiança em si mesmo, responder a questão a seguir a diante.

Ainda ficou em dúvida, então, olhe para as alternativa. Felizmente, neste caso, qualquer delas está longe da realidade.

As alternativas B, C e E trazem valores muito baixos, os anos de nascimento deveriam ser bem menores e não é possível João ter cachorros nascidos há tantos anos assim.

De forma contrária, a alternativa D traz valor alto para o somatório, necessitaria de idades muito avançadas para cada cachorro.

Portanto, mesmo sem fazer contas, dá para descartar qualquer alternativa exceto a alternativa A.

Resposta: A soma de João é igual a 6066.

Gabarito: A

QUESTÃO PASSO A PASSO

377. (FCC – TRT (PI) 22ª Região – Analista Judiciário Área Administrativa – 2022) *Em um salão de festas há mesas com 4 lugares e com 6 lugares, com pelo menos uma mesa com 6 lugares. O salão comporta 56 convidados sentados. O maior número possível de mesas com 4 lugares é*

(A) 2.

(B) 11.

(C) 5.

(D) 8.

(E) 7.

► Comentários

O nosso objetivo é colocar no salão de festas o maior número possível de mesas de 4 lugares, em detrimento das mesas de 6 lugares, até o limite de 56 convidados sentados, lembrando que pelo menos uma mesa deve comportar 6 pessoas.

O fato de ter mencionado o limite de convidados implica dizer que somados os lugares de todas as mesas, teremos 56 assentos.

Vamos lá, que tal começar pela mesa de 6 lugares.

1 mesa de 6 lugares	Do limite de 56 convidados, restam 50 lugares.

Imaginando outras 12 mesas de 4 lugares totalizamos 48 lugares, dois a menos que o limite do salão, logo, ao tirar uma mesa de 4 lugares e no lugar colocar outra de 6 lugares teremos exatamente o limite do salão.

2 mesas de 6 lugares **11 mesas de 4 lugares**	2 x 6 = 12 11 x 4 = 44 Total = 56 assentos

Pronto, resolvido rapidamente mais uma questão acerca de números e operações básicas de matemática com uma dose facilitadora de lógica.

Resposta: O maior número possível é de 11 mesas com 4 lugares.

Gabarito: B

QUESTÃO RÁPIDA

378. ***(FCC – TRT (RS) 4ª Região – Técnico Judiciário Área Administrativa – 2022)*** *Em um clube de leitura há 66 participantes sendo 39 homens e 27 mulheres. A cada semana 4 novos homens e 6 novas mulheres se unem ao clube. O total de participantes na semana em que o número de homens se iguala ao número de mulheres é:*

(A) 126

(B) 136

(C) 146

(D) 96

(E) 116

► **Comentários**

Participam do clube de leitura:

- 39 homens.
- 27 mulheres.

A cada semana ingressam no clube:

- 4 homens.
- 6 mulheres.

Ou seja, são duas mulheres a mais por semana.

Considerando que a diferença entre homens e mulheres, 39 e 27, é igual a 12, em seis semanas as quantidades se igualam.

Em seis semanas uniram-se ao clube:

- 4 . 6 = 24 homens.
- 6 . 6 = 36 mulheres.

Total de Homens	Total de Mulheres	Total de Leitores
39 + 24 = 63	27 + 36 = 63	63 + 63 = 126

Resposta: O total de participantes na semana em que o número de homens se iguala ao número de mulheres é de 126.

Gabarito: A

QUESTÃO PASSO A PASSO

379. ***(FCC – TRT (RS) 4ª Região – Técnico Judiciário Área Administrativa – 2022)*** *Uma balsa pode transportar, no máximo, ou 10 carros pequenos ou 6 caminhonetes em uma viagem. O balseiro nunca mistura carros pequenos com caminhonetes em uma mesma viagem e só faz a travessia com a capacidade máxima de sua balsa. Em um determinado dia fez 5 viagens e transportou ao todo 42 veículos. O número de caminhonetes transportadas nesse dia foi*

(A) 24
(B) 12
(C) 30
(D) 18
(E) 36

▶ Comentários

Capacidade máxima de transporte da balsa.

Uma balsa pode transportar, no máximo, ou 10 carros pequenos ou 6 caminhonetes em uma viagem.	Carros = 10 Caminhonetes = 6

Acima estão descritas as quantidades máximas tanto de carros pequenos como de caminhonetes. Desta informação, mesmo sem saber se a utilizaremos na resolução da questão, inferimos a existência da proporção: 10 carros equivalem a 6 caminhonetes.

Enfim, vamos entender o comando da questão.

- *Em um determinado dia fez 5 viagens e transportou ao todo 42 veículos. O número de caminhonetes transportadas.*

Antes mesmo disso, outra informação que acaba tornando a questão muito fácil.

- *O balseiro nunca mistura carros pequenos com caminhonetes em uma mesma viagem e só faz a travessia com a capacidade máxima de sua balsa.*

Considerando viagens apenas com carros ou apenas com caminhonetes, mentalmente dá pra imaginar 3 viagens com carros, total 30 carros, e outras 2 viagens com caminhonetes, total 12 caminhonetes.

Tudo bem, questão resolvida, mas como seria a resolução algébrica?

Para isso, vamos admitir:

- P = Quantidade de viagens apenas com carros pequenos.
- C = Quantidade de viagens com caminhonetes.

Daí a equação:

Total de viagens	$5 = P + C$ $P = 5 - C$

O fato de isolar a incógnita P (viagens com carros pequenos) é porque precisamos calcular a quantidade referente à incógnita C (viagens com caminhonetes).

Lembra daquela proporção que evidenciamos no início da resolução, pois bem, vamos utilizá-lo para uma segunda equação.

Total de veículos em 5 viagens	$42 = 10P + 6C$

Então, substituir o valor de P.

Desenvolver a equação	$42 = 10P + 6C$ $42 = 10(5 - C) + 6C$ $42 = 50 - 10C + 6C$ $4C = 8$ $C = 2$

Como dito acima, C é a quantidade de viagens com caminhonetes e se cada viagem leva 6 desse veículo, entendemos serem 12 o total transportado.

Resposta: O número de caminhonetes transportadas nesse dia foi 12.

Gabarito: B

QUESTÃO RÁPIDA

380. ***(FCC – TRT (RS) 4ª Região – Técnico Judiciário Área Administrativa – 2022)*** *Cada um dos amigos de Ana somou os algarismos de seu dia e mês de aniversário, escreveu em um cartão e entregou a Ana. Por exemplo, se um amigo nasceu em 28 de abril, ele somou 2 + 8 + 0 + 4 = 14. Em seguida, Ana somou os números de todos os cartões e obteve 35. Todos os amigos de Ana fazem aniversário em datas diferentes. O número máximo de amigos que Ana pode ter é:*

(A) 12

(B) 11

(C) 14

(D) 15

(E) 13

▶ **Comentários**

Estabelecida a regra para transformar dia e mês em um único número que os representa, para uma maior quantidade de amigos, os dias e meses devem ser os menores possíveis sem repetição, por exemplo, para o dia 1º de janeiro a soma é igual a 2 (0 + 1 + 0 + 1).

Não se esqueçam que outros dias e meses com algarismos cuja soma é baixa, dia 10, dia 20, mês 10, mês 11. E para não passar nenhuma data despercebida, faça uma relação dos menores números tanto para dias como para meses.

- Dias com soma igual a 1: 01 e 10.
- Dias com soma igual a 2: 02, 11 e 20.
- Meses com soma igual a 1: 01 e 10.
- Meses com soma igual a 2: 02, 11.

Portanto, é seguir a lógica, fazer o somatório e resolver na ponta do lápis.

Nº de Amigas	Aniversário	Soma Algarismos	Soma Acumulada
01	01/01	2	2
02	10/01	2	4
03	01/10	2	6
04	10/10	2	8
05	01/02	3	11
06	02/01	3	14
07	10/02	3	17
08	02/10	3	20
09	01/11	3	23
10	11/01	3	26
11	11/10	3	29
12	20/01	3	32
13	20/10	3	35

Resposta: O número máximo de amigos que Ana pode ter é igual a 13.

Gabarito: E

QUESTÃO PASSO A PASSO

381. ***(FGV – TRT (PB) 13ª Região – Técnico Judiciário Área Administrativa – 2022)*** *Laura coleciona figurinhas. Ontem ela arrumou suas figurinhas em montinhos de 6 figurinhas cada e não faltou nem sobrou figurinha alguma. Hoje ela fez uma nova arrumação com as mesmas figurinhas, dessa vez em montinhos de 10 figurinhas cada um e também não faltou nem sobrou figurinha alguma. O número mínimo de figurinhas que Laura pode ter é M. A soma dos algarismos de M é*

(A) 2.

(B) 3.

(C) 4.

(D) 5.

(E) 6.

► Comentários

Estamos falando de múltiplos de números naturais.

Enunciado	Observação
Ontem ela arrumou suas figurinhas em montinhos de 6 figurinhas cada e não faltou nem sobrou figurinha alguma.	O total de figurinhas será um múltiplo de 6. (6, 12, 18, 24, 30, ...).
Hoje ela fez uma nova arrumação com as mesmas figurinhas, dessa vez em montinhos de 10 figurinhas cada um e também não faltou nem sobrou figurinha alguma.	O total de figurinhas será um múltiplo de 10. (10, 20, 30, 40, 50, ...).

Apenas com as observações geradas a partir do enunciado chegamos ao menor número possível de figurinhas de Laura, igual a 30.

Entretanto, não podemos deixar de comentar que descrevemos o conceito de mínimo múltiplo comum - mmc, em outras palavras, o mmc é o menor múltiplo (número inteiro) comum a dois ou mais números.

Apesar da não necessidade por ora, é interessante, por exemplo, para casos com mais do que dois números. Então, veja como resolver por meio da fatoração.

mmc entre os números 6 e 10	6, 10 | 2 3, 5 | 3 1, 5 | 5 1, 1 | 2 . 3 . 5 = 30

Resposta: O número mínimo de figurinhas que Laura pode ter é 30 e a soma dos algarismos é igual a 3 (3 + 0 = 3).

Gabarito: B

QUESTÃO PASSO A PASSO

382. ***(FGV – TRT (PB) 13ª Região – Analista Judiciário Área Judiciária – 2022)*** *Carlos considera que um número é agradável quando a soma dos seus algarismos é 7 ou múltiplo de 7. Por exemplo, o ano de 2005 foi agradável pois 2 + 0 + 0 + 5 = 7, e o de 2039 será também, pois 2 + 0 + 3 + 9 = 14. Por esse critério, o número de anos agradáveis do século XX foi igual a*

(A) 7.

(B) 10.

(C) 11.

(D) 13.

(E) 14.

▶ **Comentários**

Mesmo que você tenha uma boa memória, não vai recordar ter estudado, ao longo dos ensinos fundamental e médio, o somatório de algarismos, ainda mais cujo resultado seja igual a 7 ou múltiplo de 7 ou de outro número qualquer. Não se lembra porque não está no currículo padrão do ensino de matemática.

Diria mais, não faz parte do conteúdo dos livros específicos para concursos nem, tão pouco, é ensinado nas aulas de cursos preparatórios para concurso.

Por tudo isso e considerando que outras questões diferentes aparecerão, a depender da criatividade do examinador, sugerimos, diante de casos semelhantes, fazer o básico, principalmente entender o que se pede.

Enunciado	Observação
Carlos considera que um número é agradável quando a soma dos seus algarismos é 7 ou múltiplo de 7. ... *Por esse critério, o número de anos agradáveis do século XX foi igual a*	Somar algarismos dos anos do século XX. Contar aqueles cuja soma é igual a 7 ou múltiplo de 7.

Lembrando que o século XX inicia-se no ano de 1901 e termina no ano 2000. Portanto, exceto o ano 2000, os demais sempre começam por 19 e a soma dos algarismos é igual a 10.

Por óbvio, não haverá soma de algarismos igual a 7, por isso partimos da soma 14.

Anos cuja soma dos algarismos é igual a 14	1904 1913 1922 1931 1940	5 possibilidades
Anos cuja soma dos algarismos é igual a 21	1929 1938 1947 1956 1965 1974 1983 1992	8 possibilidades
Anos cuja soma dos algarismos é igual a 28	1999	1 possibilidade

Tranquilamente resolvemos de maneira prática sem qualquer conhecimento específico da matemática. É o exemplo perfeito para o que denominamos Problema Lógico-matemático.

Resposta: o número de anos agradáveis do século XX foi igual a 14.

Gabarito: E

QUESTÃO PASSO A PASSO

383. ***(FCC – TRT (MT) 23ª Região – Analista Judiciário Área Judiciária – 2022)*** *Uma sequência numérica é uma lista ordenada de números. Em algumas sequências, a obtenção dos termos segue alguma regra bem definida. Considere as duas sequências descritas a seguir:*

- *Sequência 1: o primeiro termo é igual a 10 e qualquer outro termo, a partir do segundo, é igual ao anterior acrescido de duas unidades.*
- *Sequência 2: o primeiro termo é igual a 1, o segundo termo é igual a 3 e qualquer outro termo, a partir do terceiro, é igual à soma dos dois termos anteriores.*

O menor número que aparece nas duas sequências é:

(A) 14
(B) 12
(C) 20
(D) 18
(E) 16

▶ **Comentários**

São duas definições apresentadas.

Progressão Aritmética	*Sequência 1: o primeiro termo é igual a 10 e qualquer outro termo, a partir do segundo, é igual ao anterior acrescido de duas unidades.*

A segunda um pouco menos conhecida.

Sequência Fibonacci	*Sequência 2: o primeiro termo é igual a 1, o segundo termo é igual a 3 e qualquer outro termo, a partir do terceiro, é igual à soma dos dois termos anteriores.*

A sequência 2 é semelhante à sequência de Fibonacci no que diz respeito à regra: soma de dois termos anteriores, porém, na Fibonacci, os termos iniciais são 1 e 1.

Sobre a sequência ou sucessão Fibonacci é dito que:

- Segue padrão divino.
- Sequência de números inteiros e infinita.
- Utilizada no mercado financeiro, teoria dos jogos, configurações biológicas, ciência da computação e outros.
- Demonstra a ordem presente na estrutura da realidade.
- Desenho de quadrados em espiral perfeita.

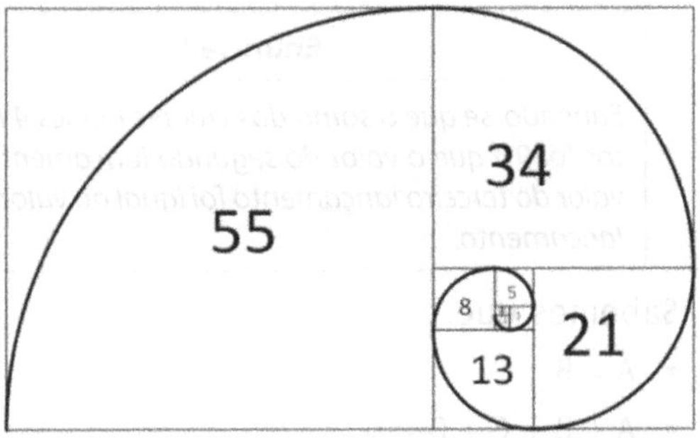

Paremos por aqui, estamos perdendo o foco.

Mais que teoria, é melhor e mais fácil listar os primeiros números de cada sequência e procurar a primeira coincidência.

Sequência 1. **Primeiro termo = 10 e razão = 2**	10, 12, 14, 16, **18**, 20, ...
Sequência 2. **Primeiro e segundo termos = 1 e 3**	1, 3, 4, 7, 11, **18**, 29, ...

Resposta: O menor número que aparece nas duas sequências é o 18.

Gabarito: D

QUESTÃO RÁPIDA

384. *(FCC – TRT (MT) 23ª Região – Analista Judiciário Área Administrativa – 2022)* *Um dado com 6 faces numeradas de 1 a 6 foi lançado 4 vezes e o valor observado no segundo lançamento foi igual ao valor do primeiro lançamento. Sabendo-se que a soma dos valores desses 4 lançamentos foi 9 e que o valor do segundo lançamento menos o valor do terceiro lançamento foi igual ao valor do quarto lançamento, o primeiro lançamento foi*

(A) 3

(B) 1

(C) 4

(D) 2

(E) 6

► Comentários

Estamos diante de quatro lançamentos de um dado.

Enunciado	Observação
Um dado com 6 faces numeradas de 1 a 6 foi lançado 4 vezes e o valor observado no segundo lançamento foi igual ao valor do primeiro lançamento.	Lançamentos = 4 Lançamento 1 (A) = Lançamento 2 (B)

Ainda sobre os quatro lançamentos seguintes.

Enunciado	Observação
Sabendo-se que a soma dos valores desses 4 lançamentos foi 9 e que o valor do segundo lançamento menos o valor do terceiro lançamento foi igual ao valor do quarto lançamento.	$A + B + C + D = 9$ $B - C = D$

Sabemos que:

- $A = B$
- $A + B + C + D = 9$
- $B - C = D$

A segunda equação é uma referência para a resolução porque é a única que tem valor. Seguem as substituições:

Substituir os valores de A e D	$A + B + C + D = 9$ $(B) + B + C + (B - C) = 9$
Resolver a equação	$3B + C - C = 9$ $3B = 9$ $B = 3$

Se B é igual a 3, então A também é igual a 3.

Resposta: O primeiro lançamento foi igual a 3.

Gabarito: A

Considerando os dados fornecidos, não é possível identificar os valores de C e D, terceiro e quarto lançamentos. Sabemos apenas que os valores são 1 e 2 e independe da ordem, tanto faz serem de C e D ou de D e C.

QUESTÃO PASSO A PASSO

385. ***(FCC – TRT (ES) 17ª Região – Técnico Judiciário Área Administrativa – 2022)*** *Quando Pedro nasceu, sua avó tinha 48 anos. Hoje Pedro faz aniversário e está completando 1/3 da idade de sua avó. A soma das idades dos dois hoje é*

(A) 72

(B) 96

(C) 100

(D) 84

(E) 86

▶ **Comentários**

Existem dois marcos temporais em que as idades de Pedro são comparadas com de sua avó. A primeira é no momento do nascimento de Pedro.

Quando Pedro (P) nasceu, sua avó (A) tinha 48 anos.	A = P + 48

É certo que a avó é 48 anos mais velha que Pedro.

No segundo marco temporal, no dia de hoje:

Hoje Pedro faz aniversário e está completando 1/3 da idade de sua avó.	P = 1/3 . A P = A/3

O sistema de equações está montado e com as duas incógnitas isoladas, uma em cada equação. Cabe seguirmos com a substituição.

Substituir o valor de A na segunda equação	P = A/3 P = (P + 48)/3 3P = P + 48 2P = 48 P = 24

Pedro tem 24 anos da data de hoje e sua avó 48 a mais que sua idade, ou 72 anos.

Resposta: A soma das idades dos dois hoje é igual a 96.

Gabarito: B

QUESTÃO RÁPIDA

386. ***(FCC – TRT (ES) 17ª Região – Técnico Judiciário Área Administrativa – 2022)*** *Ana, André e Abel são trigêmeos e têm um irmão 5 anos mais novo. Das alternativas a seguir, a única que poderia ser a soma das idades dos 4 irmãos é*

(A) 26

(B) 18

(C) 22

(D) 27

(E) 24

▶ Comentários

Você está fazendo sua prova e chegou nesta questão e, convenhamos, a estrutura proposta é bem simples. Então, nada de perder tempo com equações e números múltiplos, seja prático, no máximo uma tabela.

Irmão	Ana, André e Abel	Soma das Idades
0	5 . 3 = 15	15
1	6 . 3 = 18	19
2	7 . 3 = 23	23

Se foi esse o caminho escolhido, já dá pra perceber que a soma das idades aumenta de 4 em 4 unidades, logo, as somas possíveis são: 27, 31, 35 e por aí vai.

Resposta: A soma das idades dos quatro irmãos é igual a 27.

Gabarito: D

QUESTÃO RÁPIDA

387. ***(FCC – TRT (ES) 17ª Região – Técnico Judiciário Área Administrativa – 2022)*** *Há 20 alunos em uma classe, entre meninas e meninos. O professor distribui 41 lápis entre as meninas. Cada menina recebe o mesmo número de lápis e sobram 2 lápis. Se há mais meninas do que meninos, o número de meninos na turma é*

(A) 7

(B) 9

(C) 11

(D) 13

(E) 5

▶ Comentários

Resumindo, sabemos que:

- 20 alunos (meninos e meninas).
- 41 lápis distribuídos igualmente entre as meninas e sobram 2.

- Existem mais meninas que meninos.

Se restaram 2 lápis quando distribuídos em quantidades iguais só para as meninas, então:

39 lápis para as meninas	39/3 = 13 39/13 = 3

A quantidade de meninas é igual a 3 ou 13.

Sabemos que são mais meninas que meninos, o que nos leva a concluir que são 13 meninas e 7 meninos.

Resposta: O número de meninos na sala é igual a 7.

Gabarito: A

QUESTÃO PASSO A PASSO

388. ***(FCC – TRT (BA) 5ª Região – Técnico Judiciário Agente da Polícia Judicial – 2022)*** *Ana e Marcos têm uma despesa mensal de R$ 2.000,00 cada um e o salário de Ana é 5/6 do salário de Marcos. Ana economiza mensalmente 80% do que Marcos consegue economizar. O salário de Marcos, em reais, é:*

(A) 5.200,00

(B) 7.400,00

(C) 9.300,00

(D) 10.500,00

(E) 12.000,00

▶ **Comentários**

A resolução desta questão está baseada em equações e sistema de equações, entretanto, optamos por deixá-la neste item, Problemas Matemáticos, em razão do esforço empregado na interpretação do problema e da lógica empregada para estruturar a resolução.

Ultrapassada esta parte inicial, a resolução segue o caminho natural para os problemas que envolvem sistemas de equação.

Então, vamos ao enfrentamento da fase preliminar.

Organizando as informações, iniciando pelas despesas.

- Despesa mensal de Ana = R$ 2.000,00
- Despesa mensal de Marcos = R$ 2.000,00

Em relação ao salários.

- Salário de Marcos = X
- Salário de Ana = 5/6 de X

E a informação que será nosso ponto de partida: "*Ana economiza mensalmente 80% do que Marcos consegue economizar*".

Marcos e Ana conseguem economizar a parcela restante dos seus salários após pagar as despesas.

Economia de Marcos (M) **Economia de Ana (A)**	M = X – 2000 A = 5X/6 – 2000

Uma vez que Ana economiza o correspondente a 80% da economia de Marcos, temos:

Economia de Ana (A)	A = 0,8M

Tratadas as informações que nos foram disponibilizadas, chegamos a três equações. Aproveitando que duas delas são referências a "A", faremos a igualdade:

Se "A = 5X/6 – 2000" e "A = 0,8M", então:	5X/6 – 2000 = 0,8M 5X – 12000 = 4,8M

A primeira equação refere-se à economia de Marcos (M), substituir nesta última.

Salário de Marcos (X)	5X – 12000 = 4,8M 5X – 12000 = 4,8 (X – 2000) 5X – 12000 = 4,8X – 9600 0,2X = 2400 X = 12000

Resposta: O salário de Marcos é de R$ 12.000,00.

Gabarito: E

QUESTÃO PASSO A PASSO

389. ***(FGV – TRT (PB) 13ª Região – Técnico Judiciário Área Administrativa – 2022)*** *As notas das provas de um curso são números inteiros de 0 a 10. Vicente fez as três provas desse curso, não tirou nenhuma nota inferior a 5 e a soma das notas dessas provas foi 23. Colocando as notas em ordem decrescente, o número de maneiras que a sequência das notas pode ter ocorrido é*

(A) 4.

(B) 5.

(C) 6.

(D) 7.

(E) 8.

► Comentários

As notas tiradas por Vicente em três provas de determinado concurso têm como características:

- Igual ou maiores que 5.

- A soma das três notas é igual a 23.
- Devem ser listadas em ordem decrescente.

Dada as características, é fazer no braço mesmo.

Possíveis notas das três provas	$10 + 8 + 5 = 23$ $10 + 7 + 6 = 23$ $9 + 8 + 6 = 23$

Seguimos as informações conhecidas e optamos, neste primeiro momento, não repetir notas. Optamos porque nada foi dito sobre poder ou não repetir notas. Enfim, não há alternativa para essa opção.

Resta-nos testar as repetições.

Possíveis notas das três provas	$10 + 8 + 5 = 23$ $10 + 7 + 6 = 23$ $9 + 8 + 6 = 23$ $9 + 9 + 5 = 23$ $9 + 7 + 7 = 23$ $8 + 8 + 7 = 23$

Resposta: Em ordem decrescente, são 6 as maneiras que a sequência das notas pode ter ocorrido.

Gabarito: C

QUESTÃO PASSO A PASSO

390. ***(FCC – TRT (AL) 19ª Região – Analista Judiciário Tecnologia da informação – 2022)*** *Considere ABC e DEF, dois números inteiros entre 100 e 999, formados pelos algarismos A, B, C e D, E e F. Os seis algarismos são distintos. Sabendo-se que D = 2C, o menor valor possível para a soma dos dois números é:*

(A) 597

(B) 537

(C) 546

(D) 301

(E) 447

▶ Comentários

A chave para resolver o problema é exatamente o que foi questionado: "*Sabendo-se que D = 2C, o menor valor possível para a soma dos dois números é*".

Levando em conta, principalmente, a menor soma, a ideia é tentar números a partir de 100.

- 100: Algarismos repetidos.
- 101: Algarismos repetidos.
- 102: Os algarismos são distintos, é uma opção.

Teste para 102	A = 1 B = 0 C = 2

Existe uma observação entre os algarismos C e D.

Sabendo-se que D = 2C	D = 2C D = 2 . 2 D = 4

Conhecemos um dos algarismos do segundo número, os demais são:

Número DEF	D = 4 E = 3 F = 5

Usamos os menores algarismos não repetidos.

Soma (S)	S = ABC + DEF S = 102 + 435 S = 537

Resposta: O menor valor possível para a soma dos dois números é 537.

Gabarito: B

QUESTÃO PASSO A PASSO

391. ***(FCC – TRT (AL) 19ª Região – Técnico Judiciário Tecnologia da Informação – 2022)*** *O número inteiro x, quando dividido por 6, tem resto 3. O resto da divisão de 4x por 6 é:*

(A) 4

(B) 0

(C) 2

(D) 1

(E) 3

► Comentários

Os dois número são divididos por 6 (x por 6 e 4x por 6), sendo, no primeiro, resto igual a 3. Significa dizer que o resto também está sendo multiplicado por 4, logo, 3 . 4 = 12 e doze é divisível por seis.

Conclusão, a nova operação de divisão sempre terá resto igual a zero.

Se quiser comprovar, vamos lá.

Qual o número inteiro que ao dividir por 6 tem resto 3?

Poderia ser qualquer múltiplo de 6 acrescido de 3 unidades.

- 6 . 1 + 3 = 9
- 6 . 2 + 3 = 15

- 6 . 3 + 3 = 21
- 6 . 4 + 3 = 27

E assim por diante.

Valores viáveis de "x"	Valores de "4x"	Resto da divisão "4x/6"
9 15 21 27	36 60 84 108	0 0 0 0

Resposta: O resto da divisão de 4x por 6 é igual a zero.

Gabarito: B

QUESTÃO PASSO A PASSO

392. ***(FCC – TRT (AL) 19ª Região – Técnico Judiciário Tecnologia da Informação – 2022)*** *Maria quer cortar uma corda em 6 pedaços de mesmo tamanho e marca os pontos onde deverá efetuar os cortes. José quer cortar a mesma corda em 8 pedaços de mesmo tamanho e também marca os pontos onde a corda deve ser cortada. Carlos corta a corda em todos os pontos marcados por Maria e José. O número de pedaços de corda resultante é:*

(A) 11

(B) 13

(C) 10

(D) 12

(E) 9

▶ **Comentários**

A medida da corta a ser cortada por Maria e José não é conhecida e, com o objetivo de facilitar a resolução, atribuiremos uma medida hipotética com divisibilidade comum às quantidade de pedaços. O melhor caminho é por meio do mmc.

Mínimo Múltiplo Comum entre 6 e 8	6, 8 | 2 3, 4 | 2 3, 2 | 2 3, 1 | 3 1, 1 | $2^3 . 3 = 24$

Os pontos de corte de uma corda com 24 unidades de medidas, que seja metro, serão número inteiros.

6 partes	8 partes
24/6 = 4 (4, 8, 12, 16, 20 e 24)	24/8 = 3 (3, 6, 9, 12, 15, 18, 21 e 24)

Vamos entender o comando da questão, que é parte importante da resolução. Foi dito que:

- *Carlos corta a corda em todos os pontos marcados por Maria e José.*

Os cortes foram efetuados por Carlos em todos os pontos marcados por Maria e José. Atenção para a medida 12 (comum a ambos) e a medida 24 por ser o extremo da corda.

Pontos de corte	(3, 4, 6, 8, 9, 12, 15, 16, 18, 20 e 21)

Contamos 11 pontos de corte o que resulta em 12 pedaços de corda.

Resposta: O número de pedaços de corda resultante é igual a 12.

Gabarito: D

QUESTÃO PASSO A PASSO

393. ***(FCC – TRT (AL) 19ª Região – Técnico Judiciário Tecnologia da Informação – 2022)*** *Em uma tira de papel está escrito o número 7632591953. Dois cortes verticais são feitos na tira de forma a se obter 3 números. A menor soma possível dos 3 números obtidos é:*

(A) 5288

(B) 2675

(C) 4307

(D) 2375

(E) 2975

▶ Comentários

Partimos de um número dado.

Em uma tira de papel está escrito o número 7632591953.	7.632.591.953

O número tem 10 dígitos e se partido em três partes, pensando em menores valores, serão duas centenas e um milhar.

Ainda pensando em menor valor, o algarismo que ocupa a casa milhar deve ser o menor possível.

Divisão dos números com menor milhar	763 + 259 + 1.953

Para outras possibilidades de cortes teríamos os números 7 mil ou 2 mil, logo, 1953 é o menor deles.

Soma (S)	S = 763 + 259 + 1.953 S = 2975

Resposta: A menor soma possível dos 3 números obtidos é 2975.

Gabarito: E

QUESTÃO RÁPIDA

394. ***(FCC – TRF 4ª Região – Analista Judiciário Tecnologia da Informação – 2019)*** *Os círculos da figura abaixo devem ser preenchidos com os números 1, 2, 3, 4, 5, 6 e 7, sem repetir, de tal forma que a soma de três números alinhados seja sempre a mesma.*

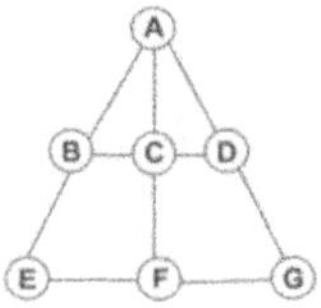

O número que NÃO pode ocupar o círculo E é

(A) 1

(B) 2

(C) 3

(D) 4

(E) 5

► Comentários

Para não depender apenas dos "chutes", sempre alertamos para tentativas assertivas e, para isso, observe o que difere em relação às letras. Cada uma delas participa de duas linhas, exceto a letra A que faz parte de três linhas.

Uma vez que vale as somas das linhas, os números são distribuídos equilibradamente. Essa é a razão de selecionarmos um valor de equilíbrio do rol apresentado, no caso, o número 4. Este vai ocupar a posição A. Os demais serão distribuídos nas demais posições, inclusive de formas distintas.

Se A é igual a 4, esse é o valor impossível de ser atribuído à letra E.

Questão respondida, mas veja opções para completar a figura e atenção, números equidistantes na mesma linha.

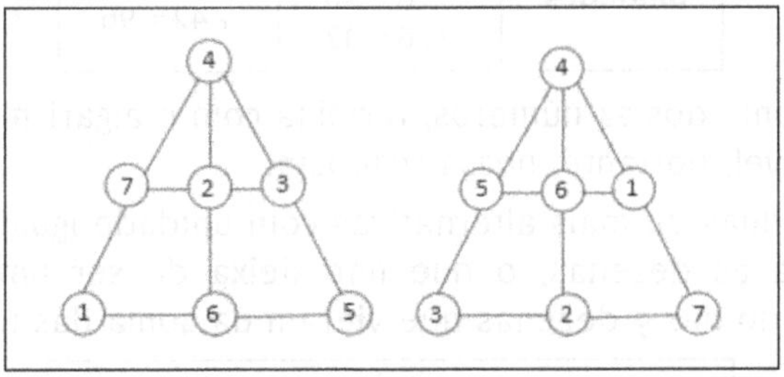

Percebe que são várias as possibilidades, porém a letra A sempre igual a 4.

Resposta: O número que não pode ocupar o círculo E é o 4.

Gabarito: D

QUESTÃO PASSO A PASSO

395. ***(FCC – TRF 4ª Região – Analista Judiciário Tecnologia da Informação – 2019)*** *Com os algarismos 1, 3, 5 e 7 podem-se formar números de 3 algarismos distintos. A soma de todos esses números é*

(A) 10 656

(B) 7 104

(C) 12 432

(D) 5 328

(E) 8 880

► Comentários

Toda a informação disponível para desenvolvermos está na afirmação:

- *Com os algarismos 1, 3, 5 e 7 podem-se formar números de 3 algarismos distintos.*

Trata-se de análise combinatória onde a ordem faz diferença, portanto, arranjo.

Arranjo de 4 tomado de 3 em 3.	A(4,3) = 4 . 3 . 2 A(4,3) = 24

Sabemos que são 24 diferentes números aproveitando todas formações com os algarismos 1, 3, 5 e 7.

Agora vamos ganhar tempo. No lugar de somar todos os números, pensaremos apenas nas unidades de cada um.

Sendo 24 números no total, cada grupo de seis finaliza (unidade) por um dos algarismos apresentados.

Soma das unidades.	1 . 6 = 6 3 . 6 = 18 5 . 6 = 30 7 . 6 = 42	**Somatório:** 6 + 18 + 30 + 42 = 96

O número, soma dos 24 números, termina com o algarismo 6. Apenas uma alternativa possível, portanto, nossa resposta.

E se fossem duas ou mais alternativas com unidade igual a 6? Nesse caso partiríamos para as dezenas, o que não deixa de ser uma repetição das unidades acrescido das 9 dezenas que vieram da soma das unidades.

Soma das dezenas.	9 C D U C D U 5 6

Somando as dezenas, igual a 96, mais 9 é igual a 105. 5 ficou e 10 foi para as centenas.

Se houver necessidade de finalizar o somatório.

Soma das centenas.	10 C D U C D U 10656

Novamente o valor 96 agora mais 10 e o somatório total é igual a 10.656.

Resposta: A soma de todos os números formados por 1, 3, 5 e 7 é igual a 10.656.

Gabarito: A

QUESTÃO PASSO A PASSO

396. ***(FCC – TRF 4ª Região – Técnico Judiciário Área Administrativa – 2019)*** *João escolheu um número do conjunto {90, 91, 92, 93, 94, 95, 96, 97, 98} que Pedro deve adivinhar. João fez três afirmações mas só uma é verdadeira:*

- *o número é par.*
- *o número é múltiplo de 5.*
- *o número é divisível por 3.*

O número máximo de tentativas para que Pedro adivinhe o número escolhido por João é

(A) 9
(B) 7
(C) 6
(D) 5
(E) 4

► **Comentários**

Encontrar informações contraditórias, como fazemos nas questões de verdade e mentira (raciocínio lógico), não cabe aqui porque há número que se encaixa nas três afirmações, por exemplo, o primeiro da lista, 90. Então, é certo que 90 não foi o número escolhido por João.

Antes da resolução propriamente dita, vamos recordar as regras de divisibilidade.

Afirmações	Regra de Divisibilidade
O número é múltiplo de 5	Números terminados em 5 e 0.
O número é divisível por 3	Soma dos algarismos é divisível por 3.

Resta-nos testar os outros números da lista (90 sabemos que não é).

Afirmações	91	92	93	94	95	96	97	98
O número é par	Não	**Sim**	**Não**	**Sim**	**Não**	Sim	Não	**Sim**
O número é múltiplo de 5	Não	**Não**	**Não**	**Não**	**Sim**	Não	Não	**Não**
O número é divisível por 3	Não	**Não**	**Sim**	**Não**	**Não**	Sim	Não	**Não**

Encontramos 5 números que se enquadram na descrição da questão, verdade para uma afirmação e falso para outras duas.

Afirmações	92	93	94	95	98
O número é par	**Sim**	**Não**	**Sim**	**Não**	**Sim**
O número é múltiplo de 5	**Não**	**Não**	**Não**	**Sim**	**Não**
O número é divisível por 3	**Não**	**Sim**	**Não**	**Não**	**Não**

Resposta: Na pior das hipóteses, serão necessárias 5 tentativas para que Pedro adivinhe o número escolhido por João.

Gabarito: D

QUESTÃO PASSO A PASSO

397. ***(FCC – TRF 4ª Região – Técnico Judiciário – 2019)*** *Marcelo comprou ovos de Páscoa para cada idoso de uma casa de repouso. Sabe-se que há mais de 1 000 e menos de 1 200 idosos. Quando lhe perguntam quantos ovos comprou, ele diz apenas que o número de ovos comprados lido ao contrário é 9 vezes o número de ovos comprados. A soma dos algarismos do número de ovos de Páscoa comprados é*

(A) 15

(B) 16

(C) 17

(D) 18

(E) 19

▶ Comentários

Essa é a questão que o concursando depara-se pela primeira vez na prova, e não fez parte dos estudos, é uma novidade. O que fazer?

Primeiro, depurar exatamente o que o enunciado nos informa.

A quantidade de ovos é um número entre 1000 e 1200, também:

O número de ovos comprados lido ao contrário é 9 vezes o número de ovos comprados.	Número de ovos comprados: **ABCD**

Ao multiplicar por 9, chegaremos no número com algarismos na ordem inversa.

Número multiplicado por 9	ABCD x9 DCBA

Diante de questões inéditas, entenda o que foi dito e, de preferência, esquematize ou transforme em equações se for o caso, para, então, passar a raciocinar a resolução.

Um algarismo é certo, se estamos falando de um número entre 1000 e 1200, a letra A é igual a 1.

Letra A é igual a 1	1BCD x9 DCB1

Vamos lá, qual número ao multiplicar por nove tem como resultado a unidade igual a 1? Apenas o 9.

Letra D é igual a 9	8 1BC9 x9 9CB1

A situação em que se encontra a multiplicação nos leva a pensar no valor da letra B. O valor multiplicado por nove não pode subir nada, logo B deve ser igual a 0 ou 1.

Não dá pra decidir sem testar ambos.

Letra B é igual a 0	Letra B é igual a 1
88 1089 x9 9801	78 1179 x9 9611

Correto considerando B igual a 0, consequentemente, C é igual a 8.

Resposta: A soma dos algarismos do número de ovos de Páscoa (1+0+8+9), comprados por Marcelo, é igual a 18.

Gabarito: D

398. ***(Consulplan – TRE RJ – Técnico Judiciário Programação de Sistemas – 2017)*** *Analise as proposições a seguir.*

I. *Qualquer que seja o conjunto A, tem-se que: A U A = A e A ∩ A = A*

II. *Quaisquer que sejam os conjuntos A e B tem-se que: A ⊂ A U B, B ⊂ A U B, A ∩ B ⊂ A, A ∩ B ⊂ B*

III. *A – B = {x: x ∈ A e x ∉ B}*

IV. *A ⊂ B equivale a A U B = B A ⊂ B equivale a A ∩ B = A V. A U (B U C) = (A U B) U C A ∩ (B ∩ C) = (A ∩ B) ∩ C*

Estão corretas as proposições

A) I, II, III, IV e V.

B) I e II, apenas.

C) I e V, apenas.

D) III e IV, apenas.

► Comentários

A questão foca na teoria dos conjuntos. Aproveitaremos para explicar os conceitos abordados.

I. Qualquer que seja o conjunto A, tem-se que: A U A = A e A ∩ A = A

O item descreve exatamente a propriedade reflexiva. O nome é irrelevante, porém, vale o conceito.

Para qualquer que seja o conjunto A, tem-se:	A U A = A	A ∩ A = A

Ou seja, a união ou intersecção de um conjunto com ele mesmo é igual ao próprio conjunto.

O item está correto.

II. Quaisquer que sejam os conjuntos A e B tem-se que: A ⊂ A U B, B ⊂ A U B, A ∩ B ⊂ A, A ∩ B ⊂ B

Estamos falando da propriedade da inclusão.

Para qualquer que sejam os conjuntos A e B, tem-se:	A ⊂ A U B	B ⊂ A U B	A ∩ B ⊂ A	A ∩ B ⊂ B

Nos dois primeiro casos, a união de dois conjunto será sempre igual ou **mais** abrangente do que qualquer deles isoladamente, razão pela qual é certo dizer que um conjunto está contido (⊂) na união deste com outro conjunto qualquer.

Em relação aos dois últimos, a intersecção de dois conjunto será sempre igual ou **menos** abrangente do que qualquer deles isoladamente, razão pela qual é certo dizer que a intersecção de dois conjuntos está contido (⊂) em qualquer desses dois conjuntos isoladamente.

O item está correto.

III. A – B = {x: x ∈ A e x ∉ B}

Trata-se da diferença de conjunto (subtração) cuja notação é: {x: x ∈ A e x ∉ B}.

Para melhor entender a notação, observe antes a representação por meio de diagramas de *Venn*.

Diferença de conjuntos A – B. Subtração do conjunto B do conjunto A	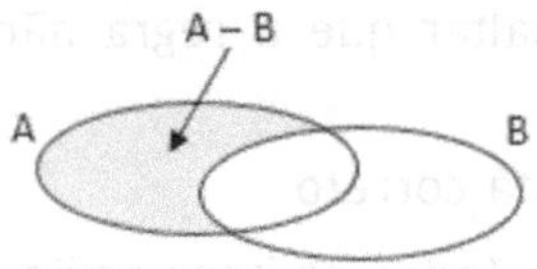

Significa dizer que a diferença dos conjuntos A e B resulta no conjunto cujos elementos (representados por "x") pertençam ao conjunto A, mas não pertençam ao conjunto B.

O item está correto.

IV. A ⊂ B equivale a A U B = B

A ⊂ B equivale a A ∩ B = A

Outra propriedade dos conjuntos, inclusão relacionada. Novamente vamos nos valer dos diagramas de *Venn* para o fácil entendimento.

União de dois conjuntos

Se a união de dois conjuntos resulta em um deles, significa que o outro está contido neste. A representação gráfica é exatamente a mesma.

A ⊂ B	**A U B = B**

Intersecção de dois conjuntos

Se a intersecção de dois conjuntos resulta em um deles, significa que o este está contido naquele. A representação gráfica é exatamente a mesma.

Em relação à união, o resultado da intersecção é menos abrange e restringe-se ao conjunto menor.

A ⊂ B	**A ∩ B = A**
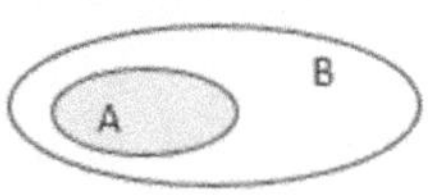	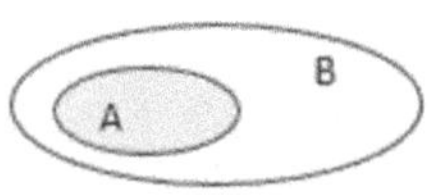

O item está correto.

V. A U (B U C) = (A U B) U C

A ∩ (B ∩ C) = (A ∩ B) ∩ C

Por fim, a propriedade associativa. A sequência de união ou intersecção independe da ordem.

Vale ressaltar que a regra não vale para união e interseção na mesma sequência.

O item está correto.

Resposta: Todos os itens estão corretos.

Gabarito: A

2.10. Resumo Esquematizado

2.10.1. Divisibilidade

Por 2	Todo número par.
Por 3	A soma dos algarismos é divisível por 3. Exemplo: 471. O resultado da soma, 4+7+1=12, é divisível por 3.
Por 4	Números terminados em 00 ou quando o número formado pelos dois últimos algarismos for divisível por 4. Exemplo: 832, pois 32 é divisível por 4.
Por 5	Números terminados em zero ou 5.
Por 6	Números divisíveis tanto por 2 como por 3.
Por 7	Selecionar o último algarismo e multiplicar por 2, subtrair este do número restante (número sem o último algarismo). O resultado deve ser divisível por 7. Exemplo 518. "51 – (8 . 2) = 51 – 16 = 35". 35 é divisível por 7.
Por 8	Números terminados em 000 ou quando o número formado pelos três últimos algarismos for divisível por 8. Exemplo: 12608. 608 é divisível por 8.
Por 9	Soma dos algarismos é divisível por 9. Exemplo: 1665. O resultado da soma, 1+6+6+5=18, é divisível por 9.
Por 10	Números terminados em zero.
Por 11	A diferença da soma das posições ímpares e da soma das posições pares deve ser divisível por 11. Exemplo 506. "(5 + 6) – (0) = 11". A diferença é igual a 11, portanto, sim, é divisível por 11.

2.10.2. Potenciação

Potência do Produto	$(a \cdot b)^x = a^x \cdot b^x$
Potência do Quociente	$(a / b)^x = a^x / b^x$

Propriedades

- Multiplicação de potências com mesma base. Manter a base e somar os expoentes. $a^x \cdot a^y = a^{(x+y)}$
- Divisão de potências com mesma base. Manter a base e subtrair os expoentes. $a^x / a^y = a^{(x-y)}$
- Potência da potência. Manter a base e multiplicar os expoentes. $(a^x)^y = a^{x \cdot y}$

a^{x^y}	Não se trata de potência da potência. Nesse caso, primeiro calcula-se "x" elevado à potência "y" para, na sequência, calcular a potenciação da base "a".

2.10.3. Quadrado perfeito

Número natural cuja raiz é outro número natural.	É o produto de um número natural por ele mesmo.
$\sqrt{1} = 1$ $\sqrt{4} = 2$ $\sqrt{9} = 3$ $\sqrt{16} = 4$ $\sqrt{25} = 5$ $\sqrt{36} = 6$ $\sqrt{49} = 7$	$1 \cdot 1 = 1$ $2 \cdot 2 = 4$ $3 \cdot 3 = 9$ $4 \cdot 4 = 16$ $5 \cdot 5 = 25$ $6 \cdot 6 = 36$ $7 \cdot 7 = 49$

2.10.4. Proporcionalidade

Proporcionalidade

- Razão: É uma divisão — $\frac{A}{B}$
- Proporção: Igualdade de razões — $\frac{A}{B} = \frac{C}{D}$

Regra de Três

Regra de Três Simples:

- A resolução dá-se por meio da multiplicação cruzada.

Regra de Três Composta:

- Posicionar as grandezas em linhas e colunas;
- Analisar se as relações são direta ou inversamente proporcionais;
- Alterar as posições das grandezas inversamente proporcionais;
- Isolar a coluna na qual se encontra a variável e fazer o produto das demais;
- Resolver como se fosse uma regra de três simples.

IMPORTANTE

Tanto para a regra de três simples como para a composta, lembre-se de analisar se a relação entre as grandezas é direta ou inversamente proporcional.

2.10.5. Média

Média

Média Aritmética Simples

$$M = \frac{X_1 + X_2 + X_3 + \cdots + X_n}{n}$$

Média Ponderada

$$Mp = \frac{P_1.X_1 + P_2.X_2 + P_3.X_3 + \cdots + P_n.X_n}{P_1 + P_2 + P_3 + \ldots + P_n}$$

Média Harmônica

$$Mh = \frac{2}{\frac{1}{X_1} + \frac{1}{X_1} + \ldots + \frac{1}{X_n}}$$

2.10.6. Progressão aritmética e geométrica

Progressão Aritmética – PA	Termo Geral	$a_n = a_1 + (n-1).r$
	Soma dos Termos	$S_n \frac{(a_1 + a_n).n}{2}$
Progressão Geométrica – PG	Termo Geral	$a_n = a_1 . q^{n-1}$
	Soma dos Termos Finitos	$S_n = \frac{a_1 . (1 - q^n)}{1 - q}$
	Soma dos Termos Infinitos	$S_\infty = \frac{a_1}{1 - q}$

2.10.7. Equações

Equações

- Primeiro Grau — Igualdade matemática com a presença de variável com expoente igual a um.
- Segundo Grau — Igualdade matemática com a presença de variável com expoente igual a dois.

Sistema de Equações

- Isolar uma incógnita em uma das equações.
- Substituir o valor da incógnita isolada na outra equação.
- Resolver a equação.

Equação do 2º Grau — Bhaskara

$$x = \frac{-b \pm \sqrt{\Delta}}{2a}$$

$$x = \frac{-b \pm \sqrt{b^2 - 4ac}}{2a}$$

Equação do 2º Grau — Relação entre Coeficientes e Raízes

$$\text{Soma} = \frac{-b}{a}$$

$$\text{Produto} = \frac{c}{a}$$

DISCRIMINANTE Δ (Delta)

- Igual a zero: Duas raízes reais e iguais (Haverá um único valor para "x").
- Positivo: Duas raízes reais e diferentes.
- Negativo: Nenhuma raiz (Não há solução entre os números reais).

2.10.8. Porcentagem

Porcentagem

Razão Centesimal	Número Decimal	Porcentagem
0,75/100	0,0075	0,75%
12,5/100	0,125	12,5%
150/100	1,5	150%

Descrição	Fator
Fator de multiplicação para aumento percentual:	FM = 1 + Porcentagem
Fator de multiplicação para desconto percentual:	FM = 1 – Porcentagem

Exemplos			
Porcentagem	**Número decimal**	**Fator para acréscimo**	**Fator para desconto**
0,2%	0,002	1,002	0,998
5%	0,05	1,05	0,95
36%	0,36	1,36	0,64
89%	0,89	1,89	0,11

2.10.9. Análise combinatória

Permutação ou Arranjo ou Combinação

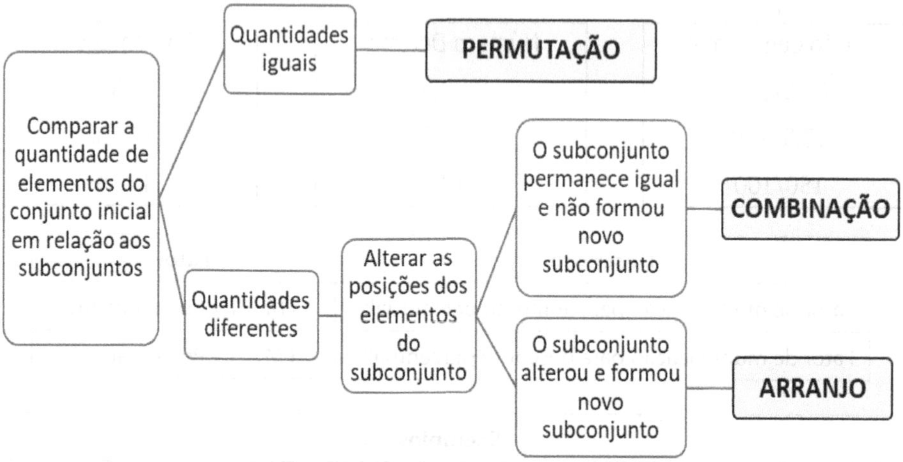

Arranjo

$$A(n,p) = \frac{n!}{(n-p)!}$$

Resolva de forma mais fácil	Multiplicar n por seus antecedentes (subtrair uma unidade a cada fator), tantas vezes quanto for o valor de p.

Combinação

$$C(n,p) = \frac{n!}{p!\,(n-p)!}$$

Resolva de forma mais fácil	• Comparar a diferença "n – p" com o valor de "p". Aquele que for menor será a quantidade de fatores a serem multiplicados tanto no numerador como no denominador. • Numerador: Multiplicar n pelos seus antecedentes (subtrair uma unidade a cada fator), tantas vezes quanto for o valor definido no item anterior. • Denominador: Multiplicar o número 1 pelos seus subsequentes (acrescentar uma unidade a cada fator), tantas vezes quanto for o valor definido no primeiro item.

2.10.10. Probabilidade

Probabilidade

$$P = \frac{\text{Nº Eventos Favoráveis}}{\text{Nº Total de Eventos}}$$

Propriedades

União de dois eventos.	P(A ou B) = P(A ∪ B) = P(A) + P(B) – P(A e B)
Intersecção de dois eventos.	P(A e B) = P(A ∩ B) = P(A) . P(B)
Intersecção de dois eventos. (Eventos dependentes)	P(A e B) = P(A ∩ B) = P(A)

Probabilidade Condicional

$$P(A \text{ dado } B) = P(A|B) = \frac{P(A \text{ e } B)}{P(B)}$$

Probabilidade Binomial

$$P(k \text{ eventos}) = C^{(n,k)} \cdot p^k \cdot q^{n-k}$$

2.10.11. Geometria básica

ÁREA DAS FIGURAS PLANAS	
Triângulo	$A = \frac{b \cdot h}{2}$
Triângulo Equilátero	$A = \frac{l^2 \cdot \sqrt{3}}{4}$
Retângulo	$A = b \cdot h$
Círculo	$A = \pi \cdot r^2$

VOLUME DAS FIGURAS ESPACIAIS	
Paralelepípedo	$V = c \cdot l \cdot h$
Cubo	$V = l^3$
Pirâmide	$V = \frac{A_b \cdot h}{3}$
Cilindro	$V = A_b \cdot h$
Esfera	$V = \frac{4 \cdot \pi \cdot r^3}{3}$

TRIÂNGULO	
Teorema de Pitágoras	$a^2 = b^2 + c^2$
Triângulo 3-4-5 (As medidas 3, 4 e 5 mantém a proporção)	Cateto = 3 unidades de medida Cateto = 4 unidades de medida Hipotenusa = 5 unidades de medida

CAPÍTULO 3

Noções de Estatística

3. NOÇÕES DE ESTATÍSTICA

Se você é uma daquelas pessoas que sente arrepios dos pés à cabeça ao ouvir falar em Estatística, pode relaxar. O conteúdo programático será leve conforme sugerem as poucas questões cobradas nos últimos anos e, tal como falamos no início do curso, a abordagem segue com linguagem simples, de forma direta e evitando termos técnicos quando possível. Inclusive, na resolução das questões, o detalhamento será total, estilo questões passo a passo, maximizando assim, o acompanhamento, o entendimento e a assimilação do conteúdo.

3.1. Medidas de Posição

O primeiro grupo a ser trabalhado são as medidas de localização do centro dos dados: Média, mediana e moda.

3.1.1. Média

A média é o ponto de equilíbrio da distribuição.

Média para dados em Rol	Média para dados agrupados
$\overline{X} = \dfrac{X_1 + X_2 + \cdots + X_n}{n}$	$\overline{X} = \dfrac{X_1 . f_1 + X_2 . f_2 + \cdots + X_n . f_n}{f_1 + f_2 + \cdots + f_n}$

Onde:

- $\overline{X}$ = Média.
- X = Cada uma das observações.
- f = Número de repetições de cada observação.
- n = Número total de observações.

Fazendo uma analogia com a matemática, as médias para rol e as médias para dados agrupados assemelham-se, respectivamente, às médias aritméticas simples e às médias aritméticas ponderadas.

3.1.2. Mediana

Mediana é o valor que se encontra exatamente no centro da série de observações dividindo-a em partes iguais (cada uma com o mesmo número de observações).

Mediana (nº ímpar de observações)	Mediana (nº par de observações)
$Md = X_{\left(\frac{n+1}{2}\right)}$	$Md = \frac{X_{(n/2)} + X_{((n/2)+1)}}{2}$

Vamos simplificar:

Mediana para rol com número ímpar de observações: Haverá uma única observação que divide o rol em duas partes iguais, por exemplo, para R = {1, 4, 5, 6, 6}, a mediana é igual a 5 (restam duas observações antes da observação "5" e outras duas após).

Mediana para rol com número par de observações: Neste caso serão duas as observações centrais que dividem o rol em partes iguais, por exemplo, para R = {1, 3, 5, 7, 8, 10}, a mediana será a média entre as observações "5" e "7", ou seja, igual a 6.

Veja a aplicação das fórmulas nos exemplos dados:

Mediana (nº ímpar de observações)	Mediana (nº par de observações)
$Md = X_{\left(\frac{n+1}{2}\right)}$ $Md = X_{\left(\frac{5+1}{2}\right)}$ $Md = X_{(3)}$	$Md = \frac{X_{(n/2)} + X_{((n/2)+1)}}{2}$ $Md = \frac{X_{(6/2)} + X_{((6/2)+1)}}{2}$ $Md = \frac{X_{(3)} + X_{(4)}}{2}$

Até aqui tratamos de posições das observações. A seguir, efetivamente a mediana.

Mediana (nº ímpar de observações)	Mediana (nº par de observações)
$Md = X_{(3)}$ $Md = 5$	$Md = \frac{X_{(3)} + X_{(4)}}{2}$ $Md = \frac{5+7}{2} = 6$

No primeiro caso a mediana encontra-se na posição 3 e no segundo, média dos valores das posições 3 e 4.

Aqui entre nós, a mediana é o elemento central. Para os casos em que as observações estão dispostas em rol, a identificação é visual, portanto, a fórmula é desnecessária.

3.1.3. Moda

A moda corresponde ao valor da observação que aparece mais vezes. O detalhe é que não necessariamente haverá uma moda, existem casos em que haverá mais de uma moda ou mesmo nenhuma. Por exemplo, imagine os conjuntos abaixo:

Unimodal: Possui um único valor modal.

A = {3, 6, 7, 7, 7, 9, 10, 11, 15}	Mo = 7

Bimodal: Possui dois valores modais.

B = {3, 6, 7, 7, 8, 9, 9, 10, 11}	Mo = 7 e 9

Multimodal: Possui mais do que dois valores modais.

C = {3, 6, 7, 7, 9, 9, 10, 11, 11}	Mo = 7, 9 e 11

Amodal: Não existem valores modais.

D = {3, 4, 6, 7, 8, 9, 10, 11, 15}	Mo = ∅

Observação: o estudo das medidas de posição vai além da apresentação acima, entretanto, para sua prova, basta o exposto e algumas propriedades que falaremos à seguir.

Por ora ficamos com algumas questões.

3.1.4. Questões

QUESTÃO PASSO A PASSO

399. ***(FCC – TRT (MT) 23ª Região – Analista Judiciário Área Judiciária – 2022)*** *Considere os 10 valores listados a seguir: 19; 20; 20; 21; 21; 24; 25; 31; 34; 35. Podemos afirmar corretamente que*

(A) *os valores modais estão abaixo da mediana.*

(B) *a mediana é menor que 20.*

(C) *o valor da amplitude é maior que o valor da mediana.*

(D) *o valor da amplitude e da mediana coincidem.*

(E) *a média supera 26.*

▶ Comentários

Existe uma lista com 10 valores, é o que denominamos de apresentação de observações no formato rol e, para esses valores, vamos calcular a média, a mediana, a moda e a amplitude, medidas apontadas nas alternativas.

- Média

Estudamos média no capítulo 2 - Matemática, e nesta fase da estatística, a abordagem é a mesma: Somatório dos valores observados dividido pelo número de observações.

Média (M)	M = (19+20+20+21+21+24+25+31+34+35) / 10 M = 250 / 10 M = 25

- Mediana

Valor que divide o rol em duas partes iguais. Como são dois valores centrais, calculamos a média aritmética entre eles.

Mediana (Me)	Me = (21+24) / 2 Me = 45 / 2 Me = 22,5

- Moda

Valor com maior repetição. No caso, bimodal porque apresenta duas modas.

Moda (Mo)	Mo = 20 Mo = 21

- Amplitude

Amplitude é uma medida de dispersão e de fácil entendimento: Diferença entre o maior e o menor valor.

Amplitude (h)	h = 35 – 19 h = 16

Vejamos as alternativas.

(A) os valores modais estão abaixo da mediana.

Os valores modais, 20 e 21, estão sim abaixo da mediana, igual a 22,5.

Alternativa correta.

(B) a mediana é menor que 20.

A mediana é maior que 20, igual a 22,5.

(C) o valor da amplitude é maior que o valor da mediana.

A amplitude é igual a 16, portanto, menor que a mediana, igual a 22,5.

(D) o valor da amplitude e da mediana coincidem.

Os valores são divergentes, amplitude igual a 16 e mediana igual a 22,5.

(E) a média supera 26.

A média não supera 26, é igual a 25.

Gabarito: A

QUESTÃO PASSO A PASSO

400. ***(FCC – TRT (BA) 5ª Região – Técnico Judiciário Agente da Polícia Judicial – 2022)*** *Numa prova com dez questões, a pontuação na correção de cada questão pode variar entre 0 e 10 pontos. A média dos pontos obtidos por um estudante nas 6 primeiras questões é 6,5. A pontuação média nas quatro últimas questões para que ele atinja um total de 71 pontos na prova deverá ser:*

(A) 7

(B) 7,5

(C) 8

(D) 8,5

(E) 9

▶ Comentários

É isso mesmo que você está pensando, estamos falando de média em estatística. Vamos deixar claro que este é um estudo inicial do tema, onde ficaremos. Se avançássemos, perceberíamos a evolução e maior complexidade da estatística, tratando de média para distribuição de frequência até chegar no estudo de esperança.

Sabemos que:

- *A média dos pontos obtidos por um estudante nas 6 primeiras questões é 6,5.*

Precisamos pensar, não em 6 questões, mas em 10 cujo somatório das notas atinja 71 pontos.

Uma opção é excluir a pontuação das 6 primeiras questões. Isso é simples, se a média de pontos dessas questões é igual a 6,5, basta multiplicar 6 por 6,5, assim chegamos à pontuação que é igual a 39.

Para 71 faltam 32 pontos.

Média (M) das 4 últimas questões	M = (Somatório das 4 questões) / 4 M = 32 / 4 M = 8

Ou podemos trabalhar com as 10 pontuações considerando o grupo das 6 primeiras questões e o grupo das 4 últimas.

Média (M) das 10 questões	M = (6 . 6,5) + (4 . X) / 10

Agora estamos falando de média (M) obtida nas 10 questões (igual a 7,1) e (X) corresponde à média das 4 questões finais.

Média (M) das 10 questões	M = (6 . 6,5) + (4 . X) / 10 7,1 = (39 + 4X) / 10 71 = 39 + 4X 4X = 32 X = 8

Resposta: A pontuação média nas quatro últimas questões, para que ele atinja um total de 71 pontos na prova, deverá ser 8.

Gabarito: C

QUESTÃO PASSO A PASSO

401. ***(FCC – TRT (BA) 5ª Região – Técnico Judiciário Área Administrativa – 2022)*** *Uma pesquisa de opinião realizada em sete cidades obteve os números de manifestações favoráveis a um produto dados pela tabela a seguir.*

Cidade A	Cidade B	Cidade C	Cidade D	Cidade E	Cidade F	Cidade G
65	42	87	91	34	53	62

A diferença entre a média e a mediana desse conjunto de dados é:

(A) 0

(B) 3

(C) 8

(D) 10

(E) 15

▶ Comentários

A questão é classificada como sendo de fácil resolução, entretanto, há um detalhe que faz toda diferença: apresentação dos dados.

Muito importante, nossa primeira ação diante de um rol de dados, quando necessário, é colocá-lo em ordem, seja crescente ou decrescente.

Rol em ordem crescente	34, 42, 53, 62, 65, 87, 91

Estamos prontos para os cálculos.

- Média

Somatório das avaliações de cada cidade dividido pelo total de cidades.

Média (M)	M = (34+42+53+62+65+87+91) / 7 M = 434 / 7 M = 62

• Mediana

Por ser um número ímpar de cidades, um único valor divide o rol em duas partes iguais.

Mediana (Me)	Me = 62

Resposta: Não há diferença entre a média e a mediana.

Gabarito: A

QUESTÃO PASSO A PASSO

402. ***(FCC – TRT (BA) 5ª Região – Analista Judiciário Área Judiciária – 2022)*** *O número de solicitações mensais feitas no primeiro semestre ao departamento de Recursos Humanos foram 32, 27, 36, 42, 32 e 53. Com base nessas informações, podemos corretamente afirmar que:*

(A) *A moda desse conjunto é 32 e é maior do que a média.*

(B) *A moda desse conjunto é 54 e é menor do que a média.*

(C) *A moda desse conjunto é 32 e a média é 37.*

(D) *A moda desse conjunto é 41 e a média é 38.*

(E) *A moda desse conjunto é 32 e a média é 41.*

▶ **Comentários**

Apesar de não haver interferência no resultado da questão, tratando-se de moda, acostume-se a ordenar o rol de observações porque na identificação da mediana isso é necessário.

Rol disponibilizado	Rol em ordem crescente
32, 27, 36, 42, 32 e 53	27, 32, 32, 36, 42 e 53

Encontramos a Moda visualmente, que é a observação com maior repetição, igual a 32.

• Média

Total de solicitações dividido pelo número de meses.

Média (M)	M = (27 + 32 + 32 + 36 + 42 + 53) / 6 M = 222 / 6 M = 37

Resposta: A moda do conjunto é 32 e a média é 37.

Gabarito: C

3.2. Medidas de Dispersão

Tanto as medidas de posição como as de dispersão são classificadas como medidas resumo devido à capacidade de sintetizar, em um único valor, todas as observações de uma lista. A diferença é que, no primeiro caso, as medidas de posição apontam para um ponto específico na abrangência dos dados, enquanto que, no segundo caso, em medidas de dispersão, a medida é de distância entre os dados observados em relação a uma medida de posição, geralmente a média.

A maneira mais sintética para definir medidas de dispersão é: Grau de variabilidade das observações de um experimento.

Para a Estatística, as principais medidas de dispersão são a amplitude, o desvio médio, a variância e o coeficiente de variação.

As medidas de dispersão ou variabilidade têm o propósito de complementar as medidas de tendência central. Essas medidas buscam informar aspectos importantes das séries de observações. Uma aplicabilidade simples está na diferenciação entre dois grupos que apresentam a mesma média sendo que em um deles os elementos estão mais dispersos.

Exemplo:

- A = {4, 5, 9};
- B = {1, 7, 10}.

Ambos têm a média igual a 6, apesar da maior dispersão entre as observações do segundo agrupamento. Poderíamos dizer que as médias são iguais quantitativamente, porém, diferentes qualitativamente.

3.2.1. Amplitude

A medida básica de dispersão é a amplitude total, diferença entre o maior e o menor valor de um determinado experimento, o que traz informação limitada, uma vez que não considera os valores intermediários, apenas os extremos.

Amplitude Total	h = Limite Superior – Limite Inferior

3.2.2. Desvio médio

A diferença entre os valores observados em relação a uma medida de tendência central (média ou mediana) é conhecida como desvio. Se esta medida está relacionada com a média, ou seja, desvio médio, os valores são calculados em termos absolutos (diferença em módulo) para evitar que o somatório seja sempre igual a zero.

Desvio Médio	$dm = \frac{\sum \lvert X_i - \mu \rvert}{n}$

Onde:

- dm = Desvio Médio;
- X_i = Cada um dos valores observados;
- μ = Média;
- n = Número de observações.

3.2.3. Variância

A variância é uma medida que se baseia nos desvios quadrados do conjunto em relação à média.

Variância Populacional	Variância Amostral
$\sigma^2 = \frac{\sum(X_i - \mu)^2}{n}$	$S^2 = \frac{\sum(X_i - \bar{X})^2}{n-1}$

Observação: Para a apresentação de dados cujas observações não abrangem o total da população, são os casos de valores selecionados por amostragem, há um ajuste na fórmula, subtração de uma unidade no denominador "n - 1".

Para fixar, em relação à variância:

"Somatório dos quadrados das diferenças em torno da média". Ou, em linguagem matemática: $\sum(X_i - \mu)^2$.

A partir desta base, basta verificar se estamos falando de dados populacionais ou dados amostrais parta completar com o denominador da fórmula, se amostrais, subtrair uma unidade no denominador (n - 1).

Outro detalhe menos relevante, apenas uma formalidade: Perceba que, nas variações da fórmula, ora representações por meio de letras gregas (sigma "σ" ou mi "μ"), ora por meio do nosso alfabeto normal, letras romanas (S e X), respectivamente para variância e média. Trata-se de uma convenção que adota as representações por meio de letras gregas para cálculos sobre dados populacionais e as letras no nosso alfabeto para os cálculos sobre dados amostrais.

3.2.4. Questões

QUESTÃO PASSO A PASSO

403. ***(FCC – TRT (GO) 18ª Região – Técnico Judiciário Tecnologia da Informação – 2023)*** *Em uma pesquisa, observou-se cinco pessoas com idades dadas por 5, 10, 15, 20 e 55 anos. É correto afirmar:*

(A) *A média das idades é maior do que a mediana das idades.*

(B) *A mediana das idades é maior do que a amplitude das idades.*

(C) *O desvio médio das idades é 15.*

(D) *A média das idades do mais novo com o mais velho é igual à amplitude das cinco idades.*

(E) *Excluindo o mais novo e o mais velho, a média das três idades restantes é maior do que a média das cinco idades.*

► **Comentários**

Além das medidas de posição mais conhecidas, média e mediana, a questão traz outras duas bem conhecidas, amplitude e desvio médio, classificadas como medidas de dispersão.

Vale lembrar que é necessário conhecer a média para depois calcular o desvio médio, então, vamos calcular um a um.

- Média.

Média (M)	M = (5 + 10 + 15 + 25 + 55) / 5 M = 110 / 5 M = 22

- Mediana, valor que divide as observações ao meio.

Mediana (Me)	Me = 15

A média é maior que a mediana, a alternativa "a" está correta, mas como estamos estudando, vamos em frente.

- Amplitude, diferença entre os valores maior e o menor.

Amplitude (h)	h = 55 – 5 h = 50

- Desvio médio, diferenças em torno da média.

Antes mesmo de fazer uso da fórmula, faremos um quadro auxiliar com as diferenças absolutas (modular) em relação à média.

Idades (X)	$\lvert X_i - \mu \rvert$, $\mu = 22$
5	17
10	12
15	7
25	3
55	33
Total	**72**

Assim a aplicação da fórmula fica facilitada.

Desvio Médio	$dm = \frac{\Sigma \lvert X_i - \mu \rvert}{n}$ $dm = \frac{72}{5}$ $dm = 14,4$

Para finalizar, considerações sobre duas alternativas.

D) A média das idades do mais novo com o mais velho é igual à amplitude das cinco idades.

A média das idades do mais novo e do mais velho, 5 e 55, respectivamente, é igual a 30 (desnecessário fórmula) e é menor que a amplitude total, igual a 50.

E) Excluindo o mais novo e o mais velho, a média das três idades restantes é maior do que a média das cinco idades.

A maior idade tem diferença grande em relação às anteriores que se apresentam de forma mais agrupadas. Por essa razão, ele tem maior influência em aumentar a média.

Se retirada a maior idade, mesmo junto com a retirada da menor idade, essa influência deixa de existir e a média será menor que a original.

Resposta: A média das idades, igual a 22, é maior do que a mediana das idades, igual a 15.

Gabarito: A

3.3. Propriedades

Sobre as medidas de dispersão, variância e desvio padrão, o mais provável é a cobrança das propriedades do que a aplicação das fórmulas.

Seguem algumas propriedades simples, porém com grande potencial para auxiliá-lo na resolução de questões.

O quadro mostra qual a implicação nos valores das medidas de média, mediana, desvio padrão e variância quando um valor constante atua sobre a base de dados.

	Média	**Mediana**	**Desvio Padrão**	**Variância**
Quando os valores da variável são somados (subtraídos) a uma constante	Soma (subtrai) a mesma constante	Soma (subtrai) a mesma constante	Inalterado	Inalterado
Os valores da variável são multiplicados (divididos) por uma constante	Multiplica (divide) pela mesma constante	Multiplica (divide) pela mesma constante	Multiplica (divide) pela mesma constante (módulo)	Multiplica (divide) pelo quadrado da constante

Apresentado de outra forma, dizemos que se um valor constante é somado ou subtraído de todas as observações:

- Média e mediana alteram da mesma forma e na mesma proporção.
- Desvio padrão e variância ficam inalterados.

No caso de a constante multiplicar ou dividir todas as observações da base de dados:

- Média e mediana alteram da mesma forma e na mesma proporção.
- Desvio padrão altera da mesma forma e na mesma proporção.
- Variância altera da mesma forma, porém, o valor constante deve ser elevado ao quadrado.

QUESTÃO PASSO A PASSO

404. ***(FCC – TRT (MT) 23ª Região – Analista Judiciário Área Judiciária – 2022)*** *Alberto, seu pai e seu avô têm hoje 21, 52 e 73 anos de vida, respectivamente. Podemos afirmar corretamente que a*

(A) *média das idades hoje é igual à média das idades há dois anos.*

(B) *mediana das idades hoje é a mesma mediana das idades de dois anos atrás.*

(C) *variância das idades hoje é a mesma de dois anos atrás.*

(D) *variância das idades era menor há dois anos do que a variância das idades hoje.*

(E) *idade média hoje coincide com a idade do pai de Alberto.*

▶ Comentários

As alternativas estão fundamentadas nas propriedades das medidas de posição e dispersão. Vejamos cada uma delas.

A) média das idades hoje é igual à média das idades há dois anos.

Propriedade da média: A soma ou subtração de uma constante à todos os valores da variável, vai alterar a média na mesma intensidade.

Considerando dois anos atrás, da idade de cada um (Alberto, seu pai e seu avô) foi subtraída a constante 2, ou seja, a média igualmente será subtraída em 2 unidades.

Alternativa errada;

B) mediana das idades hoje é a mesma mediana das idades de dois anos atrás.

Propriedade da mediana: A soma ou subtração de uma constante à todos os valores da variável, vai alterar a mediana na mesma intensidade.

A mediana será subtraída em 2 unidades.

Alternativa errada.

C) variância das idades hoje é a mesma de dois anos atrás.

Propriedade da variância: A soma ou subtração de uma constante à todos os valores da variável, não vai alterar a variância.

Independentemente de ser hoje, há dois anos ou 5 anos pra frete, a variância das idades de Alberto, seu pai e seu avô permanece inalterada.

Alternativa correta.

D) variância das idades era menor há dois anos do que a variância das idades hoje.

Não há alteração na variância, portanto, não há que se falar em variação dessa medida.

Alternativa errada.

E) idade média hoje coincide com a idade do pai de Alberto.

A média das idades hoje é igual a 48,6 (21+52+73 / 3), diferente da idade do pai de Alberto.

Alternativa errada.

Gabarito: C

QUESTÃO PASSO A PASSO

405. (FCC – Analista Judiciário – Área Administrativa – TRT 18 – 2023) Sabendo-se que o desvio padrão de X é 9, a variância de 3X + 12 é:

(A) 729

(B) 81

(C) 39

(D) 873

(E) 741

Questão para ser respondida utilizando as propriedades da variância.

Propriedades da variância	$Var(X + a) = Var(X)$ $Var(aX) = a^2 Var(X)$

Onde:

- X = Cada um dos valores observados.
- a = Valor constante.

Significa dizer que ao adicionar uma constante aos valores da variável X, a variância permanece inalterada ($Var(X + a) = Var(X)$). E, se multiplicado uma constante aos valores da variável X, a variância será multiplicada por esta constante ao quadrado ($Var(aX) = a^2 Var(X)$).

Na questão.

Variável X	$DP(X) = 9$ $Var(X) = 9^2 = 81$

Este é um conceito básico, variância é o quadrado do desvio padrão.

Em relação à variável X, existe a ação de duas constante "3X + 12": 3 que multiplica todos os valores de X e adição de 12 unidades a todos os valores de X.

Dado que a adição de uma constante aos valores da variável não provoca alteração na variância, esta operação é desconsiderada.

Produto da variável X por 3	$Var(aX) = a^2 Var(X)$ $Var(3X) = 3^2 . 81$ $Var(3X) = 9 . 81$ $Var(3X) = 729$

Resposta: A variância de 3X + 12 é igual a 729.

Gabarito: A

3.4. Resumo Esquematizado

3.4.1. Medidas de posição

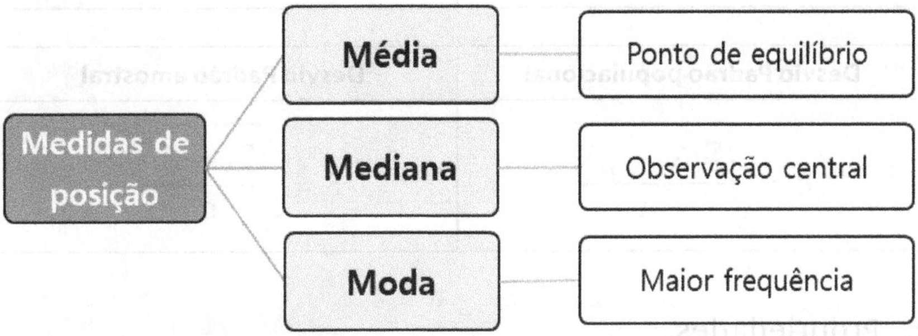

Média para rol	Média para dados agrupados
$Me = \dfrac{X_1 + X_2 + \cdots + X_n}{n}$	$\overline{X} = \dfrac{X_1.f_1 + X_2.f_2 + \cdots + X_n.f_n}{f_1 + f_2 + \cdots + f_n}$

Mediana (nº ímpar de observações)	Mediana (nº par de observações)
$Md = X_{\left(\frac{n+1}{2}\right)}$	$Md = \dfrac{X_{(n/2)} + X_{((n/2)+1)}}{2}$

3.4.2. Medidas de dispersão

Amplitude (h):
Diferença entre a maior e a menor observação de um conjunto de dados.
h = Limite Superior – Limite Inferior

Valor máximo do Desvio Padrão a partir da amplitude:
Lmx(DP) = h/2

Valor máximo da Variância a partir da amplitude:
Lmx(Var) = $(h/2)^2$

Desvio Médio ⇨ $dm = \dfrac{\sum |X_i - \mu|}{n}$

Variância Populacional	Variância Amostral
$\sigma^2 = \frac{\Sigma(X_i - \mu)^2}{n}$	$S^2 = \frac{\Sigma(X_i - \bar{X})^2}{n-1}$

Desvio Padrão populacional	Desvio Padrão amostral
$\sigma = \sqrt{\frac{\Sigma(X_i - \mu)^2}{n}}$	$S = \sqrt{\frac{\Sigma(X_i - \bar{X})^2}{n-1}}$

3.4.3. Propriedades

	Média	Mediana	Desvio Padrão	Variância
Quando os valores da variável são somados (subtraídos) a uma constante	Soma (subtrai) a mesma constante	Soma (subtrai) a mesma constante	Inalterado	Inalterado
Os valores da variável são multiplicados (divididos) por uma constante	Multiplica (divide) pela mesma constante	Multiplica (divide) pela mesma constante	Multiplica (divide) pela mesma constante (módulo)	Multiplica (divide) pelo quadrado da constante

Bibliografia

ANDRADE, Nonato de. **Raciocínio Lógico para concursos**. Rio de Janeiro/RJ: Editora Ferreira, 2008.

BARROS, Marcelo Sbicca Monteiro de. **Raciocínio Lógico - Coleção Sinopses para Carreiras Fiscais**. Salvador/BA: Editora Juspodivm, 2015.

BARROS, Marcelo Sbicca Monteiro de. **Simulaço - 250 Questões Inéditas Elaboradas e Comentadas**. Salvador/BA Editora Juspodivm, 2016.

BUSSAB, Wilton de O.; MORETTIN, Pedro A. **Estatística Básica**. 9ª ed. São Paulo. Editora Saraiva, 2017.

CARVALHO Fº., Sérgio; CAMPO, Weber. **Raciocínio Lógico Simplificado (Volume I)**. Rio de Janeiro/RJ: Editora Campus-Elsevier, 2010.

CARVALHO Fº., Sérgio; CAMPO, Weber. **Raciocínio Lógico Simplificado (Volume II)**. Rio de Janeiro/RJ: Editora Campus-Elsevier, 2010.

FONSECA, Jairo Simon da; MARTINS, Gilberto de Andrade. **Curso de Estatística**. 3ª ed., 11ª reimpr. São Paulo. Editora Atlas, 2008.

GIOVANNI, José Ruy; CASTRUCCI, Benedicto; GIOVANNI JR, José Ruy. **A Conquista da Matemática**. Nova edição. São Paulo: FTD, 2012.

SANCHES, Paulo Sérgio Bedaque; SAMPAIO, Fausto Arnaud; RIBEIRO, Flávio Evaristo; RANGEL, Cristiano Martins. **Mathematikós**. Volume único. São Paulo: Saraiva, 2010.

TRIOLA, Mario F. **Introdução à Estatística**. 12ª ed., Rio de Janeiro. LTC, 2017.

http://www.concursosfcc.com.br/

https://cebraspe.org.br

https://fgvprojetos.fgv.br/concursos

https://www.vunesp.com.br/

EDITORA JusPODIVM
www.editorajuspodivm.com.br

COLOR system

JUS3607